BIBLIOGRAPHIE
DES CROISADES,

CONTENANT

L'ANALYSE DE TOUTES LES CHRONIQUES D'ORIENT
ET D'OCCIDENT QUI PARLENT DES CROISADES.

PAR M. MICHAUD,

DE L'ACADÉMIE FRANÇAISE.

TOME SECOND.

A PARIS,

CHEZ L. G. MICHAUD, LIBRAIRE,
RUE DE CLÉRY, Nº. 13;
ET CHEZ PONTHIEU, LIBRAIRE, PALAIS-ROYAL,
GALERIE DE BOIS, Nº. 122.

M. DCCC. XXII.

ANNALES ECCLESIASTICI

AUCTORE

Cardinali BARONIO, etc.

L e s Annales ecclésiastiques ne sont point une collection, mais bien une compilation. Si nous en offrons l'analyse à la suite des collections que nous venons de parcourir, c'est parce que cette compilation présente sous le rapport des croisades, le recueil le plus riche et le plus précieux que nous ayons. Elle a le mérite particulier de mettre sous les yeux du lecteur, siècle par siècle, année par année, la série non interrompue des croisades ou de tentatives de croisade, depuis celle de 1095 jusqu'au traité conclu en 1553, entre le turc Soliman, le roi Ferdinand, l'empereur Charles-Quint et le pape Clément VII.

Ce qui rend cette compilation encore plus précieuse, ce sont les pièces pour ainsi dire officielles de l'histoire qui s'y trouvent scrupuleusement rapportées, telles que les décrets des conciles, les bulles des papes qui ont joué un rôle si grand, si important dans les guerres saintes, les lettres des rois, des princes et des évêques; toutes preuves matérielles fidèlement copiées ou analysées à chaque page.

Les savants auteurs de ce grand ouvrage ont mis à contribution tous les historiens originaux des croisades. Par historiens originaux, il faut entendre ceux qui ont écrit dans le temps même où les événements qu'ils racontent se sont passés, ou bien à une époque très peu éloignée de ces événements. Ainsi dans le

II.   1

période de temps où il a été question de croisades, Baronius, son continuateur, et leurs annotateurs, se sont constamment appuyés, dans leurs récits, de l'autorité de ces auteurs, soit en les indiquant, soit en les copiant, soit en les abrégeant.

Un autre mérite de cette compilation, c'est qu'elle sert à rectifier beaucoup de dates, à relever des erreurs ou à rétablir des faits sur lesquels les écrivains n'étaient pas bien d'accord.

César Baronius, qui commença ce grand ouvrage, naquit le 30 octobre 1538, à Sora, dans la terre de Labour, au royaume de Naples. Il fut un des premiers disciples de St. Philippe de Néri, fondateur de l'oratoire en Italie, auquel il succéda, en 1593, dans la place de général de cette congrégation. En 1596, il fut nommé cardinal, et peu après bibliothécaire du Vatican. Il mourut en 1607.

Son critique Pagi naquit à Rogues, près d'Aix en Provence, en 1624. Il prit l'habit dans le couvent des Cordeliers conventuels d'Arles, et y fit profession en 1641.

Orderic Raynaldi, continuateur de Baronius, vivait dans le xviie. siècle. Il entra chez les prêtres de l'oratoire, et s'appliqua au même genre d'étude que Baronius.

Mansi, qui a enrichi de ses notes les Annales ecclésiastiques, fut un des prélats les plus savants du xviiie. siècle. Il naquit à Lucques en 1692. Il entra dans la congrégation des clercs de la mère de Dieu, et fut envoyé à Naples, où il professa la théologie pendant plusieurs années. Il mourut dans sa ville natale en 1769.

Ce fut pour opposer à l'histoire ecclésiastique des Centuriateurs de Magdebourg une histoire plus fidèle et plus orthodoxe, que Baronius composa ses *Annales*, auxquelles il travailla jusqu'à sa mort. Malgré les fautes d'histoire et de chronologie qu'on lui a reprochées, et que les catholiques ont mieux relevées que les protestants même, on reconnaît dans cet ouvrage une érudition profonde, un savoir immense, de la méthode, de la clarté et toute l'exactitude qu'on pouvait exiger d'un homme qui s'était engagé seul dans une entreprise aussi vaste. Le protestant Scaliger ne pouvait s'empêcher d'admirer cet ouvrage ; et le judicieux Fleury, qui n'adopte pas toutes les opinions de l'annaliste, n'en rend pas moins hommage à son savoir, et ne dissimule point le parti qu'il en a tiré pour lui-même.

Le critique Pagi a, sans contredit, beaucoup ajouté au mérite des Annales, en rectifiant un nombre infini d'endroits, soit dans la chronologie, soit dans la partie historique.

Orderic Raynaldi n'est pas, il est vrai, aussi généralement estimé que Baronius, dont il a continué le travail : il montre moins de critique et plus de crédulité ; mais il a un mérite qu'on ne peut lui contester, il est plus riche que Baronius en preuves historiques, parce qu'il a écrit l'histoire de temps plus rapprochés du sien, et dont les documents sont par conséquent plus nombreux. La partie qui se rapporte aux croisades est bien plus développée par Raynaldi que par Baronius qui l'a un peu trop négligée. Sans les notes de Pagi, elle serait souvent incomplète. L'évêque Mansi n'a pas peu contribué à relever encore le prix de la continuation de Raynaldi.

Les plus belles éditions des *Annales Ecclésiastiques* sont celles de Rome et d'Anvers. La première est préférée, parce qu'elle est originale. L'ouvrage entier, avec la continuation de Raynaldi et les notes critiques de Pagi, compose trente-un volumes. Mais on en a donné une nouvelle édition à Lucques en 1737 et 38, avec les notes de Mansi et un *index* qui manque dans les précédentes. Le tout est en trente-six volumes : c'est l'édition dont nous nous sommes servi.

Avant d'arriver aux croisades, Baronius a parlé des pélerinages qui se faisaient depuis le IVe. siècle à Jérusalem et aux saints lieux : mais comme on a donné au premier volume de cette histoire des détails assez étendus sur ces pélerinages, et que ces détails ont été puisés en partie dans Baronius, nous passerons de suite à notre analyse, qui portera plus sur la critique de l'histoire que sur l'histoire elle-même.

Première Croisade ; et ce qui la suivit.

C'est au xvIIIᵉ. tome, pages 16 et suivantes, et sous la date de 1095, que Baronius et le critique Pagi commencent à faire mention des croisades. En parlant du concile de Plaisance, tenu dans cette année, Baronius rapporte, d'après Berthold, l'ambassade de l'empereur grec Alexis. Cette ambassade avait pour objet d'implorer le secours du pape et de tous les fidèles contre les Sarrasins qui avaient détruit les églises dans tout l'Orient jusqu'aux environs de Constantinople. Berthold dit que le pape exhorta plusieurs princes à lui porter du secours, et leur fit promettre par serment, qu'ils iraient en Grèce et donneraient à l'empereur toute l'assistance qu'ils pourraient : mais le concile ne décida rien sur la guerre contre les infidèles ; et c'est ce que Berthold ni Baronius ne disent point. Ils passent tous deux aux autres objets qui furent traités dans ce concile, et ne parlent plus de l'ambassade grecque.

Après avoir réglé les affaires de la Lombardie, le pape Urbain se rendit en France, et arriva le jour de l'Assomption à Ste.-Marie du Puitz. Là, il indiqua un concile à Clermont pour l'Octave de St.-Martin. Il adressa des lettres de convocation aux évêques des diverses provinces. Berthold dit qu'il y eut à ce concile treize archevêques avec leurs suffragants, et qu'on y compta deux cent cinq évêques ou prélats portant le bâton pastoral. Pagi, dans ses notes, cite Aimoin et Malmesbury, qui font monter le nombre des évêques et abbés à trois cent dix,

et Guibert, abbé de Nogent, écrivain du temps, qui le porte
à quatre cents.

Quoique l'affaire de l'expédition de Jérusalem ne fût traitée
au concile qu'après qu'on y eut rendu différents décrets étrangers à cet objet, le but principal du concile n'en était pas moins,
selon Pagi, de provoquer des secours contre les infidèles,
déjà maîtres d'une grande partie de l'Orient. Le critique parle,
d'après Guillaume de Tyr, de Pierre l'Ermite, et de Siméon,
patriarche de Jérusalem, comme des premiers instigateurs de
la croisade.

Baronius copie deux discours prononcés par le pape Urbain II, dans le concile, pour exciter le zèle et le courage des
fidèles. Le premier est celui qu'on trouve dans Guillaume
de Tyr ; le second est tiré des archives du Vatican. Ces deux
discours sont différents par l'expression, mais se ressemblent
quant au fond. Baronius cite celui qu'on lit dans Malmesbury,
et dont nous avons parlé en analysant cet auteur. Ce discours
est différent des deux autres, et par le fond et par le style. Il
est peu probable que le pape ait employé les raisons que Malmesbury lui met dans la bouche, telles que celles qu'il a tirées de
la différence des climats d'Europe et d'Asie pour établir la supériorité physique des chrétiens sur les infidèles. Néanmoins Baronius pense que le pape a bien pu prononcer ces trois discours,
car il est à croire qu'il a dû haranguer le peuple plus d'une fois.
L'annaliste dit ensuite qu'Urbain resta en France, après la tenue
du concile, pour hâter l'expédition, et que les évêques,
retournés chacun dans leur diocèse, parcoururent les villes et
les campagnes, excitant partout la ferveur des fidèles, par la
lecture des lettres du souverain pontife. Il ajoute que l'indulgence des péchés fut la solde des croisés, et la croix leur signe
de ralliement.

Les succès du pape et des évêques furent tels, qu'au rapport

de Guillaume de Tyr, cité par Pagi, il n'y eut personne dans
tout l'Occident qui se souvînt de son âge, de son sexe, de sa
condition, ou de son état, et qui se laissât détourner de l'entreprise par quelque raison que ce fût. Tous les peuples accoururent
en foule se ranger sous les drapeaux des princes qui avaient
résolu de partir, et leur promirent obéissance et fidélité.

Sous la date de 1096, Baronius raconte les commencements
de la croisade, toujours en s'appuyant de Guillaume de Tyr. Il
parle du massacre des Juifs par les croisés.

Pagi, dans ses notes, fait aussi un long récit de la marche des
premiers croisés, et de ce qu'ils eurent à souffrir de la part des
Turcs. Il dit qu'aux environs de Nicée ils furent tellement
tourmentés de la soif, qu'ils saignèrent leurs chevaux et leurs
ânes pour en boire le sang. Pagi cite, ou plutôt copie textuelle-
ment l'auteur anonyme de l'Histoire sacrée, ou *Historia de
via Hyerosolimis*, etc., que Mabillon a publiée dans la seconde
partie de son Musée italique: nous avons parlé de cet ouvrage au
volume précédent.

C'est d'après l'autorité de cet anonyme que Pagi parle de la
joie de l'empereur Alexis en apprenant le massacre fait de la
première armée des croisés; de l'arrivée de la deuxième armée,
commandée par Raymond de St.-Gille, dans la Sclavonie, où
elle eut beaucoup à souffrir de l'épaisseur des brouillards; et de
la marche de la troisième armée, conduite par Godefroy, qui
vint sous les murs de Constantinople.

Sous la date de 1097, Pagi rapporte un passage du chronographe de Maillesais, qui parle de trois combats livrés sur la
route de Jérusalem, et où les chrétiens, par un secret jugement
de Dieu, furent exterminés. Il fait aussi mention des combats
qui précédèrent la prise de Nicée, et dit qu'il y eut 15 mille
chrétiens et 200 mille Turcs de tués, calcul qui, sans doute,
est fort exagéré. Le même chronographe que Pagi continue de

copier, parle encore d'un combat livré contre 36o mille Turcs.
Il dit que les chrétiens prirent dans la Romanie et la Syrie
quarante-une villes principales, et deux cents châteaux. Il
rend compte après cela du siége et de la prise d'Antioche.

Baronius copie un passage de Berthold, d'où il résulte que
le pape, ayant envoyé à l'armée des croisés l'archevêque de
Pise, pour remplir les fonctions de légat apostolique et rétablir les églises dans les lieux d'où les infidèles avaient été chassés,
l'empereur de Constantinople, pour fermer autant qu'il pourrait le chemin de Jérusalem aux pélerins, fit incendier ces villes
et les rendit ensuite aux infidèles.

Le même Baronius dit qu'après la prise de Nicée, Bohémond
écrivit à son frère Roger le Normand la lettre suivante :

« Après que Nicée nous a été rendue, les troupes se sont
» divisées en deux corps à cause de la disette des vivres. Nous
» avons ensuite marché par des lieux incultes et déserts. Étant
» enfin arrivés à un fleuve, l'armée a commencé à faire eau
» et à se rafraîchir : mais à peine avait-elle pris un moment
» de repos, que les Sarrasins, commandés par Soliman, sont
» venus fondre sur notre camp en troupes innombrables.
» Nous avons combattu quelque temps avec désavantage ; mais
» les frères Godefroy et Eustache de Boulogne étant arrivés
» à la tête de 4o mille cavaliers, nous avons fait un grand
» carnage des ennemis. Il fallait voir les monceaux de Sar-
» rasins tués ! Il y avait dans le camp des ennemis des Mèdes,
» des Syriens, des Chaldéens, des Turcs, des Sarrasins et des
» Arabes qui ont été égorgés. Cette victoire éclatante nous fait
» espérer que tout cédera aux armes des chrétiens. Tancrède
» vous salue. »

Baronius rapporte ensuite la prise d'Antioche, pour les
détails de laquelle il renvoie à Guillaume de Tyr. Pagi, dans
ses notes, renvoie, de son côté, sur cette prise, au chrono-

graphe déjà cité, à Guillaume de Tyr et à Raymond d'Agile : il indique la lettre du comte de Blois à sa femme Adèle ; lettre que nous avons donnée, et qui se trouve dans le Spicilège dë d'Achery.

Sous la date de 1099, Pagi raconte la prise de Jérusalem et ce qui la suivit, d'après son chronographe ; il parle de l'élection de Godefroy, d'après Guillaume de Tyr ; et de celle de Daimbert pour patriarche, d'après Pierre Tudebode.

Baronius, au contraire, ne fait qu'indiquer ces événements. il s'attache à discuter les différentes opinions qui concernent l'image de Jésus crucifié, faite d'après les soins de Nicodème, disciple du Sauveur.

Ni Baronius ni Pagi ne parlent des prétentions du clergé, qui aurait voulu mettre un évêque à la tête des affaires, et gouverner la Palestine. Mais Baronius dit qu'à la fin de cette année 1099, Arnoult, qui avait été placé d'abord sur le siége patriarchal de Jérusalem, par les manœuvres de l'évêque de Martozano, fut déposé pour ses mauvaises mœurs ; et Daimbert, archevêque de Pise, fut élu à sa place.

Sous la date de 1100, Baronius et Pagi parlent de la mort de Godefroy et de l'élection de Baudouin, son frère : mais Baronius, d'après le témoignage de Guillaume de Tyr, parle des dissensions qui s'étaient élevées entre le patriarche Daimbert, et Baudouin qui avait empiété sur les droits de l'église de Jérusalem. L'Annaliste copie la lettre que ce patriarche écrivit à Bohémond, prince d'Antioche, pour lui rendre compte de cette usurpation, et le prier de venir à son secours. Mais Bohémond, qui fut fait alors prisonnier en Mésopotamie, ne reçut point cette lettre. Daimbert lui disait tout ce que Godefroy avait fait pour l'église de Jérusalem, et tout ce qu'à la mort de ce roi, le comte Garnier avait projeté contre elle. Garnier s'était emparé de la tour de David ; il avait envoyé des députés à Baudouin, pour l'engager à venir au plus tôt piller l'église de J.-C., et s'emparer de force de ses biens. Mais le comte, par un jugement de Dieu, était mort au bout de quatre jours, des gens de la lie du peuple occupèrent ensuite la tour de David, et attendaient impatiemment l'arrivée de Baudouin pour ruiner l'église et toute la chrétienté. Baronius rapporte une lettre du pape Pascal, tirée des manuscrits d'Antonius Augustin, et adressée à tous les peuples chrétiens d'Orient et d'Occident, pour ranimer leur zèle pour le succès de la croisade.

Baronius et Pagi parlent aussi de la deuxième expédition de croisés qui eut lieu en 1101, et qui, sans la perfidie de l'empereur Alexis, aurait été plus nombreuse que la première. Tous deux s'appuient de l'autorité de l'abbé d'Ursperg, autrement Ekkeard, dont nous avons analysé l'ouvrage.

Pagi, d'après le chronographe, place la prise de Tortose par les princes croisés, en 1102; mais, selon Foucher qu'il cite, les chrétiens, avant de la prendre, essuyèrent un terrible échec. Le comte de Poitiers perdit tout ce qu'il avait ; il n'échappa à la mort qu'avec beaucoup de peine, et arriva à pied à Antioche. Parmi ceux qui parvinrent à se sauver, on doit citer Hugues-le-Grand, qui se retira à Tarse, où il mourut de ses blessures.

Le même Pagi, suivant les annales d'André Dandolo, rapporte à l'an 1097 la première expédition des Vénitiens dans la Terre-Sainte, et la deuxième à l'an 1104. Le Doge Ordelafo Phaletro commandait cette seconde expédition. Il resta long-temps en Palestine. Les Vénitiens y partagèrent les dépouilles des villes prises, ils y laissèrent ensuite des colonies et commencèrent à y faire un commerce avantageux, soit en expédiant en Europe des marchandises d'Orient, soit en transportant en Asie des pélerins d'Occident. L'empereur Alexis leur ayant accordé des priviléges particuliers pour la navigation, le nombre de leurs vaisseaux s'accrut, leur empire s'étendit en

Asie, et ils finirent par devenir les maîtres dans la Méditerranée. Pagi cite à cet égard le témoignage de Lucius dans son histoire de Dalmatie.

Sous la même date de 1104, Pagi parle du siége d'Acre par Baudouin, roi de Jérusalem. C'était pour la deuxième fois que cette ville était assiégée. Les Génois y arrivèrent avec une flotte de soixante-dix vaisseaux, ainsi que le rapporte Foucher. Au bout de vingt jours, la ville tomba au pouvoir des chrétiens. Cet événement est raconté, sous la même date, par Elmacin, dans son Histoire des Sarrasins, et par le chronographe.

Baronius, à la même date, raconte que Daimbert, persécuté par Baudouin, se retira à Antioche, près de Bohémond, alors délivré des mains des infidèles, et qu'il alla avec lui en Italie, se plaindre au pape Pascal de ce qu'il avait souffert de la part du roi de Jérusalem. Le pape le retint auprès de lui, et écrivit en Palestine pour solliciter ses accusateurs de venir faire entendre leurs plaintes. L'affaire fut prolongée jusqu'à l'année suivante, où Daimbert fut déclaré innocent.

Sous l'année 1107, Pagi, copiant Foucher, rend compte de l'expédition de Bohémond en Grèce; et sous l'année suivante, il parle de la paix qui se fit entre ce prince et l'empereur Alexis.

Baronius, à la même date, raconte que Daimbert partit de Rome pour aller à Jérusalem, se faire réintégrer dans ses droits; mais il mourut en Sicile. Pendant ce temps, Ebremare, qui avait été mis à sa place par Baudouin, informé que Daimbert venait pour reprendre son siége, passa lui-même en Occident, et se rendit à Rome; mais il ne put être entendu; il eut ordre de s'en retourner avec Gibelin, archevêque d'Arles, que le pape avait nommé légat à Jérusalem, et avait chargé de juger cette affaire. Ce légat assembla un concile dans lequel Ebremarc fut déposé, et Gibelin élu, malgré lui, patriarche.

Baronius rapporte ensuite que le pape Pascal ayant, par une bulle, mis sous la juridiction du patriarche de Jérusalem toutes les villes que le roi Baudouin avait réunies sous sa domination, et toutes celles qu'il y soumettrait par la suite, le patriarche d'Antioche réclama contre cette concession, qui tendait à diminuer l'autorité de son église. Le pape, craignant que ce ne fût là une occasion de schisme, essaya de calmer l'esprit du patriarche. Il lui fit espérer qu'il changerait les décisions qui pouvaient être contraires aux droits de l'église d'Antioche; et l'affaire en resta là jusqu'après la mort du patriarche de Jérusalem.

Pagi, sous la date de 1109, parle de la prise de Tripoli par Baudouin, roi de Jérusalem, qui fut secondé par la flotte des Génois.

Baronius, sous l'année suivante, rappelle l'érection de Bethléem en évêché, et la dotation que Baudouin affecta à ce nouveau siége. Baronius renvoie au livre II, chap. 12 de l'Histoire de Guillaume de Tyr, où se trouve le diplôme de Baudouin à ce sujet. La dotation consistait en plusieurs maisons de campagne avec leurs dépendances, dont les noms sont rapportés dans ce diplôme.

Le même Baronius et son critique placent, à l'année 1111, la mort de Bohémond, prince d'Antioche, et citent plusieurs épitaphes latines faites en son honneur, et gravées sur son tombeau, dans l'église de St.-Sabin de la ville de Canouse : car, selon la chronique de Romuald, ce fut là que ce prince fut enterré. Voici une de ces épitaphes :

Vicit opes regum Boemundus, opesque potentum,
Et meruit dici nomine jure suo.
Intonuit terris, cui non succumberet orbis?
Non hominem possum dicere, nolo Deum.

Qui vivens studuit, ut pro Christo moreretur;
Promeruit quod ei morienti vita daretur.

L'annaliste parle, sous la même date, de la prise de Bérithe et de Sidon par Baudouin, qui fut secondé de la flotte des Danois et d'un prince de Norwège. Il dit qu'après la prise de la dernière ville, les Danois ou plutôt les Norwégiens vainqueurs s'en retournèrent chez eux avec leurs compagnons.

En 1112, pendant qu'on élisait pour patriarche de Jérusalem l'archidiacre Arnoult, dont Guillaume de Tyr condamne les mœurs et les actions, le même dont il a été parlé plus haut, Tancrède, prince d'Antioche, aussi remarquable par sa valeur que par sa piété, laissa en mourant sa dignité à Roger, qui était loin de lui ressembler par les mœurs.

L'affaire de la juridiction ecclésiastique entre Jérusalem et Antioche fut renouvelée en 1113 par le patriarche de cette dernière ville. Le pape Pascal ayant reçu de nouvelles réclamations, écrivit à ce prélat pour lui déclarer que son intention était que l'église d'Antioche conservât ses anciens droits, et qu'il révoquait, en conséquence, les concessions qu'il avait faites quelques années auparavant à l'église de Jérusalem. Le souverain pontife adressa au roi Baudouin des lettres qui contenaient la même déclaration; Baronius et Pagi font tous deux mention de ces lettres.

Baronius ajoute ensuite qu'en cette année un crime exécrable fut commis. Baudouin, du vivant de sa première femme, secondé par Arnoult, patriarche de Jérusalem, épousa la comtesse de Sicile, qui avait été mariée au comte Roger. Les affaires des chrétiens, dit l'annaliste, allèrent depuis ce moment en déclinant, et il renvoie sur ce sujet à Guillaume de Tyr.

Les Turcs, qui étaient venus aussi dans cette année pour prendre Jérusalem, n'ayant pu réussir dans leur dessein, détruisirent le monastère du Mont-Thabor, et tuèrent tous les moines qu'ils y trouvèrent.

Pagi rapporte, sous la date de 1115, d'après l'autorité de la chronique d'Anselme de Gemblour, que Pierre l'Ermite, de retour de Syrie, mourut à Huy, près de la ville de Liége, et fut enterré dans un monastère qu'il avait fondé sur la Meuse.

Le même Pagi place à l'année 1118 l'institution de l'ordre militaire des Templiers, et copie sur ce sujet Guillaume de Tyr.

Baronius parle de l'état de deuil où Jérusalem fut plongée en 1123, lorsque Baudouin II fut pris par les Sarrasins. Il parle aussi du secours inespéré que les chrétiens reçurent par l'arrivée de la flotte vénitienne, qui s'empara de Joppé et ensuite de Tyr. Pagi, citant la chronique d'Anselme de Gemblour, dit que les chrétiens, au nombre de 3,000, défirent 60,000 ennemis, et en tuèrent 7,000, sans perdre un seul des leurs.

Baronius raconte, sous l'année suivante, d'après le texte de Robert du Mont, la victoire que les chrétiens remportèrent sur les Sarrasins près d'Ascalon; et il ajoute que, suivant Guillaume de Tyr, la ville de ce nom fut prise par les Vénitiens dans la même année.

A la date de 1127, l'annaliste dit qu'au commencement du printemps, Guillaume, Anglais de nation, et prieur du St.-Sépulcre, fut créé premier archevêque de Tyr, et qu'il se rendit à Rome pour demander le pallium au pape Honorius, qui le lui accorda. Baronius copie les lettres que le souverain pontife adressa à ce sujet à l'archevêque. Pagi, qui parle aussi de cette élection, dit que ce Guillaume fut un des prédécesseurs de l'historien du même nom.

Sous la date de 1130, et sur la foi de Guillaume de Tyr, Pagi rapporte encore que Baudouin II, Bohémond, prince d'Antioche, le comte de Tripoli et le comte d'Édesse entrèrent sur les terres de Damas, mais qu'ils furent obligés de revenir

chez eux, après avoir perdu une partie de leur armée. A la suite
de cette expédition, Bohémond, gendre du roi Baudouin,
subitement attaqué par une foule d'ennemis, et se trouvant
abandonné des siens, tomba percé de coups. « Prince aimable,
dit Guillaume de Tyr, et grand prince, si une mort préma-
turée ne l'eût enlevé aux affaires humaines. »

Baronius, qui parle aussi de l'expédition de ces princes chrétiens, dit que le ciel combattit contre eux, car ils furent vaincus
par les nuages, la pluie et les vents.

Sous la date de 1144, il parle de l'expédition de l'armée
chrétienne contre la capitale de l'Arabie. Il cite sur cette expédition l'historien Guillaume de Tyr, d'après lequel nous avons,
dans le second volume de cette histoire, fait le récit de ce qui
s'y passa.

Pagi rapporte sur la prise d'Édesse, qu'il place à l'année 1143,
un fait qu'il a tiré de Neubridge et qui mérite d'être rapporté.
« Un arménien, citoyen d'Edesse, demeurant dans une tour
» contiguë au mur, et nourrissant la vengeance dans son cœur,
» parce que le gouverneur de la ville avait séduit sa fille, traita
» secrètement avec les Turcs, et les introduisit la nuit de Noël
» dans la ville. Les Turcs se précipitant sur le peuple qui était
» dans l'église, l'égorgèrent sans éprouver de résistance, et
» massacrèrent l'archevêque au pied de l'autel. Ainsi fut prise
» et livrée au pouvoir d'une nation impure, cette ville depuis
» si long-temps nourrie dans la foi chrétienne. »

Pagi ajoute que la nouvelle d'une si grande perte ne parvint
en Occident que l'année suivante, et que c'est pour cela que
quelques historiens, et Baronius après eux, l'ont placée en 1144.

Deuxième Croisade jusqu'à la troisième.

Sous la date de 1145, Baronius parle des efforts du pape Eugène, pour exciter les princes chrétiens à entreprendre une croisade. Il avait reçu des envoyés de Syrie, qui lui avaient fait part des malheurs que les infidèles y avaient causés par la prise d'Edesse, et par l'état critique où ils avaient mis Antioche et Jérusalem. Le pape s'adressa d'abord au roi de France Louis VII. Baronius a tiré d'Othon de Freisingen la lettre que ce pontife lui écrivit.

De son côté, Pagi s'appuyant sur Odon de Deuil, dit que le roi de France convoqua une grande assemblée à Bourges, où il fit part de ses intentions ; que l'évêque de Langres prononça un discours fort pathétique sur la perte d'Edesse, et l'oppression où étaient les chrétiens d'Orient, et qu'il exhorta tous les assistants à marcher à leur secours. Le roi fit paraître un grand zèle pour cette entreprise. Cependant le discours de l'évêque n'eut pas tout de suite son effet. On indiqua pour l'année suivante une autre assemblée à Vezelay. Le roi envoya à Rome des ambassadeurs pour en informer le pape.

Le chronographe de Mauriac, en parlant de cette dernière assemblée, rapporte ces paroles extraites du discours du roi : « Sachez que j'ai un grand désir de faire cette expédition. Je vous prie donc de mettre tout votre zèle et de faire tous vos efforts pour seconder ma volonté, en m'accompagnant et en me prêtant votre secours. »

Chifflet, dans la préface qu'il a mise en tête de l'ouvrage d'Odon, Robert Dumont et quelques autres historiens, disent que le roi se décida à faire le pélerinage de la Terre-Sainte, en expiation de l'incendie de Vitry. Il est plus raisonnable de croire que ce furent toutes les raisons dont nous venons de parler qui concoururent à la détermination du roi.

Sous la date de 1146, Baronius dit qu'il y eut une assemblée indiquée à Chartres pour le troisième dimanche après Pâques, et qu'on y devait traiter de l'expédition dans la Terre-Sainte. Il cite une lettre de Saint Bernard à Pierre, abbé de Cluny, pour l'exhorter à se rendre à cette assemblée. Il dit qu'il y eut un grand concours de seigneurs, d'archevêques, d'évêques et d'abbés de toute la France, et que ce qui doit le plus étonner, c'est qu'on y décréta à l'unanimité que St. Bernard serait le chef de la croisade. De peur qu'on ne croye que c'est là une fable, il copie la lettre que Saint Bernard adressa au pape, pour lui rendre compte de ce qui s'était passé à l'assemblée, et le prier de ne pas l'exposer aux caprices des hommes, mais de l'aider de ses conseils, afin qu'il ne fît que la volonté de Dieu.

Eugène, poursuit Baronius, goûta les raisons de St. Bernard, et lui donna la mission de prêcher la croisade, soit par ses discours, soit par ses lettres.

De son côté, Pagi rend compte de l'assemblée de Vezelay, qui se tint à Pâques de cette année, et où tous les grands du royaume assistèrent. Le critique laisse parler Odon de Deuil. Il cite ensuite le chronographe de Mauriac, qui donne les noms de tous les seigneurs qui se croisèrent.

Pagi parle après cela de l'assemblée de Chartres, où le roi assista. Il parle aussi de celle de Bourges qui eut lieu l'année précédente.

Baronius copie les exhortations que l'abbé de Clairvault adressa aux peuples de France, d'Allemagne, de Bavière; elles sont extraites des OEuvres de St.-Bernard. Nous en avons cité une partie à l'article d'Othon de Freisingen, qui ne les a pas données en entier ni avec une scrupuleuse fidélité. On voit dans ces exhortations de Saint Bernard, les efforts qu'il faisait pour réprimer le faux zèle qui poussait les Allemands à se porter sur les juifs, et à les immoler comme des victimes agréables à Dieu.

Pagi parle de ce massacre des juifs, qui fut provoqué par les prédications d'un nommé *Raoul;* puis il dit un mot de l'assemblée générale tenue à Spire, le jour de Noël de cette année 1146, dans laquelle l'empereur Conrad reçut la croix des mains de St. Bernard, ainsi que le duc Frédéric, son neveu, et un nombre infini de seigneurs.

Baronius, qui parle aussi de cette assemblée, ajoute qu'il y eut une double expédition ordonnée par le pape Eugène; l'une contre les Sarrasins d'Asie, l'autre contre les peuples païens du Nord, et que la croix fut donnée pour les deux expéditions, comme un signe militaire.

Le xixe. tome des annales de Baronius commence avec l'année 1147. Il y est dit que le pape Eugène nomma deux légats pour accompagner les deux souverains à la Terre-Sainte. Guy de Florence, cardinal-prêtre du titre de St.-Chrysogone, devait accompagner Louis VII. et Théodin, cardinal-évêque de Porto, devait accompagner Conrad. Ce dernier prince, dit Baronius, d'après Othon de Freisingen, vint en Bavière, et y tint, au mois de février de cette année 1147, une assemblée générale. Adam, abbé d'York, y assista à la place de l'abbé de Clairvault. Ce fut lui qui célébra la messe, après laquelle il lut les lettres du St.-Siége, ainsi que celles de St. Bernard, et exhorta les assistants à prendre la croix. Trois évêques se croisèrent, du nombre desquels était Othon. Henri, frère de Conrad, et une quantité considérable de comtes, de nobles et de personnages de marque prirent aussi la croix. L'historien Othon ajoute qu'il vint une multitude si prodigieuse de larrons et de voleurs se croiser, que personne ne douta qu'un changement si extraordinaire et si subit ne fût un miracle du Très-Haut. Le frère du duc Henri, l'un des plus nobles seigneurs du royaume, se croisa avec plusieurs des siens. Ladislas, duc de Bohême,

Odoacre, marquis de Styrie, et Bernard, comte de Carinthie, reçurent la croix avec un grand nombre des leurs.

Ainsi, continue l'historien, on se croisa non-seulement dans tout l'empire romain, mais encore dans les pays voisins, c'est-à-dire, dans la France occidentale, en Angleterre et en Pannonie. Tout l'Occident fut tout-à-coup tellement en paix, que c'était un crime non-seulement d'y faire la guerre, mais même d'y porter des armes en public. Tous ces croisés ayant Conrad à leur tête, prirent le chemin de l'Orient. Conrad arriva dans le voisinage de Constantinople, après avoir souffert beaucoup d'incommodités. Tout le reste de l'année et une partie de la suivante, les nôtres, dit Othon, éprouvèrent une infinité de maux.

. Pagi, dans ses notes, ajoute d'autres détails qu'il a tirés d'Odon. Il dit ensuite qu'il y eut à Etampes une assemblée où se trouvèrent un grand nombre d'évêques et de nobles, et où Saint Bernard, de retour d'Allemagne, prononça un discours. Les prélats et les grands du royaume, d'après la liberté que le roi leur en avait donnée, choisirent Suger, abbé de St.-Denis, et Guillaume II, comte de Nevers, pour gouverner en son absence. Mais Guillaume s'étant fait chartreux peu après, l'abbé Suger s'associa l'archevêque de Reims, et Raoul, comte de Vermandois.

. Pagi parle du départ de l'armée des croisés, de sa marche et des malheurs qu'elle éprouva, d'après Odon, dont il analyse rapidement les six premiers livres.

Baronius présente un récit à-peu-près semblable, et relève en passant une erreur de date commise par Guillaume de Tyr, qui place la défaite de Conrad en 1146, tandis qu'elle ne put avoir lieu qu'en 1147, année du départ de l'armée.

Pagi, en parlant de l'expédition navale des croisés, qui alla relâcher en Portugal, s'appuie des autorités d'Helmode, écrivain du temps, du continuateur d'Anselme de Gemblour, de Robert Dumont et de l'abbé Dodechin, qui s'accordent à dire qu'Alphonse, roi de Portugal, ne serait pas venu à bout de prendre Santorin et Lisbonne, sans une grande flotte de Français, d'Anglais, de Flamands, d'Allemands et autres peuples du Nord, qui, se rendant à la Terre-Sainte, avaient été poussés par la tempête à l'embouchure du Tage, et avaient prêté leurs secours aux chrétiens de Lusitanie.

Pagi, parlant de la croisade contre les Slaves, s'appuie sur le témoignage d'Helmode et de Saxo Grammaticus, qui vivaient tous deux dans ce temps. Le premier dit que les chefs de la croisade étaient Alberon de Hambourg et tous les évêques de la Saxe. Les Slaves, suivant Helmode, débarquèrent à Lubeck, et se jetèrent sur les habitants de cette ville, qu'ils surprirent, ajoute-t-il, dans un état d'ivresse, et dont ils firent un grand carnage.

Saxo Grammaticus, de son côté, rapporte que les Saxons qui s'étaient croisés, au lieu de partir pour l'Orient, se portèrent sur les peuples leurs voisins, qui étaient encore adonnés au culte des idoles. Ils se distinguèrent, dit-il, des autres croisés, en portant une croix qui s'élevait au-dessus de la figure d'une roue de même étoffe que la croix, et cousue sur leur habit. Comme les idolâtres étaient encore en grand nombre dans ces contrées, les croisés, loin d'y obtenir quelques succès, furent très maltraités.

Sous la date de 1148, Baronius, toujours guidé par Othon, raconte l'arrivée de l'armée française en Syrie, et celle de Conrad quelques jours après. Il dit que des querelles s'étant élevées entre les princes, une année entière se passa sans qu'ils fissent rien qui fût digne de mémoire. Ils étaient sur le point de recevoir Damas à composition, lorsque la trahison les força de lever le siége.

II.   2..*

Pagi, sous la même date, donne sur cette expédition d'autres détails qu'il a tirés d'une lettre du roi à l'abbé Suger. Il parle du siége de Damas, d'après Robert Dumont, et dit ensuite, toujours d'après le même auteur, que le roi de France et l'empereur étant convenus d'aller assiéger Ascalon, se rendirent à Joppé avec leurs troupes. Mais les chrétiens de Jérusalem ne venant point au rendez-vous, l'empereur retourna par mer à Constantinople, et le roi de France, renvoyant ses troupes en Europe, resta un an à Jérusalem, avec un petit nombre des siens.

Pagi, sous la date de 1149, rapporte, sur l'expédition de Louis et de Conrad, le passage de Geoffroy, que nous avons déjà donné. Baronius, de son côté, copie Robert Dumont, sur le retour du roi de France. D'après le récit de cet historien, Louis VII aurait été fait prisonnier par une flotte grecque, et délivré ensuite par Georges, commandant les vaisseaux du roi de Sicile. Nous avons déjà rendu compte de cet événement vrai ou faux. Quand le roi fut de retour en France, on parla d'une nouvelle croisade. Le pape Eugène consentit à envoyer l'abbé de Clairvault pour la prêcher; mais, dit le même auteur, les moines de Cîteaux rompirent tout. La dernière expédition avait été si malheureuse, qu'il parut déraisonnable et à contre-temps d'en entreprendre une autre.

Baronius entre ici dans le détail des reproches que ces moines faisaient à St. Bernard, prédicateur de la croisade, et rend compte des raisons qu'Othon de Freisingen et Geoffroy opposent à ces détracteurs. Il cite aussi les apologies que le saint abbé se crut obligé de publier pour justifier sa conduite.

Les raisons apportées par les deux historiens sont les mêmes que celles dont saint Bernard se sert; tous trois rejettent les malheurs de la croisade sur les vices des croisés et sur les désordres qui régnaient dans l'armée. Mais on pouvait leur répondre

que Saint Bernard aurait dû prévoir les effets des passions humaines, et les désordres qu'elles entraînent à leur suite.

Pagi, sous l'année 1153, prouve, par l'autorité de la chronique d'Ursperg et celle de Nangis, que Guillaume de Tyr
se trompe en retardant d'une année la prise d'Ascalon par
Baudouin III, roi de Jérusalem. Un continuateur de Sigebert,
après avoir dit qu'Ascalon fut prise le jour de l'Assomption,
1153, ajoute ces mots : « Celui qui était présent, et qui fut
à l'armée tant que dura le siége, nous a raconté ce qu'il a
vu. » Pagi fait observer à cette occasion que Guillaume de
Tyr se trompe souvent lorsqu'il raconte les choses qu'il tient
des autres, et qu'il n'a pas vues lui-même.

Sous l'année 1155, Baronius et Pagi entrent aussi dans
quelques détails sur les différends qui s'élevèrent entre le clergé
et les chevaliers de Saint-Jean-de-Jérusalem, à l'occasion de
certains priviléges que le pape avait accordés à ces derniers.
Pagi prouve que, dans cette querelle, Guillaume de Tyr a
montré trop de partialité contre les chevaliers, puisqu'il va
jusqu'à accuser le pape Adrien IV de s'être laissé gagner par
leurs présents, ainsi que les cardinaux les plus recommman-
dables.

Pagi rapporte à l'année 1157 le pélerinage de Théodore,
comte de Flandre, qui se rendit pour la troisième fois à Jérusalem, avec quelques princes de ses états, sa femme Sybille et
un grand appareil de guerre, laissant le gouvernement de son
comté à son fils Philippe. Théodore, dit-il, trouva Jérusalem
dans un tel état, que déjà les chrétiens craignaient d'être chassés
du pays; Nourreddin, ayant rompu le traité de paix, fit prisonniers quelques soldats du roi de Jérusalem, mit Baudouin
en fuite, et, s'avançant jusqu'à la mer, ravagea tout par le fer et
par le feu. Le comte Théodore s'étant joint au roi, battit Nourreddin et le força à demander la paix. Ensuite venant à Antioche,

vers la fête de Noël ; il recouvra tout ce que le prince Raymond
avait perdu. Après cela, il prit, au bout de quatre jours de
siége , Césarée , qu'il détruisit ne pouvant la conserver. Il resta
deux ans dans la Palestine. Sa femme Sybille prit à Béthanie
l'habit de religion. Pagi renvoie pour plus de détails aux
annales de Meyer , et à l'histoire de Guillaume de Tyr.

Baronius et Pagi fixent à l'année 1163 la mort de Baudouin III , roi de Jérusalem , et l'élévation d'Amauri qui lui
succéda. Baronius , d'après Guillaume de Tyr, dit que ce
prince fut forcé, avant d'être couronné, de renvoyer sa femme,
qui était sa parente au quatrième degré , et que le légat Jean ,
cardinal-prêtre du titre des saints Jean et Paul , de concert avec
le patriarche , l'y obligèrent , en lui accordant cependant que
les deux enfants qu'il avait eus d'elle passeraient pour légitimes.
Pagi, pour donner une idée de l'état déplorable où étaient alors
les affaires des chrétiens en Syrie, cite la lettre du roi Amauri
au roi de France; lettre qui est la 13e. dans la collection de
Bongars , page 1178.

A l'occasion du concile célébré à Reims, en 1164, par le
pape Alexandre III, le même Pagi cite les annales de Meyer ,
Guillaume de Tyr, la lettre d'Amauri au roi de France sur
la triste situation de Jérusalem , et la chronique de Gervais ,
pour prouver que le but principal de ce concile était de secourir
la Terre-Sainte; il ajoute que le roi Henri d'Angleterre leva
à cet effet un subside dans son royaume.

Le même Pagi , sous la date de 1172 , cite un passage de la
chronique de Nangis, que nous avons nous-mêmes copié à l'article du Spicilége , et dans lequel il trace les commencements de
la domination de Saladin. Sous l'année suivante, il indique ,
d'après Guillaume de Tyr, la mort de Nourreddin, prince turc,
persécuteur des chrétiens, et toutefois juste , prudent et habile;
il dit qu'Amauri III , roi de Jérusalem, ayant appris cette mort,

convoqua sans délai toutes les forces de son royaume, et alla assiéger la ville de Panéad. La veuve de Nourreddin lui envoya une ambassade pour le prier de se retirer, et lui demander la paix moyennant une certaine somme d'argent qu'elle offrit. Le roi, pour l'obtenir plus forte, feignit d'abord de la refuser, et continua le siége; mais au bout de quinze jours d'attaque continuelle, voyant que les assiégés résistaient chaque jour avec plus de courage, il accepta l'argent, leva le siége et obtint la délivrance de vingt chevaliers prisonniers.

Ce fut cette veuve que Saladin épousa ensuite, après avoir chassé tous les héritiers de Nourreddin. Pagi cite sur ce mariage de Saladin, les annales ecclésiastiques de Neubrige. Il place, d'après Guillaume de Tyr, la mort du roi Amauri deux mois après celle de Nourreddin; mais le P. Mansi prouve, par des diplômes de ce roi, datés de 1174, que cette mort doit être fixée au mois de juin de cette année.

Guillaume de Tyr et les autres historiens rapportent à l'année 1177 la défaite de Saladin par les croisés. Le chronographe d'Anchin, copié par Pagi, raconte que le prince d'Antioche, et Philippe, comte de Flandre, ayant rassemblé de toutes parts une nombreuse armée, vinrent assiéger le château d'Harenc, enlevé de force, les années précédentes, aux chrétiens. Saladin en étant informé, et croyant que Jérusalem était privée de tout secours militaire, rassemble les émirs des turcs et des sarrasins, dans l'espoir de prendre la ville sainte, et de détruire toute la chrétienté. Il s'adjoignit une quantité innombrable d'archers et de paysans, et alla à Gaza; ensuite il prit le chemin de Jérusalem, et vint à la rencontre du roi et des Templiers qui étaient en petit nombre, et qui portaient avec eux la croix du Seigneur. Vaincu par eux et mis en déroute, il retourna à Damas, après avoir perdu une grande partie des siens immolés par le glaive ou noyés dans le Jourdain.

Le même chronographe ajoute que le comte de Flandre ne faisant aucun progrès devant le château d'Harenc, leva le siége vers Pâques, et s'en retourna en Flandre en 1178. Guillaume de Tyr dit que ce comte et ceux qui l'accompagnaient, étaient inutilement restés devant ce château, et qu'ils passaient le temps au plaisir, au jeu et à la débauche, plus que la discipline militaire et les opérations d'un siége ne le permettaient, et qu'ils faisaient de continuels voyages à Antioche, où ils s'adonnaient à l'ivresse et à d'autres excès coupables.

Sous la date de 1180, Pagi indique, d'après Guillaume de Tyr, les succès que Saladin obtint sur les chrétiens. Il dit que le pape Alexandre ayant appris le triste état des affaires de l'Orient, écrivit aux princes chrétiens et à tous les évêques de l'église catholique, pour les exhorter à venir au secours de la Terre-Sainte.

Baronius, dans son récit, copie ces lettres du pape Alexandre, telles qu'il les a trouvées dans les annales de Roger Hoveden. Il ajoute ensuite que le bruit des préparatifs de l'Occident ayant retenti en Orient, Manuel, empereur de Constantinople, inquiet d'une si grande expédition, et craignant que les Francs n'entreprissent quelque chose contre son empire en traversant la Grèce, écrivit au pape, pour le prier de pourvoir à sa sûreté, en envoyant à l'armée des croisés un cardinal-légat, dont l'autorité arrêterait toute tentative qui pourrait lui être préjudiciable. La lettre de Manuel, que Baronius copie, est dans la Collection des anciens diplômes, faite par le pape Benoît.

Cet empereur mourut cette année même, la veille des nones d'octobre, selon Baronius, qui s'en est rapporté à une édition altérée de Guillaume de Tyr; mais, selon Hoveden, Geoffroy le Vigeois, et Codin, ou l'auteur du Catalogue des empereurs, Manuel mourut le 22 de septembre.

A la date de 1184, Pagi parle des lettres que Baudouin, roi de Jérusalem, écrivit à Héraclius, patriarche, et au grand-maître de l'Hôpital, pour les féliciter de ce qu'ils étaient arrivés en bonne santé à Brindes, et leur annoncer les ravages que Saladin faisait dans la Terre-Sainte. Ces lettres sont tirées de Raoul Dicet. Pagi cite encore d'après le même Raoul, les lettres de Saladin et de son frère Saphadin, au pape Lucius, relativement au rachat des prisonniers.

Baronius, sous l'année 1185, parle de l'arrivée à Rome des ambassadeurs de Jérusalem, et des lettres dont le pape Lucius les chargea pour le roi d'Angleterre. Il copie tout ce que Hoveden dit de cette ambassade et de ses résultats. Mais Pagi dans ses notes, s'appuyant de l'autorité de Raoul Dicet, de celle de Neubrige, de Mathieu Pâris et de Rigord, établit que l'ambassade eut lieu l'année précédente. Il prouve que le grand-maître du Temple, l'un des ambassadeurs, mourut à Vérone, en allant à Rome; que Baronius s'est trompé en disant que Guillaume de Tyr fut un des ambassadeurs, et que ce fut pour cette raison qu'il laissa son livre imparfait.

Pagi prétend que les ambassadeurs restèrent en Italie jusqu'à la fin de l'année précédente, et qu'ils vinrent en France l'année suivante. Il cite Rigord, qui rapporte que le grand-maître du Temple étant mort, les deux ambassadeurs qui restaient vinrent à Paris, où le patriarche fut reçu comme un ange du Seigneur, par le vénérable Maurice, évêque de cette ville, par le clergé et par tout le peuple. Le critique copie ensuite un passage de Vincent de Beauvais, sur le concile tenu à Paris, et dans lequel Philippe-Auguste s'engagea à marcher au secours de la Terre-Sainte. Il relève en même temps une erreur du P. Labbe, qui, dans le 10e. tome de la Collection des conciles, retarde d'un an la tenue de celui de Paris; il est d'accord en cela avec Robert Gaguin. Les ambassadeurs étaient déjà de retour en Orient cette année-là.

Troisième Croisade.

Baronius, après avoir rapporté, sous la date de 1187, les désastres du royaume de Jérusalem, copie de Hoveden les lettres adressées en Occident par le grand-maître des Templiers, et par le patriarche d'Antioche au roi d'Angleterre; celles de Conrad, fils du marquis de Montferrat, à l'archevêque de Cantorbery, et celles du pape Grégoire VIII, adressées à tous les fidèles, sur les malheurs de la chrétienté en Orient, et sur la nécessité d'y porter de prompts secours.

Pagi, dans ses notes, rapporte, d'après le témoignage du chronographe d'Anchin, que Raynault, prince d'Antioche, rompit la trève qui avait été faite entre les chrétiens et le roi des Turcs. Un riche et nombreux convoi de ces derniers, se rendant de Damas en Egypte, et passant avec confiance sur les frontières des chrétiens, le prince d'Antioche le surprit, emmena tous les bagages, et fit prisonniers tous les hommes de l'escorte.

Pagi cite ensuite Nangis, qui fait le récit de l'irruption de Saladin en Palestine. Ce critique paraît adopter l'opinion commune sur la prétendue trahison du comte de Tripoli, puisqu'en copiant tout son récit, il ne fait aucune remarque à ce sujet. L'annotateur Mansi aurait dû relever ici Pagi et Guillaume de Nangis, comme il le fait plus bas à l'occasion de la captivité du roi Guy. Guillaume de Nangis dit que Saladin ayant été repoussé honteusement devant Tyr, alla assiéger Ascalon, dont il se rendit maître après divers assauts, le 4 septembre, à condition que les citoyens sortiraient librement, et que le roi Guy serait rendu.

Mansi prouve par le témoignage de Raoul, abbé de Coggeshale, qui était sur les lieux, que le roi Guy fut retenu à Damas prisonnier pendant un an, et que Saladin ne le délivra qu'au moyen d'un traité particulier, par lequel Guy renonçait au trône et devait repasser la mer comme un exilé. Ce roi étant allé à Tyr, ne fut pas reçu dans la ville. Il se rendit à Acre avec les Pisans et une armée nombreuse; il assiégea la ville par terre et par mer. Ainsi d'après Raoul, témoin oculaire, la captivité du roi Guy dura un an; il n'obtint sa liberté qu'en 1188, et les Pisans qui se joignirent à lui n'arrivèrent point en Orient, en 1189, comme le disent Pagi et Nangis, mais bien vers la fin de l'année 1188. Baronius et Pagi citent les diverses dates que les historiens out données à la prise de Jérusalem par Saladin. Mansi démontre, par la même autorité de l'abbé Coggeshale, que cette prise eut lieu le 3 octobre 1187, le samedi et non le vendredi, et que le siége de cette ville ayant commencé le 20 septembre, ne dura que treize jours, et non vingt-trois, comme quelques historiens le prétendent. Toutefois les historiens arabes disent que Saladin choisit le vendredi pour traiter de la capitulation de la place.

Baronius, s'appuyant toujours sur le texte de Roger Hoveden, rapporte à la date de 1188, la formule de prières ordonnées pour l'expédition de la Terre-Sainte, le rendez-vous qui eut lieu à Gisors, entre les rois de France et d'Angleterre, pour y traiter de cette expédition, la résolution qui y fut prise pour la levée de la dîme saladine, la manière dont se fit cette levée, et les règlements qui furent faits, touchant la réforme des mœurs.

A l'égard des prières, voici celles qui furent ordonnées: à la messe, avant l'*Agnus Dei*, le prêtre disait l'antienne suivante: *Tua est potentia, tuum regnum, Domine, tu es super omnes gentes; da pacem, Domine, in diebus nostris.* Il y avait, pour l'office de chaque jour de la semaine, une prière tirée des psaumes, et à la fin de l'office l'oraison qui suit :

Omnipotens semp'terne Deus, in cujus manu sunt om-nium potestates et omnium jura regnorum, respice ad chris-tianum exercitum, ut gentes, quæ in suâ feritate confidunt, potentia tuæ dexteræ comprimantur.

Quant à la manière de lever la dîme, voici ce qui fut réglé. Cette levée devait se faire dans chaque paroisse, en présence d'un prêtre de la paroisse, d'un archiprêtre, d'un templier, d'un hospitalier, d'un homme du roi, d'un clerc du roi, d'un homme et d'un clerc du baron et d'un clerc de l'évêque. Si ces personnes jugeaient que quelqu'un donnait moins qu'il ne de-vait, on choisissait dans la paroisse quatre ou six prudhommes qui le taxaient, et il était obligé de donner le surplus de ce qu'il avait déjà donné. Parmi les dispositions adoptées pour la levée de la dîme, il en est qui sont indiquées d'une manière si obscure, qu'on peut à peine les comprendre. Nous nous contenterons de faire une citation en latin. (*Clerici autem et milites qui crucem acceperint, nihil de decimâ istâ da-bunt, sed de proprio suo dominio ; et quidquid homines eorum debuerint ad opus illorum colligetur per supradictos, et eis totum reddetur.*) Les bourgeois et les paysans qui pre-naient la croix sans la permission de leurs seigneurs, n'en donnaient pas moins la dîme.

Il fut décidé pour la réforme des mœurs, que personne ne ferait de jurement énorme, et ne jouerait aux dés ni à des jeux de hasard ; qu'après la Pàque prochaine personne ne porterait de *vair* ou de *gris*, ou de *sabelline* ou d'*écarlate*, etc. Baro-nius copie sur ce sujet tout ce que nous avons cité à l'article de Raoul Dicet.

Baronius parle ensuite du concile tenu en Angleterre pour le même objet, des mesures que prit le roi à l'égard de la levée de la dîme. Revenant à ce qui se passait en France relativement à ce subside, il cite une longue lettre de Pierre de Blois à l'évêque d'Orléans, pour le prier de remontrer au roi avec quelle injustice et quelle violence on imposait les biens des églises et des pauvres.

Baronius rapporte après cela la réponse que le roi d'Angleterre fit aux lettres des patriarches d'Antioche et de Jérusalem; la lettre de l'empereur Frédéric à Saladin; la réponse de Saladin à Frédéric: toutes pièces tirées de Roger Hoveden, excepté la dernière, qui est prise de Mathieu Pâris.

Pagi, en parlant de l'arrivée de l'archevêque de Tyr en Europe, cherche à fixer l'époque de sa mort, sur laquelle les écrivains ne sont pas d'accord. Mansi, dans une note, en convenant qu'il n'y a rien de certain à cet égard, croit pouvoir établir que Guillaume de Tyr mourut avant l'an 1193, puisqu'au commencement de cette année Jocsius occupait le siége de Tyr, et qu'en qualité de chancelier royal, il souscrivit une charte de Henri de Troyes, comte palatin, en faveur de l'hôpital de Saint-Jean-de-Jérusalem. Cette Charte est du mois de janvier 1193.

Pagi raconte aussi, d'après un contemporain anonyme, cité dans Canisius, ce qui se passa à l'assemblée de Mayence, convoquée par l'empereur Frédéric, et tenue dans cette même année 1188. L'anonyme dit que le cardinal d'Albane, constitué légat par le pape Grégoire VIII, vint d'abord trouver l'empereur, et le décida par son éloquence à prendre la croix; que beaucoup d'évêques, de marquis et de barons se rendirent à l'assemblée et se croisèrent; que l'empereur fixa le départ à la fête de Pâques de l'année suivante; qu'il envoya des ambassadeurs à Saladin qui leur fit beaucoup de promesses trompeuses.

Pagi cite encore, au sujet de la légation du cardinal d'Albane,

un contemporain anonyme, qui dans la chronique de Clairvault, dit, sous la date de cette année, que ce légat, d'après
l'ordre qui lui en avait été donné, établit pour cinq ans un
jour de jeûne au sixième jour de chaque semaine, et qu'on
s'abstiendrait de viande le quatrième jour et le samedi. Il ajoute
que le pape défendit encore l'usage de la viande pendant le
même espace de temps, le second jour de chaque semaine. Le
cardinal d'Albane, suivant le même chronographe, mourut
à Arras aux calendes de janvier de l'année suivante.

Baronius, à la date de 1189, parle d'une exhortation de
Pierre de Blois, pour accélérer le départ des croisés, et d'une
autre lettre qu'il écrivit au doyen de Rouen qui avait beaucoup de
crédit auprès du roi d'Angleterre, pour qu'il engageât ce prince
à ne rien exiger des églises ni de leurs ministres, sous prétexte
du pèlerinage. Baronius fixe à cette année le départ de l'empereur Frédéric et de son armée, dont une partie prit route par
terre, et l'autre, conduite par une flotte de 55 vaisseaux, ap-
pareilla pour l'Orient. L'abbé Arnolde, continuateur de la
chronique slave d'Helmode, dit que le nombre des croisés
armés se montait à cent cinquante mille. Cet historien, ainsi
que Nicétas, ont écrit tout ce qui arriva à cette armée, et
ce qu'elle eut à souffrir de la part de cet empereur.

Pagi, s'appuyant de l'autorité de Nangis, raconte les succès
de Saladin, la prise du château *Erachium*, assiégé depuis
deux ans par les Turcs; la délivrance de Onfroy de Thoron
et de Gérard, maître du Temple; le siége de Ptolémaïs par le
roi Guy, accompagné de plusieurs milliers de chrétiens; la
mort de la reine Sybille sa femme, pendant ce siége. Pagi parle
aussi du départ de l'armée de Frédéric, d'après le chronographe
de Reichersperg. Il fait mention de lettres rapportées par ce
chronologue, adressées par Dietpold, évêque de Passaw, à
Léopold, duc d'Autriche. Il est dit dans ces lettres que l'armée

entrant en Bulgarie, fut mal reçue par les habitants ; que l'empereur des Grecs et son frère ne cessèrent de leur tendre des embuscades ; que le même empereur, dans des lettres qu'il envoya trois fois à Frédéric, avait affecté de taire son nom, et de ne le point qualifier du titre d'empereur; que Frédéric avait signifié au député grec qui lui avait été adressé, qu'il ne recevrait plus des lettres de son maître, si elles ne contenaient les titres qui lui appartenaient. Dietpold ajoute ces mots : *L'armée s'est retirée en trois endroits. Les Grecs nous appellent hérétiques; les clercs et les moines nous poursuivent par leurs paroles et leurs actions.* Cette lettre est datée du 5 des ides de novembre.

Mansi ajoute en note que dans la collection des vieux monuments de Martenne, tome 1, colon. 909, se trouve une lettre de l'empereur Frédéric, dans laquelle ce prince s'étend sur tout ce qu'il endure de la part de l'armée des Grecs, et prie son fils Henri de demander du secours aux Génois, aux Vénitiens et aux Pisans. Il l'engage à écrire au pontife Alexandre, pour le prier d'envoyer des prédicateurs afin d'animer les fidèles contre les Grecs. Il l'informe que l'armée s'est mise en mouvement pour Philippopolis, le 16 des calendes de décembre.

Sous la date de 1190, Baronius, d'après Hoveden, rend compte du départ du roi d'Angleterre pour l'Orient, du séjour que ce prince fit en Sicile avec le roi de France, et du traité qu'il conclut avec Tancrède, roi du pays. L'annaliste rapporte la lettre du roi d'Angleterre adressée au souverain pontife, pour l'informer de ce traité, et le prier de lui accorder la dispense nécessaire pour marier son neveu à la fille de Tancrède.

Baronius parle aussi de la pénitence que fit le roi Richard devant l'assemblée des évêques, de l'entrevue que l'abbé Joachim eut avec lui, et de la mort de l'empereur Frédéric en Arménie.

Il rapporte une lettre sans titre, qui se trouve dans l'appendix *ad Radevic.*, dont l'auteur est inconnu, mais qui était de l'expédition de l'empereur. Elle contient l'itinéraire de ce prince et le récit de tout ce qui lui arriva jusqu'à sa mort. Baronius indique une autre lettre plus longue et sur le même sujet, dans le cinquième tome de Canisius ; elle est d'Arnould, auteur du temps. Il indique encore le récit de Nicétas et la triste lamentation de Pierre de Blois, sur la mort de cet empereur. Enfin il ajoute à ces autorités celle de Guillaume de Neubridge, qui parle aussi de cette mort.

Pagi, copiant Rigord, fait le récit de l'expédition des rois de France et d'Angleterre, et parle de leur arrivée en Sicile et en Syrie. Il s'étend sur l'abbé Joachim dont il loue les vertus, raconte les miracles et examine les prédictions. Il parle ensuite de l'expédition de l'empereur Frédéric, d'après Tagenon ; il raconte les travaux et la mort de ce prince, et dit ce que devint son armée.

Sous la date de 1191, Baronius parle de l'arrivée des rois de France et d'Angleterre en Palestine. Il raconte les actions de Richard à Messine et à Acre, et renvoie à Roger pour les détails. Il copie la lettre que ce roi écrivit à l'abbé de Clairvaux, lorsque Philippe l'eut abandonné. Il copie aussi celle que le même Richard adressa au comte d'Anjou, pour lui faire part de ses succès.

De son côté, Pagi cite Rigord et Nangis, sur le siége d'Acre. Il relève Baronius, qui dit que cette ville s'appelait autrefois Joppé. Ces deux villes, dit Pagi, sont très distantes l'une de l'autre. Joppé, maintenant Jaffa, est une ville de la Palestine, avec un port sur la Méditerranée ; et Ptolémaïs, aujourd'hui St.-Jean-d'Acre, est, ajoute-t-il, un comptoir fréquenté par les Français, à plus de 400 stades de Joppé.

Baronius raconte, sous la même date de 1191, la captivité

du roi Richard en Allemagne, et il cite la lettre que l'empereur adressa au roi de France à ce sujet. Il rapporte ensuite un passage de Mathieu Pâris, qui attribue la cause de la captivité du roi à l'insulte que ce prince avait faite à Léopold d'Autriche, en jetant dans la boue son étendard arboré sur un édifice de la ville d'Acre.

Baronius place sous l'année 1192, la lettre que le pape Célestin écrivit aux archevêques et évêques d'Angleterre, pour déplorer l'état malheureux où se trouvait la Terre-Sainte. Cette lettre est tirée de Roger Hoveden; mais Pagi prouve, par la fin de la lettre même, qu'elle doit être renvoyée à l'année suivante; car elle porte pour date les ides de janvier de la 2e. année de *notre pontificat*: or, cette seconde année du pontificat de Célestin III, allait jusqu'au 30 mars suivant. Après avoir parlé de cette lettre, Pagi copie le récit de Neubridge sur l'état de la Palestine : l'armée chrétienne, dit-il, ne pouvait résister aux ennemis. Les affaires des chrétiens prenaient la tournure la plus malheureuse, tant à cause des dissensions et de la rivalité des chefs, que pour plusieurs autres obstacles. Les uns voulaient qu'on allât attaquer la ville sainte, que des impies profanaient; d'autres regardaient cette entreprise comme impossible, parce que le pays, qui auparavant était fertile en toutes choses, avait été réduit à l'état de solitude par la politique cruelle des Musulmans; de sorte qu'il ne restait plus à l'armée chrétienne aucun espoir de succès et même de salut.

Pagi raconte aussi, en se servant de Neubridge, l'assassinat du Marquis de Montferrat, l'élection de Henri, comte de Champagne, pour roi de Jérusalem, et le retour d'une quantité considérable de pélerins dans leur pays. Il parle également de la retraite du roi d'Angleterre, après la conclusion d'une trève avec Saladin. Il place, avec Hoveden, Brompton, Raoul de Dicet, Mathieu Pâris et autres, la prise de Richard à l'année 1192.

II.   3

Dicet en a fixé le jour au 13 des calendes de janvier , c'est-à-
dire, au 20 décembre ; le critique suit le récit du chronographe
de Reichersperg, relativement à la manière dont ce roi fut pris.
Richard était caché dans la cabane d'un pauvre, et préparait
sa nourriture de ses mains , pour lui et le petit nombre de ses
compagnons, lorsqu'il fut découvert et saisi.

Pagi, sous la date de 1193 , rapporte la mort de Saladin ,
telle que Nangis l'a racontée dans sa chronique. Il cite, pour
prouver la vérité de la date de cet événement, une lettre de
Geoffroy , maître de l'hôpital , de la fin d'avril de cette année,
copiée par le chronographe d'Anchin.

Quatrième Croisade.

A l'année 1195 , Baronius rapporte , d'après Mathieu Pâris,
une lettre du pape Célestin , adressée à l'archevêque de Cantorbéry et à ses suffragants, sur les affaires de la Terre-Sainte.
Ce pontife accorde des indulgences à ceux qui viendront au
secours de Jérusalem. Baronius rapporte d'autres lettres que le
même pape envoya par des légats, non-seulement en Angleterre,
mais aussi en Allemagne pour le même objet. Il cite la chronique
d'Arnould, écrivain du temps, et qui lui-même exhortait les
fidèles d'Allemagne à faire le pélerinage de la Terre-Sainte. Cet
auteur dit, qu'animés par le zèle et les exhortations du cardinal
légat, Henri, palatin du Rhin ; Othon, marquis de Brandebourg;
Henri, duc de Brabant ; Hermann , landgrave de Thuringe;
Valeron , comte de Limbourg ; Adolphe , comte de Schewen-
bourg; le duc d'Autriche ; l'archevêque de Brême et plusieurs
autres, prirent la croix.

L'empereur Henri, dit Guillaume de Neubridge, pour expier
en quelque sorte la faute qu'il avait commise , en retenant prisonnier un roi qui revenait de la Palestine, résolut d'aller au

secours des malheureux restes de l'église d'Orient. Il convoqua une assemblée des grands et des évêques à Worms, et parut prêt à se croiser, mais il en fut détourné par de puissantes raisons. On lui conseilla de rester pour veiller au départ des provisions nécessaires et à l'envoi des secours d'hommes. Guillaume de Neubridge fait là-dessus la réflexion suivante : ainsi on préparait une seconde expédition d'Allemands et d'Italiens, pendant que nos rois ne méditaient rien de sensé, et se livraient seulement à leur propre fureur aux dépens de plusieurs.

Pagi, sous la date de 1196, copie Guillaume de Nangis, qui dit que par toute l'Allemagne il se fit un grand mouvement pour la délivrance de la Terre-Sainte ; que l'archevêque de Mayence, le duc de Saxe et beaucoup de princes et évêques prirent la croix, et que l'empereur Henri déploya un grand appareil de vaisseaux et de munitions sur les côtes de la Pouille et de la Sicile. Pagi cite à l'appui le témoignage d'Arnold de Lubeck, suivant lequel l'empereur ne put remplir son vœu, parce qu'il s'éleva une *guerre intolérable* dans la Pouille.

Pagi parle ensuite de Foulques, curé de Neuilly, et donne sur ce prêtre des détails qu'il tire de Rigord, de Nangis et de la chronique de Beauvais.

Le même Pagi, à la date de 1197, cite Nangis et l'abbé d'Ursperg, écrivains du temps, qui racontent tous deux l'expédition des Allemands dans la Terre-Sainte. Ils disent que lorsque ces croisés y furent arrivés, ils rompirent la trève que le roi d'Angleterre avait faite avant de se retirer ; qu'ils reprirent Béryte, perdirent Joppé, et qu'ayant appris la mort de l'empereur, ils revinrent dans leur pays. Mansi, dans ses notes, prétend, d'après le témoignage d'Olivier, écrivain contemporain, que le retour des Allemands doit être placé à l'année suivante. Olivier dit qu'ils apprirent la mort de l'empereur pendant qu'ils étaient occupés au siége de Toron ; qu'alors ils se

3..

retirèrent honteusement la nuit à Tyr, au mois de février, et que les Sarrasins s'enfuirent par un autre chemin.

Pagi rapporte à la même année 1197, d'après l'abbé d'Urs-perg, la mort de Henri, comte de Champagne, créé roi de Jérusalem, et le mariage d'Amauri, frère du roi Guy, avec sa veuve Isabelle, qui lui donna ainsi la couronne.

Ici se termine le travail de Baronius et de Pagi sur les an-nales ecclésiastiques. Elles ont été continuées par Orderic Ray-naldi au 20e. volume, et le P. Mansi a enrichi cette continua-tion d'un grand nombre de notes.

Sous la date de 1198, Raynaldi expose l'état de la Terre-Sainte, en donnant l'extrait des lettres du pape Innocent III. La première qu'il indique, est adressée au patriarche de Jéru-salem. Le pape blâme le patriarche de s'être d'abord mal à pro-pos opposé au mariage d'Amauri avec la veuve de Henri, comte de Champagne, ou d'y avoir ensuite lâchement consenti; il s'en prend à lui de la conduite que tenaient les évêques de Syrie, qui s'attaquaient les uns les autres par des injures, nourrissaient des haines entr'eux, et scandalisaient le peuple par leurs divisions.

Les autres lettres du pape sont adressées au comte de Tri-poli, au prince d'Antioche et aux Templiers. Innocent les exhorte à venir au secours du roi de Chypre, attaqué par les Sarrasins. Il écrit aussi au roi de Jérusalem, à qui il donne des conseils et promet des secours.

Ce n'était pas en vain qu'il en promettait; car il travaillait de toutes ses forces à en rassembler en France, en Angleterre et en Italie, comme le prouvent les lettres qu'il adressa à l'ar-chevêque de Narbonne et à ses suffragants, ainsi qu'aux autres prélats et princes de la chrétienté.

Raynaldi, citant la chronique slave d'Helmode, parle de la prise de Béryte et de celle de Joppé par les Sarrasins; du retour des Allemands en Europe après la mort de l'empereur;

de la défaite des chrétiens au siége de Joppé, et de la mort funeste de Henri, roi de Jérusalem.

Le pape Innocent, à la nouvelle de ces malheurs, essaya d'enflammer le zèle des Occidentaux. Il annonça, par ses lettres, qu'il envoyait deux légats pour exciter à une nouvelle croisade. L'un était Pierre, cardinal-diacre du titre de Ste.-Marie, *in viâ latâ*. Il était chargé d'aller en France travailler à la réconciliation entre les rois de France et d'Angleterre, et à la réunion des forces des deux royaumes. L'autre était Siffride, cardinal-prêtre du titre de St.-Praxède. Il alla à Venise hâter l'équipement d'une flotte. Le pape accordait des indulgences à ceux qui partiraient, et obligeait les prêteurs à remettre les intérêts de l'argent à ceux qui étaient engagés avec eux.

Avant de délivrer ces lettres et d'apprendre que les Allemands étaient partis de la Syrie, il avait fait savoir dans la Sicile, dans la Pouille, dans la Calabre et dans la Toscane, le malheureux état de la Terre-Sainte. Il avait chargé l'évêque de Syracuse et l'abbé de Sambuci d'aller dans les bourgs et les villes de Sicile, et d'exciter les chrétiens à prendre les armes pour la défense du Christ. Il ordonna aux prélats des différents royaumes de convoquer des conciles provinciaux, et de lever des secours en argent. Ce qui s'exécuta en effet.

Raynaldi, après avoir indiqué toutes les lettres d'Innocent, qui constatent ces faits, ajoute que les Grecs auraient pu réparer les affaires de la Terre-Sainte, et renverser la puissance des Sarrasins s'ils avaient réuni leurs forces aux Latins. Pour cela il fallait les réconcilier avec l'église de Rome, et c'est à quoi Innocent travailla : mais ce fut en vain. Il envoya deux légats à l'empereur Alexis, pour l'exhorter à fournir des secours à la Terre-Sainte, et prêter obéissance au St.-Siége. Le patriarche de Constantinople parut bien accueillir les légats et louer le zèle d'Innocent ; mais il montra sa perfidie en écrivant

au pape une lettre dans laquelle il lui demandait, comme par
manière de doute, pourquoi Innocent donnait le nom d'universelle à l'église de Rome, et pourquoi l'on ne donnait pas le
titre de mère des églises à celle de Jérusalem, d'où la foi chrétienne était émanée ? Il y eut à ce sujet une correspondance entre
le pape et le patriarche, et l'empereur grec, que Raynaldi a
copiée. Sur ces entrefaites, le roi d'Arménie implora le secours
d'Innocent contre les Sarrasins. Ensuite il en appela à son autorité pour revendiquer la principauté d'Antioche en faveur du
fils de sa nièce. Raynaldi cite encore les lettres du pape sur ce
sujet, puis il copie, d'après Roger, celles que le pontife adressa
à tous les évêques d'Angleterre et du monde chrétien, au sujet
de l'entreprise de la croisade. Le pape leur ordonne d'établir
dans toutes les églises un tronc pour recevoir les aumônes
destinées à cet objet, et il explique le genre d'indulgence qu'il
accorde aux croisés.

Sous la date de 1200, Raynaldi rapporte de nouvelles lettres
du pape, qui demande le quarantième denier des revenus pour
le secours de la Terre-Sainte. Ce subside, selon le père Mansi,
avait déjà été demandé dans les commencements du pontificat
d'Innocent. Par les mêmes, le pontife ordonne des prières pour
le succès de la croisade, et interdit le luxe aux croisés.

A la fin de l'année 1201, Innocent qui n'avait rien tant à
cœur que l'expédition dans la Terre-Sainte, adresse encore
d'autres lettres au roi d'Angleterre, à qui il demande de l'argent
et des secours. Raynaldi a tiré ces lettres de Roger Hoveden,
dont il copie aussi ce qui a rapport aux préparatifs qui se faisaient alors, et aux traités conclus entre les croisés et les Vénitiens. Il fait remarquer, en outre, que ce même Roger a terminé
son histoire à cette année.

A la date de l'année suivante, 1202, l'annaliste rapporte,
d'après St. Antonin, que la Syrie fut affligée et ébranlée par un

horrible tremblement de terre. Le 30 mai, avant l'Ascension,
on entendit un bruit terrible; une grande partie de la ville
d'Acre et le palais du roi s'écroulèrent; la ville de Tyr fut
couverte de ruines; la forteresse appelée *Acca* fut abattue jusqu'au sol, et la plupart des habitants furent ensevelis sous les
décombres; l'île Antaradoz, où St. Pierre avait dédié la première
église à la Ste. Vierge, resta intacte. Ces malheurs furent suivis
de la stérilité des terres et de maladies épidémiques. Le pape
Innocent résolut d'envoyer deux cardinaux en qualité de légats
auprès de l'armée des croisés. Il écrivit de nouvelles lettres aux
patriarches, aux évêques, aux abbés, prieurs, et à tout le clergé
catholique, afin de faire connaître ses résolutions. Raynaldi croit
devoir ici réfuter les calomnies de Mathieu Pâris, qui, ennemi
constant de la cour romaine, accuse Innocent d'avoir voulu,
par avarice, extorquer à l'ordre de Citeaux de grandes sommes
d'argent, sous prétexte de l'expédition de la Terre-Sainte,
ajoutant que ce pape, repris par la Ste. Vierge, se désista de son
exaction. Raynaldi prouve, par plusieurs autorités, entr'autres
par celle de l'auteur de la chronique de Fosseneuve, que le pape
Innocent fit, dans cette même année 1202, où la cherté des
denrées fut grande et générale, des aumônes extraordinaires.
Ce fut vers ce temps qu'Alexis, fugitif, recourut à ce pape.
L'empereur de Constantinople, son oncle, envoya des ambassadeurs à Rome et des lettres au souverain pontife, pour l'engager à ne pas prêter son secours à Alexis. Le pape répondit
à l'empereur par une lettre que Raynaldi a extraite du registre
d'Innocent: ce pape annonçait au prince grec que son neveu,
n'ayant pas obtenu ce qu'il demandait, s'était retiré auprès de
Philippe, duc de Souabe. Innocent, tout occupé du projet de la
croisade, n'osa pas dans cette lettre blâmer trop vivement la
conduite de l'empereur, dans la crainte sans doute de l'in-
disposer contre les Latins, et de nuire par-là au succès de
l'entreprise.

Cinquième Croisade.

Enfin cette expédition, pour laquelle Innocent n'avait rien négligé, eut lieu dans l'année 1203. Les croisés s'étaient réunis à l'envi, de l'Italie, de l'Allemagne, de la Hongrie, de la France, de la Belgique, d'Angleterre et des autres pays. L'abbé Martin, de l'ordre de Citeaux et du monastère de Paris dans le diocèse de Bâle, homme d'une grande autorité, fut envoyé par le pape au-delà des Alpes, pour animer les esprits à prendre la croix qu'il avait prise lui-même. Il amena une foule de pélerins à Venise, lieu du rendez-vous. Raynaldi met ici à contribution plusieurs écrivains du moyen âge, entr'autres Nicétas, Jacques Meyer, Gunther, André Dandolo, pour faire l'histoire de cette croisade. La flotte chrétienne, composée de près de 300 vaisseaux, et commandée par Henri Dandolo, mit à la voile, et sortit du port le 8 d'octobre de cette année. Le 10 novembre elle aborda à Jadéra, ou Zara, et après cinq jours de siége elle prit cette place.

Au rapport d'André Dandolo, les Vénitiens abattirent tous les murs de cette ville qui donnaient sur la mer. Le pape écrivit aux croisés, et se plaignit amèrement de la prise de Jadéra. Les croisés français, touchés de ses reproches, lui envoyèrent l'évêque de Soissons, l'abbé Martin et Maître Jean de Paris, afin de le fléchir.

L'auteur de la vie d'Innocent et Gunther disent que les Français, ayant promis d'obéir par la suite à tous les ordres du souverain pontife, furent absous des censures qui avaient été lancées contre les croisés. Il y eut même un acte de soumission qui fut signé de Baudouin, comte de Flandre et de Hainault; de Louis, comte de Blois et de Clermont; de H. de St. Paul; d'Oddon de Chanplite, et de Guillaume son frère. Cet écrit est daté de Jadéra, au mois d'avril 1203. Boniface, marquis de Montferrat, principal chef de l'armée, joignit ses prières à celles des Français,

et adressa lui-même une lettre à Innocent, pour adoucir sa colère
contre les Vénitiens. Cette lettre, suivant Raynaldi, calma un
peu le ressentiment du pape contre les Vénitiens, qu'il excom-
munia pourtant, quoique l'annaliste n'en dise rien. Les Français,
ayant demandé comment ils devaient se conduire avec les Vénitiens, Innocent leur répondit qu'ils pouvaient agir de concert
et se servir de leur secours jusqu'à ce qu'ils fussent arrivés en
Syrie. Cette réponse doit paraître un peu singulière, mais les
instructions que le pape donna aux croisés sur la conduite qu'ils
avaient à tenir avec les Grecs à l'égard des provisions, dont l'armée aurait besoin, paraîtront encore plus étranges. « S'il arrive
par hasard, leur dit-il, que les Grecs vous refusent des vivres,
comme vous vous êtes dévoués au service de Jésus crucifié, à
qui appartiennent la terre et tous ceux qui l'habitent, il ne
pourra pas paraître déplacé de le comparer à un empereur
terrestre dont l'armée peut se fournir partout de vivres et de
subsistances ; vous pouvez donc, pour remplir le but que vous
vous proposez, vous pourvoir de toutes les choses nécessaires,
sans toutefois blesser les personnes. »

Les légats ayant inutilement essayé de détourner les croisés
de rétablir Isaac et Alexis sur le trône de Constantinople,
allèrent d'abord dans l'île de Chypre, puis en Syrie. Le cardinal Siffride y étant arrivé le premier, et ayant vu le triste
état des affaires des chrétiens dans ce pays, écrivit au pape une
lettre touchante ; Innocent lui répondit par une autre pleine
de consolations. Les habitants de la Terre-Sainte ayant voulu
nommer le légat pour leur patriarche, et Siffride refusant cette
dignité, Innocent essaya, par une nouvelle lettre, de vaincre
sa résistance. Siffride persistant dans son refus, l'évêque de
Verceil fut élu à sa place. Raynaldi donne en entier la première
lettre du pape, et copie en partie la seconde. Il justifie ensuite
ce même pape des fausses imputations de l'historien Nicétas,

qui l'accuse d'avoir, par avarice, travaillé au rétablissement
d'Alexis sur le trône de Constantinople. Il cite d'abord le témoignage de Gunther, afin de prouver que cet Alexis, envoyé par
Philippe de Souabe, vint trouver les chefs des croisés pour les
prier de sa part de le remettre dans ses droits. Raynaldi rapporte toutes les promesses qu'Alexis leur fit. D'après l'auteur
de la vie d'Innocent, il dit que lorsque ce pape eut été informé
de ces propositions, il s'empressa d'écrire aux chefs des croisés
pour les détourner de les accepter. Il cite la lettre du pape qui
était pleine de raison et de sagesse. Innocent disait aux croisés
qu'en tardant d'aller en Palestine, ils donnaient aux Sarrasins le
temps de se fortifier, et de mettre à profit les victoires qu'ils
avaient déjà remportées sur les chrétiens. Il leur représentait, en
outre, qu'ils n'avaient point pris la croix pour aller venger un
prince grec injustement dépossédé; que quelque grand que fût le
crime de l'usurpateur, il ne leur appartenait pas d'en être les
juges.

La lettre d'Innocent ne fit rien sur l'esprit des chefs croisés;
leur parti était pris. Quand ils se furent rendus maîtres de
Constantinople, ils en informèrent le pape. Raynaldi rapporte
sur cette prise, un extrait de leur lettre, et s'appuie aussi sur
Nicétas. Le père Mansi, dans une note, fixe au 25 juillet de
cette année la prise de Constantinople, et au 1er. août le couronnement d'Alexis. Ce prince s'empressa d'écrire au pape
Innocent pour lui faire les mêmes promesses qu'il avait faites
aux croisés. Ses lettres sont copiées en tout ou en partie dans
les Annales.

Le pape, au commencement de l'année 1204, félicita l'empereur Alexis de la disposition où il paraissait être de soumettre
l'église grecque à l'église romaine. Il écrivit aussi aux chefs des
croisés de presser ce prince d'exécuter sa promesse, afin qu'ils
allassent promptement au secours de la Terre-Sainte. Ces lettres

sont aussi consignées dans les Annales ; on y trouve encore celle de Baudouin, élu empereur de Constantinople, dans laquelle ce prince fait au St.-Père le récit des causes qui ont déterminé les Latins à renverser les princes grecs, surtout le jeune Alexis, qui n'avait montré aux croisés que de l'ingratitude, et n'avait tenu aucune de ses promesses. Raynaldi, après avoir copié cette longue lettre, ajoute aux détails qu'elle renferme ceux que donnent Nicétas, Meyer, Gunther et les Annales de Flandre, sur la seconde prise de Constantinople par les Latins, et sur l'élection d'un empereur. Les chefs croisés, pour se justifier aux yeux du pape, et sans doute aussi pour s'excuser eux-mêmes d'une entreprise qui était si étrangère, et l'on peut ajouter si contraire à leur premier dessein, accusèrent les Grecs de plusieurs crimes. Baudouin, dans sa lettre, leur reprochait d'avoir souvent fait avec les Sarrasins des traités d'amitié qu'ils sanctionnaient à la manière des Scythes, en se perçant mutuellement la veine de l'estomac et en buvant le sang qu'ils en tiraient ; d'avoir une telle haine pour le prince des apôtres, qu'il n'y avait pas dans la ville de Constantinople une seule église qui lui fût dédiée ; d'avoir en horreur le culte des images, et tous les Latins en si grande aversion, qu'ils les regardaient et les traitaient comme des chiens, surtout les prêtres et les moines.

Le père Mansi remarque sur ces griefs, allégués par Baudouin, que quant à l'usage de sanctionner les traités en se tirant du sang et en le buvant, on n'en avait point fait un crime aux Germains qui le pratiquaient ; et qu'à l'égard du reproche qui concernait la prétendue haine des Grecs pour St. Pierre, il était dénué de tout fondement, puisqu'il y avait à Constantinople, lorsqu'elle fut prise par les Latins, quatre ou cinq églises dédiées à St. Pierre : il y en avait une dans l'enceinte du palais impérial ; elle avait été bâtie par l'empereur Basile, Macédonien, au XIe. siècle ; une autre, près du palais Hormisdas,

fondée par Justinien, était sous l'invocation de St. Pierre et
de St. Paul. Il y en avait une troisième voisine de la basilique
de Ste.-Sophie.

Le père Mansi fixe la seconde prise de Constantinople au
12 avril 1204, et le couronnement de Baudouin au 16 mai,
qui était le quatrième dimanche après Pâques, comme le dit
Baudouin lui-même dans ses lettres. Le pape, cédant à la
nécessité, et tâchant de tirer le meilleur parti possible des circonstances où se trouvait alors la chrétienté, félicita le nouvel
empereur par une lettre datée de Rome le 7 des ides de novembre. Il en adressa, dans le même mois, une autre fort
longue aux évêques, abbés et autres ecclésiastiques qui étaient
à Constantinople à l'armée des croisés. Il les félicitait de ce
que l'empire des Grecs était passé aux Latins, et rendait grâce
à Dieu d'un si heureux changement. Il entrait ensuite dans la
discussion des articles qui concernaient le schisme des deux
églises, et finissait par exhorter les croisés à rester dans l'obéissance et l'amour qu'ils devaient à l'église de Rome.

Raynaldi rapporte que Baudouin ayant envoyé des lettres à
la cour romaine, et de grands et magnifiques présents au pape,
des Génois s'en emparèrent. Innocent, justement irrité, ordonna
à l'archevêque de Gênes d'anathématiser ceux qui avaient commis ce brigandage, et frappa la ville d'interdit jusqu'à ce qu'ils
eussent rapporté à l'archevêque les objets enlevés. La lettre qu'il
écrivit est datée de St.-Pierre de Rome, le 11 novembre. Raynaldi
en copie encore une que ce même souverain pontife adressa à
Pierre, cardinal-prêtre du titre de St.-Marcellin, qu'il avait envoyé dans la Palestine, et qui se trouvait alors à Constantinople.
Le pape l'exhortait à amener les Vénitiens à demander l'absolution du crime dont ils s'étaient rendus coupables en prenant
Jadéra. Cette lettre était du 10 des calendes de février. Quelques
jours après, c'est-à-dire, le 16 des calendes de mars, Innocent

écrivit au chef des Vénitiens, et l'exhorta à revenir à son devoir, lui et les siens, et à tourner toutes ses forces et ses pensées vers la Terre-Sainte. Les Vénitiens demandèrent l'absolution et l'obtinrent de ce même cardinal-légat sans avoir fait aucune satisfaction. C'est ce que prouvent les lettres d'Innocent, écrites au commencement de l'année suivante au même chef des Vénitiens, et celles qu'il adressa à l'évêque de Ferrare.

Cependant lorsque le pape eut eu connaissance du partage que les princes croisés avaient fait entr'eux de l'empire d'Orient et des possessions ecclésiastiques qu'ils s'étaient arrogées, à la réserve de ce qui était nécessaire à l'entretien des clercs et des églises, il tomba dans une grande irrésolution. Il convoqua non-seulement les cardinaux, mais d'autres personnes connues par leur prudence. Il trouvait dans les arrangements que les croisés vainqueurs avaient faits entr'eux, beaucoup de choses injustes. Il supportait surtout avec peine l'oppression du clergé; il déplorait les crimes que les Latins avaient commis dans la prise de Constantinople, et il leur reprochait d'avoir, contre l'ordre du St.-Siége, envahi un pays dont les habitants ne les éloignaient point du chemin de la Terre-Sainte. D'un autre côté, les Grecs s'étaient depuis long-temps séparés de l'église: ils avaient refusé, sur les prières d'Innocent, de porter du secours dans la Palestine; ils avaient soutenu la tyrannie d'Alexis, qui avait injustement chassé son frère du trône impérial; c'étaient là autant de griefs qui semblaient diminuer aux yeux du pape les torts des croisés. Cependant on pouvait opposer à ceux-ci qu'ils avaient injustement pris l'initiative d'une vengeance à laquelle personne ne les avait appelés, et dont personne ne les avait chargés. L'affaire ayant donc été mûrement examinée dans un conseil, le pape adressa au marquis de Monferrat, qui avait consulté le St.-Siége sur tout cela, une lettre qui se trouve dans les *Gestes* d'Innocent, et que Raynaldi a copiée. Voici le commencement de cette lettre :

« Vous vous êtes témérairement écarté de la pureté de votre
» vœu, lorsque n'ayant aucune juridiction ni aucun pouvoir
» sur les Grecs, vous avez tourné vos armes, non contre les
» Sarrasins, mais contre les chrétiens, et avez préféré les ri-
» chesses de la terre aux richesses du ciel. Ce qui est encore
» plus grave, c'est que quelques-uns de vous n'ont respecté ni
» la religion, ni l'âge, ni le sexe, et se sont rendus coupables,
» aux yeux de tous, de fornications, d'adultères, d'incestes et
» de violence, non-seulement sur les femmes mariées et les
» veuves, mais sur les vierges consacrées à Dieu. Vous ne
» vous êtes pas contenté d'épuiser les richesses impériales,
» et de dépouiller également les grands et les petits, vous avez
» encore porté vos mains sur les trésors et les possessions des
» églises ; vous avez enlevé les vases sacrés, les croix, les
» images et les reliques ; vous avez mis les autels à nu et dé-
» vasté le sanctuaire ; et l'église grecque, affligée de toutes
» sortes de persécutions, refuse de revenir à l'obéissance du
» St.-Siége, lorsque les Latins ne lui offrent que des exemples
» de perdition et des œuvres de ténèbres qui semblent justifier
» la haine qu'elle leur porte, etc. » Par d'autres lettres, le
pape déclara nuls et cassa les articles du traité qui partageaient les possessions ecclésiastiques entre les croisés, et ré-
servaient l'élection du patriarche à celle des deux nations qui
n'avait point donné l'empereur.

Cependant, malgré ces résolutions, qui prouvaient combien
le pape désapprouvait la conduite et la politique des croisés,
il finit par témoigner de la joie de la conquête de l'empire grec,
et fut d'avis que les Latins devaient le retenir ; il espéra sans
doute que cette conquête donnerait aux chrétiens la facilité de
détruire la religion de Mahomet. Dans une lettre écrite à l'arche-

vêque de Reims, il engageait ce prélat, d'après les demandes de l'empereur Baudouin, à envoyer à Constantinople des ecclésiastiques dévoués au St.-Siége, et des laïcs nobles et non nobles de l'un et de l'autre sexe et de toute condition. Il écrivit une semblable lettre aux archevêques, évêques et prélats de France, et une autre aux magistrats de Paris et aux chefs des écoles publiques : il les engageait à envoyer à Constantinople des hommes chargés d'y faire revivre l'étude des lettres. C'était toujours à la sollicitation de Baudouin que le pape adressait ces exhortations aux peuples d'Occident.

Les tristes événements qui arrivèrent cette année 1205, donnèrent bientôt d'autres soins au pape Innocent. On trouve dans les *Gestes* de ce pontife une lettre de Henri, frère de l'empereur Baudouin, adressée au pape pour lui apprendre la déroute des Latins devant Andrinople, et la captivité de Baudouin. Henri l'informait aussi du traité d'alliance fait entre les Bulgares, les Turcs et les Grecs. Innocent, qui, dans toute cette époque, paraît destiné à jouer le premier rôle, écrit à Joannice, chef des Bulgares, et l'engage à délivrer Baudouin. Le pape rappelle à ce prince qu'en recevant du légat du Saint-Siége le diadême royal, il s'était mis sous la protection spéciale de St. Pierre, afin d'être à l'abri des incursions des ennemis et de jouir de la paix. Il lui fait sentir qu'il est de son intérêt de remettre l'empereur latin en liberté s'il ne veut pas être attaqué d'un côté par l'armée des croisés, et de l'autre par les Hongrois. Le pape écrivit, en outre, à Henri, frère de l'empereur Baudouin, qu'il engagea à faire la paix avec les Bulgares.

Joannice répondit au pape qu'il n'avait fait la guerre aux Latins que parce qu'ils n'avaient pas voulu lui rendre les pays qu'ils lui avaient enlevés. Il convenait qu'il avait reçu la couronne royale du souverain pontife ; mais celui qui se disait empereur de Constantinople avait témérairement usurpé ce

titre. C'était, ajoutait Joannice, parce qu'il s'était mis sous la
protection de St. Pierre qu'il avait triomphé de ces Latins qui
portaient sur leurs épaules une croix adultère, et qui l'avaient
injustement attaqué. Du reste, il disait qu'il ne pouvait mettre
Baudouin en liberté, puisqu'il était mort en prison.

Raynaldi parle ensuite des démêlés qui existaient alors entre
le roi d'Arménie, le comte de Tripoli et Pierre, cardinal-légat;
démêlés qui furent terminés par une commission que le pape
nomma. Le roi d'Arménie obtint enfin que la principauté d'Antioche serait remise à son neveu, qui y fit bientôt après son
entrée.

L'annaliste parle, d'après Gunther et Othon de St. Blaise,
des précieuses reliques que l'abbé Martin porta en Allemagne
à son retour d'Acre et de Constantinople.

Sous la date de 1210, il peint l'oppression où était le clergé
en Orient. Dans ce temps, dit-il, la coutume s'était introduite
parmi les princes chrétiens d'Orient, de s'emparer, par avarice,
des biens des ecclésiastiques. Aussi ne devait-il pas paraître
étonnant que nos affaires dans ce pays allassent plus mal de
jour en jour; car Dieu a permis, ajoute-t-il, que la puissance
des chrétiens chancelle et tombe lorsque l'église est opprimée
ou déchirée.

Le pape Innocent essaya de détourner les princes de cette
coupable coutume; il écrivit surtout à l'empereur Henri de
Constantinople, qu'il exhorta à rendre les biens aux églises, et
à révoquer la constitution par laquelle il avait réglé avec ses barons qu'on ne pourrait laisser de propriétés aux églises, soit par
donation, soit par testament. L'empereur Henri se rendit à ces
exhortations, et s'occupa de faire restituer les biens du clergé.

Sous la date de 1212, l'annaliste dit un mot, d'après la
chronique d'Albert de Stade et les Annales de Godefroy, de
la croisade d'enfants. Le pontife roulait toujours dans son

esprit quelque projet de croisade. Au commencement de 1213,
il indiqua un synode général pour cet objet. Il adressa à tous
les chrétiens des lettres encycliques, et ordonna des prières
et des aumônes pour une nouvelle expédition. Il envoya en
France, en qualité de légat *a latere*, Robert, cardinal-prêtre
du titre de St.-Étienne *in monte Cœlio*; et le recommanda au
clergé, au roi de France, au fils aîné du roi Louis, et à Blanche,
femme de Louis. Il envoya aussi des légats à Venise : le doge
reçut avec beaucoup de joie les envoyés et les lettres du pape,
et se mit à équiper une flotte considérable pour se joindre aux
autres croisés. Ce fut pendant la légation du cardinal Robert
en France qu'il se tint à Paris un concile que le père Labbe
place à l'année 1212, mais qui n'eut lieu qu'en 1213, comme
l'observe le P. Mansi, et comme cela est évident d'après les
lettres mêmes du pape Innocent, datées de 1213.

Innocent écrivit aussi en Allemagne des lettres, dans lesquelles on peut remarquer le passage suivant : « Comme
» le roi du ciel, y est-il dit, est plus grand qu'un roi de la
» terre, et qu'il est constant qu'un homme appelé à l'armée
» de son roi ne peut être empêché de s'y rendre par l'oppo-
» sition de sa femme, ceux qui sont appelés à l'armée du
» maître des rois, ou qui veulent s'y rendre, ne peuvent non
» plus en être empêchés par le lien du mariage; car ce lien n'est
» pas dissous pour cela, mais seulement suspendu pour
» un temps, comme cela arrive souvent dans d'autres occa-
» sions. » Le pape répondait par-là à ceux qui l'avaient consulté pour savoir si les maris pouvaient, sur les réclamations
de leurs femmes, se dispenser de la milice sacrée. Il exhorta
aussi André, roi de Hongrie, à accomplir le vœu qu'il avait
fait depuis trois ans d'aller à la Terre-Sainte; et pour que rien
ne retardât ou n'arrêtât cette expédition, il manda au patriarche
de Jérusalem de presser le soudan de Damas et du Caire de

II.   4

rendre la Terre-Sainte; il lui disait que lui-même lui envoyait des légats et des lettres pour le solliciter de le faire, non qu'il espérât le fléchir, mais afin de mériter la grâce de Dieu qui favorise ceux qui sont humbles.

Raynaldi copie ces lettres, que Richard de St.-Germain a données aussi sous la date de l'année suivante.

Sur ces entrefaites, la mort de la reine de Jérusalem causa un grand deuil dans la Syrie. De peur qu'elle ne fût une occasion de trouble, le pape écrivit aux Templiers de défendre et de protéger les terres et les droits du roi; et au patriarche de Jérusalem, légat du Saint-Siége, et à ses suffragants, de maintenir le peuple dans la fidélité qu'il devait au prince. Il écrivit aussi au roi pour lui exprimer la grande douleur que lui causait la mort de la reine, et l'animer à la défense de la Terre-Sainte.

Sixième Croisade. — Expédition du roi de Hongrie. — Prise de Damiette.

Innocent ne s'en tint pas là. Méditant d'assembler un concile œcuménique pour éteindre les hérésies, rappeler les schismatiques, renverser la puissance des Sarrasins, et corriger les mœurs des chrétiens, il adressa des lettres aux églises de l'Orient et de l'Occident. Ces lettres se trouvent dans la Chronique de Fosse-Neuve, dans celle d'Ursperg, et dans le registre d'Innocent. Raynaldi en a copié une partie : elles sont datées de Latran, aux calendes de mai.

Au commencement de l'année 1214, une grande multitude de croisés se préparant à aller dans la Terre-Sainte, Innocent crut qu'il fallait en envoyer une partie pour préparer la voie aux armées qui suivraient. Il adressa à Grimald de *Monte-Silice*, et à ses compagnons, les exhortations suivantes ; .

« Vous pouvez vous réjouir dans le Seigneur de ce que
» Dieu vous a inspiré, comme nous le croyons, de vous
» dévouer au service d'un si grand roi, en prenant la croix
» pour aller au secours de la Terre-Sainte, où le Roi des
» rois et le Maître des souverains a daigné voyager pour ses
» serviteurs, et pour les rendre dignes d'être citoyens de la
» patrie céleste et héritiers de l'éternelle béatitude ; louez-vous
» donc en hommes prudents, dans le Seigneur, du dessein
» que vous avez formé ; car si vous vous confiez, non dans vos
» forces ou dans votre prudence, mais dans son pouvoir et
» sa miséricorde, celui qui a renversé dans la mer l'armée de
» Pharaon et son char, dirigera vos pas. Il est glorieux dans
» ses saints, et admirable dans sa majesté, celui à la voix
» duquel les cieux ont été affermis, et qui calme les tempêtes,
» lorsqu'il commande à la mer et aux vents. N'ayez rien à
» craindre du nombre de vos ennemis, si vous allez au combat
» du Seigneur avec un cœur pur. Souvenez-vous que le Sei-
» gneur fit vaincre la petite armée de Gédéon, et que la pierre
» lancée de la fronde du faible David abattit l'orgueil du
» Philistin armé. Du reste nous voulons, pendant que vous
» allez préparer le chemin à la grande armée, que vous
» jouissiez de la rémission et des indulgences que nous avons
» accordées dans nos lettres générales. »

Donné le 15 des calendes de mars, l'an 16e. de notre pontificat.

La nouvelle des préparatifs de l'Occident et de la prochaine tenue du concile de Latran, se répandit dans l'Orient. Des lettres
apportées au pape par des vaisseaux vénitiens apprirent que les
Sarrasins effrayés avaient offert au patriarche de Jérusalem
une certaine somme d'argent sous le nom de Cens. Ces lettres
donnaient des renseignements sur la puissance des Sarrasins,
sur leurs forces et sur leurs mœurs. Le souverain pontifé
avait, quelque temps auparavant, demandé ces renseignements

4..

au patriarche, aux Templiers et aux hospitaliers. Raynaldi[1] les copie tels que Richard de St.-Germain les a donnés.

André, roi de Hongrie, qui s'était préparé à cette expédition, demanda au pape la permission de couronner son fils ; il le pria de contenir, par ses censures, les ennemis de la paix publique, d'exempter du pélerinage quelques hommes d'une grande autorité auxquels il voulait confier dans son absence l'administration de son royaume, et de confirmer les droits de l'église de Strigonie. Ces lettres, que Raynaldi copie, ont été tirées du livre des priviléges de l'église romaine. Elles réfutent la fable de Bonfinius, qui dit que le roi confia l'administration de son royaume à Baneban, et que le frère de la reine Gertrude, qui était venu en Hongrie pour adoucir le chagrin de sa sœur, poussé par la passion qu'il avait pour la femme de Baneban, la déshonora par le secours de la reine elle-même.

Sous la date de 1215, Raynaldi fait le récit de la tenue du concile de Latran. Il s'appuie de l'autorité de tous les historiens contemporains ou voisins de cette époque, tels que Conrad d'Ursperg, Albert de Stade, Richard de St.-Germain, la chronique de Fosse-Neuve, le moine Godefroy, Henri Steron, l'Histoire des Albigeois par Pierre Vallisarno, Mathieu Pâris, etc. Ce synode s'ouvrit le jour de la St.-Martin ; il y avait deux patriarches, celui de Constantinople et celui de Jérusalem. Le patriarche d'Antioche, retenu pour cause de maladie, envoya pour vicaire l'évêque d'Antedon ; celui d'Alexandrie, sous la puissance des Sarrasins, envoya son frère à sa place. Le roi de Sicile et l'empereur désigné y étaient présents. L'empereur de Constantinople, les rois de France, d'Angleterre, de Pannonie, d'Arragon, de Jérusalem et de Chypre, et d'autres princes, y avaient envoyé leurs ambassadeurs. Tous les écrivains qui ont parlé de ce concile s'accordent à le regarder comme œcuménique. Raynaldi rapporte en entier le discours que le pape

Innocent y prononça, et dans lequel il exposa tout ce qui devait en être l'objet.

Le départ pour la Terre-Sainte y fut fixé aux calendes de juin suivant : les ports de Brindes et de Messine y furent indiqués comme principaux lieux de rendez-vous. Le pape ordonna la levée du vingtième des revenus des ecclésiastiques, et du dixième de ceux des cardinaux pour les frais de la guerre. On promulgua la paix pour quatre ans ; mais Innocent, qui avait mis tant de zèle pour la délivrance des saints lieux, mourut l'année suivante à Pérouse au mois de juillet, en allant travailler à la paix entre les Pisans, les Génois et les Lombards.

Le premier soin d'Honorius III, qui lui succéda, fut de relever le courage des croisés, que la mort d'Innocent avait abattu. Il adressa des lettres aux évêques de France et d'Allemagne, et envoya des légats dans ces deux pays pour réchauffer le zèle des chrétiens. Raynaldi donne une copie de ces lettres. Honorius en écrivit une à l'archevêque de Panorme et à ses suffragants, au sujet de la levée du vingtième des revenus ecclésiastiques. Le pape ne s'en tint pas là : il résolut de rétablir la concorde entre le patriarche et l'empereur de Constantinople, et travailla à remettre la paix en Italie.

Sous la date de 1217, Raynaldi s'exprime ainsi au sujet de l'expédition dans la Terre-Sainte :

« Tout l'univers chrétien était dans l'attente de l'issue » de la croisade décrétée par le concile de Latran. Les ames » pieuses avaient conçu de grandes espérances qu'enfin, avec » le secours de Dieu, les Sarrasins perdraient le fruit de leurs » précédentes victoires, et que la terre, teinte du sang du » Christ, ne serait plus foulée par ses ennemis. Des croix, » qu'on avait aperçues dans le ciel, avaient été pour les » peuples des présages de triomphe.

» Cependant, ajoute l'annaliste, le succès ne répondit ni

» aux vœux ni à l'attente des chrétiens. L'empereur Pierre
» ayant été fait prisonnier, aucun secours ne fut envoyé de
» Constantinople ; l'Allemagne, incertaine entre Othon et
» Frédéric, qui se disputaient l'empire, ne put prêter tous ses
» secours ; l'Angleterre était travaillée par la guerre civile dont
» les feux avaient gagné l'Hybernie. L'Écosse avait réuni ses
» armes à celles de Louis. La France avait fait passer une
» partie de ses troupes en Angleterre ; le comté de Champagne
» était partagé entre Thibauld et Erard, qui se le disputaient.
» La révolte des Albigeois occupait le midi ; l'Arragon faisait
» la guerre pour le rétablissement du comté de Toulouse ; le
» reste de l'Espagne était occupé à chasser les Maures ; l'Italie
» était loin d'être tranquille ; en un mot, de tous les rois d'Oc-
» cident, celui de Hongrie fut le seul qui traversa la mer, et son
» retour prématuré détruisit l'effet des beaux commencements
» de son expédition ; cette année fut en outre funeste à la
» Syrie par la disette des récoltes ; de sorte que tout contribua
» à tromper les espérances et les vœux du peuple chrétien.
» Cependant, dit Raynaldi, cette expédition ne fut pas sans
» avantages ni sans triomphe. »

Honorius envoya en Lombardie l'évêque d'Ostie, et il y
adressa en outre des lettres apostoliques pour engager les
peuples à tourner leur ardeur belliqueuse contre les Sarrasins.
Il exhorta de même les Génois et les Pisans à cesser leurs
divisions, et à se réunir contre les ennemis du Christ. Le pape
ayant appris que les habitants de Cologne faisaient de grands
préparatifs et avaient équipé trois cents vaisseaux pour porter
du secours en Syrie, leur écrivit et les félicita de leur zèle.
Ce peuple et celui de la Frise avaient été excités à faire cet
armement par la vue des croix dont Mathieu Pâris et d'autres
auteurs anglais et allemands ont rapporté l'apparition dans le
ciel. Cette apparition avait eu lieu en 1214 en différents

endroits. Léopold d'Autriche et d'autres ducs se joignirent au
roi de Hongrie. Le pape confirma les dispositions que ce roi
avait faites relativement à son royaume. Le roi de Norwége
ayant aussi envoyé des troupes contre les Sarrasins, Honorius
l'en félicita, et lui déclara qu'il mettait sous la protection du
St.-Siége, lui, son royaume et tous les biens des croisés.
Plusieurs croisés se rendant à Messine, Honorius y envoya
l'archevêque de *Cusy*, chargé de les exhorter à éviter les embûches des pirates et des Sarrasins, et à joindre ensemble leurs
troupes pour entreprendre le voyage. Peu de jours après,
il écrivit à l'archevêque de Gênes, et lui annonça que le roi
de Hongrie, le duc d'Autriche et plusieurs autres seigneurs
croisés devaient se rendre à l'île de Chypre, et que le patriarche
de Jérusalem et les maîtres des Templiers et des Hospitaliers
avaient ordre d'en partir et de se porter sur l'ennemi du côté
où l'on jugerait plus convenable de l'attaquer. Il l'exhorta à
faire usage de son éloquence pour engager ceux qui relâche-
raient à Gênes à se rendre au plus vite à l'île de Chypre.

Lorsque le roi de Hongrie et les autres chefs furent débarqués
sur les côtes de l'Orient, le pape ordonna des prières publiques
à tous les évêques de la chrétienté. Raynaldi copie les lettres
qui furent adressées à ce sujet. Elles sont datées de Latran du
8 des calendes de décembre; l'annaliste fait le récit des opérations des croisés en Portugal. Il rapporte la lettre que le maître
de la milice du Temple, le prieur de l'hôpital et le commandeur
de la milice de St.-Jacques de Palmela, adressèrent au pape sur
la victoire qu'ils remportèrent dans ce pays, contre quatre rois
Sarrasins réunis; à l'appui de cette lettre, il cite les Annales du
moine Godefroy, et la Chronique de Richard de St.-Germain.
Le pontife rendit grâces à Dieu de cette victoire, et écrivit
aux croisés de prendre promptement le chemin de la Syrie.
Raynaldi donne ensuite un abrégé du récit de ce que le roi de

Hongrie et les autres croisés firent dans la Palestine. Ce récit est tiré du moine Godefroy, que Mathieu Pâris et Jordan ont copié.

Dans l'année 1218, Honorius envoya en qualité de légat, à l'armée des croisés en Syrie, l'évêque d'Albane, qui s'était déjà distingué en cette qualité à Constantinople, du vivant de Henri. Il adressa à ce sujet des lettres en Orient, et le recommanda aux chrétiens. Ces lettres étaient datées de St.-Pierre de Rome, le 15 des calendes de juin.

Pélage était déjà parti, lorsqu'un grand nombre de seigneurs français se rendirent à Gènes. On distinguait parmi eux l'archevêque de Bordeaux et les évêques de Paris et d'Angers, les comtes de la Marche et de Nevers. Ils demandèrent à Honorius de leur adjoindre pour compagnon de voyage, un cardinal-légat. Le pape leur répondit le 5 des calendes d'août, et leur envoya le cardinal-prêtre Robert de Courçon, du titre de St.-Étienne *in monte Cœlio*, non en qualité de légat, mais pour expliquer les oracles divins.

Dans ce même mois, Honorius reçut des lettres datées du camp des croisés devant le phare de Peluse (Damiette) qu'ils assiégeaient. Ces lettres disaient pourquoi le fort de la guerre était en Égypte, et présentaient l'état des affaires des chrétiens. Elles étaient signées du roi et du patriarche de Jérusalem, du duc d'Autriche, de l'archevêque de Nicosie et autres prélats. Elles annonçaient que le soudan avait rassemblé de grandes troupes, et qu'il y avait lieu de craindre que les fidèles, s'ils n'étaient promptement secourus, ne tombassent au pouvoir des Barbares. Honorius se hâta d'écrire aux croisés Français, et à tous ceux qui se trouvaient à Gènes, de faire voile vers l'Égypte, et d'aller à Damiette. Il écrivit la même chose aux autres croisés réunis à Venise; et il informa ceux qui étaient devant Damiette de ce qu'il avait fait pour leur envoyer du secours.

L'arrivée du légat Pélage, dit Jordan, mit le trouble dans

l'armée des croisés. Le légat prétendit commander, et allégua pour raison que l'expédition avait été ordonnée par l'église, et que les croisés n'étaient point sujets du roi de Jérusalem. Celui-ci parut ne pas faire attention à ces prétentions, et se conduisit toujours en maître; ce qui divisa l'armée, chacun suivant les ordres de celui qu'il affectionnait.

Sur ces entrefaites, on apprit que le soudan arrivait à la défense de Damiette avec des forces considérables. Bientôt il attaqua les chrétiens campés sur une rive du Nil. L'annaliste raconte ensuite, d'après le rapport de Richard, d'Albert de Stade, de Godefroy et de Mathieu Páris, comment la tour du Phare fut prise; mais ce ne fut pas sans une grande effusion de sang. Selon Godefroy, les croisés de Cologne se distinguèrent par leur courage dans ce siége. Après la prise de la tour, on attaqua la ville de plus près, et Saphadin, repoussé par les croisés, ne survécut pas à sa défaite.

Honorius, ayant appris ces nouvelles, adressa aux Français d'autres lettres dans lesquelles il leur fit le récit des avantages remportés par les croisés, et les excita à envoyer promptement des renforts. Il leur ordonna de faire des levées d'argent, qu'il fixa à la vingtième partie des revenus. Raynaldi copie une grande partie de ces lettres, et parle du retour peu honorable du roi de Hongrie, qui, l'année précédente, s'était retiré à Tripoli, emmenant avec lui Hugues, roi de Chypre.

Ce récit des annales de Raynaldi est rectifié par le P. Mansi, qui prouve, d'après l'autorité des témoins oculaires, 1°. que le sultan d'Egypte ne porta pas les armes contre les chrétiens avant que la tour du Phare fût attaquée; 2°. que le légat Pélage n'arriva point au camp avant que cette même tour eût été prise; 3°. que Saphadin mourut avant le 22 septembre, jour où Jacques de Vitry écrivit sa lettre à Honorius; 4°. enfin qu'on ne commença à attaquer les murs de Damiette que l'année suivante, après la fête de Sainte-Agathe, le 5 février.

Sous la date de 1219, Raynaldi parle de cette prise de Damiette, d'après Richard, Albert de Stade, Godefroy, le moine
de Padoue, Mathieu Pâris, Henri Steron, Vincentius, Saint
Antonin et autres. Avant d'entrer dans les détails, il rapporte
que le pape, après avoir fourni, du trésor pontifical, 5 mille
marcs, en demanda 16 mille autres aux trésoriers des Templiers de Paris; car le cardinal Pélage lui avait annoncé que s'il
ne venait de prompts secours d'argent, il était à craindre que
les affaires des chrétiens ne fussent ruinées en Orient. Le pape
Honorius répondit en même temps au légat que son trésor était
épuisé, mais il lui annonçait de nouveaux secours en hommes.
Il avait en effet écrit aux princes chrétiens, et surtout à l'empereur Frédéric qui avait fait vœu de prendre la croix, de
partir au plus tôt. Frédéric, dans une longue lettre que l'annaliste copie, promit de le faire, et montra un grand zèle pour
la croisade. Mais comme il différait toujours de partir, Honorius lui adressa des plaintes; lui fit de nouvelles exhortations,
et ordonna en même temps à tous les évêques de sommer les
croisés, sous peine d'anathème, de voler au secours des chrétiens en Égypte.

Pendant ce temps, l'armée chrétienne qui assiégeait Damiette,
s'en empara après plusieurs combats. Raynaldi copie sur ce
sujet le moine Godefroy, que les autres auteurs ont suivi. Le
P. Mansi, s'en rapportant à l'historien Olivier qui était présent,
place au 26 de mai une sortie des Turcs contre les croisés,
que Godefroy place au dimanche des Rameaux, et dans laquelle
ils furent repoussés par le secours et la valeur des Templiers.
Le pape Honorius ayant été informé de la prise de Damiette,
écrivit aux chefs des croisés une lettre de félicitation, et leur
promit de nouveaux secours.

Dans l'année 1220, ce pontife apprenant que l'armée
chrétienne était fort affaiblie, envoya en Allemagne Conrad,

écolâtre de Mayence et son pénitencier, chargé de forcer les croisés, et Frédéric lui-même, à partir pour la Terre-Sainte. Il chargea du même soin Pandolphe, élu de Nowiole, pour l'Angleterre, et l'évêque de Constance pour l'Alsace. Tous trois étaient munis de lettres du pape, citées par Raynaldi. Cet auteur en copie une autre adressée à Jean, roi de Jérusalem, qui avait quitté Damiette, et s'était retiré à Acre avec les siens. Honorius excite ce prince à poursuivre ce qu'il a commencé ; il l'engage à se rendre aux avis du cardinal Pélage.

Sur ces entrefaites, Pierre de Montaigu, maître de la milice du Temple, écrit à l'évêque d'Elya que les Sarrasins ayant rassemblé des forces, ont arrêté les progrès des chrétiens. Il se plaint du retard que l'empereur Frédéric met à son passage.

En 1221, Honorius renouvelle ses instances auprès des croisés; il envoie Ugolin en Italie pour réunir leur armée. Frédéric écrit à Ugolin, et le félicite du choix que le pape a fait de lui; il lui adresse en même temps une exhortation au peuple de Milan, afin qu'il prenne part à la guerre sacrée. Cette exhortation fut vaine et sans résultat. Honorius reprocha à Frédéric de négliger les affaires de la chrétienté, et le pria d'envoyer quelqu'un à sa place, s'il ne voulait pas partir lui-même. L'empereur répondit qu'il venait d'envoyer au secours de la Terre-Sainte quarante galères qu'il avait toutes prêtes, et qu'il avait préposé au commandement de cette flotte le comte de Malte et l'évêque de Catane, chancelier du royaume de Sicile. Le souverain pontife témoigna à Frédéric son contentement; mais il ne lui dissimula point que ce secours aurait été plus utile s'il avait été envoyé plus tôt. Dans le même temps, il écrivit à l'archevêque de Gnesne et autres évêques de Pologne; il les exhorta à échauffer le zèle des Polonais en faveur de la croisade, et il annonça au cardinal Pélage le départ du marquis de Montferrat pour l'Orient, avec une armée.

Raynaldi rapporte ensuite, d'après l'autorité des écrivains contemporains, le détail de la reprise de Damiette par les Sarrasins. Le P. Mansi, en convenant de la vérité de ces détails, accuse l'annaliste de n'avoir pas observé l'ordre des faits; et, prenant pour guide l'historien Olivier, il le rétablit ainsi: Au mois de juin, le jour de St.-Pierre, l'armée chrétienne eut ordre de tenir ses bagages prêts. Le lendemain de l'Octave des saints apôtres, le roi Jean revint à Damiette. Les chrétiens s'avancèrent jusqu'à Pharescour et Cazale. Le 14 des calendes d'août, les Egyptiens commencèrent à attaquer les derrières de l'armée. Il y eut des escarmouches tous les jours suivants. La veille de St.-Jacques, on campa à la tête d'une île en forme de triangle, dans l'endroit où le Nil se partage en deux, et qui se nomme *Saremsac*. Alors la navigation fut interceptée pour les chrétiens, dont les vaisseaux furent en partie pris, en partie submergés, le 18 août. Ils restèrent là jusqu'au 7 des calendes de septembre, où ils partirent secrètement après avoir mis le feu au camp. Mais les eaux du Nil se débordant, causèrent une grande perte des nôtres. Les Sarrasins s'avancèrent contre les chrétiens qui les repoussèrent cependant malgré leur résistance. Mais dans la nuit, les Sarrasins ayant détourné les eaux du fleuve sur le camp des chrétiens, ceux-ci se virent réduits à une telle extrémité, que, le 30 d'août, ils furent forcés d'accepter les conditions de paix qu'on leur offrit. La première fut de rendre Damiette.

On rejeta en Occident la cause de cette perte sur l'empereur Frédéric. Le pape Honorius adressa aux fidèles de longues plaintes sur cet événement. L'empereur, de son côté, avait envoyé au pape un ambassadeur et des lettres pour lui exprimer sa douleur de ce que l'armée chrétienne venait d'éprouver. Il promettait de mettre tout son zèle et ses soins aux préparatifs d'une nouvelle expédition. Honorius le menaça de l'anathème s'il tardait à partir ; il l'exhorta à venir le trouver pour fixer ensemble le jour du départ, afin qu'il pût exciter tous les peuples de la chrétienté à le seconder et à l'accompagner. On trouve, dit Raynaldi, dans le registre pontifical, les lettres que le pape écrivit en effet à ce sujet aux archevêques et évêques de France, d'Angleterre, d'Ecosse, d'Irlande, d'Allemagne, de Pannonie, de Toscane et de Lombardie.

Expédition de FRÉDÉRIC II, ou suite de la sixième Croisade.

En 1222, les affaires des chrétiens languissant en Orient depuis la défaite d'Egypte, le pape Honorius, toujours flatté de l'espoir que Frédéric ferait une nouvelle expédition, résolut de réunir dans une assemblée les princes chrétiens. Son projet était de la tenir à Véronne. Il écrivit à son légat, l'évêque d'Albane, et à Jean, roi de Jérusalem, quelles étaient ses intentions, et les engagea, si les affaires de Syrie le permettaient, à se trouver à l'assemblée. La lettre qu'il leur adressa est datée de Verules, le 7 des calendes de mai, la 6ᵉ année de son pontificat. Le pape et l'empereur eurent dans cet endroit une entrevue qui dura quinze jours, ainsi que le prouvent des lettres impériales aux Siciliens, datées du 19 des calendes du même mois, des lettres du pape du 15, et un diplôme adressé aux évêques d'Allemagne, de la même date. La chronique de St.-Germain, qui porte qu'Honorius partant pour Agnanie, invita l'empereur à venir le trouver, dit qu'ils eurent une entrevue de 15 jours à Verules, et qu'il y fut décidé qu'il y aurait à Vérone une assemblée des princes chrétiens, pour y traiter du recouvrement de la Terre-Sainte.

Cette assemblée n'eut point lieu ; mais la chronique d'Elvangen assure qu'il y eut, l'année suivante, une conférence en Campanie, où se trouvèrent le patriarche et le roi de Jérusalem. Pour obliger Frédéric à tenir ses promesses, Honorius le reçut, lui, sa femme, son fils, tout l'empire et le royaume de Sicile, à la foi et hommage du Saint-Siége. Il écrivit ensuite à tous les prélats d'Allemagne de veiller à ce que personne, pendant que Frédéric serait dans son expédition de Jérusalem, ne troublât ses états, et il ordonna à chacun d'eux d'arrêter, s'il en était besoin, par les censures ecclésiastiques, l'audace des hommes injustes (*iniquorum hominum audaciam comprimerent*). Frédéric avait écrit dans ce temps des lettres où il montrait le plus grand desir de rétablir les affaires des chrétiens en Syrie, et il avait annoncé au pape que les ambassadeurs l'assureraient par eux-mêmes du zèle qu'il mettait dans ses préparatifs. Ses lettres étaient datées du 8 des calendes de novembre. Honorius s'adressa alors à tous les princes et seigneurs pour les exhorter à se préparer à aller effacer en Orient la honte que les chrétiens y avaient éprouvée; il leur promettait la protection du Saint-Siége; il refusait de dégager de leur vœu ceux qui s'étaient dévoués à la guerre sacrée; il ordonna entre autres au duc de Brabant qui apportait diverses excuses, de hâter son départ. Il promit 15 mille marcs au marquis de Montferrat, qui se disposait à passer la mer avec une troupe choisie. Ce marquis ayant promis au nom du pape mille marcs au comte Dauphin d'Auvergne, qui devait lui amener cent guerriers, Honorius ratifia cet engagement.

Dans une lettre datée de Latran, de l'année 1223, Honorius informa le roi de France Philippe, de ce qui s'était passé au colloque militaire tenu en Campanie. Il lui annonçait que Frédéric s'était engagé à aller en Syrie, et qu'il devait épouser la fille du roi de Jérusalem. Il exhortait Philippe à se joindre à l'empereur dans cette expédition.

Raynaldi a copié cette lettre en entier, et il ajoute qu'on trouve dans le registre pontifical d'autres lettres de la même teneur, qui furent envoyées aux rois de Pannonie, d'Angleterre et autres princes. L'annaliste rapporte, d'après les historiens du temps, que Jean de Brienne, roi de Jérusalem, se rendit cette même année en Angleterre, pour y demander des secours ; que de là, il alla en France, et assista au couronnement de Louis qui venait de succéder au roi Philippe ; que pendant ce temps Honorius écrivait au landgrave de Thuringe, au doge et au peuple de Venise, au duc d'Autriche, à l'archevêque de Pise et à ses suffragants, et aux autres évêques de l'univers chrétien, pour qu'ils annonçassent et fissent promulguer la croisade. Le zèle d'Honorius pour cette expédition était de plus en plus excité par les nouvelles affligeantes qu'il recevait de l'Orient, surtout par les lettres que lui adressa le patriarche d'Alexandrie, et que Raynaldi a copiées. Cet auteur a copié de même l'exhortation apostolique qu'Honorius envoya en Allemagne en 1224, et dont il chargea son légat, l'évêque de Porto. Ce souverain pontife, dont le zèle ne se refroidissait point, écrivit au patriarche d'Aquilée, aux archevêques de Mayence, de Trèves, de Cologne, de Magdebourg, de Salsbourg, de Brême et à leurs suffragants, pour le même objet. De son côté, Frédéric promit par lettres et par serment d'épouser la fille du roi Jean, et s'imposa le devoir de rétablir les affaires des chrétiens en Orient. Il demandait les secours du souverain pontife, et annonçait qu'il préparait une flotte. Godefroy dit qu'elle était de cinquante bâtiments de transport, et que ces bâtiments étaient si grands, que non-seulement ils pouvaient porter deux mille chevaux et deux mille cavaliers, mais de plus dix mille hommes armés. Frédéric annonçait en outre qu'il avait envoyé en Allemagne François Hermann, maître de l'ordre Teutonique, pour y faire des levées.

Raynaldi regarde toutes les promesses de Frédéric comme
autant de tromperies ou de faussetés. Il adopte sur cet empereur les opinions de la plupart des historiens contemporains.
Il dit ensuite qu'Honorius envoya en France des légats travailler à la réconciliation entre les rois de France et d'Angleterre. Le premier ayant rejeté ses avis, Honorius lui adressa
des plaintes très graves, et lui fit sentir à quel danger la Terre-
Sainte était exposée par les querelles des princes chrétiens. Sa
lettre est datée de Latran, le 5 août, de la 9e. année de son
pontificat.

Sur ces entrefaites, la reine de Géorgie envoya au pape
une ambassade et des lettres pleines d'offres obligeantes. Elle
promettait de joindre aux troupes de Frédéric son armée victorieuse, qui venait de triompher des Tartares. Elle espérait
avec son secours détruire la race impie des Sarrasins et la
chasser des lieux saints. Raynaldi donne la lettre de cette reine;
elle contient des détails sur l'irruption des Tartares en Géorgie,
et sur leur entière défaite. Elle fut suivie d'une autre lettre du
maître de la cavalerie du royaume d'Arménie, également
adressée au pape, et contenant le récit de la victoire remportée
sur ces barbares.

Honorius répondit à la reine par des félicitations sur ses
succès, et des vœux pour l'heureuse administration de son
royaume. Il lui annonça le départ de Frédéric comme prochain,
et l'assura des indulgences qu'il avait accordées à ceux qui
partiraient pour la Terre-Sainte. Il fit une réponse à-peu-près
semblable à Jean, maître de la cavalerie d'Arménie. Comme il
importait au rétablissement des affaires d'Orient que l'empire
de Constantinople fût maintenu aux Latins, Honorius écrivit au
roi de France pour l'exhorter à venir promptement au secours de
son cousin l'empereur Robert. Il s'adressa pour cela à la reine
Blanche, femme du roi Louis, afin qu'elle pressât son mari de

se rendre aux desirs du pape. Cette lettre est datée de Latran,
du 13 des calendes de juin, huitième année de son pontificat.

Dans l'année 1225, le pape Honorius, qui aurait voulu
faire lever toute l'Europe pour aller à la délivrance de la
Terre-Sainte, envoya deux légats à Frédéric, l'évêque d'Albane,
et G., cardinal prêtre du titre de St. Martin; ils étaient chargés
d'une lettre datée de Réate, le 15 des calendes d'août; ils
avaient de plus la mission d'imposer à l'empereur les conditions que le pape mettait au délai que ce prince avait demandé
pour son voyage à la Terre-Sainte.

Voici quelles étaient ces conditions, selon Richard :

Dans deux ans, à dater du mois d'août, Frédéric conduirait des troupes dans la Terre-Sainte. Dans cet intervalle,
il y entretiendrait un secours de mille cavaliers; il équiperait
une flotte de cent vaisseaux; il tiendrait dans ses ports
cinquante galères à trois rangs en bon état : pendant ce temps,
il ferait passer deux mille cavaliers, et trois chevaux pour
chaque cavalier et sa suite. L'empereur promit, par serment,
d'observer ces conditions, qui furent proclamées en présence de
sa cour; il se soumit à l'anathème s'il ne les tenait pas. Les légats
le dégagèrent alors du serment qu'il avait prêté à Vérules.
Raynaldi donne une lettre de cet empereur, adressée au pape
au sujet de ces conditions. Il paraît, par cette pièce, qu'elles
n'étaient pas les seules, et que l'empereur s'était en outre obligé
à déposer, dans les mains du roi de Jérusalem, du patriarche
et de l'ordre Teutonique, cent mille onces d'or ou l'équivalent en
argent, payables en plusieurs termes; cet argent devant être
employé, selon l'avis des dépositaires, aux usages de la Terre-
Sainte, dans le cas où l'empereur, par mort ou autrement, ne
se rendrait pas au temps convenu dans la Palestine. Cette lettre
curieuse est datée de St.-Germain, l'an 1225, au mois de

II. 5

juillet, indiction 13°. Elle se trouve dans les manuscrits du
Vaticau, et dans les lettres d'Honorius. Le pape renouvela
encore ses exhortations auprès des rois de France et d'Angleterre. Il leur envoya le patriarche de Jérusalem. Le cardinal
Conrad, évêque de Porto, reçut ordre d'aller en Allemagne.
La chronique d'Elvengen dit que plusieurs milliers d'hommes
se firent inscrire pour la croisade.

Sous la date de 1226, Raynaldi parle des démêlés survenus
entre le pape et Frédéric, et de la division qui éclata entre cet
empereur et le roi Jean. Ces deux princes s'adressèrent l'un
et l'autre des reproches et des injures qui retardèrent encore
l'expédition depuis si long-temps projetée. Frédéric, après avoir
épousé Iolande, fille du roi Jean, avait exigé de lui qu'il lui remît
tous ses droits sur le royaume de Jérusalem ; ce que Jean, tout
étonné qu'il fût d'une pareille prétention, n'osa pas refuser.
Frédéric, après lui avoir pour ainsi dire arraché le sceptre de
Jérusalem, envoya Hugues de Montbéliard administrer en son
nom les affaires de la Terre-Sainte, et un nommé Thomas,
qui, à son arrivée, s'acquit une grande estime, car il s'empara
avec les Allemands d'une citadelle très fortifiée qui se nommait
Montfort. Le manuscrit de Jordan et celui de Richard sont
cités par Raynaldi en témoignage de ces faits. Du reste, la
division des princes chrétiens de l'Orient nuisait beaucoup
alors aux affaires de la Palestine. Le comte de Tripoli s'était
rendu coupable de grands excès ; il s'était emparé d'Antioche
par un crime. La reine de Chypre avait contracté un mariage
incestueux avec le fils du comte.

En 1227, Honorius essaya de rétablir Jean dans sa première
dignité. Il écrivit à Frédéric une lettre pleine de reproches sur
sa conduite envers son beau-père, et d'éloges sur la bonne
foi et les vertus de ce dernier. Il fit entendre à l'empereur
qu'il était nécessaire, au rétablissement des affaires en Orient,

qu'il se réconciliât avec le roi Jean. La lettre du pape est datée de Latran, le 6 des calendes de février, onzième année de son pontificat.

Frédéric n'eut aucun égard aux prières du pape. Le souverain pontife, pour consoler le roi Jean de la perte de sa dignité, lui donna le gouvernement d'une partie de ses états ecclésiastiques, comme cela se voit par des lettres datées de Latran, le 6 des calendes de février, onzième année, c'est-à-dire, le même jour que celles qu'il avait écrites à Frédéric. Ces lettres étaient adressées aux peuples, à l'administration desquels il préposait le roi Jean.

De peur que les troubles survenus dans ce temps en Lombardie ne refroidissent les Allemands pour la croisade, Honorius écrivit au landgrave de Thuringe d'ordonner aux croisés de se tenir prêts à partir ; mais la mort vint bientôt l'enlever lui-même aux soins qu'il donnait à cette expédition sainte. Honorius mourut le 15 des calendes d'avril.

Son successeur, Grégoire IX, hérita de son zèle. Il pressa Frédéric de remplir ses engagements, et le menaça de punir ses retards. Sa lettre est du 10 des calendes du même mois. Il adressa de même des lettres d'exhortation aux princes chrétiens, et surtout aux rois de France et d'Angleterre. Le landgrave de Thuringe partit d'Allemagne à la tête des siens, et arriva dans la Pouille, où se rendirent des autres royaumes et provinces des troupes innombrables de croisés. Mathieu Pâris dit qu'il y en avait seulement d'Angleterre près de soixante mille. Il rapporte, ainsi que Steron, Godefroy et autres, l'apparition dans le ciel de croix, et autres prodiges semblables.

Mais les espérances des fidèles s'évanouirent bientôt. L'épidémie se mit dans l'armée des croisés. Frédéric différait toujours son départ ; il feignit d'être malade, et le landgrave mourut.

5..

On accusa de cette mort l'empereur Frédéric. L'écrivain des Gestes de Grégoire l'accuse aussi de projets criminels pour perdre l'armée, et d'avoir feint une maladie afin de faire manquer l'expédition. Le pape s'irrita, et lança solennellement l'anathème contre lui. Il adressa des lettres apostoliques à plusieurs évêques de l'Abruzze et autres pays voisins. Il leur exposa la conduite du St.-Siége à l'égard de Frédéric, et la justifia d'après celle que ce prince avait tenue envers la chrétienté. Cette longue lettre, que Raynaldi copie en entier, est datée d'Agnanie, le 6 des ides d'octobre.

Grégoire, étant retourné à Rome, écrivit à l'empereur lui-même, qu'il exhorta à se réconcilier avec l'église. Il lui reprocha son manque de fidélité à ses engagements.

Frédéric méprisa les avis du pape, et y répondit par des injures et des calomnies. Ces réponses se trouvent dans la correspondance de Pierre des Vignes, qui était secrétaire de Frédéric. Mathieu Pâris et Richard en citent plusieurs. L'expédition étant ainsi manquée, la plus grande partie des croisés s'en retournèrent : d'autres résolurent de marcher contre les Sarrasins. Grégoire adressa de nouvelles lettres aux fidèles pour ranimer leur zèle.

Dans l'année 1228, Grégoire assemble à Rome un concile d'évêques, dans lequel il renouvelle l'anathème contre Frédéric; il adresse aux archevêques et évêques de la Pouille des lettres dans lesquelles il peint l'obstination de l'empereur, rappelle ses parjures, ses injustices envers les Templiers, etc. Frédéric souleva les Romains contre Grégoire, qui fut forcé de quitter Rome et de se retirer à Pérouse, où il resta quelque temps. Grégoire alla ensuite à Réate, d'où il adressa à Frédéric des conseils et des exhortations paternelles. Il lui envoya même des hommes religieux chargés de le ramener.

Raynaldi cite en témoignage de tous ces faits Albert de Stade,

Mathieu Pâris, Godefroy, Henri Steron, etc. Enfin Frédéric, selon Richard, étant à *Barole*, s'engagea en plein air, au milieu d'une foule immense de peuple et entouré des grands de sa cour, à l'expédition sacrée. Il fit lire son testament, par lequel il déclarait pour successeur son fils aîné Henri, dans le cas où il viendrait à mourir pendant l'expédition.

Raynaldi ne dit rien de l'expédition de l'empereur. Il parle seulement du traité que ce prince fit avec les Sarrasins, traité qu'il nomme infâme, et remet à l'année suivante les détails sur cet objet. En effet, dans le tome XXI et au commencement de 1229, il présente Frédéric sous les plus noires couleurs ; il l'accuse d'avoir, par plusieurs ambassades, demandé la paix aux Sarrasins, de leur avoir rendu les armes, et promis de ne jamais les reprendre contre eux ; de n'avoir point ratifié le traité avec le soudan de Damas, ce qui, dit Raynaldi, était très impolitique de sa part. Il l'accuse de s'être engagé à n'envoyer aucun secours aux autres chrétiens, tels que ceux d'Antioche et de Tripoli, qui, jusque-là, s'étaient réunis aux croisés contre l'ennemi commun ; et de s'être mis lui-même, avec une grande pompe, la couronne de Jérusalem sur la tête ; il l'accuse en outre d'avoir, à son départ de Syrie, remis des machines de guerre aux Sarrasins, ou d'en avoir brûlé plusieurs, afin que les chrétiens, si la guerre se rallumait, fussent exposés à plus de dangers.

Quoique la cause du nom chrétien, ajoute Raynaldi, eût été honteusement trahie, il se trouva des courtisans qui célébrèrent ce traité comme un événement digne d'une éternelle mémoire. Frédéric et Hermann écrivirent au pape des lettres pleines d'expressions de joie et de triomphe ; mais Grégoire en écrivit une à l'archevêque de Milan et aux évêques de la province, dans laquelle il présente Frédéric comme ayant racheté

Jérusalem des mains des Sarrasins qui n'y avaient aucun droit, et abandonné le temple du Seigneur au culte profane de Mahomet. Il s'élève avec force contre l'indignité de cette conduite. La lettre de Grégoire est datée de Pérouse, des ides de juin, troisième année de son pontificat.

Raynaldi copie tout entier le long récit que Gérold, patriarche de Jérusalem, et les légats apostoliques, adressèrent peu de temps après au souverain pontife, sur ce qu'ils appelaient la lâcheté et la trahison de Frédéric. Ils reprochaient à ce prince d'avoir ordonné la restitution du butin fait sur les barbares, d'avoir livré ses armes aux ennemis, et promis de ne plus les reprendre contre eux; d'avoir sollicité la paix des infidèles et dissimulé le massacre des chrétiens; de s'être montré libéral envers les Sarrasins et injuste envers les disciples du Christ. Ils l'accusaient d'avoir confié aux ennemis la garde de l'armée chrétienne, ce qui lui avait été très funeste; d'avoir pris les mœurs et les manières des Sarrasins; de n'avoir confié qu'à un petit nombre de courtisans le traité de paix; ils disaient à quelles conditions il avait reçu Jérusalem; et l'accusaient d'avoir rejeté les conseils des grands, caché les conditions du traité qu'il avait jurées par serment, et circonvenu les Allemands par des discours artificieux. Ils lui reprochaient en outre que, dans le traité, il n'était nullement question de l'église chrétienne, et ils justifiaient l'interdit lancé par le patriarche de Jérusalem. A la suite de cette lettre, qui renfermait encore d'autres griefs, était une copie des articles du traité, commenté dans le même sens que la lettre était conçue.

Frédéric envoya aux princes chrétiens des lettres où il vantait ses triomphes et son traité. Grégoire écrivit au duc d'Autriche pour le détromper sur le compte de l'empereur et sur ses exploits en Orient. Cette lettre est datée de Pérouse, le 15 des calendes d'août.

Raynaldi fait, après cela, le récit de la guerre qui s'éleva entre le pape et Frédéric; ce qui n'a plus qu'un rapport indirect avec notre objet.

Suite de la sixième Croisade. — Expédition de THIBAUT, *roi de Navarre; de plusieurs Seigneurs Français, et de* RICHARD DE COR- NOUAILLES.

Sous la date de 1232, Raynaldi raconte, d'après Richard, que les chrétiens de la Terre-Sainte étaient tourmentés par la guerre intestine, et que le roi de Béryte s'était emparé de Ptolémaïs. Frédéric accusa le patriarche de Jérusalem d'être l'instigateur de la discorde. Grégoire écrivit à ce patriarche et le fit venir en Occident; il envoya le patriarche d'Antioche pacifier les Syriens.

Le P. Mansi, dans une note, offre de la Syrie, à cette époque, un tableau qu'il a tiré de Bernard Thésaurarius, auteur presque contemporain, et qui rectifie le récit de Richard de St.-Germain. Le 3 mai 1232, les troupes Cypriotes, commandées par Jean Ybelin, seigneur de Bérythe, furent vaincues et mises en fuite par Richard, général des troupes de l'empereur, pendant que Jean assiégeait la ville de Tyr. Jean, vaincu, se retire à Ptolémaïs avec le roi de Chypre. Richard, de son côté, se rendit dans l'île de Chypre, où il soumit plusieurs villes; mais Jean Ybelin, se portant promptement avec le roi dans cette île, y défit Richard en bataille rangée. Richard, battu, se retira en Arménie, et le roi de Chypre recouvra sans difficulté toutes ses villes. Les troupes alle- mandes se trouvèrent débandées par suite de leur défaite; il y eut ainsi deux combats livrés cette année, entre Ybelin et

Richard ; dans l'un Ybelin fut vaincu en Syrie, et dans l'autre il fut vainqueur dans l'île de Chypre. L'écrivain Richard de St.-Germain s'est trompé en confondant ensemble ces deux combats.

Le pape Grégoire, en 1235, écrivit à l'archevêque de Reims et à d'autres évêques de la chrétienté, pour les engager à exciter dans la jeunesse une nouvelle ardeur pour la croisade. Cette lettre est datée de Pérouse, le 4 des calendes de juillet, neuvième année de son pontificat.

Plusieurs princes se croisèrent, entre autres Thibault, roi de Navarre et comte de Champagne ; mais comme Thibault avait plusieurs ennemis qui, par leurs entreprises contre lui, retardaient l'exécution de son dessein, Grégoire écrivit à plusieurs ecclésiastiques d'arrêter ces ennemis par les censures de l'église.

En 1236, le pape s'adressa encore à Frédéric pour l'engager à porter des secours dans la Terre-Sainte, et à faire des levées à cet effet. Frédéric dédaigna ces exhortations, et Sigonius rapporte qu'il répondit par une lettre dans laquelle il ne dissimulait point le désir qu'il avait de se rendre maître de toute l'Italie.

Dans cette même année, des croisés, poussés par un faux zèle, s'étaient jetés sur les juifs d'Aquitaine, et avaient exercé sur eux d'horribles cruautés. Ils en avaient tué plus de 2,500. Les Juifs, échappés à leur fureur, recoururent au souverain pontife. Grégoire écrivit aux évêques de la province pour leur ordonner de faire cesser ces excès, et restituer ce qu'on avait enlevé aux juifs. Sa lettre est datée de Réate, le 19 septembre, dixième année de son pontificat. Il en écrivit une aussi à St. Louis, pour l'exhorter à contenir et à réprimer la fureur des croisés.

Ce pape voulant tirer le plus tôt possible tous les secours qu'il se promettait des croisés d'Angleterre, s'adressa au roi

Henri, à Lewelin, maître du pays de Galles, et au roi d'Ecosse, pour les exhorter à la concorde. Les lettres qu'il leur écrivit portent la date de Viterbe, le 4 des calendes de mai.

Dans l'année 1237, Grégoire, ayant été prié par les croisés de pourvoir à l'acquittement des dettes qu'ils avaient contractées, afin qu'ils n'encourussent pas les peines ni la perte qu'entraînent les retards de paiement, écrivit au roi de France de préférer l'avantage public à l'intérêt des particuliers, et de se montrer à cet égard favorable aux croisés. Sa lettre est de Viterbe, le 6 des calendes de juin, onzième année.

Au mois de novembre suivant, Grégoire adressa de Latran de nouvelles lettres à l'empereur Frédéric, pour le presser de conduire des secours dans la Terre-Sainte. Il lui envoya ensuite un légat, en le priant de se rendre à ses conseils et à ses avis. Il écrivit en outre à l'archevêque de Messine et au maître de l'ordre Teutonique, d'engager l'empereur à exécuter l'entreprise projetée, et à se mettre à la tête de l'armée chrétienne, comme les seigneurs de France le demandaient par des sollicitations continuelles. Le pontife s'adressa en même temps aux archevêques de Sens et de Rouen, pour les autoriser à différer d'un an le départ des croisés français, dans le cas où Frédéric ne pourrait pas être amené à partir sur-le-champ. Grégoire, ayant été informé de la défaite des Templiers par les Sarrasins dans les champs d'Alep, et de la dure captivité où quelques-uns d'eux gémissaient, écrivit au roi et à la reine de Chypre de les racheter ou de les échanger, afin qu'on pût entreprendre et achever plus heureusement la guerre sacrée.

Dans l'année 1238, l'empereur Frédéric, amusant le pape par de trompeuses paroles, lui annonça que, sur les instances des croisés français, il avait promis de ne pas différer au-delà d'un an le départ pour la Terre-Sainte, et qu'il ne souffrirait pas qu'on lui demandât une plus longue prorogation.

Raynaldi , en rapportant cette lettre de l'empereur , dit que
l'ambition de soumettre l'Italie lui avait fait perdre de .vue
ses vrais intérêts, qui étaient d'étendre les limites de son
royaume de Jérusalem ; et qu'il ne cherchait que des prétextes
pour tromper le zèle du souverain pontife. Aussi fut-il frappé
d'anathème l'année suivante. Dans cet intervalle, Grégoire fixa
l'époque où les croisés devaient passer en Orient , afin qu'ils
ne fussent pas jetés par les vents dans les ports des infidèles,
ou ne s'exposassent pas témérairement à des dangers. Il
exhorta en même temps le roi de France à renouveler pour
cinq ans la trève qui existait entre lui et le roi d'Angleterre , et
qui devait bientôt finir , afin que la jeunesse des deux royaumes
pût aller en Syrie combattre les Sarrasins.

Thibault , roi de Navarre , avait conduit en 1239 plusieurs
troupes de croisés en Syrie. Ils avaient l'espoir de s'y distinguer
par de belles actions : mais un vain desir de gloire divisa les
chefs. Nangis dit que le comte de Bretagne et autres ayant envoyé des éclaireurs dans les environs de Damas, ceux-ci en
avaient rapporté au camp un immense butin. Mais Amauri,
Henri, comte de Bar, Richard de Chaumont et Anselme de
Lille , guerriers renommés , rivaux des Bretons , et pensant que
la gloire que ceux-ci venaient d'acquérir ternirait leur propre
réputation s'ils ne remportaient sur l'ennemi un pareil butin,
se jetèrent dans la campagne de Gaza , sans en avoir prévenu
le comte de Bretagne. Mais l'ennemi fondant sur eux, les
surprit et les mit en déroute ; il n'épargna que les plus distingués, qu'il emmena en servitude.

Les chrétiens, frappés de cet échec, étaient dans la consternation, lorsque Richard, comte de Cornouailles, vint en 1240
avec une florissante armée qu'il amenait d'Angleterre , et releva
tous les esprits abattus. On délibéra bientôt pour savoir si on
rachèterait les chrétiens, ou si on recommencerait la guerre

contre les Sarrasins. Ceux-ci , pour éviter les événements incer-
tains des combats , consentirent à rendre les captifs.

Mathieu Pâris parle de plusieurs lettres , que le comte Richard
écrivit à différents seigneurs. Richard leur disait qu'il avait trouvé
les affaires de la Terre-Sainte dans un misérable état ; que les
chrétiens y étaient en proie aux divisions ; que quelques princes,
enflés d'orgueil , tournaient à la perte de la Terre-Sainte, des
armes qu'ils auraient dû diriger contre les Sarrasins ; que le
roi de Navarre et le comte de Bretagne s'étaient retirés peu
avant son arrivée, et avaient fait avec Nazer une fausse paix ;
qu'il lui était très difficile , étant dépourvu du secours des autres,
de rétablir les affaires ; que cependant il avait signé avec le
soudan du Caire un traité honorable , d'après lequel tous les
nobles captifs avaient été rendus à la liberté ; qu'on avait remis
aux chrétiens quelques places qu'il s'était occupé de réparer et
de fortifier ; qu'il avait fait entourer d'un double mur une
forteresse voisine d'Ascalon ; laquelle serait d'une grande utilité
aux chrétiens, soit pour se jeter sur les terres des ennemis, soit
pour défendre les leurs ; qu'après avoir fait tout cela et supporté
beaucoup d'ennuis , il avait abordé en Sicile , et qu'il y avait été
profondément affligé en apprenant que la discorde régnait parmi
les chrétiens, et que quelques prélats anglais avaient été faits
prisonniers par les artifices de Frédéric ; qu'il allait se rendre
à Rome pour travailler à la paix et à la délivrance des captifs.

La nouvelle de la défaite des chrétiens en Syrie était parvenue en Occident , et Frédéric avait écrit aussitôt aux soudans
de Damas et du Caire pour qu'ils traitassent leurs captifs avec
humanité, les menaçant, s'ils ne le faisaient pas , de conduire
contre eux toutes les forces de l'empire. Cette démarche de
Frédéric lui concilia l'estime de ceux qui avaient conservé contre
lui des préventions. Des lettres d'Hermann, préfet de la milice du
Temple, rapportées par Pâris, portent que le soudan de Damas

rendit aux chrétiens tous les pays situés au-delà du Jourdain, et qu'il s'était lié avec eux contre le soudan du Caire. Les chrétiens ne pouvaient faire de paix avec ce soudan sans le consentement de celui de Damas, et réciproquement le soudan de Damas ne pouvait, sans l'agrément des chrétiens, contracter avec celui du Caire.

Grégoire, persuadé que la Terre-Sainte ne pouvait être enlevée aux barbares si les Latins ne retenaient l'empire de Constantinople, s'occupait avec ardeur d'opposer les forces de l'Occident à la tyrannie de Vatace, qui, avec le secours des Grecs, avait déjà soumis plusieurs villes. Il écrivit à ce sujet au roi de Hongrie Bela; ensuite il forma le projet d'assembler un concile œcuménique pour y travailler à la réunion de l'église grecque, et aviser aux moyens de résister aux Tartares qui, après avoir détruit les peuples infidèles, se préparaient à ruiner les peuples chrétiens et à éteindre leur nom. Il adressa donc des lettres encycliques à tous les évêques de la chrétienté. Raynaldi rapporte celles qu'on a trouvées dans le registre pontifical de l'archevêque de Sens; elle est datée du Mont-Pausilype, le 5 des ides d'août. Le pape écrivit aussi aux rois et aux princes de venir eux-mêmes au concile, ou d'y envoyer des ambassadeurs. L'annaliste copie la lettre qui fut adressée au roi de France, et qui porte la même date. L'empereur Frédéric, de son côté, envoya dans tout l'univers chrétien des lettres pleines de menaces contre ceux qui se rendraient au concile, qu'il regardait comme une conjuration contre lui. Grégoire, pour détourner l'effet de ces menaces, adressa de nouvelles lettres aux évêques. Raynaldi copie encore celle qui fut envoyée à l'archevêque de Sens. Elle est datée de Latran, aux ides d'octobre.

Invasion des Tartares et des Karismiens.

Au commencement de l'année 1241, l'annaliste fait le récit de l'origine et des progrès des Tartares. Il parle de leurs incursions en Russie, en Pologne et en Moravie, et de la défaite de plusieurs princes chrétiens qui voulurent leur résister, tels que le Palatin de Cracovie et le roi de Bohème. Le bruit de la fureur des Tartares se répandit partout et frappa tous les esprits de terreur. Le pape Grégoire, à la nouvelle de la défaite du comte Palatin, écrivit au roi de Hongrie; il l'exhorta à combattre courageusement pour le nom chrétien. Il accordait à ceux qui feraient la guerre aux Tartares les mêmes indulgences qui étaient publiées en faveur de ceux qui partaient pour la Terre-Sainte. Cette lettre, datée de Latran, le 16 des calendes de juillet, peut être regardée comme la première tentative de croisades prêchées pour préserver l'Europe du joug des asiatiques.

Le pape écrivit dans le même sens au roi Coloman et aux évêques de toute la chrétienté. Mais Bela et Coloman furent battus en Pannonie, et les Tartares se répandirent partout comme un torrent. Le pape, apprenant cette nouvelle défaite, adressa une seconde lettre au roi Bela pour le consoler, relever ses esprits abattus, et lui promettre qu'il recevrait Frédéric en grâce, si ce prince voulait revenir à son devoir. La conduite que tint Frédéric au milieu de ces nouveaux événements, le fit accuser d'avoir excité les Tartares à la ruine des chrétiens. Raynaldi paraît ici, comme nous l'avons vu plus haut, adopter l'opinion des ennemis de cet empereur. Il ne cesse de le présenter sous les plus odieuses couleurs.

Pendant que le pape était occupé de la convocation du concile qu'il avait indiqué, la mort vint le surprendre le 21 d'août, dans la quinzième année de son pontificat. Il eut pour successeur Célestin, qui mourut au mois de novembre, selon Richard, ou huit mois après son élection, suivant Bernard et l'auteur de la vie de Grégoire. Le Saint-Siége resta vacant jusqu'au mois de juin 1243, où le cardinal Sinibalde fut élu, et prit le nom d'Innocent IV. Ce nouveau pontife notifia son élection aux évêques de la chrétienté, auxquels il recommanda d'adresser à Dieu de ferventes prières pour qu'il détournât du peuple chrétien les maux dont la fureur des barbares le menaçait. Les lettres d'Innocent sont datées d'Anagnie, le 6 des nones de juillet. Le roi de Hongrie lui demanda des secours contre les Tartares, et ce pontife adressa aussitôt une lettre au patriarche d'Aquilée, lui permettant de publier une croisade et accordant des indulgences aux Allemands qui se croiseraient. Sa lettre est datée d'Anagnie, le 12 des calendes d'août.

Cependant les Musulmans de Syrie étaient divisés, et prenaient parti, les uns pour le sultan de Damas, les autres pour le sultan du Caire. Le pape Innocent, qui avait à cœur les affaires de la Terre-Sainte, redoutait la puissance du sultan d'Égypte; et comme s'il eût prévu les maux qui devaient arriver, il écrivit au patriarche, aux archevêques, aux évêques, aux Hospitaliers, aux Templiers et aux seigneurs chrétiens, pour les exhorter à rétablir les murs de Jérusalem, à réparer ses remparts, et à l'entourer de retranchements et de fossés, pendant que la discorde qui régnait entre les Sarrasins leur en fournissait l'occasion. Il leur promettait d'enflammer par ses lettres apostoliques le zèle de tous les chrétiens, et de les porter à contribuer à toutes les dépenses nécessaires. Les lettres d'Innocent au patriarche de Jérusalem, sont datées d'Anagnie, aux nones d'août.

L'annaliste se sert tour-à-tour de Mathieu Pâris et de G. de Nangis, pour faire le récit des ravages que les Karismiens

firent dans la Palestine, dans l'année 1244. Voyez dans notre
IV⁰. volume ce que nous avons raconté des cruautés de ces
barbares.

Raynaldi copie la lettre que le patriarche de Jérusalem
adressa alors au roi de Chypre et au prince d'Antioche, pour
implorer leurs secours. Il parle aussi de l'héroïque constance
du comte de Joppé, que nous avons racontée nous-même.

Ce fut dans cette même année que ce saint roi ayant été attaqué d'une maladie grave, fit vœu d'aller dans la Terre-Sainte
s'il revenait à la santé.

Sous la date de l'année suivante, l'annaliste rend compte du
concile de Lyon qui fut tenu à la fin de juin, et où se trouvèrent 250 évêques, au rapport de l'anonyme d'Erfort, qui vivait
dans ce temps, et qui a terminé son histoire en 1254.

Mathieu Pâris dit qu'il n'y eut qu'un petit nombre d'évêques
d'Allemagne, aucun de Hongrie, et un seul de Syrie. Il s'y trouva
des fondés de pouvoirs de l'empereur et de plusieurs princes et
prélats, qui s'excusèrent de ne pouvoir s'y rendre pour causes
légitimes. Outre les cardinaux, il y eut deux patriarches, celui
de Constantinople et celui d'Antioche; l'empereur de Constantinople, le comte de Toulouse, et des ambassadeurs d'Angleterre s'y rendirent également. Il y fut traité des démêlés de
l'empereur avec le Saint-Siége. Frédéric y fit faire de grandes
promesses auxquelles on ne crut point. Gautran, évêque de
Béryte, envoyé par les chrétiens de Syrie pour implorer les
secours de l'Occident, présenta des lettres que les PP. du
concile ne purent entendre sans verser des larmes. Elles contenaient le récit de la défaite que les Karismiens avaient fait
éprouver aux chrétiens.

Dans la troisième session de ce concile, le pape, après avoir
exposé le tableau de tous les griefs qu'il avait à reprocher à
Frédéric, prononça contre lui une sentence de déposition, délia

ses sujets du serment de fidélité, et lança des censures contre ceux qui lui obéiraient. Les PP. du concile confirmèrent la sentence, en tenant renversés les cierges allumés qu'ils avaient à la main, et Raynaldi fait observer que, depuis ce moment, tous les malheurs fondirent sur Frédéric.

On s'occupa aussi des moyens de raffermir l'empire de Constantin, puis de secourir la Terre-Sainte, et enfin de repousser les Tartares. Il fut enjoint à tous les fidèles de contribuer au soulagement des saints lieux. Les clercs et les laïcs reçurent l'invitation formelle de mettre fin à leurs inimitiés, de faire pénitence, de réformer leurs mœurs, et de concourir par tous leurs moyens aux préparatifs de l'expédition décrétée contre les Sarrasins; les croisés eurent ordre de se disposer à partir. On défendit les jeux de hasard, et on proclama la paix publique pour tout le monde. Le P. Mansi, d'après Nicolas de Corbie, dans la vie d'Innocent, dit que ce fut dans ce concile qu'il fut décrété que les cardinaux porteraient le chapeau rouge.

L'évêque de Béryte envoyé, comme nous venons de le dire, par les chrétiens de Syrie, après avoir parcouru la France en excitant les peuples à prendre la croix contre les infidèles, passa en Angleterre, où il espérait réveiller le zèle pour la croisade. Mais ayant été mal reçu du roi, il fut forcé de se retirer sans avoir rien fait. Les Anglais parurent peu touchés des misères des Syriens; car c'étaient les chrétiens de Syrie, suivant les lettres de Frédéric, qui avaient violé le traité que Richard de Cornouailles avait fait avec le soudan du Caire.

Première Croisade de St. Louis.

Raynaldi parle, d'après Mathieu Pâris et G. de Nangis, du grand parlement où Louis IX prit la croix avec un grand nombre de prélats et de seigneurs de son royaume. D'après les mêmes autorités, il dit, sous la date de 1246, que les Templiers et les Hospitaliers s'astreignirent par un vœu commun, à des prières et à des jeûnes, pour obtenir de Dieu la délivrance de la Terre-Sainte, et qu'ils envoyèrent des ambassadeurs au soudan du Caire, pour lui demander la liberté de quelques-uns de leurs chefs et de leurs frères. Le soudan méprisa et rejeta leur ambassade. Cependant de nouvelles haines et de nouvelles dissensions s'étant élevées entre les Sarrasins, les chrétiens furent un moment tranquilles. Mais quelque temps après, le soudan d'Egypte vint, par une irruption soudaine, troubler leur repos. Selon l'historien Jordan, ce soudan réunit Damas à son empire, et parcourant les terres des chrétiens, détruisit tous les ouvrages que le roi de Navarre, le comte de Bretagne et le comte de Cornouailles avaient fait faire en dernier lieu. D'un autre côté, les Tartares ravagèrent les environs d'Antioche.

Le pape Innocent écrivit au soudan du Caire, pour l'engager à la paix. Le soudan répondit qu'il ne la ferait point sans le consentement de Frédéric.

Les Tartares, suivant Mathieu Pâris, ayant dompté plusieurs princes sarrasins, assujettirent à un tribut le roi d'Arménie, le prince d'Antioche et d'autres seigneurs chrétiens. Vincent de Beauvais dit la même chose. Les barbares se préparant ainsi à opprimer de tous côtés les chrétiens de l'Orient, Innocent redoubla de zèle pour l'expédition projetée. Il écrivit aux évêques de la Frise et à celui de Tusculum, d'ordonner aux croisés de leur province de se joindre au roi de France pour passer en Syrie, et de menacer des censures ceux qui résisteraient. Il ordonna en outre au légat d'envoyer des prédicateurs, pour presser le départ de ceux qui avaient pris la croix, et de priver de leur sauve-garde et d'abandonner à la sévérité des

II.   6

lois ceux des croisés qui, jouissant des priviléges de la croisade, en abusaient pour commettre des crimes énormes. Les
lettres dont Raynaldi fait ici mention ne sont qu'indiquées.

En 1247, le pape Innocent essaya de relever les esprits
abattus des chrétiens de Jérusalem et de leur faire concevoir de
meilleures espérances. Sa lettre était adressée au roi de Chypre,
qu'il releva du serment d'obéissance qu'il avait prêté à Frédéric, le mettant sous la protection du Saint-Siége. Cette lettre
était datée de Lyon, le 15 des calendes de mai. Les secours que
le pape promettait aux Syriens se préparaient en Occident. St.
Louis, d'après Joinville et Mathieu Pâris, y mettait tous ses
soins. Henri, roi d'Angleterre, avait aussi enflammé le zèle des
Anglais pour cette expédition. Innocent, espérant en rendre
l'issue plus facile, avait envoyé des légats aux sultans des
Sarrasins, dans l'espoir de les éclairer de la lumière de l'Évan-
gile. Ces princes lui répondirent en lui donnant des titres
magnifiques, mais restèrent dans leur croyance. Raynaldi copie
tout au long les lettres du soudan du Caire, celles du soudan
Ismaël, et celles d'un autre soudan dont le nom n'est pas connu.

Mathieu Pâris dit que dans cette même année les Karismiens qui avaient profané le tombeau du Seigneur, furent entièrement battus et détruits par le soudan du Caire. Guillaume
de Nangis raconte de son côté des miracles opérés par la vertu
de la croix. Il dit qu'un ours ayant par hasard souillé la croix
de son urine, expira sur-le-champ à la vue de tous les assistants; qu'un sarrasin, indigné de ce que les chrétiens regardaient cela comme un miracle, ayant frappé la croix de sa
main, vit aussitôt son bras se dessécher entièrement; qu'un
autre Sarrasin ivre, se moquant de l'admiration des chrétiens,
et (*super crucem mingere volens*) se disposant à uriner sur la
croix, était tombé mort. Vincent de Beauvais rapporte les mêmes prodiges.

D'après ce même Vincent, le pape envoya aussi des hommes religieux aux Tartares pour les convertir. Ceux-ci s'indignèrent que les chrétiens regardassent le souverain pontife comme le plus élevé au-dessus des hommes. Ils voulurent obliger les légats à faire trois génuflexions devant leur roi en l'abordant, mais les légats s'y refusèrent, et leur mission fut sans effet. Le prince tartare écrivit au pape une lettre pleine d'orgueil. Les juifs étant opprimés en Allemagne et en France, le souverain pontife essaya par des lettres adressées aux archevêques et évêques d'Allemagne, d'appaiser la fureur des peuples contre eux. Ces lettres sont datées de Lyon, le 3 des nones de juillet.

Enfin Saint Louis, dans l'année 1248, se préparant à partir pour son voyage d'outre-mer, le pape Innocent lui écrivit pour louer son zèle et sa résolution; il nomma l'évêque de Tusculum son légat auprès de l'armée des croisés; il écrivit aussi au patriarche de Jérusalem et aux évêques d'Arménie et de Chypre, et les prévint du départ de la flotte chrétienne; il manda à ceux de la Frise, de la Hollande et de la Zélande d'ordonner aux croisés de partir.

Joinville, Mathieu Pâris, G. de Nangis, Steron, Bernard et autres, fixent le départ de Saint Louis à cette année. Un auteur anonyme parle de croix qui furent vues dans le ciel, au diocèse de Cologne et dans la Frise. Il dit que le roi partit le 6e. jour après la Pentecôte, et qu'une foule de peuple le suivit processionnellement jusqu'à l'abbaye de Saint-Antoine; que l'évêque de Tusculum l'accompagnait ainsi que ses deux frères, Robert, comte d'Artois, et Charles, comte d'Anjou; que le 25 d'août il s'embarqua; qu'il mit à la voile le 28, et que, peu avant la fête de St. Mathieu, il aborda la nuit à l'île de Chypre. Suivant le témoignage de Guillaume de Nangis, Saint Louis mit fin aux discordes qui divisaient les Cypriots. Les lettres de l'évêque de Tusculum, envoyées au pape, disent le contraire.

6..

Le roi Henri et les grands de cette île se croisèrent ; le soudan du Caire , instruit de cette expédition , se prépara à tendre des embûches au roi de France. Le roi d'Arménie et le prince d'Antioche sollicitèrent son appui, et promirent de seconder son entreprise. Ercœlthay, prince des Tartares , lui envoya des ambassadeurs chargés de lettres écrites en persan et en arabe. Raynaldi donne ces lettres, rapportées par Vincent de Beauvais, et Guillaume de Nangis. (Voyez le xiiie. volume de l'Histoire des Croisades.)

Sous la date de 1249, l'annaliste, s'appuyant de tous les auteurs du temps, entr'autres de G. de Nangis, de Pâris, de Joinville, de Steron, du moine de Padoue , fait le récit de l'expédition de Saint Louis en Egypte, jusqu'au passage du Thanis par les chrétiens. Le P. Mansi, reconnaissant la vérité de ces premiers détails donnés par Raynaldi , s'attache néanmoins à fixer la date précise de chaque événement, et pour cela, il se sert de Bernard Thésaurarius , auteur de la continuation de Guillaume de Tyr. Bernard, témoin des événements, dit que le roi partit de Chypre le 20 mai; qu'il arriva et entra en vainqueur à Damiette, le 4 juin , ce dont tous les auteurs conviennent, et qu'il y resta jusqu'au 20 novembre, et non au 26. Ce fut ce jour-là qu'il conduisit son armée vers Mansourah. La branche du Nil appelée Thanis par les nôtres, empêcha les croisés de s'avancer. Ce ne fut que le 8 janvier qu'un Arabe ayant indiqué un gué , elle put passer le fleuve.

Sous l'année 1250, Raynaldi continue le récit de l'expédition, en s'appuyant toujours des mêmes auteurs. Il cite de plus Geoffroy de Beaulieu et Guillaume de Chartres, qui ont écrit chacun une vie du saint roi, pour prouver l'admirable grandeur d'âme qu'il montra pendant sa captivité. Geoffroy de Beaulieu dit que le soudan envoya de ses médecins pour soigner le roi captif, et le guérir de la maladie contagieuse dont il fut atteint. Tout ce que St. Louis demanda lui fut, ajoute-t-il, abondamment et soigneusement donné.

Guillaume de Chartres dit que pendant tout le temps de sa captivité, le roi ne cessa d'avoir la même dévotion, et de réciter l'office comme il avait coutume. Après avoir invoqué l'autorité de ces historiens, Raynaldi copie les lettres que St. Louis adressa en France, et dans lesquelles on trouve la confirmation des événements qu'ils ont racontés.

Le P. Mansi, s'appuyant de son côté de l'autorité de Bernard Thésaurarius, pour lequel il montre beaucoup de prédilection, fixe le jour où le soudan du Caire fut tué par les siens, au 2 de mai 1250; et comme la date de la reddition de Damiette n'a été fixée par personne, il se sert du même Bernard pour l'indiquer. Or, Bernard dit que le roi vint le 8 mai à Acre, d'où le P. Mansi conclut que la reddition de Damiette se fit dans les six jours qui s'écoulèrent depuis le 2 jusqu'au 8 du mois. Bernard dit aussi que le jour de la Saint-Laurent, c'est-à-dire le 10 août, quelques princes français se disposaient à retourner en France, et qu'au mois de septembre quelques-uns des prisonniers furent rendus par les Sarrasins. Parmi eux était Guillaume, maître des chevaliers de l'Hôpital, avec 120 des siens.

La nouvelle des désastres de l'armée d'Orient causa un deuil général dans tout l'Occident. Elle ne détourna point les princes chrétiens du dessein qu'ils avaient formé d'aller dans la Terre-Sainte. Elle redoubla au contraire, dit Raynaldi, leur piété et leur ardeur. En effet, Alphonse, roi de Castille, et Henri, roi d'Angleterre, prirent la croix, et se dévouèrent avec une foule de seigneurs, à la défense de la cause du Christ.

Malgré ces belles démonstrations, personne ne partit. Le pape Innocent écrivit à St. Louis une lettre de consolation. Raynaldi regrette la perte du registre de la 7e. année du pon-

tificat de ce pape, parce qu'on y aurait trouvé les lettres
qu'Innocent écrivit à ce sujet. Celles qu'il adressa aux évêques
de Paris, d'Evreux et de Senlis, et qui se trouvent dans sa
correspondance, prouvent avec quelle ardeur il pressait le
départ des croisés français. Il en adressa aussi aux Allemands,
aux Frisons et aux Norwégiens, qui sont datées de Lyon, du
5 décembre, 8e. année de son pontificat.

Raynaldi parle ici, d'après G. de Nangis, du mouvement des
pastoureaux et de leurs excès. Il dit aussi, d'après Villani, que
les Gibelins, c'est-à-dire les partisans de Frédéric, célébrèrent
par des fêtes et des festins la défaite du saint roi. Frédéric,
selon Joinville, qui rapporte l'opinion de quelques seigneurs
français, envoya au soudan d'Egypte des ambassadeurs qui,
sous l'apparence de demander la liberté du roi de France, devaient l'engager à le retenir dans les fers. Mais ce même Frédéric mourut peu après; revenu de ses erreurs, dit-on, il laissa
par son testament, à son héritier Conrad, 100 mille onces d'or
qu'il destinait au recouvrement de la Terre-Sainte; il lui ordonna de rendre à l'église romaine tout ce qui lui était dû,
sauf les droits et honneurs de l'empire. Les historiens ne s'accordent pas tous sur ce testament.

Sous la date de 1251, l'annaliste raconte, d'après Geoffroy
de Beaulieu, tout ce que Saint Louis fit en Syrie pendant qu'il
y resta. Il répara Sidon, rétablit Joppé, prit Césarée de Philippe, fortifia une autre Césarée, et surtout la ville d'Acre. Il
visita Nazareth, avec toute la piété qu'on pouvait attendre
de lui.

En 1252, pendant que Saint Louis était en Syrie, il invitait tous les autres rois de l'Occident à porter du secours dans
la Terre-Sainte. Il y invitait entr'autres le roi d'Angleterre; il
alla jusqu'à lui promettre, selon Mathieu Pâris, de lui livrer la
Normandie, s'il venait le trouver avec une armée. Mais les

seigneurs de France, ajoute l'auteur, s'opposèrent à cette résolution. Mathieu Pâris est le seul auteur du temps qui parle
de cette circonstance tout-à-fait invraisemblable.

Pendant que le roi d'Angleterre se préparait en effet à l'expédition sainte, le pape Innocent, pour augmenter son zèle,
lui adressa, ainsi qu'à plusieurs évêques du royaume, des
lettres remplies d'exhortations, d'avis et d'ordres pour les
croisés. Raynaldi rend compte des différends qui survinrent
entre le soudan de Damas et le soudan du Caire, différends
qui se terminèrent par une réconciliation qui empêcha Saint
Louis, trompé par l'un et par l'autre, de jouir des bienfaits de
la trève qu'il avait conclue.

Dans ce même temps, Alphonse, roi de Castille, se préparait à aller en Palestine.

Lorsque le pape eut appris, en 1253, ce qui venait de se
passer entre les Sarrasins du Caire et de Damas, il écrivit à
Alphonse, comte de Poitiers, frère du roi, et au prieur des
Frères prêcheurs de Paris, pour la prédication d'une nouvelle
croisade. Il ordonnait à ce dernier de la faire prêcher dans les
royaumes de France et de Navarre, dans la Provence, dans
la Bretagne, dans la Bourgogne et dans le Poitou. Sa lettre
était datée de Pérouse, le 4 des nones d'avril. En 1254, ce
pontife adressa des lettres et envoya des ambassadeurs au sultan
de Turquie (*nobili viro saldano Turchiæ*), qu'il engagea à
embrasser la religion chrétienne.

St. Louis revint en France dans cette année, après avoir
échappé comme par miracle à un naufrage. Geoffroy de Beaulieu et Joinville ont fait le récit de ce retour.

État de la Terre-Sainte après la Croisade de St. Louis.

Sous la date de 1255, Raynaldi offre, sur l'état de la Terre-Sainte, les détails suivants :

Depuis les dernières guerres, il restait peu de pays aux chrétiens dans la Syrie, et ils étaient environnés de toutes parts, de dangers infinis. Non seulement les Karismiens et les Turcomans leur avaient fait des maux cruels ; mais encore les Sarrasins, fiers de l'espoir de s'emparer de tout le pays, dédaignaient de traiter avec eux. Les chefs des chrétiens se voyant menacés d'une ruine prochaine, prièrent le pape Alexandre d'engager tous les princes chrétiens à leur porter de prompts secours. Le souverain pontife, touché des malheurs de la Terre-Sainte, s'adressa d'abord au roi d'Espagne ; et, par sa lettre datée de Naples, il lui peignit le triste état où se trouvait la Syrie ; il le sollicita d'y faire passer au plus tôt des forces et de l'argent.

Raynaldi rapporte, sous la date de 1259, que les Tartares, menaçant d'envahir la Hongrie, envoyèrent au roi Bela des ambassadeurs, pour lui proposer une alliance, et le choix entre le mariage de son fils avec la fille du roi des Tartares, ou celui de sa fille avec le fils de ce même roi, puis de se joindre ensemble pour exterminer les chrétiens. Bela, redoutant l'invasion de ces peuples, envoya des ambassadeurs au pape Alexandre, lui demander de prompts secours. Il se plaignit d'avoir été abandonné par le pape Grégoire IX, lorsque les Tartares avaient précédemment pénétré dans ses états, et lui fit part des moyens qu'on lui offrait d'échapper au danger qui le menaçait. Le pape Alexandre écrivit au roi de Hongrie, afin de le détourner d'accepter les propositions des Tartares. Il excusa autant qu'il put

la conduite du pape Grégoire; il fit sentir au roi tout ce qu'aurait
d'odieux pour lui et de dangereux pour la chrétienté, l'alliance
qui lui était offerte, et lui promit des secours contre ses ennemis.
Cette lettre était datée d'Agnanie, le 2 des ides d'octobre.

Sous la date de 1260, l'annaliste rapporte, d'après l'histoire orientale d'Ayton, les maux que les Tartares firent aux
Sarrasins; les relations qu'ils eurent momentanément avec les
chrétiens, et qui furent bientôt rompues. Les chrétiens, opprimés par ces nouveaux ennemis, implorèrent les secours de
l'Occident. On tint à Paris un concile, où après que le pape
eut fait faire le récit de ce qui était arrivé en Palestine, on décréta des prières, des processions, la punition des blasphèmes,
la pénitence des péchés, et le retranchement du superflu dans
les mets et dans les vêtements. Les tournois furent défendus
pendant deux ans; de même que les autres jeux, excepté
l'arc et la balliste.

En 1261, les Tartares furent défaits et mis en fuite en
Hongrie. Il se tint en Angleterre et en Allemagne des conciles
qui eurent pour but de prendre la croix contre eux. C'est de
quoi font foi les annales de Steron. Le pape Alexandre indiqua
un concile à Viterbe, pour l'octave des apôtres Saint Pierre et
Saint Paul; mais il mourut le 8 des calendes de juin, et eut
pour successeur Urbain IV.

Sous la date de 1263, Raynaldi raconte, d'après Sanuti, l'invasion soudaine de Bendocdar (Bibars) en Syrie, à la tête de
30 mille hommes de cavalerie. Les Sarrasins vinrent devant Acre
le 14 d'avril; le 15, ils se présentèrent aux portes de la ville,
ravagèrent les campagnes voisines, et mirent la cité dans le plus
grand danger. Dans le même mois, ils détruisirent le monastère
de Bethléem. Le pape Urbain, pénétré de douleur de ces tristes
nouvelles, écrivit à Louis IX, et l'engagea à aller au secours
de la Terre-Sainte. Dans cette lettre, le pontife fait un récit

pathétique des malheurs de ce pays. Il raconte au roi que les Tartares, après avoir tué les Sarrasins en Syrie, ont à leur tour été détruits, en punition, dit-il, de ce qu'ils avaient mal-traité les chrétiens. Il parle du désastre que ceux-ci ont éprouvé de la part du soudan du Caire, et dit que non-seulement les ennemis se sont emparés de Nazareth, mais encore l'ont détruite, ont rasé l'église du Mont-Thabor, et sont venus jusqu'à Acre, ravageant tout et menaçant les chrétiens des plus grands maux. Le souverain pontife termine par exhorter les fidèles à s'armer contre les ennemis du Christ. Cette lettre est datée de Viterbe, le 13 des calendes de septembre.

Guillaume de Tripoli, de l'ordre des Frères prêcheurs, ensuite l'évêque de Bethléem, vinrent en Europe exposer le triste état de la Syrie, et demander des secours. Le pape avait taxé les revenus de l'église de France au centième pendant cinq ans. Les évêques se refusèrent à cette levée. Les arche-vêques de Reims, de Sens et de Bourges, s'en plaignirent comme d'une extorsion. Le pape leur adressa des reproches, et leur représenta combien il serait indigne qu'ils fussent vaincus en zèle par les laïcs. Il écrivit aussi à l'archevêque de Tyr, qui était alors en France. Après lui avoir peint la tyrannie des Sarrasins et des Tartares, il l'exhorta à prêcher une croisade et à concourir à la levée d'hommes et d'argent qui était néces-saire. Il écrivit de même, et pour le même objet, à des évêques d'Angleterre, d'Écosse et de Danemarck. Raynaldi ajoute que ce qui augmentait alors les calamités de la Palestine, c'était les dissensions qui existaient entre les Vénitiens et les Génois.

En 1264, il y eut à Paris, à la sollicitation du pape Urbain, une grande assemblée, où l'on traita de l'expédition dans la Terre-Sainte. Le pontife, pour relever le courage abattu des chrétiens de Syrie, leur écrivit que les secours ne leur man-

queraient point. Il les exhorta à mettre fin à leurs divisions.
D'un autre côté, il adressa des lettres de félicitations et d'éloges
aux princes d'Occident qui s'étaient croisés. Mais au milieu
des soins sans nombre que le pape se dounait pour une nouvelle
croisade, la mort vint l'enlever. Il eut pour successeur le pape
Clément IV.

En 1265, ce pontife reçut de la Palestine des lettres qui
lui annoncèrent que le soudan d'Égypte, après s'être emparé
de Césarée par ruse, avait attaqué et pris la citadelle d'Arsuf;
que quatre-vingt-dix Hospitaliers avaient été tués ou faits prisonniers, et que tous ceux qui étaient dans la forteresse, au
nombre de mille environ, avaient été conduits au Caire comme
captifs. Le soudan Bendocdar, fier de ces victoires, avait
assiégé et pris plusieurs autres châteaux, et avait jeté la terreur
dans Ptolémaïs.

Le pape adressa en réponse au patriarche de Jérusalem, aux
archevêques et évêques de la Palestine, aux Templiers, Hospitaliers, etc, une lettre de doléance, et essaya de les encourager en leur annonçant des secours de France. Cette lettre était
datée de Pérouse, le 8 des calendes d'août. Le pontife adressa
aussi une autre lettre au roi d'Arménie, et l'exhorta à secourir
les chrétiens d'Orient. Cette lettre est du 7 des calendes. Il
s'adressa encore à St. Louis, auquel il peignit l'état des affaires
de la Syrie et les progrès du soudan du Caire. Thibault, roi
de Navarre, Ottocare, roi de Bohème, Alphonse, comte de
Poitiers, les ducs de Brunswick, de Saxe, de Bavière, et autres
princes d'Allemagne et de Pologne, entre autres Otton, marquis de Brandebourg, reçurent de pareilles lettres. Le pape
les exhortait à faire des levées pour marcher contre les Sarrasins
d'Asie. Outre cela, le pape chargea les Frères prêcheurs et les
Frères mineurs d'exciter, par leurs discours, la jeunesse chré-

tienne de la France, de l'Allemagne, de la Pologne, du Danemarck, à la guerre sainte.

Pendant ce temps, les Tartares menaçaient, par de continuelles excursions, de s'emparer de la Hongrie. Clément, qui
en fut informé par des lettres du roi Bela, autorisa les archevêques de Strigonie et de Colocza à prêcher une croisade contre
ces barbares. Sa lettre est datée de Pérouse, le 7 des calendes
de juillet.

Bendocdar ayant fait de nouveaux progrès en Syrie, et pris
la citadelle de Saphet, le pontife écrivit aux légats qu'il avait en
Sicile, en Angleterre, en France, en Allemagne, de hâter les
levées des croisés. Il engagea les Vénitiens à équiper une flotte.
Il s'adressa aussi aux évêques de Luxembourg et de Juliers.
Ses différentes lettres sont datées des calendes de novembre et
d'octobre de la deuxième année de son pontificat.

Raynaldi rapporte, sous la date de 1267, que le pape écrivit
à Ottobon, son légat en Angleterre, que le roi de France venait,
dans une assemblée de prélats, de seigneurs et de guerriers,
de prendre la croix, et se préparait à l'expédition de Syrie. Il
ajoute que le pontife s'adressa au roi de France lui-même, le
félicita, et donna de grands éloges à sa résolution. Cette seconde lettre était datée de Viterbe, le 3 des nones de mai.

L'exemple de St. Louis, dit Raynaldi, entraîna le roi de
Navarre son gendre, et Alphonse, comte de Poitiers et de
Toulouse, son frère. Pour animer davantage le zèle des Français, le pape écrivit au cardinal Simou, son légat, dont les
prédications en Sicile avaient eu de très heureux effets; il
accorda pour l'expédition la dîme des revenus ecclésiastiques
pendant trois ans. Sa lettre au cardinal porte la même date que
celle qu'il avait écrite au roi de Sicile. Il en adressa de nouvelles
à son légat en Angleterre, aux Vénitiens et aux Génois; il

essaya même d'engager l'empereur Michel Paléologue, par l'exemple du roi de France; il exhorta le roi d'Arménie à prendre part à cette guerre, et ordonna au patriarche de Jérusalem de faire des levées de croisés. Ces différentes lettres étaient de Viterbe, au mois de juillet.

En 1268, pendant que St. Louis faisait les préparatifs de son expédition, le pape Clément sollicita les Vénitiens de joindre leurs forces maritimes à celles de ce roi; mais les Vénitiens craignant que leur commerce en Egypte n'en souffrît, s'en excusèrent. Le pape s'adressa encore aux Génois, aux princes croisés d'Angleterre et aux rois d'Espagne. Alphonse de Portugal se joignit au roi de France. Le pape lui accorda des indulgences, les dîmes des revenus du Portugal, et d'autres secours.

Pendant ce temps-là, Bendocdar, au rapport de Sanuti, de Jordan, d'Ayton, du moine de Padoue, etc., s'emparait de Jaffa par trahison, attaquait et persécutait les chrétiens pendant la trève, prenait le château de Belfort, dévastait les environs de Tripoli. Ensuite il se rendit maître d'Antioche sans beaucoup de peine: il tua dans cette ville 17 mille personnes, et en emmena captives plus de 100 mille. Pour comble de maux, le pape Clément mourut.

Suivant l'appendix de Mathieu Pâris, St. Louis sollicita, en 1269, Edouard, fils de Henri, roi d'Angleterre, de se joindre à lui pour son expédition d'Asie. Henri permit à son fils de prendre la croix. Le roi d'Aragon, animé d'un même zèle, se disposa à partir pour la Syrie. Le cardinal d'Albane, nommé légat auprès de l'armée des croisés, fut confirmé dans cette mission par les cardinaux.

Raynaldi rapporte, sur la foi de Longin, historien de Pologne, qu'on vit cette année dans ce pays des armées se battre dans les airs, et qu'on ordonna des prières pour appaiser la Divinité.

L'année suivante, selon le même auteur, on vit dans la Silésie, l'Oder et la Nissa, rouler pendant trois jours des flots ensanglantés; dans l'été il tomba du ciel une pluie de sang.

Seconde Croisade de Saint Louis, et ce qui la suivit.

Sous la date de 1270, l'annaliste fait le récit de l'expédition de St. Louis en Afrique, d'après G. de Nangis, Meyer, Mathieu Pâris et Geoffroi de Beaulieu, qu'il copie souvent. A l'occasion du traité conclu avec le roi de Tunis, il cite le moine de Padoue et G. de Westminster.

Il raconte ensuite le départ de l'armée, et la tempête qui dissipa la flotte et fit périr environ quatre mille hommes. Il dit qu'Edouard étant allé à Acre, la délivra des attaques de Bendocdar. Son récit est appuyé des lettres que le pape écrivit aux évêques d'Angleterre pour les engager à envoyer des secours en argent à Edouard et à son frère Edmond.

Dans cette même année, suivant Ayton, le roi d'Arménie traita avec Bendocdar pour le rachat de son fils Livon, retenu prisonnier en Egypte.

Ce fut en 1271 que les cardinaux, selon Steron et Ptolomée de Lucques, élurent pour pape Grégoire X. Sanuti, qui parle aussi de cette élection, rapporte que les chrétiens, accablés par la guerre que leur faisaient les Sarrasins, excitèrent Abagha, roi des Tartares, contre Bendocdar, et que les Tartares se répandant dans le pays d'Antioche, d'Alep, d'Haman et de Calaméla, jusqu'à la grande Césarée, tuèrent partout les Sarrasins. Ils retournèrent ensuite à un lieu nommé *Maraym*, à l'entrée de la Turquie, emmenant avec eux une grande quantité d'esclaves et d'animaux.

En 1272, le nouveau pape, qui était allé en Palestine, lorsqu'il n'était qu'archidiacre de Liége, revint en Italie au grand contentement de l'Occident. Il se rendit de suite à Viterbe, où étaient encore les cardinaux. Son premier soin fut d'écrire au roi d'Angleterre Edouard, et de l'exciter à secourir la Terre-Sainte. Il envoya pour le même objet l'archevêque de Corinthe, en qualité de légat, auprès de Philippe-le-Hardi, roi de France. Il accordait à ce prince vingt-cinq mille marcs hypothéqués sur toutes les propriétés des Templiers, si cela était nécessaire, pour l'expédition sainte. Philippe témoigna un grand desir d'arracher les saints lieux des mains des Sarrasins, et le fit connaître au pape par des ambassadeurs qu'il lui envoya. Tous ces faits et ceux qui suivent résultent du recueil des lettres de ce pape, indiquées par l'annaliste.

Grégoire, plein de joie de ces dispositions, adressa à Philippe une lettre d'éloges et de félicitations ; mais il lui conseilla de différer l'expédition, et de ne pas s'en charger lui seul. Il l'exhortait toutefois à s'y préparer, et il adressa les mêmes exhortations aux autres princes chrétiens. Comme les Génois ne se faisaient pas scrupule de commercer avec les Sarrasins, le pape leur reprocha leur avarice : il leur exposa la cruauté des infidèles envers les prisonniers chrétiens, et surtout envers les femmes et les enfants, qu'ils arrachaient du sein de leurs mères. Le pape rappelle aux Génois les censures prononcées par les autres papes contre ceux qui feraient le commerce avec les Sarrasins, et menace de les y soumettre eux-mêmes. Sa lettre est datée de Latran, le 2 des calendes d'avril.

Grégoire envoya pour patriarche à Jérusalem Thomas, archevêque de Cosence. A son départ, il le chargea d'instructions, et lui ordonna de détourner les chrétiens de toute relation avec

les infidèles. Ce patriarche, qui avait reçu de l'argent pour faire
des levées d'hommes, fut accusé de l'avoir mal employé; car
au lieu de choisir la fleur de la noblesse de France, il prit des
hommes couverts de haillons peu propres aux travaux de la
guerre. C'est ce qui paraît par des lettres que le pape lui adressa
de Latran aux ides d'avril.

Dans la même année, ce pontife envoya des lettres encycliques pour la convocation d'un concile œcuménique. Raynaldi
copie celles qui furent adressées à l'archevêque de Sens et à ses
suffragants; Grégoire y annonce qu'on travaillera à guérir les
maux causés par le schisme des Grecs, et que le triste état de
la Syrie y sera pris en grande considération. Il fixe l'époque
de la tenue de ce concile aux calendes de mai 1274. Il veut
toutefois que dans chaque province il reste au moins un ou
deux évêques pour remplir les fonctions épiscopales que les
circonstances exigeront d'eux. Ces lettres sont datées du 2 des
calendes d'avril. Le pontife exhorta, par d'autres lettres, tous
les princes chrétiens à se rendre au concile. Il y invita aussi
l'empereur Michel Paléologue. L'annaliste copie la longue lettre
que le pontife adressa à ce prince. Elle est de Viterbe, le 9 des
calendes de novembre.

L'an 1273, le pape Grégoire fixa le lieu du concile œcuménique à Lyon, comme on le voit par une lettre datée de Viterbe
aux ides d'avril, et adressée à l'archevêque de Sens et à ses suffragants. L'empereur Rodolphe, selon le rapport de Siffride et
de Ptolomée de Lucques, ayant appris qu'on avait vu dans le
ciel une croix le jour de son couronnement, et pendant qu'il
était couvert des ornements impériaux, fit vœu d'aller en Syrie, en déclarant que, si le Seigneur lui accordait la vie et le
bonheur, il consacrerait son sang à Jésus-Christ pour la rémission de ses péchés.

Grégoire reçut cette même année, pendant qu'il était à Ste.-

Croix, ville de la Toscane, des lettres du roi de France Philippe, qui lui annonçait qu'il avait envoyé en Syrie des guerriers très exercés pour connaître l'état des affaires, afin qu'il pût y faire passer les secours nécessaires. Grégoire répondit au roi par une lettre de félicitations, et remplie d'éloges pour le zèle qu'il montrait. Cette lettre est du 5 des calendes de septembre. Sanuti parle de ces secours du roi de France envoyés en Syrie sous la conduite d'Olivier de Termes. Le pape eut aussi à féliciter Ottocare, roi de Bohème, qui fit vœu de partir pour Jérusalem, et Alphonse, roi de Castille, qui lui avait exprimé un grand desir de s'entretenir avec lui de choses importantes et secrètes, relatives au rétablissement de la Terre-Sainte et à la réunion de l'église grecque. Mais Grégoire, pressé par les embarras que lui donnait la prochaine tenue du concile, répondit à Alphonse qu'il enverrait des hommes fidèles auxquels il pourrait s'ouvrir avec sûreté. Cette dernière lettre, du 3 des nones de novembre, était datée de Chambéry, où le pape passait alors pour se rendre à Lyon.

Grégoire arriva dans cette dernière ville, après avoir beaucoup souffert des fatigues du voyage, et y tomba malade.

Raynaldi, à la date de 1274, s'étend sur la tenue du concile, et en parle d'après les archives du Vatican et l'histoire même de ce concile, qu'il cite tour-à-tour. Le pape, qui présida le concile, demanda et obtint la dîme de tous les revenus ecclésiastiques pendant six ans pour venir au secours de la Terre-Sainte.

Dans la seconde session, on permit aux procureurs des chapitres, aux abbés et prieurs, de porter la mitre, dont l'usage ne leur avait pas encore été permis.

Dans la troisième session, on lut plusieurs constitutions qui avaient pour objet de réformer les mœurs des prêtres, de réprimer leur avarice et de les rappeler à la sainteté primitive.

Les pères du concile demandèrent qu'on s'occupât du schisme

de l'empire grec. Les ambassadeurs de Michel Paléologue firent, au nom de cet empereur, une profession de foi orthodoxe: mais cette profession fut bientôt démentie par Joseph, patriarche de Constantinople, qui l'année suivante fut, à cause de cela, déposé. Le schisme d'Orient fut condamné par les évêques grecs et latins.

Dans la quatrième session, les ambassadeurs du roi des Tartares Abagha furent introduits; ils racontèrent l'irruption que leur maître avait faite en Turquie, la défaite de Bendocdar, le supplice du traître Pervana. Les ambassadeurs offrirent de joindre leurs armes à celles des chrétiens contre les Sarrasins, et cette offre remplit de joie les esprits des pères. Un ambassadeur du roi, et deux nobles tartares, reçurent le baptême de Pierre, cardinal-évêque d'Ostie. Le pape écrivit Abagha pour l'exhorter à embrasser lui-même le christianisme, et promit de lui envoyer des ambassadeurs avant que l'expédition eût lieu. Cette lettre est datée de Lyon, le 5 des ides de mars.

Lorsque le concile fut dissous, le pape s'attacha à presser l préparatifs de la guerre sainte. Il félicita le roi Philippe d'avoir pris la croix; lui accorda la dîme des revenus de France, et lui envoya pour légat Simon, cardinal-prêtre du titre de Ste.-Cécile, avec l'autorisation de prêcher la croisade. Grégoire accorda des indulgences à ceux qui prendraient la croix ou fourniraient des secours d'argent. Il ordonna aux croisés de faire pénitence, d'abandonner leurs ressentiments particuliers, de renoncer au luxe, et de ne point dissiper en vaines dépenses l'argent nécessaire à la croisade. Ces instructions, adressées à son légat, étaient datées de Lyon, le 4 des ides d'octobre. Grégoire écrivit, le 15 des calendes du même mois, de pareilles lettres à l'archevêque d'Yorck et à ses suffragants, et les excita à la croisade. Il préposa à la levée des dîmes qui devaient servir aux frais de l'expédition des ecclésiastiques, auxquels il recommanda de ne pas grever le clergé pauvre.

Sous la date de 1275, Raynaldi, sur la foi des Annales de Colmar, de la Chronique de Bernard et de celle d'André Dandolo, assure que le pape Grégoire brûlait du desir d'emmener avec lui en Asie l'empereur Rodolphe et les rois chrétiens pour combattre les Sarrasins. Ce pontife essaya de remettre la paix entre Henri et Louis, duc de Bavière, de même qu'entre les peuples de la Lombardie : mais il mourut au commencement de l'année 1276. Le pape Innocent V lui succéda, et mourut bientôt au milieu des soins qu'il se donnait pour la croisade. Innocent eut pour successeur Adrien V, qui mourut à Viterbe peu de temps après son exaltation. Jean XXI, qui fut élu après lui, écrivit aux évêques de France d'accélérer le moment de l'expédition d'Asie. Il leur ordonna de frapper des censures de l'église ceux qui quitteraient la croix ou refuseraient de faire le passage. Sa lettre est datée de Viterbe, le 5 des ides de décembre. Il écrivit aussi au roi de France, essayant de ramener la concorde entre lui et le roi de Castille. Il lui représentait combien les dissensions entre les princes chrétiens étaient nuisibles aux affaires de la chrétienté. Il l'exhortait à tourner ses armes contre les ennemis de la religion, et lui annonçait l'envoi de commissaires apostoliques chargés de travailler à la réconciliation. Cette lettre était datée de Viterbe, aux ides d'octobre.

En 1277, le même pontife s'adressa à son légat en France, le cardinal Simon, et lui enjoignit de détourner le roi Philippe de faire la guerre au roi Alphonse, en lui représentant combien leur querelle était contraire aux intérêts de la Terre-Sainte. Il l'autorisait à frapper des censures de l'église les Français qui voulaient la guerre. Sa lettre au légat est datée de Viterbe, le 5 des nones de mars. Pendant que ce pape travail-

7..

lait à pacifier les princes de l'Occident, la discorde tourmentait
l'Asie. Bendocdar, battu par les Tartares, venait de mourir :
mais son fils, qui devait lui succéder, ayant perdu l'empire,
les dissensions furent telles parmi les Sarrasins, qu'au rapport
de G. de Nangis, ils se tuaient tous les jours les uns les autres.
La division éclata aussi entre le prince d'Antioche et les Templiers, et nuisit aux affaires de la Palestine. Cependant les
Vénitiens et les Tyriens venaient de faire la paix quand la mort
enleva subitement le pape Jean XXI. Nicolas III lui succéda.

En 1279, le comte de Tripoli poussé par de mauvais conseils,
avait chassé l'évêque de la ville, après lui avoir fait essuyer
plusieurs injustices. Le pontife adressa à ce prince une lettre
pleine de reproches ; il essaya de le ramener à de meilleurs
sentiments, en lui représentant combien sa conduite était préjudiciable à ses intérêts, et favorisait les Sarrasins, dont l'insolence augmentait par les divisions des chrétiens. Sa lettre était
datée de St.- Pierre de Rome, aux calendes de juin.

En 1280, le pape, informé du triste état de la Palestine, et
sachant que le soudan du Caire menaçait de ruiner les affaires
des chrétiens en Orient, écrivit à l'archevêque de Tours, et aux
évêques de toute sa province, une lettre dans laquelle il fait
le tableau de la malheureuse situation de l'église de Jérusalem,
et se plaint de ce que les espérances qu'on avait conçues d'une
expédition, étaient évanouïes par la discorde qui régnait entre
le roi de France et celui de Castille. Il rappelle avec douleur
comment la mission des légats qui avaient été envoyés pour
travailler à une conciliation, avait été inutile. Après avoir
condamné les auteurs de ces querelles, il pense qu'il faut
recourir à la miséricorde divine, et il ordonne des prières
publiques pour demander la paix. Sa lettre, copiée par Raynaldi, est datée de St.-Pierre de Rome, le 10 des calendes de
mars.

Peu après, le pape Nicolas étant mort, eut pour successeur Martin IV.

Sous la date de 1282, l'annaliste, sur la foi de Jordan, raconte que les Tartares étant entrés dans la Syrie, s'emparèrent des plus fortes places et tuèrent tous les Sarrasins qu'ils rencontrèrent. Le soudan du Caire vint au-devant d'eux avec cent mille cavaliers et autant de fantassins. Il les rencontra dans le pays de Calamela, où il se livra une grande bataille, dans laquelle les Tartares furent défaits et mis en fuite. Le roi Abagha, rassemblant une nouvelle armée pour la conduire contre les Sarrasins, fut empoisonné.

Après ces événements, il ne restait plus d'espoir aux chrétiens d'Orient que dans Charles, roi de Sicile et de Jérusalem ; car ce prince avait pris la croix avec le prince de Salerne, son fils aîné. G. de Nangis dit qu'il avait acheté les droits du royaume de Jérusalem, et qu'il formait de grands projets pour arracher ce pays aux Sarrasins.

Une lettre du pape Martin, adressée à ce roi quelque temps avant la conjuration des Vêpres Siciliennes, prouve ses intentions, puisque le pape lui accorde pendant six ans les dîmes de la Sardaigne pour les préparatifs nécessaires à la guerre. Cette lettre est de Viterbe, le 15 des calendes d'avril.

Sous la date de 1283, Raynaldi rapporte que le roi d'Angleterre, Edouard, ayant demandé au pape d'être relevé du vœu qu'il avait fait d'aller dans la Terre-Sainte, et d'accorder la dîme à son frère Edmond qui devait partir, le pontife lui répondit que ses demandes étaient inconvenantes. Il se plaignit amèrement de ce qu'il trompait ainsi les espérances qu'il avait données. Il l'exhorta à reprendre courage et à persister dans sa première résolution de délivrer la Syrie. Cette lettre est de Viterbe, le 16 des ides de Janvier. Le pape lui en adressa une autre au mois de juillet suivant, dans laquelle il lui reprochait d'avoir détourné avec violence, et pour d'autres usages, la dîme qui avait été recueillie pour les secours de la Terre-Sainte. Il lui représentait combien cette action était d'un exemple dangereux pour les autres rois, et lui ordonnait de rendre à leur destination les deniers qu'il avait enlevés.

Pendant ce temps, Mahomet-Kan, roi des Tartares, exerçait une cruelle persécution contre les chrétiens. Il profanait leurs temples, renversait leurs autels, et infectait les Tartares de la superstition des Sarrasins. Ayton, dans son histoire orientale, donne là-dessus quelques détails copiés par Raynaldi.

En 1284, dit cet annaliste, les affaires de Syrie étaient dans le plus fâcheux état par les efforts réunis des Sarrasins de ce pays et de ceux d'Egypte. En Occident il ne se préparait aucune expédition pour les rétablir. On recueillait bien les dîmes, mais la plus grande partie était enlevée pour d'autres dépenses; le pontife assigna à Rome des marchands de Lucques, de Florence et de Pise, comme coupables d'avoir détourné des deniers consacrés à la guerre sainte. La cour de Rome elle-même se permettait d'employer le produit des dîmes, non à secourir les chrétiens en Syrie, mais à entretenir la guerre contre les Siciliens, le roi d'Arragon, etc. Les autres princes, occupés ailleurs, ne pouvaient faire le passage. Rodolphe travaillait à affermir sa puissance en Allemagne et à la transmettre à ses descendants; Charles, roi de Sicile, luttait contre ses ennemis intérieurs; la France faisait la guerre à l'Aragon; la Castille était agitée par des divisions intestines; l'Italie restait en suspens à cause des démêlés entre les Pisans et les Génois; le souverain pontife était sans cesse occupé à contenir ses sujets dans le devoir. Édouard, roi d'Angleterre, était le seul qui parût revenu à l'idée de défendre la Terre-Sainte et qui s'en occupât. Du moins c'est

ce qui paraît par une lettre de félicitation que Martin lui adressa
le 7 des calendes de juin. Toutefois ce zèle d'Édouard n'aboutit
à rien ; car il fit des demandes que le souverain pontife ne put
lui accorder, et les secours qu'il avait promis n'eurent point lieu.
Le pape lui en fit des reproches par une lettre qui porte la même
date que la précédente, ce qui est évidemment une erreur du
copiste ou de l'imprimeur. Martin IV mourut cette année, et fut
remplacé par Honorius IV. Ce nouveau pontife mourut en 1287,
sans avoir rien fait pour la croisade. Son successeur Nicolas IV
ne fut élu que l'année suivante.

Ce fut dans cette année 1288 que le patriarche de Jérusalem, les maîtres des Hospitaliers, des Templiers et de l'ordre
Teutonique, envoyèrent au pape des lettres et des députés
pour exposer la triste situation des chrétiens dans la Terre-
Sainte, et demander des secours. Le pape les exhorta à
prendre courage et à défendre leur pays. Il promit de consulter ses cardinaux sur les secours qu'ils demandaient : mais
on s'en occupa trop tard ; car en 1289, au rapport des historiens du temps, tels que Steron, Mathieu de Westminster,
Bosius, Sanuti, le soudan du Caire s'empara de Tripoli, la
détruisit de fond en comble, et profana tous les signes révérés
des chrétiens. Le pape Nicolas ayant appris cette nouvelle,
s'adressa à l'évêque de Tripoli, et l'autorisa à prêcher une
croisade. Sa lettre est de Réate, aux calendes de septembre.
Sur ces entrefaites, le soudan craignant que l'Occident ne
s'armât contre lui, accorda à Henri, roi de Jérusalem et de
Chypre, la trève qu'il lui avait demandée. Néanmoins les
Syriens envoyèrent au pontife des ambassadeurs pour demander du secours : celui-ci accorda vingt galères, qui devaient se
rendre à Ptolémaïs, comme il résulte de sa lettre au patriarche
de Jérusalem. Il promit de mettre tous ses soins à préparer
d'autres secours. En effet il s'adressa pour cela à Édouard

d'Angleterre, aux demandes duquel il souscrivit. La lettre à ce prince est datée de Réate, aux nones d'octobre.

L'année suivante, 1290, le pape s'adressa à tous les fidèles, auxquels il peignit le sort des chrétiens d'Orient, et l'humiliation à laquelle ils étaient réduits. Il annonçait une croisade et excitait à prendre les armes tous ceux qui avaient à cœur l'honneur du nom chrétien. Il accordait des indulgences à ceux qui partiraient ou enverraient des secours ; mettait les croisés sous la protection du St.-Siége ; délivrait ceux qui étaient sous le poids de l'usure, et enfin exhortait tous les fidèles, par l'espoir de la vie éternelle, à mépriser les dangers. Ces lettres de Nicolas IV étaient datées de Ste. Marie-Majeure, aux nones de janvier. D'après le témoignage de Jordan, d'Ayton, des archives du Vatican, etc., le pape fit armer vingt galères par les Vénitiens, et en donna le commandement à Nicolas Teuplo, nommé *Scopulus*. Il envoya son pénitencier apostolique, Jean Semesius, au roi de France, pour l'engager à la défense de la Terre-Sainte : mais des raisons politiques s'opposant aux désirs du pontife et du roi, Nicolas adressa à ce prince une lettre de reproches. Il renouvela aussi ses exhortations au roi d'Angleterre, et accorda la dîme des revenus de ce pays, de l'Écosse et de l'Irlande, pour les frais de l'expédition ; mais pendant qu'il redoublait de zèle et d'efforts, le soudan du Caire marchait avec de grandes forces contre Ptolémaïs.

Ruine entière des Chrétiens en Syrie.

Le 4 des calendes d'avril 1291, le pape adressa de nouvelles lettres à tous les fidèles de la chrétienté ; il leur peignit les malheurs de la Syrie et enflamma le courage des croisés. Raynaldi, d'après les auteurs contemporains, accuse de tous les

genres de crimes les habitants de Ptolémaïs. Il cite Villani,
Ptolémée de Lucques, Antonin, la Chronique de Bernard,
celle de Westminster, les Annales de Flandre. Il attribue aussi
la perte de cette ville aux différentes factions que le concours
de tant de nations qui s'y rendaient avait fait naître ; et fait
ensuite le récit de la prise de cette ville, d'après ce que chacun
des auteurs qu'il indique en a dit. L'annaliste, sur la foi de
Pachymère, auteur grec, raconte divers prodiges qui pré-
sageaient la ruine d'Antioche, de Tripoli et de Ptolémaïs. Le
pain sacré, dit cet auteur schismatique, prit le *type latin* et
la couleur noire de la thériaque. L'image de la Vierge pleura
pendant plusieurs jours. Celle de St. Georges, martyr, se
couvrit de gouttes de sang. Il ajoute : nous avons coutume
d'appliquer aux autres les terreurs des prodiges qui nous
menacent souvent nous-mêmes.

L'Occident fut consterné à la nouvelle de la ruine de la Syrie.
Le pontife en informa Philippe-le-Bel, roi de France, par
une lettre datée de Viterbe, le 10 des-calendes de septembre,
et dans laquelle, après lui avoir annoncé la prise de Ptolémaïs,
il l'exhorte à avoir pitié de l'état de la Syrie, et à y envoyer
des vaisseaux. Il avait écrit de même aux Génois, aux ides du
mois d'août, pour leur demander des secours et leur défendre de
commercer avec les sujets du soudan. Le pape s'adressa encore
aux Vénitiens à-peu-près dans les mêmes termes. On trouve
dans les Annales d'Éberard, et dans le Bullarium, les lettres
encycliques que ce souverain pontife adressa à tous les chrétiens,
après qu'on eut reçu la nouvelle de la ruine d'Acre. Le registre
pontifical contient celles qu'il écrivit aux rois et empereurs de
l'Orient, pour les exhorter à tourner leurs armes contre les
Sarrasins.

Sous la date de 1292, les Sarrasins s'étant portés sur l'Arménie, le roi de ce pays envoya au pape demander du secours.

Nicolas écrivit aussitôt à Philippe, roi de France, pour l'exhorter
à en envoyer. Les prières du pape eurent peu de pouvoir sur
Philippe; Nicolas s'adressa à tous les fidèles. Sanuti rapporte
qu'il se fit une expédition, et que l'armée des croisés essaya en
vain de prendre Alexandrie et un château nommé *Quandelor*,
Edouard, roi d'Angleterre, qui s'était croisé, fit au pape Nicolas
de nouvelles demandes pour l'expédition d'Asie. Il envoya des
ambassadeurs à Rome, et exigea les dîmes de tous les royaumes
dont les princes ne partiraient point pour la Palestine. Le pape
lui répondit par des lettres datées de Sainte-Marie-Majeure, le
11 des ides de février, que les dîmes décrétées par le concile
de Lyon avaient été consommées ou n'avaient pu être levées;
qu'il consulterait l'Église sur les demandes qu'il faisait; qu'à
l'égard des dîmes d'Angleterre, d'Écosse et d'Irlande, il lui
accordait tout ce qui restait à en lever. Il le priait ensuite d'obliger
à se tenir prêts à partir tous ceux qui s'étaient croisés; et il lui
annonçait qu'il lui enverrait un cardinal-légat.

Pendant que le pape s'occupait à mettre l'ordre dans l'univers
chrétien, une mort cruelle vint l'enlever. Son successeur Célestin V ne fut élu qu'en 1294. Ce pontife ayant abdiqué,
eut pour lui succéder le pape Boniface VIII.

Sous la date de 1297, Jacques, roi d'Aragon, fut nommé
par ce pape, chef de la croisade qui se préparait. Les lettres
qui lui furent adressées, le 3 des calendes de février, portent
qu'il devait commander une flotte de soixante vaisseaux; qu'il
aurait pendant trois ans la dîme des revenus du clergé; qu'il
s'engagerait à faire la guerre sur terre et sur mer à tous les ennemis de l'église, et que pendant tout le temps de son expédition d'Asie, son royaume serait sous la protection du Saint-
Siége.

L'année suivante 1298, Boniface reçut des ambassadeurs du
roi d'Arménie, qui vinrent demander aux princes de l'Occident

des secours contre les infidèles. Le pape, à cette occasion, écrivit au roi de France, et l'exhorta à envoyer des troupes à ce prince, lui faisant espérer qu'on pourrait plus facilement recouvrer la Terre Sainte. Sa lettre est datée de Réate, le 3 des nones d'octobre.

L'an 1300, les princes chrétiens de l'Orient ayant remporté quelques victoires sur les Sarrasins, le pape essaya par ses lettres de ranimer le zèle des princes d'Occident pour une expédition dans la Terre-Sainte, et s'occupa de faire lever les dîmes dans tout l'univers chrétien. Plusieurs lettres qui existent dans le registre pontifical en font foi, entr'autres une adressée à Jean, duc de Bretagne, qui se dévoua avec une grande piété à la guerre sacrée. Cette lettre, pleine d'éloges pour ce prince, est datée d'Anagnie, le 4 des calendes d'octobre. Raynaldi, après l'avoir copiée, ajoute qu'il ne trouve point dans l'histoire que ce duc Jean ait conduit d'armée de croisés en Syrie. Puis il copie le récit d'Ayton sur l'état de la Palestine à cette époque.

En 1301, Casan, empereur des Tartares, d'après le récit d'Ayton, de Sanuti, de Villani, eut le projet, quoique païen, de rendre Jérusalem aux chrétiens; Boniface chargea Porchetto Spinula, de l'ordre des Frères mineurs, de prêcher la croisade. Les dames génoises ayant montré beaucoup de zèle pour une expédition en Orient, le pape, dans la lettre qu'il écrivit à Porchetto, comparant ces dames à Judith, lui dit que c'était sans doute le même Dieu qui avait conduit jadis la main de cette femme, qui venait d'inspirer les nobles Génoises et leurs suivantes. Mais les projets de Casan et les intentions de Boniface n'eurent point l'effet qu'ils s'en promettaient.

En 1303, Casan se joignit au roi d'Arménie pour chasser les Sarrasins de la Palestine. Il vint camper dans la plaine de Damas; mais, au rapport d'Ayton, l'empereur et les chrétiens

furent mis en fuite. Ayton fut témoin de tout ce qu'il raconte sur
cette expédition. Il dit que les habitants de Damas voyant les
chrétiens et les Tartares campés dans leur plaine, détournèrent
pendant une nuit les eaux du fleuve, et inondèrent tellement
cette plaine, que leurs ennemis furent obligés de prendre
promptement la fuite; ce ne fut que par une sorte de miracle
qu'ils échappèrent à mille dangers. Ayton ajoute toutefois que
beaucoup d'Arméniens, de Tartares et de Géorgiens furent
noyés avec leurs chevaux.

Sous la date de 1306, le pape Clément V, sollicité par les
rois d'Arménie et de Chypre, que les Sarrasins opprimaient,
essaya de rétablir les affaires des chrétiens en Syrie. Pour cela
il écrivit au maître des Hospitaliers de venir le trouver. Les
Hospitaliers étaient alors occupés à faire la guerre aux Turcs,
dans les îles qui entourent celle de Rhodes. La lettre de Clément
était datée de Bordeaux, le 8 des ides de juin. Ce pontife écrivit
dans le même temps au patriarche et au roi d'Arménie. Il les
exhorta à la constance et leur promit des secours. Antoine,
évêque de Durham, nommé, l'année précédente, patriarche de
Jérusalem, se croisa. Le pape loua son zèle, et mit sous sa
protection ses biens et ceux de ses compagnons de pélerinage.

L'année suivante, on s'occupa beaucoup, au rapport d'Ayton, de l'expédition projetée. Le roi de Naples s'engagea à aller
en Syrie. Il demanda des secours au pape, qui lui en promit.
Clément ordonna en effet la levée des dîmes décrétées par le
concile de Lyon. Jordan rapporte que dans cette année les Arméniens avaient eu de grands avantages sur les Sarrasins.

Dans ce même temps, Charles d'Anjou avait fait un traité
avec les Vénitiens. Comme il avait épousé la petite-fille de
l'empereur Baudouin II, il méditait le projet d'arracher l'empire de Constantinople aux schismatiques grecs. Suivant les
archives du Vatican, le pape Clément favorisait ce projet. Il

ordonna la levée de la dîme pour cet objet; il écrivit de Bordeaux, le 2 des ides de mars, à l'archevêque de Ravenne et à tous les évêques de la Romagne, afin de les engager dans cette entreprise; il leur fit sentir le danger, pour l'église de Rome et toute la chrétienté, que l'empire grec tombât au pouvoir des Tartares, des Sarrasins, et autres infidèles qui attaquaient sans cesse l'empereur Andronic.

Le pape invita Frédéric, roi de Sicile, à se joindre au comte d'Anjou et à partir avec lui; ou, s'il ne le faisait pas, à ordonner aux évêques de ses états la levée de la dîme pour la croisade. En même temps, le pontife frappa d'anathème l'empereur Andronic Paléologue, qui tenait aux principes du schisme; et il défendit à tous les princes catholiques de faire aucune alliance avec lui. Cette bulle était datée de Poitiers, le 3 des nones de juin, 2e. année de son pontificat.

Au mois d'août de l'année suivante, le pape ayant résolu de tenir un concile œcuménique pour y faire statuer sur l'ordre des Templiers, sur les nouvelles hérésies qui altéraient la pureté de la foi, sur la discipline ecclésiastique, et sur les moyens de soustraire la Palestine à la tyrannie des Sarrasins, adressa des lettres de convocation à tous les évêques de la chrétienté. Il fixa l'époque de la tenue du concile à deux ans. Il invita à s'y trouver les rois Philippe de France, Edouard d'Angleterre, Charles de Naples et son neveu Charles de Hongrie, Frédéric de Sicile, Jacques d'Aragon, Ferdinand de Castille et de Léon, Denis de Portugal, Louis de Navarre, Jacques des îles Baléares, Henri de Chypre, et les rois de Bohème, de Danemarck, de Suède et de Norwège.

Le pontife adressa également aux Hospitaliers des lettres dans lesquelles il leur peignit la malheureuse situation de la Terre-Sainte sous la domination des Sarrasins; il les exhorta à s'armer pour la secourir. Il leur annonça dans quelles dispositions était le roi de France à cet égard, et pensa qu'il fallait envoyer d'abord quelques troupes pour défendre l'île de Chypre et l'Arménie. Il promit des secours d'argent, et accorda des indulgences aux Hospitaliers qui se croiseraient.

En 1309, le même pontife adressa à Jacques d'Aragon une bulle qui accordait à ceux qui se croiseraient les indulgences accoutumées, et les dîmes qu'on leverait en Catalogne et dans les royaumes de Valence et d'Aragon. Elle accordait aussi divers priviléges aux clercs qui partiraient. Cette bulle était d'Avignon, du 8 des calendes de mai.

Clément en adressa une autre, datée du même endroit, le 12 des calendes de juillet, à Pierre, évêque de Cahors, son légat auprès de l'armée des croisés, que les Hospitaliers devaient conduire dans la Terre-Sainte. Il lui fait la description du malheureux état de la Syrie, et l'exhorte à ranimer le zèle des fidèles pour le recouvrement des lieux saints. Dans d'autres lettres, adressées aux évêques d'Orient et à Henri, roi de Chypre, le pape recommande le légat, et ordonne qu'on ait pour lui l'obéissance et le respect qu'on lui doit; mais au rapport de Bosius et de la chronique de Bernard, les vaisseaux manquèrent à la multitude des croisés, et les vents contraires retinrent dans les ports de Sicile ceux qui étaient prêts. Cependant l'occasion était favorable aux succès des chrétiens, car, suivant Jordan, la discorde était parmi les Sarrasins, mais elle se mit aussi parmi les princes chrétiens.

En 1311, le pape s'étant rendu à Vienne sur le Rhône, y ouvrit le concile le 7 des calendes de novembre. On y traita de l'affaire des Templiers et des autres objets qu'on avait indiqués. L'expédition de Syrie fut la seule qu'on ne put régler, à cause des querelles qui divisaient les princes.

Cependant le roi de France, qui s'était engagé en plein concile à partir pour la Syrie, demanda l'année suivante, 1312, au pape Clément, de lui fixer le moment du départ pour la Terre-Sainte. Clément indiqua l'octave de la Pentecôte. L'empereur Henri parut animé du même zèle que Philippe ; mais ses démêlés avec Robert de Sicile le détournèrent bientôt de cette entreprise.

En 1313, suivant la chronique de Bernard, Philippe-le-Bel, roi de France, Édouard d'Angleterre et Louis de Navarre, prirent la croix avec les deux fils et les deux frères de Philippe, et plusieurs seigneurs de France. Le cardinal Nicolas, envoyé par le pape Clément pour prêcher la croisade, commença sa mission dans le royaume de France. Le pape écrivit des lettres pour autoriser cette prédication en Allemagne, en France, en Angleterre, en Bourgogne, dans les diocèses de Lyon, d'Arles, de Vienne, d'Aix, etc. Il prescrivit aux archevêques et évêques de défendre les jeux de hasard.

Jordan dit encore que l'occasion était favorable pour le succès de la croisade ; car les Sarrasins étaient très affaiblis par leurs divisions intestines.

Henri, empereur d'Allemagne, était mort en 1313 ; le pape Clément mourut en 1314, et le St.-Siége vaqua deux ans, trois mois et dix-sept jours. La mort de Philippe, roi de France, suivit de près ; et tout projet d'expédition en Syrie fut abandonné.

En 1316, les cardinaux élurent le pape Jean XXII, qui essaya de ranimer dans le cœur des princes chrétiens le désir de reprendre le projet de la croisade. Il s'adressa entre autres à Robert, roi de Sicile, à Clémence, reine de France, au roi de France lui-même et à Robert, comte de Flandre, alors en révolte contre Philippe-le-Long, son suzerain. Ses lettres sont datées ou de Lyon ou d'Avignon.

Sous la date de 1322, Raynaldi rapporte que les Sarrasins ayant fait une invasion en Arménie, le pape Jean XXII s'adressa au roi de France Charles-le-Bel , et l'engagea à envoyer des secours dans ce pays. Sa lettre est datée d'Avignon, le 10 des calendes de juillet.

Raynaldi, s'appuyant sur les registres des pontifes et sur l'historien Jean Villani, raconte que le roi envoya des ambassadeurs auprès du pontife pour traiter de l'expédition, et que le pontife promit les dîmes des revenus ecclésiastiques de France et de Navarre pendant quatre ans; 5o mille onces d'or que Bertrand, comte de Loménie, devait lui payer, et enfin des indulgences pour ceux qui partiraient. Mais Charles, au lieu de s'occuper de l'expédition d'Asie, fit la guerre avec l'Angleterre. D'un autre côté, le soudan du Caire, informé qu'on armait en France contre lui, se lia avec les Tartares, qui jusqu'alors avaient soutenu les chrétiens en Orient, et avec les Turcs. L'Arménie ne pouvait résister à ces trois ennemis réunis ; d'ailleurs elle était affaiblie par des troubles intérieurs.

Le pape s'adressa à tous les peuples de la chrétienté. Il leur peignit l'état de l'Arménie, les maux qu'elle venait de souffrir de la part des infidèles réunis. Il exhorta les chrétiens à défendre le nom qu'ils portaient. Il leur annonçait que des secours étaient ordonnés et préparés pour l'île de Chypre et l'Arménie, et les excita au recouvrement de la Syrie en leur montrant l'accès de ce pays ouvert et facile. Il promit des indulgences à ceux qui se croiseraient, et envoya des prédicateurs chargés d'animer le zèle des fidèles. Cette lettre du pape était datée d'Avignon, le 13 des calendes de janvier ; deuxième année de son pontificat.

Pendant que Jean XXII essayait de rallumer en Occident la ferveur pour les croisades , il travaillait d'un autre côté à répandre la religion chrétienne parmi les Tartares. Il adressa à ce sujet plusieurs lettres aux chefs des hordes de la Tartarie. Ce fut dans cette année que les Turcs, sous la conduite d'Orchán, tentèrent inutilement de s'emparer de Rhodes, et qu'ils furent défaits sur terre et sur mer par les Génois. Mais en 1323, des Génois, exerçant sur mer le métier de pirates, furent pris ou tués par les Turcs, et ceux-ci furent battus à leur tour par les Vénitiens.

Tentatives et prédications de nouvelles Croisades.

Nous croyons devoir interrompre un moment notre analyse, pour présenter à nos lecteurs quelques réflexions qui s'offrent naturellement ici. Depuis l'origine des croisades jusqu'à l'époque où nous sommes parvenus, l'histoire du moyen âge se compose en très grande partie du récit des guerres saintes. Ces entreprises sont tout-à-la-fois politiques et religieuses ; elles sont politiques, puisque tous les princes d'Occident y prennent une si grande part, et qu'ils s'y montrent toujours en première ligne ; elles sont religieuses, par le but qu'on s'y propose, et par la direction que les souverains pontifes y ont constamment donnée. Sous ce dernier rapport, les annales de Baronius et de son continuateur Raynaldi laissent fort peu de chose à désirer, car ils se sont particulièrement attachés à nous présenter toute la partie ecclésiastique des croisades. Mais depuis la ruine des chrétiens en Syrie, depuis que le zèle pour les guerres saintes s'est refroidi chez les rois comme chez les peuples, depuis que les progrès des Turcs ont été en augmentant, en proportion de ce refroidissement général, l'histoire de l'Occident prend une autre face : ce ne sont plus les rois ni les princes qui paraissent sur l'avant-scène, ce sont les papes qui jouent le premier rôle ; ce sont eux qui, pénétrés du danger qui menace la civilisation européenne, se mettent à la tête de

II.   8

cette même civilisation, pour la défendre et la sauver de la barbarie asiatique ; ce sont eux qui, pendant plus de deux siècles, ne cessent d'exhorter, de presser les princes et de les exciter à repousser l'ennemi commun. Aussi l'annaliste de l'église devient-il en quelque sorte l'historien du siècle; car l'histoire politique à cette époque est tout entière dans la conduite des chefs de l'église. Cette observation, dont on ne peut contester la vérité, a échappé jusqu'ici à tous les historiens. On va voir cette vérité ressortir à chaque page des annales de Raynaldi ; pour y donner un plus grand degré d'évidence, nous nous croyons obligés d'entrer dans quelques détails sur les croisades ou projets de croisades tentées contre les Sarrasins et surtout contre les Turcs. Nous devons cela à la vérité de l'histoire, nous le devons à la mémoire des souverains pontifes, dont la conduite admirable et sublime paraît à peine avoir été remarquée avant nous. Les papes se sont acquis des droits éternels à la reconnaissance des peuples civilisés, par leurs efforts constants et leur infatigable ardeur à ranimer dans la chrétienté le zèle et l'enthousiasme qui devaient concourir à la défense de l'Europe contre l'invasion des Musulmans. Nous nous contenterons de rappeler les faits.

En 1328, les infidèles prenant chaque jour de nouvelles forces, le pape fit réunir contre eux Robert, roi de Sicile, et les Vénitiens. Il engagea les princes Philippe de Tarente et Jean d'Achaïe à entrer dans leur ligue. L'appendix de la Chronique d'André Dandolo dit que Jean XXII fit, avec le roi de France et l'empereur de Constantinople, une alliance contre les Turcs, laquelle assura la tranquillité des chrétiens voisins de la Romanie, et fut funeste aux infidèles tant qu'elle dura.

En 1331, Philippe de Valois, roi de France, ayant reçu des ambassadeurs du roi d'Arménie qui demandait des secours contre les Sarrasins , et ce prince ayant déjà manifesté le desir d'arracher la Palestine à ces infidèles , le pape , pour seconder ses intentions , écrivit au patriarche de Jérusalem et à tous les évêques de France qu'ils eussent à prêcher une croisade , dont il fixa le départ à deux ans. Il leur annonça des légats et leur prescrivit des prières pour le succès de cette expédition. Sa lettre était datée d'Avignon , aux nones de novembre.

Le roi tint une assemblée des grands de son royaume vers la Noël. Il s'y dévoua à la guerre sainte : mais ayant fait , selon Jean Villani , plusieurs demandes au pape , qui furent rejetées comme injustes , son zèle pour la croisade se refroidit : la guerre qu'il déclara ensuite à l'Angleterre, contre l'avis de Jean , lui fit perdre tout-à-fait de vue cette entreprise. Le pape envoya une grande somme d'argent au roi d'Arménie.

En 1332, dit Raynaldi, dont le récit est toujours appuyé sur les lettres des papes ou sur l'autorité des écrivains contemporains, les Sarrasins d'Afrique et de Grenade infestaient l'Espagne ; les Turcs ravageaient la Grèce ; les Égyptiens désolaient l'Arménie ; le souverain pontife brûlant du desir d'exciter contre tous ces infidèles une guerre sainte, entreprit de concilier les chrétiens , et de rétablir le Saint-Siége en Italie. Philippe qui, l'année précédente, s'était engagé à passer en Palestine, et qui avait ensuite abandonné ce projet, y revint sur les exhortations du pape. Il publia des lettres-patentes pour annoncer ses nouvelles résolutions, fixer l'époque du passage , les causes qui pourraient en exempter, et déterminer les sommes d'argent qui seraient fournies au pape , dans le cas où l'expédition ne pourrait avoir lieu. Il nomma quatre prélats pour faire la levée de ces sommes. Le roi s'engageait à rendre tout ce qu'il aurait reçu, si l'entreprise était rompue. Ces lettres de Philippe, que Raynaldi copie, étaient datées d'Orléans le 20 de mars de l'an 1332 ; mais d'autres affaires vinrent encore empê-

8..

cher cette croisade. Le pape essaya d'y rappeler le roi : il lui écrivit pour le détourner de l'alliance qu'il avait contractée avec Jean, roi de Bohème, contre le duc de Brabant. Philippe se rendit à ses avis, et négocia la paix entre le roi de Bohème et le duc de Brabant. Le pape le nomma, en 1333, chef de la croisade, et lui adressa à cet effet des lettres datées d'Avignon, le 7 des calendes d'août. Il envoya en même temps des légats en France. Philippe éleva quelques difficultés que le pape aplanit, et le roi de France en informa ses peuples par des lettres-patentes. A l'exemple de Clément IV, Jean XXII accorda des indulgences plénières à ceux qui donneraient pour les frais de l'expédition le quart de leur revenu, ou le quinzième ou le vingtième de leurs biens-meubles. Il statua que les évêques, les abbés, les clercs et autres qui suivraient l'armée des croisés, jouiraient de leurs revenus et pourraient les placer à intérêt pendant trois ans. Il régla en outre que, pendant six ans, on leverait la dîme des revenus ecclésiastiques, à condition qu'elle ne serait pas détournée à d'autres usages.

Le pape s'adressa non-seulement aux évêques de France, mais aussi à ceux de toute la chrétienté, pour ordonner cette levée de dîmes destinée au rétablissement du culte chrétien en Syrie : et de peur que la suite ne répondît pas à de si beaux commencements, ou que de mauvais conseillers ne détournassent Philippe de ses résolutions, le pape prononça l'anathème contre ceux qui oseraient tenter de les faire avorter. Il écrivit aux prélats de France, et les chargea de faire porter la croix à ceux qui s'enrôleraient.

Bosius, en parlant de cette expédition, dit que Philippe devait fournir vingt mille cavaliers et cinquante mille fantassins; que les Vénitiens devaient équiper une flotte qui pourrait transporter quatre mille combattants, et cent bâtiments qui seraient chargés des instruments de guerre; qu'on espérait que les Génois, les Pisans et autres puissances maritimes se joindraient à l'entreprise.

Bosius ajoute que le pontife fit connaître sa résolution à tous les princes chrétiens. Il écrivit aux Vénitiens, aux chevaliers de Rhodes, au roi de Hongrie, au roi de Sicile, à Jean, duc de Dyrrachium, et autres princes.

Sur ces entrefaites, les Turcs ayant fait plusieurs excursions en Europe, le pape s'adressa aux Vénitiens et à Jean, comte d'Alençon, pour les exciter à prendre les armes contre ces infidèles. Il pria le roi de France et Robert de Sicile de se joindre à eux. D'un autre côté, l'empereur Andronic se voyant menacé par les Turcs, conçut le dessein de se réunir à l'église romaine. Le pape l'y exhorta vivement, ainsi que les Grecs. Dans le même temps, il travaillait à pacifier l'Italie dans l'espérance d'y rétablir le Saint-Siége, et il s'occupait de propager la foi parmi les peuples Tartares.

En 1334, continue l'annaliste, d'après Villani, Ptolomée de Lucques, et les archives du Vatican, les Turcs ayant recommencé leurs courses dans la Grèce, ce fut une occasion pour le pape de renouveler ses instances auprès de l'empereur Andronic, et l'exhorter à se joindre aux Latins contre les infidèles. Le roi de France envoya à ce prince une ambassade qui avait le même but. Il fut fait un traité entre le pape, Philippe de France, Robert de Sicile, François Dandolo, doge de Venise, le grand-maître de Rhodes et l'empereur Andronic, pour équiper une flotte contre les Turcs. Jean de Cepeio fut nommé commandant de cette flotte. Suivant Villani, l'empereur Andronic manqua au traité en ne fournissant aucun vaisseau; mais la flotte latine attaqua avec avantage les infidèles, qui perdirent cinq mille des leurs et cinquante vaisseaux. Cette victoire des chrétiens les vengea des excursions précédentes des Turcs.

On s'occupa alors de la croisade projetée, mais de nouvelles discordes vinrent la retarder ou plutôt l'empêcher. Le pape écrivit d'Avignon aux princes dissidents. Ses lettres furent cette année-là sans effet.

Jean XXII mourut, et eut pour successeur Benoît XII. Ce pape, suivant les intentions de son successeur, envoya en 1335 des ambassadeurs au roi de France, au maître de Rhodes et à François Dandolo, pour les exhorter à équiper une flotte puissante contre les Turcs. Il écrivit à Robert, roi de Sicile, d'y joindre des vaisseaux auxiliaires. Il s'adressa aussi à l'évêque de Majorque et aux autres évêques, pour qu'ils excitassent le peuple à prendre la croix. Si cette expédition ne réussit pas, dit Raynaldi, ce n'est pas au manque de soins ou à la négligence de Benoît qu'il faut s'en prendre. Le bruit des préparatifs et des menaces du roi de France retentit en Orient et porta la terreur chez les Sarrasins. Après tant de défaites éprouvées en Asie par les chrétiens, il ne leur restait plus que l'Arménie. Le soudan du Caire, à la nouvelle de ce qui se préparait en Occident, rompit la trève qui le liait avec le roi d'Arménie, et fondit sur ses états. Le roi, qui ne pouvait lui résister, se renferma dans une forteresse, et envoya une ambassade au souverain pontife et au roi de France, pour implorer leur secours. Le pape Benoît écrivit à Philippe ; il lui peignit la cruauté des Sarrasins envers les chrétiens, et le sollicita de secourir le roi d'Arménie. Sa lettre était datée d'Avignon, le 4 des ides d'octobre.

Le roi de France envoya demander au pontife le trésor amassé par le pape Jean pour faire la guerre. Ptolomée de Lucques rapporte que le pape refusa de le donner si le roi ne s'embarquait pas et ne remplissait pas la promesse qu'il avait faite sous son prédécesseur : mais Philippe ne put être amené par cette promesse à aller au secours des Arméniens.

D'un autre côté, les Cypriots envoyèrent une ambassade

au nouveau pape pour le consulter sur la croisade, et lui faire
voir qu'il serait plus dangereux qu'utile pour eux de s'armer
avant que les peuples d'Occident eussent équipé une flotte.
Benoît loua leur prudence, et approuva leur résolution. Sur
ces entrefaites, Philippe s'étant brouillé avec Édouard d'Angleterre au sujet de l'Écosse, l'expédition d'Orient fut encore
retardée.

En 1336, suivant les lettres des pontifes, l'Arménie fut de
nouveau ravagée par le soudan du Caire, qui se vengeait ainsi
par le fer et par le feu des vaines menaces qu'on lui avait
faites. La reine Constance, d'Arménie, informa le pontife de
ce nouveau désastre. Benoît lui écrivit une lettre de consolations,
datée d'Avignon, le 16 des calendes de mai. Il en adressa en
même temps d'autres aux Siciliens, aux Cypriots, aux Rhodiens, aux Crétois, aux Eubéens et autres chrétiens de l'Orient,
pour les exciter à défendre la milice religieuse contre les Sarrasins. Il leur représenta l'Arménie sans force, et la Palestine
sans espoir de recouvrer sa religion. Il leur faisait sentir la
nécessité de voler au secours du roi Léon. Cette lettre était datée
d'Avignon, aux calendes de mai.

Comme les champs de l'Arménie avaient été ravagés par les
Barbares, et que ce pays était dans la disette, le pontife et
le roi de France résolurent d'y faire passer des vivres ; c'est
ce qui paraît par des lettres écrites au préfet de Champagne,
pour qu'il eût soin de faire ramasser du blé sur les frontières
de sa province.

Des causes de guerre, entre le roi d'Angleterre et Philippe,
vinrent encore suspendre cette année l'exécution du projet
de la croisade. Benoît s'en plaignit au roi de France par une
lettre d'Avignon du 5 des ides de mars, dans laquelle il accuse
son inconstance et lui rappelle son premier serment. Après
lui avoir représenté combien les divisions de l'Occident sont

funestes aux affaires d'Orient, il consent à remettre à un autre temps l'expédition projetée. Le pape essaya en vain d'arrêter le feu de la guerre qui s'alluma en Occident l'année suivante.

En 1339, l'empereur Andronic envoya à Rome une ambassade demander la réunion des deux églises aux conditions suivantes : Qu'on tiendrait un concile œcuménique pour y traiter à fond de la procession du St.-Esprit ; mais, qu'avant d'assembler le concile, on enverrait aux Grecs des secours pour les aider à recouvrer les quatre villes principales d'Asie que les Turcs leur avaient enlevées. Raynaldi a copié en entier les instructions dont les ambassadeurs étaient chargés. Le pape et les cardinaux demandèrent à ceux-ci s'ils avaient de l'empereur ou du patriarche de Constantinople quelques garanties à offrir, qu'après la réunion des deux églises, ils ne manqueraient point à leurs engagements comme ils avaient fait après le concile de Lyon, du temps de l'empereur Paléologue. Les ambassadeurs ayant dit qu'ils n'étaient chargés de rien à cet égard, le pape leur répondit qu'on n'enverrait de secours aux Grecs que lorsqu'ils seraient réunis à l'église romaine ; et il écrivit en même temps une longue lettre au roi de France pour l'instruire de tout ce qui s'était passé à ce sujet. Cette lettre était datée d'Avignon, le 2 des nones de septembre.

En 1340, la guerre continuait entre la France et l'Angleterre. Le pape crut devoir écrire aux deux rois pour les engager à la paix. Il leur représente la situation des affaires en Orient ; les Sarrasins opprimant de plus en plus les chrétiens d'Asie ; les Africains, les Turcs et les Tartares faisant chaque jour de nouveaux progrès, et il prie ces deux rois, par tous ces motifs, de mettre un terme à l'effusion du sang humain. Sa lettre était datée d'Avignon, le 7 des calendes de septembre. Philippe inclinait à la paix, mais Édouard en était éloigné. Le pape s'adressa à des hommes sages qui pussent, par leurs conseils,

opérer la réunion des deux rois. Il écrivit de même au roi de
Castille, auquel il ordonna de faire une croisade pour repousser
les infidèles d'Afrique qui menaçaient ses états. Il adressa des
lettres aux évêques d'Espagne, et leur accorda des indulgences;
il leur enjoignit de faire dire des prières publiques pour le
succès de la guerre. Les rois de Castille et de Portugal ayant
remporté, vers le mois d'octobre, une victoire célèbre sur les
Sarrasins, le pape écrivit à Alphonse une lettre de félicitations :
il profita de cette victoire pour engager, d'un autre côté, le
roi d'Angleterre à tourner ses armes, à l'exemple des autres
rois, contre les Sarrasins d'Orient.

Le pape Benoît XII mourut au commencement de l'année
1242, et eut pour successeur Clément VI, dont le premier
soin fut de tenter la réconciliation entre les rois de France et
d'Angleterre, afin qu'ils pussent travailler ensemble à arrêter
les progrès des infidèles. Sa lettre, écrite à ces princes, était
datée d'Avignon, le 12 des calendes de juin. Clément envoya
ensuite en France des évêques-cardinaux pour faire cette paix;
mais ceux-ci ne purent, au rapport du P. Mansi, obtenir qu'une
trève de deux ans. Le pape envoya de même le cardinal de
Ste.-Suzanne aux îles Baléares, et à Pierre, roi d'Aragon,
pour les engager à faire la paix et à tourner toutes leurs forces
contre les Sarrasins. Ses lettres, à Pierre d'Aragon, étaient
datées d'Avignon, le 3 des calendes de janvier.

En 1343, les Turcs ayant fait de nouveaux progrès contre
les chrétiens, ayant ravagé les campagnes, pris et détruit
plusieurs villes, emmené des fidèles en servitude, et engagé
par menaces ou par force, ou par promesses, beaucoup de
chrétiens à abjurer leur religion, le pape écrivit à l'archevêque
de Milan et aux évêques ses suffragants, de mettre tous leurs
soins à faire une croisade, et à exciter les peuples à porter des
secours en Orient. Sa lettre était datée de Villeneuve, en Avi-

gnon, le 12 des calendes d'octobre. Il adressa de semblables lettres aux archevêques et évêques d'Italie, de Sardaigne, de Dalmatie, de Hongrie, de Pologne, de France, d'Espagne, d'Angleterre, d'Allemagne, de Bohème, de Livonie, de Suède, de Norwège et des autres pays de la chrétienté: mais, dit Raynaldi, il y avait peu de pays d'où l'on pût attendre des secours certains; car la fureur portait les Anglais à envahir la France, et le Français pouvait à peine se défendre chez lui. La Castille et le Portugal combattaient glorieusement les Grenadins; l'Aragonais travaillait à réduire les îles Baléares; l'Allemagne brûlait des feux de la guerre civile; les Barbares du Septentrion occupaient les Hongrois, les Bohémiens, les Livoniens et autres peuples voisins; l'Italie était pleine de factions; Naples et la Sicile étaient en suspens par la crainte d'une guerre douteuse. L'alliance contre les Turcs ne put se faire qu'entre le pape, le doge de Venise, le roi de Chypre et le grand-maître de Rhodes. C'était aussi les pays de ces puissances que les Barbares se proposaient d'envahir les premiers. Le pape s'adressa principalement au maître des Hospitaliers pour rappeler son ordre à l'ancienne discipline, que le relâchement des mœurs avait fort altérée. Il lui demanda six vaisseaux équipés. Il en demanda vingt au doge de Venise, à qui il s'adressa également. Le roi de Chypre, qui était le plus intéressé à repousser les Turcs, fut invité à équiper au moins quatre vaisseaux. Le doge de Gènes fut aussi invité à en équiper quatre. Le prince d'Achaïe fut exhorté à entrer dans la ligue de même que les Italiens.

Henri, patriarche latin de Constantinople, fut nommé légat auprès de l'armée des croisés. Le pape ordonna la levée des dîmes des revenus ecclésiastiques pendant trois ans, excepté en France, en Angleterre et en Espagne. D'un autre côté, les Grecs, pressés par les Turcs, implorèrent encore les secours du souverain pontife, promettant de se réunir à l'église romaine.

Clément écrivit à l'empereur Paléologue, et l'engagea à abjurer le schisme, qu'il lui représenta comme la cause de l'état d'humiliation où se trouvait l'empire; à cette condition, il lui promit de le secourir non-seulement contre les Turcs, mais encore contre les Tartares. Sa lettre était datée d'Avignon, le 12 des calendes de novembre. Le pape ne se contenta pas de cela ; il adressa aussi des lettres aux grands de l'empire, et leur rappela l'état florissant de l'Orient, avant qu'il se fût laissé aller au schisme. Il écrivit de même au patriarche et à tous les évêques grecs pour leur faire sentir la nécessité, dans l'intérêt même de la politique, de rentrer dans le sein de l'église romaine. Ces lettres étaient datées du même jour que celles qu'il écrivait à l'empereur.

Pendant ce temps, dit l'annaliste, d'après les lettres des pontifes, le soudan du Caire, profitant des dissensions des rois chrétiens, envahit l'Arménie. Le roi Guy, incapable de résister aux forces de l'Égypte, de Syrie et du Caire, envoya demander de prompts secours au souverain pontife. Celui-ci s'adressa à Philippe et à Édouard, et les exhorta à faire la paix pour tourner leurs armes contre les Sarrasins, et arrêter leurs triomphes.

Les deux rois firent une trève, mais ne portèrent point de secours au roi d'Arménie. Le roi d'Aragon, occupé de son côté à faire la guerre au roi des îles Baléares, ne pouvait rien pour la croisade.

Croisades contre les Turcs.

Dans l'année 1344, le pape Clément ayant réuni le roi de Chypre, les chevaliers de Rhodes, les Vénitiens et les Génois pour équiper une flotte très considérable contre les Turcs, des jeunes gens de tous les royaumes s'enrôlèrent, afin de prendre part à cette expédition.

Raynaldi donne les noms des principaux chefs de l'armée. C'était Henri, patriarche de Constantinople; Martin Zacharias, Génois, homme très habile dans la connaissance des lieux, et qui s'était déjà distingué contre les Turcs; Pierre Zenon, qui commandait les vaisseaux vénitiens; Édouard de Baujeu, intendant militaire du roi de Chypre; Helion, grand-maître des chevaliers de Rhodes. Les croisés se portèrent sur l'Asie, et se mirent en devoir d'attaquer la ville de Smyrne. La flotte chrétienne se porta vers le port avec une telle impétuosité, qu'elle s'en empara en peu de temps, après avoir vaincu Marbassan, chef des Turcs, qui s'y trouvait avec des forces considérables. Les chrétiens ayant livré de fréquents assauts à la citadelle, s'en emparèrent le jour de St. Simon et St. Jude. Le pape, informé de cette victoire par le doge de Venise, un des confédérés, lui adressa une lettre de félicitation, datée d'Avignon, le 10 des calendes de janvier. Il en informa les autres princes chrétiens, entre autres Édouard d'Angleterre, qu'il engagea à tourner ses armes contre les Turcs. Cette lettre était datée des calendes de février.

. Pendant qu'on réprimait la fureur des Turcs, les Sarrasins continuaient de désoler l'Arménie. Le roi de ce pays envoya encore cette année des ambassadeurs au souverain pontife. Clément lui répondit par une lettre que Raynaldi copie, et dans laquelle il l'exhorte à extirper de son royaume les hérésies qui s'y étaient répandues; et il en adressa une autre aux évêques, abbés, prieurs, etc., d'Arménie, pour les mettre en garde contre ces hérésies, qui étaient la cause de leurs maux.

En 1345, Marbassan ayant attiré les croisés dans des embûches, s'avança vers la ville de Smyrne, espérant la reprendre sur eux : mais il fut repoussé; et Pierre des Marais, à la tête d'une troupe de guerriers d'élite, arriva sur ces entrefaites pour renforcer les croisés. Philippe, roi de France, qui craignait que la jeunesse de son royaume ne s'enrôlât sous les drapeaux des croisés, et n'aimât mieux combattre les barbares que les Anglais, condamnait hautement l'expédition contre les Turcs. Clément, qui en fut informé, lui écrivit pour lui en faire des reproches. Il lui exposa les maux que ces infidèles faisaient aux chrétiens; et les funestes progrès de leurs armes. Il lui fit comprendre que cette guerre n'avait été entreprise que par piété. Sa lettre était datée de Villeneuve-les-Avignon, le 5 des ides de mai. Le pape envoya en Asie, à l'armée chrétienne, son neveu Guichard, et nomma chef de la croisade Humbert, dauphin de Vienne, à qui il adressa des lettres datées de Villeneuve, le 7 des calendes de juin. Le pontife crut devoir prévenir de cette nomination les évêques de Crète, de Patras, d'Athènes, de Thèbes, de Corfou, de Dyrrachium, etc., ainsi que les préfets, tribuns et centurions de l'armée, pour qu'ils obéissent aux ordres du dauphin. Il écrivit à ce même dauphin une autre lettre du 15 des calendes de janvier, pour le charger de porter du secours à Caffa, qui était assiégée par les Turcs et par les Tartares.

Le roi d'Angleterre, qui ambitionnait le sceptre de France, détourna les esprits de l'expédition contre les Turcs. Le pape lui adressa d'Avignon, le 15 des calendes d'avril, une lettre dans laquelle il l'exhorta à tourner ses armes contre les infidèles, afin de propager et faire triompher la foi. Pour l'exciter davantage à cette entreprise, il lui proposa des récompenses spirituelles : mais Édouard y fut peu sensible.

En 1346, les barbares ayant réuni de grandes forces, le pape écrivit au doge de Gènes, et le sollicita de joindre les siennes aux chrétiens que commandait le dauphin de Vienne; il exhorta les Pisans et les autres peuples d'Italie, ainsi que le roi d'Angleterre, à en faire autant. Les Génois se réunirent aux croisés, et les Turcs ayant éprouvé plusieurs défaites,

demandèrent une trève qu'on leur accorda à cause de la pénurie
d'argent où se trouvait l'armée chrétienne. Le dauphin de
Vienne revint en Occident.

En 1347, le soudan du Caire se jeta avec fureur sur l'Arménie; le roi de Chypre, et Gozon, grand-maître de Rhodes,
portèrent du secours au roi de ce pays, et le pape engagea le
doge et la république de Venise à joindre leurs forces à celles
des croisés : sa lettre était datée d'Avignon, le 7 des calendes
d'octobre. Bosius rapporte qu'après la réunion des troupes
auxiliaires de Rhodes, le soudan fut chassé de l'Arménie, et
qu'une forteresse célèbre nommée Isso, appelée autrefois
Alexandrette, fut reprise par le roi de ce pays.

L'année suivante, le pape adressa au préfet de Smyrne une
lettre de félicitation sur la victoire que les croisés avaient remportée contre les Turcs, et sur la mort de Marbassan, leur
chef; sa lettre était datée d'Avignon, le 16 des calendes de
septembre. Le moment ayant paru favorable pour délivrer la
Syrie, le pape adressa à tous les chrétiens des lettres encycliques dans lesquelles, après avoir rappelé les dissensions qui
agitaient les Sarrasins, il leur expose que le moment est tout
propice pour une expédition en Asie; il leur parle des travaux
de Jean Rivers, qui, après avoir soulevé tous les chrétiens de
la Palestine contre le soudan, et avoir bravé mille périls en
combattant contre lui, avait fait divers voyages dans l'Orient
pour susciter des ennemis aux Turcs, et provoquer de toutes
parts l'expédition que le pape prêchait alors. Ces lettres étaient
d'Avignon, du 16 avril; mais, ajoute Raynaldi, les lettres et
les légats du pape ne trouvèrent que des oreilles sourdes
parmi les fidèles.

En 1350, le pape Clément crut qu'il fallait renouveler la
ligue qui avait été formée contre les Turcs. Il fut convenu que
les Vénitiens armeraient trois vaisseaux, les Rhodiens autant, le

roi de Chypre deux, et que le souverain pontife ajouterait quelques vaisseaux à cette flotte qui serait entretenue pendant dix ans, afin d'empêcher les Turcs de passer en Europe. Raymond, évêque de Térouane, fut envoyé légat en Orient, avec l'ordre de faire marcher les fidèles contre les barbares; mais les cruelles divisions qui éclatèrent entre les Vénitiens et les Génois nuisirent entièrement à la cause des chrétiens. Le poète Pétrarque écrivit en 1351 une lettre au doge de Venise, pour lui représenter combien ces divisions étaient funestes aux chrétiens, et combien l'union des Génois et des Vénitiens leur serait au contraire avantageuse. « Plût à Dieu, disait ce poète, que vous eussiez » pour ennemies les villes de Damas ou de Suze, de Memphis » ou de Smyrne, et que vous eussiez à combattre les Perses » ou les Arabes, les Turcs ou les Illyriens : car que faites- » vous ? ce sont vos frères que vous vous efforcez de détruire. »

Ce passage de la lettre de Pétrarque prouve qu'il n'était pas opposé à la croisade; et il n'est pas indifférent de remarquer quelle était l'opinion de cet écrivain célèbre, sur des entreprises qu'on juge aujourd'hui avec autant de légèreté que de dédain. Sa lettre est datée de Padoue, le 15 des calendes d'avril.

Le souverain pontife écrivit aussi aux Génois et aux Vénitiens, pour les exhorter à la concorde; mais ses prières furent vaines. Ce pape mourut en 1352; son successeur, Innocent VI, adressa en 1353 un diplôme aux églises chrétiennes, pour demander pendant trois ans la dîme de leurs revenus, nécessaire aux frais de la guerre contre les Turcs. Il demanda aussi des secours aux confédérés.

Sous la date de 1356, Mathieu Villani rapporte que les Turcs équipèrent une flotte contre les chrétiens, auxquels ils firent beaucoup de mal; que parmi ces derniers il y en eut qui, favorisant les projets des barbares, recevaient en reconnaissance la dîme du butin que les Turcs enlevaient, et que par cette perfidie les affaires de la chrétienté étaient dans un triste état. Le pape, pour relever les affaires des chrétiens, écrivit au roi de Chypre, aux chevaliers de Rhodes, aux Vénitiens et aux Génois, de tenir tout prêts, dans le port de Smyrne, les vaisseaux que chacun d'eux devait fournir. La lettre du pape était datée de Villeneuve-les-Avignon, le 12 des calendes d'avril.

En 1359, les chevaliers de l'Hôpital remportèrent une victoire remarquable sur les Turcs ; avec quatre vaisseaux à trois rangs, et des bâtiments de charge, ils interceptèrent vingt-neuf vaisseaux des barbares qui étaient remplis de butin. Villani, qui parle de cette victoire, ajoute qu'Ottoman, après avoir soumis une ville célèbre de la Grèce, se portait jusque vers Constantinople; mais qu'il fut forcé de retourner en Turquie. Innocent, pour arrêter les progrès de cet ennemi, adressa au patriarche de Constantinople et aux autres évêques latins d'Orient, une lettre dans laquelle il leur remet sous les yeux les ravages que les Turcs faisaient dans la Grèce, et leur ordonne de prêcher une croisade, promettant des indulgences à ceux qui s'armeront, et de l'argent pour subvenir aux frais de la guerre. Sa lettre était d'Avignon, le 5 des ides de mai. Il nomma en même temps pour son légat en Orient, le bienheureux Pierre Thomas (1), dont l'historien Philippe de

---

(1) Pierre Thomas, évêque du Péloponèse, se signala dans sa légation par ses qualités guerrières et par ses vertus religieuses. Il alla d'abord à Smyrne, et ensuite à Constantinople. Tous ses voyages avaient pour but de lever des légions contre les Turcs, et il y réussit. Après avoir réuni une armée assez forte, il alla assiéger et prit Lampsaque, ville d'Asie sur les bords de l'Hellespont. Il vainquit les Turcs dans un combat naval, où il courut de grands dangers. Il se rendit ensuite en Crète, dit Mazères, et il y remporta de grands triomphes sur l'hérésie.

Mazères à rapporté les travaux évangéliques, et les succès contre les schismatiques et les barbares.

Au printemps de l'année 1363, sous le pontificat d'Urbain V, Jean, roi de France, et Pierre, roi de Chypre, convinrent d'exciter le zèle de tous les fidèles pour effacer la tache que les Mahométans avoient imprimée en Orient au nom chrétien. Le pape annonça une expédition contre les Sarrasins d'Asie, et nomma le roi de France pour en être chef. Cette expédition avait le double but de chasser les Sarrasins de Syrie, et de réprimer la tyrannie toujours croissante des Turcs. La lettre qu'Urbain adressa au roi Jean était d'Avignon, le 2 des calendes d'avril. Le pape créa en même temps le cardinal Taleyrand de Périgord, légat auprès de l'armée des croisés. Il ordonna la levée des dîmes ecclésiastiques, et par des lettres encycliques adressées aux évêques de France, notamment à l'archevêque de Reims et à ses suffragants, il lança l'anathème contre ceux qui tenteraient de détourner le roi de France de la croisade. Dans ces lettres, le souverain pontife ordonnait aux évêques d'exciter les fidèles à prendre les armes. Il prononçait des peines contre les pirates et ceux qui participeraient à leurs brigandages ; il faisait établir des troncs dans les églises pour y recevoir les aumônes des fidèles, et prescrivait des prières solennelles pour le succès de l'entreprise. Ces lettres étaient d'Avignon, du 2 des calendes d'avril. Urbain s'adressa aux autres rois afin de les engager dans cette guerre sainte. Il écrivit à l'empereur Charles et aux princes d'Allemagne, aux rois d'Angleterre et de Hongrie, et à la république de Venise.

En 1364, le cardinal Taleyrand étant mort, le pape nomma à sa place Pierre Thomas de l'ordre des Carmes, et patriarche de Constantinople, en qualité de légat auprès de l'armée des croisés. La lettre qu'il lui écrivit pour lui annoncer cette nomi-

II. 9

nation, et lui donner les pouvoirs nécessaires, était d'Avignon, le 6 des ides de juillet.

Pendant ce temps, les Turcs faisaient des excursions en Achaïe et s'emparaient de plusieurs villes. L'empereur Jean Paléologue promit de se joindre aux Latins contre ces infidèles. Le pape, dans une lettre datée d'Avignon, le 17 des calendes de novembre, qu'il adressa à cet empereur, lui promit de son côté que les Latins ne feraient éprouver aucun dommage à la Grèce.

En 1365, le roi de Chypre n'ayant plus à craindre la guerre de la part des Génois, se prépara à aller en Orient combattre les Sarrasins. Il fit partir devant lui des troupes par mer. Le pape l'ayant su, lui écrivit pour l'encourager dans son entreprise, et lui envoya Pierre Thomas en qualité de légat. Le roi et Pierre Thomas abordèrent à Rhodes et rencontrèrent bientôt la flotte : deux seigneurs turcs furent faits tributaires du roi de Chypre. Ce prince s'occupa alors d'envahir le Caire. Il alla assiéger Alexandrie, où il battit les Sarrasins. Les croisés étaient excités par l'ardeur du légat, qui faisait porter devant lui la croix, et exhortait les combattants en parcourant leurs rangs. Le choc ne dura qu'une heure, au bout de laquelle les portes d'Alexandrie furent brûlées ; la ville fut prise le 4 d'octobre. Les soldats, chargés de butin, songèrent à se retirer. Le roi et le légat ayant inutilement essayé de les retenir, ils abandonnèrent la ville. En s'en allant, ils furent accueillis par une violente tempête, pendant laquelle le légat écrivit tranquillement au pape et à l'empereur l'issue de l'expédition. Philippe de Mazères, qui copie cette lettre et fait le récit de cette guerre, est d'accord avec Walsingham, qui dit que les Anglais et les Aquitains accompagnèrent le roi de Chypre dans ce siége.

Le souverain pontife, toujours occupé des moyens d'affaiblir la puissance des infidèles, écrivit cette même année aux évêques d'Arménie, au clergé et à tout le peuple catholique de ce pays; il les excita à secouer le joug des Sarrasins et à reconnaître pour roi Livon, prince catholique, et parent de Pierre, roi de Chypre, à qui le sceptre d'Arménie appartenait par droit d'héritage. Il écrivit aussi à l'empereur grec, qu'il sollicita de se réunir à l'église romaine, en lui représentant qu'il ne pouvait se soustraire à la tyrannie des Turcs qu'en abjurant le schisme. Il l'informait ensuite que les Génois et les chevaliers de Rhodes avaient équipé une flotte contre les barbares. Ces deux lettres étaient datées d'Avignon, l'une du 3 des nones d'avril, l'autre du 14 des calendes de juillet.

L'année suivante, 1366, on s'occupa de la réunion des deux églises. (Tous les faits que nous allons rapporter résultent des lettres des pontifes, des annales des Turcs, des gestes d'Urbain V, des historiens Antonin, Mazères, etc., indiqués par Raynaldi.). Le pape écrivit de nouveau à l'empereur grec, lui promettant les secours du roi de Hongrie et ceux de Chypre et de Savoie, s'il rentrait de bonne foi dans le sein de l'église romaine; mais il écrivit en même temps au roi de Hongrie, qu'il engagea à retarder son expédition contre les Turcs, jusqu'à ce que l'empereur Paléologue se fût soumis, lui et les Grecs, à l'église de Rome. La lettre adressée à Paléologue était datée d'Avignon, le 8 des calendes de février. Celle que le pape écrivit au roi de Hongrie était du 10 des calendes de juillet.

L'empereur grec se rendit à Bude auprès de Louis, roi de Hongrie, et lui promit de se réunir avec ses deux fils à l'église catholique, et d'obéir à tous les ordres apostoliques, si le monarque hongrois entreprenait de défendre l'empire grec contre la barbarie des Turcs. Le pape, informé de la démarche et des dispositions de Paléologue, lui adressa une lettre pleine d'exhortations; il lui fit voir tous les avantages qui résulteraient de la

9..

réunion dont on s'occupait ; et lui envoya en même temps la
formule de la profession de foi orthodoxe qu'il lui proposait.
Les deux lettres qu'il adressa à ce prince à ce sujet sont toutes
deux des calendes de juillet. Le pape envoya en même temps à
Constantinople des ambassadeurs chargés d'opérer cette réunion
si desirée. Il adressa le même jour des lettres encycliques au roi
de Hongrie, qu'il engagea à rassembler des troupes contre les
Turcs qui faisaient toujours des progrès. Ce prince arma en
effet ; mais au lieu de pénétrer dans la Grèce comme on en
était convenu avec le pape, il se porta sur la Bulgarie, qu'il
soumit et où il obtint de grands succès, autant par ses mis-
sionnaires que par ses armes ; car beaucoup de Manichéens se
convertirent.

Sur ces entrefaites, Amédée équipa une flotte contre les
Turcs. D'un autre côté, le soudan du Caire ayant sollicité par
écrit et par présents les Vénitiens et les Liguriens de rompre
leur alliance avec le roi de Chypre, le pape Urbain exhorta
le doge de Venise, Marco Cornario, à rejeter les présents du
soudan. Sa lettre était d'Avignon, le 8 des calendes de février.
Le pape chargea en outre deux commissaires apostoliques de
confirmer le traité des Vénitiens et des Génois. Depuis la victoire remportée l'année précédente à Alexandrie, et la retraite
des chrétiens qui avaient abandonné cette ville, les Sarrasins
avaient accablé les fidèles de maux et avaient ravagé l'Arménie.
Le pape Urbain écrivit au roi de Chypre, et lui conseilla de
faire la paix avec le soudan ou d'en obtenir une trève, en
attendant que les princes d'Occident, auxquels il avait demandé
des secours, les eussent rassemblés. Sa lettre était d'Avignon,
du 10 des calendes de novembre.

Pendant ce temps, les Égyptiens et les Syriens firent une
ligue avec les Turcs pour enlever Chypre et Rhodes aux chrétiens. Le pape ayant su cela, adressa des lettres aux patriar-

ches, archevêques et évêques d'Italie, de Sicile, de Dalmatie, d'Allemagne et de France, afin d'enflammer le zèle des fidèles pour une guerre sainte. Raynaldi copie la lettre qu'Urbain envoya au patriarche d'Aquilée et à ses suffragants. Elle est datée d'Avignon, le 2 des nones d'octobre. Le pontife en envoya le même jour une autre au roi de France, à qui il demanda des secours et exposa les dangers imminents que couraient Rhodes et le royaume de Chypre. Il sollicita de même l'empereur Charles, les rois de Hongrie, d'Angleterre, d'Écosse, d'Aragon, de Danemarck, de Pologne; Jeanne, reine de Sicile, Albert et Otton, princes d'Autriche, et le jeune Édouard, prince d'Aquitaine et de Galles : mais au rapport de Bosius, le pontife parlait à des sourds, aucuns secours ne furent envoyés.

En 1371, les Turcs, profitant des dissensions qui agitaient l'Occident, accablèrent l'Orient de maux innombrables. Le pape Grégoire XI, successeur d'Urbain V, essaya de ranimer le zèle des princes chrétiens; il écrivit entre autres au chaptal de Buch, prince très exercé dans la guerre, et qui avait beaucoup de crédit auprès du roi d'Angleterre. Sa lettre est datée de Villeneuve-les-Avignon, aux calendes d'août. Il écrivit encore au doge de Venise et au comte de Flandre, et les exhorta à prendre les armes: mais ses exhortations furent vaines.

En 1372, les Turcs, après avoir défait les Grecs, les Valaques et les Serviens dans une grande bataille, firent venir d'Asie de nouvelles armées, et se répandirent dans la Dalmatie, dans la Macédoine, dans l'Achaïe, dans l'empire de Constantinople, et réduisirent en servitude une grande partie des pays qu'ils parcoururent.

Le pontife, effrayé de ces progrès des ennemis du nom chrétien, écrivit au roi de Hongrie, et lui peignit le danger imminent qui menaçait l'Europe. Il l'exhorta à prendre les armes contre les Turcs. Sa lettre était datée des ides de mai.

Il en adressa de pareilles à la reine Élisabeth, aux archevêques
de Dyrrachium, de Strigonie et de Colocza ; il les engagea à
exciter le roi à la guerre contre les Turcs. Il sollicita aussi le
doge de Venise de joindre ses armes contre eux. Il écrivit à
l'empereur grec, auquel il représenta la ruine de son empire
comme instante, s'il ne se joignait aux Latins pour repousser les
infidèles. Il indiqua une assemblée des chrétiens dans la ville
de Thèbes, et il ordonna aux évêques de Naupacte et de Naxos
de s'y rendre, afin de lier entre eux, d'une manière étroite,
les chrétiens d'Orient et d'Occident pour réprimer la fureur
des Turcs. Le pape sollicita plusieurs autres princes d'Orient
d'envoyer des ambassadeurs à l'assemblée de Thèbes. Il écrivit
au prince Philippe de Tarente, qui s'intitulait aussi empereur
de Constantinople, pour l'exhorter à rassembler une armée, et
à la faire marcher en Arménie ; mais la guerre qui s'éleva
à l'occasion de l'île de Chypre, arrêta tous les préparatifs de
la croisade.

Cependant l'année suivante 1373, l'empereur Paléologue
s'étant adressé au pape, et lui ayant peint le triste état de la
Grèce désolée par les progrès des Turcs ; et d'un autre côté le
pontife informé que, redoutant la puissance du roi de Hongrie,
ceux-ci avaient excité les Tartares à se joindre à eux, publia
une croisade contre les infidèles. Il adressa une lettre à l'évêque
de Strigonie et à ses suffragants, promettant des indulgences
à ceux qui prendraient les armes, et ordonnant des prières
solennelles pour le succès d'une guerre dont le but était de
chasser les Turcs de l'Europe. Sa lettre était datée d'Avignon,
le 10 avril de la troisième année de son pontificat. Ce ne fut
pas seulement en Hongrie, en Pologne, en Dalmatie et dans les
autres pays voisins, mais encore en Allemagne, que Grégoire fit
publier cette croisade, comme le prouve sa lettre à l'empereur
Charles, datée du 2 des nones d'avril. Pendant ce temps,

les Turcs faisaient leur expédition contre Chypre, prenaient Satalie et inquiétaient Smyrne; l'Italie fut en outre ravagée par la peste.

En 1375, le pape Grégoire écrivit à Louis, roi de Hongrie et de Pologne, de se joindre aux Grecs pour les délivrer de la servitude des Turcs : mais le roi, à son grand détriment, n'écouta point ses conseils. Le pontife les renouvela par ses lettres datées d'Avignon, le 6 des calendes de novembre. Il adressa le même jour des lettres encycliques aux Hospitaliers de Bohème, de France, de Navarre, de Castille, d'Aquitaine, d'Angleterre et de Portugal. Il leur peignit le malheureux état des affaires d'Orient, les îles de la mer Egée soumises aux Turcs, l'empire grec presque détruit, Constantinople devenue tributaire, la Bulgarie et la Servie ébranlées, et l'Arménie enveloppée par les Sarrasins et par les Turcs. Il indiquait une expédition pour l'année 1377. Les Vénitiens et les Génois furent aussi invités à porter du secours aux Grecs. Il courait dans ce temps chez les Syriens et les Africains des espèces de prédictions qui annonçaient que la superstition de Mahomet serait bientôt extirpée par les chrétiens. Grégoire, quoiqu'il ajoutât peu de foi à ces prédictions, ne crut pas devoir les négliger entièrement. Il écrivit à l'empereur Charles, aux rois de France et d'Angleterre, au duc de Bourgogne et au duc de Lancastre, de profiter de l'effroi que ces prophéties causaient aux Sarrasins.

Le pape s'adressa aussi à Bertrand Duguesclin, qui s'était acquis dans ce temps une grande gloire dans le métier des armes, et qui avait plus d'une fois exprimé un vif désir de combattre les Mahométans. Les rois négligèrent les exhortations du pontife; mais plusieurs seigneurs se montrèrent disposés à faire la guerre sainte. Grégoire chargea Jean Bailleul et Jacques Mortarolles de parcourir les provinces et les royaumes des chrétiens pour s'assurer de ceux qui voulaient prendre part à la guerre sainte, et du nombre de troupes qu'ils pourraient fournir. Il adressa à ce sujet des lettres encycliques aux patriarches, aux archevêques, évêques et à tous les fidèles. Il essaya de réconcilier les rois de France et d'Angleterre; il écrivit au premier, à qui il rappela les maux de l'église et les dangers dont l'Orient était menacé; il l'exhorta à tourner contre les barbares les armées qu'il avait levées. Cette lettre était d'Avignon, aux ides de février.

Ferdinand, roi de Portugal, ayant demandé au pape les dîmes des revenus de l'église pour faire la guerre aux rois de Grenade et de Benamerin, le pontife les lui accorda pour deux ans, et lui ordonna de poursuivre les barbares sur terre et sur mer. Ses lettres étaient datées d'Avignon, le 4 des nones d'avril.

Dans ce même temps les Génois équipaient une flotte contre les Turcs qui, sous la conduite d'Amurat, menaçaient Constantinople. Le pontife, par une lettre d'Avignon, le 6 des ides de mars, loua leur résolution, et ordonna des prières pour le succès de leur entreprise.

En 1389, les Turcs continuant à ravager la Grèce par le fer et par le feu, le pape Urbain VI, par des lettres datées de Pérouse, le 14 des calendes de mai, et adressées au vénérable frère Ange, évêque de Castille, accorda des indulgences à ceux qui s'armeraient contre les barbares. Il annonça aussi l'intention où il était d'équiper contre eux deux galères à trois rangs.

En 1394, les Turcs étendaient au loin leur tyrannie; non-seulement ils avaient ravagé l'Achaïe et le duché d'Athènes, mais encore la Bosnie, la Croatie, la Dalmatie et l'Esclavonie. Le pape Boniface IX, par des lettres datées de St.-Pierre de Rome, le 3 des nones de juin, chargea Jean, archevêque de Naupacte, de prêcher une croisade contre eux. Il lui annonça qu'il envoyait pour le même objet des légats en Bosnie et en Dalmatie. Bajazet menaçait alors de plus en plus la chrétienté ; Boniface adressa d'autres lettres à Jean Dominique, de l'ordre des Frères prêcheurs, et lui ordonna de prêcher une croisade. Ces lettres étaient des ides d'octobre. Il en envoya encore aux Vénitiens, qu'il sollicita de joindre leurs armes à celles des autres croisés. Ces dernières étaient du 3 des calendes de novembre.

Sous la date de 1396, Raynaldi parle de la bataille de Nicopolis, et copie le récit qu'en fait Bonfinius. Il cite ensuite Juvénal des Ursins, qui attribue aux péchés des Français la défaite qu'ils éprouvèrent dans cette bataille.

Bajazet et *Tamerlan.*

L'empereur grec, Manuel Paléologue, ayant imploré le secours du pape Boniface contre Bajazet, qui depuis la victoire de Nicopolis faisait des progrès effrayants, ce pontife écrivit à Paul, évêque de Calcédoine, et le chargea de prêcher une croisade contre les Turcs en promettant les indulgences accoutumées. Sa lettre était datée de St. Pierre de Rome, aux calendes d'avril 1398, neuvième année de son pontificat.

L'année suivante, les Grecs renouvelèrent leurs prières au pape Boniface, qui écrivit une seconde lettre le 2 des nones de mars à l'évêque de Calcédoine. Dans cette lettre, il lui peignait les ravages que Bajazet faisait dans la Hongrie, la Valachie et les environs de Constantinople. Il lui faisait sentir la nécessité de porter des secours à l'empire grec, et il le nommait légat avec l'autorisation de faire des levées pour la croisade.

Le souverain pontife envoya en même temps un légat en Angleterre y prêcher aussi la croisade ; mais la guerre civile qui désolait ce royaume s'opposa au succès du légat. Le roi de France envoya contre les Turcs quelques troupes auxiliaires commandées par Boucicault ; mais, selon le moine de St.-Denis et Juvénal des Ursins, elles revinrent bientôt faute de paie et à cause des maladies du climat.

Les Turcs ne se bornaient pas à ébranler l'empire de Constantinople et à infester la Hongrie ; ils ravageaient encore la Pologne, la Podolie, la Russie, la Lithuanie et la Valachie: ils s'étaient joints avec les Tartares et autres nations barbares. Ladislas, roi de Pologne, entreprit une expédition contre eux; il envoya auprès du St. Siége l'évêque de Cracovie, prier le pape Bonifa e d'exciter les chrétiens fidèles à se réunir à lui pour battre leur ennemi commun. Le pontife se rendit à ses vœux, et adressa à l'évêque de Cracovie un diplome daté de St.-Pierre-de Rome, le 4 des nones de mai de l'année 1399.

Le même roi Ladislas implora, l'année suivante, le secours de Boniface contre Tamerlan, qui infestait la Pologne. Boniface écrivit à l'évêque de Breslaw, et lui accorda la dîme des biens ecclésiastiques. Sa lettre était datée de St.-Pierre-de-Rome, le 14 des calendes de février. Comme Bajazet accablait en même temps l'empire de Constantinople, le pape envoya Augustin de Nudin, de l'ordre de St.-Benoît, pour exhorter les Norwégiens, les Suédois, les Danois et les Allemands à prendre les armes.

Sous la date de cette même année, les historiens grecs Chalcondile, Phrantza, et les historiens français Monstrelet, Juvénal des Ursins, le moine de St.-Denis, rapportent que l'empereur Manuel vint en Occident, implorer le secours des puissances chrétiennes. Il fut bien accueilli à Venise, à Milan, en France, en Angleterre, mais il n'obtint aucun secours efficace.

Boniface, par une lettre datée de St.-Pierre-de-Rome, le 14

des calendes de mars, félicita Pierre de Saint-Superan de la victoire qu'il venait de remporter en Achaïe.

Sous la date de 1402, Raynaldi s'appuyant de l'autorité de Théodore de Niehm, de Chalcondile, de Monstrelet, de Nauclerc, etc., rend compte de la bataille d'Ancyre, où Tamerlan battit et fit prisonnier le fameux Bajazet. Le P. Mansi, d'après des lettres rapportées par Marin Sanuti, fixe l'époque de cette bataille, qui dura trois jours, au 26 juillet: Bajazet, sa femme et un de ses fils tombèrent au pouvoir de l'ennemi. Cet empereur né survécut que deux ans à son malheur.

En 1405, Tamerlan ayant formé le dessein d'asservir l'univers, menaçait l'empire de Constantinople; et, après avoir défait les Turcs, se disposait à faire passer son armée en Europe. Il demanda à l'empereur Manuel des vaisseaux pour opérer ce passage. Manuel eut recours au souverain pontife Innocent VII, car Boniface était mort. Par sa lettre datée de St.-Pierre-de-Rome, le 8 des calendes de juin, Innocent exhorta tous les fidèles à porter du secours aux Grecs. Il accorda à Manuel tout le produit des aumônes et des oblations qui seraient faites pour la croisade.

En 1413, les Turcs, profitant de l'éloignement du roi Sigismond, firent une invasion dans la Hongrie. Théodore de Niehm a fait le récit du ravage qu'ils y portèrent. Selon lui, 50 mille chrétiens furent emmenés en servitude. Le concile de Constance, qui était alors assemblé, sollicita les Vénitiens de prendre les armes contre les Turcs. Les Vénitiens promirent de le faire ; mais les Turcs ayant trompé l'empereur de Constantinople et la république de Venise, par l'espoir de la paix, Mahomet Ier., l'année suivante, les fit repentir de leur confiance.

En 1420, ce même Mahomet menaçant toute la chrétienté, Sigismond, roi des Romains, de Hongrie et de Bohème, projeta de lui faire la guerre. Le pontife Martin V, connaissant ses intentions, adressa des lettres encycliques aux patriarches, archevêques, évêques, administrateurs, abbés, prieurs et autres prélats des églises et monastères de la chrétienté; leur annonçait le dessein de Sigismond et exhortait tous les chrétiens à le seconder. Il accorda des indulgences à ceux qui prendraient la croix. Ces lettres sont datées de Florence, du 4 des ides de juillet, la troisième année de son pontificat.

Dans le même temps, l'empereur Manuel et le patriarche, effrayés des desseins des barbares, et entraînés par la force de la vérité, envoyèrent des ambassadeurs au pape Martin pour le reconnaître comme le vicaire de J.-C. sur la terre.

Le pontife, après les avoir entendus, nomma légat dans l'empire grec Pierre de St.-Ange, cardinal-diacre, et le chargea de convoquer en Orient un concile où l'ancienne alliance serait renouvelée et le schisme condamné : mais comme Pierre avait de grandes dépenses à faire dans cette légation, le pape demanda aux archevêques de Cologne et de Mayence, et à leurs suffragants, des secours en or et en argent. Dans cet intervalle, Mahomet mourut. L'empire des Turcs fut un moment partagé entre Amurat, fils de Mahomet, qui régna en Asie, et Mustapha, qui domina en Europe : mais l'année suivante, Amurat ayant vaincu son oncle, fut salué par les siens chef de tout l'empire.

En 1422, cet empereur Amurat menaçant de plus en plus l'empire grec, Manuel envoya en Europe, comme ambassadeurs, Cantacuzène Lascaris et Philomate. Martin répondit à l'empereur grec que les Rhodiens et les Vénitiens allaient lui porter des secours. Il l'exhorta à se réunir à l'église romaine, attribuant au schisme des Grecs l'accroissement des forces des Turcs. Il lui annonça qu'il envoyait des légats chargés de travailler à cette réunion. Il envoya, en effet, Antoine Massanus, de l'ordre des Frères mineurs. Ce nonce fut très bien accueilli par l'empereur et le patriarche : mais au moment où il allait entamer l'affaire de la réunion, l'empereur mourut. Son successeur prétendit que le concile ne pouvait être convoqué à cause de la guerre des Turcs. Il demanda que les Latins tournassent leurs armes contre les infidèles, et ne leur fournissent point de vaisseaux pour passer d'Asie en Grèce. Il dit que lorsqu'on aurait repoussé les ennemis, on traiterait de la réconciliation, et que Constantinople lui paraissait la seule ville propre à tenir le concile.

En 1426, le royaume de Chypre ayant été détruit par les Sarrasins, le pape Martin écrit aux Génois de se préparer à le relever. Il s'adresse à Jacques de Ste.-Marie, cardinal-diacre gouverneur et conseiller de la ville de Gènes. Il lui peint le danger où est Famagouste, et finit sa lettre par accorder des indulgences plénières à ceux qui s'armeront.

En 1438, le pape Eugène IV ayant dessein de tourner les armes des Hongrois contre les Turcs, nomma nonce du St.-Siége Jean, évêque de Segni, et le chargea d'accorder des indulgences à ceux qui feraient partie de l'expédition sainte. La lettre qu'il lui adressa à ce sujet est datée de Bologne, des ides de janvier.

Il écrivit aussi à Albert, qui venait d'être élu empereur. Il le félicita de son élévation, et l'exhorta à chasser les Turcs de l'Europe, et à faire triompher la religion. Sa lettre est datée de Ferrare.

En 1439 Eugène annonça à l'empereur Jean Paléologue des secours d'argent de la part des Latins pour s'en servir contre les Turcs.

Tentatives inutiles pour sauver l'Empire gre

En 1443, le pape essaie de délivrer l'église d'Orient de
servitude des Turcs. Il adresse des lettres encycliques à to
les fidèles de la chrétienté. Il leur peint les désastres q
l'Église éprouve de la part des infidèles ; il compte toutes l
provinces qu'ils ont envahies, et rappelle la captivité du des
pote de Servie, la servitude de 200 mille chrétiens, les cruaulé
des Turcs envers leurs prisonniers désarmés, les peuples errants
et dispersés, les fidèles vendus comme des animaux, les
enfants des chrétiens forcés à abjurer leur foi, et la Hongrie
perdue si Hunniades n'avait pas vaincu l'ennemi. Après avoir
fait le tableau du malheureux état de l'empire chrétien, Eugène
annonce qu'il a nommé pour légat en Pannonie le cardinal
Julien, et qu'il envoie chez les Valaques, les Moldaves et les
Albanais, l'évêque de Brassaw.

Il représente ensuite Constantinople dans le plus grand
danger ; le roi de Chypre se plaignant d'être enveloppé de toutes
parts ; le soudan d'Égypte préparant une flotte contre Chypre
et Rhodes ; le Péloponèse accablé, en un mot tout l'Orient,
exposé à devenir la proie des Turcs. Il prie donc tous les
chrétiens de porter secours à la chrétienté chancelante. Il dit que
c'est un crime de n'avoir pas pitié de l'Orient ; qu'il faut placer en
Dieu tout espoir. Il rappelle ce qui a été fait autrefois comme
garant de ce qu'on peut faire encore, et termine en disant qu'il
s'agit ici du salut de plusieurs royaumes. Le pape ordonna la
levée des dîmes de tous les revenus de l'église, excepté des
ordres mendiants et des monastères des deux sexes. Sa lettre
est datée de Florence, du jour de Noël 1442.

Scanderberg, prince d'Albanie, ayant excité les Macédo-

niens à se lever contre les Turcs, remporta sur eux une célèbre
victoire, et leur tua 20 mille hommes. Ladislas, roi de Hongrie
et de Pologne, le félicita de ses succès. La lettre de ce roi fut
lue dans le sénat des Albanois. Scanderberg confirma l'alliance
faite entre le souverain pontife et le roi de Hongrie, et promit
de se joindre à eux avec 30 mille croisés de la Macédoine. La
lettre qu'il adressa en réponse à Ladislas était datée de Croja,
la veille des nones sextiles de 1443. L'empereur Jean Paléologue envoya dans ce temps, au pontife, un ambassadeur
chargé de le prier de faire passer une flotte en Orient. Eugène
répondit qu'il s'en occupait, et qu'il avait désigné pour légat
le cardinal de St.-Clément. Il exhorta Paléologue à travailler
de son côté à la réunion des deux églises. Sa lettre était datée
de Sienne, le 3 des ides de juin.

Cette flotte promise fut en effet envoyée; mais comme elle
n'arriva pas à temps pour fermer le passage de l'Hellespont,
Amurat pénétra de l'Asie en Europe avec son armée, et marcha
contre Ladislas.

Sur ces entrefaites, Philippe, duc de Bourgogne, équipait
aussi de son côté une flotte contre les Turcs. Amurat, se voyant
menacé de tous côtés, pensa qu'il n'était pas encore temps de
se rendre maître de l'Europe. Il signa une trève de dix ans,
et fit repasser presque toutes ses troupes en Asie pour faire la
guerre en Caramanie: mais le cardinal Julien, nommé précédemment légat auprès de l'armée croisée, employa toute son
éloquence pour faire rompre cette trève, et y parvint.

Scanderberg, selon Marin Barletius son historien, devait
se joindre à Ladislas; mais le despote de Servie, s'étant
opposé à cette jonction, fut la cause des désastres qu'éprouvèrent les Hongrois, de la malheureuse défaite des chrétiens,
de la perte des Grecs, de sa propre ruine et de celle de la
Servie.

Le pape Eugène, au milieu des préparatifs qu'il faisait, écrivit au prince de Macédoine, et essaya de l'animer contre les Turcs. Dans sa lettre datée de St.-Pierre de Rome, le 3 des nones d'octobre 1444, il proposait des indulgences à ceux qui prendraient les armes, et faisait entrevoir la possibilité, en cas de succès, de rétablir le culte des chrétiens en Palestine.

Mais il y eut dans ce temps, parmi les chrétiens, des traîtres qui fournissaient aux Turcs des vivres, des armes, du fer, du bois, et qui nuisirent ainsi aux succès des entreprises qu'on formait contre les infidèles. Eugène s'en plaignit amèrement dans une lettre datée de St.-Pierre de Rome aux nones d'octobre, et dans laquelle il renouvela les censures prononcées contre ceux qui fourniraient des secours aux Turcs.

Cependant on apprit bientôt à Ladislas qu'Amurat était repassé en Europe avec son armée. Les historiens du temps, tels que Marin Barletius, et OEneas Sylvius, accusent les Génois d'avoir trahi les chrétiens en fournissant, moyennant des récompenses, des vaisseaux pour le passage des Turcs. Raynaldi, s'appuyant de l'autorité de ce même OEneas Sylvius, de Monstrelet, de Phrantza, de Bonfinius, de Leunclavius, dont il cite le texte, fait le récit de la funeste bataille de Varna, dans laquelle Ladislas succomba; Hunniades prit la fuite, et le cardinal Julien fut tué par des hommes qui le dépouillèrent.

D'un autre côté, le soudan d'Égypte menaçant les Rhodiens, le pape Eugène, par une lettre datée de St.-Pierre de Rome aux ides d'avril, ordonna aux chevaliers de St.-Jean de Jérusalem de porter du secours à l'île de Rhodes. Il entreprit lui-même d'équiper une flotte, et il en informa la chrétienté par une bulle datée de St.-Pierre de Rome, le jour de Noël de cette année.

En 1445, Jean Hunniades ayant recommencé la guerre contre les Turcs, le pape, par des lettres datées de St.-Pierre de Rome, le 7 des ides de juillet, promit des indulgences à ceux qui le suivraient dans cette guerre sainte: de son côté, Scanderberg tourna toutes ses forces contre Amurat et battit ses troupes. Le duc de Bourgogne envoya une flotte contre les Turcs, et le pape nomma pour commander la sienne le cardinal François, du titre de St.-Clément.

Mais le soudan d'Égypte, non rebuté du peu de succès qu'il avait eu l'année précédente devant l'île de Rhodes, prépara contre elle une plus grande expédition. Les Rhodiens, effrayés, recoururent encore au pape. Quoique la flotte qu'Eugène avait équipée contre les Turcs eût épuisé son trésor, il en prépara une nouvelle, et s'adressa aux fidèles pour en obtenir des secours d'hommes et d'argent. Sa lettre était datée de St.-Pierre de Rome, le 5 des ides de janvier. Par une autre, datée des calendes du même mois, il nomma légat auprès de cette flotte Marc, patriarche d'Alexandrie.

En 1448, Jean Hunniades, qui avait en Hongrie l'administration des affaires publiques, entreprit une expédition contre les Turcs, afin de rendre à la liberté les provinces voisines. Le pape Nicolas V ayant été informé de cette généreuse résolution, écrivit le 6 des ides d'avril, deuxième année de son pontificat, une lettre adressée à tous les fidèles: il les exhorta à prendre les armes contre les Turcs, accordant des indulgences à ceux qui partiraient. Hunniades fondit sur les infidèles, qui avaient pour auxiliaire le despote de Mysie. Bonfinius, Thurocsius, et la chronique hongroise, disent qu'il se livra dans la plaine de Merula un combat qui dura trois jours, et dans lequel il y eut 34 mille Turcs de tués: les chrétiens n'eurent que huit mille morts; mais ils furent forcés de céder au nombre. Mustapha fut fait prisonnier, avec douze satrapes, par Scanderberg, qui s'était joint à Hunniades.

En 1449, Amurat s'empara moitié par séduction, moitié

II. 10

par terreur, de la citadelle de Sfétigrade (Belgrade). Scanderberg essaya en vain de la reprendre.

Hunniades, marchant avec les Hongrois et les Bohémiens contre les Turcs, livra une grande bataille à Amurat, le 15 des calendes de novembre; il aurait remporté une victoire très signalée, si les Valaques ne s'étaient honteusement tournés du côté des Turcs. François Philelphe assure qu'Amurat était tellement altéré du sang des chrétiens, qu'il exerça sa barbare fureur sur les traîtres Valaques eux-mêmes, qu'il fit égorger. Ce même Philelphe, annonçant au roi de Hongrie la nouvelle de cette victoire, dit qu'Amurat comptait tellement sur les divisions des chrétiens, qu'il s'était vanté de faire de l'église de St.-Pierre une écurie et un lieu de prostitution. Cette même année, l'empereur Paléologue mourut, et laissa le trône à son frère Constantin.

En 1450, la Pologne étant ravagée par les Tartares, le roi Casimir pria le pape Nicolas d'exciter les Polonais à une croisade; ce que Nicolas fit en effet par une lettre datée de St. Pierre de Rome, le 7 des ides de décembre, quatrième année de son pontificat. Barletius raconte le siége de Croja en Macédoine par le Turc Amurat, et la mort de ce prince au moment où il essayait de pénétrer dans cette place à travers les murs ruinés. Mahomet II, frère d'Amurat, lui succéda.

Projet de Croisade générale. — Prise de Constantinople. — Progrès des Turcs.

En 1452, l'empereur Frédéric III conçut le généreux dessein de rendre à la Palestine l'ancien culte de J.-C., la liberté aux Grecs asservis par les Turcs, et de protéger les Hongrois. Il traita de ce triple dessein avec le souverain pon-

tife. OEneas Sylvius, évêque de Sienne, et son ambassadeur
à Rome, prononça en son nom, dans le consistoire, un
discours sur la nécessité de faire une ligue contre les Turcs.
Ce discours nous est resté, et nous en avons déjà parlé
ailleurs. Raynaldi, après en avoir donné l'analyse, termine
en disant: « Ces généreux projets vieillirent, et les affaires de
la chrétienté furent affaiblies par Mahomet II. »

Dans ce même consistoire, Ladislas, roi de Hongrie, prononça aussi un discours en l'honneur du pape, et lui exprima
toute la soumission qu'il avait pour le St.-Siége.

Cependant Mahomet II, marchant sur les traces de ses
ancêtres, résolut d'attaquer Constantinople. Les Génois,
instruits de ses préparatifs, écrivirent au roi des Deux-Siciles
pour l'en prévenir, et l'exhorter à porter des secours à l'empereur Grec.

Sous la date de 1453, Raynaldi, appuyé de l'autorité
d'OEneas Sylvius, de Monstrelet de Phrantza, de Saint-An-
tonin, raconte la prise de cette ville et la ruine de l'empire
d'Orient. Le souverain pontife, averti trop tard, équipa une
flotte et en donna le commandement à Jacques, archevêque de
Raguse, comme on le voit par la lettre qu'il lui adressa de
Saint-Pierre de Rome, le jour de Noël. Les Grecs implorèrent
aussi trop tard le secours des latins. Ceux-ci promirent d'en
envoyer; mais Constantinople succomba avant que ce secours
arrivât, et avant que la flotte du pape eût abordé. La prise de
Constantinople fut sans doute une grande calamité pour la
chrétienté; mais le schisme de l'empire grec, qui désunissait
depuis si long-temps l'Orient et l'Occident, doit être regardé
comme la première cause des maux qui accablèrent les Grecs
et qui prépara leur chute. L'empereur Frédéric songea à faire
une expédition en faveur de Constantinople; il écrivit pour
cela au pape une lettre, où il exposa les dangers qui mena-

10..

çaient la chrétienté, et fit le récit des horreurs commises dans la capitale de l'empire d'Orient. Il fit sentir la nécessité, pour les états d'Occident, de se réunir et de faire la paix entre eux, afin de s'opposer aux progrès ultérieurs des Turcs.

Le souverain pontife, qui brûlait du desir de recouvrer Constantinople, rédigea aussitôt un diplôme apostolique, dans lequel il fit un tableau des maux effrayants que les Turcs avaient déjà faits à l'église, et exhorta tous les fidèles à se croiser contre eux, accordant, pour cette guerre, tous les fruits et revenus que la chambre apostolique recevait de tous les bénéfices des archevêques, évêques, abbés, etc., et la dîme des revenus des cardinaux, et en général de tous ceux du clergé. Il recommanda à toutes les puissances de faire la paix. Ce diplôme est daté de Rome, la veille des calendes d'octobre.

Parmi les princes chrétiens qui parurent prendre de généreuses résolutions, on remarqua Philippe, duc de Bourgogne, qui envoya sur-le-champ quatre vaisseaux, et fit publiquement vœu de se croiser. D'autres princes, à son exemple, en firent de même.

En 1454, il se tint, à Ratisbonne, une assemblée où se trouvèrent Philippe, duc de Bourgogne; Louis, duc de Bavière; Albert, marquis de Brandebourg, et plusieurs autres princes. L'empereur Frédéric, craignant que les mouvements de Hongrie ne troublassent ses affaires, resta en Autriche. Mais il envoya, pour le représenter, deux évêques, Ulric de Gorcum et OEneas de Sienne. Il leur adjoignit Nicolas, cardinal-prêtre du titre de St-Pierre-aux-Liens. Le pape envoya Jean, évêque de Pavie, à cette assemblée. OEneas Sylvius y parla avec beaucoup d'éloquence de la nécessité de faire la guerre aux Turcs, et Gobelin rapporte qu'il n'y eut personne qui ne fût de cet avis. Toutefois, on décida qu'il fallait prier les Français d'envoyer des troupes auxiliaires, et les Italiens d'équiper une flotte pour fermer l'Hellespont et le Bosphore, et ravager les côtes maritimes des ennemis; on arrêta en outre qu'il fallait tenir une autre assemblée à Francfort, pour y ordonner une levée d'hommes et demander l'argent nécessaire. Le duc de Bourgogne déclara qu'il suivrait l'empereur.

Frédéric ayant prié le pape d'envoyer un ambassadeur à Francfort, Nicolas, qui desirait vivement que l'expédition se fît, nomma l'évêque de Pavie par une lettre datée de Saint-Pierre de Rome, le 3 des nones de septembre. OEneas dit que non-seulement le pape fut invité à envoyer un ambassadeur à Francfort : tous les princes et rois le furent aussi; mais les chrétiens restèrent dans l'indifférence et l'inaction. L'assemblée de Francfort fut peu nombreuse. Tous les esprits penchaient à révoquer le décret de Ratisbonne, lorsqu'OEneas Sylvius, insistant sur la nécessité de la guerre sainte, vint à bout de le faire maintenir. Il fut décrété qu'on leverait des troupes de terre et de mer, pour recouvrer Constantinople. Mais les ré-solutions de Francfort s'évanouirent, la discorde était parmi les princes; l'Italie n'équipa point de flotte; la France, me-nacée d'une invasion par les Anglais, resta en suspens; la Bohème et l'Autriche n'étaient pas tranquilles; les Hongrois étaient divisés. Cependant Ladislas, ayant décidé de faire la guerre aux Turcs, nomma Jean Hunniades pour commander l'armée; et, par des lettres datées de Bude, il invita tous les princes à venger l'injure faite au Christ.

Le roi de Bosnie ayant envoyé au pape des ambassadeurs, chargés de lui exprimer le desir de voir les ennemis du Christ réprimés, le pape Calixte III, par des lettres datées de Saint-Pierre de Rome, la veille des calendes de mai, lui promit que les villes de son royaume, tombées au pouvoir des Turcs, lui seraient rendues. Le même pape envoya un légat en Hongrie, pour concilier les partis qui la divisaient. Les lettres qu'il écrivit à ce légat sont datées de Saint-Pierre de Rome, aux calendes de septembre.

Mahomet dévastant toutes les îles de la mer Égée, il devenait instant d'arrêter ses ravages ; le pape écrivit à Pierre, archevêque de Tarragone, qu'il nomma commandant de la flotte équipée contre les Turcs, et lui donna ses instructions. Il ordonnait des prières solennelles, et recommandait d'accabler l'ennemi du Christ de toutes sortes de maux. Sa lettre était du 12 des calendes d'octobre, première année de son pontificat.

Alphonse, roi d'Aragon, pressé par les exhortations du pontife, se montra tout disposé à se croiser et à lever une armée. Le duc de Bourgogne, qui s'était déjà engagé dans cette guerre sous le pape Nicolas, renouvela à Callixte son serment. Le pape, à sa demande, nomma légats auprès de son armée les évêques de Tules et d'Arras.

Les Turcs et les Tartares s'étant joints ensemble par un traité, résolurent d'arracher aux chrétiens Caffa, colonie des Génois. Callixte, pour détourner ce malheur, excita tous ceux qui dépendaient de Gênes à la guerre sainte, et leur offrit des indulgences. Sa lettre, datée de Saint-Pierre de Rome, est du 10 des calendes de mai.

Les Turcs méditant de soumettre toutes les nations du Pont, celles-ci s'adressèrent au pape et lui exposèrent les dangers où elles se trouvaient. Elles lui disaient que des vaisseaux Génois, partant pour aller secourir Caffa, avaient été arrêtés ; que deux avaient été forcés de se rendre, et qu'un troisième, brisé par les machines de guerre, avait été englouti. Elles imploraient le secours du souverain pontife. Leur lettre était datée du 5 novembre.

Le pape, malgré son âge et ses infirmités, se faisait remarquer par son zèle et son activité contre les Turcs, et Raynaldi fait observer, avec raison, que si les rois chrétiens l'eussent secondé et se fussent réunis, l'ennemi commun de la chrétienté aurait pu être abattu. Dans l'année 1456, Callixte envoya en France le cardinal Alan, chargé de prêcher une croisade contre les Turcs. Les lettres qu'il lui adressa à ce sujet, étaient datées de Saint-Pierre de Rome, le 10 des calendes de février. Mais le roi de France, Charles, s'opposa à ce que la croisade fût prêchée. Le pape lui en fit des reproches, par une lettre datée de Saint-Pierre de Rome, le 8 des calendes de novembre. Quelques évêques de France s'opposèrent également à la publication des lettres du pape ; Callixte se plaignit entr'autres de l'archevêque de Bordeaux. Les ministres du roi se refusèrent aussi à la levée de la dîme. Le souverain pontife écrivit au parlement de Paris, et lui reprocha son mépris pour les affaires de la chrétienté. En un mot, le cardinal Alan éprouva mille difficultés dans sa mission. Le duc d'Orléans, et quelques grands, étaient les seuls qui la favorisassent. Charles consentit enfin à la levée de la dîme des biens du clergé. Le souverain pontife s'adressa encore à Alphonse d'Aragon, roi des Deux-Siciles, pour exciter son zèle.

Quoique le roi de France eût permis de faire lever la dîme pour la croisade, il ne voulut pas qu'on enrôlât de croisés. Son fils aîné Louis, dauphin de Vienne, enflammé d'une pieuse ardeur contre les ennemis de la foi, s'aliéna l'esprit de son père, parce qu'il voulait mener une armée contre eux ; et à cause de cela, il se retira auprès du duc de Bourgogne. C'est là du moins un des motifs que donnent à sa retraite les historiens Monstrelet, Paulus Émilius et Gaguin.

D'un autre côté, le pape et les Génois sollicitèrent le roi d'Angleterre d'entrer dans la croisade, et tâchèrent de l'exciter par la gloire qu'il retirerait de cette guerre. Ils firent les mêmes instances auprès du roi de Portugal. Callixte somma Alphonse

d'Aragon de fournir les quinze vaisseaux qu'il avait promis
d'équiper avec l'or du clergé. Ses lettres étant restées sans
effet , il renouvela ses prières , reprocha au roi sa perfidie ; ce
n'était pas sans raisons, car Alphonse , au lieu de tourner
contre les Turcs la flotte qu'il avait équipée, l'avait dirigée contre
les Génois , et avait ravagé toute la côte de la Ligurie. Le pape,
si mal secondé par les rois auxquels il s'adressait , employa
tous ses trésors , vendit ses pierreries, pour équiper une flotte
qu'il envoya en Orient. Les Génois , étant informés de cela,
l'en félicitèrent et l'assurèrent des nouveaux efforts qu'ils allaient
faire contre les Turcs.

Le pape nomma légat *a latere* , pour la guerre contre Mahomet II , Louis, cardinal-prêtre du titre de Saint-Laurent,
ainsi qu'il paraît par sa lettre, datée de Saint-Pierre de Rome,
et qui se trouve dans le registre pontifical.

Sur ces entrefaites, Mahomet entra en Hongrie, à la tête de
cent cinquante mille hommes , avec l'intention , s'il la soumettait , de s'ouvrir un chemin à la conquête du reste de l'Occident.
Le roi de Hongrie se réfugia en Autriche. Jean Capistran excita
les Hongrois à prendre les armes, et se rendit à Albe avec les
croisés qu'il avait enrôlés.

Thurosius dit qu'ayant imploré Jésus, ils obtinrent la victoire,
Jean Capistran écrivit au pape que les Turcs avaient eu vingt-
sept vaisseaux de pris. Chalcondile dit qu'il y en eut de pris et
de brûlés. Callixte sollicita l'empereur Frédéric de se joindre
à cette croisade. Il lui représenta quelle gloire il en recueillerait;
il lui dit qu'il avait envoyé le cardinal Jean de St.-Ange avec une
flotte contre les Turcs. Il avertit en même temps son ambassadeur en Allemagne, Jean , évêque de Pavie, de ce qu'il venait
d'écrire à Frédéric, et lui ordonna de faire tous ses efforts pour
engager l'empereur à se joindre à Ladislas. Les deux lettres qu'il

lui adressa à ce sujet, de même que celle qu'il avait écrite à Frédéric, étaient datées de St.-Pierre de Rome, la deuxième année de son pontificat.

Frédéric, qui avait lui-même demandé au pape Nicolas qu'il prêchât une croisade contre les Turcs, ne montra alors que de l'indifférence, et ne fit rien pour exciter les Allemands à se croiser. Il ne s'occupa que de ses inimitiés contre Ladislas. Callixte s'adressa aux autres princes chrétiens, et les sollicita de se lever tous contre Mahomet. Il pria entre autres les rois Charles de France et Alphonse d'Aragon. Il eut en outre recours à la protection du ciel. Il ordonna des prières publiques, et il écrivit pour cela des lettres aux patriarches, archevêques, évêques, et à tout le clergé chrétien. Ces lettres, fort longues, étaient datées de St.-Pierre de Rome, le 3 des calendes de juillet.

Mahomet II fut bientôt après vaincu sous les murs de Belgrade, qu'il était venu assiéger. Callixte, dans des lettres adressées aux Florentins, rend compte de cette victoire mémorable, qu'il attribue en partie aux prières de Jean Capistran, et dans laquelle Mahomet perdit tous ses bagages et fut blessé.

L'historien Thurosius a donné sur cette victoire des détails qui s'accordent avec ce qu'OEneas-Sylvius, Monstrelet, St.-Antonin, Gobelin, Chalcondile, Michovias, Cromere, Nauclerc, Cocléus, Bonfinius, et autres écrivains en ont dit.

Raynaldi copie néanmoins, sur cette victoire, le récit de Jean Capistran lui-même, et celui de Jean Taliacotius qui en donne tout l'honneur à ce Capistran. Il copie encore la narration de Nicolas de Fara, compagnon de Capistran, qui rend le même hommage à ce saint homme.

Le pape, voyant l'espèce d'engourdissement où était l'empereur Frédéric, essaya de le réveiller en lui faisant part des succès qu'on venait d'obtenir contre les Turcs. Il essaya aussi,

mais en vain, d'exciter Alphonse d'Aragon à leur faire la
guerre; il sollicita pareillement le roi de France de profiter
de la victoire obtenue en Hongrie pour les détruire. Callixte
exhorta en outre les Florentins, les Génois, les Vénitiens,
et quelques princes de Macédoine, à repousser avec courage
les efforts des infidèles. Il ne s'en tint pas là, il écrivit au roi
d'Éthiopie et le pressa de s'armer contre les Mahométans. Il
lui représenta combien cela lui était facile, depuis la victoire
gagnée en Hongrie. Toutes ces lettres étaient à-peu-près du
même temps, c'est-à-dire, du mois de décembre, et datées de
Saint-Pierre de Rome.

Les efforts et les dépenses du pape ne furent pas tout-à-fait
inutiles; car la flotte équipée à ses frais et qui avait épuisé ses
trésors, conduite en Orient par Louis, cardinal-légat, ravagea
les côtes maritimes de l'empire turc, et arracha aux Barbares
trois îles de la mer Égée. Callixte annonça ces avantages à
Jean Carvajal, cardinal-légat en Hongrie, afin que par cette
nouvelle il excitât les Allemands et les Hongrois contre les
infidèles.

Outre la flotte qui était en Orient, le souverain pontife en
avait fait équiper une autre, dont le cardinal Alan d'Avignon
avait le commandement. Callixte pria René, roi de Sicile et
comte de Provence, d'aider son légat; et faisant partir sa flotte
pour aller secourir Rhodes, il ordonna au cardinal Alan d'inquiéter les Turcs.

De son côté, Mahomet méditait une expédition en Hongrie,
et rassemblait pour cela des troupes innombrables. Callixte
s'adressa encore à Alphonse d'Aragon; il le pria de prendre
les armes contre les Barbares. Sa lettre était datée de Rome,
du 7 avril 1457. Mais les Hongrois étaient alors en proie aux
dissensions. Le pape écrivit au légat qu'il avait auprès d'eux,
de travailler à les réconcilier, et de les amener à se réunir

tous contre les Turcs ; il lui recommanda aussi de remettre
en paix l'empereur Frédéric et Ladislas, afin qu'ils pussent
agir de concert dans la guerre sainte.

Il s'adressa lui-même à l'empereur, et l'exhorta, par la peinture qu'il lui fit des maux que les Turcs préparaient à la chrétienté, à tourner ses armes contre eux et à renoncer aux guerres
intestines. Il écrivit à-peu-près dans le même sens à Ladislas.
Les deux lettres étaient datées des cal. de septembre 1457.

Le roi de Bosnie, Étienne Thomas, qui était uni à l'église
romaine par le rite et par la foi, entreprit de venger la défaite
qu'il avait éprouvée auparavant, et de recouvrer ce qu'il avait
perdu ; il envoya au pape le frère mineur Nicolas Desibinier,
pour lui faire part de ses desseins et lui demander la croix. Callixte reçut cette ambassade avec beaucoup de joie, et par ses exhortations augmenta encore le zèle du roi pour la guerre sainte.
Il lui envoya, en qualité de légat, Jean Carvajal, cardinal de
Saint-Ange. Les Vénitiens ne voulant pas fournir des secours au
roi de Bosnie qui leur en avait demandé, dans la crainte d'attirer les Turcs contre eux, le souverain pontife essaya de dissiper leur crainte, et obtint qu'ils feraient, en Dalmatie, la levée
des dîmes qui furent partagées entre les rois de Bosnie et de
Hongrie et le prince de Macédoine, par portions égales. Scanderberg luttait alors contre les efforts des Turcs et avait demandé des secours au pape. Callixte lui répondit en louant sa
conduite et en encourageant son zèle. Il promit de lui faire passer des secours. Sa lettre était datée du 9 juin. Scanderberg
ayant été forcé de se retirer dans une citadelle, vu le grand
nombre de barbares qui le pressaient de toutes parts, Callixte
lui écrivit une seconde lettre, pour lui annoncer qu'il avait
donné ordre à la flotte d'aller en Orient. Il lui envoya, à lui-
même, un nonce apostolique. Sa seconde lettre était datée du
11 septembre.

Marin Barletius a fait l'histoire de la guerre des Turcs contre Scanderberg, et Raynaldi a copié ce qu'il dit du carnage que les infidèles firent des chrétiens au siége de Belgrade (*Belgradum*) en Épire. Il fait monter le nombre des tués à cinq mille. Le pape Callixte redoubla de zèle et d'efforts pour enflammer tous les rois d'Occident de l'ardeur dont il était animé ; il écrivit au roi de Pologne, aux rois de France, de Sicile, d'Angleterre, de Portugal, d'Aragon, aux ducs de Bretagne, de Bourgogne, de Savoie, de Milan, aux Vénitiens, aux Génois, aux Florentins ; il les engagea à envoyer des ambassadeurs au concile qu'il se proposait de convoquer, espérant qu'on y décréterait la levée de grandes armées contre les Turcs. Il écrivit aussi aux rois d'Éthiopie et de Géorgie : mais tous ses efforts furent vains. Les Allemands, au lieu de tourner leurs armes contre les Turcs, accusèrent le pape d'employer à son usage l'or qu'il avait reçu pour l'expédition. OEneas Sylvius se vit obligé de repousser cette calomnie, et Raynaldi copie toutes les lettres que ce cardinal écrivit en réponse à tous les murmures qui s'élevèrent contre le souverain pontife.

Non-seulement les Allemands, mais encore les Français, se refusaient à seconder les efforts de Callixte. Louis, dauphin de Vienne et fils de Charles VII, paraissait seul plein du désir de combattre les Turcs. Callixte écrivit de nouveau au roi de France et le pressa d'arracher la chrétienté à la tyrannie de ces infidèles ; il fut enfin convenu entre Charles et le pontife, qu'on équiperait trente vaisseaux de l'argent qu'on retirerait de la dîme. Les vaisseaux furent équipés, mais servirent à d'autres desseins.

Le légat qui avait été envoyé en Éthiopie, avait fait alliance avec les Perses, les Druses, les Macademes, et autres peuples qui habitaient les contrées maritimes de l'empire du Caire. Ceux-ci s'étaient engagés à secouer le joug du soudan. Le pontife retint sa flotte dans le port de Rhodes, pour qu'elle fût prête à leur porter des secours, et qu'elle renouvelât la guerre en Syrie ; car il avait le projet, comme le pape Eugène, de rétablir le culte du Christ dans la Palestine. Il écrivit, à cette occasion, une lettre adressée à tous ces princes. Elle était datée de Saint-Pierre de Rome, aux cal. de septembre. En 1458, Callixte renouvela ses instances auprès des Hongrois, des Bosniens et des Allemands, pour les engager à se réunir contre les Turcs. Il écrivit au roi de Pologne et l'engagea à ne faire, avec ces infidèles, aucun traité, et à se défier de leurs ruses.

Les Turcs, profitant des divisions des chrétiens, projetèrent de les attaquer. Voyant la Hongrie, la Pologne et l'Allemagne dans une espèce de torpeur, ils envoyèrent une partie de leurs troupes en Macédoine, pour accabler Scanderberg ; mais ce prince leur résista et leur fit éprouver de rudes échecs. Au milieu de ses succès, Scanderberg écrivit au pontife, qui lui répondit pour l'encourager et lui promettre des secours accoutumés. Sa lettre est datée du 6 février. Le 8 du même mois, il exhorta Alphonse, roi d'Aragon, à envoyer des secours à Scanderberg.

Marin Barletius raconte que les Turcs essuyèrent cette année un nouvel échec. Scanderberg leur prit vingt enseignes, leur fit quinze cents prisonniers, leur tua de vingt à trente mille hommes et fit en outre un butin considérable.

Mahomet demanda la paix que Scanderberg refusa.

Le pape s'adressa encore cette année aux Vénitiens ; il leur reprocha de ne pas se joindre à lui contre les Turcs. Sa lettre était datée du 28 de mai. Il mourut peu après, le jour de la Transfiguration, fête qu'il avait lui-même instituée l'année précédente. OEneas Sylvius lui succéda, sous le nom de Pie II. On connaît tout le zèle de ce pape pour abattre la puissance des Turcs. A peine fut-il assis sur la chaire pontificale, qu'il in-

diqua à Mantoue une assemblée de tous les princes chrétiens.
Il écrivit au roi de France, qu'il adjura par le sacrement du
baptême de s'armer contre les Turcs ; il l'exhorta à envoyer
des ambassadeurs au concile. Sa lettre était datée du 24 octobre. Charles répondit qu'il convoquerait les états avant de se
décider, et qu'il enverrait ses ambassadeurs à Mantoue. Mais,
dit Monstrelet, il ne consulta que ses intérêts particuliers, et
méprisa la cause du Christ et de l'église ; Pie II exhorta de
même l'empereur Frédéric, Mathias, roi de Hongrie, et Casimir, roi de Pologne. Il envoya le cardinal Saint-Ange en
Pannonie et en Allemagne, pour exciter les princes à la guerre
sainte. Tous les électeurs de l'empire, et la république de Florence, furent invités à envoyer leurs ambassadeurs à Mantoue.

En 1459, le pape se mit en route pour cette ville, et, selon
Gobelin, il fut reçu partout avec magnificence. Ayant appris
que Frédéric était sur le point de faire un traité avec les Turcs,
il lui écrivit de Sienne pour l'en détourner. Il ordonna au légat qu'il avait en Hongrie de faire porter l'étendard de l'église
dans l'armée que le roi Mathias levait contre les Turcs. Mais
pendant que Mathias faisait cette levée, Frédéric entretenant
la division qui régnait en Hongrie, y fit passer ses troupes, ce
qui affaiblit les forces des Hongrois, menacés d'un autre côté
par Mahomet.

Le pape, informé de cela, écrivit à Mathias de faire tête à
ses ennemis, et de s'armer contre eux de courage et de constance. Sa lettre était datée du 6 juillet.

Concile de Mantoue.

Tous les détails suivants sont extraits, par Raynaldi,
d'OEneas-Sylvius, de Gobelin, du Bullarium, des lettres des
pontifes. Pie II entra à Mantoue le 6 des cal. de juin. Gobelin a

fait le récit de cette entrée et de l'ouverture de l'assemblée. Le pape y prononça un petit discours dans lequel il se plaignit des rois qui n'avaient pas envoyé d'ambassadeurs. Il leur reprocha leur insouciance pour l'expédition projetée. Il finit par déclarer qu'il resterait à Mantoue, jusqu'à ce qu'il connût les dispositions de tous les princes; que s'ils venaient, il délibérerait avec eux sur les affaires de la chrétienté; que dans le cas contraire, il s'en retournerait à Rome, mais que, tant qu'il vivrait, il n'abandonnerait jamais le dessein qu'il avait formé de défendre et de propager la religion. Il informa ensuite tous les princes chrétiens de son arrivée à Mantoue, et les exhorta à venir ou à envoyer, sans retard, leurs ambassadeurs. Il écrivit à l'empereur Frédéric; à Charles, roi de France; aux ducs de Savoie et de Bavière, aux Vénitiens, aux Florentins et autres. Il exhorta, par des lettres particulières, les habitants du Péloponèse à mettre leur espérance dans le Christ et à combattre courageusement les Turcs. Les princes chrétiens d'Orient promirent de se joindre contre Mahomet. L'empereur de Trébizonde, entre autres, écrivit au duc de Bourgogne, à qui il fit les mêmes promesses. Le roi de Géorgie déclara qu'il était résolu de répandre son sang pour le Christ; mais il prévint les Latins que s'ils laissaient échapper l'occasion, elle ne se présenterait jamais.

Suivant le récit de Gobelin, les ambassadeurs du duc de Bourgogne proposèrent que les princes d'Occident se liassent par un traité avant de tirer l'épée contre les ennemis étrangers. Le pape répondit qu'il fallait, sans retard, porter du secours à la Hongrie; que Semandrie était occupée; que ce qui avait fait la force des Turcs, c'était les haines et les divisions des chrétiens; qu'on ne pouvait pas espérer maintenant de lever des armées qui seraient conduites par un Godefroy ou par un Conrad, parce qu'il n'y avait pas un roi qui ne craignît

son voisin et ne redoutât d'abandonner ses états; mais que,
pour cela, il ne fallait pas désespérer du salut commun, ni refuser des secours.

Comme l'Allemagne était déchirée par des guerres, le pape
y envoya des nonces, chargés de la pacifier. Par leurs soins,
les Helvétiens et les Autrichiens s'arrangèrent; dans une diète,
tenue à Nuremberg, la paix fut rétablie entre la Bavière et le
Brandebourg.

Sur ces entrefaites, on apprit que les Turcs avaient fait une
irruption dans la Servie. Pie II s'en réjouit, dans l'espoir que
les Allemands pacifiés pourraient tourner leurs armes contre
les Turcs. Il écrivit au marquis de Brandebourg et l'engagea
à venir à Mantoue. Mais Frédéric rejeta la paix de Nuremberg
et menaça Louis, duc de Bavière, de lui déclarer la guerre s'il
ne rompait le traité. Le pape sut toutefois le maintenir.

Le concile de Mantoue commença aux nones de septembre.
Il s'y trouva des ambassadeurs de presque toutes les nations
chrétiennes et de toute l'Italie; les ducs de Milan et d'Udine
étaient présents. Gobelin dit qu'il y eut des ambassadeurs de
Chypre, de Rhodes, de Lesbos, quelques-uns d'Asie, de Macédoine, d'Épire, de Bosnie et d'Illyrie, qui demandèrent du
secours contre les Turcs. Il y eut sur la préséance quelques
difficultés que le pape leva par un décret.

Dans la séance qui eut lieu avant que les ambassadeurs de
France fussent arrivés, le pape parla trois heures sur la nécessité de faire la guerre aux Turcs. Il assigna deux raisons
principales de la faire : la première, de recouvrer, en vengeant
les injures qu'on avait reçues, les royaumes et les provinces
qui avaient été perdus; la seconde, de détourner les dangers
qui menaçaient l'Europe, et de réparer les pertes que les
Mahométans avaient fait souffrir au monde chrétien.

Le cardinal Bessarion, parlant pour les Grecs, insista sur la nécessité de faire la guerre et sur les maux que les Turcs avaient faits et feraient encore à la chrétienté. Il présenta aux âmes généreuses le prix de la victoire comme un noble motif d'émulation. Tous les ambassadeurs des rois approuvèrent les desseins du pontife; mais les Hongrois se plaignirent de l'empereur.

Le surlendemain, il y eut une autre séance où se trouvèrent seulement les Italiens. Le duc de Sforce dit qu'il fallait attaquer l'ennemi par terre et par mer, et équiper une flotte de trente vaisseaux et de huit bâtiments de transport; que les troupes de terre devaient être formées des Hongrois et des peuples voisins; qu'il ne fallait pas moins de 40 mille cavaliers et 20 mille fantassins, et que l'argent nécessaire serait pris dans tous les états chrétiens. Tous furent de cet avis, excepté Sigismond Malateste, qui voulait qu'on fît marcher les Italiens. Le souverain pontife fut d'avis qu'on prît les soldats qu'on pourrait avoir, Français, Anglais, Allemands, Bohémiens, Polonais, puisque tous avaient promis des secours. Il pensa que pour les troupes de mer, les Catalans, les Aragonais et les Portugais suffiraient; qu'il pourrait y avoir plusieurs chefs et plusieurs camps; mais que tous reconnaîtraient le légat apostolique pour chef suprême, et le signe de la croix pour seul étendard.

Quant au nombre d'hommes, le pape fut d'avis qu'il ne fallait pas plus de cinquante mille hommes, dont la plus grande partie serait à cheval; et que pour tenir la mer et empêcher le passage des Turcs d'Asie en Europe, quarante vaisseaux et huit bâtiments de transport suffiraient.

Pour les frais de la guerre, le souverain pontife pensa qu'on pourrait y subvenir avec la dîme des revenus ecclésiastiques pendant trois ans, la trentième partie de ceux des laïcs, et la vingtième de ceux des juifs. Tous les Italiens, les Vénitiens, et les Florentins exceptés, souscrivirent à ces dispositions. Les

II. 11

Vénitiens demandèrent qu'on leur confiât à eux seuls la conduite de la flotte, qui serait composée de soixante vaisseaux
et de vingt bâtiments de transport. Ils demandèrent en outre
huit mille rameurs et autres matelots. Ils promirent de fournir
gratis les vaisseaux et leurs agrès. Du reste, ils exigeaient,
outre les dîmes qu'on leverait chez eux, et qu'ils évaluaient à cinquante mille pièces d'or, quinze cent mille autres prises du trésor commun. Ce fut à ces conditions que les Vénitiens s'offrirent pour alliés.

Le pape rejeta leurs offres, en disant que ce n'était pas pour
partager avec les autres chrétiens les charges de la guerre, mais
pour en tirer tout le profit qu'ils demandaient à être de l'alliance.

Les ambassadeurs de France arrivèrent à Mantoue. Ceux
du duc de Bretagne déclarèrent que leur maître était dévoué
au pape, et promirent des secours pour la guerre contre les
Turcs. Ceux du roi de France prétextèrent les troubles d'Angleterre, dans lesquels leur maître se trouvait engagé; ils dirent
qu'ils ne pouvaient promettre de secours que lorsque tout serait
tranquille dans ce pays. Le véritable motif de ce refus était la
reconnaissance que le pape avait faite de Ferdinand pour roi
de Naples.

Pie II se voyant abandonné des Français et des Anglais, se
tourna du côté des Allemands, qui promirent 42 mille hommes
armés, et qui indiquèrent deux assemblées, l'une à Francfort
et l'autre à Nuremberg, pour régler ce qui serait nécessaire.
Le pape nomma le cardinal Bessarion légat en Allemagne, et
l'empereur Frédéric, chef de l'armée. Il écrivit en même temps
à ce prince pour le féliciter de ces résolutions. Il exhorta ensuite
les princes de l'empire à se trouver aux assemblées indiquées.

Sur ces entrefaites, Sigismond, duc d'Autriche, arriva à
Mantoue avec 400 chevaliers et une escorte brillante et
nombreuse. Deux cardinaux allèrent au devant de lui en

grande pompe. Albert, marquis de Brandebourg, arriva peu après, et fut honorablement accueilli. Il promit de fournir des secours et de donner dix mille écus d'or. Il reçut, le jour de la fête de l'Épiphanie, une épée bénie par le pape, et un chapeau orné de perles.

Le pape exhorta Casimir, roi de Pologne, à s'arranger avec les Prussiens, et à tourner ses armes contre les Turcs. Il envoya un nonce en Lithuanie, en Gothie, en Norwège et dans quelques autres provinces d'Allemagne, pour en tirer des secours : afin d'obliger Mahomet à diviser ses forces, il engagea le sultan de Caramanie, l'ennemi implacable des Turcs, à porter toutes ses forces contre eux, lorsque l'armée chrétienne aurait commencé la guerre. Le prince musulman consentit à entrer dans la ligue. Le pape s'adressa encore au patriarche de Venise pour l'engager à décider le sénat à équiper quelques vaisseaux, qui se joindraient aux Rhodiens.

Après avoir fait toutes ces choses, le pape écrivit au cardinal St.-Ange pour lui ordonner de retourner en Pannonie, et d'y travailler à repousser les Turcs. Il lui annonça que les secours ne lui manqueraient point. Il lui envoya l'or qui devait servir aux frais de l'expédition, et à la levée de soldats mercenaires.

Par des lettres postérieures adressées au même légat, Pie II lui dit qu'il n'avait pas trouvé dans les esprits des chrétiens le zèle qu'il en espérait; qu'il y en avait peu que le soin des affaires publiques touchât plus que leurs intérêts particuliers; que bien que l'Italie eût résolu auparavant de prendre les armes contre les Turcs, tous les desseins avaient été confondus par la nouvelle de l'invasion des Français dans le royaume de Naples. Il ajoutait qu'il n'abandonnait cependant point son entreprise; que dans quelques mois il aurait 12 mille cavaliers levés à ses frais, lesquels, réunis à 12 mille autres, et à quelques milliers de fantassins que le roi Mathias avait promis, soutiendraient l'entreprise ; mais toutes ces résolutions languirent par la tournure que prirent les affaires.

Au commencement de l'année 1460 , le pape publia le décret du concile de Mantoue, concernant l'expédition contre les Turcs. Il était daté du 18 des calendes de février 1459, deuxième année de son pontificat. Dans d'autres lettres, il fit connaître l'assentiment que les ambassadeurs des rois chrétiens et les Italiens avaient donné à ce décret. Ces lettres étaient datées du lendemain, c'est-à-dire du 19 des calendes de février. Enfin le pape termina le concile par un discours que Gobelin nous a laissé, et dans lequel Pie II rappelle les résolutions qui on été prises concernant le nombre de troupes à lever et la flotte à équiper, et les noms de ceux qui ont promis des secours en hommes ou en argent.

Le cardinal Bessarion fut ensuite envoyé pour réconcilier Mathias , roi de Hongrie, avec l'empereur ; Hermolaüs, évêque de Vérone , fut envoyé de même pour exciter le roi de France à prendre part à la guerre sainte, si les différends nés entre lui et le roi d'Angleterre étaient appaisés. Mais les efforts de ces deux légats furent inutiles. Tout espoir de faire une croisade se dissipa en Allemagne. Cependant Frédéric, pressé par les raisons du cardinal , essaya de mettre à exécution le décret de Mantoue ; mais il refusa de commander lui-même l'armée chrétienne.

Bessarion et le pape offrirent ce commandement à Frédéric, comte palatin, qui le refusa de même ; ce qui fut très préjudiciable aux affaires de la chrétienté , car la Pannonie était envahie par les armées des Turcs. Pie II pria l'empereur de faire une trève de deux ans avec les Hongrois. Ceux-ci , pressés d'un côté par les Turcs, et de l'autre par l'empereur, qui aspirait au trône de Hongrie , songeaient à traiter avec les infidèles.

Le pape, pour les en détourner, leur promit quarante mille écus et leur fit espérer un plus grand secours. Les Hongrois se plaignirent de ce qu'on ne leur avait pas fourni les 12 mille hommes qu'on leur avait promis. Le pontife s'excusa sur les voyages de la cour romaine et la longue durée du concile de Mantoue, qui avaient épuisé le trésor pontifical.

Dans cette même année, il arriva à Rome une célèbre ambassade de l'empereur de Trébizonde, des rois de Perse et de Mésopotamie, du sultan de Caramanie, et de plusieurs autres princes d'Orient, qui vinrent offrir au pape des secours contre les Turcs. Gobelin a fait la description de cette ambassade, et Raynaldi l'a copiée.

En 1461, les Turcs, menaçant les Rhodiens d'une ruine prochaine, le pape adressa des lettres encycliques à tous les fidèles pour les exhorter à prendre les armes. Ces lettres étaient datées de St.-Pierre-de-Rome, le 14 des calendes de février : il exhorta encore les chrétiens à défendre les colonies que les Génois avaient en Orient, et qui étaient exposées aux insultes des infidèles.

L'île de Chypre était alors assiégée par le soudan d'Égypte. La reine Caroline, femme de Louis de Savoie, roi de Chypre, se rendit à Rhodes; et voyant que les Rhodiens ne pouvaient la secourir, elle alla directement à Rome demander du secours : elle adressa au pape un discours pathétique, que Gobelin a rapporté. Pie II la consola, lui promit des secours, et lui donna des vivres; mais il ne put tirer du duché de Savoie ni de la France aucun des secours qu'on lui avait fait espérer.

Monstrelet dit que le pape envoya des ambassadeurs à Charles VII, qui les reçut avec magnificence; mais il ne dit point quelle réponse ce prince leur fit relativement à la demande d'une armée à envoyer contre les Turcs. Ces ambassadeurs

allèrent auprès du duc de Bourgogne, et lui offrirent au nom du
pape le royaume de Jérusalem, s'il faisait la guerre à ces infidèles. Le duc promit des secours et de prendre part lui-même à
la guerre, pourvu qu'on lui garantît d'être à l'abri de la domination du roi de France. Il combla les ambassadeurs de présents, et ceux-ci s'en retournant par la France, assistèrent aux
funérailles de Charles VII.

Pendant ce temps, Mahomet se rendait maître de Sinope,
soumettait la Paphlagonie, forçait Trébizonde à se rendre, et
s'emparait de Lemnos, de Lesbos, de Samothrace, de Naxos,
de Nembro, et d'autres petites îles que Callixte III avait
autrefois arrachées aux Turcs par les soins du patriarche
Louis. Mahomet, étendant de plus en plus son empire, le pape,
à l'exemple de ses prédécesseurs, crut devoir l'exhorter à cesser
de ravager l'empire chrétien en embrassant lui-même la loi
chrétienne. Raynaldi a copié tout entière la longue lettre que
le pontife lui écrivit pour lui démontrer la vérité du Christianisme et la fausseté de la loi du prophète Mahomet : mais
l'empereur turc fut sourd aux raisons du pape.

L'annaliste, continuant de s'appuyer des écrits du pape et
des histoires de Phrantza, de Chalcondyle, de Meyer, de Monstrelet, raconte que dans cette même année, Pie II s'adressa
au roi de France, Louis XI, pour lui exposer les progrès des
Turcs, et lui annoncer la ruine dont l'île de Chypre et la
Hongrie étaient menacées. Sa lettre était datée de Rome, le
26 d'octobre 1461.

L'année suivante, Louis XI envoya à Rome une célèbre
ambassade, et, selon l'historien Gobelin, il promit de fournir
70 mille hommes contre les Turcs, si le royaume de Naples
était assuré à René d'Anjou, et si Gênes était soumise à la
France. Le pape consentit à ces conditions ; mais quand il
fallut les rédiger en traité, il ne voulut jamais se résoudre à

rappeler l'armée auxiliaire, qu'il avait envoyée à Ferdinand de Naples.

Dans cette même année, Mahomet ayant pénétré dans la Valachie, qu'il ravagea, s'empara de Jaïza, résidence du roi de Bosnie. Ce prince envoya des ambassadeurs au pape pour lui représenter les dangers qui menaçaient la Hongrie, la Dalmatie, l'Istrie et par suite l'Italie. Le pape répondit qu'il allait assembler un conseil de cardinaux, et qu'il espérait que les secours des Hongrois, des Vénitiens et des Dalmates ne manqueraient point. Le consistoire eut lieu en effet. Le pape y parla avec tant de force, de sagesse et d'éloquence, que les cardinaux décidèrent que l'expédition contre les Turcs était digne du souverain pontife. Les Vénitiens promirent de joindre leurs armes. On résolut d'envoyer des légats en France et en Bourgogne pour demander le concours de ces deux états. Le roi de France refusa des secours en disant que l'expédition contre les Turcs était une feinte en faveur de Ferdinand. Le duc de Bourgogne ne donna que des paroles, et prétexta des difficultés.

Le despote Thomas, prince du Péloponèse, étant venu sur ces entrefaites demander des secours à Rome, le pape adressa des lettres encycliques à tous les évêques, rois, nobles et fidèles de la chrétienté, et les exhorta à seconder ce prince, qui était le frère et l'héritier de Constantin, dernier empereur de Constantinople. Ces lettres, datées de St.-Pierre-de-Rome, le 6 des ides de février, restèrent sans effet.

En 1463, l'empereur Frédéric s'étant réconcilié avec le roi Mathias, promit, par des lettres datées du 25 juillet, de l'aider contre les Turcs. Le pape publia des lettres datées de Tibur, pour accorder des indulgences à ceux qui marcheraient contre les infidèles, et pour ordonner des prières publiques. Pendant ce temps, Mahomet fondit sur la Bosnie, fit le roi prisonnier et le fit écorcher vif. Raynaldi cite à ce sujet le témoignage de Lenclavius. Le roi de Hongrie reprit cependant Jaïtza sur Mahomet. Scanderberg fut forcé de demander la paix. Rhodes se vit en danger. Les Vénitiens déclarèrent la guerre aux Turcs. Plusieurs princes demandèrent du secours au pape, Le duc de Bourgogne, sommé d'accomplir son vœu, envoya à Rome des députés pour conférer sur les moyens de faire la guerre. Le pape fit un appel aux princes d'Italie, auxquels il proposa l'exemple du duc de Bourgogne. Les Vénitiens promirent de ne jamais abandonner le pape. Les Florentins, animés de jalousie contre les Vénitiens, essayèrent en secret d'inspirer au pape des soupçons contre eux. Pie II assembla ses cardinaux et leur tint un discours dans lequel il déclara qu'il était résolu de mourir en défendant la cause de J.-C. Il dit que dans l'expédition qui était entreprise, les alliés ne manqueraient pas ; qu'on serait secondé par la puissante flotte des Vénitiens et par d'autres princes d'Italie ; que le duc de Bourgogne entraînerait avec lui l'Occident ; que le Hongrois et le Sarmate agiraient au Nord ; que les chrétiens de la Grèce se révolteraient ; que les Albanois, les Serviens et les Épirotes, impatient de recouvrer leur liberté, seraient du parti des croisés ; qu'en Asie on serait secondé par les mouvements des Caramaniens et de tous ceux qui haïssaient les Ottomans ; qu'enfin il fallait placer toute sa confiance dans le secours divin.

Après cela, Pie II publia un décret adressé à tous les chrétiens, dans lequel il rappelait toutes les raisons qui avaient motivé celui du concile de Mantoue contre les Turcs. Ce décret, rapporté en entier par Raynaldi, était daté de St.-Pierre-de-Rome, le 11 des calendes de novembre. Le duc de Milan et celui de Bourgogne, qui avaient d'abord promis des secours, les refusèrent ensuite sous de vains prétextes. Le pape fit publier son décret en Espagne ; et pendant ce temps, le roi de Hongrie et les Vénitiens formèrent ensemble une ligue contre les Turcs. L'acte en fut signé à Sirmium, le 12 septembre. Les autres puissances eurent la liberté d'accéder à cette ligue. Les Vénitiens reprirent cette même année, aux Turcs, les îles de Lemnos et de Nembro.

En 1464, les Vénitiens furent accablés dans le Péloponèse. Le pape informa de cette nouvelle le duc de Bourgogne, afin de l'exciter à envoyer promptement de puissants secours. La lettre qu'il lui écrivit pour cela était datée de St.-Pierre-de-Rome. Il exhorta les Génois, qui avaient résolu d'équiper huit ou douze longs vaisseaux, à ne point se décourager par cette défaite, et à redoubler, au contraire, de zèle et d'efforts.

Les historiens s'accordent à dire que cette année les Vénitiens furent chassés de Lesbos, que les Turcs reprirent Malvoisie, qu'Argos fut prise par Omar, et tous les soldats vénitiens envoyés à Mahomet. Ces mêmes historiens racontent des traits horribles de la cruauté de l'empereur turc.

D'un autre côté, le roi de Hongrie lui enleva Jaïza, que le Turc abandonna en y laissant ses bagages. Pie II crut, dans ces circonstances, devoir rappeler au duc de Bourgogne les promesses qu'il avait faites auparavant, et les belles dispositions qu'il avait montrées pour la défense de la chrétienté. Il l'exhorta par tous les motifs les plus puissants ; il lui dit qu'il était l'espoir de tout l'univers chrétien : mais le duc ne parut point jaloux de réaliser tout ce qu'on attendait de lui. Le pape, après avoir tout fait pour l'expédition projetée depuis quatre ans, partit de Rome, et se dirigea vers Ancône, lieu du rendez-vous des croisés. Il fit ce voyage avec beaucoup de peine. Arrivé à Ancône, il tomba malade, et voyant que sa dernière heure était proche, il fit un discours à ses cardinaux, et leur recommanda l'expédition contre les Turcs. Il mourut ensuite en prononçant les prières de l'Eglise. Tout l'Orient fut consterné à la nouvelle de sa mort. Scanderberg surtout en fut très

affligé. Pie II avait résolu de le faire roi. Les cardinaux élurent
Pierre, cardinal du titre de St.-Marc, qui fut connu sous le
nom de Paul II.

***

Croisade préchée par PAUL II.

Ce nouveau pontife, dit Raynaldi, dont le récit est tiré de
Papien, de Barletius, d'Infissura, résolut de poursuivre l'exécution du projet de croisade, et dans les commencements de
son pontificat, les Turcs éprouvèrent des échecs qui durent
l'encourager. Ils furent chassés de i'Isthme. Les Vénitiens s'emparèrent de Corinthe : mais peu après, ils perdirent le Péloponèse, et la discorde se mit entre eux et les Rhodiens.

En 1465, les Hongrois sollicitèrent les princes d'Italie de
leur donner des secours. Le roi de Naples promit soixante mille
écus d'or, cinq cents cavaliers et autant de fantassins ; les Vénitiens offrirent cinquante mille écus par an ; le duc de Milan
offrit deux mille cavaliers et mille fantassins ; celui de Florence,
mille cavaliers et cinq cents fantassins, ou, si le pontife aimait
mieux, vingt-quatre mille écus d'or par an, dont deux seraient
payés chaque mois.

Mahomet, pendant ce temps, faisait d'immenses préparatifs
de guerre ; il fit demander à Ferdinand, roi de Naples, s'il
voulait qu'il lui envoyât des secours pour s'emparer de l'empire de toute l'Italie. Ferdinand reçut l'ambassadeur qu'il lui
envoya, et demanda du temps pour répondre aux propositions qui lui furent faites. D'un autre côté, Scanderberg faisait
une guerre active aux lieutenants de Mahomet. Il leur tua une
fois dix mille hommes ; une autre fois il les mit en fuite. Mahomet envoya contre lui deux armées. Scanderberg remporta
sur elles une nouvelle victoire, et tua vingt mille Turcs. Alors

Mahomet envoya des assassins pour tuer Scanderberg. Celui-ci, environné de dangers, s'échappa secrètement et vint trouver le pape Paul, auquel il demanda du secours. Marin Barletius, qui donne les détails de tous ces événements, ajoute que Scanderberg, de l'argent qu'il reçut du pape, leva une grande armée, qu'il divisa en deux corps, et avec laquelle il battit les Turcs et les força d'abandonner le siége de Croïe.

En 1466, Mahomet ayant rassemblé une florissante armée, fondit sur la Macédoine, et força Scanderberg, qui était depuis vingt ans le boulevard de la chrétienté, à se retirer en Italie. Le pape Paul adressa, à cette occasion, une lettre aux rois et aux princes pour les exhorter à prendre les armes contre es Turcs. Raynaldi a copié celle qui fut envoyée au duc de Bourgogne. Le pape exhorta aussi les Italiens à faire une alliance contre les infidèles.

Jean-Baptiste Pigna dit que les Turcs emmenèrent cette année en esclavage cinquante mille Albanois. Ce fut aussi dans cette année qu mourut le célèbre Scanderberg. Marin Barletius donne sur mort des détails intéressants. Il dit qu'il fut pleuré de tous les Albanois.

En 1468, la guerre d'Etrurie ayant été appaisée par les soins du pape, ce pontife essaya de tourner les armes des princes chrétiens contre l'ennemi commun. Il publia un décret daté de St.-Marc-de-Rome, le 4 des nones de février 1467.

En 1469, les Vénitiens obtinrent quelques avantages sur les Turcs; mais ceux-ci désolèrent la Croatie, et leurs progrès contre les chrétiens ne cessat d'aller en croissant, le pape publia de nouvelles lettres pour exhorter les fidèles à prendre les armes, et déclara qu'il consaait deux cent mille écus d'or aux frais de la croisade. Il ordonna la levée de la dîme des revenus de l'église gallicane. Ses lettres, datées de St.-Pierre-de-Rome, étaient du 15 des calend. d'avril.

Il ordonna une pareille levée des dîmes en Bretagne, dans la Belgique, dans la Bourgogne, en Danemarck, en Norwège et en Suède.

En 1470, les Turcs assiégèrent et prirent Chalcis. On dit qu'ils perdirent quarante mille hommes sous les murs de cette ville : mais ils se vengèrent de cette perte par les cruauté qu'ils exercèrent sur les habitants. Plusieurs villes du Péloponèse se rendirent à eux. Ils détruisirent Athènes. Les princes chrétiens n'apprirent ces nouvelles qu'avec indifférence. Plusieurs refusèrent de donner la dîme. La négligence de Nicolas Canalius, commandant vénitien de Nègrepont, fut la cause de la ruine de cette ville.

Raynaldi copie deux lettres du cardinal Bessarion ; l'une adressée à un autre Bessarion, abbé, par laquelle il l'informe que Ferdinand, roi de Naples, s'armait contre le Turcs, et lui fait voir les dangers qui menacent l'Italie si la force divine ne réprime Mahomet ; l'autre, envoyée à tous les princes d'Italie pour les exhorter à se maintenir en paix, et à tourner leurs armes contre les infidèles. Ce cardinal ne s'en tint pas là, il exhorta tous les prédicateurs des royaumes d'au-delà les Alpes, à employer leur éloquence auprès des rois et des princes pour les exciter à défendre la région du Christ.

Le pape fit de semblables exhortations aux marquis de Mantoue, de Montferrat, au duc de Savoie, aux peuples de Sienne et de Lucques, au roi d'Aragon et à plusieurs princes, et les invita à se réunir tous contre l'ennemi commun.

En 1471, Frédéric se trouvant trop faible pour résister aux barbares qui avaient fait des excursions dans la Carinthie et la Croatie, convoqua une diète générale à Ratisbonne. Le pape y envoya François, évêque de Sienne, en qualité de légat, avec ordre de parler en faveur d'une expédition contre les Turcs ; commission dont le légat s'acquitta avec zèle. Les princes de l'empire promirent à Frédéric de s'associer à son entreprise. Le doge de Venise se plaignit d'être abandonné par les chrétiens. Il proposa d'équiper une flotte de soixante vaisseaux si les Allemands faisaient marcher contre l'ennemi une armée de terre.

Frédéric, dont les vues étaient étroites, fit proposer la levée de dix mille hommes à frais communs, mais le légat s'attacha à persuader qu'il fallait décréter la levée, non d'une petite, mais d'une grande armée, et faire la guerre par tous les moyens. Les Hongrois demandèrent deux armées contre les Turcs. L'empereur, changeant sa résolution en une plus mauvaise, dit que quatre mille hommes suffiraient. Il fut enfin décidé, du consentement de tous, que celui qui avait un revenu de mille écus fournirait un cavalier, que celui qui n'en avait que cinq cents fournirait un fantassin : mais les résolutions de la diète n'eurent aucun résultat. Les Turcs, selon Michovias, continuèrent de faire des incursions et des ravages dans l'Allemagne, et Frédéric ne pouvait se résoudre à venger tant d'affronts.

Le pape Sixte IV ayant succédé à Paul II, indiqua un concile à Latran pour y traiter de la guerre contre les Turcs. Il envoya quatre légats en différents royaumes pour exciter les princes à s'armer contre les infidèles. Raynaldi donne la lettre que Sixte écrivit au cardinal de Saint-Marc, envoyé en Allemagne : elle est datée de St.-Pierre-de-Rome, le 10 des calendes de janvier. Ce légat était chargé de réconcilier l'empire avec la Hongrie, et de publier la croisade contre les Turcs.

L'année suivante, 1472, Sixte IV adressa des lettres à tous les fidèles pour cet objet : elles étaient datées de St.-Pierre-de-Rome, le 5 des ides d'avril. Le roi de France, Louis XI, qui avait montré tant de zèle pour une croisade contre les Turcs lorsqu'il n'était que dauphin, refusa d'armer contre eux. Le cardinal Bessarion en eut tant de chagrin qu'il tomba malade et mourut.

Le pape, pour subvenir aux frais de la guerre sainte, demanda la dîme des revenus du clergé d'Ecosse. Il accorda des indulgences à ceux qui contribueraient de leur argent à l'entreprise; et, dans un diplôme daté de St.-Pierre-de-Rome, le 13 des calendes de mars, il leur peignit les Turcs sous les couleurs les plus odieuses.

En 1473, Mahomet ayant tenté d'attirer à lui le roi de Hongrie, et celui-ci paraissant près de céder, moyennant qu'on lui donnerait la Bosnie ou la Servie, le cardinal de Pavie lui écrivit, au nom du pape, de se défier du trompeur Mahomet.

En 1476, les Turcs, après avoir pris Caffa, se préparaient à détruire les autres villes de la Crimée. Le pape envoya en France le cardinal Julien de St.-Pierre-aux-Liens, espérant un meilleur succès, si le roi se mettait à la tête de la croisade. Il envoya aussi des légats la prêcher en Allemagne, en Hongrie, en Pologne et en Bohème.

Cette année, non-seulement les Turcs, mais les Tartares, se portèrent sur la Moldavie. Ils enlevèrent au Vaivode ses fourrages : mais celui-ci dispersa les Tartares et mit les Turcs en fuite. Les infidèles firent diverses excursions en Dalmatie, et emmenèrent en esclavage quarante mille chrétiens de Valachie.

En 1477, ils firent une nouvelle irruption en Valachie, ils ravagèrent les frontières de l'Italie. Les Vénitiens les défirent; mais ceux-ci furent ensuite surpris et défaits à leur tour.

En 1479, le pape voyant que Mahomet menaçait ouvertement l'Italie, s'efforça de renouveler la guerre contre lui. Il envoya des légats en Allemagne, en Bohème, en Pologne, en Hongrie, en Lombardie, pour exciter les peuples et les princes contre les Turcs. Ceux-ci, pendant ce temps, firent une irruption en Hongrie, et se lièrent avec les hérétiques par un traité de guerre. Ils emmenèrent trente mille chrétiens en servitude, et firent une autre excursion en Transylvanie. Le roi de Hongrie s'adressa aux princes de l'empire. Il se plaignit d'être abandonné des chrétiens, et de ce que les Vénitiens, en haine du Saint-Siége, avaient fait la paix avec les Turcs, et leur avaient livré les plus fortes places; il dit qu'il avait refusé la paix, quoiqu'on lui eût offert la Bosnie; il prévenait les Allemands que s'ils l'abandonnaient, ils seraient bientôt ruinés.

Mais les Allemands méprisèrent les plaintes des Hongrois, et les Turcs, profitant de l'inimitié qui existait entre ces deux peuples, malgré quelques échecs, se montraient chaque jour plus audacieux.

En 1480, ils attaquèrent l'île de Rhodes. Les chevaliers qui la gouvernaient demandèrent des secours au pape et à l'empereur: Rhodes fut défendue par la valeur guerrière de Pierre d'Aubusson, qui força les Turcs à se retirer. Raynaldi copie la lettre que ce grand-maître écrivit à Frédéric pour lui annoncer cette nouvelle.

Cette lettre contient toutes les opérations du siége: mais dans cette même année, les Turcs firent une invasion en Italie; ils assiégèrent Otrante, la ruinèrent cruellement, et scièrent en deux son archevêque. A cette nouvelle, le pape voulut abandonner l'Italie: mais s'étant ensuite rassuré, il fit un appel à tous les princes de l'Italie, et les pressa de se réunir tous contre l'ennemi commun. Dans une autre lettre, il déplore le sort de la ville d'Otrante, et représente les Turcs comme dévorés du desir d'éteindre le nom chrétien, et de s'emparer de Rome. Dans une troisième, il ordonne la levée des dîmes des revenus de l'Église pendant deux ans, et des prières publiques pour implorer le secours divin. Cette dernière était datée de St.-Pierre-de-Rome, la veille des calendes de novembre.

La guerre existait alors entre Maximilien, duc d'Autriche, et Louis, roi de France. Le pape exhorta ces princes à la paix et à se tourner contre les Turcs. Il envoya le cardinal Julien de Saint-Pierre-aux-Liens travailler à réconcilier les Anglais et les Français.

En 1481, il fut tenu à Rome une assemblée solennelle, où se trouvèrent les ambassadeurs des rois et des princes, et dans laquelle fut souscrit un acte ayant pour titre : *Contractus obligationis, contributionis et taxationis triennalis potentatuum contra Turcum.*

Par cet acte, le roi de France s'obligeait à faire marcher des troupes contre les Turcs; le pape, à équiper trois vaisseaux; le roi de Naples, quarante; le roi de Hongrie promettait cinquante mille écus d'or; le duc de Milan, trente mille ducats; les Génois, cinq vaisseaux tous les ans; les Florentins, vingt mille ducats; le duc de Ferrare, quatre vaisseaux; les Siennois autant; les Lucquois, un; le marquis de Mantoue et de Montferrat, un; les Bolonois, deux. Les princes ou puissances d'Italie se lièrent par un traité dans lequel le roi de France fut compris. L'empereur et les princes chrétiens eurent la faculté d'y accéder en contribuant en numéraire, chacun selon ses moyens. Le roi de Portugal accéda à ce traité. On fixa à mille marcs d'argent l'amende à laquelle seraient soumis ceux qui ne tiendraient pas leurs engagements.

Le 6 des ides d'avril, le pape publia un décret pour la croisade qui venait d'être résolue dans l'assemblée. Pendant ce temps, les Turcs faisaient de nouveaux progrès, et des troubles s'élevaient en Allemagne. Le pape écrivit à Philippe, comte palatin, pour l'exhorter à observer religieusement le traité conclu entre les princes chrétiens : mais la mort de Mahomet vint suspendre, pendant quelques moments, le cours des victoires des Turcs. Des dissensions, nées de la succession à l'empire, donnèrent aux Génois le temps d'équiper une flotte contre eux. Celle du pape, qui avait été construite dans le port de Gênes, fut prête à la fin de juin, et parut à l'embouchure du Tibre devant Rome. Celle de Portugal fut envoyée dans le même temps. Otrante fut attaquée par mer et par terre, et opiniâtrement défendue par les Turcs. Le bacha Sélim fut vaincu par les Illyriens. Otrante fut enfin rendue aux chrétiens. Une partie de la Macédoine fut reprise sur les Turcs.

En 1482, les infidèles, au nombre de cent mille, commandés par Bajazet, fondirent sur la Transylvanie. Etienne Bathori remporta sur eux une victoire remarquable, dont Cromerus et Bonfinius ont fait le récit. Le dernier dit qu'il y eut trois mille barbares de tués. Le pape, en annonçant cette victoire au roi de Hongrie, l'exhorta à tourner ses armes contre les infidèles, et à cesser la guerre qu'il faisait à Frédéric, guerre qui ne pouvait que lui être funeste.

Ce fut dans cette année que Zizime, frère de Bajazet, vint chercher un refuge chez les chrétiens, et en trouva un dans l'île de Rhodes.

En 1484, le pape Sixte IV ayant été averti que Bajazet équipait une grande flotte pour envahir l'Italie, adressa des lettres encycliques à tous les princes chrétiens, et les pria de lui envoyer des ambassadeurs qui conféreraient avec lui sur ce qu'il y avait à faire. Ces lettres étaient datées de Rome, le 21 novembre. Il en écrivit ensuite d'autres au roi de Hongrie pour lui exposer les dangers qui le menaçaient, et l'engager à rejeter les offres que les Turcs pourraient lui faire, et à s'armer contre eux. Ces lettres étaient de la même date que les précédentes. Bajazet entra en Valachie, et prit plusieurs forteresses. Le prince de ce pays, privé du secours du roi de Hongrie, qui faisait la guerre à l'Autriche, se réfugia auprès du roi de Pologne.

II   12

Le pape s'adressa au grand-maître de Rhodes et aux rois d'Espagne, qu'il instruisit des grands préparatifs des Turcs et des dangers que courait la Sicile.

Bajazet, informé que les princes chrétiens réunis tomberaient tous sur lui s'il attaquait quelqu'un d'eux, et craignant qu'ils ne lui opposassent son frère Zizime, fit savoir à Pierre d'Aubusson, grand-maître de Rhodes, qu'il avait interrompu ses préparatifs de guerre, et lui envoya en présent le bras de St.-Jean-Baptiste, que Mahomet avait trouvé dans le trésor de la basilique de Constantinople.

En 1483, les bruits de préparatifs de guerre de la part de Bajazet s'étant renouvelés, le pape Innocent VIII s'adressa encore aux princes chrétiens, entre autres à Ferdinand, roi de Naples et d'Aragon, et aux princes fédérés d'Italie. Les Florentins refusèrent de se rendre à ses avis. Le pape s'adressa aussi aux chevaliers de Rhodes. Comme l'Allemagne était alors déchirée par des guerres intestines, Georges, duc de Bavière, s'interposa pour médiateur de la paix. Innocent lui écrivit et le loua de sa généreuse résolution. Il l'encouragea dans son entreprise, en lui représentant les dangers de la chrétienté. Sa lettre était du 18 septembre.

En 1487, il se tint à Nuremberg une diète des princes de l'empire. Frédéric IV y proposa une expédition contre les Turcs, et le pape Innocent proclama la guerre sainte; mais les dissensions des princes firent perdre l'occasion de la faire.

En 1488, Innocent, pour encourager les croisés contre les Turcs, leur promit des récompenses spirituelles. Il envoya Ange Hortano, son légat apostolique, prêcher cette croisade aux Bohémiens, aux Hongrois, aux Polonais et aux Allemands. La lettre qu'il écrivit à son légat à ce sujet est datée de St.-Pierre de Rome, aux calendes de novembre.

Sous la date de 1489, Raynaldi rapporte, sur la foi de Guilaume Jalin, secrétaire du duc Pierre de Bourbon et historien de Charles VIII, que Bajazet, redoutant toujours que Zizime son frère ne fût cause d'une guerre civile, envoya au roi de France un ambassadeur lui demander de garder dans ses états ce prince Zizime, qui était retenu à Rhodes. Il lui promettait, s'il voulait s'y engager, de lui envoyer toutes les reliques saintes que son père Mahomet II avait trouvées à Constantinople et dans les autres villes d'Europe et d'Asie, de travailler à enlever la Terre-Sainte des mains des Égyptiens pour la lui remettre, et enfin de lui donner une pension alimentaire pour le prince fugitif. Mais l'ambassadeur arriva trop tard, dit l'historien. Voyez ce que nous avons dit à ce sujet dans notre 4e. volume.

En 1493, les Hongrois remportèrent sur les Turcs une grande victoire ; mais comme ceux-ci continuaient leurs incursions, le pape envoya en Hongrie et en Bohème l'évêque Urson, pour y prêcher et y préparer la croisade. L'historien Paulus Langius (Paul Lange) attribue la grande puissance des Turcs à l'indolence de Frédéric, qui fut un prince religieux, mais trop ami du repos.

Sous la date de 1494, Raynaldi, parlant de l'expédition de Charles VIII en Italie, expédition sur laquelle il laisse beaucoup de choses à desirer, rapporte tous les reproches que Bruchard fait au pape Alexandre VI. Ce Bruchard dit, dans son journal, que le pape avait envoyé au turc Bajazet son notaire apostolique, Georgius Buzard, pour le prévenir que le roi de France méditait une expédition en Grèce, et pour l'engager à défendre le roi de Naples contre les Français. Bruchard ajoute que cet ambassadeur fut pris à son retour, et qu'on saisit sur lui les papiers qui contenaient l'indication de tout ce que le pape Alexandre voulait régler avec l'empereur turc. Comme Raynaldi s'est contenté de rapporter ce que Bruchard dit à ce sujet contre Alexandre VI, sans chercher

à justifier ou à condamner ce pontife, nous renvoyons, pour
plus d'éclaircissements, au ıvᵉ. volume de cette histoire des
croisades.

Charles VIII, dit l'annaliste, se proposait, à l'aide de Zizime,
d'engager les Turcs dans une guerre civile et de profiter de
cette occasion pour les chasser de l'Europe. Ce fut d'après cette
déclaration que Zizime lui fut livré, le 28 janvier; mais le
25 du mois suivant, Zizime mourut : les uns accusent les Vénitiens de l'avoir fait empoisonner à la sollicitation de Bajazet, qui
les gagna à force d'or ; d'autres disent que le pape avait livré
ce prince, attaqué d'un poison lent, au roi de France; mais
d'autres attribuent la mort de Zizime à son intempérance.

En 1498, il y eut à Fribourg, en Brisgaw, une assemblée
générale, pour aviser au moyen de défendre l'empire chrétien
contre les Turcs. Jean Albert, roi de Pologne, qui était en
butte à diverses incursions des Tartares, des Turcs et des
Moldaves, envoya Nicolas Rosemberg, pour exciter les Allemands à se joindre aux Polonais, aux Hongrois, aux Bohémiens et aux Lithuaniens contre ces barbares. Cet ambassadeur prononça, en présence de l'empereur Maximilien, un
discours dans lequel il parla des progrès de Bajazet dans la
Chersonèse-Taurique, de la perfidie du prince de Moldavie,
de la guerre entreprise par les Polonais contre les Turcs, et
des irruptions de ces mêmes Turcs et des Tartares en Russie.
L'orateur polonais exhorta tous les princes d'Allemagne à
s'armer contre les ennemis de la foi, afin de renverser l'empire turc et de recouvrer le royaume de Jérusalem. Les Allemands approuvèrent ce projet, mais ils en négligèrent l'exécution. Les Turcs continuèrent de ravager la Pologne ; le climat
combattit contre eux ; car, selon Cromerus, il en périt de
froid quarante mille.

Croisade prêchée par ALEXANDRE VI, contre les Turcs.

En 1499, Alexandre VI, pour éteindre l'incendie que les Turcs avaient allumé en Europe, envoya Jean Borgia à Venise, chargé de concilier les Vénitiens avec les Milanais, et ceux-ci avec les Français, afin qu'ils se joignissent ensemble contre les ennemis de la foi. Mais les soins du légat apostolique furent inutiles. Sanuti prétend que la mission de Borgia n'eut d'autre but que de demander au sénat de Venise de ne point se mêler de la guerre que le pape se proposait de faire pour l'avantage du duc de Valentinois son fils, et que le légat l'obtint. Le même auteur dit que Maximilien envoya secrètement des ambassadeurs solliciter les Turcs de tourner leurs armes contre les Vénitiens. Ceux-ci avec une flotte très considérable, qui devait servir à défendre les villes du Péloponèse, venaient de se laisser enlever Naupacte et n'avaient pas su profiter de l'occasion de vaincre.

Cette année, les Français avaient en mer une flotte qui, au rapport de Jacques Bosius, était composée de vingt-deux grands vaisseaux. Elle fut envoyée en Orient, pour secourir Rhodes. Mais quand on sut que Bajazet avait tourné ses armes contre les Vénitiens, alors la flotte Française et les vaisseaux de Rhodes, qui avaient été équipés en Ligurie et en Sicile, se joignirent aux Vénitiens, de sorte que la flotte chrétienne était de cent quatre-vingts vaisseaux. Quoique celle des Turcs se montât à deux cent soixante-dix, elle lui était cependant inférieure en force. Mais les divisions des puissances de l'Europe affaiblirent cette flotte des chrétiens.

En 1500, Alexandre ayant convoqué les ambassadeurs des princes, les engagea à la guerre contre les Turcs. Il leur rappela que les Vénitiens étaient comme le boulevard de la chré-

tienté, et que tous les chrétiens devaient concourir à leur défense ; qu'il espérait que les rois de France et d'Espagne, de
Hongrie et de Pologne, et les autres rois et princes lèveraient
tous l'étendard de la croix contre les infidèles. Les ambassadeurs firent des promesses magnifiques, mais qui n'eurent
aucun effet. Le pape publia un décret concernant cette guerre.
Il ordonna aux ecclésiastiques d'y contribuer de leurs revenus;
il enjoignit aux évêques de prêcher la croisade chacun dans
son diocèse. Ce décret était daté de Saint-Pierre de Rome, aux
calendes de juin. Bruchard donne un état de la contribution de
chacun des cardinaux, d'après leur revenu. Raynaldi donne,
en outre, la formule de prières que le légat devait prononcer,
en faveur de ceux qui partiraient pour l'expédition.

L'annaliste, d'après ce même Bruchard, les archives du
Vatican, Pierre Bembo, Guichardin, Nauclerc, etc., ajoute
les détails suivants :

Tous les princes, fort zélés pour leurs intérêts, furent de
glace pour venger les injures faites au Christ. Mettrone fut
prise par les Turcs; Coron se rendit à eux. Alexandre, informé de ces pertes, renouvela ses exhortations auprès des
princes, par des lettres datées de Saint-Pierre de Rome, le 6
des calendes d'octobre. Les barbares perdirent alors plusieurs
vaisseaux. L'île d'Égine leur fut enlevée. D'un autre côté, les
Tartares faisaient des excursions en Pologne, et la puissance
des Turcs était très grande. Alexandre résolut de marcher lui-
même contre ces derniers avec les Français ou les Espagnols.
Il envoya en Allemagne un légat qu'on ne voulut pas recevoir,
parce qu'on craignit que, sous prétexte de croisade, il ne vînt
pour amasser de l'argent. Le clergé hongrois refusa de payer la
dîme.

En 1591, il y eut, entre le pape et les princes chrétiens,
divers projets pour réprimer la tyrannie des Turcs. Le jour

de la Pentecôte, on publia un traité d'alliance conclu entrè le
souverain pontife et les Vénitiens contre Bajazet ; d'un autre
côté, Ladislas devait fondre sur l'empire turc avec des forces
levées et entretenues aux frais du pontife. Une grande flotte,
équipée aux dépens du pape, des rois de France, d'Espagne,
des Vénitiens et des Rhodiens, devait, dans le même temps,
inquiéter les côtes de la Grèce et de l'Asie, et opérer une puissante diversion. Le commandement de cette flotte devait être
confié à Pierre d'Aubusson, grand-maître de Rhodes, cardinal-diacre et légat du Saint-Siége. Le pape, par des lettres
datées le 12 du mois d'août, donna, à son légat en Hongrie,
des instructions sur tous ces préparatifs. Il le chargea d'inviter les Hongrois à lever une armée de terre contre les Turcs,
et promit l'argent nécessaire pour l'entretenir. Il offrit même
d'aller en personne à la tête des croisés.

Ce magnifique projet de croisade, dit Raynaldi, fit concevoir de grandes espérances pour la chrétienté. Ces espérances augmentèrent encore, quand on apprit que la paix venait
de se faire entre l'empereur Maximilien et le roi de France,
qui étaient divisés au sujet du duché de Milan. Alexandre sollicita les rois d'Espagne de prendre part à la guerre sainte. Le
cardinal-légat, envoyé en Allemagne, y travailla à l'entière
réunion des Allemands et des Français, et Maximilien tint une
assemblée à Metz dans laquelle il résolut de prendre la croix.
Le bruit se répandit partout qu'on allait détruire la tyrannie
des Turcs, et rendre à Constantinople et à Jérusalem le culte
chrétien. L'historien Nauclerc parle même de prodiges qui
furent aperçus. C'étaient des croix, ou noires ou rouges, qu'on
voyait tout-à-coup dans les églises, dans les places publiques,
quelquefois dans les maisons, et sur lesquelles paraissaient
des taches semblables à des gouttes de sang. Ces prodiges et
beaucoup d'autres que Raynaldi rapporte avec trop de com-

plaisance, frappèrent les Allemands d'une grande terreur. Mais l'empereur Maximilien, à ce qu'il paraît, n'en fut pas très frappé; car, ajoute l'annaliste, sous prétexte de la guerre sainte, il engagea secrètement les Français à s'unir à lui pour enlever aux Vénitiens les villes qu'ils possédaient en Italie.

Les Turcs, malgré tous les préparatifs faits contre eux, n'en poursuivirent pas moins le cours de leurs victoires; ils enlevèrent aux Vénitiens plusieurs places et firent de fréquentes incursions dans la Hongrie, dans la Pologne et l'Illyrie, forçant, par des supplices, les fidèles à renoncer à Jésus-Christ. Alexandre crut, dans ces circonstances, devoir rappeler aux princes chrétiens leurs engagements. Il s'adressa, en particulier, au roi de Portugal pour lui demander la dîme des revenus de son clergé, afin de subvenir aux frais de la croisade. Sa lettre était datée de Saint-Pierre de Rome, le 10 des calendes de novembre.

En 1502, les Turcs ayant fait une violente excursion sur les terres des Vénitiens et répandu beaucoup de sang chrétien, le pape publia de nouvelles lettres pour exciter les fidèles à prendre part à la croisade, et pour faire équiper une flotte contre les Musulmans.

Alexandre étant mort en 1503, le pape Pie III lui succéda, et bientôt après celui-ci eut pour successeur Jules II.

En 1505, ce pape, voyant Louis XII, roi de France, dans des dispositions favorables, essaya de l'engager à entreprendre la guerre contre les Turcs. Il s'adressa, pour cela, au cardinal-évêque de Rouen, George de S. Sixte, qu'il nomma son légat apostolique en France, et, par un diplôme daté de St.-Pierre de Rome, la veille des nones de décembre, il le chargea du soin de travailler aux préparatifs de cette guerre.

En 1506, Jules, informé que Bajazet avait équipé une flotte contre les chrétiens, s'adressa au grand-maître de Rhodes, pour l'exciter, lui et ses chevaliers, à se défendre contre les Turcs. Il lui promit des secours, et ordonna la levée de la dîme pour subvenir aux frais de la guerre.

En 1507, Emmanuel, roi de Portugal, qui, par de continuelles victoires, étendait dans l'Inde le culte du Christ et l'empire portugais, sollicitait le pape Jules de déclarer la guerre aux Turcs. Il lui envoya, pour cela, Didace Almeida. Jules répondit que les discordes qui avaient existé entre le roi de France et l'empereur, l'avaient, jusqu'à ce jour, empêché de faire ce que le roi de Portugal lui demandait; mais qu'il avait un si vif désir d'entreprendre une expédition sainte, qu'il avait résolu de la diriger lui-même en personne; qu'il se présentait pour cela une très belle occasion, le sophi de Perse ayant déjà commencé à diminuer la puissance des Turcs.

On retrouve, sous la date de 1508, d'autres lettres du même pape, par lesquelles il déclare qu'il entreprendra avec ardeur, et de concert avec les rois chrétiens, l'expédition qui a pour but de recouvrer Jérusalem et Constantinople. Ces lettres sont du 16 des calendes d'avril. Dans cette même année, le soudan d'Égypte avait préparé une flotte contre le Portugal. Les chevaliers de Rhodes en prirent une grande partie.

Les guerres qui s'élevèrent en Europe les années suivantes firent perdre de vue l'objet de la croisade; seulement l'année 1512 fut remarquable par la victoire que les Polonais remportèrent sur les Tartares qui étaient venus fondre chez eux, et par la mort de Bajazet II, qui fut empoisonné par Sélim le dernier de ses fils.

Sous la date de 1513, l'historien Pâris de Grasse raconte que, dans la sixième session du concile de Latran, on parla de déclarer la guerre aux Turcs. Ce fut Simon Beugnius dont les domaines venaient d'être ravagés par ces infidèles, qui éleva le premier cette question. Il fit le récit de leurs progrès con-

tinuels dans l'Illyrie, et pria le pontife et les pères du concile
de faire cesser les guerres civiles des chrétiens, afin de délivrer l'Orient du joug des Turcs et de détourner tous les maux
qui menaçaient ceux des chrétiens qui restaient dans les pays
exposés aux ravages des infidèles. Ce fut à la suite de son discours que Léon X fut reconnu pour pape, et donna sa bénédiction apostolique. Dans le décret que ce pontife publia pour
approuver ce qu'avait fait le concile de Latran, il déclara l'intention où il était de faire, contre les ennemis de la foi, une
expédition sainte et nécessaire.

Le roi de Pologne envoya, cette même année, à la cour de
Rome des ambassadeurs, à la tête desquels était l'archevêque
de Guesne. Ils firent au pape la peinture des maux que les
Tartares, les Moscovites et les Turcs faisaient éprouver
chaque jour aux chrétiens, et l'invitèrent à réunir contre eux
les princes de la chrétienté. Léon répondit qu'il y travaillerait
et qu'il satisferait à la demande du roi.

Les Polonais étant alors en querelle avec les chevaliers de
la croix, le pape écrivit à ces derniers pour mettre fin à cette
querelle, et les exhorter à tourner leurs armes contre les Turcs.
La paix se rétablit ensuite entre eux et les Polonais.

Sous la même date, on lit une lettre du pape Léon au roi
d'Écosse, par laquelle il l'exhorte à se tenir attaché à l'église
romaine, et à maintenir son royaume en paix pour tourner
ses armes contre les Turcs. On en lit une autre écrite dans le
même sens, au roi d'Angleterre, pour le féliciter de la victoire
qu'il a remportée sur le roi d'Écosse et l'exhorter à la paix, afin
de faire la guerre aux Turcs qui ravageaient la Pologne et la
Hongrie: car dans ce temps Sélim, revenant de Perse, avait
fait une irruption dans ces pays.

Le roi de Pologne venait de recourir au pape, et Léon
lui répondit qu'il travaillait à réconcilier les rois; il l'exhortait
à mettre son espérance en Dieu.

Dans la huitième session du concile de Latran, les ambassadeurs des chevaliers de Rhodes annoncèrent que Sélim leur préparait la guerre. Ils exposèrent les malheurs que les Turcs causaient à la chrétienté, et les progrès qu'ils faisaient chaque jour sur mer.

Raynaldi prend de là occasion pour justifier le pape Léon : il dit qu'il fit les plus grands efforts et mit le plus grand zèle à rétablir la concorde parmi tous les princes, afin de leur faire entreprendre une guerre sainte contre les ennemis du nom chrétien. Léon s'adressa d'abord à l'empereur Maximilien : il lui représenta que les discordes des chrétiens ne pouvaient qu'affermir les progrès des Turcs ; que rien n'était plus glorieux que de donner la paix aux vaincus ; que des victoires remportées sur des fidèles étaient toujours déplorables ; et que les rois, en se réunissant, pouvaient écraser les Turcs. Sa lettre était datée du 5 des calendes de janvier. Chaque prince de l'empire en reçut une copie. Le pape pria également les rois Ferdinand d'Aragon et Henri d'Angleterre, de faire la paix avec le roi de France, et de se joindre à lui contre les infidèles.

Par d'autres lettres datées de St.-Pierre de Rome, le 3 des nones de septembre, le souverain pontife déclara qu'il avait résolu de supporter les travaux de la guerre avec l'empereur et les autres rois, et de conduire une armée de croisés, formée de tous les peuples fidèles, pour détruire la tyrannie des Turcs.

Après avoir rappelé dans ces lettres les progrès de l'ennemi, il annonça le pardon de leurs fautes à ceux qui, se confessant, prendraient la croix contre l'empereur Sélim et les Tartares ses alliés, qui étaient alors dans la Pologne et les pays voisins. Il ordonna au clergé de fournir, pour les frais de la guerre, la dîme de ses revenus, et proposa des indulgences à ceux qui donneraient la totalité de leur revenu.

D'après les ordres de Léon, il fut tenu diverses assemblées en Allemagne, en Pologne, en Hongrie, pour l'entreprise de cette guerre contre les Turcs, et pour sanctionner l'alliance faite contre eux; mais tout cela, comme nous l'allons voir, devint inutile.

En 1514, Léon, par de nouvelles lettres datées du 3 des nones de mai, et publiées dans la neuvième session du concile de Latran, exhorta les princes à la concorde, ordonna des prières solennelles pour la paix, proposa des indulgences à ceux qui y coopéreraient, et invita les princes à ne pas différer d'envoyer des ambassadeurs au concile.

Tous les pères, dit Raynaldi, donnèrent leur assentiment à ces lettres du pape; car tous étaient profondément pénétrés de la nécessité de mettre fin aux haines et de tourner les armes des princes chrétiens contre les infidèles.

Ce n'était pas sans raison que Léon X faisait tous ses efforts pour ramener la paix en Europe et diriger le courage des chrétiens contre les Musulmans, car Sélim avait tout préparé pour son expédition en Italie: mais il en fut détourné cette année par les Persans, chez lesquels il porta la guerre. Léon X, informé des succès de l'empereur turc, écrivit à Maximilien: il lui représenta combien Sélim était redoutable; et que son but était de se rendre maître d'abord de la Hongrie. Il lui fit sentir la nécessité où se trouvaient tous les rois de tourner leurs armes contre cet ennemi, et il leur adressa à tous les exhortations les plus salutaires. Sa lettre était datée des nones de novembre; elle décida l'empereur à faire une alliance avec le roi de Hongrie.

Dans cet intervalle, on apprit qu'il s'était livré un combat terrible entre le sophi de Perse et l'empereur Sélim, dans lequel celui-ci perdit trente mille hommes. Dans un second combat livré sur l'Euphrate, les Turcs furent encore vaincus.

Les chevaliers de Rhodes, qui informèrent le pape de ces nouvelles, n'en craignaient pas moins une invasion de la part des infidèles. Cependant la paix se fit entre les Anglais et les Français. On se réjouit à Rome de cet événement, et le pape, en ayant conçu les plus belles espérances pour l'entreprise de la croisade, promit au roi de Hongrie cinquante mille écus d'or par an s'il faisait la guerre aux Turcs, et vingt mille seulement à titre de subvention de guerre, s'il se bornait à défendre ses places-fortes sans attaquer l'ennemi. Il nomma le cardinal de Strigonium son légat apostolique dans la Hongrie, avec la commission d'exciter à la guerre contre les Turcs.

Il se forma alors une horrible sédition des paysans et des hommes du peuple contre tous les nobles. Plus de soixante mille Hongrois furent égorgés par les séditieux et les rebelles. Les églises, les temples, les édifices sacrés ou profanes furent abattus et brûlés par ces furieux, qui commirent des atrocités.

Léon X, pour arrêter ce nouveau fléau qui menaçait les autres états, écrivit à Sigismond, roi de Pologne, et au maître de la Livonie; il les exhorta à prendre les armes contre les révoltés. Mais pendant qu'il veillait ainsi au salut de la république chrétienne, Jean, comte palatin de Transylvanie, fondit sur eux et les défit entièrement. Leur chef, nommé Seckly, fut écartelé après qu'on lui eut mis sur la tête un diadème de fer rougi au feu. Ce soulèvement retarda la guerre sainte.

Croisade prêchée par Léon X contre les Turcs.

En 1515, dans la dixième session du concile de Latran, Étienne, évêque de Patras, et l'évêque de Torcello, se plaignirent amèrement de l'inertie des princes chrétiens, des maux que la religion éprouvait de la part des mahométans, et que lui causaient les discordes civiles. Ils conseillèrent au pape de déclarer la paix pour dix ans. Ils adressèrent aux rois de vifs reproches, et les accusèrent de tous les succès que les Turcs obtenaient de toutes parts.

Pendant que le concile retentissait de ces pieuses déclamations, les princes, animés de passions particulières, ne pensaient qu'à des guerres profanes. François Ier., héritant des prétentions de Louis XII sur le duché de Milan, fit une invasion en Italie. Le pape étant parvenu, par la suite, à détourner le roi de France de la guerre de Naples, exhorta le roi de Portugal à s'unir avec François Ier. pour recouvrer la terre consacrée par les mystères de notre rédemption. Assuré des projets de Sélim contre la religion chrétienne, il envoya des secours d'argent au roi de Bohème et de Hongrie pour lever des troupes contre les infidèles. Il sollicita le roi de Pologne de se joindre aux Français, aux Allemands, aux Bohémiens et aux Hongrois.

Ce fut par les soins de Léon X que se tint cette année à Vienne un congrès, où se trouvèrent avec l'empereur les rois de Pologne, de Bohème et de Hongrie; Thomas, cardinal de Strigonium, légat apostolique; Mathieu, cardinal de Gorcum, modérateur des conseils des empereurs; Laurent de Feltre, nonce auprès de Maximilien; les ambassadeurs des rois d'Espagne et d'Autriche et autres princes. Ce congrès eut lieu au milieu du mois de juillet. Jean Dantize, dans son poëme, dit qu'il eut pour objet le rétablissement de la paix dans l'empire chrétien. On y parla beaucoup de l'expédition à faire contre les Turcs. Les ambassadeurs des rois de Pologne, de Bohème et de Hongrie, furent les premiers qui tinrent des discours sur ce sujet. Maximilien déclara qu'il avait toujours eu intention de faire cette guerre, mais qu'il en avait été détourné par les rois de France. Richard Bartholin a inséré dans son histoire le discours latin que ce prince prononça. L'empereur démontra qu'on pouvait détruire l'empire turc ; que les dissensions des mahométans avaient été salutaires aux chrétiens ; qu'il était facile aux rois de se prêter mutuellement du secours, et que l'occasion était plus que jamais favorable pour étendre l'empire de la foi.

En 1516, pendant que Léon X excitait les Génois et le roi de France à armer des vaisseaux contre les Maures d'Afrique qui infestaient les mers, Sélim faisait de grands préparatifs en Asie, et réunissait une flotte de deux cents vaisseaux. Le pape chargea Carrette, grand-maître de Rhodes, de surveiller les ennemis, et de se mettre en garde contre eux. Sélim tourna toutes ses forces vers l'Égypte ; il joignit la Syrie à son empire, et tenta inutilement d'enlever Rhodes. Le pape s'empressa d'écrire à Ladislas pour le détourner de faire aucun traité avec les Turcs. Il s'adressa encore aux autres princes chrétiens, et les exhorta à se réunir au roi de Hongrie contre l'ennemi commun. Le roi de France promit d'envoyer des secours. Léon fournit alors des provisions aux places-fortes de Dalmatie. Sur ces entrefaites, Ladislas mourut.

Cependant les Turcs demandaient la paix les armes à la main ; ils désolaient tellement la Dalmatie et la Croatie, que les peuples de ces pays envoyèrent un ambassadeur au pontife et aux cardinaux pour les conjurer de leur faire passer des secours. Léon écrivit au roi de France, et le somma d'envoyer ceux qu'il avait promis. Il s'adressa aussi au roi de Pologne, à qui il représenta que les Dalmates, réduits au désespoir, menaçaient de se livrer aux Turcs si on ne leur prêtait du secours.

Mais Sigismond, loin de pouvoir en fournir, se vit lui-même dans la nécessité de se défendre ; car des peuplades de Tartares, profitant des dissensions qui venaient de se renouveler en Hon-

grie, fondirent à l'improviste sur la Russie, la Podolie et la
Hongrie, ravageant tout par le fer et le feu. L'historien Jodocus
dit qu'ils emmenèrent en servitude plus de cinquante mille
chrétiens. Au milieu de ces maux, la discorde se mit de nouveau entre Maximilien et le roi de France. D'un autre côté, les
Suisses se réconcilièrent avec ce dernier, et Léon les exhorta à
se tenir attachés à lui pour qu'ils tournassent ensemble leurs
armes contre les Turcs : mais François Ier. reprit son projet
d'expédition à Naples ; et la guerre recommença en Lombardie
entre les Allemands et les Français. Elle éclata entre le pape
lui-même et les habitants d'Urbin.

En 1517, la dernière session du concile de Latran fut
encore remarquable par les discours qu'on y tint sur la nécessité de rendre la liberté aux peuples à qui les Mahométans
l'avaient ôtée. On y lut des lettres de Maximilien, adressées
au pontife, pour lui promettre qu'il suivrait les croisés qui marcheraient contre les Turcs. Pâris de Grasse dit qu'on en lut
d'autres des rois d'Espagne et de France, qui promettaient
également d'envoyer des secours. Léon écrivit au roi d'Angleterre, et l'exhorta à confirmer ses paroles par des effets. Enfin
il publia un décret daté du 16 mars, jour de la clôture du concile, pour annoncer solennellement la croisade et les résolutions qui y avaient rapport, telles que la levée de la dîme
pendant trois ans, etc.

L'ardeur de Léon X pour cette expédition était si vive,
qu'après la dissolution du concile il forma une assemblée de
personnages importants, où l'on devait traiter de tout ce qui
aurait rapport à la croisade. Le pape avertit les Rhodiens
de se tenir en garde contre les Turcs. Il envoya des légats
auprès des rois, et pressa ceux de France et de Pannonie de
se tenir prêts ou d'envoyer les secours promis.

Pendant ce temps, les Turcs détruisaient l'empire des

Mamelucks en Égypte. Le pape en informe le roi de France ,
et, par ses lettres du 7 des ides de mai , il lui annonce que
Sélim prépare une grande flotte contre les chrétiens ; il
l'exhorte vivement à employer toutes ses forces pour la cause
du Christ. Sélim se vantait de soumettre tout l'Occident. Le
pape tint conseil sur ce qu'il y avait à faire pour défendre la
chrétienté. Il y fut décidé que, pour subvenir aux frais de la
guerre, les rois qui avaient déjà été le plus menacés, fourniraient la plus grande partie de l'argent ; que les ecclésiastiques
paieraient la dîme de leurs revenus ; et que, se bornant à un
genre de vie frugale, ils donneraient même le superflu de
leurs biens pour la guerre ; que les laïcs nobles paieraient également la dîme, les roturiers la vingtième partie de leurs revenus, et les artisans une part proportionnée au gain que leur
produisait leur travail : on accorda des indulgences à ceux qui
feraient des dons en argent pour la défense de la religion et
de la foi.

A l'égard du nombre des troupes, il fut réglé que l'armée
de l'empereur serait de soixante mille hommes de pied, de
deux mille de cavalerie légère, et de quatre mille de grosse
cavalerie, qui marcheraient par la Hongrie sur Constantinople ;
que l'armée du roi de France serait de cinquante mille hommes
de pied, de quatre mille de grosse cavalerie, et de huit
mille de cavalerie légère, qui traverseraient la Dalmatie pour
aller en Macédoine se joindre à l'armée de l'empereur ; qu'Emmanuel, roi de Portugal, avec une flotte de trois cents vaisseaux, attaquerait, ou Constantinople, ou la Syrie, ou l'Égypte.

On dressa un acte de ces résolutions, et, pour plus de
clarté, on le rédigea par chapitres, et on l'envoya aux rois
et princes pour qu'ils y ajoutassent ou en retranchassent les
dispositions qu'il leur paraîtrait convenable d'ajouter ou de
retrancher. Raynaldi copie cet acte, qui contenait six chapitres.

Les princes d'Allemagne approuvèrent ce décret ; mais Luther, qui avait déjà levé l'étendard de la révolte contre le St.-Siége à l'occasion des indulgences accordées aux croisés par le pontife et d'après le consentement des cardinaux, prétendit qu'on ne devait pas prendre les armes contre les Turcs. Son hérésie, occupant et divisant tous les esprits, vint faire une funeste diversion à l'entreprise qu'on méditait.

D'un autre côté, la paix qu'on croyait rétablie en Italie par le traité conclu entre les Vénitiens, les Allemands, les Français et les Espagnols, à l'occasion du duché de Milan, fut aussitôt troublée par la guerre qui s'éleva au sujet de celui d'Urbin.

Néanmoins en 1518, l'empereur Maximilien tint à Vienne plusieurs assemblées des princes de l'empire, où il se porta comme interprète des rois d'Espagne, de Hongrie et de Danemarck, et où se trouvèrent des légats du pape. On y décida qu'il n'y avait pas à différer de faire la guerre aux Turcs, et qu'il fallait prendre sur-le-champ les armes contre une puissance qui s'étendait journellement et en Afrique et en Europe. On résolut donc que l'empereur et les rois d'Espagne attaqueraient l'Égypte, et que Sigismond, roi de Pologne, aidé des Hongrois, des Bohémiens, des Siliciens, des Lusaciens, des Autrichiens, des Moldaves et des Valaques, fondrait sur les provinces de Turquie, pendant que le roi de France se porterait sur le Frioul. On régla tout ce qui concernait l'argent et les approvisionnements, l'observation de la paix entre les princes pendant cinq ans, la répression des auteurs des troubles ou les violateurs des traités, et les moyens d'attirer les Tartares et le sophi de Perse dans l'alliance européenne. Le tout fut soumis à l'approbation du pape, et rédigé en un acte à-peu-près semblable à celui de l'année précédente.

Le souverain pontife ayant pensé avec les ambassadeurs

des autres rois que l'empereur, le roi de Pologne et les sept électeurs devaient porter sur les frontières des provinces turques cinquante mille hommes de pied et vingt mille cavaliers, les Allemands s'y refusèrent. Maximilien, sur leur refus, ayant consulté les ambassadeurs de Pologne et de France, et sûr de l'avis des rois de Danemarck, de Hongrie et d'Espagne, représenta que les princes de l'empire germanique n'avaient pas assez fourni de troupes, puisque Sélim, après avoir soumis les Égyptiens, avait encore triomphé du sophi de Perse. Il mit de nouveau, sous les yeux des princes, tous les dangers qui menaçaient la république chrétienne ; il les exhorta à de meilleures résolutions et à faire en sorte que la diète de Vienne ne fût pas sans résultat efficace. Il promit que tous les subsides qu'on décréterait et qu'on lèverait pour la guerre sainte, ne seraient détournés pour aucun autre usage. Il fit ensuite publier son opinion sous le titre de *Réponse de l'empereur*. Les lettres que le pape adressa à Laurent Miedzileski, son nonce apostolique à la cour de Pologne, démontrent que l'empereur était réellement animé du desir de faire l'expédition. Ces lettres sont datées de Rome, du mois de mai de cette année, qui était la sixième du pontificat de Léon.

Pâris de Grasse donne les noms des légats que le pape nomma aussitôt auprès des rois : ce furent le cardinal de Campeggio pour l'Angleterre, le cardinal Ægidius pour l'Espagne, le cardinal de Farnèse pour l'empire, et le cardinal de Ste.-Marie *in Portico* pour la France. Les rois de Pologne et de Hongrie, dit cet historien, étaient très disposés à la guerre sainte.

Peu de jours après cette nomination de légats, le pape ordonna des prières solennelles pour le succès de la croisade. Il publia ensuite une trève de cinq ans, menaçant de tourner les armes des confédérés contre ceux qui la violeraient.

13..

On fit une procession qui partit de la basilique de St.-Pierre, et se rendit à l'église de Ste.-Marie, *supra Minervam*. Le pape y assista nu-pieds, ainsi que les cardinaux. Cette circonstance est attestée par l'historien Belcaire, et les lettres que Léon X publia le 9 des calendes d'avril en font aussi mention. Ce Belcaire nous donne en ces termes le plan de campagne qui devait être suivi :

L'empereur, avec la cavalerie pannonienne et polonaise accoutumée à se battre contre les Turcs, et avec autant de troupes à pied et à cheval tirées d'Allemagne, que l'importance de cette expédition paraissait l'exiger, pénètrerait le long du Danube, dans la Mysie, puis dans la Thrace, et irait attaquer Constantinople. Les Français, avec leur cavalerie et l'infanterie helvétienne, et les troupes des Vénitiens et des autres princes d'Italie, passeraient de Brindes dans l'Épire, où beaucoup d'autres chrétiens étaient prêts à s'insurger. Les Espagnols, les Portugais et les Anglais, réunissant leurs flottes à Carthage, gagneraient le détroit de Gallipoli, et viendraient attaquer Constantinople par mer, pendant que l'empereur l'assiégerait par terre. Le pontife Léon promit de partir lui-même avec cent vaisseaux.

Le cardinal Farnèse ne pouvant remplir sa mission, Léon X nomma à sa place le cardinal Caëtan. Ce légat était chargé de détruire en Allemagne les germes de l'hérésie de Luther, de réconcilier à l'église les restes des hussites, et d'animer contre les Turcs l'empereur et les rois de Danemarck, de Suède et de Norwége. Les lettres, qui contenaient le triple objet de sa mission, étaient datées de St.-Pierre-de-Rome, le 3 des nones de mai.

Le légat ayant remis à Maximilien les lettres que le pape lui adressait sur la croisade, ce prince tint une assemblée à Vienne, dans laquelle il excita les Allemands à la guerre sainte en leur représentant les maux que la tyrannie des Turcs faisait peser sur tous les pays qu'ils occupaient, et ceux dont elle menaçait toute l'Europe. Les princes étrangers parlèrent dans le même sens. L'ambassadeur de Pologne surtout fit une peinture pathétique de tous les malheurs que les Polonais avaient depuis long-temps à souffrir des irruptions des infidèles : mais le zèle des Allemands fut arrêté par les déclamations et les calomnies de Luther, d'Ulderic Huttenus et d'Érasme. Ces novateurs accusaient Léon X et l'église romaine de n'avoir pour but, en provoquant une croisade, que de tirer des sommes d'argent par les indulgences et par la levée des dîmes, et non de réprimer la puissance des Turcs. Au lieu de prendre les armes contre ces infidèles, on se fit la guerre par des écrits ; au lieu d'aller repousser les soldats de Mahomet, on se vit obligé de réfuter chez soi les calomnies de Luther, et de combattre le schisme naissant. Les Allemands refusèrent de contribuer à la guerre contre les Turcs, et quelques années plus tard nous les verrons se faire tuer sous les murs de Vienne pour préserver leur pays de la domination de ces mêmes Turcs favorisés par les opinions nouvelles.

Au mois de novembre de cette année, le cardinal de Ste.-Marie in *Portico* fit une entrée solennelle à Paris ; il exhorta à la guerre contre les Turcs. François Ier. lui promit de lever quarante mille hommes de pied, dont vingt mille Allemands et Suisses stipendiaires, et vingt autres mille Anglais, Gascons et Français ; outre cela il devait fournir neuf mille hommes de cavalerie et le nombre nécessaire de machines de guerre.

Le légat remercia le roi de ses intentions et l'exhorta à persister dans sa résolution. On ordonna des prières publiques. La paix, qui était déjà faite entre la France et l'Angleterre, fut aussitôt confirmée : mais il s'éleva bientôt des obstacles à l'entreprise projetée. Le premier fut le débat entre le roi d'Espagne et le roi de France touchant l'empire. Le pape Léon, dans la vue d'étendre le christianisme, travaillait à faire donner la couronne impériale à François Ier. : mais il voulut savoir si le roi de France, dans le cas où il l'obtiendrait, renoncerait à ses prétentions sur le royaume de Naples.

François Ier. le promit : mais les Allemands violèrent envers ce roi les promesses que, de leur côté, ils lui avaient faites, et Charles, roi d'Espagne, fut élu empereur. De nouveaux intérêts politiques firent naître de nouvelles haines, et l'affaire de la croisade fut encore suspendue.

Pendant que Luther faisait par ses écrits la guerre à l'église et à la cour de Rome, les Turcs ravageaient la Dalmatie et la Croatie. Léon X faisait face aux deux ennemis ; il foudroyait Luther et suscitait contre les Turcs le roi de Pologne et les autres princes chrétiens. Il envoya même au secours de Rhodes trois vaisseaux, commandés par le chevalier Jean-Baptiste Nibbia. Sélim mourut sur ces entrefaites et eut pour successeur son fils Soliman, qui surpassa son père dans sa haine contre les chrétiens, et qui s'empara de Belgrade en 1521. Le pape Léon X mourut aussi cette année, et eut pour successeur Adrien VI.

Projets de Léon X, suivis par ses Successeurs.

En 1522, les Turcs ayant assiégé Rhodes, les chevaliers demandèrent du secours au nouveau pape. Adrien, au lieu de leur envoyer la flotte d'Espagne, la laissa partir contre les Français. De leur côté les Vénitiens refusèrent de secourir les Rhodiens. Cependant les chevaliers repoussèrent plusieurs fois les Turcs, et leur tuèrent, dans un combat, quinze mille hommes : mais il furent à la fin forcés de capituler. Belcaire prétend que ce siége coûta aux infidèles près de soixante mille hommes. Les princes chrétiens parurent ne faire aucune attention à la perte de Rhodes.

Mais le pape Adrien prévoyant les malheurs qui menaçaient l'Europe, convoqua une assemblée des princes dans la ville de Nuremberg. Ses lettres de convocation étaient datées de St.-Pierre-de-Rome, le 15 de novembre ; cette assemblée devait avoir pour objet de remédier au schisme et aux troubles de la chrétienté. Adrien nomma légat auprès de la diète François Cheregato, évêque désigné d'Abruzze, et le chargea d'instructions pour l'extinction de l'hérésie de Luther. Le légat exhorta les princes à chercher les moyens les plus efficaces pour chasser les Turcs de la Pannonie : mais le pape mourut pendant la tenue de la diète : Jules de Médicis fut élu pour lui succéder, et prit le nom de Clément VII.

Il envoya en 1524 le cardinal Campeggio, en qualité de légat, à l'assemblée de Nuremberg. Des ambassadeurs du roi de Hongrie et de Bohème y vinrent demander du secours contre les Turcs : mais cette assemblée ne conclut rien touchant les luthériens ni les infidèles.

Charles-Quint publia un édit de convocation pour une autre diète qui fut fixée à Spire ; il sollicita les princes de s'y rendre. Cet édit était daté de Nuremberg même, le 18 d'avril.

Les Allemands n'ayant porté aucun secours aux Hongrois, on informa le pape que Louis, roi de Pannonie, avait fait la paix avec les Turcs à des conditions très dures. Le pape s'empressa d'écrire aux Hongrois pour les détourner de toute alliance avec les infidèles, parce qu'elle ne pourrait qu'imprimer au nom du roi une tache éternelle d'ignominie. Sur ces entre-faites, Soliman ayant appris qu'Acomat s'était révolté et rendu maître d'Égypte, demanda la paix aux Hongrois, afin d'aller réduire le rebelle. Le pape écrivit à Acomat ; il promit de le seconder en entretenant, parmi les Turcs, des discordes civiles, et il lui envoya un légat : mais Soliman ayant fait marcher Bassa Ibrahim contre Acomat, celui-ci fut pris et tué. La nouvelle de cette défaite du soudan d'Égypte fut très funeste aux affaires de la chrétienté ; car Rhodes ne put être reprise comme on l'espérait, et Soliman, délivré d'inquiétude du côté de l'Égypte et de la Syrie, songea à se porter sur la Hongrie avec toutes ses forces.

Sous la date de 1526, Raynaldi rapporte les lettres que le pape écrivit à Charles-Quint pour l'engager à donner la paix au monde, afin que les princes pussent tourner toutes leurs forces contre les Turcs et travailler à étouffer l'hérésie de Luther. Charles-Quint répondit par d'autres lettres, et cherchant à excuser sa conduite, il rejeta tout le blâme de la guerre et de ses suites sur François Ier. Pendant ce temps, la Hongrie était ravagée par les Turcs et agitée de ses propres divisions. Louis était abandonné des Allemands. L'historien Cocléus accuse de cet abandon tous les ordres d'Allemagne et les opinions de Luther, qui avait osé écrire que combattre les Turcs, c'était résister à Dieu qui se servait d'eux pour nous punir de nos iniquités. Le souverain pontife pressa le roi de Pologne de défendre la Hongrie, et de ne pas se fier aux Turcs, qui excitaient les Tartares contre lui. Ces peuples fondirent en effet sur la Pologne. Clément VII, après avoir sollicité les princes de l'Europe de porter des secours en Hongrie, exhorta les Hongrois à ne pas se manquer à eux-mêmes, et à défendre leurs temples et leurs autels de l'impiété et de la fureur des Turcs. Les historiens Braderic, Faber, Guichardin, Nanclerc, Sabellius Istuanfius, etc., disent que Soliman ayant conduit avec une incroyable célérité près de deux cent mille hommes en Hongrie, le roi Louis, contre l'avis des gens sages et expérimentés, voulut livrer combat avec vingt-six mille hommes qu'il avait près de lui, et ne put se résoudre à attendre quarante mille Transsylvains qui venaient d'Illyrie. Aussi son armée fut-elle taillée en pièces; dix mille cavaliers et douze mille fantassins périrent, et le roi lui-même, en essayant de traverser un ruisseau bourbeux, fut tué.

A la suite de cette victoire, Soliman s'empara de Bude. Le pape, à cette nouvelle, crut qu'il fallait ordonner une trève générale; il voulut aller lui-même trouver les rois, les uns après les autres, pour les engager, par ses conseils, par ses prières et par ses larmes, à faire la paix publique : mais ces résolutions se ralentirent, et il se contenta de demander toute l'argenterie des églises d'Italie pour servir à la guerre contre les Turcs. Il écrivit à tous les évêques, et leur demanda un état de tout l'or et de tout l'argent des églises, comme il paraît par la lettre adressée à l'évêque d'Adria, le 8 octobre. Le même jour, il envoya des légats à l'empereur et au roi de Portugal pour les exciter à prendre la défense de la chrétienté.

Sur ces entrefaites, Soliman se vit obligé de retirer ses troupes de Hongrie, et d'aller appaiser des mouvements séditieux qui s'étaient élevés en Asie. Ferdinand d'Autriche et le vaivode de Transylvanie se disputèrent les restes de la Hongrie. Le vaivode reprit Bude et Albe.

En 1529, la diète de Spire, depuis long-temps indiquée, s'ouvrit enfin; on y traita de tout ce qui concernait l'hérésie de Luther, et on y parla aussi de repousser les Turcs. Il fut décidé qu'on enverrait pour cela des troupes auxiliaires au roi Ferdinand de Bohème; c'est ce qui résulte du décret daté de Spire, le 22 avril, et copié par Raynaldi.

Dans ce temps, on fut informé que Soliman, empereur des Turcs, à la prière de Jean, roi de Hongrie, qui, au mépris de la foi chrétienne, avait imploré ses armes, venait de déployer l'étendard de la guerre. Ferdinand demanda au pontife des secours contre le prince ottoman. Clément, dont le trésor était épuisé par les dernières guerres, et par le sac de la ville de Rome, prise par les troupes du connétable de Bourbon, accorda d'abord les dîmes ecclésiastiques et les autres subsides décrétés auparavant pour le roi Louis de Bohème. Il envoya l'archevêque Vincent Pimpinella, en qualité de légat, en Pannonie, pour exhorter les Hongrois à défendre le royaume contre Soliman. Par des lettres datées du 14 juin, il excita tous les ordres de l'état à se joindre à Ferdinand.

Le pontife publia en outre un décret apostolique qui accordait des indulgences aux fidèles qui donneraient des secours d'hommes ou d'argent, ou prendraient les armes contre les Turcs. Le roi Ferdinand de Bohème promulgua lui-même des lettres encycliques pour exhorter tous les chrétiens à s'armer contre eux. Ces lettres étaient datées de la ville de *Zinztium*, le 18 du mois d'août.

Cette année, dit Rynaldi, l'occasion se présenta de recouvrer l'île de Rhodes; mais les rois chrétiens ne surent point en profiter. Soliman, aucontraire, poursuivait avec ardeur son projet d'écraser la chrétenté. Il vint camper jusque sous les murs de Vienne : mais il fut obligé d'en lever le siége après y avoir perdu quatre-vingt mille hommes. Istuanfius et Sabellius ont fait le récit de cet événement.

En 1530, l'empereur convoqua une diète à Vienne; Frédéric, comte palatin, en fit l'ouverture le 20 juin. Il exposa les causes qui avaient nécessité cette assemblée. La première dont il parla fut le danger dont les Turcs menaçaient l'empire. Il dit qu'il fallait soutenir les Hongrois. Il rappela la mort du roi Louis de Bohème et l'expédition de Sliman en Autriche; il ajouta qu'on ne devait pas douter que les Turcs qui s'étaient retirés, ne revinssent avec de plus grandes forces. Ce n'était pas sans cause que Frédéric s'exprimait ainsi ; car le pape avait informé l'empereur des immenses préparatifs que Soliman faisait. Il en avait aussi averti les autres rois.

La seconde cause de convocation de la diète était la défense de la religion attaquée par les opinions de Luther et autres hérétiques. Ce sujet occupa beaucoup plus la diète que celui de la croisade. Cependant on y décréta qu'il fallait repousser les Turcs ; et, ce qui est remarquable, c'est qu'à côté de cette résolution se trouve dans les actes de l'assemblée celle de réprimer la licence de la presse (1). L'imprimerie était, pour ainsi dire,

---

(1) Il n'est pas inutile de rapporter les termes mêmes du recez de la diète, dans lequel les mesures de répression sont ordonnées :

« Postquam etiam per inordinatam typographiam hactenus multum mali subortum est; ideo statuimus, ordinamus et volumus quod quilibet elector ac alius princeps et status imperii ecclesiasticus vel secularis usque ad futurum consilium apud omnes officinas impressorias et bibliopolas serio provideat ut in posterum nihil novi et præsertim libelli famosi ac picturæ vel similia palam vel occulte componantur, imprimantur aut distrahantur nisi prius per personas prudentes ad hoc ab ecclesiasticis vel secularibus magistratibus deputatas, visa impressoris nomina et agnomina ac etiam locus, ubi impressa fuerunt claris et expressis verbis in eis adponantur; et si in illis defectus aliquis repertus fuerit, tum imprimi vel venundari non debet. Quidquid etiam famosorum vel similium libellorum antehac impressum est venum exponi vel venundari non debet; et si compositor, impressor vel venditor hujusmodi ordinationis mandatum transgrederetur, tum magistratus, sub quo degerit, vel deprehensus fuerit, ipsum secundum circumstancias in corpore vel bonis puniat : et si aliquis magistratus, quicumque is fuerit, in hoc negligens deprehenderetur, tum Cæsareus noster fiscalis contra illum magistratum ad pœnam procedere possit et debeat; quam pœnam secundum circumstancias cujuslibet magistratus et ipsius negligentiam camera imperialis judicium imponendi et taxandi facultatem habeat. »

encore dans son berceau, que déjà on songeait à en régler l'usage. On décida donc qu'il fallait lever une armée contre Soliman, et les dîmes des revenus de l'église pour faire la guerre. Le pape Clément, par ses lettres de Rome du 8 juillet, exhorta Ferdinand à défendre la foi en Bohème, et à se préparer à repousser les Turcs. Il prévint ensuite, par des lettres datées du 1er. décembre, les rois de France, d'Angleterre, de Portugal, de Hongrie et de Pologne, le duc de Milan, les Vénitiens, les ducs de Mantoue et de Lorraine, et le marquis de Montferrat, qu'il serait célébré un concile en Italie pour former une ligue des chrétiens contre Soliman. Ce prince avait laissé en Hongrie de fortes garnisons, et l'on pouvait craindre qu'il ne voulût un jour envahir l'Italie. Le pape jugea qu'il fallait, pour prévenir ce malheur, aider Ferdinand d'hommes et d'argent. Il s'adressa donc aux Lucquois, aux Génois, aux Siennois, au duc de Mantoue et au marquis de Montferrat, et les pressa, par tous les motifs de sûreté, de venir au secours du roi de Bohème.

Pendant ce temps, Jean de Transylvanie, qui s'était vendu à Soliman, essayait de corrompre les Hongrois, et s'attira la haine de tous. Ferdinand recouvra Strigonium, Vissegrade et Wats. Il forma le siège de Bude : mais les Turcs le forcèrent à le lever, firent un immense butin, et prirent dix mille Hongrois.

En 1531, le pape, instruit par le cardinal Accotti que Soliman préparait une grande flotte, et semblait menacer toutes les côtes de l'Italie, demanda des secours au roi d'Angleterre, puis à tous les autres princes de la chrétienté ; mais cette crainte des projets de Soliman se dissipa sur la fin de l'année, quand on apprit que la flotte turque avait été envoyée dans la Mer-Rouge contre les Portugais. Néanmoins le roi Ferdinand, moins rassuré par cela même pour la Pannonie, implora le secours de Clément, qui lui promit cent mille écus

d'or, et lui demanda en même temps un secours semblable,
dans le cas où les Turcs envahiraient l'Italie. Ferdinand
s'adressa aux autres princes; mais les querelles religieuses qui
les divisaient firent perdre de vue le projet de la guerre sainte.
Suivant Belcaire, évêque de Metz, François Ier. se lia par un
traité avec le vaivode de Transylvanie, vassal des Turcs, et
éluda la demande que lui fit Charles-Quint de s'unir avec lui
contre les infidèles.

En 1532, Soliman, encouragé par les dissensions qui
troublaient l'Europe, se prépara à pénétrer dans l'Allemagne.
Dans cette intention, il s'était lié par un traité avec le sophi
de Perse. Le pape, informé de ses projets, s'adressa encore
aux rois chrétiens, et les pressa de joindre leurs conseils et
leurs armes pour assurer le salut commun. Il écrivit d'abord
au roi d'Angleterre, que l'affaire de son divorce occupait déjà,
puis au roi de Portugal et aux Vénitiens, à qui il envoya
Mathieu Gilbert, évêque de Vérone, en qualité de légat;
mais les Vénitiens qui, de même que le roi de Pologne,
avaient fait un traité avec les Turcs, refusèrent de le rompre:
de plus les rois de France et d'Angleterre parurent se liguer
contre Charles-Quint, qui était alors occupé de la guerre contre
les Turcs. Le roi d'Écosse, qui était si éloigné du théâtre
de cette guerre, se montra cependant tout prêt à prendre la
défense commune, et le pape le remercia de ses dispositions
par une lettre datée de Rome, le 28 juillet. Ainsi Charles-
Quint et Ferdinand de Bohème, abandonnés de presque tous,
excepté du pape, se virent forcés de lutter seuls contre les efforts
des Turcs. Soliman, pour les mieux tromper, se servit du
vaivode de Transylvanie, et parut disposé à traiter de la paix.
Le pape exhorta le vaivode à prêter ses soins à une pacification.
Son légat, Laurent Campeggio, pria l'empereur et Ferdinand
d'envoyer des ambassadeurs à Soliman. Ceux-ci étant arrivés

près de ce prince, n'en reçurent d'autre réponse que l'ordre de suivre les camps des Turcs. Les chrétiens soupçonnant de la fraude, se préparèrent à la guerre. Le souverain pontife écrivit à tous les ordres de Hongrie de ne point se laisser surprendre par les promesses des Turcs, et de ne point redouter leurs forces. Il leur annonça des secours de Ferdinand.

Une diète ayant été réunie alors à Ratisbonne, Clément VII exhorta l'empereur à y travailler à la destruction de l'hérésie et à la répression des infidèles. Il promit d'envoyer l'argent nécessaire pour lever dix mille hommes de cavalerie hongroise, et il nomma son légat en Allemagne, le cardinal Hyppolite de Médicis. Du reste, le pape recommanda à Charles et à Ferdinand de se confier à Dieu. Ces lettres du pontife étaient datées de Rome, le 18 de juin. Raynaldi, en parlant du départ du légat Hyppolite, fait remarquer que les luthériens se montrèrent plus intraitables quand ils apprirent que les Turcs allaient pénétrer en Allemagne. Soliman y arriva en effet à la tête de cinq cent mille hommes. Mais s'étant arrêté à faire le siége de *Guinutium*, les troupes d'Allemagne eurent le temps de se réunir.

Soliman l'ayant appris, et sachant que l'empereur avait des luthériens dans ses troupes, craignit l'armée chrétienne, et s'en retourna à Belgrade, emmenant trente mille chrétiens en servitude. Ce prince turc regardait donc les luthériens d'Allemagne comme ses auxiliaires? ce qui le ferait croire, c'est que Surius et d'autres écrivains prétendent que ce furent les luthériens qui firent donner le conseil à Soliman de se retirer. Istuanfius dit que l'on mit en question si l'empereur poursuivrait les Turcs; que les chefs espagnols et italiens les poursuivirent en effet, et que Charles-Quint aurait pu accabler le vayvode, allié des infidèles; mais le soin de pacifier l'Italie, menacée alors par le roi de France, et d'autres causes, dispersèrent l'armée chrétienne.

On perdit donc l'occasion d'abattre l'empire des Turcs. Les Vénitiens se manquèrent à eux-mêmes et au nom chrétien; car André Auria de Gênes, qui avait fait voile avec une grande flotte, rencontra dans la mer Ionienne la flotte de Venise; mais Caplelius, qui la commandait, ne voulut pas se joindre à lui; il prétexta le traité qui liait les Vénitiens aux Turcs. Constantinople aurait pu être prise. Auria fut obligé de se contenter de soumettre Coron, de reprendre Patras et une forteresse d'Étolie. Clément lui écrivit une lettre de félicitation sur ses succès. De son côté l'empereur quitta la Hongrie après y avoir laissé des garnisons.

En 1533, le même Auria rencontra près de l'île de Zanthe la flotte des Turcs, qui était plus forte qu'il ne l'avait cru : cependant il la mit en fuite.

Fin des Croisades contre les Turcs.

Raynaldi dit que l'empereur était très porté à faire la guerre aux Turcs, et qu'il avait obtenu du souverain pontife d'accorder de grandes indulgences à ceux qui marcheraient contre eux sous ses étendards. Si l'Anglais et le Français étaient entrés dans cette alliance, on avait l'espoir, selon l'annaliste, de rétablir en Grèce la religion chrétienne; mais Henri VIII, persistant dans son divorce, on agitait de lui faire la guerre; et, selon Guichardin, on avait tout à craindre que le roi de France ne songeât à s'emparer du duché de Milan pour le donner à son fils le duc d'Orléans. Ainsi, vu les dissensions intestines des chrétiens, on ne s'occupa pas de faire la guerre aux Turcs, mais bien d'en obtenir la paix. Aussi se fit elle; et ce qui doit le plus étonner, c'est que le pape

fut compris dans le traité, et qu'il en remercia Ferdinand de
Bohème, roi des Romains, par la lettre suivante datée de
Rome, le 13 décembre.

« Au roi des Romains.

» Après que nous eûmes annoncé hier à votre sérénité notre
» retour à Rome, on nous remit vos lettres, parmi lesquelles
» était celle qui nous apprend qu'une paix perpétuelle a
» été faite entre l'empereur des Turcs et votre sérénité, et
» qu'elle a été publiée de part et d'autre. Nous en remercions
» votre sérénité : nous lui rendons grâce de ce que votre ma-
» jesté a fait et promis de faire pour notre sûreté, et surtout
» de ce qu'elle nous a compris dans le traité de paix. Nous
» reconnaissons en cela l'attachement et l'affection que votre
» sérénité nous porte. Nous supplions Dieu qu'il dirige tout à
» l'avantage universel de toute la république chrétienne, et
» à la prospérité particulière de votre sérénité. Donné à Rome,
» le 13 décembre 1533, de notre pontificat l'an XI.

Istuanfius nous a laissé les clauses de ce traité que nous allons
rapporter à cause de son importance, et comme la pièce qui termine la longue histoire des croisades ; car une fois qu'un pape
eut reconnu la puissance des Turcs et se fut lié avec elle
par un traité, il ne fut plus possible de regarder ces peuples
comme des ennemis communs de la chrétienté. Voici les termes
du traité :

« Le prince des Turcs, Soliman, reconnaît le pontife Clé-
» ment pour un père, et l'empereur Charles et le roi Ferdinand
» pour des frères. Il donnera ordre à Louis Gritto d'engager
» le roi Jean à céder à Ferdinand la partie de la Hongrie qu'il
» possède maintenant, ou de régler la paix à des conditions
» équitables. De son côté, Ferdinand sera tenu d'envoyer à
» Soliman les clefs de Strigonium qu'il remettra, en signe

» d'obéissance, pour le temps que la paix durera pendant la
» vie de l'un ou de l'autre, ou tant que Ferdinand le voudra.
» Il sera fait aussi, avec l'empereur et le pontife, un traité
» de sept ans au plus, à condition que Coron sera rendue
» à Soliman, qui donnera en échange à l'empereur, ou à
» Ferdinand, une place en Hongrie beaucoup plus riche que
» Coron. Il sera également défendu à Hairadenus, chef des
» pirates, et aux pirates maures et turcs, d'infester, par leurs ex-
» cursions ou leurs rapines, les rivages d'Espagne et d'Italie. »

Il ne fut point question dans ce traité de tribut annuel à
payer aux Turcs; et quoique cela parût assez important, cependant la demande inusitée des clefs de Strigonium donna
de grands soupçons et beaucoup de crainte aux Hongrois.
Le 13 mars, Ferdinand renvoya l'ambassadeur mahométan,
après lui avoir fait des présents et lui avoir donné pour escorte
ceux qui devaient remettre à Soliman les clefs qu'il demandait;
il le chargea aussi de lettres par lesquelles il se recommandait au
sultan comme à un père, et promettait qu'il accepterait et ob-
serverait les conditions de paix qu'il avait données. Il promit
encore d'envoyer au pontife et à l'empereur des hommes chargés de leur redemander Coron, pour la rendre à Soliman,
selon son vœu et son désir.

Le pape Clément mourut l'année qui suivit ce traité de paix.
Le cardinal Farnèse lui succéda sous le nom de Paul III. Ce
pape croyant que Soliman, pour venger la mort de son
lieutenant Grittus, tué en Hongrie, tournerait toutes ses forces
sur ce pays pour le réduire et éteindre la religion, s'efforça de
réunir contre lui les rois Ferdinand et Jean, et tous les grands
de Hongrie. Il envoya un nonce avec le cardinal de Trente,
qui avait beaucoup d'autorité auprès de Ferdinand, et lui
ordonna de se rendre ensuite à Bude, auprès des grands de
Hongrie.

II.   14

En 1536, François Iᵉʳ. ayant chassé les troupes de Charles-Quint de la Provence, et méditant une expédition en Lombardie, fit avec Soliman un traité d'alliance. Les Turcs, charmés de voir la guerre entre l'empereur et le roi de France, dirigèrent tous leurs efforts contre la chrétienté; le pontife, pour les repousser, exhorta tous les chrétiens à s'armer contre les infidèles. Il écrivit entr'autres au roi de Pologne, qu'il sollicita de profiter de la double défaite que ces derniers venaient d'éprouver en Afrique de la part des Allemands, et en Syrie de la part des Perses, pour abattre leur puissance. Il lui fit espérer une expédition générale contre cet ennemi commun; mais les démêlés de Charles-Quint et de François Iᵉʳ. firent évanouir tous ces grands projets.

Paul III essaya l'année suivante 1537, de réconcilier ces deux princes; il exhorta surtout François Iᵉʳ. à rompre l'alliance qu'il avait contractée avec Soliman; il lui représenta que l'empereur turc méditait d'envahir l'Italie, et faisait pour cela de grands préparatifs; il le pressa de se réunir aux autres princes chrétiens contre l'ennemi commun de la chrétienté. François Iᵉʳ. n'ignorait point les projets de Soliman; mais n'écoutant que sa haine contre Charles-Quint, il travaillait à les seconder; il avait envoyé au prince turc Jean Forestier, chargé de l'exciter à faire une décente dans le royaume de Naples, tandis qu'il en ferait une lui-même en Lombardie. Le pape écrivit encore plusieurs fois dans la même année au roi de France, pour le presser de renoncer à son alliance avec Soliman. Sa dernière lettre est datée de Rome, le 17 juin. Soliman porta la guerre en Italie; il avait dans son armée, dit Raynaldi, ce même Jean Forestier, ambassadeur du roi de France, qui l'aidait de ses conseils, et qui mourut presque subitement au port d'Apollonie.

En 1538, les Turcs ravageant les côtes de la Calabre, Cor-

fou et plusieurs îles de la mer Égée, Paul exhorta le roi de
Pologne à joindre ses forces à celles de Ferdinand. On équipa
une flotte dont André Auria eut le commandement. Pour rendre cette expédition plus heureuse, le pape résolut de récouci-
lier l'empereur et le roi de France, et leur proposa de se rendre à Nice où il irait, malgré ses infirmités, traiter de paix
avec eux. Il y alla en effet; François y arriva deux jours après,
accompagné de ses fils, et jura obéissance au pape, en présence
des cardinaux. Une trève de dix ans fut faite entre l'empereur
et le roi de France. François Ier. renonça à son alliance avec
les Turcs, et se réunit contre eux avec les autres princes chrétiens. Pendant ce temps, les Turcs faisaient la guerre aux
Vénitiens; mais le commandant de leur flotte, Barberousse,
fut repoussé de l'île de Crète. Le pape croyant que les affaires
de la chrétienté allaient refleurir par l'alliance des rois, exhorta l'empereur, par des lettres du 15 octobre, à se porter
sur Constantinople, et lui promit des secours. Il demanda
pour la guerre les dîmes du revenu de l'église d'Espagne.
Mais cette entreprise n'aboutit à rien. La flotte chrétienne,
par la faute des chefs, fut dispersée; une partie de celle de
Barberousse périt par un naufrage.

En 1539, le pape écrivit encore à Sigismond, roi de Pologne, et à Ferdinand, roi des Romains, pour les exhorter à
se porter sur les Turcs qui menaçaient toujours d'envahir la
Hongrie. Il s'adressa aussi au roi de ce pays, qui promit de ne
manquer ni de zèle ni de secours. Mais la ligue des chrétiens
contre les Turcs fut rompue cette année. Les Vénitiens demandèrent la paix à Soliman. André Auria qui, l'année précédente,
avait refusé le combat lorsque la flotte de Venise et celle du
pape étaient réunies, osa encore moins attaquer l'ennemi avec
la flotte de l'empereur. Barberousse reprit Château-Neuf.

En 1542, Olivier, chancelier de France, ambassadeur à la

14..

diète de Spire, tint un discours devant l'assemblée des princes;
il prétendit qu'on ne devait pas attaquer les Turcs pour recouvrer Bude et Pest, parce que ces villes avaient une forte
garnison et étaient abondamment approvisionnées; mais qu'il
fallait plutôt construire des forteresses voisines propres à repousser les infidèles et ne pas se mesurer témérairement avec un
ennemi si puissant. Il soutint donc que la paix, si l'on pouvait
en jouir, était préférable à la guerre; mais que si l'on se trouvait forcé de combattre les Turcs, on devait mettre auparavant
un terme aux dissensions qui déchiraient l'Allemagne, et joindre ensuite ses forces pour défendre la religion. François Ier.,
qui ne pouvait vivre en paix avec Charles-Quint, excita de
nouveau contre lui l'empereur des Turcs, et renouvela son
alliance avec ce dernier.

En 1543, Soliman pénétra dans la Hongrie, où il s'empara
de Bude, de Strigonium et d'Albe Royale. Mais n'osant s'avancer vers Vienne, il retourna à Constantinople; le roi Ferdinand, s'étant mis trop tard en campagne, ne put, à cause des
pluies de l'automne, rien faire d'avantageux. La flotte turque,
appelée au secours de François Ier., vint, sous les ordres de
Barberousse, joindre la flotte française dans la Méditerranée,
et les deux flottes réunies firent le siége de Nice; les habitants
de cette ville s'étant livrés aux Français, par une convention
militaire, furent préservés des maux qu'ils redoutaient de la
flotte turque. Le roi de France essaya cette année de justifier
auprès du pape son alliance avec les infidèles.

Des ambassadeurs hongrois s'étant présentés à la diète de
Spire, demandèrent des secours contre les Turcs. Ils firent la
peinture des malheurs dont la Hongrie était affligée par les infidèles, et prièrent les Allemands de venir la délivrer. Le souverain pontife envoya auprès de Ferdinand, roi des Romains,
François Sfrondatus, avec des instructions pour demander la

célébration d'un concile, où l'on s'occuperait de rétablir la paix
et de chasser les Turcs. Il écrivit en même temps au roi des
Romains une lettre, dans laquelle il le prévenait de l'envoi de
Sfrondatus et l'avertissait du danger où se trouvait la chrétienté.

Le marquis de Brandebourg, l'électeur comte palatin du
Rhin, Frédéric, comte palatin, le duc de Bavière, le cardinal
de Mayence, les archevêques de Trèves, de Cologne et de
Salsbourg, reçurent de semblables exhortations. La diète de
Spire se termina sans aucune décision touchant la guerre contre
les Turcs. En 1544, François Ier. ne retirant aucun fruit
de son alliance avec les infidèles, refusa les services que lui
offrit Barberousse, au nom de son maître, et rompit avec le
sultan.

Le reste du tome XXXIII et le XXXIVe. des *Annales
ecclésiastiques* ne contiennent plus rien concernant les Turcs.
Ils ne sont remplis que de discussions religieuses et de la tenue du concile de Trente. Seulement à l'année 1565, où se
terminent les Annales, la tentative infructueuse de Soliman sur
l'île de Malte est racontée avec quelques détails.

Nous regrettons que Raynaldi n'ait pas eu le temps de conduire ses Annales jusqu'à la bataille de Lepante, qui mit un
terme aux progrès de la puissance ottomane.

Dans l'analyse que nous venons de présenter, nous nous
sommes contentés de rapporter les faits, et le plus souvent de
les indiquer sans réflexions et sans observations; mais il est
résulté de notre tableau simple et rapide une vérité historique
qui, comme nous l'avons déjà dit, avait échappé jusqu'ici à
tous les écrivains; c'est que les papes ont lutté seuls pendant
deux cents ans contre les Turcs; et quoiqu'ils aient été si peu
secondés par les rois de l'Europe, on ne peut s'empêcher de
convenir qu'ils ont sauvé la civilisation européenne. Les cir-

constances où nous nous trouvons, en finissant notre travail,
circonstances que nous étions loin de prévoir en le commen-
çant, et les réflexions que nos lecteurs ne peuvent manquer de
faire sur le rôle admirable que les papes ont joué dans les
xvᵉ. et xviᵉ. siècles, serviront naturellement de commentaire
à notre analyse, et nous espérons qu'elles y donneront un
nouveau degré d'intérêt.

ACTES DE RYMER.

Fœdera, conventiones, litteræ, et cujuscumque generis acta publica, etc., *in lucem missa Thomæ* RYMER *et* ROBERTO SANDERSON.

LES actes de Rymer, considérés comme recueil de pièces historiques, sont estimés de tous les savants et recherchés à cause de leur authenticité. Sous le rapport des croisades, ce recueil offre des preuves irrécusables de la part que les rois d'Angleterre ont prise aux guerres saintes. On ne verra pas sans intérêt toutes les lettres adressées par les papes à ces princes, et celles que les rois d'Angleterre écrivirent pour concourir aux vues des papes; mais plus souvent aussi pour lever, sous le nom de subside, des impôts sur leurs sujets. La première pièce du recueil qui ait rapport à notre objet, est tome Ier., page 16.

La convention faite entre Henri, roi d'Angleterre, et Louis, roi de France, par laquelle l'un et l'autre s'obligent à aller à la croisade, est de 1177. Hoveden l'a copiée. Orderic Vital en a parlé, et n'a cité qu'une partie du préambule.

Sous la date de 1182, Rymer donne le testament de Henri II, roi d'Angleterre, par lequel ce prince accorde à l'ordre du temple de Jérusalem 5000 marcs d'argent, autant à l'ordre de l'Hôpital, et, indépendamment de cela, cinq mille autres marcs d'argent aux maîtres de ces deux ordres pour la

défense commune de la terre de Jérusalem. Henri accorde
encore 5000 marcs pour les autres maisons religieuses, pour
les lépreux, les reclus et les ermites de tous les pays ; cet
argent devait être distribué par le patriarche de Jérusalem, et
d'après l'approbation des évêques et des maîtres du Temple
et de l'Hôpital.

A la même date est un acte portant pour titre : *Confirmation de la paix faite entre les templiers et les hospitaliers.*
Cet acte est du pape Alexandre III ; il est du 4 des nones
d'août. A la suite de cet acte, et sous l'année 1189, sont deux
autres actes que nous allons copier ; le premier a pour titre :
*Lettre de Philippe, roi de France, à Richard, roi d'An-
gleterre, sur le projet d'aller à la Terre-Sainte.*

« Votre amitié saura que nous brûlons du desir d'aller au
secours de la terre de Jérusalem, et que nous faisons les
vœux les plus ardents pour y servir Dieu.

Nous savons depuis long-temps de vous-même, et nous
l'apprenons aujourd'hui par le rapport de vos ambassadeurs,
que vous avez aussi le projet et la volonté d'aller à Jérusalem.
Ceux qui vous portent de notre part ces lettres-patentes,
pourront s'en assurer, et vous pourrez nous le confirmer par
les vôtres. Ces mêmes ambassadeurs, en vous remettant nos
lettres, vous donneront à leur tour des gages de notre
volonté. »

Le deuxième acte est ainsi conçu :

« Richard, roi d'Angleterre, et Philippe, roi de France, sur
le point d'entreprendre le voyage de Jérusalem, conviennent
entre eux des articles suivants :

Art. I. Philippe, par la grâce de Dieu, roi de France, et
Richard, par la même grâce, roi d'Angleterre, duc de Normandie et d'Aquitaine, et comte d'Anjou, à tous les fidèles
à qui ces lettres parviendront, salut en notre Seigneur. Vous

saurez qu'il est fermement décidé entre nous, de l'avis des prélats de l'église et des seigneurs de nos États, que nous ferons ensemble, sous la conduite du Seigneur, le voyage de Jérusalem.

Art. II. Chacun de nous promet à l'autre de lui garder bonne foi et bonne amitié; moi, Philippe, roi de France, à Richard, roi d'Angleterre, comme à un ami fidèle; et moi, Richard, roi d'Angleterre, à Philippe, roi de France, comme à mon seigneur et mon ami.

Art. III. C'est pourquoi nous statuons que tous les croisés des pays qui nous sont soumis, nous précéderont après l'octave de Pâques, ou nous accompagneront après cette époque, à moins que nous ne les en dispensions.

Art. IV. Mais si quelques-uns restent de leur propre volonté, leur personne sera soumise à l'excommunication, et leur terre à l'interdit, d'après l'autorité des prélats des deux pays.

Art. V. Nous voulons aussi, et nous statuons et ordonnons que ceux qui présideront à nos États, se secoureront mutuellement, s'il en est besoin.

Art. VI. Les biens de ceux qui feront le voyage avec ou avant nous, seront intacts comme les nôtres; et si quelqu'un y fait du dommage, nos justiciers et nos baillifs les feront punir autant qu'ils pourront, d'après la coutume de nos pays.

Art. VII. Mais si quelqu'un de nos États nous fait la guerre en notre absence, ou la fait à quelqu'un de nos domaines, et s'il n'offre point de réparation, qu'il soit d'abord excommunié; et si quarante jours après l'excommunication, il n'a point fait satisfaction, que lui et ses héritiers soient déshérités pour toujours, et que ses vassaux passent dans la propriété et le domaine du seigneur le plus proche.

Art. VIII. Si, en outre, quelqu'un passe dans les États de

l'un de nous deux, sans avoir fait réparation, qu'il ne soit pas reçu dans le pays où il voudra se retirer, et s'il y est trouvé, qu'il soit livré aux justiciers du pays où il a délinqué. »

Art. IX. Nous voulons et ordonnons que nos justiciers et baillifs soient tenus et obligés d'observer ce qui vient d'être dit jusqu'à notre retour, et cela sous la foi du serment et de la fidélité qu'ils nous ont promise. Ces actes ont été passés à Nonancourt, le 30 décembre. »

Un troisième acte intitulé : *Charte du roi d'Angleterre, touchant les statuts qui concernent ceux qui doivent aller outre-mer.*

« Richard, par la grâce de Dieu, roi d'Angleterre, duc de Normandie et d'Aquitaine et comte d'Anjou, à tous les hommes qui veulent aller par mer à Jérusalem, salut : sachez que de l'avis d'hommes probes nous avons résolu les articles suivants : Celui qui tuera un homme sur un vaisseau, sera lié avec le mort et jeté dans la mer. S'il le tue à terre, il sera lié et enterré avec lui. Celui qui sera convaincu, par témoins légitimes, d'avoir frappé quelqu'un avec un couteau, ou de l'avoir frappé jusqu'au sang, perdra le poignet; s'il l'a frappé de la main sans effusion de sang, il sera plongé trois fois dans la mer; si quelqu'un a dit des injures à son compagnon, ou l'a maudit, il lui donnera autant d'onces d'argent qu'il l'aura injurié ou maudit de fois : un voleur qui aura été convaincu de vol aura la tête rasée; on versera dessus de la poix bouillante, et on y secouera les plumes d'un oreiller afin de le reconnaître; on le jettera en suite sur la première terre où le vaisseau relâchera. Donné à Chinon. Cette charte est de la même année 1189. »

A la suite de cette charte se trouve celle qui renferme le traité de paix conclu en 1190, entre le même roi Richard et Tancrède, roi de Sicile.

Sous la date de 1192, on lit la lettre suivante du vieux de la Montagne, adressée à Léopold, duc d'Autriche, pour disculper Richard, roi d'Angleterre, de la mort du marquis de Montferrat.

« Le vieux de la Montagne à Léopold, duc d'Autriche, salut : » plusieurs rois et princes d'au-delà la mer accusant Richard, roi d'Angleterre, de la mort du marquis de Mont- » ferrat, je jure par Dieu qui règne éternellement et par la » loi que nous tenons, qu'il n'est pour rien dans cette mort; » voici quelle en a été la cause :

» Un de nos frères, monté sur un vaisseau de Salteleya, » venait de notre côté, lorsqu'une tempête le jeta sur le » rivage de Tyr. Le marquis le fit prendre et tuer, et lui en- » leva une grande partie de son argent. Nous envoyâmes au » marquis des ambassadeurs chargés de lui demander l'ar- » gent de notre frère et satisfaction de sa mort. Le marquis » accusa de cette mort, Raynault, seigneur de Sidon; mais » nous avons tant fait, que nous avons su par nos amis que » le marquis avait bien réellement fait tuer notre frère, et » qu'il lui avait enlevé son argent.

» Nous lui avons envoyé un autre ambassadeur nommé » Eurisus, qu'il a voulu faire jeter à la mer. Mais nos amis » l'ont promptement fait sortir de Tyr. Il est revenu aussitôt » vers nous, et nous a rapporté ces choses. Dès ce moment, » nous avons désiré faire périr le marquis, et nous avons » envoyé à Tyr deux frères, qui l'ont tué ouvertement et » presqu'en présence du peuple.

» Voilà donc quelle a été la cause de la mort du mar- » quis, et c'est avec vérité que nous vous avons dit que » Richard, roi d'Angleterre, n'est pour rien dans cette mort. » Ceux qui, à cause de cela, ont fait du mal au seigneur » roi d'Angleterre, ont agi injustement et sans cause.

» Ayez pour certain que nous ne tuons personne pour
» récompense ou pour argent, s'il ne nous a fait d'abord du
» mal.

» Et sachez que nous vous faisons ces lettres dans notre
» demeure, à notre château Messiat, au milieu de septembre,
» cinquième année du pape Alex. »

Nous avons déjà donné une lettre à-peu-près semblable,
dont nous avons révoqué en doute l'authenticité; si quelque
chose pouvait prouver que Richard, roi d'Angleterre, ne
fut point étranger à l'assassinat du marquis de Montferrat,
ce serait le soin que quelques historiens semblent avoir pris
de supposer des lettres écrites par le vieux de la Montagne,
qui ne se donnait guère la peine d'écrire en pareille circonstance. Nous croyons donc cette lettre apocryphe comme celle
que nous avons déjà rapportée.

Sous la date de l'année 1215 est une lettre du roi Jean
d'Angleterre, au pape Innocent, dans laquelle il se plaint
de l'opiniâtreté des barons, et rejette sur eux la cause de
ce qu'il n'a pu aller à la Terre-Sainte.

A la date de 1240 est une lettre du roi d'Angleterre,
adressée à tous les évêques et archidiacres de l'archevêché de
Cantorbéry, pour leur ordonner d'apporter la plus grande
diligence à recueillir l'argent provenant du rachat des vœux
des croisés, et destiné au secours de la Terre-Sainte.

Sous l'année 1244, le pape Innocent adresse au roi d'Angleterre une bulle d'exhortation pour prendre la croix, et
lui promet indulgence plénière de ses péchés.

Sous l'année 1250, le même pape adresse au même roi et
pour le même sujet deux bulles dont il a été parlé dans Baronius.

Sous la date de 1252, on lit une nouvelle bulle du

même pape pour les croisés de tous les pays de la chrétienté. Baronius l'a encore citée; outre cette bulle, il y en a neuf autres données la même année, tant pour accorder des secours aux croisés, que pour leur assurer la protection du Saint-Siége ou divers priviléges.

L'année suivante 1253, le roi d'Angleterre promit par deux actes publics, de donner à Pierre de Savoie, qui s'était engagé à aller avec lui à la Terre-Sainte, 10,000 marcs d'argent. Le pape Innocent publia de son côté deux bulles pour assurer le voyage du roi; par l'une, il défendait de troubler la paix de ce prince, pendant qu'il serait en voyage; par l'autre, il mettait sous la protection du Saint-Siége, le roi, son épouse, son fils et tous ses états. Il publia encore la même année trois autres bulles; la première prorogeait, pendant trois ans, la dîme affectée au secours de la Terre-Sainte; la deuxième accordait au roi d'Angleterre le vingtième des revenus d'Ecosse pour le même objet; la troisième changeait le vœu de la croisade, et le faisait tourner au secours de l'église contre la Sicile.

En 1256, le pape Alexandre accorde au roi d'Angleterre, pour l'accomplissement du vœu qu'il avait fait d'aller à la Terre-Sainte, les fruits et les revenus de tous les bénéfices vacants dont la collation appartenait au souverain pontife.

Dans la même année, le même pape accorde encore au roi, pour le secours de la Terre-Sainte, la dîme de tous les bénéfices ecclésiastiques, d'après leur véritable estimation.

Deux autres bulles de la même année abandonnent au roi, l'une, tous les revenus des bénéfices dont les titulaires ne résident pas, excepté de ceux qui sont absents pour affaires qui concernent l'église; l'autre, les fruits de tous les bénéfices ecclésiastiques, les archevêchés, évêchés, abbayes et prieurés collégiaux exceptés, et cela pour un an seulement.

Le pape Alexandre adressa encore cette année à maître Rostan, son chapelain et son nonce apostolique, plusieurs bulles qui avaient pour objet de fournir de l'argent au roi d'Angleterre. L'une ordonnait à l'archidiacre de Richemont de faire lever la dîme sur tous les bénéfices de son archidiaconat, d'après leur véritable estimation; l'autre ordonnait de recueillir tous les biens meubles de ceux qui mouraient *ab intestat*. Une troisième forçait les évêques d'Angleterre à envoyer au nonce un état de leurs biens pour régler la dîme. Une quatrième ordonnait à l'évêque de Norwick et à l'abbé du monastère de Saint-Péterbourg de recueillir la dîme. Une cinquième pressait le nonce Rostan de recueillir la dîme appelée de l'église romaine. Une sixième enjoignait au même nonce de fixer le terme où le roi et les autres croisés partiraient pour la Terre-Sainte; enfin une septième accordait des indulgences à ceux qui donneraient la dîme de leurs biens pour secourir la Terre-Sainte.

Dans l'année 1257, le pape Alexandre adresse une bulle à l'archevêque d'Yorck et à ses suffragants pour la levée de la dîme en faveur du roi Henri croisé.

A la date de 1260 est une lettre écrite au roi Henri, par l'évêque de Bethléem, légat du Saint-Siége et les grands-maîtres de l'Hôpital et du Temple, sur l'occupation de la Terre-Sainte par les barbares. Cette lettre renferme beaucoup de lacunes ou de phrases non terminées et probablement effacées dans le manuscrit, et plusieurs noms propres mutilés. Elle est datée d'Acre, au mois d'avril.

Sous la même date, le pape Alexandre adresse à Édouard, fils aîné du roi d'Angleterre, une bulle dans laquelle il lui démontre la nécessité de s'opposer aux invasions des tartares.

A l'année 1269 se trouve la convention faite entre le roi de France et Édouard, fils du roi d'Angleterre, pour leur voyage à la Terre-Sainte. Par cette convention, le roi de France doit prêter à Édouard 70,000 livres tournois, que ce prince devait rendre par dixièmes, d'année en année, et en deux paiements pour chaque dixième, l'un au mois de mars, et l'autre à la Saint-Jean. Cette convention fut faite à Paris et signée des personnes qui étaient présentes, savoir : Henri, fils aîné du roi d'Allemagne; Gaston, vicomte de Béarn, qu'Édouard devait emmener avec lui; Thomas de Clare, frère du comte de Gloucester; Roger de Leburn, Robert Waleran, chevaliers. Nous croyons devoir donner en note le texte de cet acte. Il servira à faire connaître quelles étaient alors les relations des rois de France et d'Angleterre entr'eux, et la manière dont ils traitaient ensemble; comme c'est aussi le premier acte conçu et rédigé en français, il ne peut manquer d'offrir un nouveau degré d'intérêt à nos lecteurs (1).

---

(1) *Convention entre le roi de France et Édouard, fils aîné du roi d'Angleterre, sur leur Voyage dans la Terre-Sainte.* (Année 1269.)

A touz les féaus Dieu, a qui ces lettres vendront, Edward, fuis eisne a noble roy d'Angleterre, saluz en Dieu.

Sachent tuit qe entre nostre chier cousin Looys, par la grace de Dieu, noble roy de France, e nous sont fetes de commun accord sur nostre voaie du pelerinage d'outre-mer iceles covenances.

Li dit roy de France doit prester à nous sexante et dis mile liures de tornois, contes en ceste summe vint et cink mile liures de tornois, les queus monseignieur Gastun, Visconte de Byhern, nostre cousin, devait avoir de celui roy de France por lui, e por son passage e por ses genz ques il devait mener au pelerinage d'outre-mer avoqs celui roy; lequel Gastun nous retenons lui e ses genz en nostre compaignie.

A la suite de cet acte est une obligation de Henri, roi d'Angleterre, qui approuve les dispositions de la convention, et
s'en rend comme garant. Deux autres actes du roi mettent

E de ses sexante e dis mile liures, deit estre baille por chevaus,
por nefs, por viandes et por, nostre passage, ce qi mestier nous en
sera : e sera paiez par les genz le roy, ou par ceus qi il mettra à
ceus de qui ces choses serront prises, ou achatees por nous par la
veue de nos genz qi nous auront à ce attorne : e ce il a remanant,
il nous sera delinre la où le roy sera outre-mer apres ce qe nous
xerons venus a lui.

E les devandits deniers nous sumes tenus a rendre au devandit
roy, c'estassavoir cheseun an dis mile liures, à deus termes des-
sous escritz jesques a taunt qe il soit entierement paie de tote les
sexante et dis mile liures.

E commencera la premiere paie, c'estassavoir de cink mile.li-
ures, a mois marz en l'an de l'Incarnation notre Seignieur mile
deus cenz e sexante e treze ;

E l'autre paie des autres cink mile liures, a la nativite saint
Johan-Baptist prochenement suivant ; e ensi de an en an a mesmes
ces termes jesques a taunt qe il soit parpaie.

E seront paiez ces deniers cheseun an a Paris au temple dedenz
la quinzenne apres les termes avantnommés du paage de Bordeaus,
par la main de nostre conestable, ou par celi qi tendra son leu, ou
de lear mandement.

Et volons qe de celui paage a cheseun terme ne soit rien mys en
autre usage, jesques à taunt qe lui roy eit en enterment la paie de
cheseun terme.

Lequel paage nous li assenons en la manere devantdite, e obli-
geans par la volente nostre seignieur le roy nostre pere, por la
summe des deniers devantditz.

E volens qe il en soit paiez, cheseun au delors, si come il est
desus dit santz faillir.

. E de cest assignement e obligement nous li devons fere avoir les
lettres nostre chier seignieur et pere le roy d'Angleterre, ouoqes
noz presentes lettres.

sous sa protection son fils Richemond croisé qui devait partir pour Jérusalem, et une foule d'autres croisés.

A la date de 1270 est un autre acte d'Édouard, qui

E s'il avenait, avant que les deniers devantditz fussent paiez, qe nous tenisons plus de terre qe nous ne tenons en tens d'ore en reaume de France, nous volons qe ele soit ausint obligee por la paie desus-dite.

E, ouoqes tut ce, nous li obligeons, por la paie devantdite, có defaute y avait, noz biens muebles, les queus porront estre trovez en son reaume, apres nous avons promis a celui roy qe nous serrons a pluis tart, dedeinz l'Assumpcion de Nostre-Dame prochein au port d'Equemorte appareillie de passer, si nous n'aions tiete assoigne par quel li roy mesme nous tiegne por escusez.

Et si einsi estait qe nous ne venissons à lui por l'essoigne desus dite, dont Dieu nous defende nous volons e ottrions qe des choses, des queus nostre gent auront achatees des deniers devantditz, qe li roys devantdit en preigne, e en retiegne ce que li plerra par le prix qe eles auront este achatees; et le remanan soit vendu par noz genz franchement, sauz encombrement de nulli, et les deniers qi en istronts, soient rendus au roy, ou a son comandement en acquit du prest devantdit : e ce qe demourroit a parfere don paiement de la summe devantdite seroit pris sous le assevement devantdit, selon la reson de termes devantditz.

E promettons, encore, qe nous travaillerons en bone foi de passer, et de venir, a plus tost qe nous porrons, la ou li roy serra.

E autresint avons nous promis en bone foi, qe nus griefs, ne damages, ne ferons par nous, ne par les noz, en la terre le roy devandit, ne en la terre de ces frères, qe ils ont en son reaume, ou dehors, en alant à nostre pelerinage, e en demorant ne en retornant.

E tant come nous serons en nostre pelerinage ouoqes le roy de France, nous li obeirons en bone foi, ausi come un des barons de son reaume, per fere le servisse nostre Seignieur.

E totes ces choses devantdites nous li avons jurez sur saintes évangeles à garder fermement, tenir leaument et a parfere en bone foi entierement; e espesciamment por ceste article, c'estassavoir por

donne à Richard, roi des Romains et son oncle, la garde de
ses enfants, tant qu'Édouard sera dans la Terre-Sainte.

Henri, roi d'Angleterre, étant tombé malade en 1271, prit
la croix dans sa convalescence, et s'engagea par un acte public
à aller à la Terre—Sainte.

En 1272, le pape Grégoire adresse une bulle à tout le

---

venir au port avantdit, et por passer la ou li roy serra, si come est
avantdit, de nous bailler a pous un de noz fuis, en oustage, dedein
la prochein chandelur, au roy ou a son commandement; li queus
nostre fuis serra tut quite, e deliures de cest oustrage, sitost come
nous vendrons la ou li roy serra; et li roy le fera quite deliurera
noûs, ou à nostre comandement.

E s'il avenait que nous moreussons avant que nous venissons au
roy, ou autre esoigne par quei li roy nous tenist por eschusez, nous
avenist, dont deus nous defende, si come est desus escrit, li enfant
serra tut quite deliure a nous, ou a sa mère, ou a nostre mandement, ou au roy d'Angleterre nostre pere, ou la reine nostre mere,
ou à leur mandement s'il avenait einsi qe la mere a l'enfant mo-
reust avant; et a cette deliurance fere de l'enfant sont tenuz li roy
et ses heirs.

En tesmoigne des choses devantdites nous avons fait mettre nostre
seel a ces presentes lettres.

E nous Henri, fuis eisne le roi d'Alemaigne, Gastuon, vicomte
de Byhern, Thomas de Clare, frere au comte de Glouc, Roger de
Leburn, Robert Walerand, chevaliers, avons juré sur saintes evan-
geles, à la request du devantdit mon seignieur Edward, qe nous en
boue foi travaillerons, e mettrons loiaument consail, e paine, qe
li devantdit nostre sire Edward gare e accomplisse les covenances
devantdites.

E au noz ajouste a ces presentes lettres ues seaus oveqes le seal
de monseignieur Edward, en tesmoigne de totes choses avantdites.

Done fu cest escrit, e fet a Paris le mardi prochein apres la feste
seiut Barthelemy l'apostre, an de l'Incarnation nostre Seignieur mile
deus ceuz sexante neuieme.

peuple chrétien pour l'exhorter à combattre les ennemis du Christ et faire le voyage de la Terre-Sainte.

Dans la même année, Édouard, fils du roi d'Angleterre, étant à Acre, fit un testament par lequel il chargeait les exécuteurs testamentaires de garder et soigner ses possessions en Angleterre, en Irlande, en Gascogne et autres lieux, pour ses enfants, jusqu'à ce qu'ils fussent majeurs.

Le pape Grégoire mit sous la protection du St.-Siége toutes les possessions de ce prince, et défendit à qui que ce fût, d'y causer le moindre dommage ni le moindre trouble, tant qu'Édouard serait en Palestine. La bulle était datée de Viterbe, le 12 des calendes de la même année.

Le 10 des calendes de décembre suivant, ce même pontife adressa des lettres de félicitation au prince Édouard, sur ce qu'il avait heureusement échappé aux embûches de ses ennemis, et qu'il était débarqué au port de Trapani.

En 1274, Grégoire adressa de Lyon une bulle au roi d'Angleterre, pour lui demander d'aider l'archevêque de *Cassalensis*, qui avait pris la croix, à accomplir son vœu.

Dans la même année, le roi d'Angleterre écrit au prince Abaga-Kan, sur sa conversion à la foi chrétienne, et l'exhorte à aider les fidèles qui avaient pris la croix, et à prendre sous sa protection tous les chrétiens de l'Orient; cette lettre est datée de Baulieu le 26 janvier.

Dans l'année 1275, le roi d'Angleterre écrit à Alphonse, roi des Romains et de Castille, qui avait le dessein de faire la guerre aux Sarrasins, qu'il trouvera bon que les Anglais ses sujets lui prêtent des secours pour cette guerre. Sa lettre était de Westminster le 4 de mai.

Le même roi en 1277, écrit au pape pour le prier de ne pas forcer le vicomte de Vantadour, du diocèse de Limoges, à reprendre la croix.

15..

En 1278, le pape Nicolas écrit aux évêques de Londres et d'Herfort et à son nonce en Angleterre, que si le roi veut partir pour la Terre-Sainte, il lui accordera la dîme des revenus ecclésiastiques sous la forme qu'il déterminera.

En 1279, le roi d'Angleterre publie des lettres qui exemptent pendant cinq ans du service de ses armées Jean de Bretagne, comte de Richemont, qui est parti pour Rome avec l'agrément du roi, et qui doit ensuite prendre le chemin de la Terre-Sainte. Ces lettres sont données à Westminster, le 4 de juin.

En 1280, Geoffroy, de l'ordre des Frères prêcheurs, évêque d'Yorck, vicaire d'Hélie, patriarche de Jérusalem, remercie le roi d'Angleterre, au nom de la chrétienté d'Orient, des dispositions qu'il a montrées pour secourir la Terre-Sainte; Geoffroy fait part au roi des dangers dont cette terre est menacée de la part des Sarrasins et des Tartares. Cette lettre est datée d'Acre le 5 d'octobre.

En 1282, le roi d'Angleterre écrit au comte de Cornouailles qu'il ne veut pas, pour certaines raisons, que la dîme accordée en dernier lieu par le clergé, pour le secours de la Terre-Sainte, durant six ans, et déjà recueillie dans le royaume, en sorte pour le moment; il lui recommande de faire venir les marchands de Londres, et de leur déclarer qu'il leur est défendu, sous peine de perdre la vie et leurs biens, de rien faire sortir du royaume de ce qui provient de cette dîme. Le roi adresse la même défense au vicomte de Londres et à Étienne de Penecestre, garde des cinq ports. Les lettres sont du 24 mai.

Dans la même année et le 10 du mois de juin, ce roi répondit au pape Martin IV, qui l'avait engagé à prendre la croix et à fixer le terme du passage général; qu'il lui envoyait un ambassadeur qui lui ferait connaître ses intentions à cet égard.

En 1283, le même pape écrit au roi d'Angleterre, pour l'exhorter à entreprendre l'expédition de la croisade qu'il avait projetée, et à ne pas la confier à Edmond son frère, comte de Champagne et de Brie, non que le pape ne rende justice à la vertu et aux qualités de ce comte de Champagne, mais parce qu'il attendait de grands avantages de la présence et de l'habileté du roi qui s'était engagé à faire lui-même le passage. Cette lettre était du 6 de janvier.

Le 3 des nones de juillet de la même année, le même pontife adressa au même roi une lettre de reproches sur ce qu'il s'était emparé de l'argent recueilli pour le secours de la Terre-Sainte, et déposé dans les églises.

Aux calendes de juin 1284, le pape Martin écrit de nouveau au roi d'Angleterre pour l'engager à prendre la croix.

En 1285, Honorius, élu pape, publia une bulle touchant les dîmes qui étaient accordées pour le secours de la Terre-Sainte. Il paraît par cette bulle que le roi avait fait diverses demandes au pape sur ce sujet; il lui avait demandé entr'autres que la dîme de l'Écosse lui fût accordée comme celle d'Angleterre, d'Hibernie et de Galles. Le pape accéda à toutes les demandes du roi.

Par des lettres du 5 des calendes d'août de la même année, le pape prorogea jusqu'à la Pentecôte le délai fixé pour prendre la croix.

Au mois d'avril de l'année suivante, ce délai fut encore prorogé jusqu'à la St.-Jean-Baptiste.

Dans cette même année 1286, le pape Honorius répondit à diverses demandes que le roi lui avait faites. Il lui avait demandé, 1°. Que tous les croisés fussent forcés de passer la mer

pour aller secourir la Terre-Sainte. Il fut répondu que diverses circonstances pouvaient s'opposer à cette mesure, mais
qu'on emploierait la voie de la persuasion pour y arriver.
2°. Que la croisade fût prêchée partout. Il fut répondu que
cela aurait lieu, quand le roi aurait pris la croix et que le
délai du passage serait fixé. 3°. Que toutes les dîmes levées
dans tous les royaumes ou pays dont les rois ou princes ne
partiraient point, lui fussent accordées. Il fut répondu qu'il
y avait à cela de grands obstacles; mais que le pape tâche-
rait de les lever, et qu'il espérait être d'accord en tout avec
le roi. 4°. Que la dîme d'Angleterre, d'Ecosse, d'Hibernie
et de Galles, accordée par le pape Martin pour cinq ans, lui
fût donnée pour sept. Il fut répondu qu'on ne voulait point
changer la concession faite par le pape Martin, à cet égard;
mais qu'on y ajouterait seulement une année de plus. 5°. Qu'on
lui accordât la liberté de se porter pendant cinq ans au-delà
de la mer, partout où il lui plairait (*libertatem transfretandi
quandocumque voluerit*); mais qu'après les cinq ans, il pût
être forcé de se rendre où on le lui indiquerait. Il fut répondu
que l'état où se trouvait la Terre-Sainte ne permettait pas un
si long retard.

Cette lettre, datée de Rome, est du 15 des calendes de
juillet.

Sous la date de 1287, on lit une lettre qui paraît être la
même que la précédente, et à laquelle on ne voit guère rien
de changé que la date.

En 1288, le pape Nicolas félicite le roi d'Angleterre sur le
rétablissement de sa santé, et lui recommande la Terre-Sainte.
Sa lettre, des calendes de mai, est datée de Rome.

En 1289, le roi d'Angleterre écrit au souverain pontife
qu'il accepte le terme et les conditions du passage dans la
Terre-Sainte, et, par un acte séparé, s'engage à restituer la

dîme qui lui est accordée, si par hasard et par sa faute il ne faisait pas le passage.

Dans la même année, le pape Nicolas adressa au roi une bulle dans laquelle il lui peignit le triste état de la Terre-Sainte. Cette bulle était des ides d'août. Aux calendes d'octobre, il lui en adressa une autre pour lui annoncer que le roi des tartares se préparait à marcher au secours de la Terre-Sainte.

Aux nones d'octobre il en publia une troisième, dans laquelle il répondait à diverses demandes que ce roi lui avait faites, et qui ne semblent que des prétextes de retard ou des faux-fuyants pour ne pas partir.

Sous la date de 1290, on lit la déclaration suivante du roi concernant la dîme qu'il a reçue pour secourir la Terre-Sainte.

« Au nom du Seigneur, ainsi soit-il.

» En présence de moi, notaire, et des témoins soussignés, » le prud'homme maître Guillaume de Grenefeld, chanoine » d'Yorck et conseiller clerc de l'illustre roi d'Angleterre, » en présence duquel ledit roi a écrit ses paroles, à sa » requête spéciale, de sa part et pour sa part, a fait la décla-» ration dans la forme suivante :

« Au nom de Dieu, ainsi soit-il.

» Le Saint-père en J.-C., le seigneur Nicolas, quatrième » pape de ce nom par la Providence divine, ayant accordé » à nous Édouard, par la grâce de Dieu, roi d'Angleterre, » seigneur d'Hibernie et duc d'Aquitaine, la dîme levée d'a-» bord en Angleterre, en Ecosse, dans le pays de Galles » et dans l'Hibernie, par l'autorité du concile de Lyon pour » la durée de six ans, et aussi la dîme et subventions à le-» ver également pendant six ans pour le secours de la Terre-» Sainte dans les autres royaumes, les lettres qui contien-

» nent cette concession étant présentées sous cette forme ou
» condition :

» Après que nous aurons fixé le terme du passage selon qu'il
» conviendra à notre grandeur, et que l'affaire en question
» l'exigera ; devant vous, vénérables pères, les évêques, et
» aussi nos chers et fidèles Y., duc de Bretagne et comte de Ri-
» chemont, G., comte de Gloucester, H., comte de Lincoln,
» W., comte de Pembroke, J., de Jean, W., Letimer,
» maître G., de Montford, doyen de Londres, frère G., de
» Hottum, maître J., de Lacy, chancelier de Citeaux ;

» Et en outre devant vous, frère R., évêque de Grossola-
» nen, nonce du siège apostolique, et autres conseillers ;

» De plus devant vous, maître Jean de Cadame, notaire
» public par l'autorité apostolique ;

» Déclarons et disons que nous avons intention, après avoir
» levé tous les obstacles légitimes, de passer au secours de la
» Terre-Sainte dans le terme fixé pour le passage général,
» selon qu'il conviendra à notre état, et que l'exigera l'affaire
» en question, selon aussi notre pouvoir et nos forces.

» Conformément à notre déclaration, nous recevons humble-
» ment et dévotement ladite concession des dîmes et subventions
» à nous accordées par le St.-Siège.

» La déclaration souscrite a été faite par maître Guillaume,
» l'an de N.-S. 1290, indiction 4ᵉ., la 3ᵉ. année du pontificat
» du seigneur pape Nicolas IV, le 4ᵉ jour du mois d'octobre,
» dans le palais dudit seigneur roi, en présence des nobles
» hommes Raynault de Grey, Nicolas de Segrave, Bogeno de
» Knoville, et autres témoins susdits ; et moi Jean Erturi de
» Cadame, notaire public par l'autorité du siège apostolique,
» j'ai été présent, j'ai signé, et pour donner plus d'authen-
» ticité aux présentes, je les ai rédigées dans cette forme pu-
» blique avec la marque de mon sceau. »

A l'année 1291, le pape Nicolas adressa au roi Édouard une bulle en réponse à plusieurs demandes que ce prince lui avait faites concernant les dîmes et l'affaire de la Terre-Sainte. Nous avons vu plus haut qu'Édouard demandait les dîmes de tous les pays et royaumes dont les princes n'iraient pas à la Terre-Sainte. Le pape lui répond, à l'égard des dîmes du royaume de France, que l'église n'en recevait rien, et qu'elle ne pouvait rien lui en donner; il fit la même réponse à l'égard de celles de Castille. Quant à celles d'Allemagne et des pays du Nord, le pontife faisait observer encore qu'il en revenait bien peu de chose à l'église; mais pour celles d'Angleterre, d'Écosse, de Galles et d'Hibernie, elles lui avaient été accordées toutes entières pour le secours de la Terre-Sainte, et le pape pensait qu'elles pouvaient suffire au roi. Cependant le souverain pontife déclarait que l'église avait veillé et veillerait encore à ce que les dîmes et subventions, dont il est parlé plus haut, pussent être appliquées aux besoins de l'expédition, et il pressait de nouveau le roi d'Angleterre de se livrer promptement et tout entier aux préparatifs de la guerre sainte. Sa bulle, datée de Rome, était du 2 des ides de février.

Le 17 des calendes d'avril de la même année, le même pape accorde à Édouard un troisième terme de six années, pour l'entreprise de cette croisade, et l'autorise à lever tous les ans les dîmes d'Angleterre, d'Écosse, de Galles et d'Hibernie.

Par une autre bulle du 15 des calendes du même mois, Nicolas, approuvant le dessein du roi d'Angleterre de faire le voyage de la Terre-Sainte, renouvelle la concession des dîmes d'Angleterre, d'Écosse, etc. A la suite de cette bulle on en lit une troisième du même jour, dont l'objet est la ratification de la croisade. Le pape, en vertu du pouvoir qu'il tient de la miséricorde de Dieu, et de l'autorité des saints apôtres Pierre et Paul, accorde au roi et à ceux qui le suivront le pardon

des péchés, et les immunités et priviléges que ses prédécesseurs avaient coutume d'accorder aux croisés.

Le même jour, 15 des calendes d'avril, le souverain pontife publia d'autres bulles; l'une par laquelle il fixe à la nati-
vité de St. Jean-Baptiste de l'année 1293, le terme d'un
passage général, et autorise la prédication de la croisade dans
tout le royaume d'Écosse; l'autre qui ordonne la publication
dans tout le monde d'un passage général, et accorde des indulgences, des immunités, des priviléges aux croisés et à ceux
qui se croiseront. La troisième bulle prélève cent mille marcs
sur les dîmes d'Angleterre, d'Écosse, etc., pour être donnés
au roi en deux paiements égaux. Le pape charge de ce prélè-
vement Guillaume de Montford, doyen de l'église de St.-Paul-
de-Londres, et Robert de Newmarket, de l'ordre des Frères
prêcheurs, et Jean de Bckingham, de l'ordre des Frères mineurs. La quatrième bulle est adressée à Raoul Baudak,
archidiacre de Middlessex, et à Geoffroi de Vesan, camérier
du pape, qu'il autorise à travailler à la levée de la moitié de
la somme qu'il accorde par la bulle précédente. La cinquième
bulle a pour objet d'exhorter tous les ecclésiastiques d'Écosse
à accorder au roi d'Angleterre la dîme de tous leurs biens.
La sixième est adressée au doyen de l'église de Dublin, pour
demander à l'église d'Hibernie la même concession en faveur
du roi. La septième et la huitième bulles, outre les dîmes déjà
accordées, attribuent au roi d'Angleterre tous les revenus casuels
pendant six ans en Angleterre, en Écosse, en Irlande, etc.;
toutes ces bulles sont datées de Viterbe.

Sous l'année 1292, le roi d'Angleterre remercie André, roi
de Hongrie, des offres qu'il lui a faites pour le secours de la
Terre-Sainte. Sa lettre est datée de Berwick sur la Twed en
Écosse, la veille de la St.-Jean.

A la date de 1300, le pape Boniface VIII écrit au roi d'An-

gleterre une lettre pleine de joie sur les nouvelles arrivées
d'Orient, qui annonçaient que le kan des Tartares, et les rois
d'Arménie et de Géorgie s'étaient ligués contre le sultan du
Caire. Le pontife exhorte le roi à profiter d'une si belle occasion pour recouvrer la Terre-Sainte, en exécutant l'entreprise
si vainement annoncée d'un *passage général*. Cette lettre est
datée de Latran, le 7 des ides d'avril.

L'année suivante, le même pontife accorda, le 4 des calendes
de mars, au même roi, la dîme que son prédécesseur Nicolas
lui avait accordée pour le secours de la Terre-Sainte; et le
même jour il lui adressa une longue bulle pour l'exhorter à ne
pas laisser échapper l'occasion de recouvrer les saints lieux : il
lui reproche sa condescendance pour le roi de France, qu'il
peint comme un jeune homme séduit par de mauvais conseils
et par la malice des flatteurs.

En 1306, le pape Clément accorda, par une bulle datée de
Bordeaux aux calendes d'août, les dîmes des revenus ecclésiastiques pendant deux ans pour le secours de la Terre-Sainte.
Cette bulle était adressée à tout le clergé d'Angleterre, d'Écosse,
de Galles et d'Irlande. Par deux autres bulles datées du 4 des
nones d'août, le pape ordonnait qu'on prélevât 2,000 livres
sterling sur ces dîmes pour Marguerite, reine d'Angleterre.

Le même pontife, le 4 des calendes de décembre, adressa
une nouvelle bulle au roi pour l'exhorter à faire la paix avec
le roi de France, et à tourner ses armes vers la Terre-Sainte.
Le 11 des calendes de janvier, ce pontife, en annonçant au
roi sa convalescence, renouvelle ses exhortations à l'égard de
la croisade.

Le 17 des calendes de février de l'année 1307, Clément
adressa directement aux collecteurs des dîmes une bulle, dans
laquelle il les rendait responsables de la quatrième partie de ces

mêmes dîmes, réservée à la chambre apostolique. Il en adressa une autre pour le même objet au roi lui-même.

Sous la date de cette même année, on lit trois lettres du roi adressées à Robert de Kendale, connétable de son château de Douvres et gardien des cinq ports, pour qu'il prépare les choses nécessaires au passage d'outre-mer. Ces lettres, datées de *Langele*, sont du 14 novembre. Une autre du 25 du même mois est écrite au vicomte de Kent : elle lui ordonne de faire faire autant de ponts et de claies que Robert de Kendale en aura commandés pour le passage d'outre-mer.

Sous la date de 1309, le roi d'Angleterre écrit le 25 mai, à Foulques de Vilaret, grand-maître de l'ordre de St.-Jean-de-Jérusalem, qu'il accorde aux chevaliers de son ordre la permission d'exporter de son royaume et des autres terres de sa domination, des chevaux et autres animaux, de l'or, de l'argent, et tout ce qui est nécessaire pour le passage d'outre-mer.

TOME II.

Sous la date de 1312, on lit un sauf-conduit accordé par le roi d'Angleterre à Jean de Bonhkill, de l'ordre de Sainte-Marie-du-Mont-Carmel, partant pour la Terre-Sainte. Le roi recommande ce pélerin à tous ses amis et à tous ses fidèles. Il prie les uns et ordonne aux autres de le préserver de toute insulte et de tout obstacle, etc. Ce sauf-conduit est daté de Westminster, le 3 de juillet.

En 1317, le roi d'Angleterre adressa des lettres-patentes à tous ses sujets pour leur annoncer qu'il avait donné pouvoir aux évêques Jean de Norwick et Jean de Clarence, etc., de faire tout ce qu'ils jugeraient convenable pour les préparatifs de son passage dans la Terre-Sainte. Ces lettres sont du 4 janvier.

Le 12 du même mois, le roi de France, instruit que le roi d'Angleterre voulait lui faire hommage et l'entretenir d'un projet de passage dans la Terre-Sainte, lui adresse des lettres dans lesquelles il le prie de lui indiquer le temps et le lieu où ils pourront avoir une entrevue sur ce double sujet.

Le pape Jean XXI adressa, le 5 des calendes d'avril de la même année, une bulle au roi d'Angleterre, pour lui rappeler le vœu qu'il avait fait d'aller en Palestine, et lui accorder la dîme des revenus ecclésiastiques d'Angleterre, d'Ecosse, de Galles et d'Hibernie pendant un an. La veille, le souverain pontife avait délivré une bulle adressée aux archevêques, évêques, etc., d'Angleterre, à l'effet de faire cette levée des dîmes en faveur du roi. Le même jour, il en avait délivré une autre adressée aux archevêques de Cantorbéry et d'Yorck, par laquelle il excommuniait tous les ennemis du roi qui apporteraient quelqu'obstacle à ses préparatifs pour son expédition de la Terre-Sainte.

A l'année 1332, on lit des lettres-patentes du roi Edouard, qui nomme des ambassadeurs chargés d'aller en France conférer avec Philippe sur un voyage dans la Terre-Sainte et sur d'autres affaires qui y ont rapport. Ces lettres sont du 26 d'avril.

En 1334, Edouard publia d'autres lettres-patentes qui nommaient des ambassadeurs chargés d'aller en France traiter d'une entrevue des deux rois et des affaires de la Terre-Sainte. Ces lettres, datées de Westminster, étaient du 13 de septembre.

L'année suivante et le 18 de juillet, le roi d'Angleterre publia encore de nouvelles lettres-patentes pour le même objet. Le 6 juillet de l'année 1336, il en publia encore d'autres, toujours pour le même objet.

Sous la date de 1345, on lit une bulle du pape Clément adressée au roi d'Angleterre en réponse aux lettres de ce prince et aux propositions de ses ambassadeurs, et dans laquelle le pontife l'exhorte à faire la paix avec le roi de France pour tourner ses armes contre les infidèles qui occupaient la Terre-Sainte.

TOME III.

Sous la date de 1375, le pape Grégoire écrit à Édouard, roi d'Angleterre, pour l'exhorter à fournir des subsides dans la guerre contre les Turcs ; il lui dit qu'il s'agit de défendre la ville de Constantinople de la domination de ces infidèles, et que si cette entreprise réussit, elle facilitera les moyens de faire un passage général dans la Terre-Sainte, et d'opérer aussi la réunion des schismatiques grecs à l'église romaine. La lettre de Grégoire est datée d'Avignon, du 6 des ides de décembre.

Le même jour, ce pontife en écrivit une autre au même roi pour lui annoncer qu'ayant ordonné que 500 chevaliers de St.-Jean-de-Jérusalem iraient faire la guerre contre les Turcs, il en avait choisi trente de l'Angleterre qui devaient faire partie de ce nombre, et il priait le roi de leur donner la permission de sortir de son royaume et de leur prêter secours et assistance.

Sous la date de 1399, le duc d'Yorck, régent du royaume d'Angleterre, s'adresse au vénérable Thomas, évêque de...... pour la levée d'un subside destiné à l'empereur de Constantinople, menacé par les Turcs. Cette lettre est datée de Westminster, le 22 de juin.

En 1401, le roi d'Angleterre écrit à l'archevêque de Cantorbéry que, d'après les bulles du souverain pontife, qui sollicite les secours de toute la chrétienté contre le perfide Bajazet, il convient que tous les collecteurs chargés de lever l'argent destiné à la croisade, se hâtent de faire cette levée. Le roi veut en outre qu'on établisse dans les églises des troncs ou des boîtes pour recevoir l'argent des fidèles. Cette lettre est de Westminster, du 11 janvier.

Le tome IV n'offrant aucun acte relatif à notre objet, nous passons au tome V.

Tome V.

Sous la date de 1500, on lit une lettre du roi d'Angleterre, adressée à l'évêque d'Yorck et à Adrien, protonotaire apostolique, qu'il charge de pouvoirs auprès de la cour de Rome, pour traiter avec les plénipotentiaires des autres princes chrétiens des moyens de réprimer la férocité des Turcs. Cette lettre est datée de Westminster, le 10 de février.

Tome VI.

Dans l'année 1517, le pape Léon X, instruit que les rois et princes devaient se réunir pour traiter des affaires de la chrétienté, chargea Nicolas de Sconberg d'Allemagne, de l'ordre des Prêcheurs, de solliciter auprès d'eux une ligue contre les Turcs, dont la domination devenait de jour en jour plus menaçante. Sa bulle est datée de St.-Pierre-de-Rome, aux nones de janvier.

Dans la même année, le pape écrivit au roi d'Angleterre, et l'engagea à employer son crédit auprès des princes chrétiens pour obtenir d'eux du secours contre les ennemis de l'Église. Il lui parle dans cette lettre des pouvoirs qu'il a donnés à ce sujet à Nicolas Sconberg. Sa lettre est aussi datée de St.-Pierre-de-Rome.

Le même pontife s'adressa au cardinal d'Yorck pour ordonner la levée de la dîme sur toutes les églises d'Angleterre, afin de venir au secours de la chrétienté. Cette bulle, datée de St.-Pierre-de-Rome, est du 9 des calendes de septembre de la même année.

Le collége des cardinaux adressa au roi d'Angleterre et aux évêques, prêtres et diacres, une lettre pour demander du secours contre les Turcs. Cette lettre était datée du 8 janvier 1517.

En 1518, le pape Léon adresse au cardinal d'Yorck, légat du Saint-Siége en Angleterre, une bulle pour solliciter le roi de faire la paix et une trève de cinq ans entre tous les princes chrétiens, afin qu'ils tournent leurs armes contre les Turcs. Cette bulle est de St.-Pierre-de-Rome, le 16 des calendes de juin.

Au mois de septembre de la même année, il en adressa une autre au même cardinal pour le même sujet, et pour demander la levée d'une armée contre les Turcs.

La veille des calendes de janvier de cette même année, le pape Léon déclara, par une nouvelle bulle, son adhésion à la ligue formée entre les princes chrétiens pour arrêter les Turcs. Cette bulle renferme le traité fait entre les puissances; les confédérés y sont désignés de la manière suivante :

Du côté du roi d'Angleterre, les rois et reines de Portugal, de Hongrie, de Navarre; Marguerite, archiduchesse d'Autriche, fille de l'empereur; le doge et la seigneurie de Venise, le duc d'Urbin, les ducs de Clèves et de Juliers, la magnifique maison de Médicis et la seigneurie de Florence, le duc de Ferrare, la communauté et société de l'Anse teutonique, les Helvétiens ou Suisses.

Du côté du roi de France, le roi d'Écosse, le roi de Portugal, le roi de Hongrie, le roi de Navarre, le duc et la seigneurie de Venise, la seigneurie de Florence et l'illustre maison de Médicis, le duc de Souabe, le duc de Lorraine, le duc de Gueldre, le duc de Ferrare, le duc d'Urbin, le marquis de Mantoue, le marquis de Montferrat, le marquis de Saluces et les Helvétiens.

En 1523, le pape Adrien VI publia une bulle adressée à tous les princes chrétiens pour les exhorter à faire une trève de trois ans, afin de préparer une expédition contre les Turcs. Cette bulle, datée de St.-Pierre, est de la veille des calendes de mai.

En 1530, Henri VIII, roi d'Angleterre, donne pouvoir à ses ambassadeurs de traiter avec le pape, l'empereur, les rois de France, de Portugal, de Pologne, de Danemarck, d'Écosse; le doge de Venise, les ducs de Milan, de Ferrare, et autres rois et puissances, de la paix universelle et des moyens de résister aux Turcs. Ces lettres sont du 21 janvier.

Le schisme d'Henri VIII, qui eut lieu peu de temps après, ayant rompu toutes les relations d'Angleterre avec la cour de Rome, les rois de ce pays ne prirent plus aucune part aux projets de croisade qu'on pouvait encore tenter contre les Turcs.

Sacrosancta concilia ad regiam editionem exacta, etc., studio PHILIP. LABBEI *et* GABR. COSSARTII, *soc. Jesu presbyterorum. Tomus decimus.*

LA collection des conciles faite par le P. Labbe étant postérieure à la plupart des collections que nous avons analysées, et notamment aux Annales ecclésiastiques de Baronius, offre peu de pièces historiques que nous n'ayons pas déjà citées. Nous nous dispenserons donc de les répéter : nous bornerons notre examen à celles qui auraient échappé aux éditeurs de ces collections. Ainsi nous citerons, par exemple, une lettre du pape Urbain II à Alexis, empereur de Constantinople, après la tenue du concile de Clermont en 1095. Ce pontife instruit l'empereur grec que la multitude de ceux qui se sont croisés pour aller faire la guerre aux Sarrasins est si grande, qu'elle s'élève à 300 mille hommes. Il lui annonce que Pierre l'Ermite est à la tête d'une première armée, et qu'il sera suivi par Godefroy de Bouillon et ses frères Eustache et Baudouin. Il lui nomme

II   16

les autres chefs et lui parle surtout de Bohémond, dont il lui vante la magnanimité. Urbain finit par prier l'empereur d'aider de vivres et autres secours ces armées de croisés, et il ne doute point qu'il ne le fasse très volontiers. La lettre du pape est datée de Rome.

Dans la vie du pape Pascal II, et sous la date de 1099, le P. Labbe rapporte une lettre de ce pontife, adressée à l'armée qui combattait en Palestine. Il la félicite sur la victoire qu'elle a obtenue, et l'exhorte à poursuivre le cours de ses triomphes. Cette lettre est datée de Rome, le 4 des nones de mai.

A l'année 1100, l'éditeur, sur le témoignage de Hugues de Flavigny, dit qu'il se tint à Anse, petite ville du Lyonnais, un concile où se trouvèrent plusieurs évêques, entre autres les archevêques de Lyon, de Cantorbéry, de Tours, de Bourges, et qu'on y parla de voyage à Jérusalem. Ceux qui avaient fait vœu d'y aller, et qui n'avaient pas accompli leur vœu, furent séparés de la communion jusqu'à ce qu'ils y eussent satisfait. L'archevêque de Lyon avait envoyé des députés à Rome pour exprimer au pape le désir qu'il avait de faire le voyage, et pour lui demander son absolution et sa bénédiction. Le pontife lui répondit qu'il accédait à sa demande, et qu'il choisirait ensuite des légats à *latere*, qui iraient en Asie remplir ses fonctions de pape.

Le P. Labbe copie une autre lettre du pape Eugène III, adressée à l'empereur Conrad à son retour de Jérusalem. Cette lettre a pour but de consoler ce prince des tribulations que lui et son armée ont éprouvées dans leur expédition. La lettre du pontife est de Tusculum, le 8 des calendes de juillet. Le P. Labbe ne donne pas l'année.

Le même pape adresse une lettre semblable à l'abbé Suger, sur le retour de Louis VII. Elle est de Tusculum, le 18 des calendes de septembre.

Eugène lui en écrivit une nouvelle touchant le dessein que le roi avait formé de préparer une autre expédition outre-mer. Le pontife, rappelant les mauvais succès de la première, craint que la seconde ne soit pas plus heureuse. Il engage l'abbé Suger à prendre conseil des grands du royaume, et il promet, si l'expédition est résolue, tous les secours qui pourront la faire réussir. Cette lettre est datée de Latran, le 7 des calendes de mai, sans désignation d'année; mais les Bénédictins qui l'ont aussi rapportée dans leur Recueil des historiens de France, la placent en 1150.

Comme le père Labbe s'est fort étendu sur le concile œcuménique de Latran, tenu en 1215 par le pape Innocent III, nous nous y arrêterons aussi un instant, et nous donnerons quelques détails qui ne sont pas sans intérêt pour l'histoire des croisades. Le concile de Latran eut pour premier objet d'aviser aux moyens de recouvrer la ville de Jérusalem. Il s'y trouva quatre cent douze évêques, deux patriarches, celui de Constantinople et celui de Jérusalem. Celui d'Antioche s'y fit représenter par le diacre Germain. Il y eut soixante-onze primats et métropolitains, plus de huit cents abbés et prieurs, et un nombre infini de procurateurs représentant des archevêques, des évêques, des abbés, des prieurs absents et des chapitres. Il y vint des ambassadeurs du roi de Sicile, de l'empereur de Constantinople, des rois de France, d'Angleterre, de Hongrie, de Jérusalem, de Chypre, d'Aragon et d'autres princes, seigneurs et villes.

Le pape Innocent adressa des lettres, touchant ce concile, à tous les fidèles de la province de Mayenne. Il y parle de la nécessité de reprendre les lieux saints sur les Sarrasins. Il ordonne des prières pour le succès de l'entreprise qui doit se préparer, et veut qu'on établisse des troncs dans les églises pour y recevoir les secours pécuniaires que chaque fidèle pourra y déposer pour la guerre sainte. Il pense qu'il conviendra de faire une procession générale dans ces églises. Il annonce qu'il envoie des légats pour veiller à l'exécution de tout ce qui sera jugé nécessaire au succès de la croisade.

Le père Labbe, après avoir copié ces lettres, ajoute que le pape en écrivit de semblables dans les provinces de Magdebourg et de Brême, de Cologne, de Salzbourg, de Trèves, de Pologne, de Suède, de Lunden, d'Angleterre, de Toscane, d'Irlande, de Norwège, dans le royaume de France, dans les provinces d'Écosse, de Sardaigne, de Dalmatie, de Ravenne, de Milan, de Gênes, de la Marche d'Ancône, de Hongrie et de Bohème.

Le père Labbe copie celles que le pape adressa à l'archevêque, aux évêques, aux abbés et prieurs de la province de Vienne; puis il indique toutes celles qu'il envoya aux archevêques et évêques de toutes les provinces de la chrétienté. Il parle aussi des lettres que le même pontife envoya au roi de France Philippe, à son fils aîné Louis, et à la princesse Blanche, épouse de Louis. Il copie celles qui furent adressées aux patriarches d'Alexandrie et de Jérusalem. L'éditeur rapporte ensuite le discours que le pape prononça au concile sur la nécessité d'une croisade, discours dont nous avons extrait quelques passages au XIIᵉ. liv. de cette histoire. A la suite des décrets rendus dans le concile de Latran, se trouve celui qui a rapport à l'expédition sainte. Nous en avons également fait connaître les principales dispositions dans le même livre.

Sous la date de 1251, le pape Innocent IV écrit à Louis IX une lettre de consolation sur sa captivité chez les Sarrasins. Il écrit aussi à l'archevêque de Rouen une longue lettre, par laquelle il lui ordonne de prier, lui et ses diocésains, pour le roi de France. Ces lettres sont datées de Lyon.

Le P. Labbe, à la suite de ces lettres, place les actes du concile de Lyon tenu en 1245, c'est-à-dire six ans auparavant. Nous avons donné dans l'analyse des Annales ecclésiastiques un précis de ce qui fut décidé dans ce concile, relativement à la croisade.

Dans l'année 1263, il se tint à Paris un concile où les évêques de France s'engagèrent à donner, pendant cinq ans, la centième partie de leurs biens ecclésiastiques pour venir au secours de la Terre-Sainte. Ce concile eut lieu dans l'octave de la St.-Martin d'hiver. Le P. Labbe a donné le texte du décret qui y fut porté.

Sous la date de 1274, le pape Grégoire X adresse au patriarche de Jérusalem et aux évêques, abbés, prieurs, doyens, etc, des églises de la Palestine, une lettre qui leur annonce la convocation du concile général de Lyon où l'on devait s'occuper des affaires de la Terre-Sainte. Cette lettre est datée de Latran aux calendes d'avril.

Le même pape écrit à l'empereur grec, Michel Paléologue, et l'exhorte à envoyer des ambassadeurs au concile : il écrit également au patriarche de Constantinople qu'il appelle lui et les autres évêques grecs à cette assemblée; il les exhorte tous à se réunir à l'église latine. Il leur présente cette réunion comme un moyen de résister avec plus de succès aux infidèles. Ces lettres sont datées de Viterbe, le 9 des calendes de novembre.

Le P. Labbe rapporte la réponse que Michel Paléologue fit au pape Grégoire, et la seconde lettre du pape à l'empereur pour l'exhorter à envoyer au plus tôt des apocrisiaires.

Sous la date de 1291, il se tint à Milan un concile, qui eut pour objet de porter du secours à la Terre-Sainte. Le frère Stephanare, de l'ordre des Prêcheurs, y porta la parole au nom du pape, et donna la croix à plusieurs fidèles. Il conseilla de réunir en un seul ordre les chevaliers de St. Jean de Jéru-

salem, les Templiers et les chevaliers Teutoniques. Le roi de
France devait commander les troupes des croisés. Ce concile,
au rapport de Bernard Corius, eut lieu le 27 du mois de
novembre, et fut présidé par Atton, archevêque de Milan.

Le P. Labbe met sous l'année 1336 une bulle du pape
Jean XXII à l'évêque d'Olmutz. Le pontife ordonne une levée de
dîmes pendant trois ans dans le comté de Luxembourg et dans
le royaume de Bohème, en faveur du roi, qui était en guerre
avec les ennemis du nom chrétien. Cette lettre est d'Avignon,
le 4 des calendes de juin.

Sous la date de 1456, l'éditeur copie une lettre du pape
Callixte II au roi de France Charles VII, dans laquelle le pontife remercie ce prince d'avoir permis qu'on levât la dîme pour
faire la guerre aux Turcs. Cette lettre se trouve dans le Spicilége,
de même que ce qui regarde le concile de Mantoue, tenu en
1559. Le P. Labbe a pris, dans cet ouvrage, les discours qui
furent prononcés dans cette assemblée, et jusqu'au récit que
Nicolas Petit adressa à Juvénal des Ursins, chancelier de France.
(*Voyez* le volume précédent, à l'art. du *Spicilége* de d'Achery.)

Historia Byzantina.

L'immense recueil des écrivains grecs qui ont fait l'histoire
de Constantinople, recueil que nous devons au P. Labbe et
autres savants, semblerait devoir nous offrir un grand nombre
de faits pour l'histoire des croisades. C'est au contraire celui
qui en présente le moins. Presque tous ces auteurs ont gardé
le silence sur ces entreprises que les princes grecs avaient les
premiers provoquées; ou ceux qui en ont parlé ne l'ont fait
qu'avec des réticences et une partialité qui déposent évidemment contre eux. Plusieurs causes peuvent rendre raison de ce

silence. Les Grecs orgueilleux avaient tant de mépris pour ce qu'ils appelaient les barbares, qu'ils jugeaient au-dessous d'eux de s'informer de la vérité des événements qui ne les touchaient pas immédiatement eux-mêmes, et au-dessous de la dignité de leur langue d'en écrire le récit. D'un autre côté, on ne peut dissimuler que les empereurs de Constantinople eurent quelque raison de s'alarmer de l'arrivée subite de ces troupes innombrables de croisés qui se précipitaient de l'Occident sur les terres de leur empire. Mais il y a loin des mesures de précaution que la prudence pouvait dicter aux princes grecs, à la politique artificieuse et à la perfidie des Comnènes envers les croisés. Comme la postérité et l'histoire ne peuvent juger que sur des faits, les auteurs latins, qui tous se sont plaints de la conduite des Grecs, et leur reprochent leur mauvaise foi et leur duplicité, doivent être crus de préférence aux écrivains grecs qui gardent le silence sur des événements arrivés au milieu d'eux, ou qui essayent de justifier la conduite de leurs compatriotes par des mensonges dont l'exagération mérite à peine d'être relevée.

Ce n'est donc qu'avec réserve qu'on doit lire ces écrivains sur ce qui regarde les croisades; ou plutôt, en les lisant, on se convaincra facilement que leurs récits sont imparfaits ou mensongers; si les Latins ont eu des torts envers les Grecs, les Grecs en eurent de bien plus grands à se reprocher; et l'on aura toujours raison d'accuser ces derniers de ne s'être pas unis franchement aux croisés pour repousser les Sarrasins et les Turcs, qui pressaient leur empire de toutes parts, et pour relever leurs propres affaires qui allaient chaque jour en déclinant.

Puisqu'il y a si peu à profiter chez les historiens grecs, nous ne nous arrêterons pas à en faire une longue analyse. D'ailleurs, le nombre de ceux qui ont parlé des croisades est très

restreint; il se borne à trois ou quatre : nous nous contenterons
de caractériser chacun d'eux.

Le premier qui se présente est Anne Comnène, qui a écrit
la vie de son père Alexis. Cette femme avait reçu une éduca-
tion très soignée, et fut habile dans plusieurs sciences. Il est
tout naturel qu'une fille qui fait l'histoire de son père soit son
panégyriste; mais Anne Comnène a été souvent au-delà des
bornes de la louange pour Alexis, et au-delà des bornes de la
censure à l'égard des croisés. Tout ce qu'elle dit des Latins et
de leurs opérations militaires depuis Constantinople jusqu'au
siége d'Antioche, et ce qu'elle raconte de la prise de Jérusalem
et de la bataille d'Ascalon, est inexact, faux ou très incomplet.
Quand elle dit, par exemple, que dix mille Normands, arrivés
aux environs de Nicée, hachèrent des enfants en pièces, les mirent à la broche et les firent rôtir, on voit sans peine que cette
accusation est une calomnie dont l'atrocité est invraisemblable.

Anne Comnène accuse les chefs croisés d'ambition. C'est surtout contre Bohémond qu'elle dirige ses traits. Elle fait de son
caractère un portrait qui n'est nullement flatté. Mais elle y ajoute
ensuite son portrait physique qui doit paraître un peu singulier, sous le pinceau d'une femme et d'une ennemie. Il nous a
paru assez curieux, pour être cité ici tout entier. « Ni l'empire,
ni les pays étrangers, dit-elle, n'ont produit en notre siècle aucun
homme qui lui pût être comparé. Sa présence éblouissait autant
les yeux que sa réputation étonnait l'esprit. Sa taille était si avantageuse qu'il surpassait d'une coudée les plus grands. Il était
menu par le ventre et par les côtés, et large par le dos et par
l'estomac. Il avait les bras forts et robustes; il n'était ni maigre
ni gras. Il avait les mains grandes et pleines, les pieds fermes et
solides. Il était un peu courbé, non par défaut, mais par habitude. Il était blanc par tout le corps, mais il avait sur le visage
un agréable mélange de blanc et de rouge. Il avait des che-

veux blonds qui lui couvraient les oreilles, sans lui battre sur
les épaules, à la façon des barbares. Ses yeux étaient bleus et
paraissaient pleins de colère et de fierté. Son nez était fort ouvert, car comme il avait l'estomac large et le cœur grand, il
fallait que son poumon attirât une grande quantité d'air pour
en modérer la chaleur. Sa bonne mine avait quelque chose de
doux et de charmant; mais la grandeur de sa taille et la fierté
de ses regards avaient quelque chose de farouche et de terrible.
Son ris n'inspirait pas moins de terreur que la colère des
autres a coutume d'en imprimer. Il était fin et rusé; il parlait
fort à propos, et il ne manquait jamais de réponse à quelque
demande qu'on lui pût faire. Avec de si grandes qualités, il
n'était inférieur qu'à Alexis en dignité, en fortune, en esprit,
en éloquence. »

Anne Comnène, après avoir raconté la mort de Bohémond,
cesse de parler des croisades et de ce qui se passait en Palestine, jusqu'à la mort de son père Alexis, où elle termine
son histoire.

Le second auteur grec est Jean Cinname de l'ancienne et
noble famille des Cinnames. Il vivait sous Manuel Comnène
dont il a écrit les actions, de même que celles de Jean Comnène
son père. Cet auteur, en parlant des croisés, se montre comme
ceux de sa nation, très partial. Il accuse et les pontifes romains
et les empereurs allemands, et tous les Latins en général; mais
il ne parle que de la seconde croisade. Il dit beaucoup de mal
de Conrad et ménage un peu plus Louis VII qu'il désigne sous
le nom de roi de Germanie et sous celui de Frédéric. Il dit que ce
dernier fut en danger d'être pris par les vaisseaux des Romains
(ou grecs) en revenant de la Palestine. Du reste, il justifie en
tout la conduite de Manuel qui pourtant, d'après son propre
récit, ne fut ni noble ni généreuse.

Le troisième auteur est Nicetas, dont nous avons beaucoup

parlé dans notre 5ᵉ. volume. Tout le monde sait qu'il exerça
des emplois considérables à la cour de Constantinople ; et que,
lorsque cette ville fut prise par les Latins, il se retira à Nicée
en Bythinie où il mourut : son histoire commence à la mort de
l'empereur Alexis en 1118, et se termine à celle de Baudouin
en 1205. Nicétas a fait aussi le récit de la seconde croisade, et
il n'a pu dissimuler la perfide conduite de l'empereur Manuel
à l'égard des Latins ; car il dit expressément que cet empereur,
après avoir accordé un libre passage à travers ses provinces
et fourni des provisions pour les hommes et pour les chevaux,
convoqua les légions romaines (ou grecques) pour surveiller
les croisés, et s'attacha à dresser partout des embûches aux
Latins. Il n'ose pas même assurer que ce ne fut pas par son
ordre qu'on leur vendit de la farine mêlée de chaux.

Lorsque Nicétas raconte l'expédition de Frédéric Barberousse, il prouve encore la perfidie de l'empereur grec.
Après avoir dit qu'Isaac approuva le traité qui fut fait pour livrer passage à Frédéric et lui fournir abondamment des vivres,
il avoue que l'empereur grec envoyait tour-à-tour des ordres
contraires au gouverneur de Philippopolis, soit pour assurer,
soit pour empêcher ce passage. Ce gouverneur était Nicétas
lui-même. Il fait le récit de tous les artifices d'Isaac et du courage avec lequel Frédéric parvint à en triompher. En racontant
l'expédition des Latins contre Constantinople, Nicétas accuse
leur religion, qu'il appelle dépravée, et l'indolence d'Alexis qui
ne fit rien pour reconquérir le trône et rien pour le conserver ;
les détails qu'il donne sur cette expédition sont bien peu de
chose en comparaison de l'importance qu'il y devait attacher comme grec et comme homme constitué en dignité. Il
s'étend un peu plus sur l'usurpation de Mursufle et sur la
prise de la ville. Voyez ce que nous avons dit de cet historien et de son récit dans notre 5ᵉ. vol.

Le quatrième auteur Georges, acropolite-logothète, vivait dans le 13e. siècle, sous Michel Paléologue, dont il était ce que nous appelons grand-maître de la garde-robe. Son histoire commence à la prise de Constantinople par les Latins. Le récit qu'il en fait est assez court : il accuse le pontife de Rome d'avoir été la cause de cette expédition. Léon Allatius qui a fait des notes sur l'histoire de Grégoras, repousse ses insinuations à cet égard, et met tout entière sur le compte du doge de Venise, la prise de Byzance.

Nicéphore Grégoras, autre historien grec qui vivait en 1295, et qui était neveu de Jean, métropolitain d'Héraclée, a commencé aussi son histoire à cette même époque. Dans son IVe. livre, en parlant d'une ambassade envoyée par le sultan d'Égypte et d'Arabie à Paléologue, il entame une digression sur la première croisade, et s'attache surtout à peindre les Français, dont il loue la loyauté : mais après avoir fait leur éloge, il finit par dire que chargés, et pour ainsi dire ivres de richesses, après la conquête de Jérusalem, ils se conduisirent bien autrement qu'on ne l'avait espéré. Du reste son récit est assez succinct, surtout quand il raconte les combats que les chrétiens eurent à soutenir en Syrie et en Phénicie contre les Arabes.

Grégoras fait ensuite l'histoire des progrès des Turcs en Asie jusqu'en 1345. Michel Ducas, petit-fils de l'empereur Michel Ducas, a fait aussi une histoire de Constantinople ; il s'y montre très attaché à la religion chrétienne, et très zélé pour la communion de l'église catholique. Il reproche aux Grecs leur légèreté et leur mauvaise foi ; il les accuse de n'avoir pas voulu franchement se réunir aux Latins, et de n'avoir fait la paix avec eux que pour obtenir des princes d'Occident, et surtout des papes, des secours contre les Turcs. Nous savons de Ducas lui-même qu'il fut employé dans les affaires ; il passa une partie de sa vie auprès des princes de Lesbos. Après la prise de Constantinople par Mahomet II, il fut envoyé par eux auprès de ce sultan ; il fut témoin d'une partie des choses qu'il raconte. Après avoir présenté la lutte inutile et pénible de l'empire grec contre la puissance toujours croissante des Turcs, l'historien en vient enfin à la prise de Constantinople par Mahomet II, et fait une longue description de cette prise et du siége qui la précéda. (Voyez le IVᵉ. volume de cette histoire.)

Laonic Chalcondyle, qui a composé dix livres sur les affaires des Turcs, vivait au 15ᵉ. siècle; on ne sait ni l'époque de sa naissance, ni celle de sa mort. Son ouvrage commence en 1298 et finit en 1462. Voici comment il décrit ce qui se passa au moment de la prise de Constantinople par Mahomet II.

« Une grande quantité d'hommes, de femmes et d'enfants se rassemblaient à l'église de Ste.-Sophie; plusieurs y furent pris par les Turcs après le combat, d'autres furent tués dans le temple; le reste des Grecs fuyait par la ville, ne sachant de quel côté aller pour éviter le danger présent. Plusieurs furent égorgés comme des troupeaux, d'autres furent faits prisonniers; beaucoup de Grecs courageux combattaient vaillamment, aimant mieux mourir pour la patrie que de voir leurs femmes et leurs enfants devenir la proie des ennemis. Théophile, issu des Paléologues, succomba en se défendant avec courage; les compagnons des Paléologues furent tués de même en combattant. Plusieurs autres Grecs qui étaient à côté de l'empereur, et qui ne pouvaient supporter l'idée de voir leur patrie réduite en servitude, trouvèrent la mort dans le combat : toutes les rues de la ville étaient pleines de bourreaux et de victimes, de fuyards et d'hommes qui les poursuivaient.....

» Le camp du sultan fut bientôt rempli de femmes et d'enfants qui appartenaient à d'illustres familles grecques ; on y

apportait de grandes richesses, beaucoup d'or et d'argent, et
des pierres précieuses en abondance. On vendit de ces dernières à vil prix, parce que ceux qui les avaient enlevées en
ignoraient la valeur; on vendit de l'or pour de l'auricalque.
Le cardinal Isidore, évêque russe, fut fait prisonnier et vendu;
il parvint à se sauver dans le Péloponèse. Si Mahomet l'eût
connu pour cardinal, il l'aurait certainement fait mourir. »
L'empereur grec périt; mais Chalcondyle ne peut dire comment.

George Phranzès ou Phranza, de Byzance, d'une famille
distinguée, a fait également une chronique de Constantinople;
il fut chambellan et secrétaire de Manuel Paléologue; il devint
ensuite son familier et son ami. Cet empereur le recommanda
en mourant à Jean, son fils et son successeur, comme le plus
fidèle de ses ministres; Jean l'aima avec tant d'affection, qu'il
ne pouvait s'en séparer. Constantin, frère de Jean, le chérit
également, et l'initia dans ses conseils intimes. Phranzès fut
chargé de différentes ambassades et de plusieurs emplois;
quoique livré aux affaires politiques, il ne se montra pas
moins habile dans la science militaire. A la prise de Constantinople, il tomba au pouvoir des Turcs : après avoir perdu
sa fortune, sa patrie et ses enfants, il vécut dans le Péloponèse
auprès des Paléologues; ensuite il alla en Italie, visita Venise,
dont il ne peut assez admirer la magnificence, et s'avança
jusqu'à Rome, d'où il retourna en Grèce et s'y fit moine.
Avant et après avoir embrassé cet état, il vécut dans une si
grande disette des choses nécessaires, qu'il manqua souvent
de pain; il mourut accablé de maladie à l'âge de 80 ans. La
charge de protovestiaire, dont il avait été revêtu, répond à
celle de grand-maître de la garde-robe : l'histoire qu'il a laissée
des six empereurs Paléologues, et qu'il a écrite en latin, ne
peut manquer d'intéresser, comme étant d'un témoin des
choses qu'il raconte.

Elle commence à-peu-près au temps où Constantinople fut reprise sur les Latins par les Grecs, et finit à l'année 1477. Phranzès entre dans un long détail du siége de Constantinople; il cite un discours que l'empereur grec adressa à ses soldats avant le dernier assaut. « Camarades, leur dit ce prince, mes frères, pour l'amour de Dieu, je vous en conjure, résistez avec courage; je vois les forces des ennemis s'affaiblir et leurs troupes se disperser sensiblement; ils ne s'avancent plus, selon leur coutume, en bataillons serrés : j'espère de Dieu que nous aurons la victoire. Du reste, mes frères, réjouissez-vous, car la couronne qui vous attend n'est point une couronne terrestre et périssable : c'est celle du Ciel. Dieu combat pour nous; la frayeur s'est emparée des impies. » Pendant que l'empereur parlait encore, le général Jean Justiniani fut blessé à la cuisse d'une flèche ennemie, et prit la fuite. Les soldats qu'il commandait furent troublés et saisis de crainte : le désordre se mit parmi eux.

Phranzès représente l'empereur essayant par ses prières et par ses larmes de les rallier; il le représente encore au moment où les Turcs escaladaient les murs de la ville, se battant comme un lion pour les repousser et les renverser; quand les ennemis furent enfin maîtres de Constantinople. « Vous auriez vu, dit l'historien, un spectacle nouveau; au milieu des plaintes et des lamentations des captifs entraînés en grand nombre, des nobles, des dames, des vierges consacrées à Dieu, traînées par les cheveux et arrachées des églises; les prêtres et les édifices sacrés dépouillés; et ce qui est horrible à raconter, vous auriez vu le sang de J.-C. répandu, son corps jeté à terre, les vases saints enlevés ou brisés, les ornements déchirés, les images ornées d'or, d'argent et de pierreries, foulées aux pieds. Les vainqueurs couvraient leurs chevaux des vêtements sacrés, ou s'en servaient de tapis quand ils voulaient manger, et écrasaient sous leurs pieds les reliques des saints. »

Ce qui doit étonner de la part de ces derniers auteurs grecs ,
c'est qu'en racontant les progrès des Turcs , qui menaçaient
de plus en plus leur patrie et leur capitale , ils ne disent rien ou
presque rien des efforts que les papes firent pour les sauver ,
et des croisades qui furent entreprises par la chrétienté ,
pour combattre les ennemis et les oppresseurs de Byzance.

EXTRAITS
DES HISTORIENS ARABES.

On voit par ce qu'on vient de lire combien les chroniques d'Occident nous offrent de matériaux historiques pour l'époque des croisades. Nous étions bien loin d'avoir les mêmes ressources pour les chroniques des Orientaux, dont quelques-unes seulement avaient été traduites ; les autres ne nous étaient connues que par quelques fragments ou quelques citations éparses. On connaissait à peine en Europe le nom de plusieurs écrivains arabes qui avaient parlé des événemens des croisades ; nous n'avons pas besoin de dire combien cette lacune offrait d'obscurité et laissait d'incertitudes aux historiens qui retracent le tableau de ces temps reculés. Le défaut de critique de nos anciens chroniqueurs, et l'ignorance où ils étaient de tout ce qui se passait chez les musulmans, devaient surtout nous faire sentir le besoin de consulter les chroniques orientales.

Le plus grand service qu'on put rendre à l'histoire était donc de faire connaître les relations musulmanes, comme nous connaissons les récits de nos chroniqueurs d'Occident. Cette entreprise exigeait des secours multipliés ; elle ne pouvait se réaliser que dans une capitale riche en dépôts scientifiques, et particulièrement en manuscrits orientaux ; et l'on peut dire qu'aucune ville, sous ces divers rapports, n'offrait les mêmes avantages que la capitale de la France.

L'idée de cette entreprise appartient à une congrégation dont la mémoire vivra aussi long-temps que l'Europe conservera le sceptre des lettres et des études savantes. « Les bénédictins de

II.   17 *

» la congrégation de Saint-Maur (nous laissons parler ici M. de
» Sacy (1), qui travaillaient, sous les auspices du gouverne-
» ment, à la continuation de la collection des historiens de
» France, sentirent qu'elle serait incomplète s'ils n'y donnaient
» place aux historiens orientaux qui ont écrit l'histoire des
» guerres des croisades. Cela était d'autant plus indispensable,
» que presque tous ces écrivains ayant un intérêt soit politique,
» soit religieux, directement opposé à celui des auteurs occi-
» dentaux, leur récit devenait un instrument nécessaire à la
» critique des monuments historiques dont nous sommes re-
» devables à ces derniers. Les auteurs de cette collection, pour
» atteindre le but qu'ils se proposaient, associèrent à leurs tra-
» vaux leur confrère D. Berthereau, dont ils connaissaient les
» talents et le goût pour le travail. D. Berthereau commença
» aussitôt à feuilleter les nombreux manuscrits historiques que
» lui offraient les bibliothèques publiques et particulières, mais
» surtout la bibliothèque du Roi et celle de Saint-Germain-des-
» Prés. Il n'a négligé aucun des manuscrits arabes historiques
» qui embrassaient quelqu'une des époques des croisades. Les
» textes originaux qu'il en a extraits forment environ onze
» cents pages in-fol., et les écrivains qu'il a écartés ne doivent
» être considérés que comme des copistes ou des abréviateurs
» des historiens principaux. »

La collection de D. Berthereau, fruit d'un travail de trente
années, a passé dans la bibliothèque du Roi. Lorsque l'ancien
ministre de l'intérieur, M. le comte de Montalivet, en ordonna
l'acquisition, son intention était, comme il nous l'a souvent
répété lui-même, que nous pussions en profiter pour notre

---

(1) *Notice des manuscrits de D. Berthereau*, par M. Silvestre-
de-Sacy. (Voyez le *Mag. Encycl.*, ann. VII, t. II, p. 145.)

travail (1), et nous devons dire ici que nous n'avons jamais reçu de plus noble et de plus utile encouragement. On devinera sans peine les obstacles multipliés qui auraient entravé la confection d'une nouvelle collection de ce genre, soit par le nombre considérable de manuscrits qu'il eût fallu dépouiller, soit aussi par la dispersion de quelques-uns des monuments historiques dont le savant D. Berthereau avait eu communication.

Il est cependant vrai de dire que plusieurs faits importants lui avaient échappé, et qu'une nouvelle étude d'une partie des sources nous a mis à même d'ajouter à son travail; il n'avait pas eu le temps de mettre la dernière main à la traduction latine qu'il a faite des extraits arabes : dans plusieurs passages, il annonce lui-même qu'il devait revenir sur cet ouvrage, et le mot *revisenda*, souvent répété dans son manuscrit, prouve assez qu'il a laissé quelque chose à faire à ceux qui sont venus après lui.

Dans ce grand nombre d'auteurs qui ont été mis à contribution, tous n'étaient pas également intéressants ; comme les historiens arabes se copient le plus souvent mot pour mot, il restait un choix à faire, si l'on ne voulait se jeter dans les inutilités ou dans des redites continuelles. Nous avons dû nous attacher de préférence à ceux dont les écrits avaient embrassé une longue série d'années, ou ceux qui, par leur position ou la part qu'ils avaient prise aux événements dont ils nous ont transmis le souvenir, donnaient une plus forte garantie d'exactitude

---

(1) La collection de D. Berthereau est composée d'un grand nombre de volumes; mais elle ne renferme que deux volumes d'extraits arabes, et deux d'extraits latins. Le reste de cette collection ne renferme rien dont on puisse profiter pour une histoire des croisades.

et de véracité. Aboulféda, Ibn-Alatsyr, Makrizi, la chronique d'Ibn-Férat, les histoires de Bibars et de Kelaoun, et les *Histoires de Nour'eddin et de Saladin* (intitulées les *Deux Jardins*), nous ont paru devoir mériter cette préférence. Quant aux extraits qui n'offraient que des détails sans suite, ou des faits déjà rapportés, nous nous sommes contentés d'en présenter une courte analyse, sans rien omettre de ce qui ne nous était pas connu par les extraits précédents.

L'extrait d'Ibn-Férat est dû à M. Jourdain, dont nous avons parlé dans notre avis préliminaire. M. l'abbé Reinaud a traduit sur les manuscrits arabes l'histoire d'Aboulféda, celle de Makrizi, les règnes de Bibars et de Kelaoun. Nous lui devons aussi deux Notices instructives, l'une sur *Aboulféda*, l'autre sur l'ouvrage que nous avons appelé jusqu'ici *la Continuation de Tabari*. Il a revu avec nous les extraits dont nous n'avions pu nous occuper, et qui ont été faits par M. Th. Delbare, sur la version latine de D. Berthereau.

Nos lecteurs nous reprocheront peut-être d'avoir donné trop d'étendue à quelques extraits des chroniques orientales, et surtout d'avoir conservé dans la traduction que nous en donnons des détails arides et peu importants; nous l'avons fait ainsi, pour qu'on pût connaître la manière d'écrire l'histoire chez les Orientaux, et pour qu'on eût une suite complète des faits que renferment leurs chroniques : au reste, cette sécheresse de détails ne se fera remarquer que dans les premières pages des extraits d'Aboulféda et d'Ibn-Alatsyr; toutes les autres chroniques ont été abrégées et dépouillées de tout ce qui pourrait paraître fastidieux pour tous ceux qui ne cherchent dans l'histoire que les grands événements et les circonstances les plus importantes.

vv

NOTICE SUR ABOULFEDA.

ABOULFEDA (Ismaël), prince de Hamah, né en 1275, deux ans après la mort de St. Louis, à Damas, où l'approche des Tartares avait forcé ses parents de chercher un refuge, appartenait à la branche de la famille des Ayoubides, dans laquelle la principauté de Hamah était héréditaire (1). Fidèle aux exemples que ses ancêtres lui avaient laissés, on le voit dès l'âge de douze ans débuter au siége de Markab, dans la carrière des armes. Il se trouve en 1289 au siége de Tripoli, et l'année suivante, il contribue à la prise de Saint-Jean-d'Acre. Les colonies chrétiennes d'Orient ainsi anéanties, tous les efforts des sulthans d'Égypte et des chefs de principauté de Syrie, leurs feudataires, se portèrent contre les attaques répétées des Tartares. Aboulfeda prit part aux expéditions dirigées contre ces barbares. Rappelé en 1299 à Hamah par Modhaffer son cousin, prince de cette ville, il avait quitté l'armée qui marchait à leur rencontre, et s'était rendu auprès du prince lorsqu'il mourut. Cet événement, qui semblait devoir assurer à Aboulfeda la principauté de Hamah, faillit la ravir pour toujours à sa famille. Ses deux frères lui disputèrent cette riche succession, et les démêlés que leurs prétentions firent naître, fournirent au sulthan d'Egypte un prétexte pour incorporer Hamah à ses autres provinces. Cette ville fut alors gouvernée par des émirs envoyés d'Egypte jusqu'en 1310, époque où Aboulfeda en obtint le

---

(1) Il était fils d'Aly, fils de Mahmoud, fils de Mohammed, fils d'Omar, fils de Schahinschah, frère de Saladin.

commandement, d'abord comme gouverneur, et deux ans après comme *prince de Hamah*, *Barin* et *Maarrah*. Rétabli enfin dans la paisible possession de l'apanage de ses pères, il partagea son temps entre l'étude et les soins qu'exigeait la conservation de sa principauté dans ces temps difficiles. Il mourut en 1331, à l'âge de cinquante-huit ans (1). Les nombreux ouvrages d'A-boulfeda attestent ses vastes connaissances dans la géographie, l'histoire, les mathématiques, l'astronomie et la jurisprudence musulmane. Nous nous bornerons ici à le juger comme histo-rien. Son abrégé de l'histoire générale (*Almokhtasser fy akh-bar albaschar*) commence à la création du monde, et finit à l'année 1328 de J.-C. (2). Elle est composée de deux parties. Celle qui précède Mohammed n'est qu'une esquisse fort super-ficielle, et n'a pas été imprimée en entier : dans la seconde, c'est-à-dire celle qui commence à la naissance de l'islamisme, l'auteur donne à son sujet une extension plus considérable, et les détails vont toujours croissant jusqu'à l'époque où se ter-mine l'ouvrage. Il résulte d'un plan aussi bizarre, commun du reste à nos chroniqueurs, et même suivi quelquefois par les auteurs grecs du moyen âge, que les derniers siècles occupent une place hors de proportion avec celle des premiers siècles de

---

(1) C'est à tort que l'auteur de l'article d'Aboulfeda, inséré dans la *Biographie universelle*, tom. 1, pag. 91 et suiv., suppose qu'il fut choisi en 1299 par son cousin pour gouverner la principauté en son absence. Modhaffer n'avait pas fait partie de l'expédition contre les Tartares.

(2) Les deux manuscrits de la bibliothèque du Roi finissent à l'année 1310. L'un des deux a été corrigé de la propre main d'A-boulfeda ; mais les additions qui sont de sa main se bornent le plus souvent à ces mots : *Que Dieu maudisse les Francs*, répétés toutes les fois que leur nom revient. Ce manuscrit est d'ailleurs parsemé de lacunes qui n'ont été remplies qu'après coup.

l'hégire. Cette histoire est une compilation abrégée des principaux ouvrages historiques publiés antérieurement, et il serait
difficile de déterminer ce qui appartient en propre à notre
auteur. Toutes les parties n'en sont pas traitées avec le même
soin. Vainement y chercherait-on des notions un peu étendues
sur les dynasties musulmanes répandues dans l'Afrique et en
Espagne. Le peu de mots que l'auteur dit sur les états chrétiens de l'Occident, prouve que la connaissance de ces pays lui
était étrangère. Quelquefois aussi, il n'a pas recouru aux sources
les plus pures; du moins peut-on lui reprocher d'être moins
exact sur les révolutions qui agitèrent l'Asie mineure pendant la
domination des Seldjoukides, qu'Aboulfarage, qui avait écrit
avant lui. Quant à la portion consacrée aux dynasties des
mamelucks, l'auteur tait souvent les faits les plus importants,
tandis qu'il se complaît dans des détails minutieux; l'on ne
doit pas perdre de vue que sa principauté étant à la merci des
princes égyptiens, il ne pouvait sans danger présenter un tableau trop véridique des crimes qui ont souillé l'histoire de ces
princes. L'histoire d'Aboulfeda passe cependant, et avec raison, pour le monument historique des Arabes le plus impo-
sant qui ait été publié dans notre Europe; le succès qu'elle
y a obtenu n'est pas seulement fondé sur la longue série de
siècles qu'elle embrasse : on ne peut refuser à l'auteur le mérite de nous avoir conservé, sur les guerres des anciens khalifes contre les empereurs d'Orient, et sur certaines dynasties,
des faits que nous ne connaissons que par lui.

On doit au célèbre Reiske l'édition de l'histoire d'Aboulfeda,
ainsi que la traduction latine et les notes qui l'accompagnent (1).
Nous avons collationné l'imprimé sur les exemplaires manus-

---

(1) L'édition a paru à Copenhague, de 1789 à 1794, en 5 vol. in-4°.,
sous le titre de *Abulfedæ Annales muslemici*, avec quelques
améliorations du savant M. Adler, qui en a dirigé l'impression.

crits de la bibliothèque du Roi, et cette révision du texte nous
a fourni plusieurs importantes variantes. La traduction latine
nous a paru de temps en temps laisser à desirer pour la clarté
et même l'exactitude : si nous avons relevé quelques erreurs,
nous en sommes redevables en partie à l'avantage d'avoir
sous les yeux les mêmes faits racontés par vingt auteurs différents. Quant aux notes de Reiske, elles se rapportent presque
toutes à la philologie, et deviennent à-peu-près étrangères au
plan que nous nous sommes tracé. Nous avons eu soin d'avertir,
dans celles que nous lui avons empruntées.

Nota. L'extrait de l'histoire d'Aboulfeda commence à l'entrée des premiers croisés dans l'Asie-Mineure, et se termine
à l'année 1322. C'est un court précis des événements mémo-
rables qui signalèrent la lutte entre les forces musulmanes et
les guerriers de l'Occident ; les faits seront pour la plupart
développés dans les extraits qui suivront : ce précis conservera
néanmoins quelque intérêt aux yeux du lecteur, par la facilité
qu'il y trouvera de classer dans son esprit les circonstances
des mêmes événements, lorsqu'elles lui seront présentées sans
suite et dans un cadre moins étendu.

A l'époque où les chrétiens latins parurent sur cette nouvelle
scène, l'empire grec ne conservait que de bien faibles restes
de ses belles provinces d'Asie. C'est vers l'an 1074 que Soleyman, fils de Kotoulmisch, avait pénétré en Asie-Mineure, par
ordre et au nom de Malck-Schah, son cousin. A mesure que
le général Seldjoukide poussait ses conquêtes, les pays de
montagnes et les villes défendues par la nature, profitaient
de leur isolement pour secouer le joug de la cour de Constantinople. Ainsi les plaines et les villes opulentes étaient laissées
aux courses des barbares, pendant que l'égoïsme et des intérêts
contraires paralysaient les forces qui auraient pu seules les
en délivrer.

Mais cette nouvelle puissance se trouva à son tour divisée, à la mort de Soleyman (vers l'an 1086). Bientôt différents partis se formèrent; tout porte à croire que si son fils, l'intrépide Kilidj-Arslan, n'eût su, à l'arrivée des croisés, intéresser toutes les volontés à la défense commune, la ruine de cette même puissance aurait été plus rapide que son élévation.

Si nous portons nos regards plus à l'Orient, au centre du vaste empire des Seldjoukides, nous ne voyons que troubles et méfiance parmi les héritiers du nom du grand Malek Schah. A peine venait-il de mourir (en 1092), que la guerre éclate entre deux de ses fils, Barkiarok et Mahmoud, puis entre un troisième nommé Mohammed. L'esprit d'insubordination gagne aussitôt les commandants des armées, et ceux qui avaient reçu de Malek-Schah les provinces à titre de fiefs.

Comme s'il n'eût pas suffi de tant d'éléments de discorde, Tanasch (1), qui jusque-là avait sagement gouverné la plus grande partie de la Syrie, se mit aussi sur les rangs pour occuper la place de son frère. Sa fin malheureuse (en 1095) replongea la Syrie dans le même état d'anarchie qui l'avait désolée sous la domination des khalifes égyptiens : sous ses fils Redhwan, à Alep, et Dekkak, à Damas, les chefs de principautés qui s'étaient élevés à l'époque de la chute de la puissance égyptienne en Syrie, renouvelèrent leurs prétentions réciproques; bientôt, tout en reconnaissant la suprématie du chef de la maison Seldjoukide, ils firent renaître ces querelles armées qui annoncent toujours l'absence d'une autorité tutélaire. Djenah'eddauleh, d'abord au service de Redhwan, s'établit dans Emesse, à la faveur des divisions qui régnaient

----

(1) Ce nom a été défiguré en ceux de Toutousch, Tatasch, Tatnasch et Tebs, selon que les manuscrits ont varié dans la position des points diacritiques.

entre lui et son frère ; de son côté, Kerboga, ancien général
des armées de Malek-Schah, s'empara de Mossoul et de
Nisibe. Ylgazi et Sokman, fils d'Ortok, en perdant Jérusalem
(en 1096), étaient allés chercher fortune en Mésopotamie.
Déjà nous voyons un prince de cette famille, bien établi dans
Saroudj, jeter les premières racines d'une dynastie qui se conserva long-temps au milieu de révolutions si fréquentes : dans
le même temps quelques-uns des chefs de Turkomans et d'Arabes, qui les premiers avaient levé contre Mostanser l'étendard
de la révolte, se maintenaient dans Antioche et dans Tripoli.

C'est au milieu de ces déchirements que Mostali-Billah parvint à rétablir son autorité dans plusieurs des villes qui s'en
étaient séparées sous son père ; des gouverneurs nommés par
lui commandaient dans Tyr, Jérusalem, St.-Jean-d'Acre et
Sidon. Mais qu'on n'aille pas s'exagérer la puissance du fils
de Mostanser. A l'époque dont nous parlons, la monarchie
égyptienne était sur le penchant de sa ruine ; les khalifes
étaient enfermés dans leurs palais, et l'autorité devenait, entre
les mains des soldats, le prix de l'audace entreprenante et
d'une ambition qui ne connaissait pas de frein.

EXTRAIT

De l'Histoire générale d'Aboulfeda.

An 491 de l'hégire (1098 de J.-C.), les Francs s'étaient mis en marche dès l'année précédente; ils passent le détroit de Constantinople et entrent dans les états de Kilidj-Arslan, qui régnait sur Icone, etc. Il se livre quelques combats dans lesquels Kilidj-Arslan est battu. Les Francs traversent ensuite la Cilicie, et arrivent devant Antioche. Ils l'assiégent pendant neuf mois. Le gouverneur Baghi-Syan la défend avec une grande intrépidité; mais voyant ses efforts sur le point d'échouer, il s'enfuit pendant la nuit. Revenu le lendemain de sa frayeur, il pleure sur le sort de sa famille, de ses enfants, et sur les désastres des musulmans. Absorbé dans sa douleur, il tombe sans connaissance. Ceux qui l'accompagnaient tentent de le remettre sur son cheval. Son extrême faiblesse l'empêchant de s'y tenir, ils le laissent à terre, abandonné à sa destinée. Un bûcheron arménien passe tandis qu'il rendait le dernier soupir, lui coupe la tête et la porte à Antioche.

Les Francs entrent dans Antioche au mois de djoumadi premier (avril); ils pillent la ville et passent les musulmans au fil de l'épée.

Lorsque Kerboga, prince de Mossoul, apprit les succès des Francs devant Antioche, il se rendit avec son armée dans la plaine de Dabek (non loin de la ville de Kenesrin). Dekkak, prince de Damas, Thogdekin, son atabek (1), et Djenah'ed-

---

(1) Ce nom est composé de deux mots turcs qui signifient *père du prince;* ces gouverneurs des princes finirent par s'arroger l'au-

daulch, prince d'Emesse, se réunirent à Kerboga avec d'autres
émirs et généraux. Ils s'avancèrent vers Antioche, et resser-
rèrent les Francs dans la ville. La terreur qu'ils inspiraient
fut telle que les Francs demandèrent à Kerboga, comme la
plus grande faveur, la faculté de se retirer; ce qui leur fut
refusé. Kerboga, enorgueilli par ses succès, traita les princes
confédérés avec beaucoup de hauteur; et bientôt ceux-ci
trouvèrent l'occasion de s'en venger. Les Francs se voyaient
réduits aux dernières extrémités : ils étaient en proie à une
horrible famine. Poussés par le désespoir, ils sortirent de la
ville et attaquèrent les musulmans, qui furent mis en pleine
déroute. Le nombre des morts fut considérable. Les Francs
pillèrent les tentes des vaincus et s'emparèrent des armes et des
approvisionnements dont les musulmans étaient abondamment
pourvus. Rien ne s'opposant plus à la marche des Francs, ils
allèrent assiéger Maarrah, massacrèrent les habitants du pays,
au nombre de plus de cent mille, sans compter ceux qu'ils emmenèrent en esclavage, firent dans la ville un butin considérable,
et s'y arrêtèrent pendant quarante jours. Ils marchèrent ensuite
sur Émesse, qui demanda la paix.

An 492 (1098-9), Tanasch avait donné Jérusalem en fief
à l'émir Ortok, qui la transmit à ses deux fils Ylgazi et Sokman,
sur lesquels les Égyptiens s'en étaient emparés par capitulation
en 489 (1096) (1). Les Francs assiégèrent Jérusalem pendant

---

torité souveraine dans la Mésopotamie, la Syrie, etc. Le célèbre
Nidham-al-Molk, premier ministre de Malek Schah, est le premier
qui ait été honoré de ce titre. Encore aujourd'hui en Turquie,
le sulthan, en parlant au grand visir, l'appelle *mon gouverneur*
(*lâlam*), du mot *lâlà*, *gouverneur* ou *précepteur*.

(1) *Voyez* sur les fréquentes révolutions qui ont bouleversé cette
ville, quatre Mémoires de l'abbé Guénée, insérés dans le Recueil des

plus de quarante jours, et la prirent un vendredi 22 de schaban (milieu de juillet). Le massacre dura une semaine : plus de 70,000 personnes périrent dans la mosquée Alaksa (1). Sur le nombre il se trouvait plusieurs imams, des savants et autres personnes consacrées au service de Dieu. Le butin fut immense.

Bagdad reçut par les fuyards la nouvelle de ce désastre : on était alors au mois de ramadhan (août). Les habitants se livrèrent à la douleur et se répandirent dans les mosquées pour implorer la miséricorde divine. Leur trouble était tel qu'ils ne pensèrent plus à observer le jeûne. La discorde s'était mise dans la maison des princes Seldjoukides, ce qui favorisa singulièrement les progrès des Francs. C'est sur ces temps d'infortune que Modhaffer-Abyvardi a composé ces vers (2) :

mémoires de l'académie des inscriptions, tom. L, mémoires qui ont été réimprimés à la suite des dernières éditions de ses excellentes *Lettres de quelques Juifs ;* dans le troisième, qui traite de l'état de Jérusalem à l'époque dont nous parlons ici, l'ordre des événements est interverti ; l'abbé Guénée avance d'un siècle l'établissement d'Ortok dans Jérusalem.

(1) Par le mot *mesdjid*, mosquée, l'auteur entend sans doute ici l'enceinte entière qui renferme, outre le corps principal de la mosquée bâti par Omar, un parvis, des coupoles, etc. ; ce qui ôte toute invraisemblance à l'assertion de notre auteur, du moins dans ce qui tient aux localités. Le savant M. de Hammer observe avec raison que le mot *mesdjid*, pris dans toute son extension, répond à l'*iéron* des Grecs, tandis que le temple proprement dit représente leur *naos*. (*Voy.* le plan de la mosquée et de ses dépendances dans les *Mines de l'Orient*, tom. II, pag. 100. Vienne, 1811. On trouve un plan plus détaillé et la coupe de tout l'édifice, dans l'atlas qui accompagne le voyage publié sous le titre de *Voyages d'Aly-Bey.* Paris, 1814.)

(2) M. Jourdain a donné dans le livre IV de l'Histoire des Croisades, la traduction de quelques-uns de ces vers, mais avec plusieurs différences.

« Notre sang s'est mêlé à nos larmes. Qui de nous pourra éloigner les malheurs qui nous menacent ?

» Les tristes armes que les pleurs, lorsque la guerre embrase tout avec ses épées étincelantes !

» O musulmans ! bien des combats vous restent à soutenir, dans lesquels vos têtes rouleront dans la poussière avec les sabots de vos chameaux.

» Comment fermer la paupière au milieu de commotions qui réveilleraient l'homme le plus profondément endormi !

» Vos frères, dans la Syrie, n'ont pour se reposer que le dos de leurs infatigables chameaux, ou les entrailles des vautours.

» Les étrangers les couvrent d'opprobre, tandis que vous vous traînez dans la mollesse comme quelqu'un qui n'a pas d'ennemi à redouter.

» Que de sang a été répandu ! Combien de femmes ont été obligées de cacher leur beauté à l'ombre des forteresses !

» Les coups de lance et d'épée exercent de tels ravages, que la terreur qu'ils inspirent fait blanchir la tête des enfants.

» Guerres terribles ! Ceux mêmes qui ont fui le théâtre des combats, ne peuvent en éviter les atteintes.

» Les cadhis se voient à la merci des infidèles. Leurs cous et leurs crânes ont servi de jouets aux impies.

» Écoutez celui dont la cendre repose dans la reine des cités (1), à qui la douleur arrache ces paroles : « O enfants de Haschem (2).

» Mon peuple n'ose se montrer à l'ennemi, tandis que ma religion croule par les fondements.

---

(1) Mohammed, enterré à Médine.

(2) Haschem était le bisaïeul de Mohammed et d'Aly, et la souche commune de la race des Abbassides et des Fathimides.

» Ils s'éloignent du péril, crainte de la mort ; et ils ne voyent pas que le déshonneur laisse une trace ineffaçable.

» Les escadrons des Arabes se résigneront-ils à de tels maux ? et les guerriers de la Perse se soumettront-ils à un tel avilissement ?

» Ah ! du moins puisque la religion ne les enflamme plus, que le salut de ce qu'ils ont de plus cher ranime leur courage.

» Si la vue seule du péril les jette dans l'abattement, l'espérance d'une riche proie n'est-elle pas pour leurs ennemis un aiguillon qui leur fera tout braver ? »

An 493 (1099-1100), Kemeschtekin, fils de Thaylou, connu sous le nom de *fils du docteur* (*Danischmend* en persan), parce que son père avait fait le maître d'école chez les Turkomans, qui désignent ainsi cette profession, s'était élevé par degrés jusqu'à se faire reconnaître prince de Malathia, de Syvas (Sebaste), etc. ; il surprit les Francs presque sous les murs de Malathia, leur livra bataille, et fit leur *chef* (1) prisonnier. (Voyez l'extrait suivant.)

An 494 (1100-1101). Le cadhi Abou Mohammed Obeid allah ben Mansour, surnommé le *fils de Solayheh*, se trouvait vivement pressé par les Francs dans la ville de Djibleh, qu'il possédait en souveraineté. La crainte de ne pouvoir s'y maintenir l'engagea à écrire à Thogdekin, atabek de Dekkak, prince de Damas ; il lui demandait quelqu'un à qui il pût remettre la ville, qui était à la veille de succomber sous les efforts de l'ennemi. Thogdekin lui envoya son fils Bouri, qui, une fois maître de Djibleh, exerça la plus horrible tyrannie. Les habitants, aigris par ses violences, implorèrent le secours d'Abou-Ali, fils de Mohammed-ben-Ammar, prince de Tri-

---

(1) L'arabe porte *roi*. Les Orientaux donnent en général à ce mot un sens beaucoup plus étendu que nous. Ils accordent ce titre aux chefs d'une principauté, etc.

poli, à qui ils exposèrent les mauvais traitements auxquels
ils étaient en proie. Le prince de Tripoli, qui en fut touché,
envoya un corps de troupes pour appuyer leurs prétentions.
Bouri fut mis en déroute; l'armée de Tripoli occupa Djibleh, et
envoya sous bonne garde Bouri à Ben-Ammar. Bouri fut traité
avec toutes sortes d'égards, et renvoyé à son père Thogdekin:
quant au cadhi, il se retira avec sa famille et sa fortune à
Damas, d'où il passa à Bagdad, où il fit généreusement part
de ses richesses au sulthan Barkiarok, alors dans la détresse.

Les Francs s'emparèrent de Saroudj en Mésopotamie (1)
(sur Balak, fils de Bahram, fils d'Ortok). Les habitants qui
échappèrent au fer des vainqueurs, furent réduits à l'esclavage.

Ils se rendirent maîtres d'Arsouf et de Césarée sur la côte.

An 495 (1101-2). Mort de Mostali, khalife d'Egypte, après
un règne de sept ans et deux mois; son fils Al Amer lui
succède, âgé d'un peu plus de cinq ans.

Mort de Kerboga, prince de Mossoul. Cette ville tombe au
pouvoir de Djekermisch, prince du Djezyreh-Ben-Omar (qui
fait partie de la Mésopotamie).

Le comte de Saint-Gilles forme le siége de Tripoli, alors
au pouvoir de Ben-Ammar. Comme il n'avait qu'une poignée
d'hommes avec lui, il se contenta d'une somme d'argent que
les habitants lui payèrent, et se dirigea vers Tortose (Anthar-
thous). La ville fut prise, et les musulmans qui l'habitaient
furent passés au fil de l'épée. Il entreprit ensuite le siége du
château des Curdes (situé à quelques lieues d'Emesse, entre
cette ville et Tripoli). Djenah'eddaulch, prince d'Emesse, se

---

(1) Dans le *Dyar-Djezireh* : ce mot qui désigne proprement une
des portions de la Mésopotamie, s'applique ici à la Mésopotamie en
général, puisque notre auteur, dans sa géographie, place Saroudj
dans le Dyar-Modhar, qui en forme une autre division.

mettait en devoir de marcher contre lui avec ses troupes, lorsqu'il fut surpris et poignardé par un ismaélien (un *assassin* (1)
dans une mosquée. A cette nouvelle, le comte de Saint-Gilles
abandonna le siége du château des Curdes pour se rendre
devant Émesse, dont il occupa tout le territoire.

An 497 (1103, novembre). Au mois de safar, les Francs
firent une incursion sur le territoire du château de Djabar et
sur celui de Rakkah, et emmenèrent les hommes et les bestiaux.
Ces deux places appartenaient à Salem, fils de Malek, fils de
Bedran-Okaylide, qui les avait obtenues de Malek-Schah en
échange d'Alep.

Le comte de Saint-Gilles comptant sur l'appui de nouvelles
forces qui arrivaient par mer de l'Occident, reprend le siége de
Tripoli par mer et par terre ; mais rebuté par des obstacles
insurmontables, il tourne ses efforts contre Djobayl, et la
prend par capitulation. De là il marche contre Acre. Un corps
de Francs était venu de Jérusalem pour le seconder. La ville
fut assiégée par terre et par mer. Elle était alors gouvernée
au nom du khalife d'Egypte, par Bana-Zahreddaulch, surnommé *Aldjoyouschy*, parce qu'il avait été dans l'origine esclave
de l'émir Aldjoyousch (ou *généralissime* ; c'est le titre que
prenait le premier ministre, sous les khalifes fathimides d'É-
gypte.) Le siége fut long : les Francs finirent cependant par

_____

(1) Les sectes des Ismaéliens, des Bathéniens, des Assassins (*Ha-
schyschyeh*), des Druzes, etc., ne doivent pas être confondues
ensemble, quoiqu'ayant une origine commune. Mais comme les
historiens arabes du temps emploient presque indifféremment ces
dénominations l'une pour l'autre, il suffira de faire observer une
fois pour toutes qu'ils entendent par-là, en général, des sectaires
qui avaient secoué le joug de la doctrine écrite de l'islamisme, et
qui, en donnant un sens allégorique à tous les préceptes de religion,
prétendaient légitimer les actes les plus condamnables.

entrer de force dans la ville, et se montrèrent sans pitié envers les habitants. Bana s'était sauvé à Damas, et de là en
Égypte. A cette époque il régnait une grande désunion parmi
les princes musulmans. Les volontés étaient divisées, les vues
divergentes, et les forces brisées par la discorde.

Les Francs se dirigent sur Harran. Djekermisch, prince
de Mossoul, Sokman, fils d'Ortok, et les Turkomans (1) jurent
d'agir de concert et marchent contre les Francs. S'étant concentrés près du Khabour (rivière qui se jette dans l'Euphrate,
après avoir baigné une ville du même nom), ils joignent les
Francs auprès de la petite rivière du Balykh (qui se décharge
dans l'Euphrate, un peu au-dessous de Rakkah), et remportent une pleine victoire. Les Francs prirent la fuite, laissant
beaucoup de morts. Le comte d'Édesse (Baudouin du Bourg),
fut du nombre des prisonniers.

Dekkak, prince de Damas, ne laisse en mourant que des
enfants en bas âge ; Thogdekin est continué dans la régence,
et finit par s'arroger toute l'autorité.

An 498 (1104-5). Mort de Sokman, fils d'Ortok, prince
de Hisn-Kaifah et de Maridin ; il meurt en route tandis qu'il
se rendait auprès de Thogdekin qui, surpris par la maladie,

---

(1) Les Turkomans, originaires des pays situés au-delà de l'Oxus,
pénétrèrent dans l'Asie occidentale vers l'an 434 (1042 de J.-C.), à la
suite du mouvement des tribus commandées par les enfants de Selds
jouk. D'abord uniquement occupés de courses et de pillages, ils
finirent par s'établir dans la Syrie, où ils vivaient avec leurs troupeaux, sous des tentes. L'apathie des anciens habitants et les attaques
continuelles des Francs rendirent souvent leur appui nécessaire ; ils
formaient toujours la meilleure partie des armées musulmanes de
cette époque, sous le nom de Gozzes, de Turkomans, etc. (Voy.
Deguignes, liv. x, pag. 186, 190, 211, et les Mém. géog. et hist.
sur l'Égypte, par M. Quatremère, tom. II, pag. 412 et suiv.)

avait réclamé son secours dans la guerre qu'il avait à soutenir contre les Francs. Sokman est remplacé dans Hisn - Kaifah par Ibrahim, son fils, et par Ylgazi, son frère, dans Maridin.

Bataille entre les Francs d'Antioche et Redhwan, prince d'Alep, auprès de Tyzyn, dans le territoire d'Alep (1). Les musulmans prennent la fuite, laissant un grand nombre de morts et de prisonniers. Les vainqueurs se rendent maîtres d'Artah.

An 499 (1105-6). Khalaf, fils de Molaeb (de la tribu arabe des Benou Kelab), prince d'Émesse, fermait les yeux sur les brigandages exercés par ses gens et par ses sujets. Les routes n'étaient plus surveillées, et les gens du pays se voyaient en butte à toutes sortes de vexations. Tanasch, prince de Damas (c'était en 485 (1092), indigné de cette conduite, avait retiré Émesse de ses mains. Khalaf, après bien des aventures, avait fini par se fixer en Egypte. Sur ces entrefaites, celui qui commandait à Apamée au nom de Redhwan, et qui avait une secrète inclination pour le parti des khalifes d'Egypte, fit proposer au khalife de livrer sa ville à l'officier qu'il lui enverrait. Khalaf se présenta et fut accepté pour cette mission; mais à peine fut-il le maître d'Apamée et de sa citadelle, qu'il secoua le joug du prince égyptien. Il refusa de payer les droits d'usage, et recommença ses brigandages, au point qu'on n'osait plus se hasarder sur les grands chemins. Dans ces circonstances, le cadhi de la ville se concerta avec les principaux habitants, et écrivit au prince d'Alep, avec prière d'envoyer des forces suffisantes pour se rendre maître de la ville pendant la nuit, s'engageant du reste à en faciliter les moyens. Quand les troupes d'Alep furent arrivées au lieu convenu, le cadhi et ses complices les firent monter, à l'aide de cordes,

---

(1) L'imprimé porte Schayzar.

jusqu'au haut de la citadelle. Maîtres alors d'agir, elles massacrent Khalaf et une partie de ses enfants, mettent le reste en
fuite, et prennent possession de la citadelle. Mais bientôt après
les Francs viennent assiéger Apamée, prennent la ville et la
citadelle, tuent le cadhi qui s'en était arrogé la propriété.

Le comte de Saint-Gilles s'empare de Djibleh, puis vient
reprendre le siége de Tripoli. Il bâtit tout auprès de la ville
un château, qui reçut le nom de *Sangyl* (Saint-Gilles), avec
des maisons tout autour. Dans une sortie, les assiégés mirent
le feu à la nouvelle ville. Le comte de Saint-Gilles fut surpris
sur un toit par les flammes, et tomba avec la charpente. Cet
accident lui occasionna une maladie, qui l'emporta au bout de
dix jours. Son corps fut porté à Jérusalem, où on lui rendit
les derniers devoirs. Cependant le siége dura encore cinq ans.
Ben - Ammar était en proie à toutes les horreurs d'un siége
poussé avec la dernière vigueur; les approvisionnements étaient
devenus très difficiles, la disette était extrême, et les riches
gémissaient dans la misère.

An 501 (1107-8). Le prince de Tripoli se rend à Bagdad,
ne pouvant plus se maintenir dans la ville depuis les progrès
des Francs en Syrie. Il se présenta au sulthan Mohammed,
fils de Malek-Schah, et au khalife Mostadher, dont il réclamait
les secours; le peu de succès de ses poursuites l'engagea à
retourner à Damas, auprès de Thogdekin, qui lui céda Zab-
dani (1) en fief. Quant à la ville de Tripoli, les habitants,
pénétrés de l'inutilité des efforts de leur souverain, s'étaient
rangés sous la domination des khalifes d'Egypte.

An 503 (1110, 2 juillet). Le 11 du mois de doulhedjah,

---

(1) Petite ville située à 18 milles de Baalbek, sur les bords du
Bardy.

les Francs entrent dans Tripoli. Cette ville, cernée par mer et par terre, était plus étroitement serrée depuis le 1er. de ramadhan (avril). Le khalife d'Egypte, dont le lieutenant commandait dans la ville, avait envoyé une flotte qui ne put entrer à cause des vents contraires. Les Francs prirent Tripoli d'assaut. Les habitants furent tués ou réduits à l'esclavage, et la ville éprouva tous les malheurs de la guerre. Heureusement qu'une partie des habitants s'étaient retirés précédemment à Damas, en vertu d'une convention rédigée avant l'occupation de la ville (1).

An 504 (1110-1111, octobre). Au mois de rebi second, les Francs s'emparent de Sidon par capitulation.

Le prince d'Antioche marche avec un corps de Francs sur Atareb, dans les environs d'Alep, et la prend d'assaut après un siége assez long. Deux mille habitants (2) furent immolés à la vengeance des vainqueurs; le reste fut fait prisonnier. Les Francs attaquèrent ensuite Zerdenah, la prirent d'assaut et lui firent subir le même sort. Ensuite ils se rendirent devant Manbedj (l'ancienne Hiérapolis), et enfin devant Bales, petite ville située sur l'Euphrate, et les trouvèrent l'une et l'autre entièrement abandonnées. Là, se termina l'expédition.

Cependant ces succès avaient répandu la terreur dans la Syrie. Pour obtenir la paix, Redhwan se soumit à un tribut de 32,000 (3) dinars (écus d'or), ainsi qu'à une contribution en chevaux et en étoffes. Les autres états de la Syrie achetèrent la paix des Francs fort chèrement. Les habitants de Tyr s'obligèrent à un tribut de 7,000 écus d'or. Le fils de Monkad,

---

(1) *Voy.* pour plus de détails, ci-dessous, *Extrait de Novairi*.

(2) L'imprimé ne porte que *mille*.

(3) L'imprimé porte 30,000.

prince de Schayzar, ville située sur l'Oronte, devait en payer 4,000, et Ali le Kurde, prince de Hamah, 2,000.

Je lis ceci dans Ibn-Khalckan, auteur du *Dictionnaire des Hommes illustres*, à l'article du khalife Al Amer. En l'année 511 (1118), Baudouin fit une attaque sur l'Egypte et s'avança jusqu'à Faramah, un peu à l'est des ruines de Peluse (1); il s'en rendit maître, la livra aux flammes, avec toutes ses mosquées grandes et petites. Une maladie, dont il fut attaqué, l'obligea à reprendre la route de Syrie. Il mourut en chemin avant d'arriver à El Arisch (2). Ses gens ouvrirent son corps et déposèrent ses entrailles au lieu où l'on voit encore un cippe ou tombeau de pierres (3) : le corps fut transporté à Jérusalem où on l'enterra dans l'église de la Résurrection. C'est du nom de ce prince que le terrain sablonneux situé au milieu du désert sur la route de Syrie, est connu encore aujourd'hui sous le nom de *sables de Baudouin* (4). Le peuple regarde ce tas de pierre comme le tombeau de ce prince : mais il renferme seulement ses entrailles.

An 505 (1111-1112). Le sulthan Mohammed (5) envoie

---

(1) *Voy.* sur les ruines de ces deux villes, un Mémoire de M. le général Andréossy, dans les *Mémoires sur l'Egypte*, tom. 2, pag. 202 et suiv.

(2) On peut comparer ce récit à ceux de Guillaume de Tyr et d'Albert d'Aix. (*Voy.* l'*Analyse* de ces auteurs, au vol. précéd.)

(3) Reiske paraphrase ainsi ce passage : *Viscera quæ hodiernum à prætereuntibus merito suo ut impii et diri hominis, lapidibus impetuntur.* Il a été induit en erreur par le mot arabe *radjam*, qui signifie jeter des pierres et élever un cippe.

(4) Ce lieu est indiqué dans la carte d'Egypte, qui est en tête du premier vol. de l'ouvrage sur l'Egypte (Etat moderne).

(5) Après la mort de Barkiarok, Mohammed, son frère, reunit sous son pouvoir l'ancien empire de Malek-Schah ; dès-lors les

contre les Francs une armée sous la conduite de Maudoud, qui se trouvait à la tête de la principauté de Mossoul depuis la mort de Djekermisch; il devait être secondé par les autres princes du pays. Les confédérés attaquèrent d'abord Edesse; cette tentative ayant échoué, ils se dirigèrent vers Alep. A leur approche Redhwan fit fermer les portes de la ville, et se refusa à toute entrevue avec les princes confédérés, dont il redoutait les vues ambitieuses. Arrivés à Maarrah, ils se dispersèrent sans avoir rien fait.

An 506 (1112-3). A la nouvelle de la mort de Basile, prince de la petite Arménie, autrement dite pays de Sys, le prince d'Antioche (Tancrède) se mit en marche pour s'en rendre maître. Il mourut en chemin, et eut Syrodjal (Roger) pour successeur (1).

An 507 (1113). Coalition entre Maudoud, Tymurk (2), prince de Sindjar, Thogdekin, etc. A l'approche de Maudoud, Thogdekin va à sa rencontre, et le joint près de Salemyeh, (ville située à deux journées de Hamah sur les limites du désert), d'où il l'emmène à Damas. Cependant les Francs avaient rassemblé toutes leurs forces; ils avaient à leur tête le roi Baudouin et Josselin, prince de Tell-Bascher, Edesse, etc. Les deux armées en vinrent aux mains non loin de Tibériade, le 13 de moharram (29 juin). Dieu se déclara contre les Francs : ils prirent la fuite et essuyèrent de grandes pertes. Les musulmans rentrèrent victorieux dans Damas.

Redhwan ne laissait à sa mort qu'un fils nommé Alp-Arslan,

---

princes musulmans de la Syrie et de la Mésopotamie étaient devenus ses vassaux.

(1) Selon Albert d'Aix et Foucher de Chartres, Tancrède mourut de maladie à Antioche.

(2) L'imprimé porte *Tamirek*.

âgé de seize ans, sous lequel la direction des affaires fut confiée
à l'eunuque Loulou. Redhwan ne fut pas regretté; sa vie cri-
minelle et sa folle confiance dans la secte impie des Bathéniens,
qu'il soutint de tout son pouvoir, avaient soulevé l'indignation
générale. Aussi quand il ne fut plus, les habitants d'Alep firent
main-basse sur tous les Bathéniens qui se trouvaient dans la
ville, et pillèrent leurs biens.

An 508 (1145). Après que Maudoud fut tombé sous les
coups d'un *assassin*, le sulthan Mohammed accorda la principauté de Mossoul à Aksanker-Borsaki, à la charge de se concerter avec les émirs et les princes des villes voisines pour accabler les Francs. Il s'éleva sur ces entrefaites des querelles armées
entre Borsaki et Ylgazi. Ce dernier battit son rival; mais trop
faible contre la puissance du sulthan, il se réfugia auprès de
Thogdekin. Ils traitèrent l'un et l'autre avec les Francs, qui
consentirent à les servir avec zèle. Quelque temps après, Ylgazi
retournant dans ses états avec une faible escorte, fut enlevé
dans les environs d'Emesse par Kirkhan, fils de Keradja,
prince de cette ville, qui le retint long-temps prisonnier: il
lui rendit enfin la liberté, après qu'ils se furent juré une
éternelle alliance.

An 509-1115. Le sulthan envoie une armée nombreuse
contre Thogdekin et Ylgazi. Elle passe l'Euphrate à Rakkah,
se dirigeant vers Alep. Comme cette ville refusa d'ouvrir ses
portes, l'armée se rendit devant Hamah, qui reconnaissait les
lois de Thogdekin. Elle fut assiégée, prise d'assaut, livrée au
pillage pendant trois jours, et remise ensuite à Kirkhan.

Tandis que les troupes musulmanes étaient cantonnées dans
Hamah (1), Ylgazi, Thogdekin et les princes francs, leurs alliés,
tels que le prince d'Antioche, celui de Tripoli, etc., étaient tous

---

(1) L'imprimé porte Emesse.

réunis à Apamée, attendant que les musulmans se fussent dispersés. L'hiver vint sur ces entrefaites ; les Francs se dispersèrent. Thogdekin rentra dans Damas, Ylgazi retourna à Maridin. Les musulmans, qui étaient dans Hamah, allèrent aussitôt s'emparer de Kafarthab', massacrèrent les Francs qui s'y trouvaient et pillèrent la ville. Ensuite ils attaquèrent Maarrah, qui appartenait aux Francs, puis Alep, mais ils furent surpris dans leur marche par le prince d'Antioche, qui les mit en pleine déroute, en tua ou en prit un grand nombre; tout le reste se dispersa.

Les Francs, sans égard au traité, enlèvent Rafanyeh à Thogdekin. A cette nouvelle, Thogdekin accourt de Damas pour la reprendre, et massacre les Francs qu'il y trouve.

An 511 (1117). Loulou est assassiné, et les habitants d'Alep, de crainte de quelque entreprise des Francs, se livrent à Ylgazi, prince de Maridin; les Francs surprennent le faubourg de Hamah, et s'en retournent après avoir tué plus de cent personnes.

An 513 (1119). Bataille entre les Francs et Ylgazi dans le territoire d'Alep. Les Francs se retirent, laissant beaucoup de morts et de prisonniers. Le prince d'Antioche resta parmi les morts. Ylgazi, animé par cette victoire, s'empare aussitôt de Zerdenah et d'Atareb. Cette bataille s'était donnée près d'Efryn, au milieu de rebi premier (fin de juin). Les deux vers qui suivent furent composés à cette occasion. Le poète s'adresse à Ylgazi :

« Ordonne ce qu'il te plaira ; ta parole sera remplie ; car tu » partages avec le Créateur notre confiance.

« L'Alcoran a triomphé par ton appui, et l'Evangile pleure » la mort de ses enfants. »

Josselin fait une incursion dans la province de Damas, dans le dessein de surprendre les Arabes de Rebyeh. A cette époque ils avaient pour chef Morra, fils de Rebyeh. Josselin s'égare dans sa marche ; ses troupes se trouvant tout d'un coup au milieu des Arabes , sont attaquées avec une grande vigueur et prennent la fuite, laissant un très grand nombre de morts et de prisonniers.

An 514 (1120), Ylgazi réunit les Turkomans au reste de ses troupes , et attaque les Francs près de Danyts-Albakl , dans le territoire de Sermyn. Le combat fut chaud. La victoire se déclara en faveur d'Ylgazi.

Josselin surprend différents corps d'Arabes et de Turkomans établis près de Seffyn. Il ramasse un riche butin en argent, bestiaux , etc. , et se rend ensuite devant Bezaga , qu'il rase jusqu'aux fondements.

An 515 (1121). Bataille entre Balak et Josselin. Balak triomphe des Francs , dont il fait un grand carnage , et Josselin tombe entre ses mains avec Guillaume son cousin , et un grand nombre de ses plus braves guerriers. Josselin offre en vain de se racheter ; Balak reste sourd à ses propositions, et enferme son prisonnier dans la citadelle de Khortbert.

An 516 (1122). Mort d'Ylgazi ; son fils Timourtasch lui succède dans la principauté de Maridin.

An 517 (1123). Hostilités entre Mostarsched-Billah , khalife de Bagdad , et Dobays, fils de Sadakah , prince de Hillah (sur l'Euphrate). Le khalife marche en personne et attaque son ennemi. Dobays, après une vigoureuse résistance, prend la fuite , ainsi que son armée , et se dirige vers celles des tribus arabes qui étaient connues par leur bravoure. Il engage dans son parti la tribu de Montafek (1) , entre dans Bassora et la livre au

---

(1) Puissante tribu arabe établie dans les environs de Bassora , qui a eu plus d'une fois à souffrir de son voisinage. (*Voy.* Niebuhr, *Voyage*, tom. II , pag. 149 , et pl. xl, etc.)

pillage. De là Dobays se rend en Syrie et traite avec les Francs, à qui il suggère l'idée de tenter une attaque sur Alep.

Soleyman, fils d'Abd'aldjabber, fils d'Ortok, qui commandait dans Alep, céda aux Francs le château d'Atareb. Ils s'engagèrent à ce prix, à ne pas troubler Soleyman dans la possession d'Alep, qu'il ne pouvait plus défendre contre leurs efforts; mais Balak, qui venait de s'emparer de Harran, accourut à Alep et l'enleva à Soleyman, son oncle, pour le punir de sa faiblesse vis-à-vis les Francs.

Les Francs entrent dans Khortbert et rendent la liberté à Josselin et à ses compagnons: mais bientôt après Balak vient la reprendre sur les Francs.

An 518. (1124). Les Francs prennent Tyr par capitulation. Cette ville était alors au pouvoir des khalifes d'Egypte depuis l'année 487 (1094). Les musulmans évacuèrent la ville avec ce qu'ils purent emporter.

Balak est tué au siége de la citadelle de Manbedj; et Alep échoit en partage à Timourtasch, son cousin.

Les Francs assiègent Alep de concert avec Dobays. Déjà ils avaient élevé à l'extérieur de la ville des bâtiments pour se loger; les habitants, effrayés de ces préparatifs, et sans espoir de secours de la part de Timourtasch, leur nouveau prince, qu'aucun danger ne pouvait tirer de son indifférence et de son goût pour le repos, recoururent à Borsaky. Sur la promesse qu'on lui avait faite de lui livrer la ville, le prince de Mossoul se mit en marche pour Alep. A son approche les Francs se retirèrent, Borsaky occupa la ville avec la citadelle, et l'incorpora au reste de ses états.

An 519 (1125). Borsaky prend Kafarthab sur les Francs. De là il marche sur Azaz, qui appartenait à Josselin. Les Francs se réunissent pour le combattre, le mettent en fuite, après lui avoir tué beaucoup de monde.

An 520 (1126). Les Francs réunissent leurs forces et se dirigent sur Damas ; ils campent dans la campagne de Saffar, auprès du village de Schakhab. Thogdekin se hâte de rassembler ses Turkomans et le reste de ses troupes, et vient à la rencontre des Francs. Il les joint à la fin du mois de doulheddjah (janvier 1127). Au fort de l'action, Thogdekin prend la fuite avec la cavalerie. Tandis que les Francs étaient à sa poursuite, l'infanterie, toute composée de Turkomans, ne sachant où se réfugier, tombe sur les tentes des Francs, tue tout ce qu'elle rencontre, pille les effets et les bagages sans éprouver de résistance. Cependant les Francs, lassés de poursuivre, reviennent sur leurs pas. A la vue du pillage de leur camp, ils se dispersent aussi.

Les Francs assiégent Rafanyeh et s'en rendent les maîtres.

An 521 (1127). Emad'eddin Zengui, fils d'un ancien général de Malek-Schah, obtint du sulthan Mahmoud la principauté de Mossoul.

An 522 (1128). Après la mort de Borsaki, Massoud son fils, qui gouvernait Alep en son nom, se rendit à Mossoul, laissant pour lieutenant à Alep l'émir nommé Koumaz, ou plutôt Kaïmaz, qui fut ensuite remplacé par Kotlog. Celui-ci profita de la mort de Massoud pour se rendre indépendant et libre de tout frein, s'abandonna à ses passions tyranniques. Cependant Soleyman, que nous avons vu ci-devant maître d'Alep, était toujours dans la ville. Les habitants, pour se soustraire au joug de Kotlog, se remirent de nouveau entre ses mains. Pour Kotlog, il se fortifia dans la citadelle. Josselin, attiré par ces interminables querelles, fit acheter aux habitants sa retraite par une forte contribution ; mais ceux-ci, lassés de tous ces troubles, se livrèrent à Emad'eddin Zengui, prince de Mossoul.

Mort de Togdekin, qui de régent de la principauté de

Damas en était devenu le prince : son fils Bouri lui succède.

An 523 (1129). Un ismaélien, nommé Bahram, se sauve de Bagdad et arrive à Damas, où il essaie de faire des prosélytes. Il était soutenu par le visir de Bouri, prince de Damas, qui lui confia le commandement de Panéas. Bahram, enhardi par quelques succès, s'empara successivement de plusieurs châteaux dans les montagnes des environs. Ayant été tué dans un combat par les habitants de la vallée de Taym, il fut remplacé à Panéas par un autre ismaélien, nommé Ismaël, et à Damas, par un certain Abouloufa. Celui-ci prit un tel empire sur l'esprit du visir, qu'il était pour ainsi dire le maître dans la ville. Il écrivit aux Francs pour leur proposer la conquête de de Damas, en échange de la ville de Tyr. Les Francs devaient se trouver devant Damas un vendredi, jour où les complices d'Abouloufa devaient occuper les portes de la grande mosquée. Ces intrigues parvinrent aux oreilles de Bouri ; il fit venir le visir chez lui, le tua de sa main, et ordonna de faire main-basse sur tous les ismaéliens qui se trouvaient dans la ville. Les habitants, qui ne respiraient que la vengeance, les égorgèrent au nombre de six mille. Cependant les Francs ne manquèrent pas au rendez-vous. Vainement ils essayèrent d'attaquer la ville ; leurs efforts furent sans succès. Le froid et la rigueur de l'hiver les contraignirent de se retirer en désordre. Bouri sortit à leur poursuite avec ses troupes, et en tua un grand nombre. Quant à l'Ismaélien Bathénien qui commandait dans Panéas, il livra la place aux Francs, et s'établit au sein de leurs états.

Emad'eddin Zengui part de Mossoul, avec l'intention apparente d'attaquer les Francs de Syrie. Arrivé en-deçà de l'Euphrate, il écrit à Bouri pour réclamer sa coopération dans cette expédition sacrée. Bouri ordonne à Sounedj son fils, qui le remplaçait à Hamah, d'aller se réunir à Emad'eddin. Aussitôt ce dernier oubliant la sainteté des serments, s'empare de sa personne, pille ses effets et le bagage de ses troupes, et l'envoie sous bonne garde à Alep, lui et ses principaux officiers. En même temps Emad'eddin se rend en toute hâte à Hamah, et la prend sans coup férir. De là il marche sur Emesse; mais cette fois sa perfidie n'eut pas tout l'effet qu'il en attendait. Précédemment il s'était emparé par trahison de la personne de Kirkhan, prince de cette ville; il le traînait partout à sa suite chargé de chaînes. Emad'eddin assiégea Emesse pendant quelque temps, et même il contraignit son prisonnier d'essayer d'engager son fils, qui commandait dans la ville, à ouvrir les portes. Cette tentative n'ayant eu aucun succès, Emad'eddin perdit tout espoir de soumettre Emesse, et s'en retourna à Mossoul, traînant à sa suite Sounedj et ses officiers. Ils étaient tous chargés de chaînes, et ce fut en vain que Bouri offrit une grande somme d'argent pour la rançon de son fils.

Les Francs s'emparent du château de Kadmous.

An 524 (1130) Emad'eddin vient attaquer Atareb. Les musulmans avaient beaucoup à souffrir des courses des Francs qui en étaient les maîtres. La terreur qu'ils inspiraient était si grande, qu'ils partageaient pour ainsi dire avec les habitants d'Alep les revenus de leurs terres dans toute l'étendue de la partie occidentale de la province. Leurs courses se poussaient jusqu'au moulin, qui n'est séparé de la ville que par le chemin, et qui s'appelle, je crois, Oraybeh. Les Francs réunirent leur cavalerie et leur infanterie. A leur approche, Emad'eddin interrompit le siége pour marcher à leur rencontre. Le combat fut chaud : Dieu accorda la victoire aux musulmans ; beaucoup de guerriers chrétiens y périrent ; quelques autres restèrent prisonniers. Les musulmans, enflammés par ce brillant succès, se remirent au siége, prirent la ville d'assaut, réduisirent à l'esclavage ceux qui avaient échappé à la mort. Atareb fut entièrement rasée , et elle ne s'est plus relevée de ses ruines.

Le khalife d'Egypte Al-Amer tombe sous les coups des Bathéniens, après un règne de près de trente ans. Hafedh , son cousin , lui succéda.

An 527 (1132-3). Schems'elmolouk Ismaël , qui avait succédé à son père Bouri , dans la principauté de Damas , surprend la ville de Panéas , y entre de force, massacre ou fait prisonniers les Francs qui s'y trouvent , et s'empare ensuite de la citadelle par capitulation.

Les Turkomans marchent sur Tripoli. A la nouvelle de leur marche , les Francs sortent de la ville pour venir à leur rencontre. On en vient aux mains ; ils sont battus et se réfugient dans le château de Barin , où ils sont assiégés par les Turkomans. Le comte de Tripoli , vivement pressé , sort avec vingt cavaliers , laissant dans le château des forces suffisantes pour le défendre , et revient bientôt après avec toutes ses forces pour les dégager. Les Turkomans lui livrent un rude combat. Les Francs battent en retraite jusque vers Rafanyeh , et les Turkomans se retirent aussi.

An 528 (1133-4). Le prince de Damas s'empare de Schakyf , malgré la vigoureuse résistance que lui opposa Dhahhak , fils de Djendal , à cette époque maître de la vallée de Taym. Les Francs, dont cet événement contrariait les desseins , tentèrent une invasion dans la province de Hauran , dont Bosra est la capitale. Le prince de Damas vint les attaquer avec toutes ses forces , puis il se jeta sur leurs états du côté de Tibériade. Les Francs, entièrement abattus par cette diversion , retournèrent chez eux, et s'empressèrent de faire une trève avec leur ennemi.

Le fils de Danischmend, prince de Malathiah , attaque les Francs de Syrie , et leur tue beaucoup de monde.

An 530 (1135). Les troupes d'Emad'eddin , qui gardaient Alep et Hamah , font une excursion dans les états des Francs du côté de Laodicée. Ils étaient conduits par Aswar, lieutenant d'Emad'eddin dans Alep. Ils parcourent tout le pays sans rencontrer de résistance, et s'en retournent, emmenant en esclaves de l'un et de l'autre sexe, en prisonniers et en bêtes de somme, de quoi remplir toute la Syrie.

An 531 (1137). Le 20 de schowal (10 juillet), Emad'eddin entreprend le siége de la forteresse de Barin. Cette entreprise met en mouvement tous les Francs, princes et sujets. Ils marchent pour dégager Barin. A leur approche, Emad'eddin quitte les travaux du siége, et leur livre une sanglante bataille, dans laquelle ils sont vaincus. Dans le désordre, plusieurs de leurs princes trouvent un refuge dans le château. Emad'eddin recommence aussitôt le siége. Les Francs, étroitement resserrés, demandent bientôt à capituler, et obtiennent la faculté de se retirer, moyennant la cession du château, et d'une somme de 50,000 écus d'or. Pendant les travaux de ce siége, Emad'eddin avait pris possession de Maarrah et de Kafarthab, qui appartenaient également aux Francs. Les habitants de Maarrah demandèrent à rentrer en possession de leurs propriétés, dont ils avaient été dépouillés lors de l'entrée des Francs. (*Voy.* l'an 491.) Comme les rôles du cadastre avaient disparu, on consulta les registres d'Alep, dont Maarrah dépendait dans l'origine, et les titres des véritables propriétaires furent constatés, à l'aide des rôles des impôts levés sur chaque propriété.

An 532 (1138). L'empereur des Grecs était en marche depuis l'année précédente pour son expédition de Syrie. Il avait eu d'abord à combattre les Arméniens, les Francs d'Antioche et des pays par lesquels il devait passer. Il atteignit enfin la Syrie, et commença aussitôt le siége de Bezaa, située à six parasanges d'Alep. Bezaa capitula le 25 de redjeb (mars). L'empereur, oubliant bientôt le traité, massacra une partie des habitants, en fit une autre partie prisonnière, et réduisit les autres à l'esclavage. Le cadhi de la ville et quatre cents personnes environ furent contraints d'embrasser le christianisme. L'empereur s'arrêta dix jours dans Bezaa, puis il marcha contre Alep avec les Francs qui l'accompagnaient, et campa sur le Cowaïk. L'attaque fut poussée et soutenue avec une vigueur égale. Les Grecs, ayant perdu un patrice d'un rang fort élevé, abandonnèrent le siége. Après trois jours de repos, ils se rendirent devant Atareb, qu'ils prirent, et où ils déposèrent les prisonniers et le butin faits dans Bezaa. L'empereur y laissa une garnison, et se porta avec toutes ses forces devant Schayzar. L'émir Aswar se jeta aussitôt sur Atareb, passa tous les Grecs au fil de l'épée, et rendit la liberté aux malheureux habitants de Bezaa. Cependant l'empereur attaquait Schayzar avec des efforts incroyables. Dix-huit machines jouaient contre la ville. Le prince qui y commandait envoya demander du secours à Emad'eddin. Celui-ci se mit aussitôt en marche, et alla camper sur l'Oronte, entre Hamah et Schayzar. Chaque jour il venait se présenter avec ses troupes à la vue des assiégeants. Dans le même temps, des pelotons de cavalerie enlevaient, par ses ordres, tout ce qui se présentait devant eux. Le siége fut continué pendant vingt-quatre jours. L'empereur se décida enfin à le lever, et se retira tout honteux de l'échec qu'éprouvaient ses armes. Emad'eddin se mit à sa poursuite, et enleva une partie de l'arrière-garde. C'est à cette occasion que les poètes célébrèrent, à l'envi, la gloire d'Emad'eddin.

An 539 (1144-5). Ce prince s'empare d'Edesse, après un siége de vingt-huit jours. Dans le même temps, Saroudj et les autres villes conquises par les Francs au-delà de l'Euphrate, lui ouvrent leurs portes. Il ne restait plus aux Francs qu'Albyret; Emad'eddin la tenait étroitement serrée, lorsque la mort de son lieutenant, dans Mossoul, l'obligea à se rendre précipitamment dans cette ville, de crainte de quelque désordre. Cependant les

II   19

Francs, qui ne doutaient pas du prompt retour d'Emad'eddin, persuadés d'ailleurs qu'ils ne pourraient lui résister, s'adressèrent à Nedjm'eddin, prince de Maridin, et lui livrèrent Albyret, qui rentra par-là sous les lois de l'islamisme.

Une flotte part des ports de Sicile, fait une descente en Afrique; elle s'empare de la ville de Borsak. Les hommes sont massacrés, et les femmes emmenées en captivité.

An 541 (1146). La flotte (de Roger, roi de Sicile) attaque la ville de Tripoli, d'Afrique, au mois de Moharram (juin). Trois jours après l'arrivée des chrétiens devant cette ville, il s'éleva un grand tumulte parmi les habitants; tout d'un coup les remparts se dégarnirent, et la discorde partagea la ville en deux factions : l'une voulait remettre le commandement à un prince molattamide; la seconde préférait les Arabes mathrouhides. Les Francs profitèrent du désordre pour escalader les remparts, et firent d'abord main-basse sur les habitants; mais, la première fureur passée, ils cherchèrent à rassurer ceux qui s'étaient cachés ou enfuis, et tout rentra dans l'ordre.

Emad'eddin Zengui est assassiné au siége du château de Djabar, de la main de quelques-uns de ses mamelouks, qui, après avoir commis le crime, trouvèrent leur salut dans les remparts de la place. Emad'eddin était âgé de soixante ans (lunaires). Sa valeur et sa sagesse lui avaient soumis la ville de Mossoul et toute la Syrie; Damas seule avait résisté à ses armes. Son fils Nour'eddin le remplaça à Alep, et son autre fils Sayf'eddin-Gazi, dans Mossoul et les villes voisines.

An 543 (1148). Le 2 de safar (22 juin). Les Francs se rendent maîtres de Mahadyah, dans l'Afrique (1), sur Hassan,

_____

(1) Reiske observe que les auteurs latins du temps désignent cette ville sous le nom d'*Africa*, ou la ville d'Afrique.

le dernier des princes de la dynastie des Zéyrydes. Cette ville
était, depuis six ans, en proie à la plus horrible famine. Une
partie de ses habitants avait cherché un asile dans les contrées
voisines, et jusqu'en Sicile; ceux qui étaient restés avaient fini
par se dévorer les uns les autres. Roger, prince de Sicile,
crut l'occasion favorable pour s'emparer de Mahadyah; il équipa
une flotte de deux cent cinquante voiles, et en confia le commandement à un officier nommé George. La flotte relâcha dans
l'île de Kousserah (l'île de Pantalarea), d'où elle mit à la voile
pour la côte d'Afrique. Dès qu'elle fut aperçue, Hassan tint conseil avec les principaux de la ville, sur le parti à prendre; tous
reconnurent l'impossibilité de faire la moindre résistance, faute
des objets nécessaires à la vie. Hassan, n'écoutant plus alors
que son désespoir, se sauva avec tout ce qu'il put emporter, et
erra long-temps dans les vastes provinces de l'Afrique; les
principaux habitants firent de même. Cependant la flotte avait
jeté l'ancre devant la ville; le vent l'empêchait d'aborder. Sur
la fin de la journée, le vent ayant changé, les guerriers chrétiens
abordèrent sans opposition, et prirent possession de la ville,
sans rencontrer d'obstacle; car ceux qui avaient les moyens
de se sauver avaient déjà tous pris la fuite. George trouva
le palais de Hassan dans le même état où il avait été laissé; on
n'avait emporté que les objets d'un transport facile. Les eu-
nuques étaient à leurs postes, le trésor était plein des objets
les plus précieux, enfin tout concourait à rendre complet le
succès des chrétiens. George n'oublia pas, au milieu de ses
succès, l'état malheureux des habitants que la faim avait chassés
dans les contrées voisines; il fit courir après eux, et, par ses
bons traitements, il sut les soustraire à la mort et les rendre à
leur patrie.

Dans la même année, l'empereur d'Allemagne arrive en
Syrie avec une nombreuse armée, et forme le siége de Damas.

Cette ville était alors au pouvoir de Modjyr'eddin Abek, fils de
Bouri, qui avait remis le timon des affaires à Moyn'eddin-Anir,
ancien mamelouk de son aïeul Thogdekin. Les Francs commencèrent l'attaque le 6 de rebi premier (fin de juillet); l'empereur
était campé sur la *Place verte*. Anir se troubla à la vue du
péril; il implora les secours de Sayf'eddin-Gazi, qui marcha
aussitôt vers la Syrie, de concert avec son frère Nour'eddin,
l'un et l'autre à la tête de leurs troupes. Ils s'avancèrent jusqu'à
Emesse (1), d'où leurs efforts ne furent pas inutiles. Les Francs
se trouvèrent alors dans un grand embarras; car, d'autre part,
Anir était parvenu à engager les chrétiens de Syrie à séparer leur
cause de celle des Allemands, moyennant la cession de Panéas,
à laquelle il s'était obligé. Les chrétiens firent peur à l'empereur, et le menacèrent même de se joindre aux musulmans.
L'empereur se vit contraint d'évacuer la Syrie, et s'en retourna
dans ses États. Anir fut fidèle à sa parole, et remit Panéas
aux chrétiens. Cependant les nombreuses attaques livrées à la
ville de Damas furent fatales à plusieurs guerriers, entr'autres
à Nour'eddauleh-Schahinschah, frère utérin de Saladin (2).

Nour'eddin attaque les Francs dans le territoire du Yagra,
qui fait partie du canton de Omk (dans la province d'Alep).
Les Francs se retirent en désordre, laissant beaucoup de morts
et de prisonniers. Le prince de Mossoul entra en partage du
butin et des prisonniers.

An 544 (1149). Nour'eddin entreprend le siége du château

---

(1) Ce passage, qui n'a pas été bien rendu par Reiske, sera plus
amplement développé dans l'extrait de l'histoire d'Alep.

(2) Il était l'aîné de Saladin; son fils Malek Modhaffer Omar obtint dans la suite la principauté de Hamah, qui passa par droit
d'héritage jusqu'à notre auteur. (*Voy.* la Notice d'Aboulfeda,
page 261.)

de Harem (1). À cette nouvelle, le prince d'Antioche (Raymond) réunit toutes ses forces, et vient attaquer Nour'eddin. Il est tué, et ses troupes prennent la fuite, laissant beaucoup de morts et de prisonniers. Son fils Bohémond lui succède, encore en bas âge. La mère du jeune prince (Constance), qui devait lui conserver sa principauté, se remaria, et cette alliance valut à son second mari (Renaud de Châtillon), l'autorité et le titre de *prince* (2). Mais celui-ci n'en jouit pas long-temps; il fut fait prisonnier dans une nouvelle attaque livrée par Nour'eddin, et Bohémond recouvra par-là l'exercice de la puissance.

---

(1) Situé entre Antioche et Alep. Reiske a observé que les auteurs latins écrivent *Harenc.*

(2) Ce mot, dont quelques traducteurs ont fait celui de *Barnes;* et ceux de baron et de comte, *coumes* et *cond*, reviennent fréquemment dans les historiens arabes du temps: ils sont devenus dans leurs écrits les titres appellatifs des plus puissants seigneurs chrétiens de la Palestine. Le premier désigne spécialement les princes d'Antioche et Renaud de Châtillon, seigneur de Carac. Le titre de *coumes* ou comte a été réservé au comte de Tripoli : quant au reste des feudataires du royaume de Jérusalem, ils ont dû se contenter de celui de *saheb*, qui équivaut à notre mot de maître ou de seigneur. Le mot *prince*, en passant dans la langue arabe, a subi les modifications que réclamait le génie de cette langue. Indépendamment de l'articulation de notre *p*, qui lui est étrangère, les Orientaux, pour faire sentir dans la prononciation les deux consonnes d'une même syllabe, sont obligés de recourir à une voyelle. Si donc le mot étranger qu'ils veulent introduire dans leur langue commence par deux consonnes, ils placent une voyelle qui équivaut à notre *e* muet, soit avant, soit après la première de ces consonnes; l'usage là-dessus est loin d'être uniforme. De là, dans les historiens arabes, le glorieux nom des Français est représenté par le mot *feransis* ou *efransis*. Platon a vu son nom défiguré sous le mot barbare de *felatoun* ou de *eflatoun*; et le titre de prince, qui sonne si bien dans notre langue, a été métamorphosé en *berens* ou *ebrens*.

An 545 (1150). Nour'eddin s'empare d'Apamée sur les Francs, et la fournit abondamment d'armes et de provisions. Vainement les Francs avaient paru vouloir lui faire abandonner le siége; la ville était déjà prise, qu'ils se trouvaient encore en marche; et il n'en fallut pas davantage pour les faire retourner sur leurs pas.

An 546 (1151). Josselin était célèbre, entre tous les seigneurs Francs; sa générosité était égalée par son courage. Sur la nouvelle que Nour'eddin se disposait à venir l'attaquer, il réunit tout son monde, et marcha au-devant de l'ennemi. Un combat s'engagea. L'armée de Nour'eddin fut mise en déroute; l'écuyer et les propres armes du prince restèrent au pouvoir du vainqueur. Josselin envoya les armes à Massoud, fils de Kilidj Arslan, souverain d'Iconium, avec ces mots : « Voilà les armes du mari de votre fille; sous peu je vous enverrai quelque chose de mieux. » Cette bravade piqua très vivement Nour'eddin; devenu insensible à tous les plaisirs, il n'eut plus de repos qu'il ne se fût vengé; il mit les Turcomans dans ses intérêts, et leur fit les plus belles promesses, s'ils lui amenaient Josselin mort ou vif. En effet, ils enlevèrent ce dernier un jour qu'il était à la chasse. Néanmoins ils allaient rendre la liberté au prisonnier, grâces aux présents qu'il sut leur prodiguer à propos, lorsque quelques-uns d'entr'eux firent savoir au lieutenant de Nour'eddin, à Alep, la prise qu'ils venaient de faire. Celui-ci se hâta d'envoyer un détachement, qui s'assura de la personne de Josselin, et le mit entre les mains de Nour'eddin. Ce coup-de-main valait une victoire, et les effets s'en firent ressentir dans toute la chrétienté. Nour'eddin pénétra dans les domaines de Josselin, et se rendit maître de ses villes et châteaux, tels que Tell Bascher, Ayntab, Dalouk, Azaz, Tell Khaled, Koures, Ravendan, la tour d'Alressas, Bareb, Kafar Soud, Kafarlata, Marasch, Nehr Aldjouz, etc. Tout cela fut l'affaire de très peu de temps. Au reste, il n'oubliait pas, à la prise de chaque place, de la munir d'une garnison et des approvisionnements nécessaires.

An 547 (1152). Pendant que Nour'eddin était devant Dalouk, les Francs avaient réuni leurs forces pour le contraindre de se retirer. A leur approche, Nour'eddin quitta le siége, et il s'engagea une action des plus terribles. Les Francs prirent honteusement la fuite, laissant beaucoup de prisonniers. Le vainqueur retourna devant Dalouk, qui ouvrit ses portes.

An 548 (1153). Les Francs prennent Ascalon sur les khalifes d'Egypte. Les ministres (1) des khalifes avaient toujours mis leurs soins à fournir cette ville de tout ce qui était nécessaire à sa défense; mais, après la mort d'Adel, fils de Sallar, qui remplissait les fonctions de premier ministre, la discorde se mit dans les conseils des princes de l'Egypte. Les Francs profitèrent de la confusion générale; ils assiégèrent Ascalon, et s'en rendirent les maîtres.

Quelques navires partis des ports de la Sicile pillent la ville de Tennis (située au milieu du lac de Menzaleh).

An 549 (1154). Le khalife d'Egypte, Dhafer Billah, est assassiné, avec ses deux frères, par Abbas, son visir, qui voulait laver dans le sang du khalife l'affront qu'il lui faisait dans la personne de Nasr, son fils. Deux jours après, Abbas fit proclamer le fils du khalife, à peine âgé de cinq ans, qui prit le nom de Faiez Bi-Nasr-Allah; il profita en même temps du trouble que cet événement avait occasionné, pour s'approprier une partie des richesses du palais. Cette révolution avait été

---

(1) On sait qu'à cette époque les princes égyptiens étaient confinés dans leur palais; les affaires, ou plutôt les révolutions sans cesse renaissantes, s'opéraient sans eux, et ils n'avaient plus conservé de la souveraine puissance, que l'usage de consacrer, par un diplôme, l'usurpation du plus hardi de leurs officiers.

vue de mauvais œil par les troupes et les nègres du palais ; ils appelèrent au Caire Thelay, fils de Rezyk, qui gouvernait la province de Minieh (au sud du Fayoum). Thelay s'empara sans peine du gouvernement. Quant à Abbas, il prit la fuite avec Nasr, son fils, et d'immenses richesses, se dirigeant vers la Syrie ; en route, il fut pris par les Francs. Ceux-ci le massacrèrent, prirent ses richesses, et gardèrent son fils prisonnier. Cependant Thelay avait été proclamé visir au Caire, sous le titre de Malek Saleh. Aussitôt il réclama l'extradition du fils d'Abbas, l'obtint à prix d'argent, et l'immola à sa sûreté (1). Délivré ainsi de tout compétiteur, il ne garda plus de ménagement à l'égard des personnages les plus importants de l'Etat.

Nour'eddin enlève Damas à Modjyr'eddin Abek. Depuis qu'ils étaient entrés dans Ascalon, les Francs avaient pris une grande prépondérance dans les affaires de la Syrie. Ils ne voulaient pas souffrir d'esclaves chrétiens dans Damas ; tous ceux qui desiraient sortir de la ville ou retourner chez eux, que leurs maîtres y consentissent ou non, étaient aussitôt mis par eux en liberté. Il était à craindre que les Francs ne finissent par occuper Damas. Nour'eddin s'assura d'abord secrètement des habitants ; puis il vint se présenter devant la ville. On lui ouvrit la porte orientale, et il entra sans coup férir. Modjyr'eddin s'était renfermé dans la citadelle, qu'il livra sur la promesse de recevoir en indemnité Emesse et d'autres domaines ; mais, à son arrivée à Emesse, au lieu de lui donner cette ville, on lui proposa Balès, et Modjyr'eddin se retira, plein d'indignation, à Bagdad, où il fixa son séjour.

---

(1) Le fils d'Abbas est celui que les historiens occidentaux disent avoir embrassé le christianisme, et sur lequel ils ont donné de fort longs détails.

Cette année, ou l'année suivante, Nour'eddin s'empare de Tell-Bascher sur les Francs (1).

An 551 (1156.) Les provinces d'Afrique prennent les armes, et secouent le joug des Francs, dont il se fait un massacre général. En même temps Abd'almoumen (prince de la dynastie des Almohadides), s'empare d'Hippone (Bouneh) ; et, à l'exception de Mahadyah et de Sousseh, les Francs perdent toutes les conquêtes qu'ils y avaient faites.

An 552 (1157). Plusieurs tremblements de terre se font sentir en Syrie, et y répandent la désolation. Hamah, Schayzar, Emesse, le château des Kurdes, Tripoli, Antioche et les places voisines eurent leurs remparts renversés, d'autres leurs citadelles. Nour'eddin s'empressa de réparer celles de ses places qui avaient été endommagées, et fit faire des courses sur les terres des Francs, afin d'occuper ceux-ci sur leurs propres domaines. Un grand nombre d'hommes avaient péri sous les décombres de leurs maisons. On se fera une idée de ces calamités, par le fait suivant : Un maître d'école de Hamah se trouvait absent au moment du désastre qui fit périr tous ses écoliers ; quand la secousse fut passée, aucun des parents ne se présenta pour s'informer du sort de ces jeunes infortunés.

An 554 (1159). Au commencement de l'année, Abd'almoumen enlève aux Francs Mahadyah et le reste de la province d'Afrique, douze ans après l'entrée des Francs dans cette ville. Le vainqueur mit tous ses soins à rétablir l'ordre dans le pays,

---

(1) Reiske observe, d'après Guillaume de Tyr, que cette place devait appartenir aux Grecs, puisque les Francs avaient abandonné à ceux-ci toutes les places occupées par Josselin, après que ce dernier eut perdu la liberté.

et y céda des terres considérables à Hassan, ancien prince de la contrée.

An 555 (1160). Mort du khalife d'Egypte, à l'âge de douze ans, après un règne d'un peu plus de six ans. On s'occupa aussitôt de lui donner un successeur. Le visir se rendit au palais, où on lui présenta un prince de la famille du khalife, d'un âge avancé; mais sur un mot qu'un de ses amis lui dit à l'oreille, savoir, que son prédécesseur avait été plus fin, lui qui s'était donné un khalife qui avait à peine cinq ans, le visir demanda un autre prince; et c'est alors qu'il fit choix d'Adhed-Lidin-Allah, qui venait d'atteindre l'âge de puberté. Adhed était petit-fils du khalife Hafedh, par l'émir Youssouf, son père. Il fut donc reconnu solennellement, et le visir le maria aussitôt avec sa fille, à laquelle il faisait une dot qui surpassait en richesse tout ce qu'on avait vu jusque-là.

An 556 (1161). Le visir est assassiné par les intrigues de la tante du khalife, à l'instant où il entrait dans le palais. Il eut, avant de mourir, le temps de faire périr cette femme que le khalife lui avait abandonnée sans hésiter; il obtint encore de transmettre le visirat à son fils Rezyk, qui prit le titre de Malek-Adel.

An 557 (1162). Nour'eddin entreprend le siége de Harem, et se retire sans avoir rien fait.

An 558 (1163). Nour'eddin est surpris par les Francs, dans la plaine située sous les remparts du château des Kurdes, où il était campé avec son armée. Déjà les Francs avançaient sur lui avec leurs croix, lorsqu'il monta précipitamment sur un cheval encore dans ses liens. Heureusement qu'un Kurde mit pied à terre pour le débarrasser. Ce fidèle serviteur fut tué, et Nour'eddin s'acquitta envers sa famille, par le don de plusieurs terres considérables. Nour'eddin, en se retirant, avait donné rendez-vous à ses troupes auprès du lac d'Émesse. Tous ceux qui échappèrent aux coups de l'ennemi s'y réunirent.

An 559 (1164). Nour'eddin envoie Assad'eddin Schyrkouh, avec une armée, en Egypte (1). Schaver, qui, après avoir été supplanté par Dhargam dans le visirat, était venu implorer l'assistance de Nour'eddin, suivait l'armée, dans l'espoir d'être rétabli; il s'était obligé, à ce prix, de payer à Nour'eddin le tiers des revenus de l'Egypte, la solde de l'armée prélevée. Dhargam fut vaincu à la première affaire, et fut tué près du tombeau de Seydeh Nefysseh (2) (dans les faubourgs du Caire); Schaver se remit paisiblement en possession de la dignité de visir. Cette révolution eut lieu dans le mois de djoumady premier (avril). Deux mois s'écoulèrent à peine, que déjà Schaver avait oublié tous ses engagements. Schyrkouh voyant qu'il ne remplissait aucune de ses promesses, prit possession de la province de Scharkyeh et de Belbeys, sa capitale. Schaver, qui était loin de prévoir ce nouvel embarras, recourut aussitôt aux Francs, qui consentirent à venir le délivrer des troupes de Syrie. Les Francs, de concert avec les troupes égyptiennes, assiégèrent dans Belbeys le général de Nour'eddin. Ils l'y tenaient enfermé, depuis trois mois, lorsqu'une diversion opérée par Nour'eddin, et la prise de Harem, les obligèrent à proposer un accommodement à Schyrkouh. Ce général évacua la ville et la province, et arriva sans accident, avec ses troupes, en Syrie.

Nour'eddin était entré dans Harem, au mois de ramadhan

---

(1) Les événements qui vont suivre seront retracés plus au long dans les extraits suivants.

(2) Cette femme descendait d'Ali, gendre de Mohammed. Elle mourut l'an 208 (823), et on éleva un tombeau magnifique en sa mémoire.

(août); cette ville s'était rendue à la suite d'un combat terminé à l'avantage des musulmans. Les Francs y perdirent beaucoup de monde, sans compter un grand nombre de prisonniers, parmi lesquels le prince d'Antioche et le comte de Tripoli; Nour'eddin y fit de plus un butin très considérable.

Trois mois après, Nour'eddin prend Panéas sur les Francs, qui en étaient en possession depuis l'année 543 (1148).

An 561 (1165-6). Nour'eddin enlève aux Francs le château de Monaytarah en Syrie.

An 562 (1166). Schyrkouh retourna en Egypte avec une armée florissante, appuyée de deux mille hommes de cavalerie, et s'empara de Djyzeh (sur le Nil, en face du Caire). Aussitôt Schaver s'adressa aux Francs, qui, arrivant avec toutes leurs forces, poursuivirent Schyrkouh jusque dans la Haute-Égypte. Ils l'y joignirent près de la ville d'Abwan : un combat s'engagea; les Francs et les Egyptiens furent défaits complètement. Schyrkouh occupa le territoire de Djyzeh, et en épuisa les ressources; de là, il marcha sur Alexandrie, qui ouvrit ses portes, et y laissa son neveu Saladin pour la gouverner. Tandis qu'il s'enfonçait de nouveau dans la Haute-Égypte, les Francs et les Egyptiens assiégèrent Saladin pendant trois mois. Schyrkouh fut contraint de renoncer à ses projets, et de retourner à Alexandrie. Sur ces entrefaites, on entra en pourparlers, et la paix fut conclue. Schyrkouh s'obligeait à évacuer Alexandrie et l'Egypte, moyennant une somme d'argent. Quant aux Francs, une des clauses du traité les autorisait à avoir un commissaire au Caire, ainsi que la garde des portes de la ville; ils devaient, en outre, recevoir tous les ans cent mille écus d'or sur les revenus de l'Egypte. Les troupes de Syrie évacuèrent Alexandrie, au milieu de schowal (commencement d'août 1167).

Nour'eddin enlève aux Francs Safyta et Arymah.

An 564 (1168-9). Les Francs s'étaient rendus formidables en Egypte. Le gouvernement égyptien était tombé dans une extrême faiblesse, ce qui favorisa leurs progrès. Au commencement du mois de safar (novembre), les Francs étaient entrés de force dans Belbeys, avec l'espoir de se rendre maîtres de toute l'Egypte ; ils livrèrent la ville au pillage, et marchèrent, le 10, sur le Caire. Schaver se prépara à s'y défendre ; quant à Misr (le vieux Caire), craignant de ne pouvoir empêcher les Francs de s'y établir, il la fit évacuer par les habitants, qui furent reçus dans le Caire, et Misr fut abandonné aux flammes. L'incendie dura cinquante-quatre jours (1). Au milieu de ces calamités, le khalife Adhed implora le secours de Nour'eddin ; pour mieux intéresser sa pitié, il lui envoya des cheveux de ses femmes. En attendant l'effet de ces démarches, Schaver fit une tentative auprès des Francs ; il leur proposa un million d'écus d'or, dont cent mille comptant, et le reste successivement, à mesure qu'il aurait réuni quelque portion de cette somme. Les Francs acceptèrent ces conditions, et se retirèrent dans leur pays.

Cependant Nour'eddin n'épargnait ni soins, ni dépenses, pour l'armement des troupes qu'il allait diriger sur l'Egypte ; outre les premières dépenses, il donna cent mille écus d'or à Schyrkouh, sans compter les étoffes, les bêtes de somme, les armes, etc. Plusieurs émirs accompagnaient son lieutenant, entr'autres, Saladin, fils de son frère Ayoub. Nour'eddin avait exigé que le jeune Saladin fît partie de l'expédition, quoiqu'elle dût avoir pour résultat le renversement de sa famille. Saladin,

---

(1) Misr ne fut pas entièrement consumé. Il en est fait souvent mention, postérieurement à ce désastre, comme d'une ville qui comptait parmi les plus considérables cités de l'Egypte.

au contraire, y allait avec répugnance, quoiqu'il dût y trouver la source de sa fortune et de sa puissance : *tant il est vrai qu'on repousse quelquefois ce qui doit vous élever en puissance, et qu'on recherche ce qui doit vous ruiner* (1). Les Francs, sans attendre l'arrivée de Schyrkouh, évacuèrent l'Egypte, et ce pays en fut délivré. Quant à Schyrkouh, il arriva au Caire le 4 de rebi second (4 janvier 1169). Le khalife lui accorda une audience, à la suite de laquelle il fut comblé de présents. En même temps, des mesures furent prises pour que les troupes de Syrie ne manquassent de rien. Cependant Schaver ne se mettait pas en peine de remplir, envers Nour'eddin, ses engagements, qui étaient de déterminer le montant des revenus de l'Egypte, et de lui en remettre le tiers. Tous les jours il se présentait devant Schyrkouh, et n'était avare ni de promesses, ni d'espérances ; mais *Satan ne leur promettait que pour les mieux tromper* (2). Sa perfidie lui suggéra l'idée d'appeler à un festin Schyrkouh et ses émirs, dans l'espoir de s'emparer, par ce moyen, de leurs personnes. A la vérité, son fils Kamel le dissuada de ce projet ; mais ses mauvais desseins avaient commencé à percer, et les officiers syriens résolurent de s'en délivrer tout-à-fait. Saladin, Ezz'eddin Djerdyk, etc., s'ouvrirent là-dessus à Schyrkouh, qui refusa de se prêter à leur dessein. Pendant ces menées, Schaver venait chez Schyrkouh, comme de coutume. Un jour que le lieutenant de Nour'eddin était allé visiter, par dévotion, le tombeau de Schafey (3), Schaver se présenta à sa tente. Saladin

---

(1) Paroles de l'*Alcoran.*

(2) Paroles de l'*Alcoran.*

(3) Fondateur de l'une des quatre sectes orthodoxes musulmanes.

et Djerdyk l'instruisirent de l'absence de Schyrkouh, et s'offrirent pour l'accompagner jusqu'au lieu où il se trouvait dans
ce moment. Mais, tout d'un coup, pendant qu'ils faisaient
route ensemble, Saladin et sa suite se jettent sur Schaver, le
renversent de cheval, et le garottent, avec d'autant plus de
facilité que tous ses gens avaient pris la fuite. Ceci se passa le
7 du mois. Schyrkouh, à son retour, n'osa pas désavouer ses
officiers ; mais pour le khalife, il n'eut rien de plus pressé que
de demander la tête de Schaver : elle lui fut envoyée sur-le-
champ. En même temps, Schyrkouh se présenta au khalife,
qui lui conféra la dignité de visir. Le général en reçut sur
l'heure les marques distinctives, avec le titre de *malek mansour* (général victorieux), et le commandement suprême des
troupes. Schyrkouh s'en revêtit, et alla occuper le palais affecté au visirat. Le diplôme qui fut expédié dans cette circonstance avait été rédigé par Fadhel (1) ; il commençait ainsi :
*Au nom de Dieu, etc., le serviteur et ami de Dieu Abou
Mohammed, l'imam Adhed - Lidin - Allah, prince des
croyants, au seigneur illustre Malek Mansour, sulthan
des armées, ami des imams* (2), *défenseur du peuple fidèle
(ommet), Assad'eddin Abou'lharts Schyrkouh Adhedy* (3),
puisse le ciel en faire le soutien de la religion, et le conserver

---

Son tombeau se trouvait dans le cimetière public, connu sous le
nom de *Kerafah*, situé au sud-est des murs de la ville du Caire.

(1) C'est sans doute le cadhi Fadhel, dont Saladin fit dans la
suite son *secrétaire-d'état*. Une partie de sa correspondance politique nous a été conservée par le compilateur des *Deux Jardins*.

(2) Les descendants directs d'Ali, qui réunissaient en leur personne l'autorité spirituelle et temporelle.

(3) Schyrkouh se reconnaissait par-là comme créature d'Adhed,

*long-temps, pour le bien du khalife ! puisse-t-il perpétuer sa
fortune et exalter ses commandements ! salut : Louons
Dieu de t'avoir si heureusement suscité, ce Dieu unique,
que nous supplions de verser ses plus* abondantes faveurs
sur Mohammed et sur sa vénérable lignée, les imams de
la race de Mahdi* (1).* Puis venaient d'autres détails analogues
au même sujet, et que nous passons, pour abréger. Adhed
écrivit, de sa propre main, sur un pli du diplôme, ces paroles:
« C'est une faveur dont, jusqu'ici, aucun visir n'avait été ho-
» noré. Accepte avec confiance le glorieux fardeau par lequel
» le prince des croyants veut récompenser ton mérite; prends
» hardiment la dignité qu'il te confère, et traîne la queue de
» ta robe dans la gloire; car l'honneur s'en perpétuera jusqu'à
» la dernière génération (2). »

Après la mort de Schaver, on avait vu entrer son fils Kamel
dans le palais, sans qu'on sût depuis ce qu'il était devenu.
Schyrkouh pouvait donc enfin se livrer au repos; son autorité
semblait à l'épreuve des accidents de la fortune. Mais « lorsqu'ils
» jouissaient à leur gré du fruit de nos bienfaits, nous les

à l'instar des mamelouks, qui prenaient le nom de leur maître. Ainsi
les mamelouks de Saladin (Malek Nasser) seront désignés sous le titre
de Nasserydes ; ceux de Schyrkouh (Assad'eddin), sous celui
d'Assadydes ; ceux de Malek Saleh Negm'eddin , sous celui de Sa-
lehydes , etc.

(1) Obeid Allah Mahdi , fondateur de la dynastie des khalifes fathimides , mort en 322 (934), prétendait descendre d'Ali , gendre de
Mohammed , par Ismaël , fils de Djafar , le 6e. des douze imams.
(*Voy.* notre auteur , tom. II , pag. 308-321.) C'est ce même Ismaël
dont le nom servit de point de ralliement à plusieurs sectes de
fanatiques , connues sous le nom d'*Ismaéliens,* d'*Assassins,* etc.

(2) Reiske a rendu ce passage un peu différemment.

» avons appelés à nous, au moment qu'ils y pensaient le
» moins (1). » La mort enleva Schyrkouh à ses projets,
après deux mois et cinq jours de visirat (ce fut à la suite d'une
indigestion , suivant le compilateur des *Deux Jardins*). Ses
principaux officiers employèrent mille intrigues pour obtenir
de le remplacer; mais le khalife, sans égard pour leurs prétentions, fit venir Saladin au palais, et lui conféra la dignité
de visir , avec le glorieux titre de *malek nasser* (général protecteur).

Les principaux émirs refusèrent d'abord de reconnaître son
autorité, et il fallut bien des négociations et des prières pour
les ramener à la soumission; le seul Ain'eddauleh, persistant
dans son esprit d'opposition, fut renvoyé en Syrie, auprès de
Nour'eddin.

C'était malgré lui que Saladin avait suivi son oncle dans la
dernière expédition. « Mon oncle, disait-il lui-même, m'or-
» donna un jour de me préparer à partir, et cela en présence
» de Nour'eddin, qui parlait dans le même sens; et moi
» de dire : Me donnât-on le royaume d'Egypte, je refuse-
» rais de m'y rendre , tant ce que j'avais souffert au siége
» d'Alexandrie était encore présent à ma mémoire. Mais mon
» oncle insista avec plus de force auprès de Nour'eddin, qui,
» sans égard pour mes répugnances, me signifia qu'il fallait
» absolument partir. En vain me récriai-je sur l'état de gêne
» où je me trouvais alors, on me compta l'argent qui m'était
» nécessaire, et je partis comme un homme qu'on mène à la
» mort. »

Cependant Saladin n'eut pas de peine à faire reconnaître
partout son autorité; il ne l'exerçait, du reste, que comme

---

(1) Paroles de l'*Alcoran*.

lieutenant de Nour'eddin. (Dans ses lettres à ce prince, Saladin se disait son *esclave* ou mameluck.)

Saladin demanda la permission de faire venir auprès de lui
son père et toute sa famille, ce qui lui fut accordé. Ils reçurent
tous des dotations considérables en Egypte (1). L'influence de
Saladin allait toujours croissant, à mesure que le khalife perdait
de la considération et des égards dus à sa personne. A peine
Saladin fut-il chargé de la direction des affaires, qu'il s'interdit
sévèrement le vin et tous les amusements frivoles ; tous ses soins
se portèrent sur les devoirs qui lui étaient imposés, et il ne dé-
mentit pas, jusqu'à sa mort, la sage résolution qu'il venait de
prendre.

Les nègres du palais essayèrent de se soulever, et furent
exterminés (2). Saladin profita de cet événement pour s'arroger l'inspection du palais du khalife ; il en confia la garde à
Boha'eddin - Karacousch, eunuque blanc ; en sorte qu'il ne s'y
fit plus rien que par son ordre.

An 565 (1169-70). Les Francs entreprennent le siége de
Damiette. Saladin, qui s'attendait à être attaqué de ce côté, l'a-
vait munie d'hommes, d'armes, et de tout ce qui pouvait
garantir cette place. Les Francs se trouvaient, depuis cinquante
jours, devant cette ville, lorsqu'une puissante diversion faite
par Nour'eddin en Syrie, les obligea à rentrer dans leurs propres limites. C'est une chose inouïe, disait Saladin, que la libéralité d'Adhed : pendant le siége, j'ai reçu de sa générosité
un million d'écus d'or d'Egypte, sans compter les habits, etc.

---

(1) Saladin distribua des terres à sa famille et à ses officiers. Ce
fut le plus souvent aux dépens des chrétiens, et sur les terres des
couvents dotés généreusement par les khalifes fathimides.

(2) *Voy*. l'extrait suivant.

Nour'eddin tente sans succès une attaque sur Carac (*Petra deserti*), et se retire.

Un tremblement de terre jette la désolation dans la Syrie. Nour'eddin mit tous ses soins à en réparer les ravages. Les Francs, qui en avaient aussi éprouvé les effets, se hâtèrent, crainte d'une attaque, de réparer les ruines de leurs châteaux ; de manière que les hostilités furent pour le moment de part et d'autre oubliées.

An 566 (1170-1). Saladin fait une invasion dans les terres des Francs, du côté d'Ascalon et de Ramlah, puis retourne en Egypte ; il revient ensuite assiéger Ela, sur le bras oriental de la Mer-Rouge ; il y fait transporter des barques, serre la ville par mer et par terre, et la prend dans les premiers jours de rebi second (décembre). Ela fut livrée au pillage. L'expédition terminée, Saladin reprit le chemin de l'Egypte.

An 567 (1171). Le second vendredi de moharram (8 septembre), on supprime à la prière du jour, dans les mosquées d'Egypte, le nom du khalife Adhed (1) ; elles ne retentissent plus que du nom du khalife de Bagdad. Cette grande innovation fut provoquée par Nour'eddin. Lorsque ce prince vit l'autorité de son lieutenant bien affermie, étant d'ailleurs rassuré par la surveillance sévère qu'on exerçait sur le palais d'Adhed, il écrivit à Saladin de lever le masque, et de faire proclamer dans les chaires le nom des khalifes abbassides. Saladin, qui redoutait quelque émeute populaire, fit des difficultés ; mais pressé par de nouvelles instances, il remplit ses desirs,

---

(1) C'est à la prière du vendredi que le prédicateur fait des vœux pour le souverain. On sait que le droit d'y être nommé et celui de battre monnaie constituaient dans l'origine la suprême puissance : mais d'abord à Bagdad, et plus tard en Égypte, sous les derniers fathimides, l'autorité des khalifes était devenue toute spirituelle.

et tout se passa sans le moindre tumulte. Adhed était, dans ce moment, retenu dans son palais par la maladie; il mourut le 10 de moharram (13 septembre), sans avoir rien su de cette mesure, qui consommait pour toujours la ruine de sa famille.

Après sa mort il y eut audience publique, et Saladin reçut les compliments de condoléance. Il n'oublia pas de prendre possession du palais et des richesses qui y étaient renfermées : elles étaient immenses en bijoux, en livres et en meubles précieux (1). Les gens d'Adhed furent relégués dans un coin du palais, et mis sous une surveillance sévère ; les esclaves de l'un et de l'autre sexe l'évacuèrent entièrement ; les uns furent vendus, d'autres affranchis, et le reste distribué entre différents maîtres.

Ainsi finit la dynastie des Fathimides, après avoir régné sous quatorze khalifes, pendant deux cent soixante-douze ans (près de deux cent soixante et une années solaires), c'est-à-dire, depuis l'an 296 (août 909), que Mahdi fut proclamé à Sedjelmasseh (dans l'Afrique occidentale). Admirez les vicissitudes de ce monde; il ne donne que pour retirer, et ses douceurs sont toujours mêlées d'amertume. La gloire de ce monde périssable se ternit tôt ou tard, ou plutôt elle n'est jamais entièrement pure.

Quand la nouvelle des événements d'Egypte arriva à Bagdad, le peuple s'y livra, pendant plusieurs jours, à de bruyantes démonstrations de joie. Le khalife envoya des khilates (pe-

---

(1) La bibliothèque du palais contenait, selon Merai, deux millions de manuscrits, dont cent mille autographes : Saladin se réserva une partie des livres, et fit vendre le reste. Reiske a cru reconnaître dans la bibliothèque de Leyde, des débris de celle de ce prince. (*Voy.* sur cette bibliothèque des détails curieux dans les *Mém. sur l'Egypte*, par M. Quatremère, tom. II, p. 383 et suiv.

lisses) à Nour'eddin, à Saladin et aux khatibs (prédicateurs),
et l'on déploya les étendards noirs (couleur des abbassides,
par opposition à la couleur blanche des khalifes d'Égypte).

Mais bientôt une méfiance réciproque s'élève dans l'esprit de
Nour'eddin et de Saladin. Ce dernier avait déjà commencé les
travaux du siége de Schaubek (Mont-Réal), qui appartenait aux
Francs ; il y renonce, de peur que, cette place conquise,
Nour'eddin ne pût sans obstacle se rendre maître de l'E-
gypte (1). Ce motif n'échappa pas à Nour'eddin ; mais il dissimula son dépit. Saladin, à son retour en Égypte, réunit
ses parents et ses principaux officiers, et leur demanda leur
avis dans le cas où, comme on le disait, Nour'eddin préten-
drait lui disputer la possession de l'Egypte. Taky-eddin Omar,
son neveu, s'écria qu'on marcherait à sa rencontre pour re-

---

(1) Carac (*Petra deserti*) et Schaubek (*Mons regalis*) étaient
devenues, par leur position, la clef de la route de Syrie en Egypte.
Depuis que les Francs s'étaient établis dans la Palestine, les musulmans
ne pouvaient plus communiquer d'un pays à l'autre qu'en se dirigeant à l'est du Jourdain, pour de là tourner la Mer-Morte, et
franchir les sables qui s'étendent au nord de la Mer-Rouge. Or,
Carac et Schaubek, par leur position à l'est et au sud de la
Mer-Morte, pouvaient à tout instant intercepter les musulmans
qui voulaient traverser le pays. Les caravanes des pélerins de l'Asie-
Mineure et de la Syrie s'exposaient également à être enlevées sans
combat : Nour'eddin crut donc qu'il était de sa politique de soumettre ces deux places. Saladin ne mettait pas le même intérêt à les
enlever aux Francs, parce qu'elles pouvaient offrir un obstacle aux
entreprises de Nour'eddin contre lui, soit en retardant la marche de
ce dernier sur l'Egypte, soit en lui laissant les moyens de faire une
alliance avec les chrétiens contre le sulthan de Syrie. On verra par
la suite l'extrême importance que les chrétiens et les musulmans
mirent tour-à-tour à conserver et à reprendre Schaubek et Carac.
Cette observation n'a pas échappé aux écrivains latins.

pousser la force par la force. Cela se passait en présence du
père de Saladin. Ayoub eut l'air de se fâcher, et dit : « Eh!
» bien, moi qui suis votre père, du moment où j'apercevrais
» Nour'eddin, je mettrais pied à terre, et je baiserais devant lui
» la poussière. » Puis s'adressant à son fils : « Fais répondre
» à Nour'eddin que si un homme venait de sa part pour te
» mener à lui, la corde au cou, tu courrais pour t'y rendre. »
La chose en resta là ; mais lorsque Ayoub se trouva seul avec
son fils, il lui dit : « Si Nour'eddin faisait mine de nous ravir
» notre conquête, je serais le premier à lui disputer le passage;
» mais gardons-nous de laisser voir de pareilles dispositions,
» car il ferait trève à toutes ses entreprises pour venir à nous,
» et qui sait ce qui nous arriverait? tandis qu'en affectant une
» grande soumission, nous gagnons du temps de manière à
» pouvoir espérer quelque expédient qui nous tirera d'embar-
» ras. » Saladin céda aux conseils de son père.

An 568 (1172-3). Saladin s'étant rendu sous les murs de
Carac pour en former le siége, Nour'eddin partit de Damas
avec toutes ses forces pour joindre, comme il avait été convenu, ses efforts à ceux de son lieutenant : mais à peine fut-il
arrivé à Rakym, non loin de Carac, que Saladin, qui ne pouvait
penser sans frayeur à une entrevue avec ce prince, se hâta
de regagner l'Egypte, laissant des présents pour Nour'eddin :
il motivait son départ sur l'état inquiétant de son père, et le
danger de perdre l'Egypte avec lui. Nour'eddin parut se contenter de l'excuse, quoiqu'il vît bien clairement les vues secrètes
de Saladin. Au reste celui-ci n'eut pas même la consolation de
revoir son père. Il était mort, laissant la réputation d'un homme
sage et de mœurs irréprochables.

An 569 (1173). Cependant Saladin et sa famille n'étaient
rien moins que rassurés contre les vues hostiles de Nour'eddin :
la crainte de ne pouvoir repousser ses efforts leur inspira l'idée

de nouvelles conquêtes, qui leur offriraient un asile au besoin. Dès l'année précédente, Schems'eddauleh Touranschah, frère de Saladin, était entré en Nubie. Le pays n'ayant pas répondu à ses vues, il passa cette année dans l'Yémen avec des forces considérables. Cette partie de l'Arabie était alors sous les lois d'Abd'alnabi, qui essaya vainement de s'y maintenir. Il fut battu; Zébid, sa capitale, fut prise, il tomba lui-même au pouvoir du vainqueur. Touranschah poussa ses conquêtes jusqu'à Aden, et bientôt son autorité fut reconnue dans tout l'Yémen.

Il se trama contre la vie de Saladin un complot qui avait pour but le rétablissement de la dynastie des Fathimides en Egypte. Les conjurés, tous hommes du premier rang, furent mis en croix.

Saladin, dans toutes ses conquêtes en Arabie comme en Egypte, abandonnait à Nour'eddin tous les droits de la souveraineté, sans pouvoir, par ces marques de déférence, calmer l'esprit alarmé de ce prince. Nour'eddin se disposait enfin à réaliser son projet de marcher sur l'Egypte, lorsque la mort vint le surprendre à Damas, à l'âge de 57 ans, après avoir rempli le monde de sa réputation de justice et de vertu. Son amour pour la retraite et les pratiques de dévotion était admirable, son zèle pour la prière si ardent qu'il y consacrait même une partie de la nuit. Ses connaissances dans la jurisprudence étaient étendues, et son règne fut illustré par les nombreux collèges qu'il fonda pour en propager la science.

Nour'eddin ne laissait qu'un fils âgé de onze ans, qui lui succéda sous le nom de Malek Saleh Ismaël. L'armée lui jura fidélité, et Saladin lui continua les mêmes marques de soumission qu'à son père Nour'eddin.

An 570 (1175). La discorde ne tarda pas à se mettre parmi les principaux émirs du faible Malek Saleh; celle des deux factions qui avait succombé, cherchant à s'appuyer de la puis-

sance de Saladin, l'invita à venir dans Damas. Saladin se
dirige aussitôt avec sept cents cavaliers sur cette ville, et
rencontre les troupes de la garnison qui venaient au-devant
de lui. On lui ouvre les portes de Damas et de la citadelle,
on lui livre les trésors laissés par Nour'eddin. Il en fait sa
propriété, laisse son frère Saïf-el-Islam pour le remplacer dans
la ville, et va s'emparer d'Emesse. Pendant qu'une partie de
ses troupes en resserrait la citadelle, il prend possession de
Hamah, s'annonçant partout comme le lieutenant de Malek
Saleh, et n'ayant, disait-il, d'autre dessein que de lui conserver ses conquêtes. En effet ces deux places appartenaient
à un émir, vassal de Malek Saleh, que les habitants avaient
chassé de leurs murs, à cause de son gouvernement tyrannique : mais Saladin oubliant bientôt ses protestations de fidélité, assiégea Malek Saleh lui-même dans Alep sa capitale. Les
habitants prirent les armes, et le repoussèrent avec une grande
vigueur. En même temps Kemeschtekin, qui dirigeait les affaires
auprès du jeune prince, et qui était en grande partie l'auteur de
ces divisions funestes, s'adressa à Senan, prince des Ismaéliens,
qui, moyennant une grande somme d'argent, consentit à lui
envoyer quelques - uns de ses affidés avec le dessein avoué
d'assassiner Saladin. Ces sectaires se trompèrent de victimes.
Saladin n'en continua pas moins à presser étroitement Alep
jusqu'au commencement de redjeb (commencement de février),
qu'il tourna ses efforts contre les Francs qui avaient attaqué
Émesse. Ceux-ci se retirèrent à son approche; la citadelle d'E-
messe ouvrit enfin ses portes; Saladin s'empara ensuite sans
obstacle de la ville de Baalbek. Cependant ces pertes multipliées
avaient jeté la terreur dans l'esprit du fils de Nour'eddin. Trop
faible pour se défendre lui-même, il implora le secours de son
cousin Saïf'eddin Gazi, prince de Mossoul, qui lui envoya son
frère Ezz'eddin avec une puissante armée. Pendant qu'Ezz'eddin

opérait sa jonction avec les troupes d'Alep, le prince de
Mossoul assiégeait Emad'eddin Zengui son frère aîné, prince
de Sindjar, qui refusait de prendre part à la guerre que venait
d'allumer Saladin. Lorsque les troupes d'Alep et de Mossoul se
trouvèrent en face du fils d'Ayoub, il demanda à traiter; il offrit
de rendre Hamah et Emèsse, sans retenir de ses conquêtes
d'autre ville que Damas, qu'il demandait à gouverner à titre
de lieutenant de Malek Saleh. Malheureusement les confédérés,
par impatience de se battre, furent sourds à toutes ses propositions. Les deux armées en vinrent aux mains sous les murs
de Hamah. Saladin y remporta un avantage décisif, et poursuivit
les vaincus jusqu'à Alep, dont il forma aussitôt le siége. C'est
alors que Saladin secoua tout reste de dépendance envers le
fils de Nour'eddin; celui-ci fut contraint de demander la paix,
et ne l'obtint que par le sacrifice de toutes les places précédemment tombées au pouvoir du fils d'Ayoub.

An 573 (1177). Saladin part du Caire pour se rendre en
Palestine, et arrive devant Ascalon le 24 de djoumadi premier
(novembre). Pendant que ses troupes étaient dispersées dans le
pays pour rançonner les habitants et étendre le dégât, les
Francs le surprirent presque seul; il fit une résistance opiniâtre.
Un des fils de son neveu Teky-eddin Omar à peine parvenu à l'ado-
lescence, et dont la beauté faisait l'admiration générale, chargea
par ordre de son père, et fit preuve d'une grande bravoure:
mais dans une seconde charge, il périt glorieusement pour la
défense de la religion. Bientôt la déroute fut complète. Les
Francs avancèrent jusqu'auprès du sulthan, et le contraignirent à la retraite. Elle se fit par le désert. Le sulthan et
tous ceux qui avaient échappé au carnage furent pendant toute
la marche en proie aux horreurs de la faim et de la soif; le
manque d'eau fit périr la plupart des bêtes de somme; tous les
corps qui avaient été détachés pour rançonner la contrée,

tombèrent au pouvoir de l'ennemi. Le sulthan arriva enfin au Caire le 15 de djoumadi second (décembre).

L'auteur du *Kamel Altavarykh* (1) dit avoir vu une lettre écrite de la main de Saladin à son frère Touranschah, son lieutenant à Damas, dans laquelle il lui faisait le tableau de cette journée. Elle commençait par ces mots :

« Je pensais à toi, tandis que les impitoyables javelots s'a-
» breuvaient de mon sang. »

Il y disait que plus d'une fois la mort s'était présentée à ses yeux, et que s'il voyait encore le jour, il en était redevable à Dieu, dont les secrets sont impénétrables ; car, ajoutait-il, quel est l'être qui se conserve à la vie, à moins d'une expresse volonté du ciel !

Cependant les Francs, dont cette victoire avait relevé le courage, cherchent à profiter de la retraite de Saladin en Egypte, et se jettent sur Hamah, dans l'espoir de s'en rendre facilement maîtres. La Syrie avait dans ce moment pour toute défense Touranschah et le peu de monde qu'il avait auprès de lui. Touranschah pensait uniquement à ses plaisirs, et ne demandait que le repos. Par surcroît de malheur, Schehab'eddin, oncle de Saladin et gouverneur de la ville, était tombé malade dès le commencement du siége. Les Francs redoublaient d'efforts, et multipliaient leurs attaques. Déjà ils avaient en leur pouvoir les ouvrages les plus avancés, la ville allait succomber sous leurs armes lorsque les habitants sortirent au-devant d'eux et les chassèrent loin des murs. Quatre jours s'écoulèrent dans cet état. Les Francs perdant tout espoir, se rendirent devant Harem.

---

(1) C'est Ibn-Alatsyr. (*Voy.* la notice qui est en tête de l'extrait suivant.)

Harem appartenait à Kemeschtekin, que nous avons vu dans Alep à la tête des affaires. Malek-Saleh, mécontent du service de Kemeschtekin, le fit arrêter, et l'envoya sous les murs de Harem pour en faire ouvrir les portes à un corps de troupes qui devait en prendre possession en son nom : mais les habitants refusèrent obstinément de se rendre, malgré les instances de Kemeschtekin lui-même. En vain les émirs de Malek-Saleh lui firent souffrir, à la vue des habitants, les tourments les plus horribles : les habitants restèrent inébranlables ; et la mort de Kemeschtekin au milieu des souffrances, ne fit que les animer davantage. Les Francs arrivèrent sur ces entrefaites devant Harem. Ils l'assiégèrent pendant quatre mois ; Malek-Saleh fut contraint d'acheter leur retraite par une forte somme d'argent : mais déjà les habitants étaient entièrement épuisés ; Malek-Saleh envoya une nouvelle armée, et les portes lui furent ouvertes sans difficulté.

An 575 (1179-80). Saladin s'empare du château bâti par les Francs au passage d'Ahsan près de Panéas, dans le lieu appelé le *Gué de Jacob*.

An 577 (1181-2). Renaud de Châtillon (1), seigneur de Carac, se dispose à marcher sur la ville du prophète (Médine), ne visant à rien moins qu'à s'emparer de cette noble contrée. A cette nouvelle, Ezz'eddin Ferokschah, qui remplaçait son oncle Saladin dans Damas, se dirige sur Carac avec toutes ses forces, pille tout le pays et tient l'ennemi en échec. Renaud est con-

---

(1) Les auteurs orientaux, lorsqu'ils veulent désigner Renaud de Châtillon, seigneur de Carac, ou Renaud de Sidon, s'accordent tous à écrire Arnalt, mot qui représente le Rainaldus des auteurs latins du temps. (Sur cette transposition de lettres, *voy.* ci-dessus, pag. 293, note 2.)

traint de renvoyer une partie de ses forces et de renoncer à son dessein.

Malek - Saleh meurt la même année, âgé seulement de dix-neuf ans. Le fils de Nour'eddin s'était toujours fait remarquer par des mœurs pures et un grand amour pour la religion. Le médecin lui ordonnant le vin pendant sa maladie, le jeune prince aima mieux mourir que de manquer au précepte de sa religion. Emad'eddin Zengui, son cousin, prince de Sindjar, obtint de le remplacer à Alep, moyennant la cession qu'il fit de sa principauté à son frère Ezz'eddin Massoud, prince de Mossoul.

An 578 (1182). Saladin se rend d'Égypte en Syrie, marquant par d'horribles dégâts son passage à travers les états des Francs. Pendant que les chrétiens réunissaient leurs forces pour l'arrêter dans sa marche, Ferokhschah prit sans peine la ville de Schakyf, et ravagea tout le pays environnant.

Saladin quitte Damas dans le mois de rebi premier (juillet); il place son camp près de Tibériade, d'où il étend ses courses dans les provinces chrétiennes du côté de Panéas, Beyssau, Djynyn et du pays de Gaur (c'est le pays qui est arrosé par les eaux du Jourdain, entre le lac de Tibériade et la Mer-Morte). De retour à Damas avec un butin considérable, il alla assiéger Béryte, et ne retourna à Damas qu'après avoir dévasté toute la contrée.

Saladin pénétra ensuite dans les provinces de la Mésopotamie, où il étendit rapidement ses conquêtes. Pendant cette expédition, le prince de Carac arma une flotte sur le golfe Elanitique. Il en fit deux divisions ; l'une bloqua Ela ; l'autre, qui se dirigeait vers Aydab (1), fit plusieurs descentes sur la

---

(1) Ville située sur la côte occidentale de la Mer-Rouge, un peu au-dessous du Tropique du Cancer. A cette époque, Aydab était

côte, et surprit les musulmans dans des régions où le nom des Francs était resté jusque-là entièrement inconnu. Cependant Malek-Adel, qui gouvernait l'Égypte en l'absence de son frère, équipa promptement une flotte sur la côte d'Aydab, et en remit la conduite au chambellan Hossam'eddin Loulou, chef des forces navales en Égypte, homme brave et heureux à la guerre. Loulou, se mettant incontinent en mer, commença son expédition par les Francs qui assiégeaient Ela, et qui furent tous tués ou faits prisonniers. Ensuite il marcha contre la seconde division qui cherchait à pénétrer dans le Hedjaz, avec le dessein de soumettre la Mekke et Médine. Loulou atteignit enfin les chrétiens près de Rabog, sur la côte (1); on en vint aussitôt aux mains, et Dieu accorda la victoire aux musulmans. La plupart des Francs y périrent ; le reste tomba au pouvoir du vainqueur. Une partie fut envoyée, pour y être immolée, à Mina (vallée située dans les environs de la Mekke, où les pèlerins s'acquittent de leurs sacrifices), et les autres furent conduits en Égypte, où pas un n'échappa à la mort.

An 579 (1183). Emad'eddin Zengui cède Alep à Saladin en échange de Sindjar, Nisibe et quelques autres places de la Mésopotamie, dont le sultban s'était emparé l'année précédente. Saladin, dont l'ambition semblait s'irriter par les conquêtes, fit tout de suite proposer à Sarkhok, qui commandait dans Harem, de lui en remettre la propriété. Sarkhok s'y refusa; il essaya même

---

très florissante, à cause du passage fréquent des pèlerins et du commerce de l'Inde et de la Mer-Rouge qui était concentrée dans ses murs.

(1) Ville située entre Médine et la Mekke, au-dessous du 22e. degré de latitude.

d'introduire les Francs dans Harem ; heureusement la garnison de la citadelle prévint son dessein, elle s'empara de la personne de Sarkhok, et livra la ville au sulthan.

Le sulthan s'occupa d'abord de mettre ordre à l'administration d'Alep : avant de se rendre à Damas, il voulait établir à Alep Malek Dhaher Gazi, son fils, pour gouverneur. Il entra sur les terres des Francs, passa le Jourdain le 9 de djoumadi second (fin de septembre), attaqua Beyssan et la livra aux flammes, étendit ses courses dans toute la contrée, puis se rendit devant Carac, d'où il envoya dire à Malek-Adel de venir le joindre, nommant pour gouverner l'Egypte à sa place Teki-eddin Omar son neveu. Ils assiégèrent ensemble Carac jusqu'au milieu de schaban (commencement de décembre). Le sulthan retourna ensuite à Damas, laissant le gouvernement d'Alep à son frère.

An 580 (1184). Saladin quitta Damas au mois de rebisecond (juin), et se rendit devant Carac. Il ordonna en même temps aux troupes qui avaient leurs quartiers en Egypte de venir le joindre devant cette ville. Les faubourgs ne purent tenir long-temps contre ses forces réunies. Restait encore la citadelle séparée des faubourgs par un fossé que le sulthan tenta plusieurs fois de combler : ses efforts échouèrent par la résistance qu'opposèrent les assiégés. Cependant les Francs marchaient en toute hâte au secours de Carac. Saladin interrompit le siége pour marcher à leur rencontre ; il les trouva dans des lieux inexpugnables ; tandis qu'il les tenait en échec, un autre corps de Francs entra dans Carac. Saladin, contraint par-là à renoncer à son dessein, se dirigea vers Naplouse, brûla cette ville, et en dévasta le territoire. Arrivé à Sebasthya, lieu sanctifié par le tombeau de Saint Zacharie, il mit en liberté les musulmans qui y étaient retenus prisonniers. Il se rendit de là à Djynyn, d'où il revint à Damas.

An 582 (1186). Le prince de Carac enlève, avant l'expiration de la trève, une grande caravane de musulmans : Saladin envoya réclamer leur liberté sans pouvoir l'obtenir. Il fut si indigné de ce manque de foi, qu'il jura de tuer le prince Franc de sa main, si Dieu le mettait en son pouvoir.

An 583 (1187). Le sulthan, après avoir réuni toutes ses troupes, se dirigea avec une division vers Carac, et tint en échec le prince de cette ville, pour l'empêcher de se jeter sur les pélerins. Malck Afdhal son fils, avec le reste de l'armée, ravagea le territoire d'Acre et les pays environnants. Le sulthan protégea le passage des pélerins, et vint ensuite mettre le siége devant Tibériade, qui fut prise d'assaut. Quant à la citadelle, elle résista avec opiniâtreté. Tibériade appartenait au comte de Tripoli, qui, quelque temps auparavant, avait fait sa paix avec Saladin, et s'était mis sous sa protection. Ce furent les menaces et les représentations des prêtres et du patriarche de Jérusalem qui le forcèrent à se réunir aux autres princes chrétiens contre le sulthan.

Bataille de Hittyn ou de Tibériade. — Les musulmans s'emparent de Jérusalem et de presque toute la Palestine.

Après la prise de Tibériade, tous les princes francs réunirent leurs forces, infanterie et cavalerie, et marchèrent contre Saladin. Celui-ci se mit aussitôt en mouvement; c'était le samedi 25 de rebi second (4 juillet). Les deux armées en vinrent aux mains, et combattirent avec une grande bravoure. Au fort de l'action, le comte de Tripoli se jeta sur le corps qui lui était opposé. Teki-eddin, prince de Hamah, qui commandait ce

corps, fit ouvrir les rangs; le comte traversa les rangs ennemis,
et se sauva en toute hâte à Tripoli, où il mourut peu de temps
après de chagrin. La victoire se déclara pour les musulmans;
les chrétiens, entourés de toutes parts, furent tous tués ou faits
prisonniers. Parmi les captifs on comptait le roi de Jérusalem,
le prince Renaud, seigneur de Carac, le seigneur de Djobayl,
le fils de Homfroy, le grand–maître du temple, et un certain
nombre d'Hospitaliers. Les Francs, depuis leur arrivée en
Syrie, n'avaient pas éprouvé de défaite aussi désastreuse.

Après le combat, Saladin s'assit dans sa tente; il se fit
amener le roi et le fit asseoir à ses côtés; comme la chaleur du
jour était extrême, il lui présenta de l'eau de neige pour adoucir
la soif qui le dévorait. Le roi ayant bu, en présenta à Renaud.
« Ce n'est pas moi, s'écria aussitôt Saladin, qui ai dit à ce mi-
» sérable de boire; je ne suis pas lié envers lui. » En disant ces
mots, il se tourne vers Renaud, lui reproche d'un air terrible
la violation des traités, et la tentative qu'il avait faite sur les
deux villes saintes; puis il lève le bras et lui coupe la tête. A ce
spectacle le roi tremblait de tous ses membres, mais le sulthan
se hâta de le rassurer.

Saladin revient devant Tibériade, et fait capituler la citadelle.
De là il marche sur Acre, l'assiége, et y entre par capitulation.
Dans ce même temps Malck-Adel, d'après un plan combiné
avec son frère, attaquait le château de Yaba et l'emportait
d'assaut. Saladin ne rencontrant plus nulle part de résistance,
partagea ses troupes en plusieurs détachements, qui occupèrent
Nazareth, Césarée, Hayfah, Seforyeh, Maaltsa, Fouleh, et
tout le territoire d'Acre. Les malheureux habitants de cette
contrée éprouvèrent toutes les horreurs du pillage et de la
captivité. Un autre détachement de musulmans marcha sur
Naplouse, et entra sans combat dans la citadelle de cette ville.

Après la prise d'Yaba, Malck-Adel se rendit devant Japha

et la prit de force. De son côté, le sulthan s'empara de Tebnin par capitulation, et occupa ensuite Sidon, que son prince avait abandonnée. Il y entra le 22 de djoumadi premier (22 août). Béryte ouvrit ses portes le 27, huit jours après l'arrivée de l'ennemi devant ses murailles. Sur ces entrefaites, le seigneur de Djobayl, qui était toujours prisonnier, proposa Djobayl pour sa rançon ; ce qui fut accepté. Il était célèbre par sa bravoure ; et par la guerre acharnée qu'il fit aux musulmans dans la suite, il les fit repentir de lui avoir rendu la liberté.

Cependant le marquis Conrad arrivait par mer devant Acre, sans savoir que les musulmans en étaient les maîtres. Le calme l'ayant surpris tout-à-coup à l'entrée du port, il amusa quelque temps Afdhal, qui commandait dans la ville, par des propositions que celui-ci avait la simplicité d'écouter : le temps étant enfin redevenu favorable, il mit à la voile pour Tyr, où il eut l'art de se faire une grande autorité au milieu de ce concours de chrétiens qui affluaient de toutes parts dans la ville. Une des mesures de Saladin qui lui devinrent le plus funestes, ce fut, indépendamment de l'arrivée du marquis, la faculté qu'il laissa aux habitants des villes conquises de se retirer à Tyr. Cette mesure ne servit qu'à augmenter le nombre de ses ennemis, et à relever le courage des Francs.

Saladin marche sur Ascalon, et y entre par capitulation à la fin de djoumadi second (5 septembre), après un siége de quatorze jours. Il partage ensuite son armée en petites divisions qui vont s'emparer de Ramlah, Daroum, Gaza, Bethléem, Bet-djebrail, Nadhroun, etc. Le sulthan se décida enfin à attaquer Jérusalem, malgré le nombre prodigieux de chrétiens qui la défendaient. Quand les mineurs furent sous les murs, et que l'assaut allait être livré, les habitants demandèrent à capituler. Saladin rejeta leur demande, en disant qu'il voulait entrer par l'épée comme les Francs y étaient entrés eux-mêmes ; mais au

II. 2t

retour des envoyés, sur les représentations qu'ils lui firent du grand nombre des chrétiens, et des chances que pouvait leur donner le désespoir, il se rendit à leurs instances, y mettant cependant pour condition que tous ceux qui se trouvaient dans la ville paieraient une contribution par tête, un homme dix écus d'or, une femme cinq, les enfants deux; et que ceux qui ne paieraient pas cette somme resteraient prisonniers. Cette condition fut acceptée, et la ville ouvrit ses portes le vendredi 27 de redjeb (commencement d'octobre), jour mémorable où les étendards musulmans flottèrent sur les remparts de Jérusalem. Les gens du sultan s'étaient placés aux portes pour percevoir le tribut convenu; mais ils mirent si peu de fidélité dans leur commission, que le trésor n'en retira qu'une somme légère.

Une croix dorée qui dominait le faîte de la chapelle de la Sakhrah (1), attirait tous les regards. Les musulmans l'arrachèrent de force, ce qui excita un bruit extraordinaire: c'étaient des acclamations et des cris de joie de la part des musulmans, des cris de douleur et de rage de la part des chrétiens. Ceux-ci avaient pratiqué des greniers et un lieu d'aisance à l'Occident de la mosquée Alaksa. On les fit disparaître, et la mosquée fut rendue à sa première destination. On y plaça la chaire en bois à laquelle Nour'eddin avait long-temps travaillé de ses mains, dans l'attente d'un si grand événement. (Cette chaire de bois était ornée d'ivoire et de bois d'ébène.)

Saladin ne quitta pas les environs de Jérusalem jusqu'au 25 de schaban (commencement de novembre); il y fit construire des monastères et des colléges; et quand il eut réglé tout

---

(1) Chapelle octogone et couronnée d'un dôme; elle se trouve dans l'enceinte de la mosquée Alaksa.

ce qui tenait à l'administration de la ville, il se rendit à Acre,
et de là à Tyr. Le marquis qui commandait dans cette ville
l'avait fortifiée d'un fossé, et se trouvait parfaitement secondé
par ses guerriers. Le 9 de ramadhan (milieu de novembre),
le sulthan campa sous les murs de la ville, et commença
aussitôt les travaux du siége. Il comptait sur une flotte de dix
voiles qui arrivait d'Egypte pour resserrer Tyr du côté de la
mer; malheureusement elle fut surprise par celle des Francs :
cinq navires furent pris avec leurs équipages; quelques musulmans seulement purent se sauver à la nage. Le siége fut
continué quelque temps. Saladin se décida enfin à le lever. A
la fin de schowal (commencement de janvier), il se mit en
marche pour Acre et licencia son armée. Chacun s'en retourna
dans ses foyers. Quant au sulthan, il s'arrêta avec sa garde
à Acre, d'où il envoya prendre Hounayn par capitulation.

An 584 (1188). Le sulthan passe l'hiver à Acre. Il se rend
ensuite devant Kaukab, et charge l'émir Kaimaz du siége de
cette place. Pour lui il entre dans Damas au mois de rebi premier (mai), au milieu des acclamations générales du peuple. Des
ordres furent envoyés aux troupes dans toutes les provinces.
Le sulthan ne s'arrêta que quelques jours à Damas, et se dirigea
directement vers le lac de Kédès, à l'ouest d'Émesse, où devaient se réunir les troupes qui arrivaient en grande hâte de
leurs cantonnements. Le premier arrivé fut Emad'eddin Zengui,
fils de Maudoud, prince de Sindjar et de Nisibe. Quand Saladin eût réuni toutes ses forces, il alla camper au pied du
château des Curdes, d'où il envoya faire des courses sur les
terres des Francs. Il en partit le 6 de djoumadi premier (commencement de juillet) pour se rendre à Tortose, qu'il trouva
abandonnée; ensuite à Marakyeh, également abandonnée : quant
à la forteresse de Markab qui appartenait aux Hospitaliers,
elle était trop bien défendue pour espérer d'y entrer. Saladin

se détourna du côté de Djibleh, et entra le 8 dans la place, sans rencontrer d'obstacle. La garde en fut confiée à l'émir Sabek' eddin Otsman, prince de Schayzar. Saladin arriva le 24 devant Laodicée; cette ville était défendue par deux forts qui, dès les premières attaques, demandèrent à capituler. Le sulthan en remit le commandement à son neveu Teki-eddin Omar, qui en répara les fortifications et en éleva de nouvelles. Teki eddin entendait fort bien l'art de fortifier les places, témoin la citadelle de Hamah, dont il dirigea lui-même la construction.

Saladin partit le 29 pour Schyoun qu'il serra étroitement; les habitants demandèrent à capituler, et l'obtinrent aux mêmes conditions que les habitants de Jérusalem. Les troupes du sulthan se partagèrent ensuite en plusieurs corps, et se répandirent dans les montagnes, où elles s'emparèrent du château de Palatanos, abandonné de sa garnison, et des châteaux de Ayd et de Djemaheryn. Le sulthan quitta Schyoun le 3 de djoumadi second, et arriva devant le château de Bekas, que sa garnison avait abandonné dans l'espoir de se défendre plus sûrement dans celui de Schogr. Le sulthan attaqua Schogr avec vigueur, et, malgré la forte position de la place, força la garnison de capituler : c'est le 6 qu'il y entra; il envoya incontinent son fils Malek-Dhaher Gazi, prince d'Alep, assiéger Sermynyeh. Cette ville fut prise, les habitants n'obtinrent d'y rester qu'à la condition d'un tribut, et la citadelle fut détruite de fond en comble. Il est bon d'observer que dans cette place, comme dans les autres nommées précédemment, il se trouvait un grand nombre de prisonniers musulmans qui, outre la liberté, reçurent des vêtements et les aliments nécessaires.

Saladin s'étant rendu sous les murs de Borzayeh, l'attaqua par trois endroits différents, et ne donna pas de relâche à la place qu'elle ne fût en son pouvoir. C'est le 27 qu'elle fut prise d'assaut. Ceux des habitants qui avaient échappé à la mort restèrent prisonniers, ou furent réduits en servitude. Tous ces détails sont empruntés d'un témoin *oculaire* : c'est l'auteur du Kamel (1) qui dit avoir pris une part active à toute cette brillante campagne, dans l'espoir que Dieu lui en ferait un mérite. Saladin se rendit ensuite au *pont de fer* situé sur l'Oronte, non loin d'Antioche, et s'y arrêta quelques jours pour donner aux troupes qui étaient en retard, le temps d'arriver. Puis il se rendit devant Derbessak, et commença l'attaque le 8 de redjeb (fin d'août). Cette ville capitula le 19; il ne fut permis aux habitants de se retirer qu'avec les habits qu'ils avaient sur eux. De là le sulthan marcha sur Bagras, qui capitula aux mêmes conditions. Ces succès jetèrent la terreur dans l'esprit de Bohémond, prince d'Antioche. Il envoya demander un armistice et la paix, et s'engagea à rendre la liberté à tous les prisonniers musulmans qui étaient dans ses états. Cette condition fut acceptée, et on convint d'une trève de huit mois. Bohémond était à cette époque le plus puissant seigneur franc de la Syrie; la ville de Tripoli s'était mise sous sa protection après la mort de Raymond, et le fils de Bohémond y commandait dans ce moment au nom de son père.

Ces expéditions et ces négociations terminées, Saladin alla à Alep et de là à Damas. Comme on était déjà au 3 de schaban (fin de septembre), il avait donné congé à Emad'eddin et aux troupes des provinces orientales. Saladin en quittant Alep, se détourna du chemin pour visiter le pieux Scheikh Abou Zakaria, qui, par des actes qui tenaient du prodige, était devenu l'objet de la vénération générale. Le sulthan était accompagné de l'émir Kassem Abou Foleytah, prince de Médine. Cet émir,

-----

(1) *Voy.* la page 314.

dont le regard était pour Saladin une source de bénédiction et la société un gage de bonheur, avait été témoin de tous ses succès, et exerçait un grand empire sur son esprit.

Saladin était arrivé à Damas dans le mois de ramadhan (novembre). Comme on lui demandait un congé général pour les troupes qui avaient besoin de repos, il répondit : « La vie » est courte, encore n'en connaît-on pas même le terme. »

Saladin, en se dirigeant vers le nord de la Syrie, avait laissé une partie de l'armée à Malek-Adel, le chargeant du siége de Carac et des places voisines. Carac s'était rendu à la première sommation, ainsi que Schaubek et les places des pays environnants.

Cependant Saladin quitta Damas vers le milieu de ramadhan, et attaqua Sefed, qui ouvrit ses portes. Il se rendit ensuite devant Kaukab, qui avait résisté jusqu'à ce jour aux efforts de Kaimaz. Le sulthan renouvela les attaques et fit capituler la ville vers le milieu de doulkaadah (premiers jours de janvier 1189). Les habitants de toutes ces places avaient été dirigés sur Tyr ; mais la suite fit voir combien cette mesure était imprudente. Le sulthan vint ensuite à Jérusalem célébrer la fête des sacrifices, et de là se rendit à Acre, où il resta jusqu'à la fin de l'année.

An 585 (1189). Saladin vient camper dans la plaine d'Oyoun. Le seigneur de Schakyf-Arnoun (Renaud de Sidon) vient l'y trouver, et s'engage à lui ouvrir les portes de Schakyf, passé un terme qu'il détermina. Mais Renaud ne voulait en cela qu'amuser le sulthan ; car, trois jours avant l'expiration du délai, Saladin l'ayant fait venir pour régler les détails de l'occupation de la ville, il prétendit que les habitants refusaient de se rendre. Saladin s'empara de sa personne, et l'envoya à Damas, où il fut enfermé.

Siége de St.-Jean-d'Acre ou Ptolémaïs.

Les habitants de toutes les villes chrétiennes qui venaient de tomber au pouvoir du sulthan avaient été dirigés sur Tyr. La ville se remplissait tous les jours, d'autant plus qu'une foule de guerriers affluaient de l'Occident. En effet, les chrétiens, éclairés par tant de désastres, avaient envoyé dans les pays d'outre-mer des hommes propres à émouvoir la commisération de leurs frères. Ces députés promenaient partout une image de Jésus—Christ, dont le corps ruisselait de sang, sous les coups d'un Arabe, qu'ils disaient être Mohammed. Voyez, disaient-ils, en pleurant, comme cet arabe frappe le Sauveur. A ce spectacle, les femmes sortaient de leurs maisons, les hommes s'armaient pour aller le venger. C'est ainsi qu'il s'embarqua une foule innombrable. De Tyr, cette multitude de guerriers marcha sur Acre, et l'attaque commença dès le milieu de redjeb (août).

Acre (1) fut étroitement serrée du côté de terre; les Francs en occupèrent toutes les avenues; de manière qu'il ne fut plus possible d'y pénétrer. Cependant le sulthan s'était avancé auprès de la ville, non loin de l'emplacement qu'occupait l'ennemi. Au commencement de schaban (septembre), une action s'engagea, qui dura jusqu'à la nuit. Le lendemain matin, Tekieddin, prince de Hamah, chargea avec l'aile droite le corps franc qui lui était opposé, lui enleva ses positions, et s'avança jusque sous les murs de la ville. Les communications ainsi rétablies avec la garnison, il fut libre aux musulmans d'entrer et de sortir; ce qui permit au sulthan d'introduire dans Acre un corps de troupes, commandé par Aboulhaydja. Des attaques

---

(1) Cette ville était bâtie sur le bord de la mer, décrivant par son enceinte un arc dont la mer formait la corde.

partielles ne discontinuèrent pas du matin au soir, jusqu'au 20.
Ce jour-là il s'engagea une action terrible. Les Francs s'étaient
concentrés ; ils attaquèrent d'abord le centre , parvinrent à l'enfoncer, et arrivèrent, sans cesser de tuer, jusqu'à la tente de
Saladin. Le sulthan se rejeta aussitôt sur les ailes, et parvint
à réunir quelques troupes autour de lui. Pendant que son
aile droite combattait l'ennemi avec avantage , il se précipita
sur le corps qui avait d'abord culbuté son centre , en même
temps le reste de l'armée fit volte-face, et les Francs enveloppés , furent exterminés ; dix mille d'entr'eux perdirent la
vie. Pendant ce temps-là , ceux des musulmans qui avaient fui
au commencement de l'action, couraient, les uns jusqu'à Tibériade, les autres jusqu'à Damas. Mais bientôt ce même succès
eut des suites funestes. Les cadavres qui couvraient le pays
répandirent une horrible infection ; le sulthan tomba lui-même
malade. En proie à de violentes coliques, il se rendit aux prières
de ses émirs, quitta Acre le 14 de ramadhan (octobre), et se
retira à Kharoubah. Sa retraite permit aux Francs de pousser
avec une nouvelle vigueur le siége d'Acre, et de se répandre dans
toute la contrée. Sur ces entrefaites arriva la flotte d'Egypte,
commandée par Loulou , dont on connaissait le caractère entreprenant. Loulou s'ouvrit un passage dans le port, emmenant
avec lui un navire franc dont il s'était emparé, et rendit le
courage aux assiégés. Ceux-ci étaient d'ailleurs rassurés par la
jonction de Malek-Adel avec son frère, à qui il amenait des
munitions de guerre et les troupes d'Egypte.

An 586 (1190). Saladin quitta Kharoubah, dans le dessein
de venir arrêter les progrès des Francs (1)..... Déjà ceux-ci

---

(1) Le texte est tronqué, tant dans le manuscrit que dans l'imprimé. Makrizi fixe le départ de Saladin au 19 de rebi premier (26
avril).

avaient élevé, à peu de distance des murs de la ville, trois tours, hautes de soixante coudées; c'était avec du bois qu'ils avaient fait venir des îles voisines. Les tours avaient plusieurs étages; elles étaient garnies d'armes et de guerriers, et semblaient être à l'épreuve du feu, grâce aux peaux de bœufs, couvertes d'une argile délayée dans du vinaigre, qui en enveloppaient la surface. Mais les musulmans trompèrent la vigilance de ceux qui les défendaient; ils mirent le feu à la première, la brûlèrent avec tout ce qu'elle renfermait, et firent successivement de même pour les deux autres. Ce succès mit à l'aise les musulmans, qui commençaient déjà à désespérer du succès de leurs efforts. A la vérité il leur arrivait tous les jours de nouvelles troupes, de côtés différents; mais comme on apprit, vers le même temps, la marche de l'empereur d'Allemagne (Frédéric Ier.), qui venait de traverser le canal de Constantinople, avec cent mille guerriers, les esprits étaient consternés, et tous paraissaient renoncer à l'espoir de conserver la Syrie. Heureusement Dieu envoya aux Allemands la famine et l'épidémie, qui en firent périr en route la meilleure partie. Peu de temps après, l'empereur se noya dans une rivière de la petite Arménie, où il voulait se baigner; sa mort mit la division dans l'armée; une partie qui reconnaissait le fils aîné de Frédéric (Henri VI), rebroussa chemin pour retourner en Occident. L'autre partie suivit son second fils (Frédéric de Souabe) en Syrie; mais ce jeune prince, quand il parut devant les murs d'Acre, n'avait pas plus de mille hommes avec lui. On ne put en cela méconnaître la main de Dieu, qui se déclarait pour les musulmans. Cependant des attaques partielles entre Saladin et les Francs ne discontinuèrent pas jusqu'au 20 de djoumadi second (20 juillet). Ces derniers sortant enfin de leurs retranchements, infanterie et cavalerie, chassent devant eux Malek-Adel et les troupes d'Égypte. Les musulmans reprennent bientôt courage,

les chargent avec vigueur, en font un grand·carnage, et les
contraignent de rentrer dans leurs quartiers. Sans doute cette
affaire eût été décisive, si des douleurs d'entrailles n'avaient en
ce moment retenu Saladin dans sa tente. Mais quand c'est la·
volonté de Dieu, quel moyen d'en arrêter le cours!

 Au fort de l'hiver, lorsque les vents soufflaient avec le plus
de violence, les Francs renvoyèrent à Tyr les navires qui
bloquaient le port d'Acre, crainte de quelque tempête. Cette
circonstance laissa au sulthan les communications libres avec
la ville; aussi se hâta-t-il d'y·introduire par mer des troupes
fraîches, pour relever celles qui, jusque-là, avaient eu à soutenir
les efforts des chrétiens. Mais comme il n'entra pas dans la ville
la moitié du monde qui en sortait, cette mesure ne fut d'aucun
secours·pour les assiégés.

 An 587 (1191). Acre était entièrement cernée du côté de
terre. Les chrétiens s'étaient de plus entourés d'un large fossé,
pour ôter à Saladin tout moyen de venir les inquiéter; car,
tout en pressant vivement la ville, ils étaient eux-mêmes
étroitement resserrés par l'armée du sulthan; leur ardeur crois-
sait en raison du découragement de la garnison de la place,
et de l'inutilité des efforts que faisait Saladin pour les contraindre à se retirer. Enfin, tout espoir étant perdu, la ville
députa auprès des Francs l'émir Sayf'eddin-Aly, pour demander à capituler, offrant en retour une somme d'argent
et les prisonniers chrétiens qui étaient au pouvoir du sulthan.
Ces conditions furent acceptées; et le vendredi 17 de djoumadi second (10 août), vers l'heure de midi, on vit les
étendards de la croix flotter sur les murs de la ville. Les
Francs prirent possession de tout ce qu'ils y trouvèrent, et enfermèrent les musulmans dans certains quartiers de la ville,
comme garants des promesses que le sulthan avait faites de
payer la somme convenue, et de livrer les prisonniers ainsi·que

le bois de la vraie croix. Un député s'étant présenté, de leur part, au sulthan pour lui demander l'exécution du traité, ce prince donna tout ce qui se trouvait en ce moment dans ses mains. Il desirait qu'en attendant on mît en liberté les Musulmans qui se trouvaient dans Acre ; mais les Francs, qui se jouaient des traités, refusèrent une si juste demande. Les prisonniers restèrent dans le même état ; bientôt même une grande partie de ces malheureux furent égorgés, et le reste gardé en lieu de sûreté.

Les Francs s'occupèrent d'abord de rétablir leur autorité dans Acre. Au commencement de Schaban (fin d'août), ils se mirent en mouvement, se dirigeant vers Césarée, toujours suivis et observés par l'armée musulmane. De Césarée, ils se rendirent à Arsouf ; là, il s'engagea un combat dans lequel les chrétiens chassèrent les musulmans de leurs positions, pénétrèrent jusqu'aux bagages, et tuèrent une partie des valets de l'armée. Les Francs marchèrent ensuite sur Japha, et la trouvèrent abandonnée. Ces pertes successives faisant craindre au sulthan le même sort pour Ascalon, il se décida à s'y rendre lui-même, la fit évacuer, puis ordonna de la raser entièrement. Aussitôt les mineurs s'attachèrent aux remparts de la ville ; et bientôt elle n'offrit plus qu'un monceau de ruines. Le sulthan animait les travailleurs par sa présence. Enfin le 2 de ramadhan (fin de septembre), quand il ne resta plus rien à détruire, il se rendit à Ramlah, dont il fit raser le château. C'est à cette même époque que Lidda vit son église abattue. Le sulthan, appelé à Jérusalem pour quelques mesures d'ordre, se trouva dès le 8 de retour dans son camp de Nathron. Il se fit sur ces entrefaites quelques ouvertures de paix entre Saladin et les Francs. On parlait de marier Malek-Adel son frère avec la sœur du roi d'Angleterre, et de lui donner Jérusalem en propriété avec Acre, qui aurait servi de dot à sa femme. Les prê-

tres y mirent obstacle par leurs prétentions ; ils voulaient que
Malek-Adel embrassât le christianisme, et la chose n'eut aucun
résultat.

Le 3 de doulkaadah (3 décembre), les Francs se dirigent
de Japha vers Ramlah. Il ne se passait pas de jours sans quelques combats entre les deux armées. Les embarras se multipliaient, et l'hiver vint encore ajouter aux difficultés de la guerre.
Pour ces motifs , et à cause du découragement général, le sulthan licencia ses troupes, et le 24 se rendit lui-même à Jérusalem , où il s'établit avec sa suite pour prendre quelque repos.
Desirant cependant mettre à profit son séjour dans cette ville,
il se mit à en réparer les fortifications , et à en ajouter de
nouvelles. Les soldats charriaient les pierres ; le prince lui-
même se trouvait à cheval au milieu d'eux pour les animer par
son exemple. L'ardeur était grande ; car en un seul jour les
ouvriers avaient assez de pierres pour travailler pendant plusieurs jours.

An 588 (janvier 1192). Au commencement de l'année,
tandis que le sulthan se trouvait encore à Jérusalem, les Francs
se mettent à relever les murs d'Ascalon.

Le marquis Conrad qui commandait dans Tyr, est assassiné
par des Bathéniens qui s'étaient travestis en moines pour s'introduire plus aisément dans la ville.

Une des causes premières de la paix, ce fut une maladie du
roi d'Angleterre et l'ennui d'une guerre si longue. Ce prince
s'adressa à Malek-Adel pour faire parvenir à son frère des propositions de paix ; elles furent d'abord rejetées ; mais sur les
représentations des émirs qui soupiraient après le repos, qui
d'ailleurs étaient au bout de leurs ressources, le sulthan accéda
à ces propositions. Le traité fut conclu un samedi 18 de schaban (fin d'août), et juré le mercredi 22. Le roi d'Angleterre

refusa de jurer, prétendant que les rois ne font pas de serment.
Le sulthan n'insista pas davantage, et l'on se contenta de lui
prendre la main en signe d'engagement : mais le comte Henri
(de Champagne), neveu du roi et son lieutenant en Palestine, fit
le serment, ainsi que les principaux seigneurs francs. Le fils
d'Homfroy et Balyan (d'Ybelin) furent choisis, avec plusieurs
officiers, pour aller recevoir la parole du sulthan. Quant à
Malek-Adel et aux deux princes Afdhal et Dhaher, ils firent le
serment, ainsi que Malek Mansour, prince de Hamah, Schyrkouh, prince d'Emesse, Bahramschah, prince de Baalbek, les
princes de Tell-Bascher et de Schayzar, les émirs et les officiers les plus marquants. La paix se faisait par mer et par terre
pour trois ans et trois mois, à partir du mois d'Eloul, c'est-
à-dire, le 21 de schaban (septembre). Par ce traité, les Francs
restaient en possession de Japha, Césarée, Arsouf, Hayfa,
Acre et leurs territoires. Une autre clause portait qu'Ascalon
serait entièrement rasée. Le sulthan obtint de faire comprendre dans le traité le pays des Ismaéliens ; les Francs
obtinrent la même faveur pour le prince d'Antioche et de
Tripoli. Lidda et Ramlah devaient rester par moitié entre les
chrétiens et les musulmans. Telles furent les bases du traité.

Le 4 de ramadhan (milieu de septembre), le sulthan se rendit à Jérusalem pour s'assurer par lui-même de l'état de la ville.
C'est en cette occasion qu'il ordonna d'en fortifier les murailles,
et qu'il augmenta la dotation du collège qu'il venait d'y fonder.
Dans les temps qui précédèrent l'islamisme, la maison où l'on
avait établi le collège portait le nom de *Sainte-Anne*, parce
que, à en croire la tradition, la mère de Marie y avait reçu
la sépulture. Du moment où les musulmans entrèrent dans la
ville, cet édifice fut consacré à l'instruction publique. Les
Francs, il est vrai, en arrivant en Palestine en 492, l'avaient
rendue au culte : mais Saladin en fit de nouveau un collège.

dont il donna la direction, ainsi que des biens qui y étaient
affectés, à Boha'eddin (auteur de l'*Histoire de Saladin*,
publiée par Schultens, en arabe et en latin).

Saladin, en exécution du traité, envoya cent mineurs achever de détruire Ascalon, et réussit par-là à déloger les Francs
qui s'y étaient établis. Il se disposait à cette époque à faire un
pélerinage à la Mekke; son intention était de prendre l'*Ihram*
à partir de Jérusalem même (1). Déjà il avait écrit à ce sujet à
son frère Sayf'elislam, prince de l'Yémen; mais il renonça à ce
dessein sur les remontrances des émirs, qui lui représentèrent
avec beaucoup de force le peu de compte qu'il fallait faire du
traité de paix, et tout ce qu'on avait à craindre de la perfidie
des Francs. Le 5 de schowal (milieu d'octobre), il partit de
Jérusalem pour se rendre à Naplouse, de là à Beyssan, puis
à Kaukab, où il passa la nuit dans la citadelle; enfin à Tibériade. C'est là qu'il eut une entrevue avec l'emir Káracousch,
qui venait de recouvrer la liberté, après être resté entre les
mains des Francs tout le temps qui s'était écoulé depuis leur
entrée dans Acre. Karacousch accompagna le sulthan jusqu'à
Damas, et se rendit de là en Égypte. Quant au sulthan, il
entra, un samedi 21 (commencement de novembre), dans
Béryte, où Bohémond, prince d'Antioche, vint lui faire sa
cour. Le sulthan lui fit un accueil distingué, et le quitta le
lendemain : il arriva enfin à Damas un mercredi 25. Les ha-

(1) L'ihram est un voile qui consiste en deux pièces de toile et
de laine, que le pélerin met sur lui lorsqu'il est parvenu à une certaine distance de la Mekke; mais il lui est permis, c'est même un
acte méritoire pour un musulman, de s'en revêtir avant d'y arriver.
C'est ce motif qui engageait Saladin à prendre l'ihram à Jérusalem.
(*Voy.* le *Tableau de l'empire ottoman*, par Mouradjea d'Ohsson,
Code religieux, tom. III, passim.)

bitants, qui depuis quatre ans étaient privés de sa présence, le reçurent avec de grandes démonstrations de joie. Ce prince donna congé aux troupes, et s'appliqua à faire fleurir la justice et les bienfaits de la paix au milieu de ses peuples.

Mort de Saladin.

An 589 (1193). Au commencement de l'année, Saladin se trouvait dans l'état le plus prospère à Damas : il fit avec Malek-Adel une absence de quinze jours pour jouir du plaisir de la chasse. A leur retour dans la ville, son frère le quitta pour se rendre dans sa principauté de Carac, sans savoir qu'il le quittait pour toujours. Le vendredi 15 de safar (21 février), le sulthan monta à cheval pour aller à la rencontre des pélerins qui arrivaient d'Arabie. Son usage était, quand il montait à cheval, d'avoir sur lui une espèce de cuirasse de cuir ou de lin. Ce jour-là il l'oublia.

Cependant une foule considérable s'était portée sur le même point, soit pour voir arriver les pélerins, soit à cause de la présence du sulthan. Le prince, en les voyant venir, versa des larmes d'attendrissement, se reprochant de n'avoir pu partager leur bonheur. Après la cérémonie, Saladin rentra dans la citadelle. Le samedi 16, il se sentit un engourdissement extraordinaire. La nuit suivante, il eut un accès de fièvre bilieuse, et la maladie prit un caractère plus grave. Le quatrième jour il fut saigné; et dès-lors son état ne cessa d'empirer. Le neuvième, il fut saisi d'un tremblement général accompagné de délire, de sorte qu'il ne fut pas possible de lui faire prendre aucun remède. Cependant la nouvelle de la maladie du sulthan avait mis toute la ville en rumeur : la douleur et la consternation étaient peintes sur tous les visages ; les marchands cachaient

leurs marchandises, et l'on chercherait vainement à peindre
l'état où tout se trouvait alors.

Le douzième jour, c'est-à-dire la nuit qui précéda le 27, le
sulthan se trouva à l'extrémité. L'imam de la mosquée de la
Kellasseh monta à la citadelle pour passer la nuit auprès de
lui, et ne le quitta pas jusqu'à ses derniers moments. Saladin
expira le lendemain mercredi après la prière du matin. Il fut
lavé par le khatyb de Damas. Le même jour on procéda à la
levée du corps ; il fut placé dans une bière couverte, et l'on
s'assura si les étoffes qui devaient servir à l'ensevelir prove-
naient d'un argent légitimement acquis. Le même jour, après
les prières d'usage, il fut enterré dans la citadelle, au lieu
même où il était mort. Son fils Malek-Afdhal reçut les compliments d'usage, et n'oublia rien pour tranquilliser les esprits.
« Tous les cœurs, dit Boha'eddin, étaient absorbés dans la
» douleur ; tous les yeux étaient mouillés de larmes, et l'affliction
» fut si générale, qu'on oublia de piller la ville (1). » Malek-
Afdbal fit construire plus tard à son intention un *tourbeh*
(mausolée (2) auprès de la grande mosquée, sur l'emplacement
d'une maison qui avait appartenu à un homme de bien. Trois
ans après (592), il y fit transférer le corps de son père, marchant lui-même à pied à la tête du convoi, depuis la maison
où il avait rendu l'âme jusqu'au lieu préparé pour cette destination. Les prières finies, le corps fut mis en terre, et Malek-
Afdhal se retira dans le palais, où il reçut pendant trois
jours les compliments de condoléance. Sitt'alscham, sœur de

---

(1) Ce passage appartient à Boha'eddin qui resta auprès de la
personne de Saladin, jusqu'à ses derniers moments. (Voyez la vie
de ce prince, pag. 276 et 278.

(2) *Voy.* Mouradjea d'Ohsson, *Tableau de l'empire ottoman*,
édition in-f°., tome II.

Saladin, distribua en cette occasion des sommes considérables aux pauvres.

Saladin était né à Tegrit sur le Tigre, et mourut âgé de 57 ans (lunaires), après avoir régné vingt-quatre ans sur l'Égypte, et environ dix-neuf ans en Syrie. Saladin, en mourant, ne laissa dans son trésor que quarante-sept pièces d'argent (trente francs environ (1). C'était là tout ce qui lui restait des revenus de l'Egypte, de l'Yémen, de la Syrie, et d'une partie de la Mésopotamie : dans un tel prince, c'est nécessairement une preuve d'un excès de libéralité, puisqu'il ne laissait d'ailleurs ni maison, ni rien en propre.

Jamais Saladin ne différa d'un instant de s'acquitter de la prière; jamais il ne s'en acquitta qu'en compagnie. Quand il formait une entreprise, il s'en remettait à la Providence, sans voir dans certain jour plus de vertu que dans un autre.

Ses mœurs étaient douces; il supportait facilement la contradiction, et montrait beaucoup d'indulgence pour les fautes de ceux qui le servaient. Si quelque propos blessait son amour-propre, il n'en faisait rien connaître, et n'en faisait pas plus mauvais visage à celui qui l'avait tenu. Un jour qu'il était assis chez lui, un de ses mameluks jeta violemment sa bottine à la tête de son camarade. La bottine, au lieu d'aller le frapper, vint tomber tout auprès du sulthan; peu s'en fallut qu'il n'en fût atteint. Eh bien! ce bon prince détourna la tête, comme pour ne pas s'en apercevoir. Sa conversation était réservée; son exemple inspirait la même retenue aux autres, et personne en sa présence n'aurait osé déchirer l'honneur du prochain.

Avec Saladin, dit Emad'eddin son secrétaire, moururent les grands hommes, avec lui disparurent les gens de mérite; les

_____

(1) M. le duc de Blacas a, dans sa belle collection de médailles coufiques, quelques médailles d'argent marquées au coin de Saladin.

bienfaits passèrent de mode, les méchants se trouvèrent à l'aise;
toute idée de bonheur s'effaça, la terre se couvrit de ténèbres,
le siècle eut à pleurer son Phénix, et l'islamisme perdit son
soutien.

Saladin laissait dix-sept fils et une fille. Malek-Afdhal, l'aîné
de ses fils, gouvernait la principauté de Damas du vivant de
son père, et s'y maintint après sa mort. Ses autres provinces,
qu'il avait partagées à ses enfants et aux membres de sa famille,
leur furent également conservées, à condition toutefois de reconnaître la suprématie de Malek-Afdhal. Malek-Aziz conserva
l'Égypte, et Malek-Dhaher Alep. Malek-Adel, frère de Saladin,
eut en partage Carac, Schaubek, et une partie de la Mésopotamie. Hamah, Salamych, Maarrah, Monbedj et la forteresse
de Nedjm, restèrent entre les mains de Malek-Mansour, fils de
Teki Eddin Omar. Baalbek échut en partage à Bahramschah,
fils de Ferokhschah, neveu de Saladin. Emesse, Rahabeh
et Palmyre devinrent l'apanage de Schyrkouh, petit-fils de
l'émir du même nom, qui s'était illustré par la conquête de
l'Égypte. Bosra fut abandonnée à Khedher, fils de Saladin.
Les châteaux et les places qui restaient encore, furent cédés
à des émirs et à des généraux.

Cependant Malek-Afdhal ne tarda pas, par ses imprudences,
à s'aliéner le cœur des émirs de son père. Poussés à bout, ils
se retirèrent en Égypte, et suggérèrent à Malek-Aziz la pensée
de s'y rendre tout-à-fait indépendant.

An 590 (1194). La guerre éclata entre les deux frères. Déjà
Malek-Aziz était arrivé avec une armée sous les murs de Damas,
lorsque les autres princes de la famille de Saladin vinrent interposer leur médiation et rétablirent la paix.

An 591 (1195). Malek Aziz marcha une seconde fois sur
Damas; mais bientôt abandonné d'une partie de ses troupes, il
fut contraint de regagner précipitamment l'Egypte. Aussitôt Ma-

lek-Afdhal-et Malek-Adel marchèrent de concert à sa poursuite.
Arrivés sous les murs de Belbeys, le sulthan de Damas proposait d'accabler un corps de troupes égyptiennes qui s'étaient
enfermées dans la ville, ou bien de marcher droit sur la capitale,
pour subjuguer tout le pays d'un seul coup. Son oncle tâchait
de modérer son ardeur, en lui faisant accroire que cette proie
ne pouvait plus lui échapper. Pendant ce temps, il écrivait secrètement à Malek-Aziz, pour l'engager à recourir, dans cette
circonstance, à la médiation du cadhi Fadhel, qui vivait alors
dans la retraite, dégoûté des affaires par l'indigne conduite
des fils de Saladin. Fadhel vint à bout d'assoupir ces querelles.
Malek-Adel s'arrêta en Egypte pour y rétablir l'ordre, et Afdhal s'en retourna à Damas.

An 592 (1196). Comme le désordre allait toujours croissant
en Syrie, le prince égyptien et son oncle crurent l'occasion
favorable pour s'en rendre les maîtres. Malek-Adel devait se
réserver le royaume de Damas, à condition d'en faire hommage
à son neveu, comme véritable et unique héritier de Saladin.
Tout étant ainsi convenu, ils marchèrent avec leurs troupes sur
Damas, et s'en emparèrent sans peine, grâces à leurs intelligences avec une partie des officiers qui devaient la défendre.
Malek-Afdhal reçut en compensation la ville de Sarkhod, et
Kheder, qui s'était enfermé dans les murs de Damas pour
soutenir son frère, fut dépouillé de sa principauté de Bosra.

An 594 (1198). Un grand nombre de guerriers francs arrivent en Syrie (1); les chrétiens, se voyant en force, vont
s'emparer du château de Béryte. Malek-Adel se dispose à les attaquer, et vient camper à Tell-Adjoul, dans le voisinage de
Gaza. Dès qu'il eut été joint par les secours qui venaient

---

(1) Ceci correspond à la quatrième croisade sous Henri VI.

d'Egypte, de Jérusalem, de Naplouse, etc., il se dirigea vers
Japha, y entra de force, et passa la garnison au fil de l'épée.

Cependant les Francs venaient d'attaquer Tebnyn (c'est le
château que les chroniques latines appellent Thoron). Aussitôt
Malek-Adel envoya réclamer l'appui du sulthan d'Egypte. Ce
prince arriva précipitamment avec tout le reste de ses troupes, et
opéra sa jonction avec son oncle devant Tebnyn. Les assiégeants,
abattus par l'arrivée de ces nouvelles forces, se retirèrent
précipitamment dans la ville de Tyr. Malek-Aziz, rassuré par
cette retraite, reprit le chemin de l'Egypte, laissant à son oncle
la meilleure partie de ses troupes et ses pleins pouvoirs pour
traiter de la guerre et de la paix. Le grand Sanker, qui
commandait dans Jérusalem, étant mort sur ces entrefaites,
le sulthan d'Egypte lui donna pour successeur Sarem'eddin-
Kothlok, ancien mamelouk de son cousin Ferokhschak. Au
retour de Malek-Aziz en Egypte, les poètes célébrèrent la
gloire qu'il venait d'acquérir. Voici deux vers faits en cette
occasion :

« La victoire et le butin sont attachés à tes pas : c'est là l'es-
» corte d'un général plein de gloire.

» C'est à toi que Joseph a confié sa chemise; le sang qui
» en découle en atteste suffisamment l'origine (1). »

Cependant Malek-Adel, en temporisant à propos, mit les
Francs dans la nécessité de demander la paix. Elle fut convenue pour trois ans, après quoi Malek-Adel retourna à Damas.

An 595 (1198-9). Mort de Malek-Aziz, au mois de Mo-

---

(1) Le poète fait allusion à la robe ensanglantée du patriarche
Joseph, jouant ainsi sur le nom de Joseph que portait Saladin, et
sur les succès obtenus sur les chrétiens par son fils. Le sang que
Malek-Aziz venait de répandre annonçait, dans la pensée du poète,
un véritable fils de Saladin.

harram (fin de novembre), à l'âge de vingt-sept ans. Comme
Malek Mansour Mohammed, son fils, était en bas âge, les
principaux émirs appelèrent Malek-Afdhal en Egypte, pour
gouverner, en son nom, en qualité d'atabek. Afdhal accourut
en Egypte, et prit possession de la régence. Dans ce temps-là
Malek Adel était occupé au siége de Maridin. Afdhal, croyant
l'occasion favorable pour rentrer en possession de Damas,
marcha en grande hâte sur cette ville, en ayant soin d'avance
de se concerter avec son frère Dhaher, qui commandait dans
Alep. A cette nouvelle, Malek-Adel laissa le soin de continuer
le siége à Malek-Kamel, son fils, et s'avança vers Damas avec
tant de célérité, qu'il y précéda de deux jours l'arrivée des
princes confédérés.

An 596 (1199). Damas était serrée de très près par
les deux frères ; tout annonçait sa prise prochaine, lorsque
la discorde força les deux princes à se retirer. Afdhal reprit
le chemin d'Egypte ; comme on était alors au commencement
de l'hiver, une partie de son armée se débanda pour revenir
au printemps. Malek-Adel étant arrivé sur ces entrefaites,
n'eut pas de peine à battre les troupes qui étaient restées. Le
vainqueur marcha aussitôt sur le Caire, et força son neveu à
lui en ouvrir les portes, sous la fausse promesse de lui donner en
échange Samosate, Myafarekin, etc. Afdhal revint tout confus à
Sarkhod ; son oncle s'empara des affaires, d'abord comme atabek
du jeune Malek-Mansour, et bientôt comme véritable souverain
de l'Egypte. Dans le même temps, Malek Dhaher lui envoyait
prêter hommage pour sa principauté d'Alep, avec promesse
de tenir cinq cents hommes de ses meilleures troupes toujours
prêts pour son service. (Ainsi furent réunies entre les mains de
Malek-Adel toutes les provinces de l'empire fondé par Saladin).

An 599 (1203). Malek-Mansour, prince de Hamah, s'enferme dans Barin, afin d'observer les mouvements des Francs.

Comme ceux-ci venaient pour l'y assiéger, Bahramschah, prince de Baalbek, et Schyrkouh, prince d'Emesse, furent chargés par Malck-Adel de voler à sa défense. En effet, les Francs marchaient sur Barin avec toutes les forces qu'ils avaient dans Tripoli, le château des Curdes et leurs autres places. Une action s'engagea ; ils furent mis en déroute, laissant un grand nombre de leurs guerriers prisonniers.

Le 21 de Ramadhan (commencement de juin), dix-huit jours après cette brillante journée, les hospitaliers de Markab et du château des Curdes, joints à d'autres corps francs du pays, livrèrent un second combat au prince de Hamah, qui était toujours à Barin. Les musulmans obtinrent une victoire complète, et tuèrent ou prirent un grand nombre de chrétiens.

An 600 (1203-4). Paix entre Malek-Mansour et les Francs.

Le fils de Léon (ou Lifon), prince de la Petite-Arménie, marche sur Antioche ; mais sur la nouvelle que Malek-Dhaher, prince d'Alep, s'était déjà avancé jusqu'à Harem, pour venir à sa rencontre, il revient sur ses pas.

Les Francs ayant fait mine de tenter une attaque sur Jérusalem, Malek-Adel partit de Damas pour réunir ses troupes, et vint se placer près du Mont-Thabor, en face des positions occupées par les Francs, où il les tint en échec jusqu'à la fin de l'année.

Une flotte chrétienne s'empare de Fouah (en Egypte, sur la branche du Nil qui passe à Rosette), et livre, pendant cinq jours, cette ville au pillage.

Un tremblement de terre fait de grands ravages en Egypte, en Syrie, en Mésopotamie, dans l'Asie mineure, en Chypre, dans l'Irak et jusqu'en Sicile ; les remparts de Tyr s'écroulent au milieu des secousses.

An 601 (1204-5). En vertu d'un traité conclu entre Malek-Adel et les Francs, ceux-ci rentrent en possession de

Japha, ainsi que de Lidda et de Ramlah, occupés auparavant l'une et l'autre, moitié par les chrétiens, et moitié par les musulmans. Après la conclusion du traité, Malek-Adel donne congé à ses troupes, et se rend en Egypte.

Les Francs se jettent ensuite sur le territoire de Hamah, et poussent leurs courses jusqu'au village de Rakytha; ils répandent la désolation dans la contrée, et s'en retournent avec un grand nombre de prisonniers; mais bientôt la paix fut conclue avec cette ville, et tout rentra dans le calme.

An 603 (1206-7). Malek-Adel, en se rendant d'Egypte à Damas, fit mine d'attaquer Acre. Les habitants, pour conserver la paix, livrèrent tous les prisonniers musulmans qui étaient dans la ville. Arrivé à Damas, le sulthan en partit presque aussitôt pour le lac de Kedès, dans les environs d'Emesse, où ses troupes avaient ordre de se réunir. Dès que le mois de Ramadhan (fin d'avril) fut expiré, il alla attaquer le château des Curdes, puis s'empara de la tour d'Anaz, où il trouva de l'argent, des armes et cinq cents chrétiens; enfin il entreprit le siége de Tripoli, fit jouer ses machines contre les murailles, détruisit les aqueducs qui conduisaient l'eau dans la ville, mit tout le pays à feu et à sang, après quoi il retourna au lac de Kedès.

An 604 (1207). Ce prince s'y trouvait encore, lorsque le comte de Tripoli conclut une trève avec lui.

An 609 (1212). Malek-Adel fait construire une forteresse sur le Mont-Thabor; les soldats et les ouvriers, réunis de différents côtés, y travaillèrent jusqu'à ce que l'ouvrage fût conduit à son entière perfection (1).

_____

(1) Reiske fait observer que Sanuti place cet événement à l'année 1214, sans doute parce qu'on y travaillait encore à cette époque. Sanuti ajoute que cette forteresse se trouvait à neuf lieues d'Acre, et que le sulthan espérait incommoder de là les habitants de cette ville.

An 613 (1216). Mort de Malek Dhaher, prince d'Alep, à l'âge de quarante-quatre ans. Il laissait deux fils, dont l'un, Malek-Aziz, lui succédait, à peine âgé de deux ans; le second, Malek-Saleh, avait déjà atteint sa douzième année.

An 614 (1217-8). Les Francs partent en foule de l'Occident, et viennent par mer à Acre. A cette nouvelle, Malek-Adel se met en marche de l'Egypte, et vient prendre position à Naplouse. Aussitôt les Francs marchent à sa rencontre, et le contraignent, par la supériorité de leurs forces, à se retirer devant eux, jusque sur la colline d'Afyk. Les Francs eurent alors le champ libre, et répandirent la désolation dans tous les pays musulmans, jusqu'à Nowa, dans le Souad, qui fait partie du territoire de Damas; tout le pays compris entre Beyssan et Naplouse fut mis à feu et à sang; ils tuèrent ou prirent une incroyable quantité de musulmans; après quoi, ils revinrent sous les murs d'Acre. Ce fut surtout pendant le jeûne du mois de ramadhan (novembre et décembre), que leurs attaques furent plus vives. Malek-Adel vint ensuite camper dans la plaine de Saffar; les Francs en profitèrent pour attaquer la forteresse qu'il venait de construire sur le Mont-Thabor; puis ils y renoncèrent, et se trouvaient de retour à Acre avant la fin de l'année.

An 615 (1218-9). Au commencement de l'année, Malek-Adel était campé dans la plaine de Saffar, et les Francs étaient réunis sous les murs d'Acre. Les chrétiens passèrent ensuite en Egypte, dans l'intention d'assiéger Damiette. Malek-Kamel, qui gouvernait l'Egypte en l'absence de son père, accourut à la défense de cette ville, et tint quatre mois les Francs en échec. Pendant ce temps-là, Malek-Adel envoyait successivement à son fils les troupes de Syrie qui étaient disponibles. Quand Malek-Kamel vit réunies auprès de lui des troupes suffisantes, il prit l'offensive, dans l'espoir de chasser les Francs du pays.

Malek-Adel quitte ensuite la plaine de Saffar, et vient camper
à Alekyn, non loin de la colline d'Afyk ; c'est là qu'il fut surpris
par la mort à l'âge de soixante-quinze ans (lunaires). Ce prince
avait des mœurs douces, et vit toutes ses entreprises couronnées
du succès ; son règne fut surtout remarquable par un bonheur
domestique, jusque-là inconnu dans les fastes de la royauté ; car,
pour ne pas compter les filles, il laissait seize fils, dont plusieurs
déjà illustrés par des victoires, ou éprouvés dans l'administration
des provinces. Comme aucun d'eux ne se trouvait alors auprès
de leur père, Malek-Moadham accourut de Naplouse, transporta son corps à Damas, avec les mêmes précautions que s'il
eût été encore en vie, et s'empara des ressources et des trésors
amassés sous son règne. C'est après son arrivée à Damas que
Malek-Moadham se fit prêter serment par les habitants de la
ville, qui n'apprirent qu'alors la mort de Malek-Adel. Quand
cette nouvelle arriva en Egypte, Malek-Kamel, qui était vivement pressé par les Francs, en fut tout-à-fait consterné ; les
troupes se mutinèrent, et le tumulte qui s'ensuivit le mit dans
la nécessité d'abandonner ses positions. Un certain émir,
nommé Emadleddin Ahmed, qui commandait un corps considérable de Curdes, était alors dans l'armée ; enhardi par
l'insubordination d'une partie des troupes, il conçut le dessein de renverser Malek-Kamel. Cette révolution ne pouvait
s'opérer qu'à l'aide de la confusion générale. Le désordre fut
bientôt à son comble ; si bien que ce prince pensait déjà à renoncer au trône et à se retirer en Yémen ; heureusement que
Malek-Moadham, en apprenant cette nouvelle, accourut auprès de son frère, chassa du camp le chef de la révolte, et
parvint à faire renaître le calme dans les esprits. Mais les Francs,
pendant ce temps-là, avaient redoublé d'efforts contre Damiette, et cette ville se trouvait affaiblie, à la suite des troubles
qui venaient d'avoir lieu.

An 616 (1219-20). Au commencement de l'année les Francs étaient encore sous les murs de Damiette, la serrant toujours de plus près. Le sulthan d'Égypte, sans les perdre un moment de vue, écrivait lettres sur lettres à ses frères pour réclamer leur secours.

Malek-Moadham, qui commandait en Syrie, voyant les Francs si acharnés, craignit qu'après la prise de Damiette ils ne vinssent attaquer Jérusalem, dont Saladin avait fait une place forte, et qu'il ne lui fût pas possible de les empêcher d'y entrer. Il envoya donc des détachements de carriers et de mineurs pour abattre les murs de cette ville, et forcer une partie des habitants à l'évacuer.

Les Francs ne laissèrent pas de relâche à Damiette jusqu'à ce qu'elle fut prise le 10 de ramadham (novembre). Les habitants furent massacrés ou faits prisonniers, et la grande mosquée convertie en église. Ce succès releva les espérances des Francs, qui se crurent déjà les maîtres de l'Égypte. Quant au sulthan, il prit position au point de séparation des deux branches du Nil, dont l'une a son embouchure à Damiette, et l'autre à Aschmoum Thenah; son armée s'y logea, et donna ainsi naissance à la ville de Maesourah.

Jamais année ne fut plus désastreuse pour l'islamisme. Tandis que Damiette tombait sous les coups des Francs et voyait ses habitants victimes de la rage des vainqueurs, les Tartares, sous la conduite de Gengis-Khan, commençaient leurs sanglantes expéditions contre les états musulmans de l'Asie.

An 617 (1220-1). Le prince de Damas se jette sur les terres des Francs en Syrie. Il s'empare de Césarée, la rase, et va ensuite attaquer Atlit (1).

_____

(1) Le château d'Atlit est nommé par Jacques de Vitry le *camp du fils de Dieu*, et par le continuateur de Guillaume de Tyr, *Chastel des pélerins*.

An 618 (1221). Après la prise de Damiette, les Francs crurent marcher à la conquête de toute l'Égypte. Ils étaient partis en conséquence de cette ville se dirigeant sur le Caire. Arrivés en face de Mansourah, on se battit de part et d'autre avec acharnement, tant sur terre que sur le fleuve. Le sulthan n'avait cessé de solliciter des secours auprès de ses frères et des princes de sa famille. Le prince de Damas se concerta avec son autre frère Malek-Aschraf, prince de Harran, et avec Malek-Nasser qui venait de succéder à Malek-Mansour son père, dans la principauté de Hamah. Bahramschah, prince de Baalbek, et Schyrkouh, prince d'Émesse, réunirent aussi leurs forces, et tous arrivèrent ensemble au camp musulman de Mansourah. Le sulthan vint à la rencontre de ses frères, et prodigua les égards et les honneurs aux princes qui s'étaient joints à eux. L'arrivée de ces forces releva l'espoir des musulmans et jeta l'abattement dans le cœur des chrétiens. Les efforts redoublèrent dès ce moment. Cependant le sulthan, de concert avec ses frères, ne cessait de réitérer ses propositions aux Francs. Il leur abandonnait Jérusalem, Ascalon, Tibériade, Laodicée, Djibleh, et toutes les autres places que Saladin avait soumises à l'islamisme, à l'exception de Schaubek et de Carac. (Voyez page 309, note 1re.) Il demandait en retour que les Francs consentissent à rendre Damiette et à évacuer le pays. Les Francs furent intraitables; ils exigeaient une somme de 300,000 écus d'or, en indemnité pour la reconstruction des remparts de Jérusalem qui avaient été récemment abattus. Ils voulaient d'ailleurs se faire céder les deux places de Carac et de Schaubek. On était encore occupé de ces négociations, lorsqu'un corps musulman passa secrètement sur le terrain situé entre Mansourah et Damiette, près du canal de Mehalleh, et fit une saignée au fleuve. Le Nil était alors au plus haut point de la crue, sans que les Francs sussent rien de ses débordement annuels ; l'eau s'épancha aussitôt par la saignée et

inonda la contrée qui séparait Damiette du camp des chrétiens.
Leurs communications avec cette ville se trouvèrent inter-
ceptées; les approvisionnements ne purent plus leur parvenir,
et bientôt ils se trouvèrent en proie à la plus horrible famine.
Il fallut demander la paix en suppliant, et, pour l'obtenir,
sacrifier Damiette et renoncer aux offres avantageuses que le
sulthan avait d'abord proposées. Les Francs avaient avec eux
des seigneurs fort puissants, au nombre de plus de vingt. Dans
le conseil du sulthan, ceux qui inclinaient à la guerre, proposèrent de se les faire livrer, et de mettre ensuite pour prix
de leur délivrance, la reddition de toutes les places que les
chrétiens possédaient encore en Syrie, telles que Acre et autres;
mais l'avis contraire prévalut, à cause de la longueur de cette
guerre qui se continuait depuis plus de trois ans et à cause de
l'épuisement général. La demande des Francs fut donc accueil-
lie. Ceux-ci ayant réclamé des otages; le sulthan leur remit son
fils Malek Saleh, alors âgé de 15 ans. Les Francs, de leur côté,
envoyèrent le commandant d'Acre et d'autres seigneurs, ainsi
que le légat du pape qui réside dans Rome-la-Grande. Ceci se
passait le 7 de redjeb (fin d'août). Le sulthan admit les otages
chrétiens en sa présence, les reçut en cérémonie, et sut donner
beaucoup d'éclat à cette solennité par le concours de ses frères
et des officiers de sa maison. Damiette fut remise le 19, avec
toutes les fortifications nouvelles que les Francs y avaient élevées, et les poètes eurent là un beau champ pour célébrer les
hauts faits du sulthan. Quelques jours après le sulthan fit en
grande pompe son entrée dans la ville, accompagné de ses
frères et de sa maison. Il donna ensuite congé à ses alliés, et
se mit en marche pour le Caire.

An 623 (1226). Le prince de Damas fait alliance avec
Gelal'eddin, sulthan des Kharismiens, qui faisait alors la guerre
dans la Géorgie et dans l'Arménie.

An 624 (1227). Quand le sulthan d'Égypte fut instruit des

intelligences de son frère avec le sulthan des Kharismiens, il craignit de succomber sous des forces aussi formidables. Afin de déjouer les projets de son frère, il écrivit à l'empereur Frédéric, chef des Francs, pour l'engager de venir à Acre. Ce prince se laissa facilement persuader, d'après l'engagement du sultan, de lui céder Jérusalem. Malek Moadham mourut peu de temps après à l'âge de quarante-neuf ans. Son fils Malek Nasser Saladin Daoud lui succéda dans la principauté de Damas.

An 625 (1228). Le sulthan d'Égypte jugeant l'occasion favorable, envoya demander à ce jeune prince la forteresse de Schaubek. Sur son refus, il se rendit lui-même à Tell-Adjoul, d'où il envoya occuper Jérusalem, Naplouse, et autres places appartenant à son neveu. Dans cette circonstance celui-ci eut recours à son oncle Malek Aschraf. L'oncle accourut en effet de la Mésopotamie; mais avec des vues bien différentes : car, en vertu d'un accord qu'il avait fait secrètement avec le sulthan, il devait se mettre lui-même en possession de la principauté de Damas, jusqu'à la colline d'Afyk; le pays qui était en deçà de ce lieu (la partie méridionale de la Syrie), devait être cédée au sulthan, et Malek Nasser Daoud devait recevoir en indemnité Harran, Édesse, et les autres places occupées par Aschraf en Mésopotamie. Il fut aussi réglé que la principauté de Hamah serait retirée des mains de Malek Nasser, et donnée à son frère Malek Modhaffer.

L'empereur arrivait sur ces entrefaites à Acre avec ses troupes. Pour presser son départ, le sulthan lui avait envoyé l'émir Fakhr'eddin (celui que nous verrons à la tête de l'armée musulmane au moment de la descente de St. Louis en Égypte). C'était dans l'espoir d'opposer l'empereur à Malek Moadham; mais comme celui-ci venait de mourir, sa démarche tourna contre lui : car l'empereur en débarquant à Acre se dirigea incontinent sur Tyr, et bien que cette ville fût occupée égale-

ment par les chrétiens et les musulmans, et qu'en vertu des
traités elle dût rester démantelée, il en fit sa propriété, et
ordonna d'en relever les murailles. Le reste de l'année se
passa en ambassades réciproques entre les deux princes. Le
titre d'*empereur* équivaut, chez les Francs, à ce que nous
appelons le *chef des émirs* : car il faut bien se garder de croire
que ce fût le nom du prince Franc. Il s'appelait Frédéric. Ses
états comprenaient la Sicile, ainsi que la Lombardie et la
Pouille. « Je connais ce pays, dit le cadhi Djemal'eddin (1),
» je l'ai parcouru en partie lors de ma mission auprès du sou-
» verain de cette contrée, sous Bibars-Bendocdar. L'empereur
» s'était fait remarquer entre tou' les princes Francs par ses
» belles qualités et un goût prononcé pour la philosophie, la
» dialectique et la médecine. Son inclination le portait vers
» l'islamisme, parce qu'il avait passé sa jeunesse en Sicile,
» où les habitants sont pour la plupart musulmans. »

An 626 (1228-9). Malek Kamel et Aschraf, son frère, pensèrent enfin à réaliser le plan qu'ils avaient précédemment
concerté. Tandis qu'Aschraf assiégeait Malek Nasser dans
Damas, le sulthan était occupé de satisfaire aux demandes de
l'empereur. Celui-ci faisait le difficile, il fallut lui abandonner
Jérusalem, à condition pourtant qu'il n'en relèverait point
les murailles, et qu'on n'apporterait aucun obstacle au libre
exercice du culte musulman dans la chapelle de la Sakhrah, et
dans le reste de la mosquée Alaksa. Dans les hameaux des
environs l'autorité devait rester concentrée entre les mains des
musulmans. Enfin les chrétiens ne pouvaient pas dépasser les
villages qui mènent d'Acre à Jérusalem. Telles furent les conditions du traité qui fut juré de part et d'autre. C'est au mois de
rebi second (commencement de mars) que l'empereur prit pos-

---

(1) *Voyez* ci-dessous à l'année 659.

session de Jérusalem. Quand Malek Nasser apprit les bases du
traité, il n'oublia rien pour en dévoiler la honte aux yeux des
musulmans; il y était d'autant plus porté qu'elle devait rejaillir
tout entière sur son oncle, qui le tenait, dans ce moment,
enfermé dans Damas. Il y avait alors dans la ville un prédicateur éloquent qui était l'idole de la multitude; le prince le fit
venir et lui montra la gloire qu'il allait acquérir si, en présence
du peuple assemblé, il célébrait les précieux avantages qui
relèvent le rang de la ville sainte, et déplorait la tache imprimée sur le nom musulman par l'abandon de Jérusalem aux
chrétiens. Cet homme n'oublia rien pour se surpasser. Il débita
d'un ton pathétique une pièce d'éloquence, où l'on remarquait
ce vers d'un poète :

« Ces salles qui naguère retentissaient des paroles du pro-
» phète, sont maintenant désertes; ce lieu, séjour chéri des
» vérités revélées, gît maintenant sous ses ruines. »

Ce discours fit un grand effet. Les assistants fondaient en
larmes sans pouvoir modérer leur douleur. Mais comme Malek
Kamel était enfin libre de toute inquiétude du côté de l'empereur, il vint en personne sous les murs de Damas, et força
les habitants à en ouvrir les portes.

An 627 (1229-30). Les Francs du château des Gardes
tentent une attaque sur Hamah. Le nouveau prince de cette
ville, Malek Modhaffer, vient à leur rencontre, les joint au
village d'Afyoun entre Hamah et Barin, et les met dans une déroute complète. Modhaffer rentre triomphant dans Hamah.

An 634 (1236-7). Mort de Malek Aziz, prince d'Alep, à
l'âge de vingt-trois ans. Son fils Malek Nasser Youssouf lui
succéde, à peine âgé de sept ans.

Les troupes d'Alep marchent contre Bagras, sous la conduite
de Malek Moadham Touranschah, fils de Saladin. Cette place
que Saladin avait détruite de fond en comble, avait été entière-

ment rebâtie par les Templiers. Les musulmans étaient sur le point de s'en rendre maîtres, lorsqu'à la suite d'un arrangement conclu avec le prince d'Antioche, ils durent se retirer. Tandis qu'ils retournaient à Alep, ils surprirent un corps de guerriers Francs qui avait jeté la terreur dans le faubourg de Derbesak, compris à cette époque dans le territoire d'Alep. Les musulmans en firent un grand carnage, firent beaucoup de prisonniers, et obligèrent le reste à prendre la fuite. Ils rapportèrent, comme trophée de cette brillante journée, les têtes de ceux qui avaient été tués dans le combat.

Malek Saleh qui gouvernait, au nom de Malek Kamel son père, les villes de Hisn-Kaifah, de Harran, d'Amide, et autres villes de la Mésopotamie, prend à son service les bandes de Kharismiens qui avaient fait la guerre sous Gelad'eddin Mankberni. Ces barbares, après le meurtre de ce conquérant (en 629), s'étaient d'abord livrés à Kaikobad, prince Seljoukide de l'Asie-Mineure. Sous son fils Kaikhosrou, un de leurs principaux chefs ayant été mis en prison, ils s'enfuirent de l'Asie-Mineure en dévastant tout ce qui se trouvait sur leur passage, et vinrent offrir leurs services à Malek-Saleh, qui les accepta avec l'agrément de son père.

An 635 (1237-8). Mort de Malek Aschraf, prince de Damas, sans enfant mâle, à l'âge de soixante ans (lunaires). Malek Saleh Ismaël, son frère, lui succède conformément à ses dernières volontés. Aussitôt il cherche à liguer tous les princes voisins contre le sulthan, son frère, qu'on soupçonnait de vouloir réunir toute la Syrie à ses autres états. En effet, à peine celui-ci avait-il appris la mort d'Aschraf, qu'il s'était mis en marche pour se rendre maître de Damas. La ville ouvrit ses portes, et Malek Saleh reçut en échange Baalbek et la Coele-syrie. Le sulthan voulait ensuite se venger du prince d'Émesse qui était entré dans la ligue, lorsqu'il mourut, âgé d'environ

soixante ans. C'était un prince magnifique et fort respecté. Il
maintint un ordre parfait dans ses états, lui-même il dirigeait
les affaires, et lorsqu'il eut perdu son visir, il refusa de le
remplacer. Le Caire reçut par ses soins de grands embellisse-
ments. Il avait du goût pour les lettres; il aimait à converser
avec les savants, et prenait part à leurs discussions sur des
points de grammaire ou de jurisprudence. Pour tout dire en
un mot, les lettres eurent sous son règne beaucoup de *chalands*.

Après sa mort, les émirs prêtèrent serment de fidélité à
Malek-Adel, que Malek-Kamel son père avait laissé pour le
remplacer en Egypte, et nommèrent Malek-Djowad Jonas
pour gouverner la Syrie au nom de leur nouveau prince.

Les Kharismiens quittent le service de Malek-Saleh pour
se livrer plus librement au pillage; mais ce prince se voyant
menacé dans Sindjar par les troupes de Mossoul, abandonne
aux Kharismiens Harran et Edesse, afin de les ramener dans
ses intérêts.

An 636 (1238-9). Malek-Saleh, fils de Malek-Kamel, se
fait céder la principauté de Damas, donnant en échange à
Malek-Djowad les places qu'il possédait en Mésopotamie. Dès
que Malek-Saleh se fut bien établi en Syrie, il pratiqua des
intelligences en Egypte, dans l'espoir d'y supplanter Malek-
Adel, sans être aucunement arrêté par les démarches du khalife, qui n'oubliait rien pour réconcilier les deux frères.

An 637 (1239-40). Tandis que Malek-Saleh était à Naplouse, sur la route d'Egypte, Malek-Saleh Ismaël son oncle,
et Schyrkouh, prince d'Emesse, lui enlevaient la ville de Damas. A cette nouvelle ses troupes l'abandonnèrent. A peine la
journée s'était écoulée, qu'il se vit presque seul, ne sachant où
diriger ses pas. Malek-Nasser son oncle, prince de Carac,
revenait alors d'Egypte. Il vint le prendre à Naplouse, et
l'enferma à Carac dans un lieu de sûreté. Immédiatement après,

il se rendit à Jérusalem, où les chrétiens, après la mort de
Malek-Kamel, avaient élevé une forteresse. Il prit et rasa cette
forteresse, ainsi que la tour de David, qui jusque-là était restée
intacte.

Quelques mois après, Malek-Saleh recouvra la liberté, et
se rendit avec son oncle à la chapelle de la Sakhrah à Jérusalem ; là ils convinrent avec serment que lorsque Malek-Saleh
se serait emparé de l'Egypte, il abandonnerait à son oncle la
Syrie et les villes de la Mésopotamie : mais quand Malek-Saleh
fut maître de l'Egypte, il se dispensa de remplir son serment,
prétendant qu'il ne l'avait pas fait de plein gré. Cependant
Malek-Adel, à la nouvelle de l'approche de son frère, fut saisi
d'une frayeur extrême. Il s'avança avec son armée jusqu'à
Belbeys, comptant sur une puissante diversion en Syrie : tout
d'un coup quelques mamelouks cernèrent sa tente, s'emparèrent de sa personne, et écrivirent à son frère de venir
prendre possession du trône. Cette nouvelle causa à Malek-
Saleh *une joie sans pareille*. Il dirigea aussitôt sa marche vers
le Caire, au milieu d'un immense concours de peuple et au
bruit des acclamations générales. Le prince de Carac, qui ne
l'avait pas quitté d'un jour, s'attendait à être investi de la
principauté de Damas, ainsi qu'il avait été convenu. Pour s'en
débarrasser, Malek-Saleh fit semblant de le faire arrêter, et
aussitôt celui-ci reprit le chemin de Carac.

An 638 (1240-1). Dès que Malek-Saleh Negm'eddin (1)
se fut affermi en Egypte, il fit arrêter les mamelouks et les émirs
qui avaient commencé la révolution. En même temps il créa
un nouveau corps de mamelouks attachés à sa personne.

_____

(1) Le mot Negm'eddin signifie l'*étoile de la religion* ; c'est sous
ce surnom que les historiens chrétiens ont plus ordinairement désigné Malek Saleh.

Les Kharismiens, profitant de l'éloignement de Malek-Saleh, mettent une partie de la Mésopotamie à feu et à sang, puis viennent du côté d'Alep. Les troupes de cette ville sortent à leur rencontre, et sont entièrement défaites. Après le combat, les Kharismiens massacrèrent une partie de leurs prisonniers pour effrayer les autres, et se faire payer une plus forte rançon de ceux à qui ils laissaient la vie. En même temps ils dévastèrent les pays environnants. Alep se remplissait de fuyards; la désolation était à son comble. Quand ces barbares ne virent plus de mal à faire, ils rentrèrent dans leurs cantonnements de Harran.

Ils revinrent peu de temps après en Syrie, et ravagèrent tout le pays de Tell-Azaz, Sermyn, Maarrah, etc. Les troupes d'Alep, qui brûlaient de venger leur défaite, se réunirent à celles de Damas et d'Emesse pour se mettre à la poursuite des barbares. Les Kharismiens reprirent aussitôt le chemin de Harran, dévastant tout ce qui se trouvait sur leur passage. La principauté de Hamah trouva seule grâce à leurs yeux, parce que le chef de cette principauté était un chaud partisan du nouveau sulthan d'Egypte. Cependant l'armée de Syrie ne donnait pas de relâche aux Kharismiens, et dans l'action qui s'engagea près d'Edesse, elle remporta une victoire complète, à la suite de laquelle elle s'empara de Harran. Tandis que de leur côté les troupes de Mossoul enlevaient Nisibe et Dara aux Kharismiens, les confédérés s'emparèrent de Rakkah, d'Edesse, etc., et vinrent ensuite assiéger Malek Moadham Touranschah, fils de Malek-Saleh, dans la ville d'Amide, qui ouvrit ses portes. Il ne resta plus à Moadham que Hisn-Kaifah et Haytam, où ce prince se trouvait encore à la mort de son père (en 648).

Malek-Djowad, après son expulsion de ses possessions de Mésopotamie, fit demander au sulthan la faculté de se retirer en Egypte. Sur son refus, il se jeta dans Acre entre les mains

23..

des Francs, qui le reçurent pour son argent, et le livrèrent ensuite pour de l'argent à Malek-Saleh Ismaël, prince de Damas, qui le fit étrangler.

Malek-Saleh Ismaël, craignant quelque entreprise de la part du sulthan, cherche son appui dans les forces des Francs; ceux-ci consentent à le défendre moyennant la cession qu'il leur fait des places de Sefed et de Schakif (Arnoun).

An 641 (1243-4). Malek-Saleh Ismaël, prince de Damas, et le prince de Carac, se liguent ensemble contre le sulthan d'Egypte. Ils engagent les Francs à entrer dans la ligue, en leur faisant la cession de Tibériade et d'Ascalon, ainsi que de Jérusalem et des lieux de pélerinage. « Je passais dans ce moment » à Jérusalem pour me rendre en Egypte, dit le cadhi Djemal'- » eddin; je vis des prêtres qui tenaient des coupes de vin sur » la sakhrah pour l'offrir à leur Dieu. » (Vraisemblablement ils y célébraient la messe.) Les Francs se mirent aussitôt en devoir de relever les fortifications de Tibériade et d'Ascalon.

An 642 (1244). Sur l'invitation du sulthan d'Egypte, les Kharismiens s'avancent jusque sous les murs de Gaza, en dirigeant leur marche à travers les frontières de la principauté de Damas. Le sulthan espérait s'en faire un appui contre les princes que Malek-Saleh Ismaël avait ligués contre lui; et c'est dans ce dessein qu'il faisait partir ses troupes pour se réunir à ces barbares. De son côté, Malek-Mansour Ibrahim, qui avait succédé à Schyrkouh son père dans la principauté d'Emesse, se mit en mouvement avec ses troupes et celles de Damas. Il vint d'abord à Acre pour animer les Francs à combattre, leur promettant une portion de l'Egypte après la victoire. Les Francs s'ébranlèrent, cavalerie et infanterie. Les troupes de Carac arrivèrent aussi, et le combat s'engagea sous les murs de Gaza. Les troupes de Damas et d'Emesse furent mises en déroute; les Francs prirent aussi la fuite; les uns et les autres furent poursuivis l'épée dans les reins par les Egyptiens et les Kharismiens. Le sulthan, profitant de l'enthousiasme de ses soldats, s'empara de Gaza, de Jérusalem et de toute la côte, et envoya au Caire les prisonniers et les têtes des morts. Pendant qu'on s'y livrait à la joie, le sulthan faisait venir d'Egypte les troupes qui y étaient encore, et les réunissant à celles qui venaient de vaincre, il les envoya assiéger Malek-Saleh Ismaël et le prince d'Emesse dans la ville de Damas.

An 643 (1245). Le prince de Damas envoie prier le khalife d'interposer sa médiation entre lui et le sulthan. Le khalife rejette sa prière. Bientôt après la ville ouvre ses portes, et le prince en abandonne la propriété, se réservant seulement Baalbek, Bosra, etc.

Les Kharismiens s'attendaient, après la prise de Damas, qu'on leur céderait tout ce qui serait à leur bienséance. Trompés dans leurs espérances, ils quittèrent le service du sulthan, se donnèrent au prince qu'ils venaient de dépouiller; et, de concert avec le prince de Carac, ils assiégèrent Damas une seconde fois.

An 644 (1246). Cette ville était en proie à toutes les horreurs du siége et de la famine lorsque les troupes du sulthan, de concert avec celles d'Alep et d'Emesse, se mirent en marche pour la secourir. Les Kharismiens abandonnèrent le siége, pour aller à leur rencontre; le combat s'étant engagé, ils prirent honteusement la fuite, et se dispersèrent çà et là. Plusieurs détachements furent exterminés avec leurs chefs. Une partie alla se fondre dans les bandes des Tartares, et les autres se répandirent en Syrie, où ils se mirent au service des princes du pays. Ainsi finit la cause funeste de tant de maux.

Ce succès inspira au sulthan une joie immodérée: il envoya aussitôt l'émir Fakr'eddin avec une armée pour dépouiller le prince de Carac. En effet l'émir s'empara successivement de la plupart des places appartenant à ce prince.

An 645 (1247). Ensuite il vint assiéger les villes de Tibériade et d'Ascalon, dont les Francs avaient relevé les citadelles, et s'en empara après un siége de courte durée.

An 646 (1248). Les troupes d'Alep enlèvent Emesse à Malek-Aschraf, qui avait succédé depuis deux ans à son père Malek Mansour Ibrahim. A cette nouvelle, le sulthan accourt en toute hâte d'Egypte. Déjà il était attaqué de la maladie dont il mourut : c'était une tumeur au jarret (1), laquelle ayant dégénéré en ulcère, l'obligea à se retirer à Damas. Pendant ce temps ses troupes assiégeaient avec vigueur la ville d'Emesse, sans être arrêtées par le froid ni l'intempérie de la saison. Déjà on commençait à parler de l'expédition des Francs contre Damiette. La maladie du sulthan prenait un caractère toujours plus grave. Ces raisons, jointes aux démarches du khalife, firent abandonner au sulthan ses desseins sur Emesse, quoiqu'elle ne pût pas faire une résistance bien longue, et il se fit transporter en toute hâte en litière dans ses provinces d'Egypte.

Descente de St. Louis en Égypte.

An 647 (1249). Le roi de France (Reyd'efrens) est l'un des princes les plus puissants entre les Francs ; car la France nourrit un peuple qui s'est rendu célèbre entre toutes les nations de Francs. Ce roi était accompagné d'environ cinquante mille guerriers. Il venait de passer l'hiver dans l'île de Chypre, en attendant de pouvoir aborder en Egypte.

Rien n'avait été oublié pour la défense de Damiette. Les machines, les provisions de bouche, tout s'y trouvait en abondance. Les Arabes de la tribu des Benou-Kenaneh, dont la valeur était depuis long-temps éprouvée, devaient en dé-

---

(1) Reiske a traduit, suivant une autre leçon, *Inflammatio axillarum*.

fendre les murailles. En même temps l'émir Fakr'eddin, fils du
scheikh des scheiks, avec une grande partie de l'armée, s'était
placé en avant de Damiette pour recevoir les Francs au moment
de la descente. Cependant à peine ceux-ci eurent atteint le rivage, que l'émir leur abandonna la rive occidentale du fleuve.
Les Francs s'y établirent le 22 de safar (juin). Aussitôt
les Benou-Kenanch, saisis de terreur, évacuèrent Damiette;
les habitants s'enfuirent aussi. Les Francs voyant les portes
ouvertes, y entrèrent sans coup férir, et s'emparèrent des
approvisionnements et des armes. C'était une perte irréparable.
Le sulthan, transporté de fureur, fit pendre tous les Benou-
Kenanch jusqu'au dernier, et se retira le mardi 24 sur Mansourah, où il plaça son camp. Son état ne cessait d'empirer;
son ulcère avait engendré la phthisie, et l'on commença à
désespérer de sa vie.

La prise de Carac apporta une distraction momentanée à ses
maux. Pendant que le prince de cette ville s'était rendu auprès
du prince d'Alep pour l'intéresser à sa cause, la division se
mit en son absence parmi ses enfants, et la ville fut livrée au
sulthan. La joie de Malek-Saleh ne fut pas de longue durée; il
expira le lundi 14 de schaban (novembre), à l'âge de quarante
ans : c'était un prince d'un génie élevé, d'un maintien grave
et qui savait en imposer. Il parlait peu, et tout le monde
tremblait devant lui. Jamais prince avant lui n'avait réuni autant
de mamelouks turcs autour de sa personne. (Il fit bâtir pour
eux une caserne dans l'île de Raoudha, en face du Caire; le
Nil, auquel les Arabes donnent le nom de mer ou *Bahr*, entoure
l'île de tout côté. C'est de là que ces mamelouks ont été appelés
Baharides.)

Malek-Saleh en mourant, ne désigna pas son successeur :
mais comme il ne lui restait qu'un seul fils, lequel se trouvait
encore à Hisn-Kaïfah, Schedjer'eddor, esclave favorite du sul-

than, se concerta avec l'émir Fakr'eddin et l'eunuque Djemal'eddin Mohsen pour conserver le trône à ce jeune prince.
La peur qu'ils avaient des Francs leur fit taire la mort de
Malek-Saleh. Schedjer'eddor convoqua les émirs et leur dit :
« Le sulthan vous ordonne de lui jurer fidélité, et après lui à
» son fils Malek-Moadham Touranschah. Il confie la dignité
» d'atabek (le commandement des troupes) à l'émir Fakr'
» eddin. » Elle écrivit dans le même sens à Hossam'eddin, fils
d'Abou-Ali, qui remplaçait le sulthan dans la ville du Caire.
Dès le milieu du mois, les émirs, les milices, tous les personnages marquants du Caire et du vieux Caire avaient juré sans
hésiter. Les lettres et les décrets étaient expédiés avec l'élamet
(ou paraphe) de Malek-Saleh. Un esclave était parvenu à contre-
faire l'élamet, sans que personne en eût le moindre soupçon.
Mais quand on sut que Fakr'eddin avait expédié un courrier à
Moadham pour hâter son départ, le bruit de la mort du sulthan
commença à se répandre, bien que les chefs de l'armée et de
l'administration fissent semblant de l'ignorer.

Cependant les Francs s'avançaient du côté de Mansourah :
au commencement de ramadhan (décembre), il s'engagea
une action très chaude, dans laquelle grand nombre de chefs
musulmans perdirent la vie. Les Francs s'arrêtèrent un moment
à Scharmesah, puis ils se remirent en marche. Enfin le mardi
matin, 5 du mois de doulkaadah (février 1250), pendant que
Fakr'eddin était au bain, ils surprirent les musulmans dans
Mansourah. L'émir montant bien vite à cheval, se jeta au
milieu des Francs et fut tué sur-le-champ, mourant glorieusement pour la religion, après avoir pendant sa vie joui des
faveurs de la fortune. Dans cette fâcheuse circonstance, l'armée, secondée par les Turcs baharides, chargea les Francs
avec vigueur, et les obligea à prendre la fuite sans leur laisser
le temps de se rallier de nouveau.

Quant à Moàdham, il était arrivé à Damas au mois de ramadhan (décembre); il attendit, pour se remettre en route,
la fête de la fin du jeûne, et n'arriva à Mansourah que le jeudi
24 de doulkaadah. La guerre se ralluma avec fureur sur le Nil
et sur terre; enfin la flotte musulmane surprit la flotte chrétienne, et s'empara de trente-deux navires, dont neuf galéasses.
Ce succès ruina les affaires des Francs; ils envoyèrent proposer
de rendre Damiette, si on voulait leur abandonner Jérusalem
et une partie de la Palestine. Leurs propositions furent rejetées.

An 648 (1250). Les Francs s'étant obstinés à garder leurs
positions en face de Mansourah, finirent par épuiser leurs ressources sans pouvoir rien recevoir de Damiette. Les musulmans interceptèrent leurs communications avec cette ville, ce qui
mit les chrétiens dans l'impossibilité de tenir plus long-temps.
Le mercredi 3 de moharram (7 avril), les Francs s'ébranlèrent,
se dirigeant sur Damiette, et ayant l'ennemi derrière eux. Les
musulmans les atteignirent le lendemain matin, les enfoncèrent
et en firent un horrible carnage : trente mille hommes, à ce
qu'on dit, furent tués dans cette journée, et bien peu parvinrent à s'échapper. Le roi de France et ses principaux officiers
s'étaient réfugiés dans l'endroit le plus proche (Minieh Abou
Abd'allah). Sur la demande du roi, l'eunuque Mohsen les
reçut à composition : puis on s'empara de leurs personnes pour
les ramener à Mansourah. Le roi fut chargé de chaînes et logé
dans la maison de Fakr'eddin, fils de Lokman, secrétaire-
d'état, et l'eunuque Sabyh fut commis à sa garde. Quand le
sulthan fut instruit de la destruction de l'armée chrétienne,
il s'avança avec l'armée jusqu'à Farescour, où il fit construire
une tour en bois.

Le lundi, dernier jour de moharram, le sulthan est tué par
ses troupes. Son imprudente conduite à l'égard des mamelouks
et des émirs de son père, et son exclusive confiance dans les

courtisans qu'il avait amenés de Mésopotamie, lui avaient
aliéné tous les cœurs. A peine fut-il arrivé à Farescour, que les
Baharides conspirèrent sa perte et se jetèrent sur lui l'épée à la
main. Bibars, qui fut sulthan dans la suite, lui porta le premier coup. Le prince s'enfuit dans la tour de bois. On y met le
feu. Chassé par les flammes, il court vers le Nil dans l'espoir
d'y trouver un bateau. Les flèches, qui volaient de toutes parts,
l'empêchent de fuir : il se jette dans l'eau, et aussitôt un coup
l'atteint et l'achève. Il régnait à peine depuis deux mois.

Les émirs se réunirent ensuite, et consentirent à reconnaître
pour reine Schedjer'eddor. Le commandement suprême des
troupes fut remis à Ezz'eddin Aybek le Turkoman. Dès que le
calme commença à renaître, on reprit les négociations avec le
roi de France, à qui on demandait Damiette pour sa rançon.
Le roi ordonna à ceux qui commandaient en son nom dans
la ville, d'en ouvrir les portes, et le 3 de safar (7 mai)
l'étendard musulman fut arboré sur les remparts de Damiette.
Le roi de France fut mis en liberté; le lendemain matin, il
s'embarqua avec ceux des prisonniers à qui on avait rendu la liberté, et mit à la voile pour Acre.

La nouvelle des glorieux résultats de cette campagne vola
de bouche en bouche, et bientôt remplit l'univers. C'est en
faisant allusion au sort humiliant où se vit réduit le roi de
France, qu'un poète a dit :

« Quand tu verras ce Français, dis-lui ces paroles d'un
» ami sincère :

» Tu venais en Egypte; tu en convoitais les richesses; tu
» croyais que ses forces se réduiraient en fumée.

» Vois maintenant ton armée; vois comme ton imprudente
» conduite l'a précipitée dans le sein du tombeau.

» Cinquante mille hommes ! et pas un qui ne soit tué, pri-
» sonnier ou criblé de blessures !

» Et s'il était tenté de venir venger sa défaite, si quelque
» motif le ramenait en ces lieux,

» Dis-lui qu'on lui réserve la maison du fils de Lokman,
» qu'il y trouvera encore et ses chaînes et l'ennuque Sabyh. »

Les troupes se remirent en marche pour le Caire, et les
émirs écrivirent aux autorités de Damas pour justifier les événements qui venaient d'avoir lieu. Les émirs de Syrie, bien
loin d'adhérer à ce qui s'était fait, invitèrent Malek–Nasser
Youssouf, prince d'Alep, à venir prendre possession de
Damas.

Les émirs d'Egypte reconnurent bientôt l'impossibilité de
rétablir l'ordre sous le gouvernement d'une femme, et confé-
rèrent à Aybek le titre de sulthan avec l'exercice de l'autorité
souveraine. Voyant enfin l'insuffisance de ces moyens, ils se
décidèrent à prendre leur souverain dans la famille de Saladin.
Le choix tomba sur un enfant, Moussa, petit-fils de Malek-
Kamel, qui prit en cette occasion le titre de Malek-Aschraf.
Toutefois Aybek conserva le commandement des troupes avec
le titre d'atabek. D'un autre côté les troupes de Gaza, de concert
avec celles de Damas, prêtaient serment de fidélité à Malek-
Moguyts, petit-fils de Malek-Kamel, qui, à la faveur de ces
troubles, s'était emparé de Schaubek et de Carac. C'est alors
que les émirs égyptiens, pour tarir la source de tant de troubles,
déclarèrent soumettre leur pays à la volonté du khalife.

Les émirs se décident d'un commun accord à détruire les remparts de Damiette, à cause des maux que cette ville avait occa-
sionnés aux musulmans à deux différentes reprises. Ils bâtirent
une nouvelle ville non loin de l'ancienne, et dans l'intérieur des
terres, et l'appelèrent Menschyeh ou *Ville-Neuve* (1).

---

(1) *Voy.* le plan de cette seconde Damiette, dans le *Voyage de
Niebuhr*, tom. I, pag. 52.

Cependant Malek Nasser était parvenu à lier à ses intérêts
tous les princes de Syrie de la famille de Saladin ; à l'aide
de cette alliance, il réunit une armée formidable, qui se
mit aussitôt en marche pour l'Egypte, et rencontra l'armée
égyptienne à Abbasseh. Celle-ci ayant commencé à plier, les
troupes de Syrie poursuivirent les Egyptiens avec trop d'ardeur :
Malek-Nasser se trouva presque abandonné ; il prit la fuite, et
ses troupes se dispersèrent au milieu du désordre. Pendant ce
temps, les fuyards de l'armée égyptienne étaient arrivés au
Caire et jusque dans la Haute-Egypte. Au vieux Caire, on crut
la cause des émirs perdue, et l'on proclama un moment Malek Nasser sulthan du pays.

An 651 (1253). En vertu d'un traité de paix conclu entre
Malek Nasser et le gouvernement des mamelouks, ceux-ci
devaient étendre leur autorité jusqu'au Jourdain, et abandonner
au prince d'Alep ce qui est au-delà de ce fleuve.

An 653 (1255). En vertu d'un nouvel arrangement,
Malek Nasser rentre en possession de toute la Syrie jusqu'à
Elarysch, et s'oblige à reconnaître l'autorité d'Aybek sur toute
l'Egypte. Celui-ci épousa ensuite Schedjer'eddor, s'il ne l'avait
pas déjà fait l'année précédente.

An 655 (1257). Aybek est étouffé dans le bain par les intrigues de Schedjer'eddor. Les émirs vengent sa mort dans le
sang de cette femme et de ceux qui avaient trempé dans le complot, et donnent pour successeur à Aybek son fils Malek-
Mansour.

An 656 (1258). Les Tartares, sous la conduite de Houlakou, s'emparent de Bagdad, et y détruisent la dynastie des
khalifes abassides.

La peste fait de si grands ravages en Syrie, et surtout à
Damas, qu'on manque d'hommes pour enterrer les morts.

An 657 (1259). Saif'eddin Kothouz s'empare du gouver-

nement de l'Egypte et prend le titre de sulthan. Cette année, et
l'année suivante, les Tartares pénétrèrent en Syrie, sous la
conduite de Samoud, fils de Houlakou. Ils s'avancèrent vers
Alep. D'abord repoussés avec perte, ils reprirent l'avantage
et arrivèrent pêle-mêle avec les musulmans sous les murs
de la ville. Grand nombre de personnes furent étouffées aux
portes; les Tartares se dirigèrent ensuite vers Azaz et la prirent
par capitulation.

An 658 (1260). Houlakou passe lui-même l'Euphrate et envoie au gouvernement d'Alep un député avec ces mots : « Vous
» ne pouvez pas tenir devant les Mogols : nous n'en vou-
» lons d'ailleurs qu'à Malek Nasser et à ses troupes, et nous
» allons marcher contre lui. En attendant, recevez deux com-
» missaires de notre part; l'un dans la ville, et l'autre dans la
» citadelle. Si l'ennemi est battu, le pays devient notre pro-
» priété, et c'est autant de musulmans de sauvés. Si le com-
» bat tourne à notre désavantage, vous chasserez les com-
» missaires, vous les égorgerez, comme bon vous semblera. »
Le commandant fit dire que l'épée répondrait pour lui. Stupé-
fait de la réponse, l'envoyé ne put se défendre de verser quelques larmes sur les malheurs qui allaient tomber sur la ville
d'Alep. En effet les Tartares s'avancèrent incontinent, et entrèrent de force dans la ville. Le carnage continua du dimanche
au vendredi. Il n'y eut de sauvés que ceux qui atteignirent la
synagogue des juifs et certaines maisons que les vainqueurs
avaient promis de respecter. Ainsi furent sauvés, à ce qu'on
dit, plus de cinquante mille âmes.

Hamah envoya aussitôt remettre ses clefs à Houlakou, et
lui demanda un commissaire, faveur qui lui fut accordée.

Cependant Malek Nasser et le prince de Hamah se sauvaient
avec leurs troupes en Egypte. Une partie des troupes fut surprise dans Naplouse par les Tartares et passée au fil de l'épée.

Ces barbares occupèrent ensuite Damas et toute la Syrie jusqu'à Gaza.

Houlakou fit démanteler Alep et Damas, et retourna dans l'Orient, laissant en Syrie des forces nombreuses.

La même année, l'armée d'Egypte, commandée par Kothouz, remporte à Ain-Djalout une victoire complète sur les Tartares. Leur chef Ketboga est tué, et cet échec les oblige à évacuer la Syrie. Aussitôt les habitants de Damas tirèrent vengeance des insultes des chrétiens de la ville. Ceux-ci en étaient venus à ce point d'insolence de parcourir avec leurs crécelles les quartiers de la ville, et de répandre du vin dans la grande mosquée. Les musulmans se jetèrent dans les maisons des chrétiens, pillèrent leurs biens, et rasèrent une église fort vaste dédiée à Marie (la sainte Vierge), que les chrétiens avaient pris plaisir à orner.

Sur la fin de l'année, Kothouz revenait en Egypte, après avoir rétabli les princes de Syrie dans leurs états respectifs, lorsqu'il fut assassiné à Kossair, située à une journée de Salehyeh. Bibars Bendocdar commit ce meurtre de concert avec quelques complices; il avait profité du moment où le sulthan se trouvait éloigné de ses troupes. Lorsque les conjurés furent de retour dans le camp, le chef des émirs demanda qui avait tué le sulthan : « C'est moi, dit Bibars. — En ce cas, » reprit l'autre, l'autorité t'appartient. » Ainsi fut proclamé Bibars Bendocdar, sous le titre de Malek Dhaher.

An 659 (1261). Sept îles, dans les environs d'Acre, sont englouties dans la mer avec ceux qui les habitaient. Les habitants d'Acre prirent le deuil à cette occasion, et implorèrent par leurs larmes la miséricorde divine pour leurs péchés, auxquels ils attribuaient ce désastre.

Bibars envoie Djemal'eddin, fils de Salem (1), en ambassade

(1) *Voy.* sur Djemal'eddin la notice qui est en tête de l'extrait

auprès de Manfred (Mainfroi), roi de Sicile. Nous allons laisser
parler Djemal'eddin lui-même : « Le père du prince auquel
je fus envoyé, dit-il, s'appelait Frédéric; il est connu par ses
relations d'amitié avec Malek-Saleh. (*Voy.* ci-dessus, pag. 349).
Son fils Conrad lui avait succédé en Sicile et dans ses états
d'Italie. Conrad eut pour successeur Manfred son frère; c'est à
celui-ci que je fus adressé (1). Manfred m'accueillit avec bonté et
me permit de rester auprès de lui dans la Pouille (2). Il me faisait
souvent l'honneur de m'admettre en sa présence, et j'eus occasion de reconnaître en lui beaucoup de mérite et un goût
naturel pour les sciences intellectuelles. Il possédait parfaitement les dix traités d'Euclide; c'est même à sa prière que je
composai le traité de logique que j'intitulai *l'impérial*. Non
loin de la ville que j'habitais, se trouvait la ville de Luceria
(Nocera de' Pagani dans la Capitanate); elle était entièrement
peuplée de musulmans, que Frédéric avait fait venir de Sicile (3). On y fêtait le vendredi, et l'islamisme s'y montrait à
découvert. La plupart des officiers de Manfred étaient musulmans; son camp retentissait des cris des moezzins (qui appellent

---

suivant. Les détails que nous rapportons ici ont été renvoyés par
Aboulfeda à l'an 1297, année de la mort de Djemal'eddin. Aussi
avaient-ils échappé à D. Berthereau, qui avait terminé ses lectures
à l'année 1290 inclusivement. Nous pensons que ces détails sont ici
placés plus convenablement sous l'année à laquelle ils appartiennent.

(1) C'est à la même époque que Bibars envoya à Mainfroi une
girafe et des prisonniers tartares avec leurs chevaux, qui étaient de
race mogole.

(2) On sait qu'à cette époque on comprenait sous cette dénomi-
nation presque tout le royaume de Naples.

(3) Les auteurs du moyen âge ne s'accordent pas sur l'année de
leur translation dans cette ville. Muratori, dans ses annales, en fait
mention à l'année 1224.

le peuple musulman à la prière), et notre religion y pouvait être publiquement professée. La ville que j'habitais était à cinq journées seulement de la ville de Rome. A l'époque où je quittai le pays, le roi de France et le pape, qui est le khalife des chrétiens, s'étaient ligués pour perdre Manfred. Le pape l'avait excommunié, à cause de son exclusive confiance dans les musulmans (1). Un motif semblable avait précédemment fait excommunier Frédéric et Conrad. Voici un fait que je tiens de la bouche même de Manfred: Quand Frédéric perdit l'empereur son père (Henri VI), il était encore fort jeune; grand nombre de princes francs se mirent sur les rangs pour lui disputer la couronne impériale, et chacun se flatta d'avoir le pape pour soi. Frédéric crut devoir user de supercherie. Il vit ses rivaux l'un après l'autre, et dit à chacun d'eux : « Je sais, pour moi, » que je ne suis pas propre à cette dignité; j'y renonce entiè- » rement: Quand nous serons réunis auprès du pape, ouvre » l'avis de laisser la décision de cette affaire au fils de l'empe- » reur défunt. Les autres faisant de même, le pape me laissera » maître du choix, et sois persuadé que je ne penserai à per- » sonne qu'à toi; car vraiment je te veux du bien. » Frédé- ric en usa ainsi envers tous les prétendants, et cela d'un ton si persuasif, que tous s'y trompèrent. Le jour fixé étant arrivé, ils se réunirent à Rome auprès du pape. Après leur avoir demandé leur avis, le pape fit déposer la couronne au milieu de l'assemblée. Tous s'écrièrent qu'ils s'en remettaient entièrement

---

(1) Dans ces temps où l'Italie était déchirée par des querelles, moitié politiques, moitié religieuses, Mainfroi n'avait que peu de foi en ses sujets chrétiens. Le pape ayant mis pour première condition à ses bonnes grâces, l'entière expulsion des Sarrasins d'Italie, Mainfroi s'y refusa. Il fit plus, il favorisa de tout son pouvoir l'établissement des musulmans d'Afrique dans ses états d'Italie.

à Frédéric. Celui-ci se levant aussitôt, dit d'un ton assuré :
« C'est moi qui suis fils d'empereur ; la couronne et la dignité
» impériales m'appartiennent de droit ; et d'ailleurs j'ai pour moi
» vos suffrages. » En disant ces mots, il mit la couronne sur sa
tête ; les princes dissimulèrent leur dépit, et Frédéric sortit la
couronne sur la tête. Il trouva à la porte un détachement de
cavaliers allemands, armés de toutes pièces et d'une bravoure
éprouvée. Ainsi escorté, il arriva en Allemagne, pays originaire
de sa famille. Le pape et le roi de France, ajoute Djemal'eddin,
attaquèrent Manfred avec toutes leurs forces, mirent son armée
en déroute, et s'emparèrent de sa personne. Le pape le fit
immoler à sa vengeance, et le frère du roi de France occupa
ses états. Cette révolution eut lieu en l'an 663 (1264). (C'est
une erreur ; Mainfroi fut tué le 26 février 1266, non par ordre
du pape, mais les armes à la main et dans la chaleur du combat.
Tous les détails qui précèdent paraissent peu dignes de foi.)

An 661 (1262-3). Bibars arrive d'Egypte en Syrie, et
vient placer son camp au Mont-Thabor. De là il envoie un détachement de ses troupes renverser l'église de Nazareth, qui est
le lieu le plus révéré des chrétiens pour avoir donné naissance
à leur religion. Ces troupes font ensuite une excursion sur le
territoire d'Acre et les lieux environnants, et retournent chargées de butin. Bibars marche alors en personne, avec un corps
d'élite, pour tenter une nouvelle attaque sur Acre, et vient à
bout d'abattre une des tours qui en défendaient les approches.
Cette expédition était postérieure à la première, ainsi qu'à la
destruction de l'église de Nazareth.

An 663 (1265). Bibars part d'Egypte avec ses redoutables
armées, et le 9 de djoumadi premier (fin de février) commence le siége de Césarée : l'attaque est poussée avec vigueur
et la ville est prise en quelques jours, c'est-à-dire, vers le mi-

lieu du mois. Bibars ordonne de la détruire, et le mois suivant
va attaquer et prendre la ville d'Arsouf.

Mort de Houlakou, petit-fils de Gengis-Khan. Son fils Abaga
hérite de ses états de Perse et de la Mésopotamie.

An 664 (1266). Le sulthan arrive en Syrie avec ses redoutables armées, et fait marcher un corps détaché vers la côte
de Tripoli. Pendant que ce corps occupait Kolayah, Haleb et
Arka, le sulthan attaque Sefed, la presse de toutes parts, fait
jouer ses machines de guerre. Malek-Mansour, prince de Hamah, vient le joindre pendant le siége. Les musulmans ne
donnaient pas de relâche aux assiégés, et s'exposaient hardiment au danger; aussi plusieurs payèrent de leur sang la prise
de la place. Elle se rendit par capitulation le 19 de schaban
(juin); les habitants furent ensuite tous passés au fil de l'épée.

Après la prise de Sefed, Bibars se rendit à Damas, d'où il envoya un corps considérable de troupes dans le pays de Sys (la petite Arménie): ce corps était commandé par le prince de Hamah.
Le pays de Sys à cette époque était au pouvoir de Haytom, fils de
Constantin. A la nouvelle de la marche des musulmans, Haytom
garnit les défilés de la Cilicie de machines et de guerriers. En
même temps ses deux fils se mirent en marche avec l'armée, pour
venir à la rencontre de l'ennemi. Vains efforts, l'armée fut mise
en déroute; tout fut tué ou pris: l'un des fils de Haytom y périt;
le second, qui s'appelait Lyfoun, resta parmi les prisonniers. Les
vainqueurs se répandirent aussitôt dans toute la contrée, s'emparèrent du château d'Amedyn, en massacrèrent les habitants,
et enfin se disposèrent à retourner en Syrie, emportant avec
eux un immense butin. A la nouvelle des succès de ses troupes,
Bibars se rendit à Hamah, et s'avança jusqu'à Apamée à la
rencontre de ses soldats victorieux. Arrivé à Kara, entre Damas et Emesse, il ordonna le pillage de la ville et le massacre

des hommes en état de porter les armes. Grand nombre de personnes y reçurent la mort, tout cela parce que les habitants de Kara, qui étaient chrétiens, enlevaient secrètement les voyageurs musulmans pour les vendre aux Francs. Quant aux enfants des chrétiens, ils furent emmenés en Egypte, et élevés avec les mamelouks turks. Les uns devinrent émirs dans la suite; les autres servirent comme simples soldats.

An 666 (février 1268). Au commencement de djoumadi second, le sulthan arrive en Syrie, et enlève Japha aux chrétiens. Trois mois après il va attaquer Antioche, donne un assaut général, et prend cette ville de force. Les habitants sont massacrés, les enfants emmenés en captivité, la ville abandonnée au pillage. Antioche et Tripoli appartenaient au prince Bohémond, qui se trouvait en ce moment dans cette dernière ville.

Quelques jours après, le sulthan prend possession de Bagras, sans rencontrer de résistance. En apprenant la prise d'Antioche, les habitants avaient pris la fuite, et la citadelle était restée sans défenseurs. Le sulthan plaça dans Bagras une garnison avec les approvisionnements nécessaires. Ainsi tomba cette ville sous les lois de l'islamisme. On a vu que Saladin, en y entrant, l'avait entièrement rasée; mais plus tard les Francs en avaient relevé les fortifications.

La paix est conclue entre Bibars et le prince du pays de Sys. Bibars consentit à rendre la liberté à Lyfoun, à condition que Haytom lui céderait Behesna, Derbessak, Merzeban, Raaban, etc., qu'il interposerait sa médiation auprès d'Abaga pour obtenir la liberté de Sanker Alaschker, qui avait été pris dans Alep par l'armée de Houlakou. Abaga se rendit aux prières du prince Haytom; les places, Behesna exceptée, furent fidèlement remises, et Lyfoun fut renvoyé à son père.

An 668 (1269-70). Le sulthan attaque Acre, vient à Damas, et puis à Hamah.

An 669 (mars 1271). Bibars arrive en Syrie, et le 9 de schaban commence le siége du château des Curdes. Il redouble d'efforts contre la place, et la prend le 24 par capitulation. Il se rend ensuite devant la forteresse d'Akkar, l'attaque le 17 de ramadhan (avril), la serre étroitement et la force à capituler à la fin du mois. Un poète lui dit pour le féliciter :

« O dominateur du monde, bonne nouvelle ! te voilà au » comble de tes vœux.

» Akkar vaut bien Acre et même au-delà. »

De Damas le sulthan alla attaquer la forteresse de Korain. (D'après un passage de Makrizi, elle devait se trouver auprès d'Acre, et non en Egypte, comme l'a cru Reiske.) Il s'en empara, la rasa, puis retourna en Egypte.

Bibars équipa dans cette même année une flotte de dix vaisseaux pour opérer une descente dans l'île de Chypre. La flotte vint se briser près du port de Limisso, et les équipages furent faits prisonniers. Le sulthan se hâta d'en équiper une nouvelle qui était le double de la première.

An 676. Bibars meurt dans le milieu de l'année 1277. Voici en quels termes quelques auteurs racontent sa mort: « On venait de voir une éclipse totale de lune. Aussitôt il se fit une rumeur générale qui annonçait la mort de quelque grand personnage. Bibars se crut menacé. Pour détourner l'effet de ce phénomène, il choisit pour victime un des princes de la famille de Saladin. Il l'attira auprès de lui, et lui fit boire un breuvage empoisonné qui l'emporta au bout d'un moment. Le sulthan en avait aussi goûté par mégarde ; il se sentit bientôt une fièvre brûlante, dont il mourut. Malek-Saïd-Barkah, son fils, fut reconnu pour son successeur. »

An 678 (1279). Malek-Saïd est contraint d'abdiquer par les émirs, et se retire à Carac, où il meurt quelque temps après. Kelaoun est nommé régent de l'empire. Quelques mois après il prend le titre de sulthan, et ajoute à son nom le titre de Malek-Mansour, *général invincible*. Avec lui on vit régner la justice, les lois reprirent leur empire, et l'état fut sagement administré.

Dans le même temps Sanker-al-Aschker, qui gouvernait la Syrie, secoue le joug du gouvernement d'Egypte, et se rend indépendant.

An 679 (1280). Sanker est battu par l'armée Egyptienne, et se sauve du côté de l'Euphrate pour intéresser à sa cause le khan des Tartares.

Les chrétiens, enhardis par les succès des Tartares, s'étaient livrés à quelques excès. Cette année Sayf-eddin Balban, qui commandait pour le sulthan dans le château des Curdes, résolut d'en tirer vengeance sur la forteresse de Markab. Son entreprise échoua complètement; les Francs mirent en fuite les musulmans, en tuèrent et en prirent un grand nombre.

An 680 (1281). Abaga s'avance en Syrie avec toutes ses forces : puis changeant de desseins, il se retire à Rahabah, et laisse le commandement de l'armée tartare à son frère Mankou-Timour. Tandis qu'elle marchait sur Emesse, Kelaoun réunit l'armée musulmane et dirigea sa marche du même côté. Les querelles s'étaient assoupies au moment du danger. Sanker-al-Aschker et le prince de Hamah arrivèrent avec leurs troupes pour défendre la cause de l'islamisme, et les musulmans se rangèrent dans l'ordre suivant : Le prince de Hamah était à la droite, protégé par les troupes de Damas; Sanker commandait la gauche. Les guerriers arabes s'étaient placés à la droite, et les Turkomans à la gauche. A l'égard du centre, il était commandé par l'émir

Tharanthai. L'action s'engagea dans les environs de la ville d'Emesse. Dieu favorisa le centre et la droite. Les Tartares, qui leur étaient opposés, furent enfoncés et poursuivis l'épée dans les reins. Quant à la gauche musulmane, elle prit honteusement la fuite. Ceux qui formaient l'aile droite des Tartares (elle était composée en grande partie de chrétiens, arméniens et géorgiens) poursuivirent les fuyards jusqu'aux portes d'Emesse, tuant tout ce qui s'offrait sous leurs coups : mais à leur retour voyant la déroute du reste de l'armée, ils prirent aussi la fuite. L'armée des Tartares était évaluée à 80,000 hommes, entre lesquels 50,000 Mogols seulement; le reste était une réunion d'Arméniens, de Géorgiens, de Persans et d'autres nations. Toutes les villes musulmanes célébrèrent avec transport cette glorieuse victoire.

Au 684 (1285). Dans les premiers jours de rebi premier (mai), Kelaoun s'avance avec les troupes d'Egypte et de Syrie vers la forteresse de Markab. Cette place, où s'étaient établis les Hospitaliers (ils en avaient fait le chef-lieu de l'ordre après la prise de Jérusalem par Saladin), était située sur un lieu élevé et tellement forte, qu'aucun des sulthans précédents n'avait osé l'attaquer. Quand les postes eurent été distribués aux troupes, on ouvrit la brèche; et nombre de machines grandes et petites jouèrent à-la-fois. L'humble serviteur de Dieu, auteur de cet abrégé historique, se trouvait à ce siége, âgé de douze ans seulement. C'est la première scène guerrière dont je fus témoin : j'étais sous la conduite de mon père Malek-Afdhal-Aly. Quand la brèche fut assez large, la garnison demanda à capituler. Le sulthan y consentit avec d'autant plus de facilité, qu'il désirait vivement conserver cette place; car si les musulmans y fussent entrés de force, et que les fortifications eussent été entamées, il aurait été impossible de les rebâtir de nouveau. Le sulthan accorda donc la capitulation, mais sous la condition que les habi-

tants sortiraient sans armes, et seulement avec ce qu'ils pourraient emporter. Les musulmans occupèrent Markab à la huitième
heure du vendredi 19 du mois, jour mémorable où leur étendard flotta sur les murs de la ville. Ainsi furent lavées tant
d'insultes qu'on avait à venger sur les Hospitaliers; ainsi disparut le signe des ténèbres en présence du signe de lumière. Le
sulthan commença par confiner les habitants dans un lieu de
sûreté; puis il prit diverses mesures pour rétablir l'ordre dans
la place. Quand il eut tout réglé, il descendit sur la côte, et campa
dans les champs près d'un lieu nommé la *Tour de Kerfys*. Il
vint ensuite camper au pied du château des Curdes; puis se
porta vers le lac d'Emesse.

An 686 (1287). Laodicée est attaquée par Hossam'eddin
Tharanthai. La place était défendue par une tour environnée de
tous côtés par les eaux de la mer. L'émir se fit un chemin dans
l'eau au moyen d'une jetée en pierre, s'empara de la tour,
et la rasa.

An 688 (1289). Au mois de moharram (février), Kelaoun
arrive d'Egypte en Syrie; il rassemble toutes ses forces, puis
vient mettre le siége devant Tripoli. La plus grande partie de la
ville était entourée par la mer : elle n'était accessible par terre
que du côté d'Orient, sur un espace très resserré. Le sulthan
avait fait venir plusieurs machines de toutes grandeurs. Il poussa
le siége avec une vigueur extrême jusqu'au mardi 4 de rebi second
(fin d'avril). La ville étant prise d'assaut, les habitants coururent sur le port; quelques-uns seulement parvinrent à s'embarquer; les hommes furent massacrés, et les enfants réduits
en esclavage. Le butin fut immense. Je me trouvais au siége de
Tripoli avec mon père et avec mon cousin Malek-Modhaffer,
prince de Hamah. Quand les soldats se furent rassasiés de sang
et de pillage, le sulthan fit détruire la ville jusqu'aux fondements. Près de Tripoli, dans la mer, était une île où se trouvait

une église dite de *Saint-Thomas*. Le port la séparait de la ville. Au moment de notre entrée dans ses murs, grand nombre d'habitants, hommes et femmes, se réfugièrent dans l'île et dans l'église. Aussitôt les musulmans se précipitèrent à cheval dans l'eau, passèrent à la nage dans l'île, tuèrent les hommes, et s'approprièrent les femmes, les enfants et les richesses qu'ils y trouvèrent. Dès que le tumulte de la victoire se fut appaisé, j'allai en bateau dans cette île : elle était jonchée de cadavres qui y avaient répandu l'infection. Après l'entière destruction de Tripoli, le sulthan reprit le chemin de l'Egypte, et permit au prince de Hamah de retourner dans sa principauté. Les Francs étaient entrés dans Tripoli en 503, et l'avaient occupée pendant cent quatre-vingt cinq ans environ.

An 689 (1290). Kelaoun partait du Caire pour venir assiéger Acre lorsqu'il mourut. La maladie le surprit dans sa tente non loin des murs du Caire; c'est là qu'il rendit le dernier soupir. C'était un prince plein de douceur. Sa bonté égalait son courage; et l'on n'eut pas à gémir sous son règne de ces cruelles exécutions qui avaient ensanglanté les règnes précédents.

An 690 (1291). Malek-Aschraf, qui venait de succéder à Kelaoun son père, donne rendez-vous à toutes ses troupes sous les murs d'Acre. Mon père, et le prince mon cousin, firent route ensemble jusqu'au château des Curdes. Là on nous remit une énorme machine nommée *mansouri*, qui était d'un poids capable de charger cent chariots : j'eus pour ma part la conduite d'un chariot; j'avais alors dix hommes sous mes ordres. Nous nous mîmes donc en marche : c'était à la fin de l'hiver. A partir du château des Curdes jusqu'à Damas, la pluie et la neige ne nous quittèrent pas un moment; le froid nous incommoda beaucoup, sans parler de l'embarras des chariots que les vaches avaient peine à traîner. Une partie même périt en chemin, et grâces à ces contre-temps; nous mîmes un mois à faire

cette route, qu'on peut facilement faire à cheval en huit jours.
Le sulthan avait ordonné d'amener des places de guerre voisines
le plus de machines qu'on pourrait, et bientôt on en vit arriver
de différentes grandeurs devant Acre, plus qu'il ne s'en était
jamais vu.

Dans les premiers jours de djoumadi premier (premiers jours
de mai), les armées de l'islamisme se trouvèrent réunies devant
Acre. L'attaque commença sur-le-champ. Les assiégés ne prenaient pas la peine de fermer les portes de la ville ; ils les laissaient la plupart du temps ouvertes, tant leur ardeur était grande
pour se mesurer avec nous. Les troupes de Hamah étaient,
comme à l'ordinaire, placées à l'extrême droite. Dans cette
position, nous avions la ville en face et la mer à notre droite.
Près de nous étaient postées des barques munies de mantelets,
revêtus de peaux de buffle, d'où on nous lançait des javelots et
des traits d'arbalètes. Il fallait nous défendre à-la-fois contre
les attaques de la garnison, et à droite contre les attaques qui
venaient du côté de la mer. Les chrétiens avaient construit un
navire qui portait une machine : ils l'approchèrent de nous, de
manière à nous incommoder jusque dans nos tentes. En vain
nous cherchions un moyen de nous en garantir, lorsqu'une nuit
il s'éleva un vent terrible qui enleva le navire et l'ensevelit dans
les flots : la machine fut mise en pièces et hors d'état de servir,
et les Francs n'essayèrent pas même d'en construire une nouvelle. Une nuit ils firent une sortie, forcèrent les postes les
plus avancés, et arrivèrent jusqu'aux tentes, en coupant avec
leurs sabres les cordes qui les soutenaient. Un de leurs cavaliers
s'étant trop avancé, se trouva pris dans la fosse d'aisance d'un
émir, et y perdit la vie. Cependant les musulmans parvinrent à
se rallier, reprirent l'avantage, et repoussèrent les chrétiens
dans leurs murs. Les guerriers de Hamah se firent surtout remarquer par le nombre de chrétiens qu'ils tuèrent. Dès que le

jour parut, le prince de Hamah mon cousin fit suspendre quelques-unes des têtes au cou des chevaux pris par nos gens,
pour donner ce spectacle au sulthan. Acre fut pressée encore
plus vivement. Enfin Dieu nous en ouvrit les portes le vendredi 17 de djoumadi second (mai). Les habitants voyant
les musulmans entrer l'épée à la main dans la ville, se sauvèrent en foule dans les vaisseaux. En dedans de la ville étaient
plusieurs tours fortifiées comme des citadelles. Un grand nombre de Francs s'y étaient retirés, dans l'intention d'y faire
une vigoureuse résistance. On commença par piller la ville
qui renfermait d'immenses richesses, puis le sulthan ordonna
à ceux qui se défendaient dans leurs tours de descendre : tous
se soumirent à cet ordre , et furent ensuite massacrés sous les
murs de la place. Le sulthan ordonna de détruire la ville; on
la rasa jusqu'au sol. Ce qui paraîtra fort singulier, c'est que sous
Saladin les Francs étaient entrés dans Acre un vendredi à midi,
17 de djoumadi second ; ils avaient également massacré les musulmans de la ville. Dieu avait décrété, en cet instant même, que
Acre serait prise cette année, le même jour et à la même heure.

La prise d'Acre répandit la terreur parmi les Francs de la
Palestine : ils abandonnèrent Sidon et Béryte, qui furent immédiatement occupées par les musulmans. Les habitants de
Tyr prirent aussi la fuite. Le sulthan en fit prendre possession,
ainsi que d'Atelych et de Tortose , et les fit entièrement détruire.
Ainsi toutes les villes de Syrie rentrèrent sous les lois de l'islamisme, avantage qu'on n'avait osé ni espérer ni même concevoir : ainsi fut lavée la souillure imprimée par la présence de
ces mêmes Francs, qui naguère menaçaient l'Egypte, Damas
et toute la Syrie. C'est à Dieu que nous sommes redevables
de ce bienfait : soyons-en reconnaissants, et rendons-lui de
solennelles actions de grâces.

An 697 (1298). Les troupes d'Egypte et de Syrie pénètrent

dans la petite Arménie, et occupent une grande partie du pays.
Comme cette invasion avait excité les plaintes du peuple,
Dondyn (Constant, fils de Lyfoun) profite de cette circonstance
pour renverser son frère Sanbath et prendre sa place; il se
hâte en même temps de demander la paix aux troupes de
l'islamisme, et ne l'obtient qu'en soumettant sa principauté à
la puissance du sulthan d'Egypte, et en cédant tout le pays
qui est en deçà de la rivière Djyhann (Pyrame), du côté du
sud : cette contrée ne rentra sous la domination du prince de
la petite Arménie que deux ans après, à la faveur de l'entrée
des Tartares en Syrie.

An 699 (1299-1300). Kazan, petit-fils d'Abaga, passe
l'Euphrate et pénètre en Syrie avec une nombreuse armée,
composée de Mogols, de Géorgiens, d'apostats musulmans, etc.
L'armée musulmane se mit aussitôt en marche, et le combat
s'engagea dans une vallée située à l'est d'Emesse; les musulmans, complètement défaits, furent poursuivis avec vigueur
jusque sur les frontières d'Egypte : les Tartares s'emparèrent
de Damas, et se répandirent dans toute la Syrie, y compris
Carac, Jérusalem et Gaza.

Après cette victoire Kazan repassa l'Euphrate, laissant un
corps de troupes mogoles en Syrie. L'émir Capdjak, qui avait
déserté la cause de l'islamisme, devait en avoir le commandement; mais dès que Kazan eut quitté la Syrie, Kapdjak chercha
à se raccommoder avec le sulthan d'Egypte, et vint se réunir
à l'armée égyptienne. Cette désertion déconcerta les projets
des Mogols, et les obligea à se sauver au-delà de l'Euphrate,
ce qui fit retomber la Syrie entre les mains de l'islamisme.

An 702 (1302-3). Un parti considérable de Francs s'était
fortifié dans l'île d'Aradus (Arouad), située près de la côte en
face de Tortose. A l'abri de leurs remparts, ils s'avançaient
jusque sur la côte voisine, et interceptaient les musulmans qui

traversaient le pays. Desirant mettre un terme à leurs brigandages, Sayf'eddin Assandemor, qui gouvernait la Syrie,
sollicita une flotte du gouvernement égyptien. La flotte arriva
devant l'île au mois de Moharram (août ou septembre). et
s'en empara à la suite d'un sanglant combat. Les Francs furent
tous tués ou faits prisonniers; leurs murailles furent rasées, et
leurs richesses devinrent la proie des guerriers égyptiens.

Après plusieurs tentatives infructueuses les Tartares reviennent en Syrie avec toutes leurs forces, sous la conduite de
Kothlou-Schah , lieutenant de Kazan; au bruit de leur marche, les troupes musulmanes se replièrent, attendant, pour
combattre, l'arrivée de Malek - Nasser; sulthan d'Egypte. Le
combat s'étant engagé, la droite de l'armée musulmane fut re-
poussée avec perte, mais le centre et la gauche obtinrent un
plein succès, et firent un grand carnage des ennemis.

An 705 (1305). Kara-Sanker, gouverneur de la province
d'Alep, envoie un corps de troupes contre le prince de la petite
Arménie; les musulmans étaient laissés à la conduite d'un ma-
melouck de Sanker , homme inepte et adonné au vin : Kaschtimour, c'était son nom, s'avança sans précaution dans le
pays ennemi. L'Arménie était alors sous les lois de Haytom,
frère de Dondyn ; ce prince avait auprès de lui un corps de
Mogols et de guerriers Francs (chevaliers); fort de ces secours
et de ses soldats arméniens, il surprit Kaschtimour près d'Ayas.
Les musulmans ne purent résister à ces forces réunies, et
lâchèrent le pied ; presque tous furent tués ou faits prisonniers :
quelques-uns seulement trouvèrent leur salut dans les montagnes, et le petit nombre de ceux qui rentrèrent dans Alep
arrivèrent à pied et entièrement dépouillés.

An 708 (1308). Les Hospitaliers s'emparent de l'île de
Rhodes sur l'empereur de Constantinople. Cette conquête donna
aux Hospitaliers la facilité de gêner la navigation de la Médi-

terranée ; aussi les relations entre l'Occident et les états musulmans devinrent dès-lors plus difficiles.

Les Francs s'étaient emparés en 680 (1281) de l'île de
Gerbe (ou Zerby). Cette île est située à une journée de Kabes,
n'ayant que quelques marais entre elle et le continent. Cette
année, Abouhafs-Omar, prince de Tunis, envoya une flotte
et des troupes de débarquement pour l'arracher aux chrétiens. Ceux-ci reçurent à temps des secours de Sicile, et l'arrivée de la flotte chrétienne força les musulmans à revenir à
Tunis.

An 722 (1322). J'allai cette année en Egypte pour faire ma
cour au sulthan. Je fis avec lui une excursion jusqu'aux pyra-
mides ; c'est là que j'eus l'occasion de voir le député du roi
de Barcelone en Espagne. Le sulthan reçut ses présents avec
bonté, et lui donna le double en retour. Après avoir congédié le
député, le sulthan fit un voyage dans la Haute-Egypte, où je
l'accompagnai jusqu'à Dendera.

CONTINUATION

DE

L'HISTOIRE DE THABARI,

Notice de l'Histoire d'Ibn - Alatsyr, et des Fragments historiques
qui lui servent de continuation.

La littérature arabe compte un fort grand nombre d'écrivains qui ont traité l'histoire générale et particulière ; mais bien
peu méritent le titre d'historiens originaux. Presque tous se
sont contentés d'abréger les auteurs qui les avaient précédés, se
bornant la plupart du temps à en extraire dans les mêmes
termes les faits qu'ils rapportent, sans y insérer aucune remarque nouvelle, sans se permettre la moindre observation
critique sur l'écrivain qu'ils ont copié. Tel est le caractère
propre, telle est l'idée la plus vraie de l'état de la littérature
arabe, même à l'époque où elle a produit ses plus beaux monuments historiques. Il se présente néanmoins quelques excep-
tions honorables, et sans doute l'on doit citer en première ligne
l'ouvrage qui fait l'objet de cette notice.

Ibn-Alatsyr (Ezz'eddin Ali), naquit à Djezyreh-Ben-Omar
en Mésopotamie en l'année 1160 de J.-C. Jeune encore, il alla
se fixer à Mossoul ; on était alors au moment de la lutte engagée
entre Saladin et les restes de la puissance des chrétiens en Syrie. Saladin eut l'art de faire de sa cause particulière une affaire
de religion, et bientôt cette guerre religieuse engagea dans sa
querelle tous les princes musulmans de Syrie et de Mésopo-

tamie. Ibn-Alatsyr, ainsi que les troupes de Mossoul, y prit une part active, et partagea les périls et les succès de l'armée musulmane. Il nous apprend lui-même dans son histoire, qu'il fut témoin des victoires de Saladin et des événements qui, à partir de l'année 1182, mirent la plupart des conquêtes chrétiennes au pouvoir de l'islamisme. Un de ses frères (Nasr'allah Ibn-Alatsyr) servit la même cause avec zèle, et fut plus tard chargé de la direction des affaires sous Malek-Afdhal, qui remplaçait Saladin dans la principauté de Damas. Quant à notre auteur, il paraît qu'après la conclusion de la paix entre Saladin et Richard, roi d'Angleterre, il renonça entièrement aux affaires pour ne plus s'occuper que de la composition de ses ouvrages. Il s'était toujours montré avide d'apprendre. Dans ses voyages précédents, et dans les diverses fonctions qu'il avait eu à remplir, il n'avait négligé aucune occasion d'accroître ses connaissances, et ce fut en fréquentant ceux qui dans chaque pays avaient conservé quelque tradition locale, ou ceux qui avaient pris part aux événements de son temps, qu'il parvint à recueillir ce grand nombre de faits et de notions historiques, dont il a enrichi ses écrits. A son retour à Mossoul, il s'entoura de livres, mit ses matériaux en ordre, et fit de sa maison le rendez-vous des curieux de la ville et des étrangers qui cherchaient à s'instruire. Il mourut à Mossoul en 1233. Nous avons plusieurs ouvrages d'Ibn-Alatsyr, dont deux historiques. Le premier est une histoire des Atabeks, dont Deguignes a donné une notice fort étendue (1); le second, et c'est celui que nous mettons ici à contribution, est intitulé *Histoire complète* (Kamel Altawarykh) : il commence à la création du monde et se termine à l'année 1231.

---

(1) Notices et Extraits des manuscrits de la bibliothèque du roi, tome I.

Cette histoire générale peut être considérée, pour ces temps reculés, comme l'ouvrage de ce genre le plus complet que nous aient laissé les Arabes : l'auteur y rapporte, année par année, tous les événements de quelque importance, et tous les détails qui servent à les mettre dans un plus grand jour. On voit, en le lisant, qu'Ibn-Alatsyr a recueilli avec soin les notions historiques éparses dans une foule d'auteurs; qu'il a lu les Mémoires particuliers, et qu'il a eu communication des correspondances politiques de Saladin et des autres princes de la même époque. C'est cet esprit de recherche, c'est cet amour de la vérité qui donnent une grande autorité à son récit, et lui ont acquis la réputation dont il jouit en Orient. Les écrivains arabes sont unanimes dans l'éloge qu'ils font de son érudition et de sa véracité, et l'on ne doit pas oublier de dire qu'Aboulféda avoue dans sa préface qu'il a pris dans cette histoire la meilleure partie de la sienne. Il est cependant un reproche qu'on est en droit de faire à Ibn-Alatsyr, et dont on sentira sans peine les conséquences; c'est de n'avoir pas toujours su se garantir d'une certaine partialité quand il en vient aux succès des chrétiens en Asie. Il nous semble qu'il passe trop rapidement sur les revers de l'armée musulmane, et le contraste devient frappant lorsque l'on voit les écrivains latins du moyen âge nous retracer tout au long toutes les fautes, tous les désastres des guerres saintes. On peut aussi reprocher à Ibn-Alatsyr de négliger beaucoup trop son style, et de ne pas toujours suivre dans sa narration l'ordre naturel des idées. Ce défaut de liaison jette dans le récit de l'auteur une certaine obscurité qui en rend la lecture difficile en quelques endroits. Aboulféda a le précieux avantage d'être plus clair, avantage qui donne un grand prix à son abrégé historique.

La bibliothèque du roi ne possède que la dernière partie de l'histoire générale d'Ibn-Alatsyr. Cette partie se compose de six volumes. Le premier commence à l'année 772, et le sixième finit à l'année 1231. Nulle part on ne lit le nom de l'auteur ; le titre lui-même est en partie effacé et altéré : heureusement l'ouvrage porte en lui-même la preuve de sa véritable origine. En effet, dans le cours de l'ouvrage, l'auteur désigne Djezyreh-Ben-Omar comme sa patrie. Il nomme ses frères dans les fonctions qu'ils ont eu successivement à remplir. Dans les endroits où Aboulféda cite Ibn-Alatsyr comme témoin oculaire des faits qu'il rapporte, l'auteur de l'ouvrage dont nous parlons ici, s'exprime à la première personne. En outre on reconnaît encore les traces de l'ancien titre sur la tranche des six volumes ; ce qui lève tout doute sur l'identité de cette histoire avec celle d'Ibn-Alatsyr.

Le septième et dernier volume, qui a été regardé comme appartenant au même ouvrage, renferme l'espace qui s'est écoulé depuis 1237, année de la mort de Malek-Kamel, sulthan d'Egypte, jusqu'à l'année 1296. La portion qui précède l'année 1261, appartient à Djemal'eddin, dont le nom est cité plusieurs fois dans l'extrait précédent.

Djemal'eddin (Mohammed, fils de Salem, fils de Wassel) était né à Hamah en 1207. Ses talents le firent remarquer de bonne heure. Il fut à diverses époques chargé de missions importantes, et se trouva par sa position rapproché des grands événements qui eurent lieu de son temps, avantage qui donne un grand prix à ses écrits. C'est lui-même qui nous apprend qu'il se trouvait à Mansourah lors de l'invasion de St. Louis en Egypte, et que cette circonstance le mit en rapport avec Malek-Moadham Touranschah, et ceux des émirs qui contribuèrent le plus à la ruine de ce prince. En 1261 (*Voy.* ci-dessus, pag. 367), il fut député par Bibars auprès de Mainfroy en Italie, et ce fut à la prière de ce jeune prince qu'il composa son traité de logique intitulé l'*Impérial*. Il fut ensuite investi à Hamah des fonctions de grand-juge (cadhi des cadhis), et mourut en 1298, dans un

II.   25

âge fort avancé. Aboulféda, dans sa jeunesse, eut souvent recours à ses conseils et à ses lumières. « C'était, dit-il (1), un homme d'un grand mérite, et qui se fit une belle réputation par ses vastes connaissances dans la dialectique, la géométrie, l'astronomie, la jurisprudence et l'histoire. Je l'ai beaucoup fréquenté à Hamah, et c'est lui qui m'aplanit les difficultés qui m'arrêtaient dans la lecture d'Euclide. Je lus encore sous lui plusieurs autres ouvrages ; aussi lui ai-je des obligations infinies. Les écrits de Djemal'eddin ont embrassé des sujets fort variés. » Nous citerons entre autres celui qu'il a intitulé *Remède contre le chagrin* (Mofarredj-al-koroub), et qui traite de l'histoire de la dynastie des Ayoubides. Quant au mérite réel de Djemal'eddin, nous avons reconnu dans son histoire la même science et les mêmes défauts que dans celle d'Ibn-Alatsyr : c'est partout la même érudition et le même désordre de style. Ses récits nous sont cependant fort précieux par la foule de remarques locales et de détails d'un grand intérêt qu'il nous a conservés : aussi n'hésitons-nous pas à croire que cette histoire a servi en partie de base à celles d'Aboulféda, de Makrizi, etc.

Djemal'eddin termine son récit au commencement de l'année 1261, année de son ambassade auprès de Mainfroy. Le volume a été repris à la même année et continué jusqu'à l'année 1296 par Aly, fils d'Abd'alrahim, qui prend le titre d'employé des bureaux de la secrétairerie d'état des princes de Hamah, pendant la dernière moitié du XIIIe. siècle. Cette dernière partie n'est plus que d'un faible intérêt, et c'est là le motif qui nous l'a fait négliger.

Ces sept volumes forment un recueil historique qui a été plus ordinairement cité sous le titre d'*Histoire de Thabari*, continuation de l'histoire de Thabari, ou *Histoire du faux Tha-*

---

(1) Voy. les ABULFEDÆ *annales muslemici*, à l'année 697 de l'hégire.

bari. Cette erreur a été long-temps accréditée ; et comme M. Michaud, dans son *Histoire des Croisades*, l'a citée sous l'un de ces mêmes titres, on nous pardonnera d'entrer à ce sujet dans quelques nouveaux détails.

Dans l'origine, ces sept volumes proviennent d'un exemplaire incomplet de l'histoire d'Ibn-Alatsyr et de celle de Djemal'eddin. Pour faire de ces deux fragments un ouvrage complet et unique, le propriétaire fit arracher le premier feuillet du premier volume, et mit en place une préface arabe de sa façon, qui est d'une toute autre écriture que les pages qui suivent, et dans laquelle il annonce que les sept volumes ne forment qu'un tout, c'est-à-dire qu'ils embrassent l'intervalle qui s'est écoulé depuis l'année 772 jusqu'en 1296. Il crut aussi donner plus de prix à son livre, en y insérant le titre d'*Histoire de Thabari*, ouvrage qui jouit de la plus grande estime chez les Orientaux ; et afin de détruire toute trace de son imposture, il arracha les derniers feuillets du 6e. volume, où finissait l'histoire d'Ibn-Alatsyr, ainsi que le commencement du 7e., où devaient se trouver le titre de l'ouvrage et le nom de Djemal'eddin. Telle est la source probable de la confusion qui a régné jusqu'ici sur ce point. Lorsque vers le milieu du xviiie. siècle, ce recueil historique fut apporté du Levant, il fut facile de reconnaître que l'ouvrage ne pouvait appartenir en entier à Thabari, puisque cet auteur était mort dès l'an 922 ; mais on n'hésita pas à croire que les derniers volumes formaient la continuation de son histoire, et il fut d'autant plus difficile d'éclaircir ce problème, qu'on avait négligé de consulter les pièces qui pouvaient seules détruire l'erreur. Aujourd'hui il ne peut plus rester d'incertitude : la bibliothèque du roi possède la traduction persane de la véritable histoire de Thabari ; et il n'existe aucun rapport entre cette histoire et celle qu'on citait jusqu'ici comme l'ouvrage du même auteur. C'est ce qu'a reconnu M. Saint-Martin, dans la comparaison qu'il a faite de cette traduction persane, et des premiers volumes du recueil dont nous avons donné la notice.

Reste à déterminer à quel ouvrage appartient le fragment historique dont se compose le 7e. volume. Une lacune de sept ans sépare ce volume d'avec le sixième ; les premières pages portent encore les traces de la violence, et ce n'est qu'après les deux tiers du volume que l'auteur est nommé par son nom. Est-ce réellement la dernière partie de l'histoire des Ayoubides de Djemal'eddin qu'Hadji-Khalfa nous dit former environ trois volumes ? est-ce un autre ouvrage historique du même auteur, ou peut-être une continuation de l'histoire d'Ibn-Alatsyr. Ces deux dernières suppositions nous paraissent inadmissibles.

Et d'abord nous savons par Hadji–Khalfa (1) que l'histoire d'Ibn-Alatsyr a été continuée jusqu'à l'année 1258, mais par un auteur tout différent (2). En outre Aboulféda, qui avait étudié sous Djemal'eddin, et qui nous a laissé une notice de ses ouvrages, ne cite d'autre ouvrage historique de cet auteur, que le *Remède contre le chagrin* ; il cite dans sa préface ce même ouvrage comme l'un de ceux qui lui ont été les plus utiles pour la composition du sien. D'ailleurs, et cette raison nous paraît concluante, le septième volume est entièrement consacré aux événements qui intéressent les princes de la famille de Saladin ; d'où l'on est autorisé à inférer que ce septième volume est entièrement étranger à l'histoire d'Ibn-Alatsyr, et qu'il appartient au *Remède contre le chagrin*, dont probablement il formait le troisième volume.

Nota. L'extrait de l'histoire d'Aboulféda présente un précis historique des événements qui eurent lieu depuis l'entrée des premiers croisés en Asie, jusqu'à leur entière expulsion. L'extrait

---

(1) Manuscrits de la Bibliothèque du Roi, n°. 733.
(2) Abou Thaleb Ali Ben Hossein.

qu'on va lire retracera, à quelques lacunes près, les mêmes événements, mais d'une manière bien plus complète : il ne finit qu'a-
près le départ de St. Louis de l'Asie. Pour les évènements qui
sont postérieurs à cette époque, on pourra consulter les extraits
de Makrizi et de la chronique d'Ibn-Ferat ; et à l'aide de ces
deux auteurs, on aura une suite presque non interrompue jusqu'à la prise de Saint-Jean-d'Acre.

Une grande partie des détails qu'on a lus dans l'extrait
d'Aboulféda, sont tirés mot pour mot d'Ibn-Alatsyr et de
Djemal'eddin. Nous avons cru devoir les supprimer ici, et il
suffira d'avertir que nous n'avons conservé de ces mêmes détails
que ceux qui offraient quelque variété ou quelque différence.
L'extrait qu'on va lire a été traduit par M. Delbare, sur la
traduction latine de D. Berthereau ; nous l'avons revu sur le
texte arabe, en nous attachant surtout à le rendre clair et précis
autant que nous le permettait le style de nos auteurs ; nous
avons mis un soin particulier à rendre d'une manière exacte les
marches des armées chrétiennes et musulmanes dans les deux
invasions des croisés en Egypte.

EXTRAIT

DE L'HISTOIRE GÉNÉRALE

D'IBN-ALATSYR.

An 493 (1100). Kemeschtekin, fils de Danischmend, marcha contre Bohémond, un des chefs des Francs. Le prince de
Malatia avait écrit à ce Bohémond, et l'avait prié de venir à
son secours. Le prince franc y alla avec cinq mille guerriers.
Le fils de Danischmend en vint aux mains avec lui, mit ses
troupes en fuite et fit Bohémond prisonnier. Sept comtes francs
arrivèrent par mer pour délivrer Bohémond : ils allèrent à un
château nommé Ankouria, s'en emparèrent et tuèrent tous les
musulmans qui s'y trouvèrent. Ils se rendirent ensuite à un
autre château où était Ismaël, fils de Danischmend, et l'assiégèrent. Celui-ci rassembla de grandes forces et vint au-devant
des Francs. Il plaça en embuscade une troupe de guerriers, et
pendant qu'il se mesurait avec les ennemis, la troupe embusquée fondit sur eux, et pas un n'échappa. Ils étaient au nombre
de trois cent mille (ce nombre est très exagéré), sans compter
trois mille blessés qui se sauvèrent pendant la nuit. Danischmend s'avança vers Malatia, s'en empara et fit prisonnier
le prince de cette ville. L'armée d'Antioche marcha contre lui;
il alla à sa rencontre et la battit. Tous ces combats eurent lieu
dans l'espace de quelques mois.

La même année Bohémond, prince d'Antioche, alla attaquer Apamée. Il se battit quelque temps contre les habitants de

cette place ; il ravagea les moissons et se retira ensuite. (L'au—
teur se trompe, c'est Tancrède qui alla assiéger Apamée, et non
Bohémond, qui était encore prisonnier.)

An 494 (1100). Mansour, père d'Abou-Mohammed-Obeid-
Allah, était le chef des musulmans de Djibleh, et jugeait leurs différends dès le temps où cette ville appartenait encore aux Grecs.
A sa mort, son fils Abou-Mohammed fut mis à sa place. Ce cadhi
était d'un esprit ardent et actif. Les Francs, qui étaient venus
assiéger Djibleh, abandonnèrent cette place, sur la nouvelle que
le sulthan Barkiarok s'avançait vers la Syrie ; puis apprenant
qu'il était retenu d'un autre côté, ils reprirent le siége : ils se
retirèrent une seconde fois, quand ils surent que les Egyptiens
marchaient contre eux ; ils revinrent ensuite de nouveau, et alors
le cadhi engagea les chrétiens de la ville à écrire aux Francs ; il
promit lui-même de livrer à ces derniers une des tours, au
moyen de laquelle ils pourraient s'emparer de la place. Les
Francs ayant reçu cette lettre, envoyèrent trois cents de leurs
guerriers les plus distingués et les plus braves. Ceux-ci se rendirent à la tour indiquée, et ne cessèrent de monter à l'aide de
cordes un à un. A mesure qu'ils arrivaient sur le rempart, le
cadhi leur faisait couper la tête. Le lendemain il jeta ces têtes
aux Francs, qui s'éloignèrent : mais ils revinrent ensuite à la
charge. Ils élevèrent une tour en bois contre la place, et détruisirent une des tours de la ville. Dès le lendemain cette tour
fut réparée. Les Francs firent ensuite une brèche aux murs. Le
cadhi sortit par une porte, les combattit et fut repoussé. Pendant que les Francs le poursuivaient, ses troupes sortirent par
la brèche et mirent les Francs en déroute. Leur chef, nommé
le connétable, fut fait prisonnier. Il se racheta moyennant
une grande somme d'argent. Le cadhi vit bien que les Francs
ne cesseraient de venir l'attaquer ; et comme il n'était pas en
état de les repousser, il écrivit à Thogdekin, qui lui envoya

son fils Bouri. Pour lui, il se rendit à Damas. (*Voyez* sous la même date l'extrait d'Aboulféda.)

Dans cette même année Godefroy, roi de Jérusalem, entra en Syrie, et se porta sur Acre pour l'attaquer : mais il fut atteint d'une flèche qui le tua. (L'auteur se trompe ; Godefroy mourut de maladie.) Il avait fait réparer Jaffa, et l'avait donnée à un comte franc, nommé Tancrède. Après la mort de Godefroy, Baudouin son frère s'avança vers Jérusalem, escorté de 500 hommes de guerre, tant cavaliers que fantassins. Dekkak, prince de Damas, l'ayant appris, marcha contre lui avec son armée : il était accompagné de l'émir Djenah'eddauleh. Il en vint aux mains avec les Francs, et les vainquit.

Les Francs s'étaient emparés d'Edesse sur l'invitation des habitants, qui la plupart étaient arméniens, et parce que les musulmans y étaient en petit nombre. Dans cette année, Sokman réunit à Saroudj une grande troupe de Turkomàns, et marcha contre les Francs. Ceux-ci vinrent à sa rencontre, se mesurèrent avec lui, et le défirent au mois de rebi 1er. (janvier 1101). A la suite de cette victoire, ils se rendirent maîtres de Saroudj, tuèrent plusieurs habitants, réduisirent les femmes en servitude, et emportèrent un grand butin. Il n'y eut de sauvés que ceux qui avaient pris la fuite.

Les Francs s'emparèrent aussi de Haïfa, voisine d'Acre, sur la côte maritime : ils reçurent à composition la ville d'Arsouf, qu'ils firent évacuer par ses habitants. Ils prirent également de force Césarée, dont ils tuèrent les habitants et enlevèrent toutes les richesses.

An 495 (1101). Le comte de St.-Gilles en était déjà venu aux mains avec Kilidj-Arslan, prince d'Icone. Ce comte était accompagné de trois cent mille guerriers. Kilidj-Arslan n'avait qu'une petite armée. Le combat s'étant engagé, les Francs furent mis en fuite. Plusieurs furent tués, et un grand nombre

faits prisonniers. Kilidj-Arslan s'en retourna chargé de butin
et illustré par une victoire incomparable. St.-Gilles s'enfuit
avec trois cents hommes et gagna la Syrie. Ben - Ammar,
prince de Tripoli, écrivit au lieutenant de Djenah'eddauleh,
prince d'Emesse, et à Dekkak, pour les engager à attaquer le
comte de St.-Gilles, qui avait alors peu de monde avec lui. Le
lieutenant partit lui-même d'Emesse. Dekkak envoya deux
mille guerriers, les émirs de Tripoli se joignirent à eux, et tous
se réunirent aux portes de cette ville. Là ils livrèrent bataille à
St.-Gilles, qui opposa cent hommes de son escorte aux Tripolitains, cent à l'armée de Damas, cinquante aux troupes d'E-
messe, et resta lui seul avec les cinquante autres. Les troupes
d'Emesse furent défaites et tournèrent le dos ; celles de Damas
firent de même. Quant aux Tripolitains, ils combattirent vaillamment les cent hommes qui leur étaient opposés. Le comte
de St.-Gilles voyant cela, se précipita avec les deux cents hommes qui lui restaient sur les Tripolitains qu'il défit, et dont il
tua sept mille hommes; il s'approcha ensuite de la ville. Les
habitants de la montagne et les paysans, qui étaient la plupart
chrétiens, se joignirent à lui et l'aidèrent à faire le siége de
Tripoli. Les Tripolitains se défendirent courageusement ; trois
cents des chrétiens de cette nouvelle armée furent tués. Le
comte traita avec les Tripolitains : et en ayant reçu de l'argent
et des chevaux, il partit pour Tortose qu'il prit. Il se rendit
ensuite devant la forteresse de Thouban, voisine de Rafanyeh.
Le commandant de cette place, nommé Ben-Arydh, l'attaqua
et le vainquit, fit prisonnier un chevalier de distinction, pour
lequel le comte offrit dix mille écus d'or et mille captifs; mais
Ben-Arydh les refusa.

Danischmend mit en liberté Bohémond, moyennant cent
mille pièces d'or, et l'engagement de rendre la fille de Baghi-
Syan, auparavant maître d'Antioche, laquelle était retenue

captive par les chrétiens. Bohémond, devenu libre, s'en retourna dans sa ville capitale, et rendit par sa présence le courage aux habitants. Il envoya aussitôt demander aux habitants de l'Awassem (c'est la partie de la Syrie qui touche à la Cilicie et à la Cappadoce), de Kennesrin, et autres lieux voisins, de payer les tributs. C'est ainsi que Danischmend détruisit lui-même son propre ouvrage.

Après l'assassinat de Djenah'eddauleh, le comte de St.-Gilles alla assiéger Acre au mois de djoumadi second (mars 1102), et peu s'en fallut qu'il ne s'en rendît maître. Il dressa contre elle des tours et des béliers. Il avait en outre six vaisseaux en mer. Alors les musulmans de tous les lieux de la côte se réunirent et attaquèrent ses machines et ses tours ; ils les brisèrent et mirent le feu aux vaisseaux. Cette victoire brillante humilia les infidèles. Pendant ce temps, le comte d'Edesse se rendit à Béryte et l'assiégea. Il resta long-temps devant cette place; et voyant qu'il ne pouvait s'en rendre maître, il se retira.

L'armée d'Egypte se porta sur Ascalon, pour éloigner les Francs des places qui restaient aux Egyptiens en Syrie.

An 496 (1102). Afdhal, généralissime des armées d'Egypte, avait envoyé Saad'eddauleh contre les chrétiens. Cet émir rencontra les ennemis entre Ramlah et Jaffa : c'était Baudouin qui les conduisait. On en vint aux mains. Les Francs se battirent avec fureur ; les musulmans furent repoussés. Les astrologues avaient prédit à Saad'eddauleh, avant qu'il fût établi gouverneur de Béryte, qu'il mourrait d'une chute, c'est-à-dire d'une chute de cheval. Comme le territoire de cette ville était tout couvert de pierres, il les fit enlever, de peur que le pied de son cheval ou lui-même ne trébuchât ; mais cette précaution ne servit à rien contre le décret divin. Après le combat dont nous venons de parler, Saad'eddauleh tomba avec son cheval dans la fuite, et mourut. Les Francs s'emparèrent de

sa tente et de tous les bagages des musulmans. Après la mort
de cet émir, Afdhal envoya son fils Scharaf-Almaâli à la tête
d'une grande armée. Scharaf rencontra les Francs à un endroit
nommé Iazour près de Ramlah; il les battit, leur tua beaucoup
de monde, et ceux qui échappèrent au fer des musulmans s'en
retournèrent en désordre. Dans cette circonstance désespérée,
Baudouin se jeta au milieu des herbes et s'y cacha. Lorsque les
musulmans furent éloignés, il sortit de là et se rendit à Ramlah.
Le fils d'Afdhal s'avança jusqu'à un château où étaient sept cents
des principaux Francs : parmi eux était Baudouin, qui se retira
secrètement à Jaffa. Le fils d'Afdhal harcela pendant quinze
jours ceux qui étaient restés dans la forteresse de Ramlah. Après
s'en être emparé, il tua quatre cents chrétiens de sang-froid,
et en envoya trois cents autres en Egypte. Il s'éleva alors entre
les nôtres différents avis. Les uns disaient : allons à Jérusalem,
et nous nous en emparerons; d'autres : allons à Jaffa, nous
nous en rendrons maîtres. Pendant qu'on était ainsi partagé
d'opinions, il arriva par mer une grande multitude de Francs
qui venaient pour visiter Jérusalem. Baudouin les engagea à
faire la guerre avec lui. Ils vinrent tous auprès d'Ascalon, où
était alors Scharaf, dont les forces ne suffisaient pas pour
résister aux Francs; mais Dieu favorisa les musulmans. Les
chrétiens voyant Ascalon bien fortifiée, craignirent quelque
sortie nocturne, et partirent pour Jaffa. Le fils d'Afdhal retourna
auprès de son père, qui envoya par terre trois mille cavaliers
sous la conduite de Tadj-Aladjem. Il fit partir de plus une
flotte commandée par Ben-Kadous. La flotte aborda à la vue
de Jaffa. Quant aux troupes de terre, elles s'arrêtèrent à Ascalon. En vain Ben-Kadous réclama leur appui; Tadj-Aladjem
répondit qu'il ne pouvait l'aller joindre sans un ordre d'Afdhal.
Ben-Kadous écrivit au cadhi d'Ascalon et aux principaux de
la ville, dont il invoqua le témoignage. Ils lui délivrèrent un

certificat, qui attestait qu'il avait été vingt jours auprès de Jaffa, et qu'il avait réclamé l'appui de Tadj-Aladjem; mais que celui-ci ne lui avait envoyé personne. Afdhal ayant lu ce certificat, envoya un chef nommé Tadj-Almolk, qu'il mit à la tête des armées de Syrie, et à qui il ordonna de résider à Ascalon.

A la fin de cette année, les Francs étaient maîtres de Jérusalem, de toute la Palestine, Ascalon exceptée, de Jaffa, d'Arsouf, de Césarée, de Hayfa, de Tibériade, du Jourdain, de Laodicée, d'Antioche, et dans la Mésopotamie, d'Edesse et de Saroudj. Dans le même temps, le comte de St.-Gilles assiégeait Tripoli. Le prince de cette ville envoya ses vaisseaux faire des courses sur la partie de la côte occupée par les Francs, avec ordre de tuer tout ce qu'on trouverait, et d'enlever les grains de toutes les campagnes, pour obliger l'ennemi à se retirer faute de vivres.

An 497 (1103). Des vaisseaux francs abordèrent dans ce temps à Laodicée. Il y avait des marchands, des pélerins et autres. Le comte de St.-Gilles réclama leur secours pour assiéger Tripoli. Les Francs l'assiégèrent en effet par terre et par mer, et la serrèrent de près pendant quelque temps : mais voyant qu'ils ne pouvaient s'en rendre maîtres, ils se portèrent sur Djobail, qu'ils attaquèrent vigoureusement. Les habitants se voyant inférieurs aux Francs, livrèrent la ville par capitulation; mais les Francs ne tinrent pas les articles de la capitulation; ils enlevèrent toutes les richesses de la ville, en employant divers supplices pour les arracher aux habitants. Après la prise de Djobail, ils se rendirent à Acre. Baudouin, roi de Jérusalem, les aida dans le siége qu'ils firent de cette ville : ils approchèrent leur camp près des murs, et attaquèrent la place par terre et par mer. Le gouverneur d'Acre se défendit avec un grand courage; mais voyant qu'il ne pouvait conserver la ville, il en sortit, et les Francs s'en emparèrent. Ils se conduisirent très mal envers les habitants. Le gouverneur alla passer quelque temps à Damas. Il revint ensuite se justifier auprès d'Afdhal, qui reçut ses excuses.

La domination des Francs s'était étendue par la division des musulmans. La ville de Harran appartenait alors à un des mameluks de Malek-Schah; il se nommait Keradja. Il avait établi pour son lieutenant, dans ce pays, un homme appelé Mohammed, et qui était originaire d'Ispahan. L'année précédente, celui-ci s'était révolté; et les habitants, en haine de la tyrannie de Keradja, et aussi parce que Mohammed était d'un caractère ardent et entreprenant, l'avaient secondé dans sa révolte: il n'avait laissé dans la ville aucune des créatures de Keradja, excepté un esclave turc, nommé Djavaly, qu'il mit à la tête de l'armée. Un jour, dans une partie de plaisir, Djavaly, de concert avec un autre esclave, tua Mohammed pendant qu'il était ivre: ce fut sur ces entrefaites que les Francs vinrent assiéger Harran. A cette nouvelle, les émirs Sokman et Djekermisch faisant trève à leurs querelles, jurèrent d'agir de concert, et de sacrifier leur vie pour le service de Dieu. Ils se réunirent sur le Khabour, et marchèrent contre les Francs. Sokman était accompagné de sept mille cavaliers turkomans: Djekermisch avait trois mille cavaliers turks, arabes et kurdes. Ils arrivèrent sur les bords du Balykh, et y rangèrent leur armée en ordre de bataille. Le combat s'engagea; les musulmans feignirent de prendre la fuite: les Francs les poursuivirent l'espace de deux parasanges (trois lieues); les musulmans firent alors volte-face et tuèrent les Francs comme ils voulurent. Comme les bagages des Francs étaient éloignés, les Turkomans tombèrent dessus, les pillèrent et s'enrichirent de butin. Bohémond, prince d'Antioche, et Tancrède, seigneur de la côte maritime, s'étaient placés à l'écart sur le revers de la montagne pour attaquer les musulmans par derrière quand le combat serait échauffé : mais lorsqu'ils s'avancèrent, ils virent les Francs qui s'enfuyaient et leurs bagages pris. Ils restèrent à la même place jusqu'à la nuit, et prirent ensuite la fuite. Les musulmans les poursuivirent et tuèrent plusieurs de ceux qui les accompagnaient, et en firent d'autres prisonniers. Bohémond et Tancrède se sauvèrent avec six cavaliers seulement. Déjà Baudouin, comte d'Edesse, avait passé le Balykh avec quelques-uns de son escorte, mais leurs chevaux eurent à lutter contre la boue qui couvrait le chemin. Les Turkomans de Sokman survinrent, les firent prisonniers, et emmenèrent Baudouin à la tente de leur chef, qui avait poursuivi Bohémond. Lorsque les gens de Djekermisch virent que ceux de Sokman s'étaient emparés des richesses des Francs, et qu'eux revenaient sans butin, ils dirent à Djekermisch : « De quelle réputation allons-nous jouir auprès des nôtres et auprès des Turkomans, si ceux-ci remportent seuls du butin ? » et ils l'engagèrent à enlever le comte de la tente de Sokman. Ce dernier étant revenu, s'indigna de cet enlèvement. Ses gens voulurent courir aux armes, mais il les en empêcha en leur disant : « Les musulmans ne goûteraient pas toute la joie que doit leur causer notre expédition, s'ils apprenaient qu'il s'est élevé des dissensions parmi nous. » Sokman partit aussitôt après avoir pris les armes et les étendards des Francs : il fit revêtir leurs habits à ses gens, les fit monter sur leurs chevaux, et se porta vers le château de Schyhan, occupé par les Francs. Ceux-ci croyant que c'étaient les leurs qui arrivaient triomphants, sortirent pour aller au-devant d'eux. Sokman les massacra et leur enleva plusieurs de leurs châteaux. Quant à Djekermisch, il se porta sur Harran, dont il se rendit maître : il y mit un lieutenant, et s'avança sur Edesse, qu'il assiégea pendant quinze jours. Il retourna à Mossoul, emmenant avec lui le comte qu'il avait enlevé de la tente de Sokman. Ce comte se racheta, moyennant

trente-cinq mille écus d'or, et cent soixante musulmans qu'il
rendit à la liberté. Il y eut dans cette expédition près de douze
mille guerriers francs de tués.

Il y a ici dans le manuscrit arabe une lacune de trente ans.

An 527 (1132.) Un grand corps de Turkomans de Mésopotamie passa en Syrie, et se porta sur le territoire de Tripoli :
ils pillèrent, tuèrent et firent des prisonniers. Le comte de
Tripoli sortit contre eux avec ses troupes. Les Turkomans
s'enfuirent devant lui; il les poursuivit; ils firent ensuite volte-
face et le mirent en fuite à son tour. Le comte se réfugia dans
le château de Barin. Ceux-ci vinrent l'assiéger. Le siége se pro-
longeant, le comte s'enfuit secrètement à Tripoli avec vingt
cavaliers. Il revint avec de nouvelles forces; un second combat s'engagea. Les Francs se reconnaissant trop faibles, se
concentrèrent et se retirèrent en bon ordre sur Rafanieh : il
était difficile aux Turkomans de les poursuivre au centre de
leurs possessions; aussi retournèrent-ils sur leurs pas.

La même année Aswar fait des courses sur le territoire de
Tell-Bascher, et amasse un riche butin. Les Francs marchent
vers lui avec de grandes forces. Aswar en fait un grand
carnage, et les oblige à prendre la fuite. Le nombre des morts
s'était élevé à environ un mille.

An 528 (1133-4). Schems'elmolouk s'empare de Schakyf,
située sur la montagne qui domine Béryte et Sidon. Les
Francs furent très affligés de cet événement, car ils n'avaient
jamais eu à se plaindre du prince de cette ville, et une conquête de cette importance rendait leur ennemi bien plus redoutable. Ils rassemblèrent promptement leurs armées et se
portèrent aussitôt sur le Hauran, qu'ils ravagèrent et où ils
enlevèrent tout ce qu'ils purent. Schems'elmolouk voyant les
Francs ainsi rassemblés, réunit aussi ses forces : il fit venir un
grand nombre de Turkomans et autres, et alla camper en face

des Francs. Il y eut pendant plusieurs jours divers engagements entre eux : ensuite Schems'elmolouk, prenant avec lui
une partie de son armée, alla attaquer les places des Francs
qui s'y attendaient le moins, telles que Tibériade, Acre, Nazareth et les bourgs voisins. Il pilla, dévasta, incendia et détruisit la plupart de ces bourgs. Il emmena en captivité les
femmes et les enfants Ses soldats s'enrichirent de butin. La
nouvelle de ces ravages jeta parmi les Francs le trouble et l'inquiétude. Ils se retirèrent et retournèrent dans leurs villes.
Schems'elmolouk retourna à son armée par un autre chemin
que celui que tenaient les Francs, et y arriva sans accident.
Les Francs, en voyant leurs villes dévastées, eurent comme
les bras cassés : ils se séparèrent et écrivirent aux musulmans
pour renouveler la paix.

An 530 (1136). Cette année, les armées de Zengui, prince
d'Alep et de Hamah, entrèrent sur les terres des Francs ; elles
envahirent subitement le territoire de Laodicée ; de sorte que
les habitants ne pouvant se transporter ailleurs, ne purent se
préserver du ravage. Les musulmans leur enlevèrent des richesses immenses, tuèrent et firent prisonniers grand nombre
de Francs, et firent dans leur pays un dégât tel que ceux-ci n'en
avaient point encore éprouvé de semblable. Sept mille personnes, tant hommes que femmes et enfants, furent emmenés
en servitude ; cent mille pièces de bétail, tant en chevaux et
mulets qu'en bœufs, moutons et ânes, furent enlevées, outre
des meubles et effets précieux. Le territoire de Laodicée et les
lieux voisins furent dévastés : très peu d'habitants se garantirent
du pillage. Les musulmans revinrent à Schayzar chargés de
butin. La Syrie fut remplie de prisonniers et de bestiaux enlevés. Ces événements causèrent une grande joie aux musulmans.
Les Francs n'y purent apporter de remède : ils devinrent
faibles et sans pouvoir.

531 (1137). L'armée de Damas, commandée par l'émir Karakous, se porta sur Tripoli. Beaucoup de volontaires, des soldats et des Turkomans se réunirent à cette armée. Le comte ayant appris qu'ils approchaient des terres de sa domination, alla à leur rencontre avec toutes ses troupes. Un combat s'étant engagé, les Francs furent mis en fuite et retournèrent coûverts de honte à Tripoli. Ils perdirent plusieurs de leurs chevaliers les plus distingués. Les musulmans ravagèrent leur territoire, et assiégèrent une forteresse nommée Ouadi-Alhamar et s'en emparèrent. Ils prirent tout ce qu'ils y trouvèrent, tuèrent les guerriers et réduisirent en servitude les femmes et les enfants. Ils firent beaucoup de prisonniers, qui se rachetèrent moyennant une grosse rançon; puis ils retournèrent pleins de joie à Damas.

La même année Zengui partit de Mossoul pour la Syrie, et alla assiéger Emesse; mais il quitta cette place pour aller attaquer la citadelle de Barin, voisine de Hamah : c'était une des plus fortes places occupées par les Francs. Zengui porta son camp vers ses murailles, et l'assiégea. Les Francs réunirent leur cavalerie et leur infanterie, et tous se mirent en marche avec leurs principaux chefs contre Zengui pour le forcer à abandonner Barin; mais Zengui, loin de se retirer, attendit que les Francs fussent arrivés. Alors il se présenta à eux; le glaive des musulmans reçut les Francs de toutes parts. Leurs chefs et les chevaliers se retirèrent dans la citadelle qui était le plus près d'eux. Zengui les y assiégea et leur coupa toute communication au-dehors. Aucun d'eux ne reçut de nouvelle de leurs villes, tant ils étaient serrés de près. Les prêtres et les moines des Francs et des Grecs parcoururent les cités pour exciter les habitants contre les musulmans, et leur annoncer que si Zengui s'emparait de la citadelle et se rendait maître des chrétiens qui y étaient renfermés, il s'emparerait

II 26

bientôt de toutes leurs places et irait attaquer Jérusalem, entreprise que les musulmans avaient plus à cœur qu'aucune autre. Tous les chrétiens se réunirent, et il arriva ce que nous allons raconter. Zengui attaqua les Francs avec la plus grande vigueur. Ceux-ci se défendirent avec fermeté; mais comme ils ne s'étaient pas préparés à soutenir un siége, et qu'ils n'avaient pas cru que personne viendrait les attaquer; les vivres leur manquèrent bientôt; ils se virent réduits à manger les animaux. Ils offrirent ensuite de rendre la place, moyennant la vie sauve, et qu'on leur permettrait de se retirer dans leurs villes. Zengui refusa d'abord; mais lorsqu'il apprit que les Francs, qui étaient échappés au combat, s'étaient rassemblés, et qu'ils arriveraient bientôt, il accorda sûreté à ceux qui étaient dans la forteresse; toutefois il exigea d'eux une contribution de 50,000 écus d'or : la place fut livrée à ces conditions. Lorsque les Francs en furent sortis, ils apprirent que les leurs s'étaient rassemblés pour venir à leurs secours. Ils se repentirent alors d'avoir livré la forteresse; mais leur repentir venait un peu tard; Zengui avait déjà enlevé aux Francs Maarrah et Kafartab. Les habitants de ces villes, et ceux de tout le territoire compris entre Alep et Hamah, étaient continuellement inquiétés par les habitants de Barin, qui les maltraitaient, les pillaient et les tuaient : depuis que Zengui s'était emparé de ce pays, ils avaient retrouvé la sûreté; les villes avaient été réparées, les revenus étaient augmentés.

Cependant les Francs envoyèrent à l'empereur de Constantinople demander du secours, et lui firent connaître les progrès de Zengui. Ils l'engagèrent à venir dans la Syrie avant que Zengui s'en fût emparé : mais l'arrivée de l'empereur ne servit à rien, malgré la diligence qu'il apporta dans les préparatifs de son départ. Il mit en mer et vint à Antiochette, ville maritime qui lui était alors soumise. Il y jeta l'ancre et s'y arrêta, attendant l'arrivée des vaisseaux qui portaient ses bagages et ses machines de guerre. Lorsqu'ils furent venus, il quitta cette ville et partit pour Nykyah, auprès de laquelle il campa et qu'il assiégea. Les habitants firent la paix avec lui, moyennant une grande somme qu'ils lui payèrent. D'autres disent qu'il s'empara de la ville. L'empereur se rendit de là à Mesisa. Ces deux villes étaient au pouvoir du fils de Léon l'Arménien, maître des défilés de la Cilicie. Le prince grec les assiégea, et s'en empara. Il prit de même Tel-Hamdoun, dont il transféra les habitants dans l'île de Chypre. Il se porta ensuite à Alexandrette, puis en Syrie, où il alla assiéger Antioche. Il pressa vivement la place où se trouvait le prince Bohémond : mais les choses s'étant arrangées entre ces deux princes, l'empereur partit pour Bagras : de là il entra sur les terres du fils de Léon l'Arménien, qui lui livra de grandes sommes d'argent et lui prêta hommage.

532 (1137). L'empereur grec étant entré cette année en Syrie, répandit une grande frayeur dans les esprits. Il assiégea Bezaa, ville assez jolie. Les principaux d'Alep allèrent trouver Zengui, qui était alors devant Emesse, pour lui demander des forces et du secours. Zengui envoya avec eux une grande partie de son armée, qui entra dans Alep pour la défendre contre les Grecs, dans le cas où ceux-ci s'en approcheraient. Pendant ce temps, l'empereur grec attaquait Bezaa et dressait ses machines contre cette ville. Il s'en empara et fit main-basse sur les habitants. Le nombre des blessés monta à plus de 5,800. Les Grecs demeurèrent dix jours dans cette place, cherchant ceux qui s'étaient cachés. Sur la nouvelle que beaucoup d'habitants du pays s'étaient retirés dans des cavernes, les Grecs allumèrent des feux à l'entrée et les y étouffèrent. De là ils se portèrent vers Alep, d'où ils se retirèrent avec perte. Ils se dirigèrent

26..

vers la forteresse d'Atareb, qu'ils trouvèrent abandonnée par
les musulmans. Quant à Zengui, il quitta Emesse pour se rendre à Salamia. Il avait eu soin de faire transporter ses bagages
à Racca, au-delà de l'Euphrate, afin de poursuivre plus
aisément les Grecs et leur couper les vivres. Les Grecs se
portèrent sous les murs de Schaysar, une des plus fortes
places du pays, espérant s'en emparer avec d'autant plus
de facilité que Zengui n'aurait pas le même intérêt à défendre
une place qui ne lui appartenait pas. Cependant Zengui vint
sur l'Oronte, et envoya à l'empereur des Grecs un député,
qui lui dit : « Vous vous tenez loin de moi sur ces montagnes;
descendez dans la plaine pour nous mesurer : si je triomphe
de vous, les musulmans n'auront plus rien à craindre; si vous
triomphez de nous, vous respirerez plus à l'aise, et vous vous
emparerez de Schayzar et des autres places. » Quoique Zengui
fût de beaucoup inférieur en forces, ce discours ne laissa pas
d'inspirer de l'inquiétude aux Grecs. Les Francs de Syrie conseillèrent à l'empereur de livrer combat, et lui montrèrent la
victoire facile : mais l'empereur s'y refusa. Il leur dit : « Croyez-
vous qu'il n'y ait pas une autre armée que celle que vous voyez?
Les musulmans viendront en nombre considérable pour la
soutenir. » Zengui écrivit encore à l'empereur grec pour lui
faire entendre que les Francs se défiaient de lui, et que s'il
s'éloignait du lieu où il était, ils sépareraient leurs intérêts des
siens. Il écrivit également aux Francs pour leur inspirer de la
défiance contre l'empereur; il leur disait : « Si l'empereur
grec occupe seulement une de vos places, il voudra les avoir
et les obtiendra toutes. » Zengui les rendit ainsi suspects les
uns aux autres. L'empereur quitta le lieu qu'il occupait, laissant
ses machines et ses instruments de guerre dans l'état et dans
le lieu où ils étaient.

An 553 (1138). Les Francs firent cette année une excursion sur le territoire de Panéas. L'armée de Damas se mit sur leurs traces, et n'ayant pu les atteindre, elle s'en retourna.

An 534 (1139). Zengui assiégea deux fois Damas pendant cette année. Lorsqu'il vint l'attaquer la seconde fois, Djemal'-eddin, prince de la ville, venait de mourir. Zengui espérait qu'il s'élèverait des dissensions entre les grands et les émirs, et qu'il pourrait en profiter pour atteindre son but : mais ses espérances furent trompées ; car Djemal'eddin étant mort, eut pour successeur son fils Modjireddin Abck. Moïn'eddin Anar prit les rênes du gouvernement ; et quoique l'ennemi fût à la porte de la ville, il ne parut au-dehors aucune marque de la mort du prince : mais Anar voyant que Zengui ne s'éloignait point et ne cessait d'attaquer la place, écrivit aux Francs pour leur demander du secours et les engager à empêcher Zengui de prendre Damas. Il leur offrit beaucoup de choses, entre autres Panéas après qu'elle serait prise. Il leur fit craindre que si Zengui s'emparait de Damas, ce prince ne finît par les chasser de la Syrie. Les Francs se réunirent donc pour marcher vers Damas, dans l'intention de se joindre au prince de cette ville contre Zengui. Celui-ci l'ayant appris, s'avança sur le Hauran le 5 de ramadhan (avril), afin de livrer bataille aux Francs avant qu'ils joignissent les troupes de Damas. Les Francs, qui en furent informés, ne sortirent pas de leurs places, et Zengui retourna assiéger Damas. Il alla camper à Achtara au nord de cette ville, brûla plusieurs bourgs environnants, et retourna ensuite dans ses états. Les Francs vinrent alors à Damas, et firent un traité avec le prince. Comme Zengui était déjà parti, ils s'en retournèrent. Moïn'eddin Anar se mit en marche avec l'armée de Damas pour Panéas, qui était soumise à Zengui. Il allait l'assiéger pour la livrer aux Francs. Le gouverneur de cette ville en était sorti auparavant avec de grandes troupes. Il s'é-

tait porté sur le territoire de Tyr pour le ravager. Le prince d'Antioche, qui allait au secours de Damas, le rencontra. Il se livra
une bataille : les musulmans furent mis en fuite ; le gouverneur
de Panéas fut pris et tué. Ceux qui se sauvèrent se retirèrent
dans cette ville : avec eux se réunirent plusieurs habitants de
la Cœlesyrie et des contrées voisines, et tous défendirent la
citadelle. Moïn'eddin en approcha son camp, l'assiégea et la
pressa vivement. Il était secondé d'une troupe de Francs. Il
s'empara de cette place et la leur livra. Zengui ayant appris
que Panéas était assiégée, retourna à Baalbeck pour repousser
ceux qui viendraient l'attaquer. Il partagea ensuite son armée
en deux corps, et les envoya ravager le territoire de Damas ;
lui-même, à la tête de ses gardes, il alla assiéger cette ville,
afin que l'armée de Damas ne pût se porter sur ses troupes
pour les empêcher de faire des ravages. Aussi revinrent-elles
chargées de butin ; après quoi Zengui retourna dans ses états.

An 535 (1140). Une troupe de Francs de Syrie se mit
en marche cette année pour aller faire une irruption sur le
territoire d'Ascalon, qui appartenait au sulthan d'Égypte. La
garnison sortit contre eux ; il y eut un combat où les musulmans
restèrent victorieux ; un grand nombre de Francs furent tués,
les autres s'en retournèrent chez eux en désordre.

An 536 (1141). L'armée de Zengui fit une irruption sur
les terres des Francs, pilla, ravagea le pays, battit les troupes
ennemies, et leur tua 700 guerriers.

An 537 (1142). Une grande armée de Grecs entra en Syrie
et alla assiéger Antioche, occupée par les Francs ; le prince de
cette ville se rendit auprès de l'empereur grec, s'arrangea avec
lui et retourna à Antioche, où il mourut dans le mois de Ramadhan (avril). L'empereur grec s'avança jusqu'à Tripoli, l'assiégea et repartit ensuite.

An 539 (1144). Zengui s'empara d'Édesse, qui appartenait

aux Francs; il leur enleva aussi d'autres forteresses dans la
Mésopotamie. Tout ce pays était exposé au mal que les Francs
nous faisaient; leurs excursions s'étendaient dans les lieux éloignés comme dans les lieux voisins; elles se portaient jusqu'à
Amide, Nisibe, Rassain et Rakkah. La domination des Francs
s'étendait depuis Mardin jusqu'à l'Euphrate; elle comprenait
Élesse, Saroudj, Byreh, Sen, Ibn-Athyr, Djemlin, Mauzer et
Charadia, ainsi que d'autres places situées à l'occident de l'Euphrate, et qui appartenaient à Josselin. C'était par les conseils
de ce prince que les Francs se dirigeaient; il était le chef de
leurs armées à cause de son courage et de son adresse. Zengui
comprit que s'il paraissait se préparer à assiéger Edesse, les
Francs se réuniraient dans cette ville pour s'opposer à ses
efforts, et qu'il ne pourrait s'en rendre maître parce qu'elle
serait trop bien fortifiée. Il parut donc s'occuper d'aller dans
le Diarbek, afin de donner à croire aux Francs qu'il avait
d'autres intentions que d'assiéger leur ville. En effet, lorsqu'on le vit attaquer les princes Ortokides du Diarbek, les
Francs se crurent en sûreté; Josselin quitta Edesse, et se
porta dans ses possessions à l'occident de l'Euphrate. Les
espions de Zengui l'informèrent de ce qui se passait; alors
Zengui appela son armée, et dit qu'il fallait que chacun se
trouvât le lendemain rendu à Édesse. Il convoqua les émirs,
et ayant fait apporter des mets: « Personne, leur dit-il, ne
mangera avec moi à cette table avant qu'il n'ait enfoncé avec
moi l'ennemi à la porte d'Édesse. » Un jeune homme dont
on ne connaissait pas encore l'impétuosité ni l'audace, et qui
n'avait pas son égal dans les combats, s'approcha alors de
Zengui. « Pourquoi prenez-vous cette place, demanda un
émir à ce jeune homme? » A quoi Zengui répondit: « C'est
parce qu'il ne s'éloignera jamais de moi. » Le prince partit
à la tête de son armée et arriva à Édesse; il fondit le pre-

mier sur les Francs accompagné du jeune musulman : un chévalier Franc s'étant précipité sur Zengui, le jeune homme se mit devant lui, fut percé et reçut le martyre. Zengui approcha son camp de la ville, et pendant vingt-huit jours livra plusieurs assauts. Les sapeurs arrivèrent et ouvrirent les murs; le prince mit la plus grande ardeur au siége d'Edesse, afin de prévenir l'arrivée des Francs, de peur qu'ils ne le forçassent à s'éloigner de la place. Les murs que les sapeurs avaient ouverts s'écroulèrent, et Zengui prit la ville de force. Il assiégea aussi la citadelle et s'en empara; les soldats pillèrent les richesses qu'ils y trouvèrent, réduisirent en captivité les femmes et les enfants et tuèrent les hommes. Zengui, après avoir visité la ville d'Edesse, jugea qu'il ne convenait pas de la détruire; il ordonna à ses soldats de remettre dans leurs maisons les hommes, les femmes et les enfants qu'ils avaient enlevés, il fit rendre jusqu'au dernier ustensile, et il y eut peu de choses de perdues. L'armée se retira, et la ville revint à son premier état; Zengui y mit une garnison pour la défendre. Il alla s'emparer ensuite de Saroudj et des places que les Francs possédaient à l'orient de l'Euphrate, excepté Birch, qui était très fortifiée et située sur la rive de ce fleuve. Zengui s'étant avancé vers cette place en fit le siége; elle était remplie d'hommes et de provisions; il l'attaqua sans relâche jusqu'à ce qu'il fût obligé de s'éloigner.

An 541 (1146). Après la mort de Zengui, Josselin, qui avait été maître d'Edesse et qui se trouvait alors à Tell-Bascher, et dans les lieux voisins, écrivit aux habitants d'Edesse, dont la plupart étaient Arméniens, pour les exciter à la révolte, les soulever contre les musulmans, et les engager à lui livrer la ville. Les habitants d'Edesse y consentirent, et Josselin leur indiqua le chemin et le jour où il paraîtrait devant la ville. Il partit donc pour Edesse à la tête de son armée et s'en empara;

le château que les musulmans défendaient lui opposant de la
résistance, il en fit le siége. Nour'eddin, qui était alors à Alep,
en ayant été informé, partit aussitôt avec son armée, et à
son approche, Josselin s'en retourna dans ses places. Nour'-
eddin entra dans Edesse, la pilla, et réduisit ses habitants en
servitude; il n'en resta qu'un petit nombre dans la ville.
Beaucoup de gens ont cru qu'Edesse avait été dévastée au moment où elle avait été prise par le père de Nour'eddin, mais ils se
sont trompés. Seif'eddin Gazi ayant été informé de la ré-
bellion des habitants d'Edesse, avait envoyé une armée vers
cette ville; mais l'armée apprenant en chemin que Nour'eddin y
était rentré, retourna sur ses pas. On rapporte que Zein'eddin
Ali, qui était lieutenant de Zengui et de son fils à Mossoul,
reçut en cette occasion des présents de Nour'eddin. Parmi ces
présents se trouva une esclave; après l'avoir quittée, il alla
faire une ablution, et demanda ensuite à ceux qui se trouvaient
avec lui, s'ils savaient ce qui lui était arrivé ce jour-là? « Non,
répondirent-ils. — Lorsque nous prîmes Edesse du temps de
Zengui, reprit le lieutenant, il m'échut en partage une captive
qui était resplendissante de jeunesse et de beauté; je l'admirai,
et mon cœur s'éprit d'amour pour elle : Zengui ayant ordonné
de rendre le butin et les captifs, je remis cette esclave. Aujour-
d'hui Nour'eddin, en m'envoyant des présents, m'a envoyé
plusieurs captives, parmi lesquelles j'ai retrouvé cette prisonnière; je me suis hâté d'en jouir, de peur d'être obligé de la
rendre comme la première fois. »

An 543 (1.148). Cette année le roi des Allemands partit de
son pays avec une grande multitude de Francs; il se proposait
d'envahir les provinces de l'islamisme. Il ne doutait point de s'en
rendre aisément maître avec le grand nombre de soldats qu'il
avait et la grande quantité d'armes et de provisions dont il
était suivi. Lorsqu'il fut entré en Syrie, les Francs qui habi-

taient ce pays vinrent à lui, lui jurèrent obéissance et se soumirent à ses ordres. Le roi des Allemands leur commanda de
venir avec lui à Damas pour en faire le siége et s'en rendre
maître. Moïn'eddin, qui y commandait, était un homme habile;
il rassembla des troupes pour défendre la ville: les habitants
firent avec la garnison une sortie contre les Francs et leur livrèrent combat. Les musulmans furent défaits; le roi des Allemands s'avança jusqu'à la place verte, et ne douta plus de la
prise de la ville. Pendant ce temps, Moïn'eddin avait écrit à Seif'-
eddin Gazi, fils de Zengui, pour l'engager à venir au secours des
musulmans. Celui-ci, de concert avec son frère qui était alors
à Alep, s'avança jusqu'à Emesse; Nour'eddin écrivit à Moï-
n'eddin: « J'arrive accompagné de tous les hommes en état de
porter les armes, mais je veux que Damas soit remise à mon
lieutenant; car mon intention étant d'en venir aux mains avec
les Francs, si je suis défait, j'entrerai dans la ville avec mon
armée, et mes soldats pourront s'y rallier; si je triomphe des
ennemis, la ville vous restera sans que cela fasse aucune difficulté. » Il écrivit aussi aux Francs pour les effrayer. Les Francs
qui craignaient de s'exposer à trop de dangers et d'être obligés
d'en venir aux mains avec Seif'eddin, cessèrent leurs attaques:
par ce moyen les habitants de Damas reprirent courage. Moïn'eddin écrivit en même temps aux Allemands: « Il nous arrive une
armée de l'Orient, éloignez-vous, sinon je lui livrerai la ville,
et vous aurez lieu de vous en repentir. » Il écrivit de même
aux Francs de Syrie: « A quoi pensez-vous donc de soutenir les
Francs d'Occident? ne savez-vous pas que s'ils s'emparent de
Damas, ils se rendront maîtres de toutes les places maritimes que
vous possédez. Pour moi, si je suis trop faible pour défendre
la ville, je la livrerai à Seif'eddin, et sachez que s'il en devient maître, il ne vous laissera pas une seule place dans la
Syrie. »

En effet les Francs de la côte maritime vinrent trouver le roi des Allemands, et lui représentèrent Seif'eddin comme très redoutable par le nombre de ses soldats et par la quantité de secours qui lui arrivaient successivement. « S'il s'empare de Damas, lui dirent-ils, nous ne pourrons désormais lui résister. » Ils engagèrent le roi à se retirer.

Lorsque les Francs eurent quitté Damas, Nour'eddin partit pour Arimah, et s'empara de la citadelle qui leur appartenait. Voici quelle fut la cause de cette prise : lorsque l'empereur des Allemands était venu en Syrie, il était accompagné du fils d'Alphonse, prince franc, dont l'aïeul avait pris Tripoli sur les musulmans. Ce jeune prince s'empara d'Arimah, et parut desirer ensuite d'arracher Tripoli des mains du comte. Celui-ci écrivit en conséquence à Nour'eddin, qui était alors à Baalbek avec Moïn'eddin, pour engager l'un et l'autre à venir enlever la citadelle d'Arimah à ce prince franc. Tous deux partirent en diligence avec leurs armées, et écrivirent à Seif'eddin, qui était alors à Emesse, de leur envoyer du secours; Seif'eddin fit partir une grande armée. Arrivés devant la citadelle, ils l'assiégèrent; le fils d'Alphonse opposa une vigoureuse défense; les musulmans livrèrent plusieurs assauts; les mineurs ouvrirent une brèche, les Francs se rendirent, et les musulmans les firent tous prisonniers, y compris le fils d'Alphonse, les femmes et les enfants. La citadelle fut rasée.

Dans cette même année, Nour'eddin mit les Francs en déroute dans un lieu nommé Iagri, en Syrie. Ils s'y étaient rendus dans l'intention de faire une incursion sur le territoire d'Alep; Nour'eddin l'ayant appris, se mit en marche avec son armée, les rencontra et leur livra combat; les Francs prirent la fuite après s'être vaillamment défendu; plusieurs d'entre eux furent tués; grand nombre de personnages de marque furent faits prisonniers, il ne s'en sauva qu'un petit nombre. Nour'eddin

envoya une partie du butin et des captifs à son frère Seif'eddin, au khalife de Bagdad, au sulthan Seldjoukide Massoud et
autres.

An 544 (1149). Nour'eddin étant entré sur le territoire
d'Antioche, alla faire le siége de Harem qui appartenait aux
Francs; il détruisit le faubourg et ravagea toutes les campagnes
voisines. Il se porta ensuite vers la citadelle Anaba, qu'il
assiégea de même. Les Francs se réunirent alors sous les ordres
du prince d'Antioche et marchèrent contre Nour'eddin, dans
l'intention de le forcer à quitter Anaba. Ils l'attaquèrent avec
vigueur; les Francs furent mis en fuite; un grand nombre
furent tués et plusieurs furent faits prisonniers. Le prince
d'Antioche fut trouvé parmi les morts. Il était remarquable
par sa fierté et par sa puissance.

An 545 (1150). Dans cette année Nour'eddin s'empara de la
citadelle d'Apamée, qui était voisine de Schayzar et d'Hamah.
Cette citadelle était située sur une haute montagne et était comptée parmi les plus fortes places. Il y avait une garnison de
Francs; Nour'eddin la serra de près; les chrétiens se rassemblèrent et marchèrent contre lui; mais lorsqu'ils arrivèrent, il
était déjà maître de la citadelle, il l'avait remplie d'hommes,
d'armes, de provisions et de toutes les choses nécessaires.
Lorsqu'il apprit que les Francs arrivaient, il sortit d'Apamée,
après y avoir réglé toutes les affaires, et alla à leur rencontre;
ceux-ci voyant la place prise et sachant que Nour'eddin venait
à eux pour leur offrir le combat, se dispersèrent et envoyèrent
demander la paix.

An 548 (1153). Chaque année les Francs venaient attaquer
Ascalon, sans pouvoir s'en rendre maîtres. A cette époque les
visirs avaient toute l'autorité en Égypte, et le khalife n'était
plus souverain que de nom.

Cette année, pendant que les Egyptiens ne pouvaient s'oc-

cuper d'Ascalon, les Francs vinrent l'assiéger ; les habitants se
défendirent courageusement ; ils combattirent les Francs avec
tant de vigueur, qu'ayant fait un jour une sortie et les ayant
repoussés jusqu'à leur camp, ceux-ci désespérèrent de se rendre
maîtres de la ville, et prirent la résolution de se retirer ; mais
bientôt apprenant qu'il venait de s'élever une rixe parmi les
habitants d'Ascalon, et qu'ils se tuaient les uns les autres, les
Francs reprirent courage. Voici quelle était la cause de cette
rixe : après le combat, où les habitants d'Ascalon avaient
vaincu les Francs, on se disputa l'honneur de la victoire et
la gloire d'avoir repoussé les ennemis. La dispute s'échauffant,
les deux partis en vinrent aux mains ; les Francs revinrent
alors attaquer la ville, et personne ne s'opposant à eux, ils
s'en rendirent maîtres.

An 549 (1154). Nour'eddin s'empara de Damas. Le motif
qui lui avait inspiré le desir de s'en rendre maître, était la
prise d'Ascalon par les Francs, qui avaient imposé un tribut
annuel aux habitants de Damas, et y avaient envoyé des commissaires chargés d'en faire la levée. Nour'eddin voyant cela,
craignit qu'ils ne s'emparassent de cette ville, et qu'il ne restât
en Syrie aucune place aux musulmans. Il comprit qu'il ne
pourrait la prendre de force, parce que le prince se voyant
menacé, écrirait aux Francs pour leur demander du secours.
Il s'adressa donc lui-même à Modjyr'eddin, et chercha à se le
concilier par des présents et par des marques d'amitié ; il y
réussit en effet. De temps en temps il lui écrivait : « tel émir
(qu'il lui désignait) s'est adressé à moi pour m'offrir de me
livrer Damas. » Aussitôt Modjyr'eddin éloignait de lui cet émir,
et lui défendait de revenir auprès de lui. Lorsqu'il ne resta plus
aucun émir auprès de Modjyr'eddin, ce prince mit à la tête
des affaires un nommé Atha, doué d'un génie subtil et d'une
grande fermeté. Nour'eddin ne pouvait espérer, sous ce mi-

nistre; de s'emparer de Damas; mais Modjyr'eddin ayant
conçu des craintes, le tua; Nour'eddin s'avança sur ces entrefaites vers la ville. Il avait déjà écrit aux jeunes gens qui
l'habitaient. Ces jeunes gens lui avaient promis de la lui livrer.
Lorsque Nour'eddin vint l'assiéger, Modjyr'eddin écrivit sur-
le-champ aux Francs et leur offrit de l'argent et Baalbek, s'ils
venaient le secourir et forcer Nour'eddin à se retirer. Les
Francs réunirent promptement leur cavalerie et leur infanterie;
mais pendant ce temps, les jeunes gens ouvrirent une porte à
Nour'eddin; il s'empara de la ville, et les Francs. qui étaient
en marche, s'en retournèrent accablés de douleur.

Dans cette même année, ou au commencement de la suivante, Nour'eddin s'empara de la citadelle de Tell-Bascher,
située au Nord d'Alep. Voici comment il s'en rendit maître : Les
Francs voyant Nour'eddin en possession de Damas, jugèrent
qu'il serait plus fort qu'eux, et qu'ils ne pourraient traiter avec
lui d'une manière avantageuse, d'après ce qu'il avait fait avant
d'être maître de cette ville. Ils se décidèrent donc à lui livrer la
citadelle, et lui écrivirent à cet effet. Nour'eddin leur envoya un
de ses émirs, qui prit possession de la place et en augmenta
les fortifications.

An 551-1156. Nour'eddin se mit en marche pour aller assiéger la citadelle d'Harem, qui dépendait du prince d'Antioche;
il la serra de près. Les Francs se réunirent et marchèrent
contre Nour'eddin, pour le forcer à se retirer. Il y avait dans
cette citadelle un *démon*, connu par la subtilité de son génie,
et qui y dirigeait tout par ses conseils. Il écrivit ceci aux Francs
qui arrivaient : « Nous sommes assez forts pour défendre la citadelle; ne vous exposez pas au péril; n'engagez point de combat; car si l'ennemi vous met en fuite, il prendra cette place
et beaucoup d'autres. Il vaut mieux différer de l'attaquer. » Les
Francs envoyèrent, en conséquence, demander la paix à

Nour'eddin, en lui proposant de lui céder la moitié du territoire de Harem ; ce qui fut accordé.

An 556-1161. Le prince de Sidon se réfugia auprès de
Nour'eddin, qui le reçut sous sa protection. Il lui confia une
armée pour le défendre contre les Francs ; mais pendant sa
marche, les Francs battirent cette armée, tuèrent un grand
nombre de musulmans, et dispersèrent le reste.

558-1163. Nour'eddin fut mis en fuite par les Francs, sous
les murs du château des Curdes, dans la journée dite de Bokaiah. Voici comment cela arriva : Nour'eddin ayant rassemblé
son armée, entra sur les terres des Francs ; il alla camper à
Bokaiah, au-dessous du château des Curdes. Il avait intention
de l'assiéger et de gagner ensuite Tripoli, dont il se proposait de
se rendre maître. Un jour, sur le midi, tandis que les soldats
étaient sous leurs tentes, ils aperçurent tout-à-coup les croix des
Francs, qui s'élevaient au haut du revers de la montagne sur
laquelle était le château. Les Francs s'étaient réunis et étaient
convenus de fondre à l'improviste, et en plein jour, sur les musulmans. Au temps fixé, ils n'attendirent pas que toute leur
armée fût réunie ; ils s'avancèrent en toute hâte. Les musulmans
envoyèrent à Nour'eddin, pour lui faire part de l'état des
choses. Pendant ce temps-là, les Francs les atteignirent et les
accablèrent. Les musulmans, ne pouvant résister, se rappro-
chèrent du gros de l'armée. Les Francs les poursuivirent, arrivèrent avec eux au quartier de Nour'eddin. Les troupes,
n'ayant pu monter à cheval ni prendre leurs armes, furent
en partie tuées, et en partie faites prisonnières. Celui qui montra le plus d'acharnement contre eux fut un Grec, nommé Ducas, qui était venu avec un grand nombre de Grecs. Nour'eddin se sauva vers le lac d'Emesse, à quatre parasanges du lieu
où s'était livré le combat. Un des siens lui dit : « Il n'est pas
prudent que vous restiez ici, car peut-être les Francs vien-

dront-ils nous y trouver. » Nour'eddin blâma vivement cet homme, et lui imposa silence. « Pourvu, lui dit-il, que j'aie mille cavaliers avec moi, je cours au-devant des Francs, et ne m'inquiète point de leur nombre. Je jure par Dieu, que je ne me reposerai sous aucun toit, que je n'aie vengé l'islamisme et moi-même. » Il écrivit ensuite à Alep et à Damas pour demander de l'argent, des habits, des tentes, des armes et des chevaux. Il fit remettre à chacun des soldats l'équivalent de ce qui lui avait été pris. L'armée se retrouva dans le même état qu'avant sa fuite. Nour'eddin assigna des revenus aux enfants de ceux qui avaient été tués. Quant aux Francs, ils eurent un moment l'intention de se rendre à Emesse, d'où ils étaient peu éloignés; mais lorsqu'ils apprirent que Nour'eddin était campé entre eux et cette ville, ils se dirent : « Nour'eddin ne serait pas campé là, s'il n'avait assez de forces pour défendre la place. » Les gens de ce prince voyant les dépenses qu'il faisait, un d'eux lui dit : « Il y a dans vos villes des maisons qui s'enrichissent par des aumônes, et plusieurs temples destinés aux jurisconsultes, aux pauvres, aux sophis, aux lecteurs de l'alcoran et autres; vous feriez bien de leur demander des secours. » Nour'eddin supporta cette réflexion avec peine. « Ce n'est que par leurs prières que nous espérons la victoire, s'écria-t-il, car il est écrit : Vous donnerez le soutien de la vie et du secours à ceux qui en ont besoin. » Les Francs envoyèrent demander la paix à Nour'-eddin, mais il la refusa. Ils se décidèrent à laisser une garnison dans la château des Curdes, et retournèrent dans leur pays.

An 559-1164. Nour'eddin envoya en Egypte une grande armée, commandée par Schyrkouh, le plus puissant et le plus brave de ses émirs. Voici quelle était la cause de cette expédition : Dhargam disputait le visirat à Schaver, ministre du khalife Adhed. Schaver ayant succombé, vint se réfugier auprès de Nour'eddin, dont il implora le secours. Nour'eddin le reçut honorablement et le combla de faveurs. Schaver demanda à Nour'eddin qu'il envoyât avec lui en Egypte une armée, qui l'aiderait à rentrer dans sa première dignité. Schyrkouh devait rester avec cette armée, et agir d'après les ordres et les desirs de Nour'eddin. Ce prince penchait tantôt pour les offres de Schaver, tantôt il y répugnait, d'autres fois il y revenait, car il desirait étendre sa domination et augmenter ses forces contre les Francs; puis il en était détourné par l'idée du danger qu'il y aurait pour son armée d'aller en Egypte, le chemin étant occupé par les chrétiens. Il craignait aussi que Schaver, une fois qu'il serait affermi dans son autorité, ne tînt pas ses promesses. Il se décida enfin à cette expédition, que Schyrkouh avait provoquée. Cet émir était plein d'audace et inaccessible à la crainte; il se mit en marche, au mois de djoumadi premier. Nour'eddin lui avait ordonné de rétablir Schaver dans sa première dignité, et de punir ceux qui y mettraient obstacle. De son côté, Nour'eddin s'avança avec son armée sur les terres des Francs voisines du territoire de Damas, afin de les empêcher de troubler la marche de Schyrkouh et de ses troupes. Les Francs se virent ainsi forcés de défendre leurs places contre Nour'eddin. Schyrkouh et son armée arrivèrent à Belbéis. Le frère de Dhargam vint au-devant d'eux avec l'armée d'Egypte. Un combat s'engagea; le frère de Dhargam fut défait, et rentra au Caire en fugitif. Schyrkouh arriva devant cette ville; et à la fin du mois suivant, Dhargam sortit du Caire; quelques jours après il fut tué ainsi que son frère. Schaver fut rétabli dans le visirat; Schyrkouh resta campé dans la plaine du Caire. Schaver oublia ses engagements envers Nour'eddin et Schyrkouh, et même envoya l'ordre à ce dernier de retourner en Syrie. Schyrkouh s'y refusa, et fit occuper la province de Scharkieh par ses troupes. Alors Schaver écrivit

aux Francs , pour leur demander du secours et leur représenter qu'il était à craindre que Nour'eddin ne s'emparât de
l'Egypte. Les Francs savaient bien qu'ils seraient perdus si
cela arrivait. Aussi quand Schaver leur eut demandé du secours,
éprouvèrent-ils une joie inattendue ; ils réunirent tous leurs
efforts pour seconder le visir. Leurs vœux depuis long-temps se
portaient sur l'Egypte. Schaver leur avait offert de l'argent pour
la route. Les Francs se mirent aussitôt en marche. Nour'eddin en étant informé, attaqua les terres des Francs pour faire
diversion, mais il n'y réussit pas. Les Francs avaient compris
que l'occupation de l'Egypte par Schyrkouh aurait pour eux
des suites bien plus funestes. Ils laissèrent des garnisons dans
leurs places, et ils partirent tous pour l'Egypte, ayant le roi
de Jérusalem à leur tête. En effet, il était arrivé par mer un
grand nombre de Francs qui venaient visiter la ville sainte.
Les Francs de la côte maritime leur demandèrent du secours,
et une partie de ces chrétiens se mit en marche avec eux pour
l'Egypte; l'autre partie resta pour garder les places. Lorsque
les Francs approchèrent de la capitale, Schyrkouh se rendit
à Belbéis , et s'y retrancha. Les armées de l'Egypte et des
Francs se réunirent et vinrent l'y attaquer. Schyrkouh se
défendit pendant trois mois , quoique les murs de la ville
fussent de terre glaise, peu élevés, sans arcs-boutants, sans
fossés. Il livra plusieurs combats dont les ennemis ne tirèrent
aucun avantage. Pendant ce temps, on reçut la nouvelle que
les Francs avaient été mis en fuite près de Harem ; que Nour'-
eddin s'était rendu maître de cette citadelle, et qu'il s'avançait
vers Panéas. Cette nouvelle jeta la terreur parmi les chrétiens;
ils voulurent regagner leurs places pour les défendre. Ils
envoyèrent proposer la paix à Schyrkouh , aux conditions
suivantes : Qu'il retournerait en Syrie, et qu'il rendrait aux
Egyptiens les places dont il s'était emparé. Schyrkouh y

consentit, car il ignorait les succès de Nour'eddin; d'ailleurs
il manquait de vivres. Je tiens ceci d'un témoin oculaire.
Schyrkouh, une massue de fer à la main, évacua la ville, et
fit sortir tout le monde devant lui. Pendant que les musulmans
et les Francs avaient tous les yeux sur lui, un des Francs,
nouvellement arrivé de l'Occident, s'approcha de lui, et lui
dit : « N'as-tu pas peur que les Egyptiens et les Francs, sans
égard à leurs promesses, ne s'emparent de toi, puisque tu es
cerné de toutes parts. » — « Plût à Dieu qu'ils le tentassent!
répondit Schyrkouh; tu verrais ce que je ferais aussi. Pour un
des miens qu'ils tueraient, mon épée en tuerait plusieurs des
leurs; pendant ce temps, Nour'eddin les attaquerait; ils sont
déjà affaiblis, leurs plus braves ont péri; nous nous empa-
rerions de leurs places, et nous ferions mourir ceux qui restent
encore. Si mes troupes m'eussent voulu obeir, j'aurais fait une
sortie pour vous passer sur le ventre; mais elles s'y sont refu-
sées. » Le Franc, faisant le signe de la croix, répartit en ces
termes : « Nous nous étonnions de ce que les Francs de ce pays
disaient de toi, et de la crainte que tu leur inspirais, mais
aujourd'hui nous n'en sommes plus étonnés; » et aussitôt il
s'éloigna de Schyrkouh. Celui-ci se mit en marche pour la
Syrie, où il arriva sain et sauf. Les Francs avaient placé des
hommes en embuscade dans les défilés, pour tomber sur lui;
mais Schyrkouh, qui en avait connaissance, prit une autre
route.

Pendant que les Francs étaient en Egypte, Nour'eddin attaquait leurs places. Il écrivit en même temps à son frère le
prince de Mossoul et de Mésopotamie, à Fakhr'eddin, maître de
Hisn-Kayfah, à Nedjm'eddin, prince de Maridin, et à d'autres
princes de ce pays, pour leur demander du secours. Son frère
rassembla une armée qui se mit aussitôt en marche, et à la tête
de laquelle il préposa Zaineddin, émir de toutes ses troupes.

27..

A l'égard de Fakhr'eddin, j'ai ouï dire que les gens de son conseil et de sa suite lui avaient demandé : Quel est votre dessein ? — De rester tranquille, leur avait-il répondu ; car Nour'eddin est exténué de jeûnes et de prières ; il se perdra lui et les autres. Tous applaudirent à ce discours. Le lendemain, Fakhr'eddin ordonna de se préparer à la guerre. « Pourquoi changez-vous de résolution, lui demandèrent ses conseillers? Hier, nous vous avons laissé fixé à un avis; aujourd'hui, vous êtes d'un avis contraire. — Les choses en sont, entre Nour'eddin et moi, au point que si je ne lui envoie pas des secours, je perdrai mes domaines ; mes vassaux se soustrairont à mon obéissance ; car il a écrit aux hommes religieux et dévots, et à ceux qui sont retirés du monde. Il leur a fait connaître tout le mal que les Francs ont fait aux musulmans, le nombre de ceux qu'ils ont tués ou faits prisonniers; il a demandé le secours de leurs prières, et les a engagés à exciter les musulmans à la guerre. Tous se sont réunis; ils ont lu la lettre de Nour'eddin, ils ont versé des larmes, ils me maudissent, ils font des imprécations contre moi. Il faut absolument que j'aille joindre Nour'eddin. Fakhr'eddin se mit donc en marche. Nedjm'eddin envoya son armée. Nour'eddin, voyant toutes ces troupes réunies, se porta sur Harem, et l'assiégea ; il dirigea contre cette place ses machines de guerre et s'approcha de ses murs. Les Francs, qui étaient restés sur la côte maritime, se rassemblèrent alors, et vinrent avec toutes leurs troupes, leurs princes, leurs chevaliers, leurs prêtres et leurs moines; ils accoururent de tous côtés. Leurs chefs étaient le prince d'Antioche, le comte de Tripoli, le fils de Josselin, illustre parmi les Francs, et Ducas, général grec. Lorsqu'ils furent près de Nour'eddin, celui-ci se rendit du côté d'Artaha, dans l'espoir qu'ils le poursuivraient, et qu'il lui serait plus aisé de les battre quand ils seraient loin de leurs places. Les Francs s'avan-

cèrent en effet dans cette direction, mais, se voyant inférieurs
en forces, ils retournèrent à Harem. Nour'eddin les poursuivit à son tour à la tête de ses braves, rangés en ordre de
bataille. Lorsqu'il les eut atteints, les deux armées opposèrent
leurs rangs; les Francs se précipitèrent sur l'aile droite des
musulmans, qui était formée par l'armée d'Alep, et commandée
par le prince de Hisn-Kayfah. Cette aile prit la fuite, et les
Francs se mirent à sa poursuite. On dit que cette fuite de l'aile
droite avait été concertée d'avance, afin que les cavaliers
francs, en poursuivant les musulmans, s'éloignassent de leurs
fantassins. L'autre aile musulmane tomba, en effet, l'épée à la
main sur les fantassins, et en fit un grand carnage. Lorsque
les cavaliers francs revinrent, ils ne les trouvèrent plus et ne
purent s'appuyer sur eux. Les musulmans qui avaient fui, revinrent aussi sur leurs pas, et cette cavalerie se trouva attaquée en tête et en queue. Les Francs, voyant leur infanterie
tuée ou prisonnière, restèrent stupéfaits; ils comprirent qu'ils
étaient perdus; et, se trouvant au milieu des musulmans, enfermés de toutes parts, ils renouvelèrent le combat, qui fut très
acharné. Un grand nombre de Francs furent tués, et presque
tous mis hors de combat. Quand on eut cessé de se battre, les
musulmans firent des prisonniers, dont le nombre fut incal-
culable. Au nombre des captifs furent le prince d'Antioche,
le comte de Tripoli, qui était le *Satan* des Francs, l'ennemi le
plus acharné des musulmans, le général grec Ducas et le fils de
Josselin; il y eut plus de dix mille hommes de tués. On conseilla à Nour'eddin d'aller à Antioche, et de s'en emparer pendant qu'elle était vide de guerriers qui pussent la défendre et
repousser les ennemis; mais il ne le voulut pas, et dit : « La ville
est facile à prendre, mais la citadelle est fortifiée; ils la livreront à l'empereur grec, car le prince d'Antioche est fils de sa

sœur; et j'áime mieux le voisinage de Bohémond que celui du
prince de Constantinople. » Nour'eddin envoya des détache-
mens ravager le territoire d'Antioche; ils y réduisirent les habitants en servitude, et en tuèrent un grand nombre. Bohémond se racheta ensuite pour une grande somme d'argent, et
en rendant la liberté à plusieurs prisonniers musulmans.

Après s'être emparé de Harem, Nour'eddin congédia l'armée
de Mossoul et du Diarbek. Comme il parut vouloir attaquer
Tibériade, les Francs qui avaient survécu au combat, mirent
la plus grande diligence à défendre et à conserver cette
place. Mais Nour'eddin se porta subitement à Panéas, car il
savait qu'il y avait peu de monde pour la défendre. Il vint
camper tout auprès, l'environna et l'assiégea. Il avait dans
son armée son frère Naseret'eddin, émir des émirs, qui fut
atteint d'une flèche et eut un œil crevé. Nour'eddin, en le
voyant ainsi blessé, lui dit : « Si tu connaissais la récompense
» qui t'est préparée, tu desirerais passer à l'autre vie. » Nour'-
eddin apporta la plus grande activité au siége; les Francs qui
en furent informés se rassemblèrent, mais ils n'étaient pas
encore en nombre suffisant quand elle fut prise; la bataille
d'Harem les avait fort affaiblis et diminués. Nour'eddin, maître
de Panéas, la remplit de vivres, d'hommes et d'armes.

La nouvelle de la prise d'Harem et du siége de Panéas étant
parvenue en Egypte, les Francs qui y étaient alors, firent la
paix avec Schyrkouh, et revinrent pour secourir la dernière
place : mais elle était prise avant qu'ils arrivassent. C'était
Moïn'eddin Omar qui avait dans le temps livré cette place aux
Francs (Voyez ci - dessus). Son fils se trouvait présent
lors de sa reprise. Un musulman lui dit : « Cette conquête
» nous cause de la joie; mais à vous elle vous en donne une
» double. — Et comment? demanda le fils de Moïn'eddin.

» — C'est qu'aujourd'hui, reprit le musulman, Dieu a rejeté
» du feu de l'enfer la peau de votre père. »

An 561 (1166). Nour'eddin s'empara cette année de Mo-
naytereh. Il s'était mis inopinément en marche avec un détachement de son armée ; car il avait jugé que s'il réunissait ses
troupes, les Francs en réuniraient aussi. Il saisit l'occasion, assiégea ce château, et en peu de temps le prit de force. Il tua ou
réduisit en servitude ceux qui s'y trouvaient, et enleva beaucoup
de butin. Les Francs ne se rassemblèrent que lorsque Nour'-
eddin en était déjà maître. S'ils eussent su qu'il était accompagné
de si peu de monde, ils se seraient hâtés de l'attaquer ; mais
ils croyaient qu'il avait amené une armée plus nombreuse.
Lorsqu'ils le virent maître de la place, ils se séparèrent, désespérant de la recouvrer.

An 562 (1167). Schyrkouh à son retour en Syrie, y
resta dans le même rang où il était auparavant, et toujours
attaché au service de Nour'eddin. Il ne cessait d'entretenir ce
prince, de l'Egypte et d'une nouvelle expédition qu'il desirait
ardemment. Au commencement de cette année, Schyrkouh
s'y prépara, et partit avec une forte armée ; Nour'eddin envoya
avec lui plusieurs émirs et deux mille cavaliers. C'était malgré
lui qu'il faisait cela ; mais quand il vit l'ardeur de Schyrkouh,
il ne put s'empêcher d'envoyer une troupe nombreuse, afin
qu'il n'arrivât rien de fâcheux pour l'islamisme. L'armée étant
réunie, Schyrkouh se rendit, par terre, en Egypte, laissant à sa
droite les états des Francs. Il gagna la ville d'Atfyh, et traversa
le Nil, dont il occupa la rive occidentale. Il arriva à Djizeh, en
face du vieux Caire, et prit possession de toute la contrée ; il y
demeura plus de cinquante jours. Cependant Schaver apprenant
l'arrivée de Schyrkouh, écrivit aux Francs pour leur demander
du secours. Ceux-ci vinrent en toute hâte, desirant vivement

s'emparer de l'Egypte, et craignant que, Schyrkouh s'en
rendant maître, il ne leur fût plus possible de conserver leurs
états de Syrie. Ainsi ils étaient à-la-fois stimulés par la crainte
et animés par l'espérance. Arrivés en Egypte, ils passèrent sur
la rive occidentale du Nil. Schyrkouh s'était avancé avec son
armée dans la Haute-Egypte, jusqu'à un lieu nommé Babain.
Il avait derrière lui l'armée combinée des Francs et des Egyptiens. Cette armée le joignit le 25 de djoumadi second. Schyrkouh avait appris par ses espions que l'ennemi était très nombreux, muni de toutes sortes de provisions, et qu'il désirait
vivement en venir aux mains. Il n'aurait pas refusé le combat,
s'il n'eût craint que ses troupes n'eussent moins d'audace et de
fermeté dans leur position, où il y avait plus de danger que de
moyens de salut, tant à cause de leur petit nombre, que parce
qu'elles étaient loin de leur patrie, et que le chemin était plein
de périls; il tint donc conseil. Tous furent d'avis de passer
sur la rive orientale et de retourner en Syrie. « Si nous
sommes battus, dirent-ils, et c'est la chance la plus probable,
où irons-nous, et qui prendra notre défense? Il n'y a dans ce
pays ni soldat, ni homme du peuple, ni paysan, qui ne soit
notre ennemi. » Un mamelouk de Nour'eddin, prince de Schakif, se leva et dit : « Celui qui craint la mort ou les fers ne
mérite pas servir des rois; il faut qu'il reste dans sa maison avec
ses femmes. Par Dieu, si nous retournons auprès de Nour'-
eddin, sans victoire ou sans excuse, il nous ôtera les terres
qu'il nous a données, et qui jusqu'à ce jour nous ont attachés à
son service. Il nous dira avec raison : Vous jouissez des richesses de l'islamisme, et vous fuyez devant ses ennemis, vous
livrez aux infidèles un pays tel que l'Egypte! Qu'aurons-nous
à répondre? » Cette opinion est la meilleure, reprit Schyrkouh,
et je m'y conformerai. Son neveu Saladin parla dans le même

sens, et plusieurs autres se rangèrent à cet avis. On convint qu'il fallait livrer combat. Schyrkouh resta dans sa position, en attendant l'ennemi. Son armée était dans l'ordre suivant : ses bagages étaient au centre, et le faisaient paraître plus redoutable qu'il n'était en effet ; ces bagages n'auraient pu, d'ailleurs, être placés autre part, sans être exposés à devenir la proie des habitants du pays. Saladin avait le commandement du centre. Schyrkouh lui avait dit : « Si les Egyptiens et les Francs fondent sur vous, pensant que j'occupe le centre, vous ne vous battrez que faiblement, vous fuirez ensuite devant eux ; mais lorsqu'ils cesseront de vous poursuivre, vous retournerez sur vos pas. Il choisit les plus vaillants et ceux sur l'audace et le sang-froid desquels il pouvait compter ; il se plaça avec eux à l'aile droite. Quand les deux armées furent en présence, les Francs, comme l'avait prévu Schyrkouh, se portèrent sur le centre. Ceux qui l'occupaient se battirent légèrement, ils s'enfuirent ensuite, sans perdre leurs rangs et toujours poursuivis par les Francs. De son côté Schyrkouh, à la tête des siens, se précipita sur ceux des corps égyptiens et francs qui étaient restés immobiles, et en fit un grand carnage. Lorsque les autres Francs revinrent de leur poursuite, et qu'ils virent leur armée défaite, ils prirent aussi la fuite. Une chose digne de remarque, c'est que deux mille cavaliers suffirent pour mettre en fuite l'armée des Egyptiens et des Francs.

Après cette victoire, Schyrkouh se porta sur Alexandrie, mettant à contribution tous les bourgs qu'il rencontra sur sa route. Lorsqu'il y fut arrivé, les habitants se rendirent d'eux-mêmes à lui. Schyrkouh mit Saladin, son neveu, à la tête de cette ville, et retourna dans la Haute-Egypte, dont il s'appropria les ressources. Il y resta jusqu'au jeûne de ramadhan. Quant aux Egyptiens et aux Francs, ils étaient retournés au Caire, où ils s'étaient ralliés ; ils reformèrent leur armée, et se

portèrent sur Alexandrie pour l'assiéger. L'attaque fut poussée
avec une grande vigueur ; les assiégés supportèrent avec beaucoup de constance la disette qui s'y fit bientôt sentir. Schyrkouh accourut au secours de la ville. Schaver avait débauché
une partie de ses Turcomans. Des députés des Egyptiens et des
Francs vinrent demander la paix ; ils lui offrirent cinq mille
écus d'or, indépendamment des contributions qu'il avait levées
sur le pays. Schyrkouh accéda à leurs demandes ; mais il y mit
pour condition que les Francs ne resteraient pas en Egypte, et
qu'ils n'y conserveraient pas un seul bourg. Les Francs souscrivirent à cette condition, et la paix fut conclue. Schyrkouh
retourna en Syrie ; les Francs rentrèrent dans leurs places
maritimes, après avoir laissé en Egypte une troupe choisie de
cavaliers, pour avoir la garde des portes du Caire. On dit que
Kamel, fils de Schaver, et quelques émirs, avaient écrit à
Nour'eddin pour lui demander de les recevoir sous son obéissance ; ils s'engageaient pour leurs personnes et pour toute
l'Egypte, qu'ils promettaient de lui soumettre, et lui offraient
un revenu annuel. Nour'eddin ayant accédé à ces propositions,
ils lui firent passer une grande somme d'argent. Les choses
restèrent dans cet état jusqu'à l'année 564, où les Francs firent
une seconde invasion en Egypte.

Nour'eddin avait fait un appel à ses troupes ; son frère vint
de Mossoul avec celles de la Mésopotamie ; toute l'armée se
réunit à Emesse, et aussitôt Nour'eddin se porta du côté des
places des Francs. Il dépassa le château des Curdes, et arriva
devant Arkah, pillant et faisant des prisonniers ; il assiégea cette
place et Halbah, qu'il prit et rasa. Les musulmans coururent
sur les terres des Francs, à droite et à gauche, portant partout
le ravage ; ils s'emparèrent d'Arimah et de Safita, et revinrent
à Emesse. Ils se portèrent de là sur Panéas, et se rendirent
à Houncin, place qui appartenait aux Francs, et qui était une

des villes les mieux fortifiées. Les Francs l'abandonnèrent, après y avoir mis le feu. Nour'eddin y entra le lendemain, et en détruisit les murailles. Il voulut aller attaquer Béryte; mais la discorde s'étant mise dans l'armée, il fallut la licencier.

An 564 (1169). Les Francs avaient conservé un grand empire en Egypte; ils avaient un commissaire dans la ville du Caire, et leurs cavaliers d'élite gardaient les portes de cette ville. Bientôt les Francs s'arrogèrent une autorité tyrannique sur les musulmans. Afin de se maintenir dans cette autorité, ils écrivirent à Amaury, roi de Jérusalem. Aucun de leurs princes, depuis qu'ils avaient paru en Syrie, n'avait montré autant de courage et d'adresse que lui. Ses chevaliers cherchèrent à réveiller son ambition, en lui présentant l'espoir de se rendre maître de l'Egypte; ils lui dirent que ce pays était dépourvu de forces qui fussent capables de lui résister, et que la conquête en était facile. Mais Amaury rejeta leur proposition. Alors les chevaliers francs vinrent le trouver, ceux entre autres qui avaient le plus d'autorité dans les conseils; ils tâchèrent de lui persuader d'aller en Egypte, et de s'en rendre maître. Amaury leur dit : « Mon opinion n'est pas d'y aller. Maintenant l'Egypte est entièrement à notre dévotion; ses richesses et ses ressources nous sont un secours contre les entreprises de Nour'eddin; si nous y entrons en ennemis, le maître de ce pays, l'armée, le peuple, les paysans s'éleveront contre nous; ils combattront pour la défendre, la crainte les portera à se jeter dans les bras de Nour'eddin; et, s'il en devient maître, il ruinera sans peine les affaires des Francs, et il nous chassera de Syrie. » Les chevaliers francs ne goûtèrent point ces raisons. « Il n'y a, répondirent-ils, en Egypte, personne qui puisse nous résister et la défendre; avant que Nour'eddin ait réuni ses troupes et les ait fait mettre en marche, nous serons maîtres de ce pays, et nous en aurons achevé la conquête : alors le salut de Nour'eddin sera dans nos mains. » Amaury céda, quoiqu'avec répugnance. Les chevaliers francs firent leurs préparatifs avec diligence, comme s'ils allaient attaquer Emesse. Nour'eddin, trompé sur leur dessein, rassembla ses troupes, pour marcher de ce côté; mais les Francs se portèrent en toute hâte en Egypte. Ils arrivèrent devant Belbéis, qu'ils assiégèrent et prirent de force. Ils la pillèrent, et réduisirent les habitants en servitude. Plusieurs Egyptiens des plus distingués, en haine de Schaver, avaient écrit aux Francs pour leur promettre de les seconder; en conséquence ceux-ci partirent de Belbéis, et arrivèrent au Caire le 10 de safar, et en formèrent le siége. Les habitants craignirent que les Francs ne les traitassent comme les habitants de Belbéis; cette crainte les engagea à se défendre, et ils se battirent avec beaucoup de courage. Si les Francs s'étaient montrés humains envers les habitants de Belbéis, le Caire et le vieux Caire n'auraient pas fait de résistance; mais Dieu voulait en cela l'accomplissement de ses desseins. Schaver avait fait mettre le feu au vieux Caire. La ville fut abandonnée au pillage; les habitants errèrent sur les chemins et furent réduits à l'indigence. Cet incendie n'avait précédé que d'un jour l'arrivée des Francs; il dura cinquante-quatre jours. Dans ces circonstances, le calife Adhed écrivit à Nour'eddin pour lui demander du secours. Quant aux Francs, ils poursuivirent avec ardeur le siége du Caire, et serrèrent les habitants de près.

Schaver, qui dirigeait tout, était fort inquiet; se voyant hors d'état de repousser les Francs, il eut recours à la ruse. Il écrivit au roi Amaury, et lui rappela l'amitié et la liaison qui avaient existé entre eux; il lui dit qu'il craignait pour lui Nour'eddin et Adhed; que jamais les musulmans ne permettraient qu'on livrât la ville aux chrétiens. Il conseillait donc au roi d'entrer en accommodement et d'accepter de l'argent, sinon qu'il serait forcé de livrer le Caire à Nour'eddin. Le roi des Francs consentît à ce qui lui était proposé. La paix se fit, à condition qu'on lui donnerait un million d'écus d'or d'Egypte, dont une partie serait payée sur-le-champ, et l'autre à terme. Les Francs, qui virent que la ville leur résistait, et que peut-être elle serait livrée à Nour'eddin, souscrivirent, quoiqu'à regret, à ces conditions, et dirent : « Recevons cet argent; il servira à nous fortifier; nous retournerons dans nos places-fortes, et avec ces nouveaux secours nous n'aurons rien à craindre de Nour'eddin. Les Francs agirent ainsi avec ruse; mais Dieu les trompa, car Dieu est plus fort que les hommes rusés. Schaver leur fit porter cent mille écus d'or, et les pria de se retirer, afin qu'il pût faire une levée d'argent pour eux; les Francs s'éloignèrent un peu. Schaver mit tous ses soins à faire ramasser de l'argent au Caire et au vieux Caire, mais il ne put obtenir que cinq cent mille écus; car comme les maisons du vieux Caire avaient été brûlées, et que ce qui avait échappé aux flammes avait été pillé, loin de pouvoir payer un tribut, les habitants n'avaient pas même les choses nécessaires à la vie. Quant aux habitants du Caire, les soldats ne furent pas assez forts pour leur arracher de l'argent. Dans cet état de choses, on écrivit à Nour'eddin pour lui offrir la troisième partie de l'Egypte et le tiers de ses revenus, si l'émir Schyrkouh restait dans ce pays avec une armée. Nour'eddin, après avoir reçu la lettre, appela sur-le-champ auprès de lui Schyrkouh, qui était alors à Alep. Le courrier qu'il lui envoya le rencontra à la porte de cette ville, lorsqu'il revenait d'Emesse, qu'il possédait en fief. Il avait quitté précipitamment cette ville, sur les nouvelles qu'il avait reçues de l'Egypte; Nour'eddin, qui ignorait ses intelligences avec ce pays, fut étonné de sa prompte arrivée. Il lui ordonna de se préparer à partir, et lui confia deux cent mille écus d'or, outre l'équipement, les bêtes de somme, les armes et les autres choses nécessaires; il lui donna le commandement absolu de l'armée et la libre disposition des finances. Schyrkouh choisit deux mille cavaliers de l'armée et six mille turcomans, et partit avec eux pour Damas, où il arriva à la fin de safar; de là il se mit en marche pour Rass'elma. Nour'eddin donna à chaque cavalier, comme supplément de paye, vingt écus d'or; il adjoignit à Schyrkouh plusieurs émirs, entre autres Saladin. Schyrkouh quitta en toute hâte Rass'elma, au milieu de rebi premier. Lorsqu'il fut près du vieux Caire, les Francs se retirèrent et retournèrent chez eux, tristes et déçus dans leurs espérances. Nour'eddin, informé de leur départ, en fut pénétré de joie. Il fit annoncer cette heureuse nouvelle au son des instruments de musique; il envoya des courriers la répandre partout. C'était, en effet, pour l'Egypte et pour toutes les villes de Syrie, la plus heureuse nouvelle.

Après avoir raconté la mort de Schaver, celle de Schyrkouh et l'élévation de Saladin à la dignité de visir, Ibn-Alatsyr poursuit ainsi : Cette année le maréchal du palais du calife fut tué : c'était un eunuque noir; il s'était entendu avec plusieurs Egyptiens, partisans de la dynastie des fathimides, pour écrire aux Francs, et les appeler à leur secours contre Saladin et ses partisans. La lettre fut confiée à un homme sûr; mais cet homme fut rencontré en chemin par un Turcoman, qui, lui voyant sous le bras des sandales neuves, se dit en lui-même: si c'était une véritable chaussure, elle aurait déjà servi; il la lui arracha et la porta à Saladin, qui, l'ayant fait découdre, y trouva la lettre. Le maréchal du palais y invitait les Francs à venir en Egypte; il leur disait que, s'ils se décidaient à venir, Saladin ne manquerait pas de marcher contre eux, à la tête de son armée; que, pendant ce temps-là, lui et les Egyptiens, avec qui il était d'intelligence, extermineraient les troupes qu'il laisserait derrière lui; qu'après ce coup-de-main, ils poursuivraient le sulthan lui-même, qui se trouverait enfermé entre eux et les Francs.

Lorsque Saladin eut lu cette lettre, il s'informa de celui qui
l'avait écrite. On lui indiqua un juif, qu'il fit venir, et qu'il
obligea, à force de menaces, à tout révéler. Le juif commença
par embrasser la foi de Mahomet, et découvrit ensuite toute
l'affaire; Saladin la tint secrète. Mais l'eunuque qui sut la
chose, s'enferma dans le palais sans oser en sortir, ou, s'il
en sortait, il évitait de s'éloigner. Saladin fit semblant d'oublier cette affaire, afin qu'on ne connût pas son dessein. Quelque temps après, l'eunuque étant allé à sa maison de campagne, Saladin envoya une troupe d'hommes armés qui le
tuèrent et lui apportèrent sa tête. Le sulthan renvoya tous
ceux qui étaient attachés au service du palais, dont il confia le
gouvernement à Karacoush. Les noirs ne purent supporter le
meurtre du maréchal du palais, qui était leur compatriote et
leur protecteur ; ils se rassemblèrent au nombre de plus de
cinquante mille, résolus d'attaquer les soldats de Saladin; de
leur côté, ceux-ci se concentrèrent. On se battit dans les rues
du Caire; plusieurs périrent de part et d'autre. Saladin fit
mettre le feu au quartier qu'occupaient ces noirs; tout fut
brûlé, femmes, enfants et richesses. A la vue de l'incendie, les
noirs prirent la fuite ; mais ils furent poursuivis l'épée dans les
reins. Comme ils avaient perdu beaucoup de monde, ils demandèrent la paix, et ils l'obtinrent. Ils sortirent du Caire, et
allèrent à Djizeh. Schemseldauleh, frère de Saladin, les y attaqua avec une partie de l'armée, et les extermina presque
tous; un petit nombre seulement échappa au massacre.

An 565 (1169). Au mois de safar (novembre), les Francs
vinrent assiéger Damiette. Les Francs de Syrie apprenant l'élévation de Schyrkouh, avaient été saisis de crainte, et s'étaient
regardés comme perdus. Ils avaient écrit aux Francs de Sicile
et d'Espagne, pour leur demander du secours. Ils leur avaient
annoncé que les Turcs étaient maîtres de l'Égypte, et qu'on

craignait pour Jérusalem. Ils avaient envoyé plusieurs prêtres et plusieurs moines, chargés de demander des secours en argent, en hommes et en armes. Eux-mêmes se mirent en marche pour Damiette, pensant que, s'ils se rendaient maîtres de cette place, ils pourraient s'emparer plus sûrement des villes de l'Egypte : mais avant qu'ils y fussent arrivés, Schyrkouh était mort, et Saladin tenait les rênes de l'empire. Ils assiégèrent toutefois Damiette, et la serrèrent de près. Saladin envoya par le Nil au secours de cette place, des troupes, des armes, de l'argent et des provisions. Il écrivit à Nour'eddin pour lui faire connaître tout ce qu'il avait à craindre. Il lui disait : « Si je ne me rends pas à Damiette, les Francs s'en empareront. Si j'y vais, je laisserai derrière moi les Egyptiens, qui dérangeront nos affaires : ils se révolteront contre moi; ils se mettront à ma poursuite, tandis que j'aurai les Francs devant moi. » Nour'eddin lui envoya successivement plusieurs corps de troupes ; lui-même se mit en marche pour aller dévaster les terres des Francs. Jamais il n'y avait exercé tant de ravages, car ce pays se trouvait sans défenseurs. Les Francs, qui étaient devant Damiette, voyant arriver chaque jour des forces en Egypte, et apprenant que Nour'eddin ravageait leurs terres, se retirèrent sans avoir obtenu aucun avantage. A leur retour, ils trouvèrent les chrétiens de Syrie ou tués ou faits prisonniers. C'était bien là le cas de leur appliquer ce proverbe : « La brebis est allée chercher des cornes, mais elle est revenue sans oreilles. »

Cette même année Nour'eddin se porta sur les terres des Francs, et alla assiéger Carac, la plus forte de leurs places. Saladin avait prié ce prince de lui envoyer son père Ayoub. Nour'eddin le fit partir avec une armée, à laquelle se joignirent un grand nombre de marchands et tous ceux qui étaient liés à Saladin par l'amitié ou par d'autres intérêts. Afin de protéger cette armée contre les attaques des Francs, Nour'eddin s'avança

avec la sienne jusqu'à Carac, et dirigea ses machines de guerre
contre cette place. Il apprit pendant ce temps que les Francs
réunis venaient à lui, et qu'ils étaient précédés d'une avant-
garde commandée par le fils de Houfroy. Le sulthan partit aussitôt pour aller à la rencontre de cette avant-garde avant que
les autres Francs vinssent la soutenir ; mais elle se replia à
son approche. Nour'eddin se jeta sur les terres des Francs,
pilla et incendia tous les bourgs qui étaient sur son passage.
Rentré dans ses états, il campa à Aschtara pour observer le
mouvement des Francs. Voyant qu'ils restaient immobiles, il
ne quitta ses positions que lorsqu'il apprit la nouvelle d'un second tremblement de terre qui venait d'avoir lieu en Syrie.
Quant à Ayoub, il arriva sain et sauf en Egypte avec tous ceux
qui l'accompagnaient : Adhed lui fit l'honneur d'aller au devant
de lui.

Schahabeddin Mohammed, prince de la citadelle de Bireh,
était parti avec deux cents cavaliers pour se joindre à Nour'-
eddin lorsqu'il était à Aschtara. Quand il fut arrivé au bourg
de Labouat, sur le territoire de Baalbek, il monta à cheval pour
chasser, et rencontra trois cents cavaliers francs qui allaient
faire une excursion sur les terres des musulmans. On se battit
avec vigueur, et de part et d'autre il y eut beaucoup de tués ;
les Francs furent enfin mis en fuite ; bien peu se sauvèrent.
Schahabeddin vint auprès de Nour'eddin avec les prisonniers
qu'il avait faits et les têtes de ceux qui avaient été tués. Au
nombre de ces derniers, Nour'eddin reconnut le grand-maître
des Hospitaliers, qui commandait dans le château des Curdes,
et qui s'était fait remarquer par son audace et sa bravoure. Sa
mort fut un sujet de joie pour les musulmans.

Au mois de schowal, il arriva un grand tremblement de
terre, qui fut accompagné de diverses commotions extraordinaires : jamais il n'y en avait eu de semblables ; il fut

II   28

commun à la plupart des villes de Syrie, de Mésopotamie, de
l'Irak et autres contrées. Il fut plus terrible en Syrie. La plus
grande partie de Damas, de Baalbek, d'Emesse et de Hamah,
de Schayzar, de Panéas et d'Alep, fut ravagée. Les murs de
ces villes furent détruits ; les remparts et les maisons s'écroulèrent sur les habitants. Il en périt une multitude innombrable.
Nour'eddin se transporta aussitôt à Baalbek pour en faire relever
les murs ; il y apprit ce qui était arrivé aux autres villes ; il
préposa quelqu'un pour veiller aux réparations de Baalbek ; il
se rendit ensuite à Emesse, et successivement dans les autres
villes, où il donna les mêmes ordres. Le tremblement de terre
avait été si violent à Alep, que les habitants n'avaient osé
rester dans leurs maisons. Nour'eddin campa dans la plaine, et
présida lui-même aux réparations de la ville ; il ne s'en éloigna
que lorsque les remparts et les mosquées eurent été rétablis.
Les villes des Francs ayant éprouvé les mêmes désastres, ils
s'occupèrent aussi de semblables réparations pour se mettre à
l'abri des coups de Nour'eddin. De part et d'autre on se livra aux
mêmes travaux, par la crainte qu'on s'inspirait mutuellement.

An 566 (1171). Saladin partit d'Egypte, et se portant sur
les terres des Francs, il entra sur le territoire d'Ascalon et de
Ramlah, et de là dans le territoire de Gaza, qu'il ravagea. Le
roi des Francs accourut en toute hâte avec une petite armée
pour le repousser. Un combat s'engagea ; les Francs furent
mis en fuite, et peu s'en fallut que le roi ne fût fait prisonnier.
Saladin retourna en Egypte, où il fit préparer des pièces de
navires, qu'il fit transporter, à dos de chameaux, à Ela. On
réunit ces pièces, et les vaisseaux dont elles faisaient parties
étant construits, furent lancés à la mer. Saladin assiégea alors
Ela par terre et par mer, et la prit.

An 567 (1172). Saladin entra sur les terres des Francs,
et assiégea Schaubek, qui était à une journée de chemin de

Carac. Les Francs se voyant serrés de près , demandèrent à
capituler. Saladin leur accorda un délai de dix jours. A cette
nouvelle , Nour'eddin partit de Damas pour entrer par un autre
côté dans les états des Francs. On dit alors à Saladin: « Lorsque
Nour'eddin sera sur les terres des Francs, il les attaquera d'un
côté pendant que vous les attaquerez de l'autre, et il se rendra
maître de leurs places. Quand les Francs auront été chassés du
pays, et que la route de Syrie en Égypte sera occupée, l'Égypte
se trouvera sans défense contre les entreprises de Nour'eddin.
Si vous attendez Nour'eddin sous les murs de Schaubek, vous
serez obligé de vous réunir à lui et d'obéir à ses volontés S'il
veut vous laisser votre dignité, il le fera : s'il veut vous l'ôter,
il le fera de même : vous ne pourrez lui résister. Il vaut donc
mieux pour vous retourner en Egypte. Saladin abandonna le
siège de Schaubek, et retourna en effet en Egypte. Il écrivit à
Nour'eddin, et lui donna pour excuse de son départ la fer-
mentation qui régnait dans ce pays et les tentatives que faisaient
les partisans de la dynastie des fathimides pour le renverser,
ce qui lui faisait craindre que cette faction ne chassât les
troupes qu'il y avait laissées, de manière à y devenir toute
puissante. Nour'eddin ne goûta pas ces raisons, et eut même
l'idée d'entrer en Egypte pour l'arracher des mains de Saladin.

Dans cette même année , deux vaisseaux partis d'Egypte
vinrent jeter l'ancre à Laodicée. Les Francs s'en emparèrent: ces
vaisseaux étaient remplis de marchandises et de meubles. Il y
avait cependant une trève entre les Francs et Nour'eddin. Celui-
ci leur écrivit pour réclamer les richesses et les marchandises
qu'ils avaient prises. Parmi les diverses excuses que les Francs
apportèrent , ils dirent que les vaisseaux étaient fracassés et
faisaient eau, et qu'il avait été stipulé qu'ils pourraient saisir
ceux qui seraient dans cet état. Nour'eddin ne reçut point leurs
vaines excuses; il rassembla son armée, et envoya des déta-

chements fair? des excursions sur leurs terres. Il en envoya
vers Antioche, vers Tripoli, et lui-même alla assiéger Arkah,
dont il ravagea le territoire. Il fit marcher une partie de son
armée vers Sefed et Arimah, qu'il prit toutes deux de force.
Les musulmans les pillèrent et les ravagèrent, et en enlevèrent
un grand butin. Nour'eddin s'avança de là avec toutes ses troupes jusqu'à Apamée, où il mit tout à feu et à sang. Les troupes
qui étient allées vers Antioche, en firent autant. Les Francs
rendîrent ce qu'ils avaient pris sur les vaisseaux, et deman-
dèrat une nouvelle trève qui leur fut accordée.

Cette même année Nour'eddin établit dans tous ses états
la poste aux pigeons; il assura les fonds pour l'entretenir, et
nomma ceux qui en devaient surveiller l'emploi. Ce qui rendait
cet établissement nécessaire, c'était le besoin d'avoir des nouvelles promptes de tout ce qui se passait dans ses vastes états.
En effet le prince avait étendu ses conquêtes, et avait reculé ses
frontières jusqu'à celles des Francs; si ceux-ci venaient attaquer une de ses places, ils avaient le temps de s'en rendre
maîtres avant qu'il pût les atteindre. Mais lorsque la poste
fut en activité, le prince avait le jour même la nouvelle de ce
qui se passait sur ses frontières; les musulmans n'eurent plus
à craindre les funestes ravages des armées ennemies; et tout
se ressentit des bons effets de cet établissement.

An 568 (1172). Au mois de rebi premier (novembre), les
Francs se réunirent et se portèrent sur le territoire d'Hauran,
dans le gouvernement de Damas. A cette nouvelle Nour'eddin
se mt en marche à la tête de son armée, et se rendit en toute
hâte à Kesouet, d'où il se dirigea contre les Francs. Ceux-ci,
informés de sa marche, vinrent dans le Souad, situé également
dans le territoire de Damas. Les musulmans tombèrent sur
leur arrière-garde, et leur enlevèrent toutes leurs provisions.
Nour'eddin s'étant avancé, arriva à Aschtara, d'où il envoya

un détachement ravager le territoire de Tibériade. A la nouvelle de ses ravages, les Francs allèrent pour l'attaquer, et l'empêcher de pénétrer dans leurs terres. Mais lorsqu'ils furent sur les lieux, les musulmans avaient déjà achevé leurs dévastations; ils s'en retournaient après avoir passé le Jourdain. Les Francs les atteignirent, et il se livra un combat qui fut soutenu de part et d'autre avec une grande constance. Les Francs desiraient recouvrer le butin que les musulmans avaient fait : ceux-ci voulaient le conserver. Après qu'on se fut long-temps battu, ceux qui étaient chargés du butin se trouvèrent déjà éloignés. Les Francs se retirèrent sans avoir pu en reprendre la moindre partie.

Au mois de schowal (1 1 7 3), Saladin, à la tête de son armée, partit de l'Egypte dans l'intention de venir attaquer Carac, et de se concerter avec Nour'eddin pour envahir les terres des Francs, l'un d'un côté, l'autre de l'autre. Nour'eddin, qui avait désapprouvé l'année précédente le retour de Saladin en Egypte, voulait se rendre dans ce pays et s'en emparer. Saladin s'était excusé comme il avait pu, et s'était promis intérieurement de traverser le dessein de Nour'eddin.

Il fut convenu entre eux que Saladin sortirait de l'Egypte, et que Nour'eddin partirait de Damas; que celui qui arriverait le premier attendrait l'autre, et que celui-ci préviendrait du jour où il arriverait. Saladin, comme le plus éloigné, et ayant une route plus difficile à faire, partit aussitôt d'Egypte, et vint à Carac, qu'il assiégea. Nour'eddin ayant reçu la lettre de Saladin qui lui annonçait son départ, distribua de l'argent, acheta des vivres et tout ce qui lui était nécessaire, et arriva à Rakim, à deux petites journées de Carac. Lorsque Saladin apprit que Nour'eddin approchait, ses parents et lui conçurent des inquiétudes; ils décidèrent d'un commun accord qu'il fallait retourner en Egypte, et renoncer au projet de se réunir à

Nour'eddin; car ils pensaient qu'une fois réunis à lui, il lui serait facile d'ôter à Saladin sa dignité. On se remit donc en route pour l'Egypte. Saladin envoya le docteur Yssa à Nour'eddin, pour lui faire recevoir ses excuses : il disait qu'il avait laissé l'administration de l'Egypte à son père, qui était tombé dangereusement malade, et qu'il craignait que sa mort ne fût l'occasion de quelques troubles et ne lui fît perdre ce pays. Saladin chargea en outre son député de riches présents. Le député arriva auprès de Nour'eddin, à qui il fit part de l'objet de sa mission. Cette conduite parut extraordinaire à Nour'eddin. Il comprit la vraie raison du retour de Saladin; mais il dissimula, et dit : « La conservation de l'Egypte est plus importante pour nous que celle de quelques contrées. »

An 569 (1174). Saladin fit mettre en croix plusieurs partisans des fathimides qui avaient voulu le renverser. Il s'était formé une conspiration parmi ces sectaires; à la tête de cette conspiration était Omarah, poète distingué de l'Yémen; il y avait aussi plusieurs soldats égyptiens, des nègres, des gens du palais, et même quelques émirs des troupes de Saladin. Ils avaient écrit aux Francs de la Sicile et de la Syrie, pour les appeler en Egypte. Ils leur offraient de l'argent et des possessions; ils leur promettaient que, pendant que Saladin irait à leur rencontre, ils se jetteraient eux-mêmes sur le Caire et le vieux Caire, pour rétablir l'empire de la dynastie des descendants d'Ali; que les soldats de l'armée de Saladin, qui s'entendaient avec eux, l'abandonneraient, et qu'alors Saladin ne pourrait résister aux Francs; ou que s'il se contentait d'envoyer une armée contre eux, et qu'il restât dans sa capitale, les conjurés se précipiteraient sur lui et s'empareraient de sa personne, car il se trouverait sans défenseurs. Omarah écrivit aux chrétiens qu'il avait fait éloigner le frère de Saladin, en le faisant envoyer dans l'Yémen.

Tout fut convenu avec les chrétiens de la Palestine et de la Sicile, il ne restait plus qu'à voir arriver les Francs; mais par un effet de la protection divine, un prédicateur, nommé Zein'-eddin Ali, fils de Nadja, était dans le secret de la conspiration. Les conjurés se divisèrent sur le choix du visir futur, car ils avaient déjà désigné le khalife. Les enfants de Rezyk disaient : « Il sera pris parmi nous; » les enfants de Schaver prétendaient à la même dignité. Zeineddin, voyant ces divisions, révéla tout à Saladin. Celui-ci lui ordonna de ne pas se séparer des conspirateurs, de s'accorder avec eux dans tout ce qu'ils voudraient, et de l'informer de tout ce qui se ferait de nouveau. En effet Zein'eddin lui révéla successivement tout ce que tramaient les conjurés. Sur ces entrefaites, il vint un ambassadeur du roi des Francs de Syrie auprès de Saladin, auquel il apporta des présents. Il colora ses discours par des mensonges; il parut à l'extérieur être tout entier pour Saladin, mais il était secrètement tout dévoué aux rebelles. Le roi des Francs avait envoyé des agents auprès des conjurés, qui avaient leurs députés auprès de lui. Saladin, informé des liaisons des conjurés avec les Francs, aposta auprès de l'ambassadeur un chrétien dont il était sûr, et qui tira de lui toute la vérité. Pendant ce temps Saladin fit arrêter les chefs de la conjuration, entre autres Omarah, et les fit mettre en croix. Il fit étroitement garder tous les parents d'Adhed. Quant à ceux de ses soldats qui étaient entrés dans la conjuration, il n'eut pas l'air d'avoir été informé de leur conduite. Les Francs de Sicile ne sachant rien de ce qui s'était passé, firent une descente à Alexandrie, comme nous le raconterons. Ceux de la côte maritime qui savaient que la conspiration venait d'échouer, ne firent aucun mouvement.

Après la mort de Nour'eddin, les Francs allèrent mettre le siège devant Panéas. Schams'eddin, fils de Mokadam, rassembla les troupes qui étaient dans Damas, sortit de cette

ville, et envoya un député aux Francs. Celui-ci les caressa
d'abord, puis leur parla avec dureté. « Si vous faites la paix
avec nous, leur dit-il, et si vous vous retirez de devant Panéas, nous serons avec vous comme auparavant : si vous ne
voulez pas la paix, nous écrirons à Seif'eddin, prince de
Mossoul ; nous nous accorderons ensemble ; nous lui deman-
derons son secours ; nous écrirons de même à Saladin, qui
est en Egypte ; nous envahirons vos places de tous côtés,
et vous ne pourrez nous résister. Vous savez que Saladin
craignait de se réunir à Nour'eddin ; mais il n'a plus cette
crainte aujourd'hui, et quand nous le prierons de se porter sur
vos terres, il ne s'y refusera pas. » Les Francs reconnaissant la vérité de ce que disait l'ambassadeur, firent la paix,
moyennant une somme d'argent qui leur fut comptée, et la liberté de plusieurs prisonniers qu'on leur rendit. Saladin ayant
connu ce traité, le désapprouva. Il écrivit à Malek-Saleh et aux
émirs qui étaient avec lui, pour leur témoigner qu'ils avaient
mal fait. Il offrit d'attaquer lui-même les places des Francs, et
d'empêcher les chrétiens de se porter sur celles de Malek-
Saleh. L'intention de Saladin était d'avoir un prétexte de s'emparer des villes de Syrie : mais les émirs de Damas avaient
fait la paix avec les Francs, par crainte de Saladin et de Seif'-
eddin, prince de Mossoul. En effet ce dernier s'était déjà emparé des villes de la Mésopotamie ; ils craignaient qu'il ne passât
en Syrie : ils avaient donc mieux aimé faire la paix avec les
Francs, que d'avoir à repousser les attaques de l'un à l'Occident, et de l'autre à l'Orient.

An 570 (1174). Les Egyptiens, comme nous l'avons dit,
avaient écrit au roi des Francs de la côte maritime et au roi de
Sicile, de venir en Egypte, afin d'en chasser Saladin. Le roi de
Sicile équipa une grande flotte, dont deux cents navires portaient des guerriers, et trente-six autres portaient des chevaux.

Il y en avait en outre six qui étaient chargés d'instruments de guerre, et quarante bâtiments remplis de provisions. Il y avait sur cette flotte cinquante mille fantassins et quinze cents cavaliers; elle était commandée par le cousin du roi de Sicile; elle fit voile vers Alexandrie, où elle arriva le 26 de doulhedjah (fin de juillet) de l'année précédente. Les habitants d'Alexandrie, qui ne s'attendaient à rien de semblable, coururent tous aux armes pour empêcher le débarquement de ces troupes et pour éloigner la flotte de leur ville; mais le gouverneur le leur défendit, et leur ordonna de se tenir sur les remparts de la ville. Les Francs descendirent donc à terre du côté du Phare, et s'avancèrent vers la place. Ils dirigèrent leurs machines de guerre contre les murs et poussèrent le siège avec vigueur. Les habitants, quoiqu'ils ne fussent soutenus que par un petit nombre de troupes, résistèrent avec courage. On écrivit à Saladin, à qui on demandait du secours pour repousser l'ennemi. Le premier combat dura jusqu'à la fin du jour. Le lendemain les Francs le renouvelèrent; et comme ils ne cessaient d'avancer, leurs machines de guerre arrivèrent jusqu'aux murs. Ce jour-là on vit arriver toutes les troupes qui étaient cantonnées dans les environs d'Alexandrie. Ces renforts doublèrent le courage des habitants, qui combattirent avec plus de constance et d'ardeur. Le troisième jour les assiégés firent une sortie sur les Francs, qu'ils attaquèrent de toutes parts en jetant de grands cris. Les Francs furent effrayés; le combat fut vif. Les musulmans parvinrent à la principale machine, et y mirent le feu. Ils combattirent avec la plus grande audace, et Dieu leur accorda la victoire. Le combat ne cessa qu'à la fin du jour. Les habitants rentrèrent dans la ville, triomphants et pleins de joie. Les Francs eurent un grand nombre de fantassins tués ou blessés. Quant à Saladin, dès qu'il eut reçu la lettre dont nous venons de parler, il se mit en marche avec son armée, et envoya devant lui un mamelouk, à qui il donna trois chevaux, afin qu'il portât plus vite la nouvelle de son départ. Comme il craignait pour Damiette, il y envoya une autre partie de son armée. Le mamelouk fit tant de diligence, qu'il arriva le soir du même jour où s'était livré le dernier combat. On publia dans la ville la prochaine arrivée de Saladin et de son armée. A cette nouvelle, les guerriers oubliant leur fatigue et leurs blessures, retournèrent au combat : chacun croyant déjà que Saladin combattait avec lui, déployait autant d'ardeur que s'il l'avait eu pour témoin de son courage. Quand les Francs surent que Saladin approchait avec son armée, le courage les abandonna. Les musulmans se précipitant, à la faveur de la nuit, sur le camp des ennemis, le pillèrent et enlevèrent des armes, de l'argent et une grande quantité de bagages. Plusieurs Francs furent tués; un grand nombre s'enfuirent vers la mer et firent approcher du rivage les vaisseaux pour y monter. Les uns se sauvèrent, mais les autres furent noyés. Quelques musulmans s'approchèrent en nageant des vaisseaux francs, les percèrent et les submergèrent : le reste effrayé prit promptement la fuite. Trois cents cavaliers francs se réfugièrent sur une colline, et s'y défendirent jusqu'au lendemain. Les habitants de la ville vinrent à bout de les vaincre : les uns furent tués, les autres furent faits prisonniers.

An 572 (1176). Schams'eddin, gouverneur de la citadelle de Baalbek, informé qu'un corps de Francs était dans la Cœlesyrie qu'ils ravageaient, marcha contre eux et leur tendit des embûches. Il surprit les ennemis, en tua plusieurs, et fit deux cents prisonniers qu'il envoya à Saladin. Touranschah, frère de ce prince, qui était revenu de l'Yémen à Damas, apprit qu'un autre corps de Francs était entré sur le territoire de cette ville pour le ravager. Il s'avança contre eux, et les rencontra dans un lieu nommé la source de Harfy; mais il ne

put leur résister, et prit la fuite. Les Francs se répandirent
alors dans le pays, et réparèrent la perte que Schams'eddin
leur avait fait éprouver.

An 573 (1177). Au mois de djoumadi premier, Saladin
partit d'Egypte pour attaquer les places que les Francs avaient
sur la côte maritime. Il avait rassemblé des troupes nombreuses. Il ne cessa de marcher avec la plus grande diligence
jusqu'à ce qu'il fût arrivé devant Ascalon. Il pilla le pays, fit
des prisonniers et dispersa ses troupes dans tout le territoire.
Les musulmans ne voyant point d'ennemis, ni aucun pré-
paratif pour les repousser, conçurent le desir de s'étendre
davantage, et crurent pouvoir le faire en toute sûreté. Saladin
se proposant d'assiéger quelques places-fortes, vint à Ramlah.
Etant arrivé au fleuve, ses troupes se présentèrent en foule
pour le traverser; elles n'avaient pas encore toutes passé,
que les Francs vinrent fondre sur elles. Saladin n'avait alors
avec lui qu'une partie de son armée; l'autre, qui était la plus
nombreuse, s'était dispersée pour marauder. Le sulthan se
prépara à recevoir les chrétiens. Son neveu Taki-eddin vint se
placer devant lui et commença le combat. Il y eut de part et
d'autre grand nombre de morts. A la fin les musulmans furent
entièrement défaits. Un Franc s'étant précipité sur Saladin,
était près de l'atteindre; mais il fut tué sous les yeux du sulthan. Une multitude de Francs s'approchant de lui, Saladin
se retira, mais lentement; il s'arrêta ensuite, pour donner le
temps à l'armée de le joindre, jusqu'à l'approche de la nuit. Il
prit alors la route d'Egypte, accompagné de peu de monde. Il
y éprouva beaucoup de misères; il manqua de vivres et d'eau.
La plupart des bêtes de somme de l'armée périrent de faim et
de soif, à cause de la rapidité de la marche. Quant à la partie
de l'armée qui s'était dispersée pour ravager le territoire des
Francs, elle fut ou tuée ou faite prisonnière. Plusieurs des

fuyards, qui s'égarèrent dans leur chemin, furent aussi faits prisonniers. Ils demeurèrent tous captifs pendant deux ans. Le docteur Yssa fut fait prisonnier avec son frère : il avait su allier la science, la piété et la bravoure. Saladin le racheta deux ans après, pour soixante mille écus d'or.

Au mois de djoumadi premier, les Francs assiégèrent Hamah. Un grand comte (seigneur franc), qui était arrivé par mer sur la côte de Syrie, apprenant que Saladin était retourné en Egypte, crut l'occasion favorable pour s'emparer des villes occupées par les musulmans et dépourvues alors de défenseurs. Ce comte rassembla les Francs de Syrie et leur distribua de l'argent. Il s'avança ensuite à leur tête vers Hamah, et y mit le siége. Il y avait alors dans le voisinage un corps de troupes de l'armée de Saladin, qui entrèrent dans la ville et y portèrent du secours. Les Francs poussèrent le siége avec vigueur. Un jour ils livrèrent d'un côté un assaut qui faillit leur ouvrir l'entrée de la place. Les habitants et la garnison se portèrent ensemble sur ce côté. On se battit de part et d'autre avec chaleur. Les généreux musulmans combattant pour leur vie, pour leurs parents et pour leurs richesses, s'exposèrent à la mort et chassèrent les Francs de la ville. Le combat dura nuit et jour hors des murs. Les cœurs des musulmans se raffermirent quand ils virent les Francs hors de la ville; leur ardeur s'augmenta : ils tuèrent beaucoup d'ennemis. Ceux-ci se retirèrent sans avoir pu accomplir leur desir : ils se portèrent du côté de Harem, qu'ils assiégèrent. Ils dirigèrent contre cette citadelle leurs machines et leurs échelles, et continuèrent le siége jusqu'à ce que Malek-Saleh leur eût offert une somme d'argent et leur eût dit que Saladin viendrait bientôt en Syrie, et que peut-être les habitants lui livreraient la place. Ces raisons décidèrent les Francs à abandonner le siége. Lorsqu'ils furent partis, Malek-Saleh envoya une armée qui assiégea cette même citadelle. Pendant le siége fait par les Francs, les habitants avaient montré beaucoup d'ardeur et de constance. Plusieurs des leurs avaient été tués ou blessés. Comme ils étaient tous fatigués, ils livrèrent la citadelle à Malek-Saleh.

An 574 (1178). Au mois de rebi premier, une armée de Francs revint dans le territoire de Hamah pour le piller et le ravager. Ils dévastèrent et incendièrent les bourgs, firent des prisonniers et tuèrent plusieurs habitants. L'armée de Hamah, quoiqu'elle fût peu nombreuse, marcha contre les Francs, les rencontra et les combattit. Les Francs furent mis en fuite : plusieurs furent tués, d'autres faits prisonniers. Les musulmans recouvrèrent le butin qui avait été enlevé dans les campagnes. Saladin était déjà revenu d'Egypte en Syrie, et se trouvait à Emesse. On lui apporta les têtes des ennemis tués, et on lui amena les prisonniers, qu'il fit mourir.

Au mois de doulkaada (mai 1179), les Francs se réunirent et marchèrent sur Damas, ayant leur roi à leur tête. Ils firent des excursions sur le territoire de cette ville, mettant tout à feu et à sang, et réduisant les habitants en servitude. Saladin envoya contre eux Ferokschah son neveu, avec une partie de l'armée. Il lui ordonna, quand il serait près d'eux, de l'en informer par le moyen des pigeons, afin qu'il se mît lui-même en marche et allât se joindre à lui. Il lui recommanda aussi d'ordonner aux habitants de se retirer devant les Francs. Ferokschah partit avec son armée pour aller à la recherche des ennemis, et les ayant rencontrés inopinément, il fut forcé de combattre. On ne vit jamais d'engagement aussi vif : Ferokschah combattit jusqu'au soir. Les Francs furent défaits et mis en fuite. Plusieurs de leurs chefs furent tués, entre autres Honfroy, dont la prudence et la bravoure avaient passé en proverbe. L'armée musulmane ne comptait pas plus de mille cavaliers.

Dans cette même année, le prince d'Antioche et de Laodicée

assiégea Schayzar et s'en rendit maître. Le comte de Tripoli fondit sur une grande troupe de turcomans et lui enleva ses bagages. Saladin était alors campé près de Panéas. Il envoya son neveu Taki-eddin à Hamah, et son cousin Naser-eddin à Emesse. Il leur ordonna de défendre ces places et leur territoire.

An 575 (1179). Les Francs avaient construit une forteresse près de Panéas, dans un lieu nommé le Gué d'Ahsan. Saladin, qui le sut, partit de Damas, et vint à Panéas, où il s'arrêta. Il envoya de là des détachements faire des excursions sur les terres des Francs. Il alla ensuite lui-même vers la forteresse, dans le dessein d'en examiner la force, et d'y revenir plus tard avec son armée. Les Francs qui étaient dedans se défendirent, et Saladin se retira. Au commencement de l'année suivante, ce prince se trouvait encore à Panéas, d'où il pouvait faire des excursions sur le territoire ennemi. Il envoya une partie de son armée faire des provisions. Les Francs ayant leur roi à leur tête, tombèrent subitement sur les musulmans, qui envoyèrent aussitôt prévenir Saladin de ce qui se passait. Saladin partit en diligence avec le reste de son armée, et arriva au moment du combat. Les Francs se battaient avec vigueur : plusieurs fois ils avaient fondu sur les musulmans, qui faillirent lâcher le pied. A la fin Dieu aida les musulmans ; les chrétiens furent mis en fuite. Plusieurs d'entre eux furent tués : leur roi s'enfuit ; beaucoup d'autres furent faits prisonniers. Du nombre de ces derniers furent le fils de Sardan, seigneur de Ramlah et de Naplouse, le frère du seigneur de Djoubail, le seigneur de Tibériade, les grands-maîtres des Templiers et des Hospitaliers, le seigneur de Djinin, et d'autres illustres chevaliers. Le fils de Sardan se racheta moyennant cent mille écus d'or de Tyr, et la liberté qu'il rendit à mille captifs musulmans. Ferokschah fut le principal auteur du succès de cette journée.

Saladin retourna après cela à Panéas, et se prépara à faire le siége de la forteresse. Il s'y rendit au mois de rebi premier. Il envoya des détachements ravager les terres des Francs, et fit ramasser beaucoup de bois propres à construire des machines de guerre. Djaouali, le premier des émirs, lui dit : « Il me semble qu'il vaut mieux livrer un assaut à la place pour essayer ses forces et tâcher de la prendre. Si nous n'y réussissons pas, nous recourrons à nos machines de guerre. » Ce conseil ayant été goûté, on cria à l'armée de se préparer à l'attaque. Le combat commença, et il fut violent : l'un escalade les murs et repousse l'ennemi ; un autre en fait autant, et successivement les soldats s'emparent de l'avant-mur (baschourah). De leur côté, les Francs montent sur les murs de la forteresse pour défendre leurs remparts et leur vie. Ils combattent jusqu'à ce que des secours leur arrivent. Les musulmans avaient mis la plus grande diligence à attaquer cette forteresse, pour prévenir les Francs, réunis à Tibériade, qui se disposaient à marcher. Saladin ordonna aux siens de passer la nuit sous l'avant-mur. Au lever de l'aurore, ils firent des brèches aux murs, et lancèrent des feux par ces brèches : ils espéraient que les murs s'écrouleraient tout entiers ; mais ils étaient trop épais, car ils avaient neuf coudées d'épaisseur. Saladin fit alors éteindre les feux qu'on avait allumés dans les brèches. On apporta de l'eau, et les feux furent éteints. On recommença à creuser les murs, qui s'écroulèrent. Le jeudi 6 de rebi premier, les musulmans entrèrent dans la forteresse, et rendirent à la liberté ceux des leurs qui y étaient retenus prisonniers. Une partie de l'armée retourna à Damas. Schems'eddauleh demanda Alexandrie à la place de Baalbek. Saladin le lui accorda, et Baalbek fut cédé à son neveu Ferokschah. Celui-ci, en s'y rendant, fit une excursion sur le territoire des Francs, et s'avança jusqu'à la citadelle de Sefed, qui dominait sur Tibériade. Il fit des prisonniers, enleva beaucoup de butin, et causa de grands dommages aux Francs.

An 577 (1181). Renaud, prince de Carac, un des ennemis les plus acharnés des musulmans, avait réuni son armée
et tous ceux qu'il avait pu rassembler, dans l'intention d'entrer
dans l'Arabie, et de se porter de là sur la ville du prophète.
Ferokschah, instruit de ce dessein, rassembla l'armée de
Damas et s'avança vers Carac, dont il ravagea le territoire. Il
y resta pour empêcher le départ du prince, et arrêter ses
projets. Les choses traînant en longueur, et les deux armées restant en présence l'une de l'autre, le prince Renaud comprit que
les musulmans ne quitteraient pas le pays qu'il n'eût congédié
ses troupes; ce qu'il fit en effet. Ferokschah voyant que l'ennemi avait renoncé à son dessein, retourna à Damas.

An 578 (1182). Le 5 de moharram (11 mai), Saladin se
mit en marche pour la Syrie; il se dirigea par la forteresse d'Ela,
et apprit en chemin que les Francs s'étaient réunis pour l'attaquer et pour l'empêcher d'avancer. Mais lorsqu'il fut arrivé sur
leurs terres, il les trouva hors d'état de combattre. Il envoya
ses bagages à Damas, et s'arrêta avec son armée. Il pénétra
ensuite sur le territoire de Carac et de Schaubek. Aucun franc
ne s'étant présenté devant lui, Saladin retourna à Damas.

Dans ce même mois, les musulmans s'emparèrent de Schakyf, en Syrie, ville possédée par les Francs, et située dans
le territoire de Tibériade, dont elle dominait les villages; les
Francs, sur la nouvelle de la marche de Saladin en Syrie,
s'étaient réunis de toutes parts avec leur cavalerie et leur infanterie; ils étaient venus à Carac, près de la route que Saladin
devait prendre, pour y attendre l'occasion de remporter quelque victoire, ou empêcher les musulmans de passer. Leurs
villes de Syrie se trouvant ainsi sans défense, Ferokschah
rassembla toutes les troupes qu'il avait, et se porta sur
leurs terres. Il pilla Dabourieh et les villages voisins; il fit

prisonniers ou tua les hommes, et emmena les femmes en servitude; il enleva toutes les richesses du pays, et s'empara de Schakif, qui inquiétait beaucoup les musulmans. Je fus envoyé à Saladin pour lui annoncer cet heureux événement; je le rencontrai en chemin. Cette conquête de Ferokschah abattit le courage des Francs.

Lorsque Saladin fut arrivé à Damas, il y resta quelque temps pour prendre du repos et en donner à son armée. Il se porta ensuite sur les terres des Francs, et se dirigea vers Tibériade. Lorsqu'il en fut près, il campa à Akhwanah, près du Jourdain. Les Francs arrivèrent à Tibériade avec leurs troupes réunies. Saladin envoya Ferokschah à Beyssan; et celui-ci y étant entré de force, enleva tout ce qu'il y trouva, et y fit des prisonniers. Saladin se porta sur le pays de Gour, où il mit tout à feu et à sang. Des corps d'Arabes ravagèrent le territoire de Djinin et de Ladjouna, et s'avancèrent jusqu'auprès d'Acre. Les Francs partirent alors de Tibériade, et vinrent camper au pied de la montagne de Kaukab. Saladin s'approcha d'eux, et les fit attaquer à coups de traits. Mais les Francs n'osèrent sortir de leur camp et hasarder le combat. Saladin ordonna alors à Taki'eddin et à Ferokschah de se porter sur les Francs avec leurs troupes, ce qu'ils firent avec beaucoup de vigueur. Les Francs se retirèrent et se réfugièrent à Afarbela. Saladin voyant cela, s'en retourna à Damas. L'armée musulmane se porta ensuite sur Bérite, dont elle ravagea le territoire. Le sultan avait ordonné à la flotte d'Egypte de se rendre devant cette place. Il suivit bientôt lui-même ses troupes de terre, et lui-même les y joignit, en portant partout le ravage. Mais la flotte n'arriva pas. Saladin néanmoins attaqua la place pendant plusieurs jours, il avait résolu d'en poursuivre le siége jusqu'à ce qu'il s'en rendît maître. Pendant qu'il y était occupé, il apprit qu'un vaisseau franc, allant en Palestine, venait d'échouer sur la côte de Damiette, qu'une partie de l'équipage avait été submergée, et le reste fait prisonnier. Le nombre des captifs était de cent soixante-six. Saladin fit publier partout cette heureuse nouvelle.

Renaud fit construire à Carac une flotte, dont il fit transporter par terre les matériaux à Ela; les ayant fait réunir, en peu de temps la flotte se trouva montée, Renaud la remplit de guerriers, et la confia à la mer. Il la partagea en deux divisions, dont une resta près de la citadelle d'Ela, qui appartenait aux musulmans, pour en faire le siége; cette division empêcha les habitants de faire de l'eau, et les réduisit aux dernières extrémités. L'autre division fit voile vers Aydab, et infesta la côte; elle pilla et enleva tous les bâtiments musulmans. Comme les Francs n'avaient jamais paru dans cette mer, ni comme guerriers, ni comme marchands, les habitants se trouvèrent pris au dépourvu. Malek-Adel équipa aussitôt une flotte, dont il donna le commandement à Loulou. Celui-ci se mit promptement à la poursuite des Francs. Il attaqua d'abord ceux qui assiégeaient Ela, et se précipita sur eux comme l'épervier se précipite sur sa proie; il les combattit, en tua une partie, et fit le reste prisonnier. Il se dirigea ensuite sur la seconde division, sans pouvoir la joindre. Les Francs, après avoir enlevé tout ce qu'ils avaient trouvé du côté d'Aydab, et tué tous les musulmans qu'ils y avaient rencontrés, étaient allés sur la côte orientale de la Mer-Rouge, commettre les mêmes excès. Leur intention était d'envahir la Mekke et Médine, de tomber sur les pèlerins, de les chasser des lieux saints, et de se porter ensuite sur l'Yémen. Lorsque Loulou fut arrivé à Aydab, et qu'il ne vit point de Francs, il se mit sur leurs traces jusqu'à Rabog, et les y surprit. Les Francs, voyant le danger dont ils étaient menacés, descendirent à terre, et se retirèrent dans des défilés qui se présentèrent à eux. Loulou débarqua, les poursuivit et leur livra un rude combat. Montant ensuite sur les chevaux des gens du pays, il poursuivit les chrétiens, et fit un grand nombre de prisonniers. (Voyez Aboulféda.)

An 579 (1183). Le 10 de moharam (4 mai), une flotte musulmane sortit des ports d'Egypte, et rencontra un bâtiment chrétien, qui portait environ trois cents guerriers très bien équipés; ils apportaient aux Francs de la côte maritime des armes et de l'argent. Les musulmans attaquèrent ce bâtiment. On combattit de part et d'autre avec vigueur. La victoire resta aux musulmans, qui firent des prisonniers, tuèrent beaucoup de Francs, et s'enrichirent de tout ce que ceux-ci avaient avec eux. Après cette victoire, les musulmans s'en retournèrent sains et saufs en Egypte. Dans le même temps, une troupe de Francs se porta sur le château de Daroun, pour piller les environs. Les musulmans l'ayant appris, sortirent contre eux, en prenant la route de Sadra et d'Ela. Les Francs, pour les éviter, se rendirent aux eaux appelées les *eaux de miel*. Les musulmans, tourmentés par la soif, se portèrent aussi de ce côté, et s'aperçurent bientôt que les Francs étaient maîtres des eaux. Le temps était sec et la chaleur ardente; mais tout-à-coup le ciel se couvrit de nuages, et il tomba une pluie qui étancha la soif des musulmans, leur rendit le courage et la confiance en Dieu. Ils se battirent contre les Francs, et restèrent victorieux. Il ne se sauva des ennemis que ceux qui purent s'enfuir isolément. Les musulmans se rendirent maîtres de leurs armes et de leurs bêtes de somme, et s'en retournèrent triomphants.

Les troupes de Saladin étant de retour de leur expédition de Beyssan, se préparèrent au siége de Carac. Saladin se mit en marche à la tête de son armée, et écrivit à son frère Adel, son lieutenant en Egypte, de partir avec toutes ses troupes pour venir à Carac. Adel avait déjà demandé à Saladin Alep et sa citadelle. Saladin les lui donna, et lui enjoignit

29.

en même temps d'amener sa famille et ses richesses. Le sulthan arriva devant Carac. Son frère le joignit peu de temps après avec les troupes d'Égypte, qui étaient très nombreuses. Saladin commença aussitôt le siége, et s'empara des faubourgs de la ville; il put de là attaquer avec avantage la citadelle. Sept machines de guerre ne cessèrent, jour et nuit, de lancer des pierres; mais Saladin, qui s'était attendu à être contrarié dans ce siége par toutes les forces chrétiennes, et qui n'avait point de machines assez fortes ni assez grandes pour attaquer une pareille place, se retira.

An 580 (1184). Saladin rassembla ses armées; entre autres auxiliaires était Nour'eddin Mohammed, fils de Cara-Arslan, prince de Hisn-Kaifah. Le sulthan arriva devant Carac, qu'il assiégea et serra de près. Il dirigea ses machines contre les faubourgs; l'attaque fut vive. Les musulmans se rendirent maîtres de la ville. Il ne restait plus que le château, qui était situé, de même que les faubourgs, sur le plateau de la même montagne; seulement il en était séparé par un grand fossé de soixante coudées de profondeur. Le sulthan ordonna d'y jeter des pierres et de la terre; mais les soldats ne purent en approcher, à cause de la quantité de flèches que les arcs et les catapultes lançaient, et des pierres que les machines faisaient pleuvoir sur les assiégeants. Le sulthan fit construire en briques et en bois une galerie, sous laquelle les soldats purent arriver au fossé, sans être inquiétés par les traits ou les pierres. Pendant qu'ils travaillaient ainsi à combler ce fossé, les machines battaient la place nuit et jour. Les Francs qui la défendaient écrivirent à leur roi et à leurs chevaliers, pour leur demander du secours; ils leur dirent combien ils étaient faibles et hors d'état de défendre la citadelle. Les Francs se rassemblèrent jusqu'au dernier, et s'armèrent avec la plus grande diligence. Saladin, informé de leur marche, alla à leur rencontre pour leur livrer combat. Son

intention était de revenir quand il les aurait mis en fuite.
Lorsqu'il fut près d'eux, il dressa son camp ; mais le terrain
raboteux et la difficulté du chemin qui conduisait à l'ennemi,
l'empêchèrent de le joindre de près. Il resta quelques jours,
attendant que les Francs quittant le lieu qu'ils occupaient, il
pût les attaquer; mais les Francs, frappés de terreur, restèrent
immobiles. Saladin, voyant cela, s'éloigna de plusieurs parasanges, laissant devant eux un corps chargé d'observer leurs
mouvements et de l'en instruire. Les Francs s'avancèrent pendant la nuit vers Carac. Quand Saladin le sut, il comprit qu'il
ne pouvait ni les prévenir, ni se rendre maître de la place. Il
retourna donc à Damas, pillant tout sur son passage.

An 582 (1185). Raymond, comte de Tripoli, avait épousé
la princesse de Tibériade, et s'était retiré dans cette ville auprès
d'elle. Le roi des Francs de Syrie, dit le Lépreux, avait laissé, en
mourant, son royaume au fils de sa sœur, lequel était encore en
bas âge. Le comte était curateur de cet enfant; il prit en main
les rênes du royaume et gouverna à sa place. Personne ne
jouissait alors chez les Francs de plus de considération, et ne la
méritait autant par son courage et par sa prudence. Le bas âge
de son pupille lui permettait d'aspirer au trône; mais à la mort
de cet enfant, le sceptre fut remis aux mains de sa mère. Le
comte se vit ainsi frustré dans toutes ses espérances. La princesse, devenue reine, conçut ensuite de l'amour pour un Franc
qui était venu d'Occident en Syrie, et qui se nommait Guy;
elle l'épousa et lui mit la couronne sur la tête. Elle convoqua le
patriarche, les prêtres, les moines, les Hospitaliers, les Templiers et les barons; elle leur déclara qu'elle avait remis le
sceptre dans les mains de Guy, et les prit tous à témoins de
cette déclaration. Tous lui jurèrent obéissance et se soumirent.
Cette conduite parut étrange au comte; il en montra tout son
étonnement. On lui demanda compte de l'emploi des deniers

qu'il avait touchés pendant l'administration de son pupille. Il
déclara que tout ce qu'il avait dépensé, il l'avait fait pour les intérêts de l'état. Mais cette demande excita son mécontentement;
il parut se séparer des autres Francs. Il écrivit à Saladin pour
implorer son secours et son appui. Saladin se réjouit, ainsi que
tous les musulmans, de cette démarche de Raymond; il promit
au comte de lui donner tous les secours qu'il desirerait, et de le
seconder de tous ses moyens pour qu'il régnât seul sur tous les
Francs. Saladin avait auprès de lui des chevaliers du comte,
qui étaient ses prisonniers; il leur rendit la liberté; et cette manière d'agir gagna tellement Raymond, qu'il montra le plus
grand dévouement au sulthan. Ce fut là l'origine de cette division
entre les Francs, qui fut la principale cause de la prise de leurs
villes et de la conquête de Jérusalem. Le sulthan envoya un
détachement vers Tibériade; ce détachement pénétra sur les
terres des Francs, et revint après s'y être enrichi de butin.
Cette excursion, en affaiblissant l'ennemi, donna plus de courage et inspira plus d'ardeur aux musulmans.

Renaud, prince de Carac, était de tous les Francs l'ennemi
le plus perfide et le plus acharné contre les musulmans; c'était
celui qui leur faisait le plus de mal. Plusieurs fois Saladin avait
attaqué sa forteresse et fait des excursions sur ses terres. Renaud s'humilia, devint suppliant, et demanda la paix; Saladin la lui accorda. Cette paix fut jurée par serment, et les caravanes purent aller librement de Syrie en Egypte. Cette année, il en passa une sur les terres de Renaud, qui était très
riche, très nombreuse, et escortée d'une troupe de soldats.
Le perfide Renaud s'empara de tous ceux qui la composaient;
il s'en appropria les richesses, les armes, etc., et fit jeter
en prison les soldats. Saladin lui écrivit pour lui reprocher sa détestable conduite, et le menaça, s'il ne rendait pas
les captifs et les richesses qu'il avait enlevés; mais Renaud ne

voulut rien rendre, et persista dans son refus. Le sulthan fit
alors serment de tuer Renaud, s'il l'avait jamais en son pouvoir.

An 583 (1187). Saladin fit un appel aux habitants de tous
les pays; il écrivit à Mossoul, en Mésopotamie, à Arbelle, etc.;
il invita à la guerre sacrée les guerriers égyptiens et toutes
les cités de la Syrie, et enjoignit à tous de venir se réunir à lui,
suivis de l'appareil le plus formidable. Il partit de Damas à la
tête de son armée, au commencement de moharam; il était
accompagné de sa garde. Il s'avança jusqu'à Rasselma où les
armées de Syrie vinrent le joindre; il en confia le commandement
à son fils Afdhal, et sur-le-champ il se mit en route pour Bosra :
la raison qui le portait à s'avancer vers ce point, était l'avis qu'il
avait eu que le prince Renaud était dans l'intention d'attaquer les
pélerins de la Mekke et de les enlever, puis d'aller à la rencontre de l'armée d'Egypte. Saladin s'avança donc vers Bosra,
pour empêcher Renaud d'exécuter son projet et le forcer à rester dans Carac. Il se trouvait, d'ailleurs, parmi les pélerins de
la Mekke, beaucoup de parents de Saladin. Renaud apprenant
que le sulthan approchait de sa ville, n'en sortit pas; tous ses
projets furent ainsi rompus, et la caravane arriva saine et
sauve. Lorsque Saladin se vit délivré de cette inquiétude, il
s'avança sur Carac, l'assiégea et la serra étroitement; c'est là
qu'il attendit l'armée d'Egypte, qui, en effet, vint l'y joindre.
Saladin détacha alors plusieurs corps de ses armées, et les
envoya sur le territoire de Carac, de Schaubek et autres lieux,
pour le piller, le ravager et l'incendier. Le prince assiégé ne
put défendre ses places, et tous les Francs qui s'y trouvaient
se virent obligés d'y rester, par la crainte que leur inspiraient
les troupes commandées par Afdhal.

Saladin écrivit ensuite à son fils Afdhal pour lui ordonner d'envoyer une bonne partie de son armée sur le territoire d'Acre,
afin de le piller et de le ravager. Afdhal envoya Mozaffer'eddin,

prince de Harran et d'Edesse, et d'autres émirs distingués; ils
en vinrent aux mains près de Seforieh, avec les ennemis. Il
se livra un combat *capable de blanchir les cheveux de la
téte*. Dieu accorda la victoire aux musulmans. Les Francs
furent défaits, un grand nombre fut tué, le reste fut fait prisonnier. Parmi les morts on trouva le grand-maître des Hospitaliers, illustre parmi les chevaliers francs, et le fléau des musulmans. Ceux-ci pillèrent tous les lieux voisins, et s'en retournèrent, emmenant en servitude un grand nombre d'habitants.
Dans leur retour, ils traversèrent les plaines de Tibériade, où
était le comte, qui supporta ce passage sans se plaindre. La
nouvelle de cet heureux événement fut portée à Saladin et dans
toutes les villes musulmanes. Le sulthan, après l'avoir reçue,
quitta Carac, et se rendit à l'armée d'Afdhal. Toutes les troupes
auxiliaires s'y réunirent aussi. Il s'y trouva dix mille guerriers à cheval, sans compter les volontaires. Saladin rangea
toute l'armée en ordre de bataille, et marqua la place à chacun. Il arriva ainsi à Akhouan, près de Tibériade. Le comte,
comme nous l'avons dit, avait eu recours à Saladin; il lui
écrivait souvent des lettres dans lesquelles il l'assurait de son
amitié. Lorsque les Francs virent les armées musulmanes
réunies et prêtes à attaquer leurs places, ils députèrent vers
le comte, le patriarche, des prêtres, des moines et plusieurs
chevaliers qui lui reprochèrent son alliance avec Saladin,
et lui dirent : « Vous avez sans doute embrassé la loi de Mohammed ; si cela n'était pas, vous n'auriez pas souffert ce que les
musulmans ont fait hier aux Francs ; ils ont tué les Hospitaliers et les Templiers ; ils en ont fait d'autres prisonniers. Ils
ont passé près de vous avec eux, et vous les avez laissé passer.
Les troupes du comte parlaient dans le même sens. Le patriarche le menaça de l'excommunier et de dissoudre son mariage. Le comte fut saisi de crainte ; il donna des excuses et

renonça aux engagements qu'il avait pris avec le sulthan. Les Francs reçurent ses excuses et lui pardonnèrent. Ils le conjurèrent de se réunir à eux contre les musulmans. Le comte promit de joindre ses troupes aux leurs, alla trouver le roi des Francs, et se réconcilia avec lui. Les chrétiens ayant réuni leur cavalerie et leur infanterie, se portèrent d'Acre sur Seforieh, avançant d'un pied et reculant de l'autre; car leurs cœurs étaient remplis de crainte.

Lorsqu'ils y furent arrivés, Saladin réunit ses émirs en conseil. Plusieurs l'engagèrent à ne point livrer de combat, mais à affaiblir les Francs, en faisant plusieurs excursions sur leurs terres, et en y portant le ravage. Un d'eux lui dit : « Mon opinion est que nous attaquions leurs places, que nous les détruisions par le fer et le feu, et que nous réduisions les habitants en servitude. Si nous rencontrons une troupe de Francs, nous la combattrons. Les peuples d'Orient trouvent juste que nous combattions les infidèles qui sont venus combattre les musulmans : il convient donc que nous nous conduisions de manière à empêcher les langues de parler contre nous. » Saladin dit à son tour : « Mon opinion est que nous livrions bataille à tous les infidèles de concert avec tous les musulmans; car les événements sont indépendants des volontés des hommes. Nous ne savons pas combien de jours nous sont réservés. Il ne convient pas que nous renvoyions cette multitude sans offrir à son zèle l'occasion de se signaler dans la guerre sacrée. Saladin partit d'Akhouan, où il était campé, et s'avança jusqu'à ce qu'il eut à dos la ville de Tibériade. Il monta la colline qui en est voisine, et s'approcha du camp des Francs : mais aucun ne se montra; car ils ne quittaient pas leurs tentes. Il fit dresser son pavillon et ordonna à l'armée de tendre les siens. A l'approche de la nuit, il plaça devant le camp des Francs des corps de troupes chargés d'arrêter les ennemis. Il descendit ensuite

vers Tibériade, qu'il attaqua : il enfonça une de ses tours, et
prit la ville de force. Tous les habitants se réfugièrent pendant
la nuit dans la citadelle et s'y défendirent. La comtesse de Tibériade y était avec ses enfants. Saladin mit le feu à la ville.
Lorsque les Francs apprirent ces nouvelles, ils tinrent conseil. Quelques-uns furent d'avis de marcher contre les musulmans, de les attaquer et de leur couper le chemin. Le comte
se leva et dit : « Tibériade nous appartient à mon épouse et à
moi. Saladin a fait dans la ville tout ce qu'il a voulu. La citadelle reste, et ma femme y est. Je supporterai volontiers qu'il
prenne la citadelle, et ma femme, et tout ce qui nous appartient;
mais pour Dieu retournons sur nos pas. Je n'ai jamais vu d'armée musulmane plus nombreuse ni plus puissante. Saladin ne
pourra rester dans Tibériade; car il serait obligé de s'y arrêter
avec toute son armée, chose à laquelle ses troupes ne con-
sentiront jamais. Nous la reprendrons, et nous délivrerons
ceux qu'il aura faits prisonniers. » Le prince de Carac lui répondit : « Vous avez voulu nous faire peur des musulmans; vous
êtes sans doute pour eux; car autrement vous ne parleriez
pas ainsi. Quant à ce que vous dites de leur grand nombre, la
grande quantité de bois ne nuit point au feu. — Je suis des
vôtres, reprit le comte. Si vous avancez, j'avancerai; si vous
reculez, je reculerai : vous verrez ce qui arrivera. La proposition de marcher contre les musulmans prévalut. L'armée des
Francs se mit en marche pour livrer combat. A cette nouvelle,
Saladin revint de Tibériade à son camp; car en attaquant cette
ville il n'avait eu pour but que d'attirer les Francs hors de
leurs positions, afin de leur livrer plus facilement combat.
Les musulmans étaient campés près des eaux. On était en
été; la chaleur était extrême. Les Francs, tourmentés par la
soif, ne pouvaient approcher. Les puits qu'ils rencontraient
étaient à sec; ils ne pouvaient reculer, dans la crainte d'être

attaqués par les musulmans. Ils restèrent jusqu'au jour suivant dans cet état pénible. Quant aux musulmans, ils desiraient ardemment d'en venir aux mains; la victoire leur semblait assurée. Toutes les fois qu'ils jetaient les yeux sur les Francs, il les voyaient, contre leur coutume, abattus, faibles et manquant de secours. Le desir de les attaquer augmentait à chaque instant; ils sentaient leur courage croître en proportion. Toute la nuit ils louèrent et glorifièrent Dieu. Le sulthan, pendant cette même nuit, rangea la première ligne de son armée, et lui fit distribuer des flèches.

Le samedi matin, 24 de rebi second, Saladin rangea les musulmans en ordre de bataille, et se porta sur les Francs. Ceux-ci, de leur côté, se préparèrent au combat, et de part et d'autre on marcha en avant; mais les Francs étaient affaiblis par la soif qu'ils éprouvaient. On en vint aux mains, et l'on se battit avec beaucoup de courage. Des nuées de flèches, lancées par les musulmans, abattirent un grand nombre de cavaliers francs. Le combat s'échauffant de plus en plus, la cavalerie et l'infanterie des chrétiens se réunirent en masse, et se dirigèrent vers le lac de Tibériade, dans l'intention de s'y ouvrir un chemin. Saladin, qui s'aperçut de leur dessein, se présenta au-devant d'eux avec toute son armée, et parcourant les rangs des musulmans, il les excitait de la voix et du geste à s'opposer au mouvement des Francs. Les soldats obéissant à ses ordres tinrent tête aux ennemis. Un jeune mamelouk du sulthan s'abandonnant à son impétuosité, s'élança sur un des corps ennemis et combattit de manière à exciter l'admiration de tous ceux qui le virent. A la fin il succomba sous les coups multipliés des Francs. Les musulmans l'ayant vu tomber, cherchèrent à venger sa mort et culbutèrent les infidèles, dont un grand nombre fut tué. Le comte s'apercevant que les Francs étaient inférieurs aux musulmans, se précipite avec sa troupe sur ceux qui étaient en face de lui. Taki-eddin, neveu de Saladin, commandait sur ce point. Lorsqu'il vit que les Francs se jetaient sur lui en désespérés, il comprit qu'il ne pourrait leur résister. Il ordonna en conséquence aux siens d'ouvrir leurs rangs et de laisser un passage aux ennemis. Son ordre ayant été exécuté, le comte s'échappa avec sa troupe, et les musulmans reprirent leurs rangs. Quelques volontaires musulmans ayant jeté du feu sur le terrain où était une grande quantité d'herbes sèches, allumèrent un incendie que le vent poussa sur les Francs. La fumée, la chaleur du feu, celle du jour et celle du combat, tout se réunit contre eux. Lorsqu'ils se furent aperçu que le comte avait pris la fuite, ils furent consternés, et peu s'en fallut qu'ils ne demandassent quartier : mais ne voyant plus d'autre moyen de salut, ils fondirent sur les musulmans avec tant d'impétuosité, que sans le secours de Dieu, ceux-ci auraient lâché pied et auraient cessé de résister. Les Francs ne livraient aucun assaut qui ne leur coûtât une grande perte, ce qui les affaiblissait beaucoup. Enfin les musulmans les ayant enveloppés presque de toutes parts, ceux des Francs qui restaient se virent repoussés jusqu'à la colline de Hitthin. Ils songèrent à y fixer leurs tentes, et à y chercher leur salut : mais tout l'effort du combat se tourna contre eux, et ils ne purent exécuter leur dessein. Tout ce qu'ils purent faire, fut d'y dresser le pavillon de leur roi. Les musulmans prirent leur grande croix, que les chrétiens appellent la vraie croix, et dans laquelle ils prétendent que se trouve le bois de celle sur laquelle Jésus fut attaché. La prise de cette croix leur fut très sensible. Ils se regardèrent dès-lors comme perdus. Leurs cavaliers et leurs fantassins étaient en effet ou tués ou faits prisonniers. Le roi resta sur la colline avec cent cinquante chevaliers. On m'a raconté que Malek-Afdhal, fils de Saladin, en parlant de ce combat, avait dit : « J'étais à côté de mon père. Lorsque le roi des

Francs se fut retiré sur cette colline avec les siens, ils attaquèrent avec une grande impétuosité les musulmans et les repoussèrent jusqu'au bas. Je regardai mon père, et j'aperçus la tristesse sur son visage; il avait changé de couleur. Il saisit sa
barbe, et marchant en avant, il s'écria : *Faites mentir le diable.*
Les musulmans retournèrent contre les Francs, qui se replièrent
et regagnèrent la colline. Quand je vis les Francs céder, et les
musulmans les poursuivre, je m'écriai, transporté de joie : Ils
fuient! ils fuient ! mais les Francs revinrent et repoussèrent
encore une fois les musulmans jusqu'auprès de mon père. Les
musulmans les firent encore reculer jusqu'à la colline, et je
m'écriai de nouveau : ils fuient! Mon père me regarda et me dit :
« Taisez-vous, nous ne les aurons mis en fuite que lorsque ce
pavillon sera tombé. » Il finissait à peine de parler que le pavillon fut abattu. Le sulthan descendit de cheval, fléchit le genou,
rendit grâces à Dieu, et versa des larmes de joie.

Voici comment le pavillon du roi tomba. Lorsque les Francs
s'étaient portés avec impétuosité sur les musulmans, ils étaient
tourmentés par la soif : ils espéraient se sauver en faisant une
trouée; mais lorsqu'ils virent qu'ils n'avaient aucun moyen
d'échapper, ils descendirent de cheval et s'assirent à terre. Les
musulmans montèrent sur la colline, renversèrent la tente du
roi et les firent tous prisonniers jusqu'au dernier. Le roi et son
frère furent du nombre, ainsi que Renaud, prince de Carac,
l'ennemi le plus redoutable des musulmans; le prince de Djoubail, le fils de Honfroy, le maître des Templiers et plusieurs
Hospitaliers. Le maître des Templiers jouissait d'une grande
considération; beaucoup de chevaliers de son ordre furent
faits prisonniers avec lui. En voyant le nombre des morts,
on ne croyait pas qu'il y eût de prisonniers; et en voyant les
prisonniers, on croyait qu'aucun ennemi n'était mort. Le comte,
qui s'était retiré du combat, se réfugia à Tyr, ensuite à Tripoli,

où il mourut peu de jours après de douleur de la perte que les Francs en particulier, et tous les chrétiens en général, venaient d'essuyer.

Après la défaite des Francs, Saladin demeura le reste du jour sur le champ de bataille; mais le lendemain dimanche, il retourna à Tibériade, qu'il assiégea. La comtesse lui envoya demander sûreté pour elle, pour son fils, sa suite et ses effets. Saladin la lui accorda. La comtesse sortit avec tous les siens. Le sulthan fit ensuite conduire à Damas le roi et les seigneurs captifs. Il fit réunir les Templiers et les Hospitaliers, et les fit tous tuer : puis jugeant qu'aucun des émirs qui avaient des prisonniers de ces deux ordres, ne serait assez généreux pour les lui livrer, si on ne lui livrait le prix de leur rançon, il leur offrit cinquante pièces d'or d'Egypte pour chaque prisonnier. Sur-le-champ on lui amena deux cents de ces chevaliers, qu'il fit tous décapiter. Ce qui le détermina à cette exécution, c'est qu'il regardait les Templiers et les Hospitaliers comme les plus dangereux des Francs, et comme ceux qui faisaient le plus de mal aux musulmans. Il écrivit à son lieutenant à Damas de faire mourir tous ceux d'entre ces chevaliers qui se trouvaient dans la ville, soit qu'ils lui appartinssent, soit qu'ils appartinssent à d'autres; et cet ordre fut exécuté.

Au bout d'un an je passai sur ce même champ de bataille; je vis la terre couverte d'ossements; il y en avait des monceaux qu'on découvrait de loin : on en voyait d'autres épars çà et là, sans compter ceux que les torrents ou les animaux carnassiers avaient emportés sur les montagnes ou dans les vallées.

Après l'expédition de Tibériade, le sulthan se mit en marche pour Acre. Déjà les habitants de cette ville étaient montés sur les remparts dans l'intention de faire quelque résistance. Saladin et les siens s'en étonnèrent; car les habitants d'Acre n'ignoraient point que la cavalerie et l'infanterie des Francs avaient été détruites, et qu'il ne leur restait qu'un petit nombre de guerriers. Dès le même jour., le sulthan approcha son camp de la ville. Il monta à cheval, résolu de s'avancer jusque sous ses murs et de l'assiéger ; mais pendant qu'il examinait de quel côté il dirigerait ses efforts, plusieurs des habitants sortirent en suppliants et vinrent lui demander sûreté. Saladin la leur accorda pour eux et pour leurs biens, et leur laissa la liberté de rester ou de sortir. Comme ils craignaient les musulmans, ils préférèrent quitter la ville. Ils emportèrent tout ce qu'ils avaient, et laissèrent le reste dans l'état où il se trouvait. Les musulmans firent la prière dans la mosquée qui leur avait autrefois appartenu, et que les Francs avaient convertie en église. Le sulthan donna cette ville à Afdhal et abandonna tout ce qui appartenait aux Templiers, maisons de campagne et revenus quelconques, au docteur Yssa. Les musulmans s'emparèrent de tout ce que les Francs n'avaient pu emporter. Ils trouvèrent une quantité considérable d'or, de pierreries, de l'écarlate, des étoffes de Venise, du sucre et des objets de toute espèce. En effet les marchands grecs et les marchands francs venaient à Acre des villes les plus lointaines. Il s'y trouva beaucoup de marchandises entassées dans les magasins. Saladin et son fils Afdhal les distribuèrent à leurs officiers. Cette distribution fut faite principalement par Afdhal, qui resta dans la ville, et qui était célèbre par sa générosité. Saladin demeura quelques jours dans Acre pour y régler les affaires. Il écrivit à son frère Adel, qui était alors en Egypte, pour lu annoncer sa victoire, et lui ordonner de se porter sur les villes des Francs, situées sur les frontières d'Egypte, et de les assiéger avec les troupes qui lui restaient. Adel se hâta de se mettre en marche, et s'empara de la citadelle de Iaba. Saladin en reçut la nouvelle avec beaucoup de joie.

Taki-eddin, par ordre du sulthan, alla à Tabnin pour empê-

cher l'approvisionnement de cette ville et de **Tyr**. Hossam-
meddin alla à Sébaste, qu'il enleva aux chrétiens. De là il se
porta sur Naplouse, où il entra. Il en assiégea la citadelle,
qu'il prit par capitulation. Il permit aux habitants de rester
dans la ville, et leur assura la possession de leurs biens et de
leurs richesses.

Adel, après avoir pris Iaba, se porta sur Jaffa et s'en rendit
maître. Il fit prisonniers les hommes et réduisit les femmes en
servitude. Les habitants de cette ville éprouvèrent ce que n'avait
éprouvé aucune des villes de cette contrée. Lorsque j'étais à
Alep, j'avais pour esclave une des femmes prises à Jaffa. Elle
avait avec elle un enfant âgé d'un an. Cet enfant lui échappa un
jour des mains et eut tout le visage meurtri. Cette femme versa
de grosses larmes. J'essayai de la calmer : je lui dis qu'elle ne
devait pas pleurer ainsi, puisque cet enfant n'était pas le sien.
« Ce n'est pas sur cet enfant que je pleure, me dit-elle, mais
sur ce qui nous est arrivé. J'avais six frères, tous ont péri;
j'avais un mari et deux sœurs, j'ignore ce qu'ils sont devenus.»
L'infortune que cette femme avait éprouvée, les autres l'avaient
éprouvée de même. Je vis à Alep une femme franque qui accompagnait son maître à une maison voisine. Lorsqu'ils eurent
frappé à la porte, le maître de cette maison parut et leur parla.
Il fit venir ensuite une autre femme franque, à la vue de laquelle la première jeta un cri. Toutes deux s'embrassèrent,
pleurèrent, se jetèrent à terre, s'assirent et se mirent à causer
ensemble : c'étaient les deux sœurs; elles avaient plusieurs parents dont elles n'avaient point de nouvelles.

Taki-eddin étant arrivé devant Tabnin, commença les travaux
du siége: mais voyant qu'il ne pourrait réussir qu'après l'arrivée
de son oncle Saladin, il lui écrivit pour lui faire connaître la situation des choses et l'engager à venir. Saladin partit le 8 de djoumadi
premier, et arriva le 11. Il assiégea la place et la serra de près.

Elle était située sur une montagne et très forte. Les assiégés se voyant si vivement pressés, mirent en liberté plus de cent musulmans qu'ils retenaient prisonniers. Lorsque ceux-ci furent venus au camp, Saladin les fit amener en sa présence, leur fit distribuer des habits et de l'argent, et les renvoya à leurs parents. Au bout de cinq jours, les Francs envoyèrent demander à se rendre : ils obtinrent leur vie sauve et livrèrent la place. Après la prise de Tabnin, Saladin partit pour Sidon; c'était une des premières places de la côte maritime : celui qui en était le maître apprenant que Saladin approchait, sortit de la ville et la laissa sans défense. Béryte était aussi une des plus fortes places de la côte : l'aspect en était de plus très agréable. Saladin s'y porta le jour même de la prise de Sidon. Le lendemain il y arriva, et vit sur les remparts les habitants tous préparés à se défendre; ce qu'ils firent en effet avec vigueur pendant quelques jours. Ils se fiaient dans les fortifications de la place. Les musulmans s'avancèrent plusieurs fois contre eux. Pendant que les Francs se défendaient sur les murs, ils entendirent dans la ville de grands cris qui leur firent croire que les musulmans, supérieurs en force, venaient d'entrer d'un autre côté. Ils envoyèrent vérifier le fait, qui ne se trouva pas vrai. Ils voulurent calmer les esprits; mais ils ne le purent à cause du grand nombre de gens de la campagne qui s'étaient réfugiés dans la ville. Ce tumulte leur faisant craindre pour eux-mêmes, ils demandèrent sûreté. Le sulthan la leur ayant accordée pour eux et pour leurs biens, ils livrèrent la place.

Le seigneur de Djobail était du nombre des prisonniers envoyés à Damas avec le roi. Il proposa au lieutenant de cette ville de livrer Djobail si on lui accordait la liberté. Saladin l'ayant su, le fit venir chargé de chaînes, à Béryte. Le prince de Djobail céda sa forteresse. Les musulmans qui y

II.   30

étaient détenus furent délivrés, et Saladin rendit la liberté au
prince comme il en était convenu.

Lorsque le comte de Tripoli eut pris la fuite au combat
de Hitthin, il se rendit à Tyr, où il s'arrêta. Cette ville était une
des plus grandes et des plus fortes places maritimes. Le comte
apprenant les succès du sulthan, craignit qu'il ne vînt aussi
attaquer Tyr, qui était alors sans garnison et sans défense. Il
se réfugia en conséquence à Tripoli. Si Saladin, avant d'attaquer Tabnin et les autres places, eût commencé par assiéger
Tyr, il s'en fût aisément rendu maître ; mais parce qu'il s'é-
tait exagéré la force de cette place, il crut s'en emparer plus
facilement après qu'il se serait rendu maître des villes voisines.
C'est là ce qui fut la cause du salut de cette ville. Le décret de
Dieu est inévitable.

Il arriva qu'un des Francs d'outre-mer, qu'on nommait le
marquis, s'était embarqué avec beaucoup de richesses pour
s'acquitter du saint pèlerinage et faire le commerce. Ignorant
ce qui venait de se passer, il jeta l'ancre dans le port d'Acre ;
mais ne voyant rien faire de ce qui s'y faisait quand un vaisseau
arrivait, n'entendant point le son de la cloche, et n'apercevant point d'habitants vêtus selon la coutume, il s'arrêta,
attendant quelque nouvelle : l'air était calme. Malek-Afdhal envoya quelqu'un des siens sur un bateau, pour s'informer de ce
que voulait l'étranger et savoir qui il était. Le député étant
arrivé auprès du marquis, celui-ci le questionna, et apprit de
lui la défaite des Francs, la prise d'Acre et des autres places,
mais que Tyr, Ascalon et quelques autres villes étaient encore
en leur pouvoir. Les choses lui furent racontées comme elles
s'étaient passées. Le marquis qui était retenu par le calme,
renvoya le député demander sûreté pour entrer dans la ville
avec ses marchandises. Sa demande lui fut accordée ; il renvoya

le député faire une nouvelle demande, et traîna ainsi en longueur, attendant que le vent s'élevât et qu'il pût remettre à la
voile. En effet le vent s'étant levé, le marquis se dirigea vers
Tyr. Malek-Afdhal envoya un vaisseau à sa poursuite ; mais le
vaisseau ne put l'atteindre. Le marquis entra dans Tyr, où s'était
rassemblée une grande multitude de Francs ; car Saladin, en
prenant Acre, Béryte et autres villes que nous avons nommées, avait laissé la vie aux habitants, et presque tous s'é-
taient réfugiés à Tyr. Ils s'y trouvaient en très grand nombre, mais ils manquaient de chefs ; ils n'avaient point non plus
d'hommes instruits dans l'art de la guerre. Ils se proposaient
donc d'écrire à Saladin pour lui livrer la ville, à condition
qu'ils auraient la vie sauve. Ce fut alors que le marquis arriva.
Il les fit renoncer à leur projet, releva leur courage, et leur
promit de sauver la ville. Il leur offrit ses richesses, et sti-
pula que Tyr lui resterait et non à un autre. Les habitants
consentirent à ces conditions, et le marquis reçut leur serment. Il resta avec eux, et prit les rênes de l'administration.
C'était un *diable incarné* pour sa finesse et pour son grand
courage. Il mit le plus grand soin à fortifier Tyr ; il fit creuser
de nouveaux fossés, réparer les murs ; et tous ceux qui étaient
dans la place se concertèrent avec lui pour la défendre.

Lorsque le sulthan se fut rendu maître de Béryte, etc., il
s'occupa de l'expédition d'Ascalon et de Jérusalem ; il mettait
la plus grande importance à la prise de ces deux villes, parce
qu'elles se trouvaient sur la route d'Égypte en Syrie, et qu'il
desirait que toutes les parties de son empire pussent être
unies, afin que ses armées allassent et vinssent facilement
d'une extrémité à l'autre, et aussi parce que cette double conquête lui attirerait une grande gloire et une bonne renommée. Il partit donc de Béryte pour Ascalon. Son frère Adel
vint se joindre à lui avec une partie de l'armée qu'il comman-

dait. Saladin avait fait venir de Damas le roi des Francs et le
grand-maître des Templiers, et leur avait dit : « Si vous me
livrez la ville, je vous mettrai en liberté. » L'un et l'autre envoyèrent aux Francs qui défendaient Ascalon, l'ordre de la leur
livrer ; mais, loin d'obéir à cet ordre, ils insultèrent les envoyés, et les traitèrent avec indignité. Saladin commença alors
le siége avec une grande diligence. Il dressa ses machines
contre la ville, et livra plusieurs assauts de suite ; il fit approcher les mineurs des murs. Une partie de la première enceinte fut prise. Pendant ce temps le roi des Francs ne cessait de presser les assiégés de se rendre ; il leur promettait que
quand il aurait recouvré la liberté, il souleverait tous les chrétiens contre les places occupées par les musulmans, et qu'il
enverrait demander des secours d'hommes et de chevaux dans
les pays d'outre-mer ; mais les assiégés n'écoutaient pas ses conseils, et ne se rendaient pas à ses desirs. Cependant, considérant qu'ils s'affaiblissaient chaque jour ; que, quand ils per-
daient un des leurs, aucun autre ne le remplaçait ; et que, d'ailleurs, ils n'avaient point de secours à attendre, ils écrivirent
au roi qu'ils livreraient la ville à de certaines conditions. Saladin y consentit. Pendant le siége ils avaient tué un émir de
haute distinction ; ils craignaient que lorsqu'ils seraient sortis
de la ville, les autres émirs, pour le venger, ne tuassent quelques-uns d'entre eux ; ils demandèrent donc la vie sauve. Saladin la leur accorda, et ils sortirent d'Ascalon à la fin de
djoumadi second. Saladin fit partir pour Jérusalem les hommes,
les femmes et leurs richesses ; pour lui il s'arrêta dans les plaines d'Ascalon, et envoya des troupes s'emparer des villes voisines.

Le sulthan fit venir d'Egypte sa flotte et tous ses guerriers.
Cette flotte avait pour chef un nommé Loulou, connu par son
audace, par son activité et par son bonheur. Il ferma la mer

aux Francs, en s'emparant de tous leurs vaisseaux. Lorsque
la flotte fut arrivée et que Saladin fut rassuré de ce côté, il
quitta Ascalon et partit pour Jérusalem. Dans cette ville se
trouvaient le grand patriarche, qui a la préséance sur le roi des
Francs, et Balian, fils de Bazran, seigneur de Ramlah, qui,
par son rang, approchait de la dignité royale, tous les chevaliers
qui avaient échappé au combat de Hitthin, tous les chrétiens
du territoire d'Ascalon et des autres villes, en sorte qu'il y avait
dans Jérusalem une grande multitude. Tous préféraient la mort
à l'esclavage et à la perte de la ville ; tous pensaient qu'ils devaient la conserver au prix de leur vie, de leurs richesses et
de leurs enfants ; aussi montèrent-ils tous sur les murs, les
armes à la main, pour en éloigner les ennemis. Ils firent voir
la ferme résolution où ils étaient de la défendre de tout leur
pouvoir. Saladin étant arrivé non loin de la ville, un des émirs
s'avança sans précaution et rencontra une troupe de Francs qui
en était sortie pour faire des reconnaissances. Cette troupe se jeta
sur lui, et le tua avec ceux qui l'accompagnaient. Cet événement
effraya les musulmans et les contint ; néanmoins ils continuèrent
leur marche jusqu'à ce qu'ils fussent arrivés sous les murs de Jérusalem. A la vue des Francs, qui étaient sur les murs, ils furent
saisis de terreur. Au bruit confus et tumultueux des voix qu'ils
entendirent dans la ville, ils jugèrent qu'il y avait un grand
nombre de défenseurs. Saladin resta cinq jours à visiter les
dehors de la place, et à examiner de quel côté il l'attaquerait,
car elle était très fortifiée ; il n'en vit pas de plus favorable que
celui du nord, près de la porte appelée Amoud et de l'église de
Sion. Il y transféra son quartier-général le 20 de redjeb. Pendant la nuit il dressa ses machines, et le lendemain matin, l'ouvrage étant terminé, il fit battre les murailles. Les Francs avaient
également dressé leurs pierriers, qu'ils firent jouer. Ils se défendirent si vaillamment, qu'on n'avait encore rien vu de semblable.

Tous les jours il sortait de la ville des cavaliers francs qui venaient combattre dans la plaine ; et, des deux côtés, il périssait du monde. Dans un de ces combats, un émir des plus distingués ayant été tué, les musulmans irrités se précipitèrent tous ensemble sur les Francs, et les forcèrent à rentrer dans la ville. Ils s'approchèrent ainsi des fossés, et s'établissant alors près des murs, ils y firent une brèche ; les archers s'avancèrent pour protéger les mineurs. Pendant ce temps les machines lançaient des pierres sans relâche pour forcer les Francs à abandonner les murs et donner plus de facilité aux musulmans de les battre. Les brèches étant ouvertes, on les remplit de bois selon la coutume. Lorsque les Francs virent avec quelle ardeur les musulmans poussaient le siége, que les machines ne cessaient de battre les murs, que les mineurs ouvraient à leur aise des brèches, et qu'eux-mêmes allaient tous périr, leurs chefs se réunirent en conseil pour délibérer sur ce qu'il y avait à faire : tous s'accordèrent à demander à capituler et à livrer Jérusalem. Les principaux de la ville furent envoyés à Saladin, à cet effet. Saladin les ayant entendus, leur répondit : « Pourquoi ne me conduirais-je pas envers les Francs comme ils se conduisirent envers les habitants de cette ville, lorsqu'ils la prirent en 492 (1099), c'est-à-dire, en passant tout au fil de l'épée. » Les députés retournèrent sans espoir, et trompés dans leur attente. On envoya Balian, fils de Bazran, demander un sauf-conduit pour traiter lui-même avec Saladin. Le sauf-conduit lui fut accordé, et il parut en présence du sulthan. Il prit un ton suppliant, et s'efforça de se rendre Saladin favorable, mais ce fut inutilement ; il ne put émouvoir sa compassion. Voyant enfin qu'aucun espoir ne lui restait, il lui dit : « O sulthan, apprenez que les Francs sont si nombreux dans la ville, que Dieu seul pourrait les compter. Ils répugnent à se battre, parce qu'ils espèrent obtenir une ca-

pitulation, comme vous l'avez accordée à tant d'autres villes ;
ils redoutent la mort et tiennent à la vie ; mais si on ne nous
laisse d'autre parti que la mort, j'en jure par Dieu, nous tuerons nos femmes et nos enfants, nous brûlerons nos richesses,
nous ne vous laisserons pas un écu. Vous n'aurez aucune
femme à réduire en servitude, aucun homme à mettre dans
les fers ; nous détruirons la Sakrah et la mosquée, *Alacsa* et
les autres lieux sacrés ; nous tuerons ensuite tous les musulmans que nous retenons captifs, et qui sont au nombre de
cinq mille ; nous ne vous laisserons pas même un animal en
vie ; nous sortirons ensuite contre vous ; nous nous battrons
comme des gens qui veulent vendre chèrement leur vie : aucun
de nous ne sera tué qu'il n'ait tué un des vôtres : nous mour-
rons libres, nous succomberons avec gloire. »

Saladin convoqua son conseil. Les émirs proposèrent d'accéder à la demande des Francs, à condition, dirent-ils, qu'ils ne
sortiraient et n'emporteraient rien sans l'avoir montré, et qu'ils
seraient considérés comme des captifs, dont la rançon serait
fixée par les deux partis. Saladin approuva cette décision. La
rançon fut fixée à dix écus d'or pour chaque homme, riche
ou pauvre, à cinq pour les femmes, et à deux pour les enfants
des deux sexes. On accorda quarante jours pour payer ce tribut ; ceux qui ne l'auraient pas payé au bout de ce temps, seraient soumis au joug de la servitude. Balian proposa de payer
la somme de trente mille écus d'or pour la totalité des pauvres ;
ce qui fut agréé. Tout étant ainsi réglé, la ville ouvrit ses portes
le vendredi 27 de redjeb. Saladin plaça à chaque porte un de
ses émirs pour recevoir le tribut ; mais ces émirs le trompèrent et se partagèrent l'argent entre eux. S'ils s'étaient conduits fidèlement, le trésor eût été rempli ; car on avait compté
qu'il y avait dans la ville soixante mille hommes, tant à
pied qu'à cheval, outre les femmes et les enfants qui allaient

à leur suite; et cela ne doit pas surprendre : la ville était grande, et il y était venu du monde d'Ascalon, de Daroun, de Ramlah et des bourgs qui en étaient voisins; en sorte que les rues et les églises en étaient pleines. Une preuve de leur multitude, c'est que la plupart payèrent le tribut qui leur était imposé, que Balian délivra dix-huit mille chrétiens au prix de trente mille écus d'or, et que néanmoins il en resta seize mille, tant hommes que femmes et enfants, qui ne payèrent point la rançon et furent réduits en captivité. En outre plusieurs émirs firent passer pour habitants de leurs domaines un grand nombre de chrétiens, qui furent ainsi rendus à la liberté sans payer le tribut au sulthan. Quelques-uns donnaient à des chrétiens des habits de soldats musulmans, et les faisaient sortir de la ville, moyennant une petite somme à leur profit; il y en eut qui demandèrent au sulthan de leur accorder une certaine quantité de Francs, ce qu'il fit; et ces émirs touchèrent eux-mêmes le prix de leur rançon; enfin il n'entra qu'une petite partie du tribut dans le trésor public. Il y avait à Jérusalem une princesse grecque de la famille impériale; elle avait embrassé la vie monastique. Elle avait avec elle un nombreux domestique, de l'argent, des pierres précieuses et beaucoup de richesses. Elle demanda sûreté pour elle et pour les siens. Le sulthan la lui accorda et la renvoya. Il rendit de même la liberté à la reine de Jérusalem, qui avait épousé le roi que Saladin tenait alors captif. Il lui laissa ses effets et tout son monde, et lui permit d'aller retrouver son mari, qui était dans ce moment prisonnier à Naplouse. La veuve de Renaud, prince de Carac, que Saladin avait tué de sa propre main, vint aussi le trouver: elle lui demanda la liberté de son fils. « Si vous me livrez Carac, lui dit Saladin, je vous rendrai votre fils. » La princesse alla à Carac; mais les Francs qui étaient dans cette ville ne voulurent ni l'écouter, ni rendre la place, et son fils ne put obtenir sa liberté:

mais elle l'obtint pour elle et pour sa suite. Le patriarche sortit ensuite, emportant avec lui les richesses de toutes les églises, entre autres de la Sakhrah, de la mosquée Alacsa, de l'église de la Résurrection, etc. Saladin ne s'y opposa point, et quelqu'un lui ayant dit qu'il devrait s'approprier tous ces trésors pour les faire servir aux musulmans, Saladin lui répondit : « Je ne me conduirai point avec perfidie envers le patriarche, et je n'exigerai de lui que les dix écus d'or. » Le sulthan fit conduire toutes ces personnes sous escorte jusqu'à Tyr. Il y avait sur la coupole de la Sakhrah une grande croix d'or. Lorsqu'elle fut ôtée, un cri universel s'éleva dans la ville et hors de la ville. Le bruit de tant de voix fut si fort que la terre en fut ébranlée.

Lorsque Saladin fut maître de la ville, et que les infidèles en furent sortis, il rendit les édifices à leur ancienne destination. Les Templiers avaient construit à l'occident de la mosquée Alacsa un bâtiment où ils logeaient, et où ils avaient des greniers et des latrines. Une partie de la mosquée se trouvait enclavée dans ce bâtiment. Saladin fit laver la Sakhrah et la mosquée pour les purger de toute souillure. Le vendredi suivant, 4 de schaban, les musulmans se réunirent dans la Sakhrah pour y faire la prière. Saladin voulant y faire placer une chaire, on lui dit qu'autrefois Nour'eddin avait fait faire à Alep une chaire d'une très belle forme, et qu'il avait dit qu'elle était destinée pour Jérusalem. Les ouvriers avaient été plusieurs années à la faire, et rien de semblable n'avait été vu dans l'islamisme. Le sulthan la fit transférer d'Alep à Jérusalem. Entre sa construction et sa translation, il s'était écoulé plus de vingt ans. Cet ouvrage était un monument de la piété de Nour'eddin.

Ce que l'historien dit ensuite sur la Sakhrah est exactement conforme à ce qu'on trouve dans les *Deux Jardins*. (*Voyez* l'extrait de cet ouvrage.)

A l'égard des Francs de la ville, ils se hâtèrent de vendre ce qu'ils ne pouvaient emporter avec eux, tant en meubles qu'en provisions, et ils le vendirent à vil prix aux marchands qui étaient à la suite de l'armée, ou aux chrétiens grecs de Jérusalem; car ces chrétiens avaient obtenu, moyennant un tribut annuel, de rester dans la ville.

Saladin resta dans la plaine de Jérusalem, réglant tout ce qui regardait cette ville et ses environs; il érigea des collèges et des monastères, il fit de la maison des Hospitaliers un superbe collège, où l'on enseignait la doctrine de Schafei. Après avoir pourvu à tout, il se mit en marche pour Tyr; il se rendit d'abord à Acre, où il resta quelque temps. Le marquis apprenant l'approche de Saladin, fit creuser un fossé très profond sur l'isthme qui séparait la ville du continent, en sorte que Tyr était comme une île au milieu des eaux; elle n'offrait ni entrée, ni accès. Saladin arriva devant ses murs le 9 de ramadhan; il campa près du ruisseau qui est voisin de la ville, dans l'intention d'examiner la place en attendant l'arrivée de ses troupes. Le 22 de ce mois, il transféra son camp sur la montagne qui s'élevait à peu de distance des murs de Tyr, afin de diriger de là les travaux du siége; il distribua les postes aux corps de son armée; chacun avait ses heures pour combattre. Mais les Francs étaient placés dans un endroit très resserré, d'où un petit nombre pouvait faire face à une multitude immense; de plus, les chrétiens étaient garantis par le fossé dont nous venons de parler. Cette position ne pouvait être tournée, parce que la ville s'avançait dans la mer comme une main dont le bras seulement tenait à la terre; c'était sur ce bras que se portait tout l'effort du siége. Les musulmans ne cessaient de l'attaquer avec leurs pierriers, leurs balistes, leurs catapultes et autres machines de guerre. La famille de Saladin, entre autres ses fils Afdhal et Dhaher Gazi, son frère Adel et son neveu Taki-eddin, combattaient tour-à-tour; tous les émirs les imitaient. Les

Francs, au moyen de barques et de petits vaisseaux, se portaient sur les deux côtés de l'isthme, et repoussaient les musulmans avec leurs arbalètes, qui, portant d'un côté à l'autre, en tuaient ou blessaient plusieurs sans que les assiégeants pussent approcher de la ville.

La flotte d'Egypte était alors dans le port d'Acre; elle était composée de dix vaisseaux, sur lesquels étaient des guerriers et des armes. Saladin la fit venir pour empêcher les vaisseaux tyriens d'inquiéter les musulmans, et pour que ceux-ci eussent la facilité d'approcher de la ville. L'armée de Saladin put alors assiéger Tyr par terre et par mer; elle la serra si étroitement, qu'elle fut sur le point de se rendre. Mais on n'avait pas prévu ce qui arriva alors. Cinq vaisseaux musulmans passèrent toute une nuit devant Tyr, pour empêcher que les Tyriens n'en sortissent ou que d'autres n'y entrassent; celui qui commandait ces vaisseaux était un homme de cœur et très actif. Le lendemain, au crépuscule, les musulmans, trop confiants, s'abandonnèrent au sommeil. Les Francs vinrent les attaquer tout-à-coup, et au moment où ils s'y attendaient le moins; ils tuèrent tous ceux qu'ils voulurent, et se rendirent maîtres des autres, qu'ils emmenèrent avec leurs vaisseaux dans le port de Tyr. Les musulmans qui étaient sur terre furent témoins de cet événement; un grand nombre de ceux qui étaient sur les vaisseaux se jetèrent à la mer; les uns se sauvèrent à la nage, les autres se noyèrent. Le sulthan ordonna aux vaisseaux qui restaient de faire voile pour Béryte, car, vu leur petit nombre, ils devenaient inutiles. Ces vaisseaux partirent, et furent poursuivis par les vaisseaux francs. Les musulmans voyant que les ennemis les poursuivaient avec une grande diligence, se firent échouer, et se sauvèrent, abandonnant leurs vaisseaux. Saladin les fit détruire, et reprit le siège par terre. Ainsi l'arrivée de cette flotte d'Égypte ne fut d'aucune utilité. Un jour les Francs sortirent de la ville, et combattirent avec les musulmans au-delà du fossé ; le combat fut vif de part et d'autre, et dura jusqu'à la fin du jour. Un chevalier de marque fut fait prisonnier : les Francs firent pour le délivrer des efforts qui coûtèrent la vie à plus d'un guerrier des deux partis. Ce chevalier prisonnier fut tué lui-même, et les choses restèrent quelque temps des deux côtés dans le même état.

Le sulthan voyant que le siége de Tyr traînait en longueur, y renonça : c'était sa coutume, quand le siége d'une ville durait trop long-temps, de s'en dégoûter et de partir. Il est vrai qu'aucune des villes qu'il avait prises cette année ne lui avait coûté autant de peine. Ses troupes voyant que l'attaque de Tyr était si difficile, s'ennuyèrent et demandèrent à se retirer. En cela, Saladin était seul coupable d'imprévoyance : c'était lui qui avait envoyé à Tyr les soldats francs et les habitants d'Acre, d'Ascalon, de Jérusalem et des autres villes qui avaient capitulé. Les chevaliers francs de la côte maritime qu'il avait laissés en vie, s'y étaient rendus avec leurs biens et avaient servi à la défense de cette ville. Ils avaient écrit aux Francs d'Occident pour leur demander du secours, et en avaient reçu une réponse conforme à leurs vœux. Les Francs d'Occident leur avaient recommandé de conserver Tyr comme une place où ils pourraient se retirer en sûreté. Cette réponse avait ranimé le zèle des Tyriens pour la défense de leur ville.

Lorsque Saladin voulut se retirer, il assembla ses émirs. Leurs opinions furent partagées. Les uns dirent qu'il valait mieux s'en aller, parce que grand nombre de soldats avaient été tués ou blessés, et que le découragement s'était emparé des autres. Ils ajoutèrent que l'hiver étant proche, il deviendrait plus difficile de se retirer. Vous prendrez du repos, disaient-ils, vous en accorderez à vos troupes, et lorsque le printemps reviendra,

nous nous réunirons, nous reviendrons devant cette place ;
nous irons assiéger les autres : tel fut l'avis des riches qui craignaient que le sulthan ne leur demandât de l'argent pour entretenir l'armée si elle restait rassemblée. En effet le trésor
était épuisé ; il n'y restait pas une drachme. Les autres émirs
soutinrent qu'il fallait persévérer dans le siége, parce que Tyr
était la place dans laquelle les Francs mettaient leur principale
ressource. Quand nous la leur aurons enlevée, les Francs d'Occident ne viendront plus nous troubler, nous nous emparerons
facilement des autres villes. Saladin, incertain s'il devait partir
ou rester, tint encore un moment : mais ceux qui avaient opiné
pour le départ n'obéirent plus à ses volontés, et retirèrent leurs
machines de guerre. Ils s'excusèrent de combattre, en disant.
que leurs soldats étaient blessés, que la plupart avaient été
envoyés, les uns chercher de l'argent, les autres du fourrage,
et d'autres des provisions. Le sulthan se vit donc forcé de partir, ce qu'il fit en effet à la fin de schowal ou au 1er. décembre.
En se mettant en marche pour Acre, il permit à ses soldats de
retourner chez eux et d'y rester tout l'hiver ; il leur fit promettre de revenir au printemps. Les troupes de Mossoul et des
autres villes orientales se retirèrent ; celles d'Egypte et de Syrie
rentrèrent également dans leurs quartiers, et Saladin resta à
Acre avec sa garde. Il demeura dans la citadelle, et en confia le
gouvernement à l'émir Ezz'eddin Djerdick, un des premiers
mamelouks de Nour'eddin, et qui joignait un grand zèle pour la
religion à une grande force d'âme. Après la prise de Tabnin,
la garnison d'Hounin avait refusé de se rendre. Le sulthan ne
voulant pas rester long-temps occupé à en faire le siége, y avait
envoyé une partie de son armée pour la serrer de près, et.
empêcher les approvisionnements d'y arriver. Pour lui, il s'était
occupé, comme nous l'avons vu, d'assiéger Ascalon, Jérusalem
et les autres places. Mais pendant qu'il était devant Tyr, les

habitants d'Hounin offrirent de se rendre moyennant la vie
sauve ; et l'ayant obtenue, ils lui livrèrent la place.

Quand Saladin partit pour Ascalon, il chargea un corps de
troupes d'assiéger Koukab, place qui dominait sur le Jourdain, et d'occuper le chemin qui y conduisait, afin d'écarter
entièrement les Francs de cette route. Il chargea un autre
corps de troupes d'aller assiéger Sefed, qui dominait sur Tibériade. La citadelle de Koukab appartenait aux Hospitaliers,
et celle de Sefed aux Templiers. Ces deux places étaient voisines de la plaine de Hittþin. Tous les chevaliers qui avaient
échappé au combat de ce nom, s'étaient réfugiés dans ces deux
citadelles pour les défendre ; lorsque les musulmans vinrent
les assiéger, les peuples respirèrent des maux qu'ils souffraient.
Le chemin devint sûr, et un homme seul pouvait y marcher
sans aucune crainte. L'émir qui commandait le corps de troupes chargé du siége de Koukab, se nommait Seifeddin. Il était
ardent, courageux, intrépide, doué de vertus et très zélé pour
la foi. Il resta devant la place jusqu'à la fin de schowal, faisant
avec soin la garde qui lui avait été ordonnée. La dernière nuit,
ceux qui étaient de garde s'étant endormis pendant que le tonnerre, la pluie et le vent ne discontinuaient pas, les Francs
fondirent inopinément sur eux au lever de l'aurore ; ils les
tuèrent tous, enlevèrent tout ce qu'ils avaient de vivres, d'armes, et retournèrent dans leur citadelle, plus forts et mieux
approvisionnés qu'auparavant. Saladin était parti de Tyr lorsqu'il reçut la nouvelle de cet événement. Il y fut d'autant plus
sensible qu'il venait d'apprendre la prise des vaisseaux venus
de l'Égypte. Le sultban envoya de nouvelles troupes et un
autre émir pour observer Koukab.

An 584 (1188). Au commencement de moharram, sur la
fin de l'hiver, Saladin partit d'Acre avec une partie des troupes qui étaient restées avec lui ; il se rendit devant la citadelle

de Koukab. Il l'assiégea, espérant, malgré le petit nombre de
ses troupes, s'en rendre aisément maître. Déjà il avait soumis
toute la Palestine, dans la direction du sud, à partir d'Acre. Il
ne restait plus aux chrétiens que Sefed, Carac et Koukab dont
il désirait s'emparer avant de s'éloigner, de peur qu'il ne fût
obligé d'y revenir ensuite, et afin d'empêcher les garnisons de
ces places de faire des courses dans ses provinces. Il vit la
hauteur de la citadelle de Koukab, ses fortifications, et la difficulté d'en approcher. Jugeant que le siége serait trop long, il
le confia à Kaymez, et partit au mois de rebi premier. Il reçut
alors des lettres de félicitation de différents princes sur ses conquêtes et sur ses victoires, et il se rendit à Damas.

Lorsqu'il fut à la veille d'en partir, le cadhi Fadel vint lui
dire adieu et lui donner des conseils : Fadel était alors malade.
Le sulthan prit congé de lui, et se mit en marche pour Emesse
au mois de rebi. Il porta son camp au lac de Kedès, où ses
armées vinrent le trouver. Quand elles furent toutes réunies,
Saladin se porta sur le château des Curdes, et arriva au côté
oriental de cette place : j'étais alors à l'armée. Il y resta deux
jours ; puis, laissant ses bagages dans cet endroit, il entra sur
les terres des Francs. Il ravagea les territoires de Safitte, d'A-
rimah, et autres villes possédées par les chrétiens. Il s'approcha de Tripoli, dont il examina la situation. Il reconnut le côté
par où il fallait l'attaquer et le chemin qu'il fallait prendre pour
y arriver. Il retourna ensuite à son camp, près du château des
Curdes, où il amena une infinité d'animaux de toute espèce
qu'il avait enlevés.

Pendant qu'il y était, le cadhi de Djibleh vint le trouver. Ce
cadhi était très estimé du prince d'Antioche et de Djibleh ; il
avait toute sa confiance. Sa juridiction s'étendait sur tous les
musulmans qui étaient dans cette dernière ville et dans son
territoire. Son zèle pour la foi le porta à venir trouver le sul-

than, pour lui promettre de lui soumettre Djibleh, Laodicée et toutes les places situées au nord. Saladin partit avec lui le 4 de djoumadi premier; il arriva le 6 à Tortose. Il vit que les Francs avaient évacué la ville, et qu'ils se tenaient renfermés dans deux tours bien fortifiées qui servaient toutes deux de château et de défense à la place. Les musulmans dévastèrent les maisons et les édifices de la ville, et en ruinèrent les murs; ils enlevèrent tout ce qu'ils y trouvèrent de provisions. Les Templiers occupaient une des tours; Saladin les assiégea. Ceux qui étaient dans l'autre livrèrent la tour, que Saladin fit démolir, et dont il fit jeter les pierres dans la mer. Les Templiers ne songèrent point à se rendre : ils avaient avec eux leur grand-maître, que Saladin avait fait prisonnier au combat de Hitthin, et à qui il avait rendu la liberté après la prise de Jérusalem. Ce grand-maître présidait à la défense de la tour. Saladin rava-gea le territoire de Tortose, puis alla à Marakia que les ha-bitants avaient abandonnée. De là il se rendit à Marchab, for-teresse qui appartenait aux Hospitaliers. La route de Djibleh passe au pied de la montagne où est située la forteresse; elle laisse Marchab à droite et la mer à gauche. Le chemin qui mène à la place est si étroit, que deux hommes n'y peuvent marcher de front. Le roi de Sicile avait envoyé aux Francs de la côte maritime un secours de soixante vaisseaux qui stationnaient alors dans le port de Tripoli. Quand ils eurent appris la marche de Saladin, ils vinrent à la hauteur de Marchab pour couper le passage au sulthan, en lançant leurs flèches sur ses troupes. Saladin voyant cela, fit faire des coussins de laine et de peau de chèvre, et les ayant fait placer le long de la route du côté de la mer, d'un bout du défilé à l'autre, il mit derrière cette espèce de rempart des archers qui empêchèrent les Francs d'approcher. Les musulmans passèrent ainsi jusqu'au dernier par le chemin étroit; ils arrivèrent à Djibleh le 11 de djoumadi

premier : le cadhi les y avait précédés. Quand Saladin arriva
sous ses murs, le cadhi fit arborer son étendard et lui livra la
place. Les Francs se retirèrent dans la citadelle, où ils se défendirent. Le cadhi ne cessa de leur inspirer de la crainte et de
les effrayer jusqu'à ce qu'il les eût engagés à descendre, à condition qu'on leur laisserait la vie, et, que de leur côté, ils donneraient des otages que le cadhi retiendrait jusqu'à ce que les
Francs eussent renvoyé ceux qui leur avaient été remis par les
musulmans de la ville de Djibleh. C'était le prince d'Antioche
qui retenait auprès de lui ces otages, qui furent rendus en
échange des otages des Francs. Les habitants de la montagne
vinrent jurer obéissance à Saladin. Cette montagne était inaccessible; le chemin qui y conduisait était presque impraticable.
On y avait construit, entre Djibleh et Hamah, un fort nommé
Kesrayl, dont les musulmans se rendirent maîtres. Dès-lors
les communications entre l'armée et les provinces musulmanes se firent par cette forteresse.

Saladin ayant tout réglé à Djibleh, se remit en marche pour
Laodicée. Il y arriva le 24 de djoumadi premier. Les Francs ne
pouvant défendre cette ville, l'avaient abandonnée et s'étaient
retirés dans deux châteaux situés sur une montagne. Les musulmans entrèrent dans la ville, et assiégèrent ces châteaux; ils
y firent une brèche de soixante coudées, et livrèrent aussitôt
un assaut terrible. Les Francs se regardèrent comme perdus.
Le cadhi de Djibleh vint les trouver, et ayant réussi à les effrayer,
ils demandèrent à capituler. Saladin y consentit. Les étendards
de l'islamisme furent arborés sur les deux châteaux. Cela arriva
trois jours après que le sulthan eut approché son camp de la
place. Laodicée était très bien bâtie et ornée en grande partie de
beaux édifices. Elle était remplie de marbres de toute espèce. Les
musulmans y firent de grands ravages, et en enlevèrent les
marbres. Ils dévastèrent aussi les églises, où il y avait de ri-

ches ornements. Le sulthan donna cette place à son neveu Taki-eddin, qui la répara, et fortifia ces deux châteaux de manière que celui qui la voit aujourd'hui et qui l'avait vue auparavant, est tout étonné et ne peut croire que ce soit la même ville.

Pendant que Saladin était devant Laodicée, la flotte de Sicile, dont il vient d'être parlé, se présenta devant le port; et lorsque les Francs eurent livré la place à Saladin, ceux qui montaient cette flotte, irrités de ce qu'elle avait été livrée si vite, résolurent de saisir tous ceux qui en sortiraient. Les habitants de Laodicée, informés du danger qui les menaçait, offrirent de payer tribut à Saladin. Leur offre ayant été acceptée, ils restèrent dans la ville. Le commandant de la flotte demanda un sauf-conduit pour venir parler au sulthan. Le sulthan le lui accorda. En se présentant devant lui, le commandant baisa la terre, et s'exprima ainsi : « Vous êtes un sulthan plein de bonté et de générosité, en vous conduisant comme vous avez fait avec les Francs. Ils vous sont soumis ; permettez-leur d'être vos esclaves et vos soldats, et avec leur secours vous acquerrez des villes et des royaumes; mais rendez-leur leurs places, car, autrement il vous viendra par mer des armées auxquelles vous ne pourrez résister, et vous vous trouverez dans de grands embarras. » Saladin lui répondit qu'il était assez puissant pour s'inquiéter peu de ceux qui viendraient par mer. « Ils éprouveront, dit-il, ce qu'ont éprouvé leurs compatriotes, la mort et la captivité. » Le commandant de la flotte fit le signe de croix et retourna sur ses vaisseaux.

Saladin partit ensuite de Laodicée le 27 de djoumadi premier, et gagna la citadelle de Sohioun. Elle était sur le prolongement d'une montagne, et entourée d'une vallée profonde et étroite en certains endroits. Les pierres lancées par les machi-

nes de l'autre côté de la vallée pouvaient atteindre la forteresse
qui était adossée du côté du nord à la montagne. On avait
creusé un fossé dont on ne pouvait apercevoir le fond, et
l'on avait pratiqué cinq enceintes. Saladin approcha par ce
côté de la citadelle, dressa ses machines et fit battre la place.
Il ordonna à son fils Dhaher, son lieutenant à Alep, de se
porter à l'endroit étroit de la vallée, et d'y dresser ses machines pour battre aussi la forteresse de ce côté. Dhaher avait
avec lui ses guerriers d'Alep qui s'étaient rendus fameux dans
l'attaque des villes ; ils ne cessèrent de lancer des traits, des
flèches et de faire jouer tous leurs autres instruments de
guerre. La plus grande partie de ceux qui étaient dans la forteresse en sortirent pour montrer leur force et leur agilité.
Les musulmans s'avancèrent contre eux, et se portèrent sur
un endroit de la montagne que les Francs avaient négligé
de fortifier ; ils montèrent entre les rochers jusqu'à ce qu'ils
eussent atteint le premier mur, et qu'ils s'en fussent rendus
maîtres. Ils attaquèrent successivement le second et le troisième murs, et s'en emparèrent : ils enlevèrent là tout ce qu'ils
trouvèrent, des bœufs, des bestiaux et des vivres. Les Francs
se retirèrent au haut de la forteresse, les musulmans les y
attaquèrent ; les ennemis demandèrent enfin à capituler.

Le 3 de djoumadi second, Saladin se mit en marche et arriva à la forteresse de Bakas. Les Francs l'avaient abandonnée
et s'étaient retirés dans la forteresse de Schogr. Saladin s'empara de Bakas sans coup férir ; il s'approcha ensuite de Schogr
qu'il assiégea. Bakas était sur la route qui mène à Laodicée, à Djiblch et autres places que Saladin avait prises dans la
Syrie septentrionale ; quand il fut devant Schogr, il vit que
les machines de guerre pourraient y atteindre avec peine et
qu'il n'y avait aucun moyen d'en approcher ; il ordonna aux
siens de s'avancer et de faire jouer les machines, ce qu'ils fi-

rent, mais avec peu de succès. Les musulmans restèrent là
quelque temps sans voir de moyen de réussir : les habitants de la
place n'étaient point pressés de combattre, car ils étaient, pour
ainsi dire, à l'abri de tout danger. Saladin fit reposer quelque
temps ses troupes et s'occupa de prendre la forteresse par ruse.
Un jour qu'il s'en entretenait avec ses émirs, un d'eux dit : « Cette
forteresse est comme l'a dit Dieu : ils n'auront pas le pouvoir
de la conquérir, quelques efforts qu'ils fassent. » Saladin répondit : « Dieu apporte du secours, la victoire est proche. » Pendant qu'ils parlaient, un Franc paraît au haut de la forteresse en demandant sûreté et la permission pour un député de
se présenter au sulthan. Saladin l'accorda, le député descendit et demanda un délai de trois jours, au bout desquels la
forteresse se rendrait avec tout ce qu'elle renfermait, si elle
ne recevait pas de secours. Ces offres furent acceptées, mais on
exigea des otages pour garants du traité. Au bout des trois
jours, qui était le 16 de djoumadi second, la forteresse fut livrée. Voici ce qui avait déterminé la garnison à traiter de sa
reddition : elle avait écrit au prince d'Antioche à qui la forteresse appartenait, pour l'informer qu'elle était assiégée et pour
lui demander du secours, afin d'éloigner les musulmans, faute
de quoi elle serait forcée de se rendre ; ce qu'elle fit en effet,
parce qu'elle fut saisie de crainte ; car autrement elle pouvait
tenir un temps infini : personne ne serait venu jusqu'à elle et
les musulmans n'auraient pu exécuter leur projet. Saladin, après
avoir donné l'ordre de la réparer, continua sa marche. Pendant le
siége il avait envoyé son fils Dhaher Gazi, son lieutenant à Alep,
assiéger Sarminieh : ce prince serra la place étroitement, et
força les habitants à capituler ; il leur imposa un tribut, et après
qu'ils furent sortis de la ville, il la rasa et n'en laissa pas de
trace. Il y avait dans cette ville et dans la forteresse beaucoup
de prisonniers musulmans de toute condition. Dhaher leur

donna la liberté , des habits et de l'argent pour faire leur route.
Ce fut le 23 de djoumadi second que cette place fut prise : dans
l'espace de six semaines, toutes les places, depuis Djiblch jusqu'à Sarminich , tombèrent au pouvoir des musulmans, quoiqu'elles fussent en grand nombre , et possédées par des guerriers courageux et ennemis acharnés des musulmans. « Gloire
à Dieu, qui a rendu facile ce qui était très difficile. » Toutes ces
places étaient dans le territoire d'Antioche; il n'y resta plus
aux chrétiens que Kosséir , Bagras et Darbesak.

Saladin se porta ensuite sur la forteresse de Berzyeb; elle
était située en face d'Apamée, dans le gouvernement de laquelle
elle était enclavée; il y avait entre elle et Apamée un lac
formé ou par l'Oronte, ou par les sources qui descendent de
la montagne voisine. Cette forteresse était fort incommode aux
musulmans à qui elle coupait le chemin et faisait beaucoup de
mal. Le sulthan y étant arrivé , campa à l'orient de la place.
Le lendemain, il monta à cheval pour examiner de quel côté
il l'attaquerait, et il n'en trouva pas de plus favorable que
le côté occidental. Il y fit dresser un petit pavillon, et y
campa avec une troupe d'élite , car l'emplacement était étroit.
On ne pouvait attaquer cette place du côté du nord ni du côté
du sud , parce qu'on ne pouvait de ces côtés monter la
montagne; à l'Orient cela était plus facile, pourvu que les
assiégés n'y missent pas d'obstacles. A l'occident , la montagne entourée d'une vallée, se trouvait par sa hauteur presque de niveau avec la citadelle , de manière que les traits
et les pierres pouvaient de là atteindre les assiégés. Les musulmans s'établirent dans la vallée ; ceux qui défendaient la citadelle dressèrent une machine qui menaçait le camp. J'ai vu
moi-même du haut d'une montagne qui dominait la citadelle
et qui toutefois en était peu éloignée, j'ai vu de mes yeux une
femme lancer des pierres à l'aide d'une machine, et venir

à bout de briser celles des musulmans. Saladin voyant
que ses machines ne servaient à rien, résolut de s'approcher
de la forteresse et de livrer un assaut général : il divisa
son armée en trois corps qui devaient se succéder sans interruption dans l'attaque de la place, jusqu'à ce que les Francs
fussent lassés et fatigués ; car ceux-ci n'étaient pas assez nombreux pour se partager également en trois corps. Le lendemain, 27 de djoumadi second, le premier corps commandé par Emad'eddin Zenguy, prince de Sindjar, s'avança vers
la place. Les Francs en sortirent et vinrent le combattre.
Les musulmans lancèrent contre eux des flèches et des pierres,
et les repoussèrent jusqu'à la montagne : mais lorsqu'ils y furent
arrivés, ils ne purent atteindre les Francs ; car la montagne
était escarpée, et les Francs, du haut de la place qui était très
élevée, les accablaient de traits et de pierres. Les musulmans,
de leur côté, lançaient aussi des pierres qui roulaient au pied
de la montagne, et ne produisaient aucun effet. Lorsque ce
premier corps fut fatigué, il se retira, et le second le remplaça.
Ce corps était composé de la garde de Saladin : il combattit
avec beaucoup de valeur. L'air était chaud ; les soldats étaient
tourmentés par la soif. Saladin, l'épée à la main, les animait
au combat. Son neveu Taki-eddin en faisait autant. On combattit jusqu'à midi. Les musulmans, fatigués, se retirèrent alors.
Saladin les voyant s'éloigner, vint à eux, les fit retourner au
combat, et appela en même temps le 3e. corps, qui attendait
son tour. Ce corps obéit à son ordre, et se joignant aussitôt
au second corps, ils fondirent ensemble sur les Francs, qui ne
purent résister davantage. La troupe d'Emad'eddin, qui avait
pris du repos, se joignit aux autres assaillants. Les Francs,
violemment pressés, étaient épuisés de fatigue et de lassitude ;
ils ne pouvaient plus soutenir leurs armes à cause de la chaleur
du jour : ils retournèrent sur leurs pas et rentrèrent dans la

forteresse. Les musulmans, qui étaient mêlés avec eux, y entrèrent en même temps. Il y avait à l'orient de la place un petit corps de troupes qui, voyant ce côté abandonné par les Francs, et n'apercevant personne contre qui ils eussent à combattre sur ce point, voulut aller joindre Saladin; il entra aussi dans la citadelle par un autre côté, sans que rien s'opposât à sa marche, et rencontra les musulmans qui y pénétraient avec les Francs. La place fut ainsi prise de force. Les Francs gagnèrent aussitôt le sommet. Les musulmans essayèrent de s'y opposer; mais les Francs avaient déposé au haut de la citadelle des prisonniers musulmans qu'ils y retenaient enchaînés. Ceux-ci entendant le chant de victoire des musulmans, le répétèrent. Les Francs crurent que les musulmans étaient déjà maîtres du sommet de la citadelle, et s'offrirent eux-mêmes comme prisonniers. La citadelle fut prise de force; tout ce qui était dedans fut pillé; tous ceux qui l'habitaient furent réduits en servitude. Le commandant et la garnison furent faits prisonniers. Le soir la place fut évacuée; une partie des maisons furent brûlées.

Le seigneur de Berzyeh fut enchaîné, ainsi que sa femme et ses enfants. Les soldats se les partagèrent; mais Saladin envoya aussitôt les chercher et les racheta. Il les réunit tous ensemble, et lorsqu'il fut près d'Antioche, il les mit en liberté. La femme du seigneur de Berzyeh était sœur de l'épouse de Bohémond, prince d'Antioche. Elle avait écrit à Saladin, et lui avait envoyé des présents. Elle lui avait appris sur l'état des affaires des choses dont Saladin desirait être informé. Ce fut à cause d'elle qu'il renvoya toute la famille.

Saladin se rendit ensuite au Pont-de-fer sur l'Oronte, près d'Antioche; il y resta jusqu'à ce que l'arrière-garde de son armée l'eût rejoint; puis il s'avança vers la forteresse de Darbesak, et il y arriva le 8 de redjeb. Cette forteresse appartenait

aux Templiers : elle était très forte, et l'une de celles qui leur
servaient de retraite. Saladin étant arrivé devant cette place,
dressa ses machines, et fit pleuvoir une grêle de traits. Une petite
partie des murs furent détruits, mais il n'en arriva aucun mal
aux habitants. Saladin ordonna à ses troupes d'avancer sous les
murs et de livrer assaut. L'armée se mit en mouvement, et
chassa les Francs de dessus les murs. Les mineurs approchèrent et minèrent la tour, de manière qu'elle parut comme
suspendue. Elle tomba enfin, et offrit une large ouverture aux
assiégeants, qui, le même jour et le suivant, renouvelèrent leur
assaut ; mais ceux qui défendaient la forteresse avaient écrit au
prince d'Antioche pour lui demander du secours ; et, en attendant sa réponse, ils combattaient avec constance et montraient
beaucoup d'audace. Le prince répondit qu'il irait lui-même ou
qu'il enverrait à leur secours, et il leur permettait, s'il ne le faisait pas, de livrer la place. Lorsque les assiégés virent qu'il ne
pouvait venir à leur secours, ils craignirent que les musulmans
n'entrassent de force, que le glaive ne les exterminât, qu'ils ne
devinssent captifs, et que leurs biens ne fussent pillés. Ils demandèrent donc à capituler. Saladin y consentit, à condition
que personne ne sortirait qu'avec les vêtements qu'il aurait sur
lui, et que les assiégés ne feraient sortir avec eux ni effets, ni
armes, ni ustensiles, ni animaux. Le sulthan envoya les habitants à Antioche.

Les avis se partagèrent ensuite sur l'expédition de Bagras :
les uns conseillaient à Saladin de faire le siége de cette place ;
les autres l'en détournaient en disant : « Cette citadelle est très
forte ; elle est voisine d'Antioche. Assiéger l'une c'est assiéger
l'autre ; il faudra que la plus grande partie de l'armée soit en
garde devant Antioche, et il n'en restera qu'un petit nombre
pour assiéger Bagras ; il sera difficile alors de parvenir jusque
sous ses murs. » Saladin, malgré ces observations, décida d'al-

ler en avant : il ordonna à la plus grande partie de son armée
de rester en observation devant Antioche, et de faire des excursions sur son territoire. Pour lui, il alla assiéger la citadelle avec
une petite partie de ses troupes, et il dressa ses machines :
mais la forteresse était si haute qu'elles ne purent y faire aucun
dommage. On reconnut alors que cette place était difficile à
attaquer, et qu'il fallait la prendre plus tard. La disette d'eau
tourmentait beaucoup les musulmans; Saladin fit creuser des
piscines qui se remplirent d'eau, et les musulmans furent sou-
lagés. Les choses étaient en cet état, lorsque la porte de la citadelle s'ouvrit, on en vit sortir un guerrier qui demanda sûreté
pour venir dans le camp des musulmans. Elle lui fut accordée.
Il se présenta et demanda la vie sauve pour tous les habitants de
la citadelle, qui offraient de la livrer aux mêmes conditions que
Darbesak avait été rendue. Le sulthan accorda ce qu'il demandait, et le député retourna avec un étendard musulman, qui
fut arboré au haut de la citadelle. Les habitants en descendirent,
et les musulmans s'en rendirent maîtres, ainsi que des armes
et des richesses qui y étaient renfermées. Saladin la fit raser
ensuite : mais cette mesure fut funeste aux musulmans; car le
fils de Léon, prince de la petite Arménie, étant venu s'emparer
de cette place, la fit relever en peu de temps; il y mit une
garnison qui fit des excursions sur les terres voisines, et incommoda beaucoup les bourgs du territoire d'Alep; et, depuis
ce temps, les Arméniens possèdent Bagras (1).

Saladin avait intention d'aller faire le siége d'Antioche. Bohémond écrivit aussitôt à Saladin pour demander une trève,
offrant de remettre en liberté tous les prisonniers musulmans

---

(1) L'auteur parle de ce qui existait avant sa mort, qui eut lieu
en l'année 1231; car postérieurement à cette époque, les Templiers
s'emparèrent de Bagras, et la conservèrent jusqu'en l'année 1268.

qu'il avait. Le sulthan assembla en conseil tous les princes qui
étaient auprès de lui. La plupart furent d'avis d'accéder aux
demandes du prince d'Antioche, et de renvoyer les armées
prendre du repos, afin de faire de nouveaux préparatifs. La
trève fut accordée pour huit mois; elle commença au 1er. novembre et devait finir au mois de juillet. Saladin envoya un
député pour recevoir le serment du prince d'Antioche et ramener les prisonniers musulmans. A son retour à Damas, quelqu'un conseilla à Saladin de licencier ses armées : « La vie
est courte, répondit-il, et son terme est incertain. Les Francs
ont encore entre leurs mains les forteresses de Koukab, de
Sefed et de Carac; il faut que nous en fassions le siége, car elles
se trouvent au milieu des places musulmanes. Nous avons à
craindre les dommages que leurs garnisons pourraient nous
causer. Si nous les négligions, nous nous en repentirions par
la suite.

Nous avons vu que Saladin avait laissé à Carac une armée
pour en faire le siége. Ce siége dura long-temps : la garnison
le soutint avec tout le courage possible; mais lorsqu'elle eut
consommé toutes ses provisions et mangé tous les animaux
qui étaient renfermés dans la place, elle envoya des députés à
Malek-Adel qui commandait à-la-fois dans la citadelle de Tabnin,
et présidait au siége de Carac. Ces députés vinrent lui offrir
de livrer la place, moyennant la liberté et la vie sauves. Malek-Adel y consentit, et envoya au général qui dirigeait le siége
l'ordre de prendre possession de la place. Il prit également possession des places voisines, telles que Schaubek, Harmaza,
Onoïr, Salaa. Ces villes recouvrèrent enfin la sécurité, car
elles étaient tourmentées et menacées par ceux qui en étaient
auparavant les maîtres.

Saladin partit au milieu de ramadhan pour aller assiéger Sefed. Il dressa ses machines contre cette place, et ne cessa jour

et nuit de lancer contre elle des pierres et des traits. Les habitants se voyant sur le point de manquer de vivres et de provisions, et craignant que Saladin ne prît la place de force, envoyèrent demander à capituler, et se retirèrent dans la ville de Tyr.

Pendant que Saladin faisait le siége de Sefed, les Francs, qui étaient à Tyr, se réunirent en conseil, et dirent : « Si les musulmans prennent Sefed, Koukab ne pourra nous rester, et il n'y aura plus dans ce pays aucune place dont nous n'ayons à regretter la perte. » Ils convinrent donc d'envoyer à Sefed un secours d'hommes, d'armes et d'autres provisions. Ils firent partir de Tyr deux cents hommes des plus vaillants et des plus déterminés. Ces guerriers marchèrent la nuit et vinrent se cacher en embuscade auprès de Sefed. Un musulman de ceux qui assiégeaient Koukab étant allé à la chasse, rencontra un de ces Francs. Etonné de trouver un étranger dans cet endroit, il l'arrêta et le frappa pour le forcer à avouer quelle raison l'avait amené là. Le Franc lui découvrit la vérité, et lui indiqua le lieu où étaient ses compagnons. Le musulman alla informer le général de ce qui se passait, et emmena le Franc avec lui. Le général se rendit avec un corps de troupes à l'embuscade, et fondant tout-à-coup sur les Francs, en prit une partie et poursuivit l'autre jusque dans les cavernes et dans les défilés; pas un seul n'échappa. Il y avait parmi eux deux chefs des Hospitaliers. Ils furent amenés à Saladin, qui assiégeait alors Sefed. Saladin les fit comparaître devant lui pour recevoir la mort; car c'était sa coutume de faire tuer les Templiers et les Hospitaliers, qui étaient les ennemis les plus violents et les plus acharnés des musulmans. Lorsque Saladin eut donné l'ordre de les tuer, un d'eux lui dit : « Je ne pensais pas qu'en paraissant en votre heureuse présence, et en voyant votre auguste visage, il dût nous arriver quelque malheur. » Le sulthan

était facile à appaiser ; il recevait volontiers les excuses et les
prières ; il pardonnait aisément. Lorsqu'il eut entendu l'Hospitalier, il révoqua l'arrêt de mort, et se contenta de faire mettre
les deux Hospitaliers en prison. Devenu maître de Sefed, il
partit pour Koukab, qu'il assiégea. Il envoya offrir aux Francs,
qui étaient dans cette place, la liberté et la sûreté s'ils voulaient
la livrer ; il les menaça au contraire de la mort, de la captivité
et du pillage, s'ils résistaient. Les Francs ne voulurent rien entendre et se défendirent. Saladin poussa le siége avec beaucoup
de vigueur ; il dressa ses machines et lança des pierres contre
la place. Il renouvela plusieurs fois ses assauts : mais la pluie,
qui ne cessa de tomber jour et nuit, empêcha les musulmans
d'attaquer comme ils auraient voulu ; aussi le siége les retint-il
long-temps. Enfin ayant livré dans un même jour des assauts
continuellement répétés, ils parvinrent jusqu'à la première
enceinte. Les mineurs les accompagnèrent, et furent protégés
par les arcs et les catapultes, de telle sorte que les assiégés ne
purent se montrer sur les murs. L'enceinte fut ouverte et s'é-
croula. Les musulmans pénétrèrent jusqu'au dernier mur. Les
Francs voyant cela, consentirent à livrer la place. Ils demandèrent et obtinrent sûreté. Le sulthan envoya les habitants à
Tyr, où se rendaient des troupes nombreuses de Francs.
Chaque jour les ennemis augmentaient leurs forces ; ils écrivirent aux habitants d'Espagne et de Sicile et autres Francs,
pour leur demander des secours, qui leur arrivèrent en effet
les uns après les autres.

Cependant la domination des musulmans, après la prise de
Koukab et de Sefed, s'étendait depuis Ela jusqu'au territoire
de Béryte. Il n'y avait dans toute cette étendue de pays que Tyr
et le territoire d'Antioche qui fussent occupés par les Francs.

. An 585 (1189). Au mois de rebi premier, Saladin partit pour
Schakif, citadelle très forte, dans le dessein de l'assiéger. Lors-

qu'il fut arrivé dans les plaines d'Oyoun, Renaud, seigneur de
Schakif, et qui était aussi prince de Sidon, vint le trouver. Ce
Renaud était d'un esprit subtil et rusé. Il fit au sulthan de grandes protestations d'obéissance et d'amitié, et lui dit : « Je vous
aime, et j'avoue que vous avez été bienfaisant pour moi : mais
je crains que le marquis ne sache ce qu'il y a entre vous et moi,
et qu'il n'en arrive mal à mes enfants et à mes proches qui
sont auprès de lui. Accordez-moi, je vous prie, un délai pour
que je puisse les délivrer; alors eux et moi nous nous rendrons à vous, nous vous livrerons la place, nous nous atta-
cherons à votre service, et nous serons contents de ce que vous
nous donnerez en fief. » Saladin crut que Renaud parlait sincèrement ; il consentit à ce qu'il lui demanda. Il fut convenu
que Schakif serait rendu au mois de djoumadi second. Saladin
attendit vainement l'effet des promesses de Renaud : il était
fort inquiet, car on était à la fin de la trève qui avait été conclue avec Bohémond, prince d'Antioche. Le sulthan ordonna
à Taki-eddin, son neveu, de partir avec les troupes qu'il avait
et avec celles qui devaient arriver des provinces orientales, et
de se tenir à portée d'Antioche pour empêcher Bohémond, à
l'expiration de la trève, de faire des excursions sur les terres
de la domination musulmane. Saladin avait une autre inquiétude de la part des Francs : il avait appris qu'il leur était arrivé
à Tyr des secours d'Occident, et que le roi des Francs, auquel
il avait rendu la liberté après la prise de Jérusalem, s'était réconcilié avec le marquis. Il savait que déjà des Francs, en très
grand nombre, étaient sortis de Tyr ; il craignait qu'en laissant
Schakif derrière lui, et en se portant sur Tyr, où il y avait une
énorme multitude d'ennemis, les vivres ne lui fussent coupés.
Néanmoins sa confiance, dans le traité fait avec Renaud, le fit
rester : mais Renaud, profitant du délai qu'il avait obtenu,
acheta dans le camp du blé, des armes, et autres provisions

avec lesquelles il pourvut à la défense de Schakif. Saladin ne
croyait que du bien de Renaud; quand on lui parlait de la
ruse de ce seigneur, et qu'on lui disait qu'il n'avait d'autre intention que de donner le temps aux Francs de sortir de Tyr,
qu'alors son visage se montrerait tel qu'il était, et que sa
perfidie serait manifeste, le sulthan n'en voulait rien croire.
Lorsque le temps de la trève fut près d'expirer, Saladin s'approcha de Schakif avec son armée; il fit venir Renaud, et lui
demanda de lui livrer la citadelle. Renaud s'excusa; il dit qu'il
attendait ses enfants et ses proches, et que le marquis ne leur
avait pas encore permis de venir auprès de lui; il demanda un
autre délai. Le sulthan connut alors sa ruse et sa fourberie; il
le fit mettre en prison, et lui ordonna de livrer Schakif. Renaud demanda un prêtre qu'il nomma, auquel il remettrait
une lettre pour la garnison de Schakif, avec l'ordre de céder
la place. Le prêtre fut appelé; Renaud lui parla en secret. Ce
prêtre retourna à Schakif; mais les habitants refusèrent de
se rendre. Saladin envoya alors Renaud à Damas, où il le fit
mettre en prison. Il s'approcha de Schakif et l'assiégea. Il plaça
devant cette forteresse un corps de troupes qui devait l'observer
et empêcher les vivres d'y entrer.

Pendant que Saladin était dans les plaines d'Oyoun, et qu'il
était occupé devant Schakif, il reçut une lettre de l'armée qu'il
avait laissée en observation près de la ville de Tyr. On lui
annonçait que les Francs s'étant réunis, étaient sur le point de
passer la jetée qui joint Tyr au continent, pour aller assiéger
Sidon. Saladin partit aussitôt avec ses braves, mais il arriva
trop tard, les Francs étaient déjà sortis de Tyr pour exécuter
leur projet; ils avaient rencontré le corps d'observation dans
un défilé, et il s'était livré entre eux un combat si terrible,
que les cheveux des jeunes gens en blanchirent : plusieurs
Francs furent faits prisonniers, entre autres sept chevaliers

de distinction. Il y en eut un grand nombre de tués et de
blessés. Du côté des musulmans, plusieurs périrent aussi,
parmi lesquels un mamelouk de Saladin, remarquable par sa
valeur. Il s'était précipité seul dans les rangs des Francs, s'était
mêlé avec eux, et les avait frappés de son épée à droite et à
gauche. Les Francs s'étaient multipliés autour de lui et l'avaient
tué. Les ennemis ne pouvant arriver à Sidon, retournèrent
sur leurs pas.

Saladin arrivant après cette affaire, attendit le retour des
Francs pour tirer vengeance du massacre qu'ils avaient fait des
musulmans. Un jour il monta à cheval, et alla avec une petite
escorte examiner du haut d'une colline le camp ennemi, pour
juger de ce qu'il pouvait faire. Des pasteurs, des Arabes et des
volontaires crurent qu'il se proposait de livrer combat, ils s'éloignèrent aussitôt et se réfugièrent dans le territoire des chrétiens.
Le sulthan envoya plusieurs émirs pour les forcer à revenir et
protéger leur retour. Mais ces fuyards ne voulurent pas les écouter. Les Francs avaient cru que c'était une embuscade; ils envoyèrent des espions s'informer de la vérité des choses. Ceux-
ci les ayant assurés que c'était un corps séparé du reste de l'armée, les Francs fondirent sur eux et les tuèrent. Au nombre
de ces musulmans étaient plusieurs personnages de distinction.
Saladin et les musulmans furent très affligés de cet événement,
qui était dû au peu de soin que ces guerriers avaient pris pour
se sauver : que Dieu ait pitié d'eux et leur soit favorable ! Saladin, témoin de ce qui venait d'arriver, descendit de la colline
avec son armée et se porta sur les Francs ; il les repoussa
jusqu'à la jetée ; ceux-ci, en se retirant précipitamment, se
jetèrent dans l'eau, et une centaine, couverts de cuirasses, y
périrent ; plusieurs autres furent tués. Le sulthan eut intention
de ne pas s'éloigner et de tenir les ennemis assiégés. Les musulmans l'ayant appris, accoururent de toutes parts auprès de Sa-

ladin. Les Francs, voyant leur nombre s'augmenter de jour en jour, rentrèrent dans Tyr; lorsqu'ils y furent entrés, Saladin partit pour Tabnin, d'où il alla à Acre examiner l'état de cette place. Ensuite il revint à son camp..

Il y apprit que les Francs devaient sortir de Tyr et se disperser pour faire du bois et du fourrage. Il écrivit aux troupes qui étaient dans Acre, et leur fixa le second jour de djoumadi second, pour attaquer les Francs de deux côtés à-la-fois. Il plaça des soldats en embuscade dans les vallées et les défilés des montagnes. Il choisit ensuite une foule de braves, auxquels il ordonna de marcher au-devant des Francs. Il leur enjoignit, si les Francs les attaquaient, de combattre faiblement, et même de reculer comme s'ils étaient inférieurs en force; enfin de se laisser poursuivre jusqu'à ce qu'ils fussent parvenus en deçà du lieu de l'embuscade; de faire ensuite volte-face pendant que ceux qui étaient en embuscade attaqueraient les Francs par derrière : ce détachement partit en conséquence. Mais lorsque les deux partis furent en présence, ils s'avancèrent les uns sur les autres, et le combat s'engagea; les cavaliers musulmans ne voulant pas paraître fuir, résistèrent avec fermeté, et l'on se battit de part et d'autre avec vigueur. Le combat paraissant trop long à ceux qui étaient en embuscade, ils sortirent pour aller soutenir les leurs, et arrivèrent au moment où le combat était le plus vif. Leur présence l'anima davantage. Il y avait parmi eux quatre émirs arabes qui ne connaissaient point le pays, au lieu de prendre le chemin qui conduisait aux combattants, ils marchèrent dans une vallée qu'ils crurent devoir les y mener. Un mamelouk du sulthan les suivait. Des Francs qui les aperçurent dans cette vallée, pensèrent qu'ils étaient venus là par ignorance des lieux; ils les attaquèrent et les tuèrent. Quant au mamelouk, il descendit de cheval et alla se placer sur un rocher. Là, tenant son arc, il défendit sa vie ; il lançait des traits, et il en reçut plusieurs qui le blessèrent. Il blessa aussi plus d'un ennemi. A la fin il tomba ; on vint à lui ; on le crut sans vie, et on le laissa pour mort. Le jour suivant, des musulmans vinrent au lieu du combat ; en visitant les morts, ils virent que le mamelouk vivait encore ; ils l'enveloppèrent dans un manteau et le transportèrent tout défiguré par ses blessures ; comme ils désespéraient de lui, ils l'exhortèrent à faire sa prière et le félicitèrent sur ce qu'il mourrait martyr. Ils s'en allèrent ; mais étant revenus peu après, ils le trouvèrent mieux et lui donnèrent à boire.

Une grande multitude de Francs, comme nous l'avons dit, s'étaient rassemblés à Tyr. Il s'y trouvait tant de richesses et de provisions entassées, qu'on aurait pu en faire usage pendant plusieurs années de suite, sans qu'elles eussent été épuisées.

L'auteur parlant de la prédication qui se fit en Orient et en Occident pour une troisième croisade, continue en ces termes : Des moines, des prêtres, plusieurs chevaliers et personnages de marque, s'étaient revêtus d'habits noirs, en signe de leur douleur de la perte de Jérusalem. Le patriarche à leur tête avait parcouru les villes des Francs et avait excité les habitants à porter du secours pour reprendre la cité sainte. Ils avaient représenté sur un tableau le Christ frappé par un Arabe et la figure couverte de sang ; et ils s'en allaient disant : « Voilà le Christ que Mohammed, prophète des musulmans, a frappé, blessé et tué. » A ce spectacle tous les Francs se rassemblèrent, même jusqu'aux femmes : car lorsqu'ils attaquèrent Acre, les femmes y combattirent comme les hommes. Ceux qui ne purent quitter leur pays, envoyèrent des mercenaires à leur place. Aussi arriva-t-il un nombre de guerriers qu'on ne pouvait calculer. Un musulman, de ceux qui vivaient sous les Francs dans le

château des Curdes , m'a raconté que s'étant mis en mer avec
quatre navires chrétiens, il parcourut les côtes de Grèce et d'Occident, vint jusqu'à Rome la grande, et qu'à son retour ces
navires étaient remplis de pélerins. Je tiens aussi d'un prisonnier franc, que sa mère n'avait pas d'autre enfant que lui, et
qu'elle avait vendu sa maison, qui faisait toute sa richesse, pour
l'envoyer à la conquête de Jérusalem. C'est ainsi que les Francs
sacrifiaient leurs biens pour la défense de leur foi et le salut
de leur âme. Ils vinrent par terre et par mer de divers pays
éloignés. Ils se rendirent à Tyr avec de grandes provisions de
vivres et d'armes qui leur arrivaient sur des vaisseaux. La ville
de Tyr n'était pas assez grande pour les contenir tous. Ils voulurent aller à Sidon, et il leur arriva ce que nous avons raconté.
De retour à Tyr, ils s'accordèrent pour aller assiéger Acre, où
ils se rendirent tous ; et malgré les inégalités de la route, ils
marchèrent constamment le long de la mer. Leurs vaisseaux,
chargés de vivres et d'armes, longeaient la côte pour leur offrir
un refuge, si leur entreprise n'avait pas de succès. Ils partirent
le 8 de redjeb et arrivèrent à Acre vers le milieu du mois. Les
partisans musulmans pillaient et enlevaient les soldats isolés.
Saladin, informé de leur départ, s'avança jusqu'à ce qu'il fût
arrivé près d'eux. Il convoqua ensuite ses émirs et les consulta
pour savoir s'il irait arrêter les Francs dans leur marche, ou
bien s'il se détournerait de leur route. Les émirs furent d'avis
de devancer les chrétiens à Acre par le chemin le plus court,
afin de les obliger à se retirer. Saladin comprit que ses émirs
étaient pressés de jouir du repos, il se rendit à leur opinion.
La sienne était de harceler les Francs dans leur marche ; il pensait que lorsqu'ils seraient arrivés et qu'ils auraient pris position,
il ne serait pas possible de les chasser, et qu'ainsi son but ne serait pas rempli. Il était donc d'avis d'attaquer les Francs avant
qu'ils arrivassent à Acre. Les émirs s'y étant refusés, prirent la

route de Cafarkana et furent devancés par les Francs. Saladin
avait placé quelques émirs pour les attaquer en front et les
enlever au passage; mais toutes ces précautions furent inutiles.
Si l'armée eût fait ce que voulait Saladin, on aurait sauvé Acre.
Mais quand Dieu veut une chose, il en prépare les causes. Lorsque Saladin fut arrivé à Acre, il vit que les Francs l'entouraient
déjà de tous côtés, et que tout accès en était interdit aux musulmans. Il approcha son camp de celui des chrétiens, et se
plaça sur la colline appelée Kisan. Il étendit sa droite jusqu'à
la colline Aidia, et sa gauche jusqu'au fleuve Bélus. Il avait fait
conduire auparavant ses bagages à Seforieh. Il écrivit dans
divers pays pour demander des secours. Les armées de Mossoul, du Diarbekr, de Sindjar et des autres villes de la Mésopotamie, se rendirent auprès de lui. Son neveu Taki-eddin vint
aussi, de même que Mohdafar'eddin, prince d'Édesse. Les
secours arrivaient par terre aux musulmans; ils venaient par
mer aux Francs. Tant que les armées furent devant Acre, il
y eut plusieurs combats grands et petits. Il y en eut un entre
autres qui fut célèbre. Je ne parlerai que des combats les plus
remarquables, afin de n'être pas diffus. Saladin ne put combattre les Francs et pénétrer jusqu'à Acre qu'à la fin de redjeb. Il
attaqua l'ennemi au commencement de schaban; mais il ne put
encore atteindre son but. Le lendemain il y eut un nouveau
combat, qui dura depuis le matin jusqu'au milieu du jour. On
se battit de part et d'autre avec acharnement. Vers midi, Taki-
eddin fondit avec tant d'impétuosité sur ceux qui lui étaient
opposés, qu'il leur fit lâcher pied. Les Francs se retirèrent
précipitamment vers les leurs, et laissèrent libre la moitié de
la ville qu'ils tenaient assiégée. Taki-eddin occupa leur position.
Les musulmans entrèrent dans la ville et en sortirent librement.
Les habitants respirèrent quelque temps. Saladin y introduisit
tout ce qu'il voulut, hommes, vivres, provisions et armes de

toute espèce. Si les musulmans eussent continué le combat jusqu'à la nuit, ils, eussent fait ce qu'ils auraient voulu ; car, dans le premier choc, la crainte s'empara des Francs; mais, après ce succès, les nôtres cherchèrent le repos ; ils se contentèrent de menaces et abandonnèrent le combat, en disant : demain nous les attaquerons et nous anéantirons ce qui en reste.

Le lendemain 6 de schaban, les musulmans, déterminés à employer toutes leurs forces pour attaquer les Francs, se présentèrent à eux pleins d'audace. Mais les voyant sur leurs gardes, ils se repentirent de s'être conduits la veille avec trop de mollesse. Les Francs avaient mis tous leurs soins à garantir leurs positions ; ils avaient creusé des fossés pour interdire tout accès aux musulmans. Ceux-ci ne cessaient de les attaquer; mais les Francs restèrent dans leurs lignes, et ne quittèrent pas un seul instant le lieu où ils s'étaient fortifiés. Les musulmans voyant cela se retirèrent. Des Arabes apprenant que les Francs sortaient d'un autre côté pour faire du bois et pour quelqu'autre travail, leur dressèrent une embuscade sur les bords du fleuve. Une troupe de Francs étant sortis selon la coutume, les Arabes fondirent sur eux et les tuèrent jusqu'au dernier. Ils enlevèrent tout ce qu'ils trouvèrent, et portèrent les têtes des morts à Saladin, qui leur donna des présents et des robes d'honneur complètes.

Depuis ce combat, jusqu'au 20 du mois, les musulmans attaquèrent les Francs tous les jours ; mais les Francs ne sortaient pas de leur camp; à la fin ils tinrent conseil et dirent : « L'armée d'Egypte n'est point encore arrivée. Si Saladin se comporte à notre égard comme il fait aujourd'hui, que fera-t-il quand cette armée l'aura joint ? Il faut donc attaquer demain les musulmans ; peut-être en triompherons-nous avant que ce renfort leur arrive ; une grande partie de l'armée de Saladin est absente. Elle est occupée, d'un côté, devant Antioche, à re-

pousser les hostilités que le prince de cette ville fait sur le territoire d'Alep ; de l'autre, elle campe en face de Tripoli pour en
observer le port. Une autre armée stationne devant Tyr pour
protéger les pays voisins. Une partie de l'armée de l'Egypte
garde Damiette et le port d'Alexandrie ; l'autre partie n'arrivera
pas sitôt, à cause de la distance où elle est de nous. » Toutes ces
raisons déterminèrent les Francs à livrer combat. Les musulmans, selon leur coutume, sortirent le lendemain pour les attaquer, tandis qu'une partie des leurs restaient sous la tente, soit
pour vaquer à quelques travaux, soit pour visiter leurs amis,
soit pour aller chercher ce qui leur était nécessaire. Les Francs,
de leur côté, sortirent de leurs camps, comme une nuée de sau-
terelles et se portèrent sur la droite des musulmans, que Taki-
eddin, neveu de Saladin, commandait. Lorsqu'il vit que les
Francs venaient à lui, il se mit sur ses gardes, et se retira avec
sa troupe quand ils furent près de lui. Saladin voyant cela,
envoya un renfort à Taki-eddin. L'armée du Diarbekr et les
troupes des provinces orientales formaient le centre que Saladin
commandait. Comme elles étaient peu nombreuses, et que tout
l'effort du combat paraissait se porter à la droite, les Francs
fondirent tout-à-coup sur le centre. L'armée musulmane
recula ; quelques-uns résistèrent avec fermeté, et un grand
nombre reçurent la palme du martyre. Personne ne restant plus
au centre pour repousser les ennemis, ceux-ci gagnèrent la
colline où était la tente de Saladin, et tuèrent tous ceux qu'ils
y trouvèrent. Puis descendant l'épée à la main de l'autre côté de
la colline, ils tuèrent de même tous ceux qu'ils rencontrèrent.
Ce fut une faveur de Dieu que les Francs ne renversassent
pas la tente de Saladin ; car s'ils l'avaient renversée, comme
on savait déjà que les Francs y étaient parvenus et que le
centre de l'armée musulmane avait été dispersé, tout le reste
aurait pris la fuite. Cependant les Francs regardant derrière

eux et voyant leur réserve coupée, retournèrent sur leurs pas
pour empêcher que toute communication ne leur fût ôtée. La
cause de cette séparation venait de ce que la droite des musulmans ayant résisté, il avait été nécessaire qu'une partie des
Francs lui tînt tête. La gauche des musulmans fondant ensuite sur l'ennemi, tint en échec la réserve et l'empêcha de
soutenir ceux qui attaquaient le centre des musulmans. Les
Francs revenant vers leurs fossés, la gauche des musulmans se porta sur ceux qui étaient parvenus à la tente du
sulthan, et les combattit à leur retour. Saladin avait envoyé
auprès de ceux du centre qui avaient pris la fuite, pour les
rappeler et leur ordonner de revenir au combat. Une troupe
assez nombreuse s'était réunie auprès de lui, et avec elle le
sulthan attaqua par derrière les Francs occupés à combattre
la gauche. Ils furent pris de tous côtés, aucun n'échappa;
la plupart furent tués, les autres furent faits prisonniers. De
ce nombre fut le grand-maître des Templiers que Saladin
avait déjà rendu à la liberté, mais qu'il fit cette fois mettre
à mort. Le nombre de ceux qui furent tués fut de dix mille,
sans compter ceux qui avaient péri du côté de la mer. Saladin
les fit jeter dans le fleuve, dont les chrétiens buvaient les
eaux. La plupart étaient des cavaliers francs, car les fantassins n'avaient pas combattu. Parmi les captifs, on trouva
trois femmes qui avaient combattu à cheval, et qui ne furent reconnues que lorsqu'elles furent dépouillées de leurs
armes.

Si l'armée des musulmans n'avait point été rompue, elle
aurait détruit les Francs à volonté; car ceux qui étaient restés
sous les armes combattirent avec tant d'ardeur, qu'ils poursuivirent les ennemis jusqu'à leurs camps, avec le dessein de les
exterminer. Mais ils apprirent qu'au milieu du désordre, les
valets de l'armée avaient enlevé leurs richesses. En voyant les

musulmans prendre la fuite, les valets de l'armée avaient en
effet pillé et enlevé tout ce qu'ils avaient trouvé dans le camp.
L'intention de Saladin était de poursuivre l'ennemi le lendemain matin. Mais quand il vit les siens occupés de chercher et
de recouvrer ce qu'ils avaient perdu, il fit publier un ordre de
rapporter tout ce qui avait été enlevé ; et la quantité d'ustensiles, d'armes, de vêtements et autres choses semblables qu'on
rapporta, fut si grande, que la terre en était couverte. Chaque
chose fut rendue à son maître. Mais ce que Saladin avait eu
intention d'exécuter ce jour-là ne put avoir lieu. Les Francs
reprirent courage et s'occupèrent aussitôt de réparer leurs
affaires.

Le nombre des morts parmi les Francs fut tel, que les exhalaisons des cadavres corrompirent l'air et rendirent plus difficile la convalescence de Saladin, qui était alors travaillé d'une
colique à laquelle il était sujet. Les émirs lui conseillèrent de
s'éloigner et de cesser de tenir les Francs si resserrés. « Nous
avons, dirent-ils, tellement pressé les Francs, qu'ils n'auraient
pu partir quand même ils l'auraient voulu. Il vaut donc mieux
nous éloigner, afin qu'ils puissent s'en aller. S'ils le font,
nous aurons atteint notre but ; nous serons délivrés du mal
qu'ils nous causent, et ils le seront aussi de celui que nous leur
faisons. S'ils restent, nous reviendrons les combattre, et nous
serons dans le même état où nous sommes maintenant. Votre
santé est altérée, vous souffrez de violentes douleurs. S'il arrive
quelque fausse alerte, il périra de nos guerriers. Il vaut donc
mieux s'éloigner. » Les médecins parlèrent comme les émirs, et
le sulthan se rendit à leurs vœux. Les musulmans partirent donc
pour Kharoubah. Le sulthan ordonna à ceux qui étaient restés
à Acre de la défendre, d'en fermer les portes ; et il leur fit
connaître la cause de son départ. Lorsque Saladin et son armée
se furent éloignés, les Francs s'étendirent davantage et assié-

gèrent de nouveau la ville. Ils l'enveloppèrent par mer et par terre ; ils creusèrent des fossés et firent des retranchements avec la terre qu'ils en tiraient. Ils portèrent cet ouvrage à un degré de perfection qu'on n'aurait pas cru possible. Les avant-postes les attaquaient tous les jours ; mais les Francs restaient immobiles, s'occupant uniquement de leurs fossés et de s'en faire un abri contre Saladin, dans le cas où il reviendrait les attaquer. Ce fut alors qu'on vit les suites funestes de la retraite de Saladin. Chaque jour les avant-postes faisaient connaître au sulthan les travaux des Francs. Mais Saladin, retenu par la maladie, ne pouvait aller combattre. Quelqu'un lui conseilla d'envoyer son armée pour empêcher les Francs de creuser des fossés et d'élever des murs. Saladin ne goûta pas cet avis. « Mais si je ne suis pas avec mon armée, dit-il, elle ne fera rien, ou plutôt le mal qui en résultera, sera cent fois pire que le bien qu'on peut en espérer. » Il différa donc de rien entreprendre jusqu'à ce qu'il fût rétabli. Pendant ce temps les Francs firent tout ce qu'ils voulurent, ils se fortifièrent de tous côtés. La garnison d'Acre faisait tous les jours des sorties contre eux et obtenait toujours quelque avantage.

Au milieu de schowal, l'armée d'Egypte, commandée par Malek-Adel, arriva. Ce renfort rendit le courage aux musulmans. Malek-Adel amenait avec lui des armes de toute espèce. Il avait intention d'attaquer les Francs avec de la cavalerie et de l'infanterie. Après lui, arriva la flotte d'Egypte, commandée par l'émir Loulou, homme d'un grand courage et très habile marin. Loulou tomba tout-à-coup et à l'improviste sur un grand vaisseau franc dont il s'empara. Ce vaisseau était chargé de provisions et de richesses de toute espèce. Il le fit entrer dans Acre. L'arrivée de cette flotte calma et rassura les habitants et la garnison.

Au 586 (1190). Saladin, convalescent, resta à Kharoubah

jusqu'à la fin de l'hiver; et, pendant ce temps, les avant-postes ne cessaient de harceler les Francs. Mais au commencement de safar, les Francs, apprenant que Saladin était allé à la chasse et voyant que les soldats de garde étaient en petit nombre et que la boue qui couvrait la plaine d'Acre ne permettait point à ceux-ci d'être secourus, saisirent cette occasion pour sortir de leurs retranchements et aller sur le soir attaquer les postes des musulmans; ces postes se défendirent en lançant des flèches : quand les flèches furent épuisées, les Francs fondirent avec impétuosité sur leurs ennemis. Le choc fut violent et le combat très vif. Les musulmans virent qu'ils n'avaient de salut à espérer que dans leur courage et leur constance; ils combattirent jusqu'à la chute du jour; il y eût de part et d'autre un grand nombre de tués. Les Francs se retiraient dans leurs retranchements. Saladin étant revenu à son camp apprit ce combat : il appela aussitôt ses soldats au secours de leurs compagnons. Mais sachant que les Francs étaient rentrés dans leurs lignes, il ne s'avança point. Puis considérant que l'hiver était passé et que les troupes de Damas, d'Émesse et d'Hamah allaient arriver, il quitta Kharoubah pour se rapprocher d'Acre et alla camper sur la colline Kisan. Il se battit tous les jours avec les Francs pour les détourner des travaux du siége.

Ceux-ci avaient construit trois tours en bois de la hauteur de soixante coudées : chacune avait cinq étages remplis de guerriers. Les planches qui avaient servi à leur construction, étaient si grandes, qu'il serait difficile d'en faire de pareilles. Ils les avaient couvertes de cuirs trempés dans du vinaigre et de l'argile pour les mettre à l'épreuve du feu. Après avoir aplani le chemin, ils les approchèrent de la ville de trois côtés. Comme ces tours dominaient les remparts, ceux qui étaient dedans chassèrent les assiégés qui étaient sur les murs. Pendant ce temps, les Francs se mirent à combler les fossés, de manière que la ville allait être prise d'assaut. Les assiégés envoyèrent à Saladin un homme qui, traversant la mer à la nage, vint lui annoncer l'extrémité où ils étaient réduits. Saladin marcha à la tête de son armée et alla harceler les Francs de tous côtés et sans relâche, pour les empêcher d'attaquer la ville. Les Francs se partagèrent en deux corps; l'un fit face à Saladin, l'autre continua d'attaquer Acre : mais les assiégés obtinrent du soulagement, le combat entre les Francs et Saladin ayant duré trois jours. Il cessa le 28 du mois par la lassitude qu'éprouvaient les deux armées; elles n'avaient pas discontinué de se battre le jour et la nuit. Les musulmans regardaient comme certain que les Francs s'empareraient de la ville; car ils voyaient que les habitants, malgré tous leurs efforts, n'avaient pu éloigner les tours. Le naphte qu'ils avaient jeté dessus ne les avait nullement endommagées; les assiégés se croyaient eux-mêmes perdus; mais Dieu les secourut et permit que les tours fussent incendiées : et voici comment cela arriva. Un homme de Damas s'occupait sans cesse à ramasser du naphte et à rechercher toutes les matières propres à irriter le feu; on le blâmait de cette occupation. Mais il répondait : Je n'en fais point un métier, je désire connaître les moyens d'augmenter et de propager l'action du feu. Dieu voulut que cet homme se trouvât alors dans la ville; il se mit à manipuler toutes les matières combustibles à l'épreuve du vinaigre et de l'argile. Lorsqu'il les eut préparées, il alla trouver l'émir Karacous qui commandait la place, et lui dit : « Ordonnez à celui qui préside aux machines de jeter sur une des tours qui nous sont opposées, ce que je lui donnerai pour l'enflammer. » Karacous était alors agité par la crainte et la colère. Cette proposition augmenta son courroux; il dit à cet homme : « Ceux qui sont versés dans cet art ont jus-

qu'ici jeté sans succès du naphte et autres matières semblables. »
Quelqu'un des assistants lui dit : « Peut-être Dieu a-t-il remis
dans les mains de cet homme le sort des Francs. Accordons-
lui ce qu'il demande , cela ne peut nous nuire. » L'émir y consentit, et commanda à ceux qui veillaient sur les machines
d'obéir à ses ordres. L'homme de Damas lança des pots pleins
de naphte et d'autres matières semblables non allumées. Les
Francs voyant que ces pots ne produisaient aucun effet, montèrent tous d'un air triomphant au haut de la tour. L'homme
de Damas qui vit ces pots bien répandus, en lança un qui
était enflammé et qui alluma le feu dans la tour ; il en jeta un
second, puis un troisième, et la tour fut tout en feu. L'incendie fut si prompt, que ceux qui s'y trouvaient n'eurent pas
le temps de se sauver. Les armes , les cuirasses , tout ce qui
était dans la tour fut brûlé avec elle. Quand la première tour fut
brûlée, on mit le feu à la seconde ; tous ceux qui s'y trouvaient
avaient déjà pris la fuite. La troisième tour eut le même sort ;
cette journée fut telle, qu'on n'en avait jamais vu de semblable ;
elle combla de joie les musulmans. On amena devant Saladin
l'homme de Damas ; le sulthan lui offrit une grande somme
d'argent et de grandes propriétés. Mais cet homme ne voulut
pas recevoir le moindre don ; il dit : « J'ai fait cela pour Dieu,
et je n'attends de récompense que de lui. » Cette heureuse
nouvelle fut publiée dans toutes les villes ; Saladin écrivit aux
troupes des provinces orientales pour leur demander du secours. Elles vinrent successivement le joindre, et, en arrivant,
elles allaient prendre position en face des Francs. Il arriva aussi
des vaisseaux d'Egypte. Les Francs, instruits de leur approche, se mirent en devoir de les attaquer. Saladin parut avec
toute son armée, afin de détourner leurs efforts ; mais il ne
put arrêter leur projet ; on se battit sur terre et sur mer. Les
musulmans se rendirent maîtres d'un vaisseau et de tout ce qui

s'y trouva. De leur côté, les Francs en prirent également un aux musulmans; mais ils perdirent un plus grand nombre de combattants. La flotte entra saine et sauve dans le port.

Le roi des Allemands partit cette année de ses états; il voyait avec peine que les musulmans fussent maîtres de Jérusalem. Il rassembla toutes ses armées et prit sa route vers Constantinople. La nation de Francs à laquelle il commandait, est nombreuse et puissante par son courage. L'empereur des Grecs écrivit à Saladin pour lui annoncer la marche de ce roi, et lui déclarer qu'il ne lui permettrait pas de traverser son empire. Mais lorsque le roi des Allemands fut arrivé à Constantinople, l'empereur se vit dans l'impuissance de lui interdire le passage, à cause du grand nombre de soldats dont celui-ci était accompagné; l'empereur grec refusa de lui fournir des vivres, et défendit à ses sujets de pourvoir aux besoins des Allemands; de sorte que ceux-ci manquèrent de fourrages et de provisions. Ils traversèrent le détroit de Constantinople et entrèrent sur les terres des musulmans soumises à la domination de Kilidj'arslan, fils de Soliman. Ils étaient à peine sur les frontières, que les turkomans fondirent sur eux, tuant tous ceux qui étaient écartés de l'armée et enlevant tout ce qu'ils pouvaient. On était alors en hiver, le froid était piquant, la neige était tombée en abondance; le froid, la faim et les turkomans firent périr un grand nombre d'Allemands. Lorsqu'ils furent près d'Icone, Cotbeddin, fils de Kilidj'arslan, sortit pour s'opposer à leur marche; mais se voyant hors d'état de les combattre, il rentra dans la ville où était son père, à qui il avait enlevé l'autorité. Tous les fils de Kilidj'arslan s'étaient répandus dans les villes principales de l'empire, et chacun d'eux s'y était arrogé le pouvoir. Lorsque Cotbeddin fut rentré dans Icone, les Allemands se hâtèrent de l'y suivre et envoyèrent des présents à Kilidj'arslan; ils lui firent dire qu'ils n'avaient ni l'intention ni le desir de s'emparer de ses villes, mais qu'ils allaient à Jérusalem. Ils le prièrent de permettre à ses sujets de leur fournir les vivres et tout ce qui leur était nécessaire. Kilidj'arslan leur accorda ce qu'ils demandaient, et ils se mirent en marche, après avoir pris les provisions qu'on leur fournit. Ils prièrent Cotbeddin de défendre aux siens toute attaque contre les Allemands, et de leur donner quelques émirs comme otages. Cotbeddin, qui craignait les Allemands, leur envoya plus de vingt émirs que le roi traita honorablement; mais ces émirs n'empêchèrent point les voleurs et autres d'inquiéter ses troupes. Aussi le roi s'en prenant à ces otages, les fit mettre aux fers; les uns y moururent, les autres se rachetèrent. Le roi des Allemands s'avança jusqu'aux places d'Arménie, dont le prince, nommé Léon, fils d'Etienne, leur fournit des vivres et des fourrages. Les Allemands se dirigèrent de là vers Antioche : sur leur route ils rencontrèrent un fleuve, le long duquel ils campèrent. Le roi y entra pour s'y baigner, et se noya dans un endroit où l'eau n'atteignait pas à la moitié du corps : preuve que Dieu voulut se charger seul de nous en délivrer. Son fils qui l'accompagnait prit le titre de roi et marcha vers Antioche. La division se mit dans les troupes allemandes; les uns voulaient retourner dans leur patrie et abandonner le prince; d'autres le reconnurent au préjudice de son frère. Le prince se mit en marche avec ceux qui manifestèrent leur bonne disposition pour lui. Nous avons compté le nombre de ceux qui le suivirent; il se montait à plus de quarante mille : mais la peste et la mort fondirent sur eux; ils arrivèrent à Antioche, semblables à des squelettes. Leur présence attrista le prince de cette ville; il leur fit entendre qu'il serait bon qu'ils allassent trouver les Francs qui assiégeaient Acre. Ils se mirent donc en marche pour s'y rendre. Les habitants d'Alep et des autres places marchèrent contre eux et en firent prisonniers un grand nombre, dont la plupart moururent. Les Allemands arrivèrent à Tripoli et y séjournèrent quelque temps. Après toutes les pertes qu'ils avaient faites, ils ne restèrent plus que mille, qui se rendirent par mer au siége d'Acre. Lorsqu'ils y furent arrivés et qu'ils considérèrent ce qu'ils avaient éprouvé en route et les dissensions qui les y avaient accompagnés, ils retournèrent dans leur pays; mais leurs vaisseaux furent submergés, et aucun d'eux ne se sauva.

Saladin, informé par Kilidj'arslan de l'arrivée du roi des Allemands, assembla son conseil; plusieurs furent d'avis d'aller au-devant de lui et de le combattre avant qu'il se fût joint à Acre aux autres Francs; mais Saladin leur répondit : « Nous resterons jusqu'à ce qu'ils soient près de nous, et alors j'agirai d'après votre conseil. » Cependant il avait envoyé une partie des armées qui étaient auprès de lui, telles que celles d'Alep, de Djibleh, de Laodicée, de Schayzar et autres villes, pour le défendre des hostilités des Allemands. L'état des musulmans était comme il est dit dans le Coran : *Quand ils viendront sur vous, quand leurs yeux seront tournés sur vous et que leur cœur sera remonté à leur gosier, pensez à Dieu.* Les musulmans étaient saisis d'une grande crainte; mais Dieu fit cesser la cause qui l'avait produite. Il enveloppa les Allemands dans leurs propres filets. La crainte des musulmans venait de ce qu'un émir de Saladin qui possédait dans le territoire de Mossoul un domaine dont feu mon frère était régisseur, et dont les revenus consistaient en froment, orge et paille, lui avait écrit de les vendre. Peu après il lui avait écrit de n'en pas vendre la plus petite partie et de ramasser beaucoup de paille; il lui écrivit ensuite : « Vendez le froment dont nous n'avons pas besoin. » Quand cet émir fut venu à Mossoul, nous lui demandâmes la raison de la défense qu'il nous avait faite d'abord, et de l'ordre qu'il avait donné après de vendre ses récoltes. « Quand nous fûmes informés,

nous répondit-il, de l'arrivée du roi des Allemands, nous crû-
mes qu'il ne nous resterait pas une place en Syrie; alors j'écrivis pour vous défendre de vendre mes récoltes, afin de trouver
des provisions lorsque je serais de retour ici; mais quand Dieu
eut fait périr ses ennemis et nous eut enrichis de leurs dépouilles, j'écrivis de tout vendre. »

Le 20 de djoumadi second, les Francs, avec leur cavalerie
et leur infanterie, sortirent de leurs retranchements, et vinrent attaquer en queue les musulmans. Leur multitude était innombrable. Ils s'avancèrent vers l'armée d'Égypte, commandée
par Malek-Adel. Les Egyptiens étaient déjà montés à cheval
et rangés en ordre de bataille. Ils en vinrent aux mains avec
les Francs, et le combat fut très vif. Les Egyptiens reculèrent,
et les Francs entrèrent dans leur camp, qu'ils pillèrent. Mais les
Egyptiens revenant, fondirent sur l'ennemi, et lui livrèrent
combat au milieu de leur camp, d'où ils le chassèrent. Un corps
d'Egyptiens s'étant avancé vers les fossés des Francs, empêcha
les guerriers qui étaient sortis de venir porter du secours à
ceux qui étaient restés dans leurs retranchements; car les Francs
s'étaient succédés les uns aux autres comme des fourmis. Les
Egyptiens rompirent leur ligne, et les tuèrent de tous côtés; il
n'y eut de sauvé que celui qui put fuir. Plus de dix mille restèrent sur la place. On dit que l'armée de Mossoul, qui était la
plus près de celle de l'Egypte, fondit aussi sur les Francs, et
acheva le combat. La garde de Saladin et l'aile gauche de l'armée
ne prirent aucune part à cette journée. Cette défaite ralentit
l'ardeur des Francs et les rendit plus timides. On conseilla à Saladin de les attaquer pendant qu'ils étaient frappés de terreur.
Mais le lendemain il reçut une lettre d'Alep, qui lui annonçait
la mort du roi des Allemands, ce qui était arrivé à son armée,
toutes les pertes qu'elle avait faites, et à quelle misère elle était

réduite. Cette nouvelle occupa tellement les musulmans et les
Francs, que ni les uns ni les autres ne songèrent à combattre.
Les musulmans pensèrent que le courage des chrétiens serait
tout-à-fait abattu; mais au bout de deux jours il arriva par
mer des secours, à la tête desquels était le grand comte,
appelé le comte Henri. Il était parent du roi de France et du
roi d'Angleterre; il avait avec lui des hommes et de l'argent.
Son arrivée rendit aux Francs la confiance et les forces. Il leur
annonça de nouveaux secours. Les Francs restèrent donc dans
leurs lignes, et gardèrent leurs positions. Bientôt ils parurent
vouloir attaquer les musulmans. Saladin se porta à Kharoubah
le 27 de djoumadi second, afin d'avoir un champ plus libre, et
pour éviter l'odeur fétide qu'exhalaient les corps morts. Le
comte Henri ayant dressé toutes ses machines contre la ville,
plusieurs des habitants sortirent, les enlevèrent et tuèrent
beaucoup de Francs. Le comte Henri voulut en dresser une
autre; mais il ne le put, car les musulmans l'empêchèrent d'é-
lever des palissades, à l'abri desquelles ses gens pussent lancer
des pierres. Il fit faire loin de la ville une colline de terre que
les Francs approchèrent peu à peu des murs, et qui devait les
protéger. Lorsqu'elle fut assez près pour que les machines
pussent de là atteindre les murs, ils placèrent deux pierriers
derrière, et cette colline de terre leur servit de rempart. Déjà
les vivres commençaient à manquer dans la ville; Saladin envoya à Alexandrie l'ordre de faire partir, sur des vaisseaux, du
blé, de la viande et autres provisions. Comme ces vaisseaux
différaient d'arriver, il envoya à son lieutenant, à Béryte, un pareil ordre. Celui-ci fit partir un grand vaisseau chargé de tout
ce que les habitants d'Acre desiraient. Il fit habiller les matelots
comme les Francs. Lorsque le vaisseau approcha d'Acre, ceux
qui le montaient élevèrent des croix; ce qui fit croire aux
Francs que c'était un de leurs vaisseaux qui arrivait. Ceux-

ci n'eurent aucune défiance, et le vaisseau entra dans le port.
Les musulmans furent comblés de joie, et leur courage se
releva. Les provisions qu'ils reçurent suffirent jusqu'à l'arrivée de celles d'Alexandrie. Une princesse franque, partie
de l'Occident avec mille guerriers, fut prise avec toute sa
suite. Les Francs reçurent alors une lettre du pape, homme
d'une grande autorité parmi eux, et dont ils reçoivent les paroles comme celles d'un prophète; car ils regardent tout ce qu'il
défend comme illicite et tout ce qu'il permet comme licite; il
est le maître de Rome-la-Grande. Dans la lettre qu'il leur
adressait, le pape leur ordonnait de poursuivre l'ouvrage
qu'ils avaient commencé. Il leur apprenait qu'il avait écrit à
tous les Francs pour leur enjoindre d'aller par terre et par
mer porter du secours aux troupes chrétiennes qui assiégeaient
Acre. Il leur annonçait aussi l'arrivée de nombreux renforts, et
cette nouvelle ranima les forces et l'ardeur des assiégeants.

Lorsque ces renforts furent successivement arrivés, et que
le comte Henri eut fourni à leur équipement, les Francs se
décidèrent à sortir de leurs retranchements, et à en venir aux
mains avec les musulmans. Ils laissèrent des troupes pour tenir en échec les assiégés; et ils sortirent le 11 de schowal en
aussi grand nombre que le sable de la mer, et poussés par une
ardeur extraordinaire. Lorsque Saladin vit cela, il fit transporter les bagages à Keimoumet, à trois parasanges d'Acre.
Les légions qu'il avait distraites de son armée pour aller au
devant du roi des Allemands étaient revenues. Saladin marcha
donc à la rencontre des Francs avec un grand appareil. Le
centre de l'armée était commandé par ses fils Afdhal, Daher
et Dhafer. Adel son frère occupait la droite avec l'armée d'E-
gypte et les autres légions qui y étaient jointes; la gauche était
occupée par Omad'eddin, prince de Sindjar, par Taki-eddin,
prince de Hamah, et par plusieurs autres émirs. Mais il arriva

que Saladin fut attaqué de la colique à laquelle il était sujet.
On lui dressa une petite tente sur une colline qui dominait le
champ de bataille ; et c'est de là qu'il observa le combat. Les
Francs marchèrent du côté oriental du fleuve jusqu'à ce qu'ils
fussent arrivés à sa source. Ils virent pendant leur marche combien l'armée musulmane était nombreuse, et ils en conçurent
de la terreur. L'avant-garde musulmane fit pleuvoir sur eux une
grêle de flèches qui leur déroba presque la vue du soleil. Les
Francs se portèrent alors sur le côté occidental, où ils furent
encore assaillis de traits ; mais ils se serrèrent les uns contre
les autres. L'intention des archers musulmans était de forcer les
Francs à en venir à un combat en règle et décisif. Les Francs
se repentaient déjà d'être sortis de leurs retranchements ; ils restèrent dans le lieu où ils s'étaient concentrés et ils y passèrent la
nuit. Le lendemain ils retournèrent vers Acre, comme pour se
renfermer dans leurs lignes. L'avant-garde musulmane s'attacha
à leurs pas et les musulmans les harcelèrent, tantôt avec l'épée et
la lance, tantôt avec les flèches. Toutes les fois qu'un Franc
était tué, les chrétiens l'emportaient avec eux, pour que les
ennemis ne connussent pas leur perte. Si Saladin n'avait pas
été retenu par la maladie, l'affaire aurait été décisive. Les Francs
ne sortirent plus de leurs retranchements et les musulmans revinrent à leurs camps, après avoir tué un grand nombre d'ennemis. Le 23 de schowal, ils dressèrent une embuscade et firent avancer un corps de troupes pour attirer les Francs. Quatre cents cavaliers chrétiens sortirent en effet ; les musulmans
combattirent légèrement et reculèrent peu à peu devant les
Francs, jusqu'à ce qu'ils fussent arrivés au lieu de l'embuscade.
Alors ceux qui y étaient cachés, parurent ; pas un Franc n'é-
chappa.

Le prix du blé augmenta chez les ennemis, au point qu'un
sac de froment se vendait plus de cent écus d'or de Tyr. Les

Francs eurent beaucoup à souffrir de la disette ; quant aux musulmans , ils recevaient des vivres de différents côtés , par exemple , de Béryte , de Sidon , d'Ascalon , etc. ; sans tous ces secours , ils seraient morts de faim , surtout en hiver , temps où les vaisseaux ne pouvaient arriver.

A l'entrée de l'hiver, les Francs envoyèrent leurs vaisseaux à Tyr et dans les îles. L'accès de la ville d'Acre fut libre par la mer ; les habitants écrivirent à Saladin, pour se plaindre de la fatigue et du mal qu'ils souffraient depuis long-temps. Ils avaient pour gouverneur l'émir Hossameddin, qui commandait la garnison. Saladin fit renouveler cette garnison tout entière, et confia à son frère Malek-Adel le soin d'opérer ce renouvellement. Malek-Adel se porta sur le rivage de la mer, et se posta sur la montagne Haïpha (le mont Carmel) ; il rassembla de grands et de petits vaisseaux , et toutes les fois qu'il arrivait un des corps de l'armée , il l'envoyait à la ville, d'où les autres troupes sortaient à mesure. Mais au lieu de soixante émirs qu'il y avait auparavant , il n'en entra que vingt. L'inactivité de Saladin , la confiance qu'il avait en ses lieutenants et la négligence de ceux-ci affaiblirent la défense de la ville.

An 587 (1191). Des secours arrivèrent par mer aux Francs. Le premier prince qui arriva fût Philippe , roi de France, illustre entre les rois francs, quoique son royaume ne soit pas compté au nombre des grands empires. Il vint le 12 de rebi premier, n'ayant pas autant de monde qu'on s'y attendait. Il amenait avec lui six grands vaisseaux ; sa présence ranima le courage des assiégeants qui mirent une nouvelle ardeur à attaquer la ville. Saladin était alors à Schafaram ; chaque jour il venait présenter le combat aux Francs pour les détourner du siége ; il écrivit au gouverneur de Béryte d'équiper tous les vaisseaux grands et petits qu'il avait, de les remplir de guerriers et de les mettre en mer, pour qu'ils empêchassent les Francs d'aller à Acre. Le

53..

gouverneur obéit et envoya de petits vaisseaux qui en rencontrèrent cinq remplis de soldats du roi d'Angleterre. Ce prince
les avait envoyés devant lui ; il était resté dans l'île de Chypre
pour s'en emparer. Les vaisseaux musulmans combattirent les
vaisseaux francs et les prirent. Ils enlevèrent le blé , les provisions , les effets et les richesses qui étaient dedans ; ils firent
prisonniers ceux qui les montaient. Saladin écrivit également
aux lieutenants qu'il avait à Zib, pour leur donner les mêmes
ordres qu'ils exécutèrent. Quant aux Francs qui assiégeaient
Acre, ils continuèrent leurs assauts et dirigèrent contre la ville
sept machines. Saladin voyant cela , abandonna Schafaram et
se rapprocha de l'ennemi , afin que ses troupes eussent moins
de chemin à faire pour le harceler. Toutes les fois que les
Francs dirigeaient leurs forces contre la ville, il les attaquait
derrière leurs retranchements , et alors les Francs, obligés de
se défendre contre lui , ne se battaient que faiblement contre les
habitants d'Acre. Le 13 de djoumadi premier, le roi d'Angleterre arriva, s'étant sur son chemin emparé de l'île de Chypre,
qu'il avait enlevée aux Grecs. Ce prince, après avoir débarqué
dans cette île, s'était conduit avec perfidie envers le roi, et l'avait
privé de tout son royaume. Cette conquête augmenta les forces
des Francs. Le roi d'Angleterre se rendit devant Acre avec vingt-
cinq vaisseaux remplis d'hommes et de provisions. Les Francs,
depuis son arrivée, firent éprouver aux musulmans de grandes
pertes ; car ce prince (Dieu le maudisse) était l'homme de son
temps le plus remarquable par son courage , par son habileté
et par la subtilité de son génie. Il causa aux musulmans une
affliction telle qu'ils n'en avaient point encore connu de semblable. Saladin ayant appris que ce roi arrivait , fit équiper un
grand vaisseau , qu'il remplit d'hommes, d'armes et de provisions. Ce vaisseau équipé, et portant sept cents guerriers, partit du port de Béryte et rencontra les vaisseaux d'Angleterre,

contre lesquels il se battit avec un grand courage ; mais les
guerriers qui le montaient, désespérant de leur salut, celui qui
le commandait descendit à fond de cale, où il fit une ouverture
et submergea le vaisseau, pour que les Francs ne s'emparassent pas des provisions qu'il contenait : tout ce qui était dessus fut noyé. Acre manquait de défenseurs, par la raison que
nous avons dite. Les Francs construisirent des machines qu'ils
approchèrent des murs, et que les musulmans prirent ou brûlèrent. Ils construisirent ensuite un bélier dont les musulmans
s'emparèrent encore. Les Francs voyant que tout ce qu'ils faisaient ne servait à rien, élevèrent une colline de terre, derrière laquelle ils combattirent à l'abri de tous les traits des assiégés. Cette colline fut rapprochée peu à peu des murs, jusqu'à
demi-portée du trait. Les assiégés se voyant de plus en plus accablés, écrivirent à Saladin pour lui faire part du triste état où
ils se trouvaient ; mais Saladin ne pouvait rien pour eux.

Le vendredi 17 de djoumadi second, les Francs s'emparèrent d'Acre (que Dieu les maudisse). Ce qui consterna d'abord
les assiégés, ce fut que l'émir Seiff'eddin, le premier des émirs
qui étaient dans la ville, étant allé trouver le roi de France, et
lui ayant offert de lui rendre la place avec tout ce qu'elle contenait, à condition que les musulmans resteraient libres, ses
propositions furent rejetées, et l'émir rentra dans la ville, sans
avoir d'espérance à donner aux habitants. Deux autres émirs
voyant cela, montèrent pendant la nuit sur une petite barque,
et quittant secrètement la ville, allèrent rejoindre l'armée du
sulthan. Au lever de l'aurore, les assiégés apprenant cette fuite,
furent encore plus consternés et se regardèrent comme perdus.
Les Francs écrivirent ensuite à Saladin, touchant la reddition de
la place, et Saladin y consentit, à condition qu'ils donneraient
la liberté à un nombre de musulmans égal à celui des Francs qui

étaient dans Acre. Le sulthan s'engageait à rendre la croix du
crucifiement; mais les Francs ne furent pas contents de ces propositions. Saladin écrivit alors aux musulmans qui étaient dans
Acre, pour leur ordonner de sortir tous ensemble de la ville et
de longer le rivage de la mer, d'où ils fondraient avec impétuosité sur l'ennemi, afin de s'ouvrir un passage; il leur enjoignit
d'emporter tout ce qu'ils avaient, et il leur promit de se transporter avec son armée du côté par où ils sortiraient, et que là, pour
qu'ils pussent se réunir à lui, il attaquerait les Francs. Les
assiégés se préparèrent avec ardeur à l'exécution de ce projet,
chacun s'occupa d'emporter ce qu'il possédait ; mais ces préparatifs ayant duré jusqu'au jour , ils ne purent plus exécuter
leur dessein et ils se virent dans l'impuissance de se défendre.
Tous les Francs s'approchèrent d'eux ; il parut alors sur les
murs quelques habitants qui agitaient un étendard , afin que
les musulmans du dehors le vissent; car c'était un signal convenu pour annoncer qu'on se battait. Les musulmans, en le
voyant , répandirent des larmes , et de toutes parts ils se précipitèrent sur les Francs dans l'espoir qu'ils feraient une diversion
utile aux assiégés. Saladin allait et venait , exhortant ses soldats. La plus grande partie des Francs étaient sortis de leurs
retranchements et s'étaient portés vers la ville. Les musulmans
s'approchèrent de leurs lignes, et peu s'en fallut qu'ils n'y entrassent et ne tombassent l'épée à la main sur ceux qui y étaient
restés ; mais avertis par le bruit, les Francs revinrent et arrêtèrent les musulmans; ils laissèrent devant la ville des soldats pour
l'attaquer. Maschtoub voyant que Saladin ne pouvait rien pour
les assiégés , alla traiter avec les Francs pour la reddition de la
place : il demanda pour les habitants la liberté de sortir avec leurs
biens, et offrit pour cela deux cent mille pièces d'or, la liberté
de cinq cents captifs chrétiens des plus distingués, la restitution
de la croix de crucifiement , et quatorze mille pièces d'or pour

le marquis prince de Tyr (1). Les Francs consentirent à ces
conditions et en jurèrent l'observation par serment. Ils accordèrent deux mois pour le paiement des sommes convenues et
pour la remise des prisonniers. L'émir ayant reçu leur serment,
leur livra la ville, dans laquelle ils entrèrent paisiblement.
Mais lorsqu'ils en furent maîtres, ils se conduisirent avec perfidie; ils se saisirent de tous les musulmans qui s'y trouvaient
et les firent mettre en prison. Ils parurent se conduire ainsi, pour
obtenir plus facilement ce qu'on leur avait promis; ils écrivirent à
Saladin, pour qu'il leur envoyât l'argent, les prisonniers et la
croix, promettant à cette condition de rendre les musulmans qui
étaient dans la ville. Saladin fit aussitôt recueillir l'argent, car il
n'en avait pas d'autre que celui qui lui était venu de ses états.
Ayant réuni cent mille pièces d'or il convoqua ses émirs, qui lui
conseillèrent de ne rien envoyer que les Francs ne se fussent de

---

(1) Les auteurs arabes qui manquent toujours de bonne foi lorsqu'ils ont des revers à raconter, ne mettent pas plus d'exactitude
dans le récit qu'ils font des traités conclus entre les musulmans et
les Francs. Celui dont il est ici question est autrement rapporté par
les historiens d'Occident. Gautier Vinisauf, historien anglais, qui
a fait un récit très curieux et très détaillé du siége d'Acre, donne
en ces termes les articles de la capitulation : « Les musulmans, en
rendant Acre, devaient rendre la vraie croix, deux mille des plus
nobles chrétiens et cinq cents d'un rang inférieur, que Saladin devait faire chercher sur toutes les terres de sa domination. Les soldats
de la garnison, en sortant de la ville, ne devaient emporter que
leur chemise ou camisole, et laisser leurs armes et leurs provisions.
Il devait être payé deux cent mille talents pour la rançon des prisonniers sarrasins. Enfin pour assurer l'exécution du traité, les assiégés s'engagèrent à donner pour otages les plus distingués des Sarrasins qu'on trouverait dans la ville. » Il est à remarquer aussi que
ce fut sur l'avis des émirs que Saladin consentit à la reddition
d'Acre.

nouveau engagés à lui remettre les musulmans captifs, et que les
Templiers ne se fussent rendus caution; car ces hommes religieux jugeaient que la foi donnée devait être observée. Saladin
envoya donc demander aux Templiers s'ils voulaient être caution. Ils répondirent : « Nous ne jurerons, ni ne nous engage-
rons pour rien, car nous craignons la perfidie des prisonniers
musulmans. » Les rois francs, de leur côté, dirent : « Quand
vous nous aurez donné de l'argent et rendu les prisonniers et
la croix, nous ferons ce qui nous paraîtra convenable. » Saladin comprit que leurs intentions n'étaient pas droites, et il ne
leur envoya rien ; seulement il leur adressa une autre députation qui leur dit : « Nous vous donnerons l'argent que nous
avons recueilli et vous rendrons les prisonniers et la croix;
pour le reste, nous vous donnerons des gages. Renvoyez-nous
les nôtres, et que les Templiers nous offrent une garantie et
jurent que vous serez fidèles à votre parole. » Les Templiers
répondirent : « Nous ne jurerons point ; envoyez-nous les cent
mille pièces d'or que vous avez recueillies, les prisonniers et la
croix, et nous vous enverrons ceux qu'il nous plaira ; les autres
resteront jusqu'à ce que nous ayons reçu le reste de l'argent. »
Les musulmans comprirent la perfidie de leurs ennemis. Les
Francs auraient certainement renvoyé les pauvres et les soldats
de l'armée dont ils se souciaient peu, et ils auraient gardé
auprès d'eux les émirs et les riches, et les auraient mis à une
forte rançon.

Le 27 de redjeb, les Francs sortirent de la ville avec leur
cavalerie et leur infanterie ; les musulmans marchèrent contre
eux, les attaquèrent et les forcèrent à rentrer dans la ville.
Plusieurs musulmans, qui étaient prisonniers chez eux, furent
tués ; il n'y eut que des émirs et des chefs d'épargnés. Saladin
disposa à son gré de l'argent qu'il avait recueilli, et renvoya à
Damas les prisonniers et la croix.

Lorsque les Francs eurent réglé les affaires dans la ville d'A-
cre, ils en partirent le 28 de redjeb et s'avancèrent du côté de
Kaïfa, en longeant le rivage de la mer. Saladin ayant appris
leur départ, ordonna à son armée de se mettre en marche. Le
jour du départ, son fils Afdhal et plusieurs braves émirs se trouvaient à l'avant-garde. Ils harcelèrent les Francs dans leur marche et leur lancèrent une si grande quantité de traits que le soleil en était presque obscurci. Ils tombèrent sur l'arrière-garde
des ennemis, en tuèrent, et en firent prisonniers un grand nombre. Afdhal envoya demander du secours à son père et lui fit
connaître l'état des choses. Saladin donna ordre à ses troupes
d'aller à lui; mais elles s'en excusèrent, en disant qu'elles n'a-
vaient point avec elles de machines de guerre. Elles voulaient
bien marcher, mais c'était tout; de sorte que ce secours se réduisit à rien. Le roi d'Angleterre se portant sur l'arrière-garde
des Francs, la protégea et la rallia. Les ennemis étant arrivés
à Kaïfa, y campèrent; les musulmans vinrent à Kemoun,
bourg voisin de Kaïfa. Les Francs firent venir d'Acre des
hommes et des chevaux, pour remplacer ceux qu'ils avaient
perdus dans leur route. Après cela, ils se mirent en marche pour
Césarée; les musulmans les suivaient, tuant ou enlevant ceux
qu'ils pouvaient atteindre: car Saladin avait juré qu'il tuerait tous
ceux dont il se rendrait maître, par représailles des musulmans
qui avaient été tués à Acre. Lorsque les Francs approchèrent de
Césarée, les musulmans les joignirent, leur livrèrent combat
et obtinrent l'avantage sur eux. Les Francs entrèrent dans la
ville, et les musulmans passèrent la nuit dans le voisinage. Une
troupe d'ennemis s'étant séparée et éloignée du gros de l'armée,
les avant-postes musulmans fondirent sur elle, tuèrent beaucoup
de monde et firent des prisonniers. Les Francs s'avancèrent
jusqu'à Arsouf, où les musulmans les avaient précédés; car
ils n'avaient pu marcher de front avec eux, le chemin étant

trop étroit. Lorsque les Francs furent arrivés près des musulmans, ceux-ci se précipitèrent sur eux et les repoussèrent jusqu'au fleuve. Quelques-uns des Francs s'y jetèrent et plusieurs
furent tués. Les ennemis, en ce moment, firent avancer leur
cavalerie sur les musulmans qui tournèrent le dos et prirent la
fuite sans s'occuper les uns des autres ; car la plupart des cavaliers et des fantassins n'eurent pas le temps de se préparer
au combat. Les musulmans dans leur fuite perdirent un grand
nombre des leurs , les fuyards se réfugièrent au centre , où se
trouvait Saladin. Si les Francs avaient su que tous avaient pris
la fuite et qu'ils les eussent poursuivis de toutes parts , ils les
auraient tous dispersés et tués ; mais les musulmans ayant rencontré un défilé couvert d'arbres s'y précipitèrent ; les Francs
qui crurent que cette fuite était un piége , revinrent sur leurs
pas , et les musulmans se virent ainsi délivrés du danger où ils
étaient. Les Francs perdirent ce jour-là un de leurs principaux
chefs , et les musulmans un mamelouk de Saladin , célèbre par
son audace et qui n'avait point son égal dans ce temps-là. Les
Francs et les musulmans mirent pied à terre et marchèrent
tenant en main la bride de leurs chevaux ; les Francs étant arrivés à Kaïfa , n'y trouvèrent aucun musulman et s'en emparèrent.

Après cette déroute , Saladin s'éloignant des ennemis , se
porta vers Ramlah avec ses bagages. Lorsqu'il y fut arrivé, il
assembla ses émirs , et leur demanda ce qu'il y avait à faire :
les émirs lui conseillèrent de détruire Ascalon. « Voyez, lui
dirent-ils , ce qui nous est arrivé hier : lorsque les Francs seront devant Ascalon , nous nous opposerons à leurs projets;
nous essaierons de leur en interdire l'entrée, et sans doute
ils combattront pour vous en chasser ; ils viendront camper
sous ses murs, et nous éprouverons ce que nous avons éprouvé
devant Acre. Notre situation deviendra critique; car la prise

d'Acre qui les a rendus maîtres de tout ce qui s'y trouvait, a
donné de la force aux ennemis et nous a très affaiblis. Ne per-
dons pas encore notre temps et nos peines, en attendant que
nous ayons repris de nouvelles forces. » La destruction d'Ascalon répugnait à Saladin; il appela des guerriers à qui il ordonna
d'y entrer et de défendre la ville; mais aucun d'eux ne voulut
lui obéir. « Si vous voulez la défendre, lui dirent-ils, entrez-y
avec nous, ou donnez-nous au moins pour chef un de vos fils
aînés; autrement aucun de nous n'y entrera, car nous ne voulons pas éprouver ce qui est arrivé aux habitants d'Acre. »
Saladin voyant les dispositions des esprits, fit détruire Ascalon. On jeta dans la mer les pierres des édifices. Toutes les richesses et toutes les provisions qui appartenaient au sulthan et
au peuple, et qu'on ne peut nombrer, furent toutes perdues;
et pour ne laisser aux Francs aucun desir de venir dans cette
ville, on en effaça jusqu'aux vestiges. Les Francs apprenant
qu'Ascalon n'existait plus, gardèrent leurs positions. Le marquis, à la nouvelle de la prise d'Acre par les Francs, prévoyant
que le roi d'Angleterre se conduirait avec perfidie envers lui,
se retira à Tyr qui lui appartenait. C'était parmi les Francs un
personnage considéré par sa prudence et son courage; c'était
lui qui avait été l'âme des conseils et qui avait dicté les résolutions. Après la destruction d'Ascalon, il écrivit en ces termes
au roi d'Angleterre : « Dieu nous garde qu'un homme comme
vous règne et commande des armées ! Vous apprenez que
Saladin rase Ascalon, et vous restez immobile. Pourquoi, à
cette nouvelle, n'avez-vous pas marché contre lui ? vous auriez
prévenu cette destruction et vous vous seriez emparé de la ville
sans combat. Saladin ne l'a détruite que parce qu'il était trop
faible pour la défendre. Par Jésus-Christ, si j'avais été avec
vous, nous serions maîtres d'Ascalon, et il n'y aurait pas eu
une seule tour de détruite. »

Saladin se porta ensuite sur Ramlah, dont il détruisit la citadelle ; de là il se rendit à Jérusalem. Le roi d'Angleterre étant
un jour sorti de Jaffa avec peu de monde, un corps de musulmans tomba sur lui, et il y eut un combat très vif. Le roi
d'Angleterre faillit être pris ; un des siens se dévoua pour lui,
et il fut sauvé. Cet homme fut fait prisonnier à sa place. Dans
le même temps, un autre combat eut lieu entre une troupe de
Francs et une troupe de musulmans ; ces derniers demeurèrent
vainqueurs.

Lorsque Saladin vit que les Francs restaient à Jaffa pour la
réparer, il partit le 13 de ramadhan pour Natroun, et alla y
camper. Le roi d'Angleterre lui envoya demander la paix, par
l'entremise de Malek-Adel ; et il fut convenu que le roi donnerait sa sœur en mariage à Adel, qui posséderait Jérusalem et
toutes les villes de la côte maritime occupées par les musulmans :
que la ville d'Acre et les autres places, possédées par les Francs,
seraient jointes aux domaines dont la sœur du roi avait hérité
au-delà de la mer, de son premier mari ; et qu'on demanderait
pour ces arrangements le consentement des Templiers. Adel fit
connaître à Saladin ce projet de traité, et le sulthan y donna
son consentement. Mais lorsqu'il fut rendu public, les prêtres,
les évêques et les moines vinrent trouver la sœur du roi d'Angleterre, lui inspirèrent de l'horreur pour ce traité, et l'engagèrent à y refuser son assentiment. On dit qu'il y eut une autre
cause qui en empêcha l'adoption ; mais Dieu seul la sait. Adel et
le monarque anglais eurent plus tard une entrevue, et parlèrent
de paix. Le monarque pria Adel de lui faire entendre le chant
des musulmans. Adel fit aussitôt venir un chanteur qui chanta
en frappant un instrument de musique, et le monarque anglais
parut satisfait (1) ; mais la paix ne fut pas conclue, car le roi

_____

(1) Richard aimait la musique. Au rapport de Raoul Coggeshale,

n'apportait dans cette entrevue que ruse et fourberie. Les Francs ayant paru vouloir aller à Jérusalem , Saladin se rendit à Ramlah , laissant ses bagages à Natroun ; il s'approcha des Francs , et resta vingt jours à les attendre ; mais ils ne firent aucun mouvement. Il y eut néanmoins pendant cet intervalle plusieurs combats entre les Francs et les musulmans , dans lesquels ceux-ci eurent toujours le dessus. Saladin revint à Natroun , et les Francs se rendirent à Ramlah , dans l'intention de s'avancer jusqu'à Jérusalem. Les deux armées s'approchèrent l'une de l'autre ; leur situation respective devint critique.

Quand Saladin vit l'approche de l'hiver , et que les soldats fatigués ne pouvaient soutenir ni les armes , ni les veilles , il congédia son armée pour lui donner du repos et pour en prendre lui-même. Il partit ensuite pour Jérusalem avec ceux qui restaient auprès de lui. Quand il fut entré dans cette ville , il alla demeurer dans la maison des prêtres, située près de l'église de la Résurrection. L'armée d'Egypte vint alors le joindre , et cette arrivée rendit le courage aux musulmans qui étaient dans Jérusalem. Comme les Francs marchaient aussi sur cette ville , il y eut entre eux et les avant-postes des musulmans plusieurs combats, dans l'un desquels plus de cinquante chevaliers francs des plus braves furent faits prisonniers. Saladin fit réparer les murs de Jérusalem et tous les endroits qui en avaient besoin ; il fit fortifier celui par où elle pouvait être attaquée , et creuser de nouveaux fossés ; il mit dans chaque tour un émir pour veiller à sa restauration , et il confia à son fils Afdhal tout ce qui était entre la porte de *Amoud* et celle de la *Miséricorde*. Le prince de Mossoul lui envoya des ouvriers habiles

historien anglais , ce roi excitait l'émulation des chantres d'église par des présents et des exhortations : dans les grandes solennités , il se promenait lui-même dans le chœur en chantant et en battant la mesure (*Voy.* l'*Ampliss. Collect.* de Martenne , tom. v , col. 857.)

dans l'art de tailler les pierres; ces ouvriers construisirent sous les yeux du sulthan une tour particulière.

Le 20 de doulkaada, les Francs revinrent à Ramlah, et voici quelle fut la cause de cette retraite. Ils tiraient toutes leurs provisions de la mer; mais quand ils en furent trop éloignés, les musulmans sortirent, et interceptèrent ces approvisionnements. Le roi d'Angleterre demanda aux Francs de Syrie de lui peindre l ville de Jérusalem, car il ne l'avait jamais vue. Quand ils la lui eurent peinte, il vit la vallée qui l'entourait de toutes parts, à l'exception du côté du Nord. Quand on lui eut appris que cette vallée était profonde, et que l'accès en était très difficile, il dit : « Jamais cette ville ne pourra être prise tant que Saladin vivra, et que les musulmans seront d'accord entre eux. En effet, si nous approchons notre camp d'un côté de la ville, il restera d'autres côtés libres par où les ennemis y feront entrer des hommes et des provisions; si nous nous divisons, et qu'une partie de notre armée se porte du côté de la vallée et l'autre au nord, Saladin réunira toute son armée, et tombera sur l'une de nos divisions, qui ne pourra être secourue par l'autre; car si cette division faisait un mouvement, les musulmans qui sont dans la ville en sortiraient et enlèveraient tout ce qu'ils trouveraient dans son camp. Si, au contraire, cette division, laissant des troupes pour protéger son camp, voulait aller au secours de la première, Saladin aurait le temps de l'exterminer avant que la seconde eût franchi la vallée : joignez à cela la difficulté de recevoir les fourrages et le blé. » Lorsque le roi eut parlé, les Francs comprirent qu'il avait dit vrai, et considérant qu'ils avaient peu de provisions, ils prirent le parti de retourner à Ramlah.

An 588 (1192). Au mois de moharram, les Francs se portèrent sur Ascalon, qu'ils tentèrent de relever. Saladin était alors à Jérusalem. Le roi d'Angleterre marcha contre les avant-

postes des musulmans, et tomba sur eux. Il y eut un combat
très vif, où le sort fut égal des deux côtés. Tant que Saladin
resta à Jérusalem, ses troupes ne cessèrent d'attaquer les
Francs, tantôt en fondant sur quelque corps séparé, tantôt
en leur enlevant les vivres.

Le 13 de rebi second, le marquis prince de Tyr fut tué, et
voici pourquoi. Saladin avait écrit au chef des ismaéliens de Syrie, nommé Senan, et lui avait offert dix mille écus d'or s'il
tuait le roi d'Angleterre et le marquis. Senan ne voulut pas
permettre aux siens de tuer le roi d'Angleterre, parce qu'il
ne jugeait pas convenable à sa politique que Saladin fût délivré des Francs; mais entraîné par l'appât de l'argent, il consentit à faire tuer le marquis. Il fit partir deux émissaires, cachés sous l'habit de moine; ils s'attachèrent au seigneur de Sidon et à son fils Basran, seigneur de Ramlah, qui étaient
dans Tyr avec le marquis.

Ces deux hommes restèrent six mois avec ces deux seigneurs, affectant beaucoup de dévotion. Le marquis prit de
l'amitié pour eux. Un jour l'évêque invita le marquis à un repas; le marquis s'y rendit : après le repas, lorsque le marquis
sortait de la maison de l'évêque, les deux ismaéliens tombèrent sur lui, et lui portèrent des coups mortels; l'un d'eux
s'enfuit dans une église pour s'y cacher. Il arriva que le marquis, vu la gravité de ses blessures, fut transporté dans la
même église. L'ismaélien se précipita de nouveau sur lui et le
tua. Ces deux assassins furent tués. Les Francs attribuèrent
le meurtre du marquis au roi d'Angleterre, qui voulait,
disaient-ils, régner seul en Syrie. Le comte Henri régna après
le marquis; il se maria avec la veuve de ce dernier le jour
même qui suivit sa mort, quoiqu'elle fût enceinte. Mais cette
circonstance n'est pas un obstacle au mariage parmi les Francs.

Ce comte Henri régna sur les villes que les Francs possédaient
sur la côte maritime, après le retour du roi d'Angleterre dans
ses états; il vécut jusqu'à la fin de l'année 594, où il se tua en
tombant d'un toit. Ce fut un homme sage, doux et prudent.
Quand le roi fut parti, le comte Henri écrivit à Saladin pour
tâcher de se le concilier; il lui demanda un présent (une pelisse),
et lui dit : « Vous savez que la tunique et le turban ne sont point
en opprobre chez nous; je me servirai de l'une et de l'autre par
égard pour vous. » Le sulthan lui envoya en effet un très
beau présent qui se composait d'une tunique et d'un turban.
Le comte porta l'un et l'autre pendant qu'il était dans Acre.

Le 9 de djoumadi premier, les Francs s'emparèrent de la
forteresse de Daroun et la ruinèrent. Ils se portèrent ensuite
sur Jérusalem, où Saladin était encore; ils pénétrèrent jusqu'à
Beith-Nouba. Leur ardeur s'était rallumée, parce que Saladin avait congédié ses troupes des contrées orientales et autres,
à cause de l'hiver et pour qu'elles prissent du repos. Une partie
s'était mise en marche pour la Mésopotamie, sous la conduite
d'Afdhal et d'Adel. Heureusement la garde de Saladin et une partie de l'armée d'Egypte étaient auprès de lui. Les Francs crurent
qu'ils pourraient atteindre leur but; mais lorsque Saladin apprit
qu'ils approchaient, il donna la garde des tours à ses émirs.
Les Francs partirent de Beith-Nouba, et vinrent à Koulonnié
à la fin du mois. Cette place était à deux parasanges de Jérusalem. Les musulmans fondirent sur eux, et leur firent tant de
mal qu'ils ne purent résister. Les Francs comprirent qu'ils ne
pourraient approcher leur camp de Jérusalem, sans éprouver
un plus grand mal; ils retournèrent donc sur leurs pas, ayant
en dos les lances et les flèches des musulmans. Comme ils
étaient loin de Jaffa, Saladin y envoya un corps de troupes s'y
cacher en embuscade. Lorsque la cavalerie et le convoi des

Francs passèrent près de cette embuscade, les musulmans parurent, fondirent sur eux, leur tuèrent du monde, leur firent des prisonniers et leur enlevèrent un grand butin.

Un mois après, les Francs reçurent la nouvelle de l'arrivée de l'armée d'Egypte et d'une grande caravane qui l'accompagnait : le frère d'Adel commandait cette armée ; il était accompagné de plusieurs émirs. Les Francs fondirent sur lui dans le territoire d'Hébron ; les Egyptiens prirent la fuite, et un de leurs personnages de marque fut tué ; ils perdirent plusieurs de leurs soldats. Les Francs s'emparèrent de leurs tentes et de leurs bagages. Quant à la caravane, une partie fut prise, l'autre gagna la montagne d'Hebron. Les Francs ne la poursuivirent point ; s'ils l'eussent fait seulement pendant une demi-parasange, ils l'auraient atteinte. Ceux qui se sauvèrent, se dispersèrent en différents lieux, et eurent beaucoup à souffrir jusqu'à ce qu'ils fussent réunis. Un de nos amis que nous avions envoyé en Egypte avec des marchandises et qui en était reparti avec la caravane, m'a rapporté ce qui suit : « Quand les Francs tombèrent sur nous, nous avions déjà soulevé nos fardeaux pour les charger sur nos chameaux et nous mettre en marche. J'emportai mon bagage et gagnai la montagne, emmenant avec moi les bagages de quelques autres. Nous rencontrâmes un corps de Francs qui s'emparèrent du bagage que j'avais emporté ; j'étais devant eux, à la distance d'une portée du trait. Comme les ennemis ne s'approchèrent pas de moi, je m'échappai avec ceux que j'emmenais avec moi : je marchais sans savoir où j'allais ; tout-à-coup j'aperçois un grand édifice bâti sur une montagne élevée ; je m'informe de ce que c'est ; on me dit que c'est Carac. Je m'y rendis ; de là je retournai sain et sauf à Jérusalem. » Cet homme quitta ensuite cette dernière ville ; mais lorsqu'il fut arrivé à Besan, près d'Alep, des voleurs se saisirent de lui ; il avait

II. 34

échappé à un danger ; mais il périt ensuite, lorsqu'il se croyait sauvé.

Lorsque Malek-Afdhal et Adel se furent réunis avec les armées de Mossoul, du Diarbekr, de Sindjar et autres provinces, et que toutes ces troupes se furent rendues à Damas, les Francs pensèrent qu'ils seraient inférieurs en forces s'ils s'éloignaient de la mer ; c'est pourquoi ils retournèrent à Acre ; puis ayant paru avoir intention de se diriger vers Béryte pour l'assiéger, Saladin ordonna à son fils Afdhal de se rendre dans cette ville avec son armée et celle des provinces orientales. Afdhal s'avança dans la plaine de Oyoun, où les armées se réunirent à lui sur le territoire d'Acre. Il attendit là le départ des Francs ; mais ceux-ci, informés de ces dispositions, restèrent à Acre.

Pendant ce temps, les armées d'Alep et autres étaient venues joindre Saladin. Le sulthan partit alors pour Jaffa, que les Francs occupaient, et vint camper devant cette ville. Il livra plusieurs combats à la garnison, et le 20 de redjeb il emporta la place de force. Les musulmans la pillèrent, et y firent un grand butin ; ils tuèrent les Francs et firent plusieurs prisonniers. Ils y trouvèrent la plupart des choses qui avaient été enlevées à l'armée d'Egypte et à la caravane qui la suivait. Une troupe de mamelouks se placèrent aux portes de la ville, et se firent donner de gré ou de force le butin que les soldats avaient pris. Les armées se portèrent ensuite à la citadelle et l'attaquèrent jusqu'à la fin du jour. Elles étaient sur le point de la prendre, lorsque la garnison demanda à capituler : le grand patriarche en sortit avec plusieurs seigneurs francs, pour traiter de cette capitulation. Il y eut des pourparlers de part et d'autre. Le but des Francs était de détourner les musulmans du siége. Lorsque la nuit fut venue, ils promirent de descendre le lendemain de la citadelle et de la livrer. Le lendemain, Saladin demanda qu'ils descendissent ; ils s'y refusèrent, et il leur arriva aussitôt du secours d'Acre. Le roi d'Angleterre était à la tête ; il fit sortir de Jaffa les musulmans qui y étaient entrés ; il quitta ensuite lui-même la ville, et presque seul il fondit sur les ennemis, sans que personne osât approcher de lui. Au milieu des deux armées, il demanda à manger ; il descendit de cheval et mangea. Saladin ordonna à son armée de tomber sur les Francs ; mais un émir s'approchant de lui, lui dit : « O Saladin, dis aux mamelouks qui ont arraché hier le butin aux soldats et qui les ont maltraités sans raison, d'avancer et de combattre. Lorsqu'il s'agit de combat, on nous appelle ; mais lorsqu'il s'agit de butin, c'est à eux qu'on s'adresse. » Saladin entendit ce discours avec peine, et se retira. Le sulthan était doux et porté à pardonner, quoiqu'il eût le pouvoir de se venger. Il descendit dans sa tente, et il y resta jusqu'à ce que les armées se fussent réunies. Son fils Afdhal, son frère Adel, les troupes des parties orientales et d'Alep étant venus le joindre, il partit pour Ramlah, attendant les événements. Mais les Francs restèrent dans Jaffa, et n'en sortirent point.

Le 20 de schaban, qui répondait cette année au commencement d'octobre, une trève fut faite entre les musulmans et les Francs pour trois ans et huit mois. Voici quelle fut la cause de cette trève. Le roi d'Angleterre voyant des armées se réunir et ne pouvant sans danger s'éloigner du rivage de la mer ; voyant en outre qu'il n'y avait aucune ville appartenant aux musulmans dont il pût espérer se rendre maître ; étant d'ailleurs absent depuis long-temps de son royaume, envoya à Saladin un député chargé de traiter de la paix, et montra des prétentions plus modérées que celles qu'il avait fait paraître la première fois ; mais Saladin qui soupçonnait en lui de la ruse et de l'artifice, rejeta sa demande. Il lui écrivit pour l'engager à une action générale. Le roi envoya plusieurs fois son député, et déclara

34..

qu'il renonçait à Gaza , à Daroun , à Ramlah et à la restauration d'Ascalon. Saladin écrivit à Adel pour le charger de régler
les conditions de la trève. Adel et plusieurs émirs lui conseillèrent d'accorder la paix ; ils lui représentèrent le dégoût de
l'armée , le mauvais état des machines de guerre , la perte des
bêtes de somme et des chevaux et la consommation des provisions. Ils lui dirent que le roi d'Angleterre demandait la paix ,
pour pouvoir se mettre en mer et retourner dans ses états. Si
vous différez de l'accorder jusqu'à ce que l'hiver vienne , et
qu'il ne puisse se confier aux flots , il nous faudra rester encore une année , et pendant ce temps les musulmans souffri-
ront de nouveaux maux. Le député des Francs fut donc écouté
et les conditions de la paix furent arrêtées et jurées. Parmi ceux
qui se présentèrent à Saladin , pour recevoir sa parole , se trouva
Balian , qui lui dit : « Sachez que personne dans l'islamisme
n'a fait ce que vous avez fait ; jamais il n'a péri plus de Francs
que dans cette guerre. Nous avons fait le dénombrement des
chrétiens qui nous sont venus par mer , et nous l'avons trouvé
de six cent mille ; sur dix , il n'en est pas retourné un dans son
pays. Vous en avez tué une partie , l'autre est morte ou a été
noyée. » Après la conclusion de la paix , Saladin permit aux
Francs de visiter Jérusalem. Chaque troupe retourna dans sa
garnison. Le comte Henri fut roi de la côte maritime de Syrie
et de toutes les places qui appartenaient aux Francs. C'était un
prince bon et ami des musulmans.

Saladin alla aussi à Jérusalem dont il fit relever les murs ;
et l'église de Sion se trouva alors renfermée dans son enceinte.
Il fonda un collége , un monastère, des hôpitaux et d'autres
établissements utiles, et leur assigna des revenus.

An 593 (1197). Après la mort de Saladin, Malek-Aziz,
son fils, avait renouvelé la trève avec les Francs et en avait
prolongé la durée. Les choses restèrent en cet état jusqu'à

l'année 593. Il y avait dans la ville de Béryte un émir connu
sous le nom d'Assamah. Il la possédait à titre de fief. Il envoyait des vaisseaux en mer et interceptait les communications
des Francs. Ceux-ci s'en plaignirent plus d'une fois à Malek-
Adel qui résidait à Damas, et à Malek-Aziz qui gouvernait en
Egypte : mais ni l'un ni l'autre n'empêchèrent Assamah d'agir
ainsi. Alors les Francs s'adressèrent à leurs princes d'outre-
mer, et leur dirent : « Si vous ne nous prêtez secours, les musulmans s'empareront du pays. » Ces princes leur envoyèrent
des troupes nombreuses, la plupart de l'Allemagne : elles avaient
pour chef un prêtre nommé *Hosker* ou *Hasker* (1). Lorsque
Malek-Adel apprit cela, il écrivit à Malek-Aziz, ainsi qu'aux
princes de la Mésopotamie et de Mossoul, pour demander du
secours. Il lui vint des renforts qui se réunirent à Aïn-Djalout.
Ils y restèrent pendant le mois de ramadhan et une partie du
mois de schowal. Ils marchèrent ensuite contre Jaffa, dont ils
s'emparèrent. Les chrétiens qui y étaient se retirèrent dans la
forteresse. Les musulmans, après avoir dévasté la ville, assiégèrent la forteresse et la prirent de force. Les Francs partis
d'Acre, vinrent jusqu'à Césarée pour repousser les musulmans.
Là, ils apprirent que Jaffa était tombée au pouvoir des ennemis, et ils s'en retournèrent. Ce qui avait retardé leur départ,
c'était la mort du comte Henri leur roi, qui était tombé dans
Acre d'un lieu élevé. Les musulmans s'en retournèrent à Aïn-
djalout, où ils apprirent que les Francs avaient l'intention de
marcher sur Béryte. Malek-Adel se mit aussitôt en route avec

---

(1) Ce même prêtre est nommé plus bas *Haudeker* : ce doit être la
corruption du nom *Conrad ;* car l'histoire nous dit que la première
armée d'Allemands partit sous la conduite de Conrad, archevêque
de Mayence. Peut-être aussi est-ce Conrad, évêque de Wursbourg,
chancelier de l'empereur.

son armée. Il traversa la plaine d'Oyoun dans le dessein de se porter sur cette ville. Un détachement de son armée y entra, en détruisit les murs et commença à dévaster les maisons et la forteresse. Assamah s'opposa à ce dernier ravage ; il se chargea de la défense de la forteresse. Les Francs étant arrivés à Sidon, les musulmans sortirent de Béryte et les rencontrèrent dans les environs de la première de ces deux villes. Les deux partis en vinrent aux mains et perdirent du monde ; la nuit les sépara : les Francs continuèrent leur marche et arrivèrent à Béryte, dont ils s'emparèrent. Assamah prit la fuite.

Malek-Adel envoya à Sidon pour achever de la détruire, car Saladin en avait déjà détruit la plus grande partie. Les troupes musulmanes vinrent auprès de Tyr, coupant les arbres dans tout le pays et détruisant les villages. Lorsque les Francs apprirent cela, ils quittèrent Béryte pour prendre position devant Tyr. Les musulmans se retirèrent au château d'Houniain. Malek-Adel pensant que les Francs resteraient dans leurs provinces, donna congé aux troupes des parties orientales; il eut même l'intention de renvoyer celles d'Égypte ; mais apprenant que les Francs venaient assiéger le château de Tabnin, il envoya un corps de troupes pour le protéger et le défendre. Les Francs, partis de Tyr, se présentèrent devant Tabnin le 1er. de safar 593. Quand les musulmans virent les brèches faites au château, ils demandèrent à capituler. Les Francs étaient commandés par le prêtre Haudeker. Un Franc de Syrie dit alors aux députés musulmans : « Si vous livrez la forteresse, cet homme vous constituera prisonniers et vous tuera. » Les musulmans s'en retournèrent comme pour engager la garnison à livrer le château : mais lorsqu'ils y furent remontés, ils cherchèrent à se défendre, et combattirent si bien qu'ils conservèrent le château jusqu'à l'arrivée de Malek-Aziz à Ascalon. Lorsque les Francs apprirent l'arrivée de ce prince et la réunion des mu-

sulmans, comme ils n'avaient plus de roi qui les gouvernât, et
que le sceptre était entre les mains d'une femme, ils se concertèrent entre eux, et envoyèrent vers le prince français,
nommé *Heimari* (c'est Aimeri ou Amauri de Lusignan, qui
épousa la reine Ysabeau), frère du roi, qui avait été fait prisonnier à la bataille de Hitthin, et le firent venir : puis ils le
marièrent à la reine, épouse du comte Henri. C'était un homme
prudent, et qui aimait le repos. Dès qu'il fut devenu leur roi,
les Francs ne livrèrent plus d'assaut au château. On entra en
pourparlers touchant la paix. L'affaire traîna en longueur, et
Malek-Aziz retourna en Egypte avant qu'elle fût terminée. La
cause de son départ fut qu'on lui rapporta qu'une faction d'é-
mirs avaient conspiré contre lui. Enfin la paix se fit entre les
musulmans et les Francs, à condition que Béryte resterait au
pouvoir des derniers.

An 603 (1206). Kaïkosrou, prince d'Iconium, s'empara de
la ville d'Antioche de Pisidie, qui appartenait aux Grecs. Voici
la cause de cet événement : La ville était assiégée depuis long-
temps ; plusieurs de ses tours avaient été détruites : elle était
sur le point d'être prise de force. Les assiégés envoyèrent aux
Francs de Chypre demander des secours, qui furent accordés.
Kaïkosrou, désespérant alors de prendre la ville, se retira, et
laissa seulement un détachement de ses troupes dans les environs, en lui ordonnant de couper les vivres à la place. Les
choses restèrent en cet état un certain temps. Les habitants,
réduits à l'extrémité, demandèrent aux Francs de marcher
contre les musulmans pour les chasser de la contrée. Les Francs
pensèrent que, sous ce prétexte, les Grecs voulaient les expulser
de la ville ; la division se mit entre eux : ils en vinrent même
aux mains. Les Grecs députèrent vers les musulmans pour
leur offrir de leur livrer Antioche. Les musulmans arrivèrent
donc, et se joignirent à eux pour combattre les Francs. Ceux-

ei prirent la fuite, se retirèrent dans la forteresse, et s'y fortifièrent. Les musulmans envoyèrent chercher Kaïkosrou. Il
vint d'Iconium, sa capitale, avec un détachement de son
armée. L'affaire se décida entre lui et les Grecs, et il prit possession de la ville : ensuite il forma le siége de la forteresse,
s'en rendit maître, et fit prisonniers tous les Francs qui s'y
trouvaient.

Les Francs de Tripoli et du château des Curdes firent cette
année des courses sur le territoire d'Emesse ; ils attaquèrent
même cette ville ; car leur nombre était fort grand, et le prince
d'Emesse n'avait point de forces à leur opposer. Il implora l'aide
du prince d'Alep et autres princes de Syrie ; mais il ne reçut de
secours que du prince d'Alep, dont les troupes restèrent auprès
de lui et protégèrent sa principauté contre les Francs.

Adel vint après cela d'Egypte avec des armées considérables. Les Francs de Chypre avaient pris plusieurs vaisseaux
de sa flotte, et avaient fait prisonniers ceux qui les montaient.
Adel envoya des ambassadeurs à Acre pour demander la restitution de ce qu'ils avaient pris. « Nous sommes en paix, disait-il ; pourquoi donc avez-vous usé de perfidie à l'égard des
nôtres ? » Le prince d'Acre s'excusa en disant : « Je n'ai aucune juridiction sur l'île de Chypre ; elle dépend des Francs de
Constantinople. » En effet les Francs de Chypre, dans une
disette, eurent recours aux Francs de Constantinople; mais la
propriété de l'île appartenait toujours au prince d'Acre. Ce
prince accéda enfin à ce que Malck-Adel lui demandait, et mit
les captifs en liberté.

An 614 (1217). Les Francs vinrent assiéger avec des machines le château bâti depuis peu par Malck-Adel sur le sommet
d'une montagne voisine d'Acre (Mont-Thabor). Ils arrivèrent
jusque sur la montagne, ils étaient sur le point de prendre le
château lorsqu'un de leurs chefs fut tué. Cet événement les obli-

gea à renoncer au siége, qui les avait déjà occupés dix-sept jours. Ils restèrent encore quelque temps dans le voisinage, puis s'embarquèrent pour l'Egypte. Malek-Adel vint alors sur le Mont-Thabor, et fit raser le château, parce qu'il était trop voisin d'Acre, ce qui en rendait la défense difficile. Les musulmans, qui avaient vu de mauvais œil la construction de ce château, mirent beaucoup d'ardeur à le démolir.

Les Francs abordèrent en Egypte au mois de safar; ils s'établirent dans l'île (le Delta) en face de Damiette, ayant le Nil entre eux et la ville, car une branche du Nil se jette dans la Méditerranée un peu au nord de Damiette. On avait bâti dans le fleuve une tour grande et forte, et on y avait mis des chaînes de fer très grosses qui se prolongeaient jusqu'aux murs de la ville, afin d'empêcher les vaisseaux qui venaient de la Méditerranée de remonter le Nil et de pénétrer dans le cœur de l'Egypte. Les Francs ayant pris position, s'entourèrent d'un mur et d'un fossé qui les protégeassent contre les attaques de leurs ennemis. Ils commencèrent aussitôt les opérations du siége: ils construisirent des machines diverses, des ballistes, des tours qu'ils faisaient mouvoir sur des navires de manière à pouvoir attaquer la grande tour dont nous venons de parler. Malek-Kamel, fils de Malek-Adel, vint prendre position à Adelych, un peu au sud et du côté de Damiette. Tout l'espace qui s'étendait de ce lieu à Damiette était entièrement garni de troupes afin d'empêcher les Francs de passer sur la rive orientale du fleuve.

Cependant les Francs faisaient les plus grands efforts pour s'emparer de la tour sans pouvoir réussir: leurs machines s'y brisèrent. Enfin, après quatre mois de travaux, ils s'en emparèrent, et coupèrent les chaînes de manière à ouvrir le passage à leurs vaisseaux qui étaient dans la Méditerranée. Aussitôt le sulthan fit faire une jetée pour les empêcher de remonter le Nil. Ils l'attaquèrent sans relâche et la rompirent. Malek-Kamel voyant cela, fit charger de pierres de grands bateaux, qu'on mena au milieu du fleuve et qu'on coula à fond. A cette vue les Francs se portèrent vers le canal nommé Azrac, où le Nil coulait anciennement; ils prolongèrent ce canal jusqu'au-dessus de l'endroit où ces vaisseaux étaient coulés à fond. Comme le canal communiquait aussi à la Méditerranée, ils firent remonter leurs vaisseaux jusqu'au lieu appelé Noureh, sur la rive occidentale du Nil, en face du lieu où campait Malek-Kamel. Jusque-là l'armée musulmane n'avait point eu à combattre; mais lorsque les Francs se furent avancés en face de ses positions, elle eut à soutenir plusieurs attaques qui échouèrent complètement. Du reste rien n'était changé pour la ville, car les vivres et les secours lui arrivaient comme auparavant. Le Nil était entre elle et les Francs. Les habitants de Damiette étaient ainsi dans une parfaite sécurité, et laissaient leurs portes ouvertes : mais il arriva par un effet de la volonté de Dieu, qu'Adel mourut. Cet événement jeta le découragement parmi le peuple, car Adel était le véritable sulthan; et quoique ses enfants fussent revêtus de principautés, ils n'en étaient pas moins soumis à ses ordres.

Parmi les émirs d'Egypte, il y en avait un nommé le fils de Maschtoub; c'était le plus puissant de tous : il avait un grand empire sur la plupart d'entre eux, surtout sur les Curdes. De concert avec quelques émirs, il résolut de renverser Malek-Kamel, et de mettre à sa place son frère Malek-Saïd, afin de régner sous son nom. Malek-Kamel fut instruit du complot : il quitta de nuit son camp, et se rendit à un lieu nommé Aschmoun Thenah, où il s'arrêta. Lorsqu'au matin les troupes se virent abandonnées de leur sulthan, chacun s'enfuit de son côté, n'emportant que la plus petite partie de ses provisions, de ses effets et de ses armes. Les soldats abandonnèrent leurs vivres, leurs tentes, leurs bêtes de somme pour aller rejoindre Malek-Kamel.

Cependant les Francs ne voyant plus les musulmans sur la rive orientale, ne savaient que penser : mais ayant appris ce qui en était, ils passèrent le fleuve sans opposition. Ce passage s'effectua le 20 de doulkaada. Ils firent dans le camp des musulmans un butin immense.

Quant à Kamel, il pensait à quitter l'Egypte, parce qu'il ne savait plus à qui se fier : mais par un effet de la volonté de Dieu, il arriva que Malek Moadham, autre fils de Malek-Adel, arriva auprès de son frère Kamel deux jours après cet événement. Son arrivée rendit le courage à l'armée.

Les Francs ayant passé du côté de Damiette, les tribus des Arabes se réunirent pour piller tout le pays voisin, intercepter les routes et causer les plus grands ravages; car ils étaient plus terribles pour les musulmans que les Francs mêmes. Tout le temps que Malek-Kamel était resté sous les murs de Damiette, cette ville avait été laissée sans troupes, puisque les forces du sulthan avaient été suffisantes pour repousser les Francs. La conspiration du fils de Maschtoub n'avait pas permis qu'on s'occupât d'y faire entrer une garnison. Toute la ville se trouvait donc comme abandonnée. Les Francs la cernèrent et l'attaquèrent du côté de la terre et du côté du fleuve: ils s'entourèrent d'un fossé pour empêcher les musulmans de les inquiéter, et ne cessèrent de livrer des assauts à la ville.

La position des habitants devint de plus en plus difficile. Les Francs avaient assez de troupes pour n'en laisser combattre qu'une partie à-la-fois ; mais à Damiette il n'y avait pas assez de monde pour qu'une partie se reposât pendant que l'autre se battait. Les assiégés montrèrent une patience sans égale ; ils soutinrent de fréquents combats et eurent beaucoup de blessés, de morts et de malades. Le siége dura jusqu'au 27 de schaban: alors le peu de monde qui restait ne fut pas suffisant pour garder la ville; les forces s'affaiblirent tout-à-fait, et Damiette fut remise par capitulation. Parmi les habitants, il y en eut qui sortirent, d'autres restèrent, parce qu'ils n'avaient pas la force de se mouvoir.

Les Francs devenus maîtres de Damiette, s'y fixèrent; ils envoyèrent des troupes dans toutes les contrées voisines, où elles mirent tout à feu et à sang, et obligèrent les habitants à prendre la fuite. Les Francs se mirent à réparer la ville et à la fortifier, de manière à la rendre imprenable. Quant à Malek-Kamel, il se tenait près d'eux pour protéger le pays contre leurs incursions. Lorsqu'on eut appris en Occident la prise de cette ville, les Francs vinrent de tous côtés, et des pays les plus éloignés, se joindre à leurs compatriotes. Malek-Mohadham, prince de Damas, retourna en Syrie, et fit détruire les murs de Jérusalem, parce qu'on craignait une attaque des Francs. L'islamisme était alors menacé d'une ruine complète. D'un côté, les Tartares, venus d'Orient, avaient pénétré jusque dans l'Irak, l'Aderbijan, etc.; de l'autre, les Francs, arrivant de l'Occident, s'étaient rendus maîtres de Damiette, et s'emparaient de toutes les places qui manquaient de défense. Toutes les villes d'Egypte et de Syrie étaient à la veille d'être prises; tous les peuples étaient frappés de terreur, et songeaient déjà à fuir et à abandonner leurs foyers: car les ennemis les assaillaient de toutes parts; et si le sulthan ne les avait retenus, ils auraient déserté le pays.

Malek-Kamel écrivit à ses frères, Mohadham, prince de Damas, et Malek-Aschraf, et à d'autres princes, pour leur demander du secours, et les engager à venir eux-mêmes, ou, s'ils ne le pouvaient, à envoyer leurs armées. Le prince de Damas alla chercher Aschraf en Mésopotamie; il le trouva occupé de soumettre des rebelles, et les choses restèrent dans le même état avec les chrétiens.

An 618 (1221). Malek-Kamel était toujours en présence des Francs ; mais lorsqu'il fut informé que les obstacles qui avaient empêché Aschraf de lui porter secours avaient cessé, il lui envoya un député pour lui demander à lui et au prince de Damas de venir le seconder. Le prince de Damas alla trouver Aschraf, et le sollicita de partir. Aschraf partit en effet pour Damas avec l'armée qu'il avait auprès de lui, et ordonna à ses autres troupes de l'y suivre : il resta dans cette ville pour les attendre. Quelques-uns de ses courtisans lui conseillèrent d'envoyer son armée, et de retourner dans ses états, de peur que ses affaires n'y fussent troublées de nouveau ; mais il ne le voulut pas, et dit : « Je suis parti pour la guerre sacrée, il faut que j'exécute mon dessein, » et il se mit en marche pour l'Egypte. Déjà les Francs étaient sortis, infanterie et cavalerie contre Malek-Kamel, et étaient venus camper devant Mansourah. Le bras du Nil, appelé Aschmoun, était entre eux et le sulthan. Les machines et les catapultes jouaient contre l'armée des musulmans, et tout le monde croyait que les Francs s'empareraient de toutes les places d'Egypte. Pendant ce temps Malek-Aschraf s'avançait vers Mansourah. Malek-Kamel, informé de son approche, alla au-devant de lui, se réjouissant, ainsi que tous les musulmans, de ce que Dieu, par cette réunion des fidèles, semblait leur annoncer la victoire. Malek-Mohadham, prince de Damas, s'avança aussi vers l'Egypte, et se dirigea sur Damiette, pensant que ses frères et leurs armées avaient déjà approché leur camp de cette ville. On dit qu'ayant appris en chemin que les Francs retournaient à Damiette, il tâcha de les prévenir afin de les attaquer en face, tandis que ses frères les poursuivraient par derrière : Dieu sait si cela est vrai. Lorsqu'Aschraf et Kamel furent réunis, ils résolurent de se

porter au bras du Nil, appelé Mehalleh. Là ils attaquèrent les
Francs, dont ils s'approchèrent de plus en plus. Les vaisseaux
des musulmans s'avancèrent sur le Nil et se mesurèrent avec
les vaisseaux des Francs. Ils en prirent trois, avec les hommes, les effets et les armes qu'ils portaient. Ce fut un sujet de
joie pour les musulmans. Cet heureux événement fut annoncé
partout, et rendit le courage aux ennemis des chrétiens.

Cependant on s'envoya de part et d'autre des députés
pour traiter de la paix. Les musulmans offrirent aux Francs
s'ils voulaient rendre Damiette, de leur restituer Jérusalem,
Ascalon, Tibériade, Sidon, Djibleh et Laodicée, ainsi que
toutes les places que Saladin avait enlevées aux Francs sur la
côté maritime, excepté Carac. Mais les Francs demandèrent
de plus trois cent mille écus d'or pour relever les murs
de Jérusalem; ils exigeaient en outre la forteresse de Carac.
Le traité n'ayant pu se faire, les musulmans furent forcés de
combattre. Les Francs se confiant dans leurs forces, ne prenaient pas avec eux de grandes provisions; ils croyaient que
l'armée musulmane ne pourrait leur résister, et qu'ils seraient
aisément maîtres de tous les bourgs et villages d'où ils tire-
raient tous les vivres qu'ils voudraient. Dieu le voulut ainsi.
Une troupe de musulmans passèrent du côté où étaient les
Francs, et firent des saignées au Nil; tout le pays fut couvert
d'eau, de telle sorte qu'il ne resta aux Francs qu'une place où ils
purent s'arrêter, et où ils se trouvèrent très à l'étroit. Sur ces
entrefaites, Malek Kamel jeta des ponts sur le Nil près d'Aschmoun, pour y faire passer ses troupes, afin qu'elles s'emparassent des chemins par où les Francs pourraient revenir à
Damiette: de cette manière, la route se trouva entièrement interceptée pour les ennemis. Dans cet état de choses, il arriva
aux Francs un très grand bâtiment qu'on nomme *mazamas*:
il était accompagné de plusieurs petites barques chargées d'ar-

mes, de blé et de toutes sortes de provisions. Les vaisseaux
des musulmans les attaquèrent, et, après un combat, s'en rendirent maîtres, ainsi que du grand bâtiment. Après cet échec,
les Francs consternés sentirent qu'ils avaient fait une faute
en s'éloignant de Damiette pour aller sur un terrain qu'ils ne
connaissaient pas. Les troupes des musulmans les attaquèrent
alors de tous côtés, les accablèrent de traits, et se portèrent
avec impétuosité sur leurs flancs. Les Francs réduits à l'extrémité mirent le feu à leurs tentes, à leurs machines et à leurs
bagages, et résolurent de marcher contre les musulmans, espérant qu'en les combattant ils arriveraient peut-être à Damiette. Mais ils virent bientôt que leur espérance était vaine;
car la boue et les eaux dont ils étaient environnés les empêchaient d'avancer; et de plus, le pays qu'ils avaient à traverser était occupé par les musulmans. Cernés de toutes parts,
privés de vivres, sans espoir d'aucun secours, ils envoyèrent
demander la paix à Malek-Kamel et à Aschraf, offrant de rendre Damiette sans aucune indemnité. Pendant que les députés
allaient et venaient de part et d'autre, il s'éleva un grand
nuage de poussière, et l'on entendit des cris qui venaient du
côté de Damiette. Les musulmans crurent que c'était du secours
qui arrivait aux Francs; et ils en conçurent de l'inquiétude.
Mais c'était Malek-Moadham, prince de Damas, qui arrivait;
il s'était mis en marche, comme nous l'avons dit, pour venir à Damiette. Le courage des musulmans en augmenta, et
l'abattement et la honte des Francs furent à leur comble. Ils
résolurent de rendre Damiette, et les conditions du traité qu'ils
conclurent furent arrêtées le 7 de redjeb. Vingt des principaux chefs des Francs se rendirent comme otages auprès de
Malek-Kamel et d'Aschraf, jusqu'à la remise de la ville. On envoya aux prêtres et aux moines qui y étaient l'ordre de la livrer. Ils ne s'y refusèrent pas, et la rendirent aux musulmans

le 19 du même mois. Ce jour fut célèbre pour les musulmans, et
la reddition de Damiette leur parut merveilleuse; car lorsqu'ils
furent entrés dans cette ville, des secours arrivèrent par mer
aux Francs. Si ces secours fussent arrivés à Damiette avant
l'entrée des troupes musulmanes, ils l'auraient certainement
défendue contre elles; mais les musulmans les y précédèrent,
et le décret de Dieu eut ainsi son effet. Ces derniers trouvèrent la ville si bien fortifiée par les Francs qu'elle était
comme inexpugnable. Dieu leur accorda ainsi une victoire
qui surpassait leurs espérances; car ils avaient cru que, pour
recouvrer Damiette, ils seraient obligés de rendre les villes
qu'on avait enlevées aux Francs en Syrie; mais Dieu, en leur
donnant Damiette, leur conserva de plus les places qu'ils
possédaient.

An 622 (1225). Le prince d'Antioche rassembla cette année de grandes troupes, et s'avança vers la petite Arménie.
Voici à quelle occasion. Le fils de Léon était mort; il ne
laissait point d'enfant mâle, mais une seule fille que les Arméniens reconnurent pour leur reine. S'apercevant ensuite que
les affaires du royaume n'étaient pas bien conduites par cette
femme, ils la marièrent à un fils du prince d'Antioche, lequel se rendit chez eux, et gouverna pendant un an sans opposition. Bientôt les Arméniens se repentirent de ce mariage;
ils craignirent que les Francs ne s'emparassent de leurs villes.
Ils se jetèrent donc sur le fils du prince, le saisirent et le mirent en prison. Le père leur écrivit pour réclamer la liberté de
son fils, et pour qu'ils lui rendissent le trône. Les Arméniens
l'ayant refusé, le prince d'Antioche écrivit au pape, et lui
demanda la permission d'envahir l'Arménie. Le pape le lui
défendit, en disant que les Arméniens professaient la même
religion que lui, et qu'il ne convenait pas de s'emparer de
leurs villes. Le prince ne se rendit point aux raisons du pape;

il écrivit à Ala'eddin, prince d'Icone et de Malathia. Tous deux
firent un traité, et s'accordèrent pour attaquer les villes du
fils de Léon. Le prince d'Antioche rassembla ses troupes;
mais les Hospitaliers et les Templiers ne voulurent point
l'accompagner : ils alléguèrent la défense du pape; d'autres
Francs suivirent le prince, qui entra dans le pays des Arméniens. Il trouva les chemins difficiles, montagneux et impraticables; il ne put obtenir ce qu'il se proposait. Kay-Kaous, fils
d'Ala'eddin, trouva plus de facilité sur sa route; il entra dans
le pays, qu'il pilla et brûla. Il y assiégea plusieurs places, et se
rendit maître de quatre forteresses. Quand le pape eut appris
cela, il écrivit aux Francs de Syrie, et leur annonça qu'il avait
excommunié le prince d'Antioche ; il loua les Templiers et les
Hospitaliers qui ne l'avaient point suivi, et qui avaient été sourds
à ses discours. Le prince à son tour écrivit au pape pour se
plaindre des Arméniens, qui avaient refusé de remettre son fils
en liberté; il lui demanda la permission d'envahir leur pays, et
de leur faire la guerre, s'ils s'obstinaient à lui refuser la liberté
de son fils. Le pape s'adressa aux Arméniens; il leur ordonna de
mettre ce fils en liberté, et de lui rendre les rênes de l'empire,
leur déclarant que s'ils ne le faisaient pas, il permettrait au
prince de faire une invasion chez eux. Malgré cette lettre les
Arméniens ne rendirent point la liberté au fils du prince. Celui-
ci rassembla donc des troupes et attaqua leurs villes. Les Arméniens s'adressèrent alors à l'atabek d'Alep, et lui demandèrent du secours; ils lui firent craindre que si le prince d'Antioche s'emparait de leurs villes, il n'attaquât aussi celles de
la province d'Alep qui en étaient voisines. L'atabek les secourut en chevaux, armes et soldats. Le prince d'Antioche l'ayant
appris, ne marcha qu'avec plus d'ardeur; mais il revint sans
avoir obtenu ce qu'il désirait. Je tiens ces détails d'un chrétien

II. 35

d'un très bon esprit, qui avait fait partie de cette expédition.
Un autre chrétien que j'avais consulté, m'a avoué une partie de
ces faits et m'a caché l'autre.

An 624 (1226). Une troupe de turkomans qui étaient sur
le territoire d'Alep, se saisit d'un Templier d'Antioche et lui
ôta la vie. Les autres Templiers qui en furent instruits vinrent
à l'improviste fondre sur les turkomans, en tuèrent un grand
nombre, firent plusieurs prisonniers, et remportèrent beaucoup de butin. L'atabek Schahab'eddin, informé de ce combat,
écrivit aux Francs pour les menacer d'une invasion ; et il arriva
que les guerriers d'Alep tuèrent encore deux autres chevaliers.
Alors les Francs demandèrent humblement la paix, et rendirent aux turkomans la plus grande partie du butin qu'ils
avaient fait.

An 625 (1228). Des troupes de Francs, partis de Sicile
et des autres pays de l'Occident, vinrent cette année dans
la Syrie, et se rendirent à Acre, à Tyr, et autres villes de
la côte maritime : leur nombre était considérable. Avant
eux, beaucoup d'autres étaient arrivés ; mais ils ne pouvaient
agir ni faire la guerre, parce que celui qui les commandait n'é-
tait pas encore venu : c'était le roi des Allemands. Ce qui les
retenait encore, c'est que Moadham, prince belliqueux et
habile, vivait encore ; mais après sa mort son fils lui succéda
et régna à Damas. Les Francs l'ayant appris sortirent tout-à-
coup d'Acre, de Tyr et de Béryte, et vinrent à Sidon : la moitié
de cette ville leur appartenait, et l'autre moitié était aux musulmans. Ils en réparèrent les murs qui avaient été détruits, et
devinrent ainsi les maîtres de toute la ville. L'empereur prit
sa route par l'île de Chypre, dont il prit possession, et de là
il se rendit à Acre. Les musulmans furent frappés de terreur.

Malek-Kamel partit de l'Egypte pour la Syrie, et vint à Jérusalem ; de là il alla à Naplouse, qu'il fit occuper par son ar-

mée : cette ville était de la principauté de Damas. Le fils de
Malek-Moadham, qui était maître de cette principauté, l'ayant
appris, craignit que Kamel ne vînt l'attaquer et ne lui enle-
vât Damas. Il écrivit donc à Malek-Aschraf pour lui demander du secours, et le prier de venir lui-même à Damas. Aschraf partit sur-le-champ, et fit son entrée dans cette ville. Kamel, qui en fut instruit, n'osa s'en approcher; il savait qu'elle
ne se rendrait pas, et qu'elle avait assez de gens pour la défendre. Aschraf lui écrivit, et essaya de l'adoucir par ses paroles.
Il lui dit qu'il n'était venu à Damas que pour lui obéir, qu'il l'aiderait dans ses projets, et qu'il s'accorderait avec lui pour chasser les Francs des places qu'ils occupaient. Kamel lui répondit :
« Je ne suis venu dans ce pays que pour les Francs, dont il est
difficile d'arrêter les invasions. Déjà ils ont rétabli Sidon et une
partie de Césarée, sans rencontrer d'obstacle. Vous savez que
notre oncle Saladin prit Jérusalem, et qu'il nous a laissé un nom
qui sera illustre jusqu'à la fin des temps. Si les Francs reprennent cette ville, notre mémoire sera flétrie, notre nom sera déshonoré chez nos descendants. Héritiers indignes de la brillante
renommée que nous a acquise notre oncle, de quelle estime joui-
rons-nous devant Dieu et devant les hommes? Les Francs ne se
contenteront pas de ce qu'ils auront pris, ils voudront obtenir
autre chose. Puisque vous êtes présent ici, je retournerai en
Égypte; c'est à vous à défendre ce pays. Ce n'est pas de moi
qu'on dira jamais, il est venu combattre son frère. Loin de moi
cette idée. » En effet Kamel abandonnant Naplouse, reprit le
chemin de l'Égypte, et vint à Teltadjour. Aschraf et les peuples
de Syrie étaient dans la crainte; car ils savaient que s'il s'en
retournait, les Francs s'empareraient de Jérusalem et des autres
places voisines, et que personne, excepté lui, ne pouvait s'y
opposer. Il y eut donc des lettres envoyées de part et d'autre.

Aschraf vint lui-même trouver Kamel, et l'empêcha de retourner en Egypte : tous deux restèrent en Syrie.

***

Extrait du Remède contre le chagrin de Djemal'eddin (1).

Malek-Kamel en livrant Jérusalem aux Francs dans l'année 626, avait exigé pour condition que les musulmans resteraient maîtres des lieux saints et de tout le territoire de la ville, à l'exception de dix bourgs qui se trouvaient sur la route des Francs, depuis Acre jusqu'à Jérusalem. Il avait exigé en outre que les murs ne seraient pas rétablis et qu'on n'y ferait aucune construction nouvelle. Après la mort de Malek-Kamel, des divisions s'étant élevées entre les princes musulmans, les Francs construisirent à l'Occident de la ville un château; et la tour de David, que Moadham avait respectée lors de la destruction des murs, se trouva au nombre de celles qui servaient à la défense de la place. Lorsque Malek-Saleh fut renfermé à Carac, Malek-Nasser-Daoud s'avança vers Jérusalem, et attaqua le château que les Francs avaient construit. Les machines ne cessèrent de le battre jusqu'à ce qu'il se fût rendu par capitulation. Le prince de Carac le rasa ensuite, de même que la tour de David. Quand il fut maître de la ville et qu'il l'eut purgée des Francs, ceux-ci se retirèrent dans leurs places.

An 641 (1243). Malek-Saleh-Ismaël, prince de Damas; Malek-Mansour, prince d'Emesse, et Malek-Nasser-Daoud, prince de Carac, réunirent leurs efforts contre Malek-Saleh,

---

(1) *Voy.* ci-dessus.

sulthan d'Egypte. Sur la nouvelle que ce prince avait écrit aux Karismiens, ils recherchèrent l'appui des Francs. Ils firent un traité avec eux, et leur livrèrent Jérusalem, Tibériade, Ascalon et Koukab, avec la faculté de réparer ces places.

Les Hospitaliers reçurent Koukab ; et les Francs, étant entrés dans Jérusalem, s'emparèrent de la Sakhrah et de la mosquée Alacsa. A la fin de cette année, en allant en Egypte, j'entrai dans Jérusalem, et je vis les moines et les prêtres maîtres de la Sakhrah ; j'y vis des fioles de vin préparées pour le sacrifice. J'entrai dans la mosquée Alacsa et j'y vis une cloche suspendue. Les usages pratiqués par les musulmans dans les lieux saints pour la prière y étaient abolis. Les infidèles y exerçaient publiquement leurs rites. Ce jour où je visitai les lieux saints, Malek-Nasser-Daoud fit son entrée dans Jérusalem. Je ne me présentai pas à lui, de peur qu'il ne m'empêchât d'aller en Egypte. Arrivé à Gaza, j'y trouvai une partie de l'armée de Saleh-Ismaël, qui y campait. Lorsque je fus venu à Abbasseh, j'y trouvai une partie de l'armée d'Egypte qui se disposait à pénétrer en Syrie ; j'arrivai au Caire au commencement de cette année.

An 642 (1244). Les armées se mirent en marche. Le sulthan avait écrit aux Karismiens pour leur demander du secours. Il attendait leur arrivée pour attaquer avec eux le prince de Damas et le prince d'Emesse.

Les Karismiens ayant reçu la lettre du sulthan Saleh, partirent de l'Orient au commencement de cette année, et traversèrent l'Euphrate. Ils avaient plus de dix mille cavaliers. Plusieurs émirs s'étaient joints à eux. Les peuples saisis de crainte, fuyaient devant ces barbares ; car ils pillaient et ravageaient tous les lieux par où ils passaient. A cette nouvelle, les armées de Saleh-Ismaël qui étaient campées devant Gaza, se retirèrent et retournèrent à Damas. Malek-Nasser-Daoud partit pour Carac et s'y tint enfermé. La plupart des Francs qui étaient à Jérusalem s'enfuirent, renonçant à la possession de la ville. Les Karismiens y entrèrent l'épée à la main et se jetèrent sur les chrétiens qu'ils y trouvèrent. Aucun d'eux n'échappa; leurs femmes et leurs enfants furent réduits en servitude; l'église de la Résurrection fut dépouillée; le saint sépulcre fut détruit, les tombeaux des chrétiens et ceux des rois francs qui étaient dans cette église furent ouverts, et les ossements qu'ils renfermaient livrés aux flammes. Les Karismiens allèrent ensuite à Gaza, où ils campèrent; leurs députés vinrent trouver le sulthan et l'informèrent de leur arrivée; ils demandèrent à se réunir à ses troupes. Malek-Saleh fit présent d'une robe d'honneur aux députés et aux chefs des Karismiens; il fit partir des troupes en toute hâte. Elles étaient commandées par l'émir Rokneddin Bibars, un des principaux mamelouks du sulthan. Il alla joindre les Karismiens à Gaza; ensuite l'émir Hossameddin alla avec une autre partie de l'armée de Malek-Saleh camper à Naplouse.

Ismaël fit partir son armée de Damas, sous la conduite de Malek-Mansour-Ibrahim, prince d'Emesse, qui avait précédemment battu deux fois les Karismiens. C'était un prince plein d'ardeur et de courage; ce qui fit espérer à Malek-Ismaël qu'il battrait encore les barbares réunis à l'armée d'Egypte. Malek-Mansour partit donc avec son armée et celle de Damas. Les Francs et les troupes du prince de Carac se réunirent à lui. Aussitôt il marcha contre les Karismiens; le combat s'engagea sous les murs de Gaza. Malek-Mansour et ses guerriers furent défaits, et éprouvèrent une grande perte. Le glaive des musulmans extermina une partie des Francs, l'autre fut faite prisonnière; il n'y en eut que très peu qui se sauvèrent. Plusieurs des chefs des armées de Damas et de Carac furent pris; tous les bagages des troupes de Damas furent enlevés. On raconte que Malek-Mansour disait : « Pendant que je combattais, je me répétais en moi-même : tu ne remporteras pas la

victoire, car tu aides les infidèles contre les musulmans. » Malek-
Mansour se sauva avec les débris de son armée et de celle de
Damas dans le plus triste état. L'armée d'Egypte remporta une
victoire complète. La nouvelle en fut portée au Caire, où elle
excita la joie publique. Pendant plusieurs jours de suite, cette
victoire fut célébrée au son des instruments de musique. L'émir
Hossameddin, qui s'était hâté de se mettre en marche, arriva
à Gaza quand l'affaire était terminée. Les prisonniers francs
vinrent en Egypte, montés sur des chameaux ; leurs chefs
étaient sur leurs chevaux de bataille. On amena avec eux plusieurs émirs de l'armée de Carac et de l'armée de Damas. Le
jour où ils entrèrent au Caire fut encore un jour de joie.

Nous avons dit qu'Ascalon et Tibériade avaient été livrées
aux Francs, et que ceux-ci en avaient réparé et fortifié les citadelles. Après cette victoire, le sulthan ordonna aux émirs
Rokneddin Bibars et Hossameddin d'aller assiéger Ascalon et
de l'enlever aux Francs. L'un et l'autre se rendirent donc devant cette ville avec les troupes d'Egypte et la serrèrent de
près. Hossameddin y fut blessé ; on fit jouer alternativement
contre la place les catapultes et les *zanbourèques* (1). Mais
comme elle était bien fortifiée, l'attaque fut sans succès cette
année. Peu après, Hossameddin reçut du sulthan l'ordre de se
porter sur Naplouse et de s'y arrêter.

An 647 (1249). A la nouvelle de l'approche des Francs, le
sulthan s'établit à Aschmoun-Thénah. Le roi de France qui les
commandait, était un des plus grands princes de l'Occident ; il
était très religieux observateur de la foi chrétienne ; il se promettait en lui-même de remettre au pouvoir des Francs Jéru-

---

(1) Ce mot est encore aujourd'hui en usage chez les Orientaux
pour désigner les petites pièces d'artillerie. A cette époque c'était
probablement des ballistes.

salem, que ceux-ci regardaient comme la demeure du Dieu qu'ils adorent. Mais il sentait qu'il ne pouvait atteindre ce but sans se rendre maître auparavant des places d'Egypte. On dit que son armée se montait à plus de cinquante mille hommes, infanterie et cavalerie. Il était parti l'année précédente de ses états, et était allé relâcher dans l'île de Chypre. Le sulthan avait appris que le roi arriverait en Egypte au commencement du printemps. Ce fut la raison qui le détermina à faire la paix, autrement il n'eût pas permis à son armée de s'éloigner d'Emesse sans l'avoir prise. Malek-Saleh commença à réunir des provisions, des vivres et des armes dans Damiette, et il envoya ordre à son lieutenant Hossameddin de construire des vaisseaux, de les charger d'hommes et d'armes, et de les faire partir les uns après les autres. Hossameddin exécuta cet ordre avec la plus grande diligence. Le sulthan ordonna aussi à l'émir Fakreddin de venir auprès de lui pour se rendre ensuite avec son armée en face de Damiette, afin de recevoir l'ennemi lorsqu'il arriverait. Fakreddin vint camper à Djizeh, que le Nil séparait de Damiette. Le sulthan resta sur les bords de l'Aschmoun à cause de sa maladie.

Un vendredi 20, deux heures après le lever du soleil, les vaisseaux francs arrivèrent; ils portaient une grande multitude de guerriers. Tous les Francs de la côte maritime s'étaient joints à eux; ils jetèrent l'ancre en présence des musulmans; le lendemain ils débarquèrent sur le rivage et y dressèrent la tente du roi de France, qui était rouge. Il y eut quelques engagements ce jour-là, dans lesquels périrent quelques émirs. Sur le soir, l'émir Fakreddin, à la tête de son armée, passa le Nil et alla se placer sur la rive orientale, abandonnant la rive occidentale aux Francs; il dirigea sa retraite vers le lieu où campait le sulthan. La maladie de ce prince avait mis le désordre dans l'armée. Il n'y avait personne qui pût contenir ou soumettre les soldats. Les deux rives du fleuve se trouvaient également sans défense : les habitants de Damiette craignirent pour eux-mêmes. Cette ville avait pour garnison la troupe des Benou-Kenaneh, renommée par leur valeur ; mais Dieu leur inspira de la crainte, ils sortirent avec les habitants, et employèrent toute la nuit à leur retraite. Il ne resta personne dans la ville ; les hommes, les femmes et les enfants, tous l'avaient abandonnée : ils avaient suivi l'armée à la faveur de la nuit, sur la route de Mansourah. Leur conduite, de même que celle de Fakreddin, était très blâmable ; car si Fakreddin avait retenu son armée, et s'il fût resté dans sa position, Damiette aurait certainement résisté aux ennemis. En effet, la première fois qu'elle fut prise par les Francs, du temps de Malek-Kamel, il y avait moins de provisions, moins d'armes, et cependant ils ne purent s'en rendre maîtres qu'au bout d'un an : encore les ennemis ne purent-ils en triompher qu'à la faveur de la peste et de la famine qui firent périr les habitants. Si les Benou-Kenaneh et les habitants de Damiette eussent fermé leurs portes et fussent restés dans la ville, même après que l'armée musulmane se fût retirée vers l'Aschmoun, les Francs n'auraient pas pu y entrer, l'armée serait revenue et aurait défendu la ville contre les ennemis. Il y avait une si grande quantité de provisions de toute espèce, que Damiette pouvait tenir pendant plus d'un an ; mais les habitants ayant vu fuir l'armée, et connaissant la maladie du sulthan, craignirent d'essuyer un trop long siége et de périr de faim, comme il était arrivé la première fois. Le dimanche au point du jour les Francs vinrent à Damiette, et la trouvant sans aucune défense, les portes ouvertes et les maisons abandonnées, ils en prirent possession sans aucune peine et s'emparèrent de toutes les armes, instruments de guerre, vivres, provisions et machines. On n'a pas d'exemple d'un événement aussi désastreux. Un pigeon porta cette nouvelle à l'émir Hossameddin. J'étais alors avec lui au Caire. Ce désastre nous pénétra de crainte et de douleur; il nous sembla que c'en était fait de l'Egypte, surtout parce que le sulthan était malade et trop faible pour se mouvoir et pour contenir ses soldats dans l'obéissance. Lorsque l'armée et la garnison de Damiette furent arrivées auprès de lui, il fut indigné de la conduite des Benou-Kenaneh, et les fit tous pendre. Il désapprouva la conduite de Fakreddin et de l'armée; mais les circonstances ne permettaient que d'user de patience.

Après ce que nous venons de raconter, Malek-Saleh établit son camp à Mansourah. Son père Malek-Kamel avait campé au même endroit la première fois que Damiette fut prise. Mansourah est située à l'orient du Nil, en face de Djoudjar; l'Aschmoun coule entre Mansourah et la province de Damiette. Nous avons dit que Malek-Kamel y avait fait construire des habitations, et qu'il avait fait élever un mur entre Mansourah et le canal, et un palais sur le Nil. Malek-Saleh demeurait dans ce palais, à côté duquel était sa tente. Le sulthan fit réparer les habitations par l'armée, établir des bazars et restaurer les murs élevés sur le bord du fleuve. L'armée s'entoura de palissades. Les vaisseaux et les barques arrivèrent chargés de machines de guerre et de guerriers. Ils jetèrent l'ancre devant les murs; il arriva aussi de tous côtés des soldats et des volontaires, et une grande quantité d'Arabes qui firent des courses contre les Francs. Ceux-ci avaient fortifié les murs de Damiette, et les couvrirent de défenseurs. A la fin de rebi premier, il arriva au Caire des prisonniers francs que les Arabes avaient enlevés; ils étaient au nombre de trente-six, parmi lesquels étaient deux cavaliers. Quelques jours après il en vint trente-neuf autres, que les Arabes et les Karismiens avaient enchaînés. Vingt-deux qui avaient été pris à Gaza, entrèrent peu après au Caire. Trente-cinq autres, dont trois chevaliers, arrivèrent encore. On reçut alors la nouvelle que l'armée de Damas s'était portée sur Sidon et l'avait enlevée aux Francs. Peu après il arriva successivement cinquante prisonniers. Cependant la maladie du sulthan augmentait, ses forces s'altéraient de plus en plus. Les médecins étaient jour et nuit assidus auprès de lui et désespéraient de son salut. Malgré cela son âme n'était point abattue. Il était attaqué de deux maladies, d'un ulcère au jarret et d'une phthisie. Au mois de redjeb il arriva au Caire soixante-dix-sept fantassins francs enchaînés : parmi eux étaient onze chevaliers. Les musulmans les avaient pris dans la plaine et sur les bords de l'Aschmoun. Le sulthan crut avoir obtenu du soulagement ; l'humeur qui coulait de son ulcère avait diminué et avait pris un autre cours ; la plaie était devenue légère. Le sulthan écrivit à l'émir Hossameddin pour lui annoncer sa convalescence, que sa plaie était guérie, et qu'il ne lui restait plus rien à faire qu'à monter à cheval et à jouer au palet. Il ordonna à Hossameddin de lui envoyer des médecins. Ceux-ci arrivèrent quelques jours avant la mort du sulthan, qui était alors réduit à une extrême faiblesse. Malek-Saleh refusait toute nourriture. Aucun médecin n'assista à ses derniers moments ; mais aussitôt après sa mort, on en fit venir pour laver son corps et pour faire croire qu'il vivait encore. Le corps de Malek-Saleh fut mis dans une caisse, on le transporta secrètement en bateau jusque dans le palais que le sulthan avait fait bâtir dans l'île de Raoudha, où il resta jusqu'après les événements qui suivirent.

Après la mort du sulthan, Fakreddin fut mis à la tête de l'armée. (*Voyez* l'Extrait d'Aboulfeda.) Aussitôt il rendit la liberté à ceux qui étaient en prison, et aux grands de l'empire que le sulthan avait disgraciés ; il fit aussi de grandes largesses, et prodigua les trésors laissés par Malek-Saleh, à ceux des émirs qu'il affectionnait. Dès-lors on ne put plus douter de la

mort du sulthan; mais personne n'osait en parler, à cause de
la présence des Francs. On vit ensuite partir du camp des
courriers qui devaient presser le départ de Touranschah, de
crainte que par son retard il ne perdît le trône d'Égypte. Ces
courriers étaient expédiés à la demande de Schedjer-Eddot
et de Djemal'eddin-Mohsen; et l'émir Fakreddin, malgré ses
répugnances, n'osa se dispenser de joindre ses propres sollicitations pour la prompte arrivée de Touranschah.

Les Francs, apprenant la mort du sulthan, sortirent de
Damiette, infanterie et cavalerie; leurs vaisseaux s'avancèrent en même temps sur le fleuve, et arrivèrent à Farescour. Quelques jours après on reçut au Caire une lettre
de l'émir Fakreddin, qui appelait les musulmans aux armes.
Cette lettre portait l'élamet du sulthan. Après une invocation
à Dieu, on y lisait : « Accourez, grands et petits; venez
sous les drapeaux de la guerre sacrée; secourez-nous de vos
biens et de vos personnes, etc. » Cette lettre éloquente
renfermait beaucoup d'exhortations contre les infidèles. Les
Francs, y était-il dit, brûlant d'une nouvelle ardeur, viennent
attaquer nos places : ils desirent vivement s'en emparer. Il
faut que tous les musulmans marchent contre eux et les
repoussent de notre pays. La lettre fut lue dans la mosquée
du Caire, aux habitants rassemblés pour la prière. Ils répandirent de grosses larmes, et leurs cœurs furent oppressés. Il
accourut de toutes les parties de l'Egypte une grande multitude de fidèles. La mort du sulthan répandit une grande
frayeur, en ce qu'elle facilitait l'invasion des Francs. On tenait pour certain que, si l'armée musulmane de Mansonrah
était forcée de reculer seulement d'une journée de marche, les
chrétiens seraient bientôt maîtres de toutes les places de l'Egypte. Au commencement de ramadhan (décembre) il y eut un
combat entre les Francs et les musulmans, dans lequel succomba

un émir avec un grand nombre de soldats. Les Francs arrivèrent
à un endroit nommé Scharniesah ; quelques jours après ils s'a-
vancèrent à Baramoun, ce qui jeta le trouble parmi les musulmans. Le 13 du même mois les Francs arrivèrent à la pointe de
l'île qui forme la province de Damiette, et se placèrent en face
des musulmans, au même lieu où s'était postée l'armée chrétienne du temps de Malek-Kamel. La plus grande partie de l'armée musulmane était à Mansourah, à l'orient du fleuve. Une
autre partie de l'armée, et les fils de Malek-Nasser, prince de Carac, au nombre de douze, étaient sur le côté occidental, en face
des Francs. Il y avait encore sur le côté oriental deux frères de
Malek-Nasser. Les Francs s'entourèrent de fossés, de murs et
de palissades ; ils dressèrent leurs machines et firent leurs dispositions d'attaque. Leurs vaisseaux jetèrent l'ancre en face de
leur camp. Les vaisseaux des musulmans étaient devant Mansourah. Les deux armées se lancèrent des traits et des pierres
sur terre et sur le fleuve.

Cependant on fit prisonnier un seigneur franc, proche parent
du roi de France. Les combats entre les deux armées continuaient ; chaque jour grand nombre de Francs étaient tués ou faits
prisonniers. Ils éprouvaient de grandes pertes de la part des
braves de l'armée musulmane qui les enlevaient et les tuaient. Si
ces braves étaient aperçus par les Francs, ils se jetaient dans
le fleuve, et nageaient jusqu'à ce qu'ils fussent loin de l'ennemi.
Les musulmans imaginaient toutes sortes de ruses pour enlever
les Francs. J'ai ouï dire qu'un d'eux ayant creusé un melon vert,
s'en était couvert la tête et s'était jeté à la nage dans le fleuve.
Il s'approcha des Francs pour que quelques-uns d'eux crussent
que c'était un melon qui flottait sur l'eau. En effet, un Franc
se jeta dans le Nil, et le musulman le fit prisonnier.

On annonça au Caire que Malek-Moadham était arrivé à
Damas, et était descendu à la citadelle. Cette nouvelle causa

une grande joie ; elle fut célébrée au Caire et dans le camp au
son de la musique guerrière. Quelques jours après les musulmans prirent un vaisseau franc où étaient deux cents guerriers et un seigneur chrétien. Au milieu du mois de schowal, les
musulmans et les Francs marchèrent les uns contre les autres ;
les musulmans passèrent du côté des Francs, et il se livra un
combat très vif. Quarante chevaliers francs furent tués. Le
lendemain on conduisit au Caire soixante prisonniers, entre
lesquels étaient trois Templiers de marque. Le 22, les musulmans brûlèrent un grand bâtiment franc, et obtinrent un succès important.

Les Francs, comme nous l'avons dit, avaient placé leur camp
en face des musulmans, et il s'était livré entre eux plusieurs
combats. L'Aschmoun qui les séparait était peu large, et il y
avait dans ce canal plusieurs gués faciles à passer. On dit qu'un
traître musulman indiqua celui de Sahnar, que les Francs traversèrent à cheval de grand matin. Ils se trouvèrent ainsi inopinément en présence des musulmans. L'émir Fakreddin était au
bain lorsqu'on lui annonça que les Francs s'étaient portés sur
l'armée musulmane. Frappé de cette nouvelle, il monta précipitamment à cheval sans prendre aucune précaution, et fut rencontré par une troupe de Francs qui le tuèrent. Le roi de France
(c'était le comte d'Artois) entra à Mansourah, et vint jusqu'au
palais du sulthan qui donnait sur le fleuve. Les Francs se dispersèrent dans les rues les plus étroites de Mansourah. Tous les
soldats et les habitants qui s'y trouvaient s'enfuirent à droite et
à gauche, et peu s'en fallut que les musulmans ne fussent entièrement détruits. Les Francs se crurent assurés de la victoire.
Heureusement pour les musulmans que les Francs s'étaient
séparés les uns des autres ; car l'affaire tournait très mal pour
l'islamisme, et il était dans un danger imminent. Des Turcs mamelouks, de Djemdariehs, et de Baharites, lions dans les com-

bats, et cavaliers habiles à frapper de l'épée et à percer de la
lance, fondirent tous ensemble et d'un seul choc sur les
Francs; ils ébranlèrent leurs colonnes, les rompirent et renversèrent leurs croix. Le glaive et la massue des Turcs les
exterminèrent. Plusieurs furent mortellement blessés ou tués
dans les rues de Mansourah. Quinze cents cavaliers des plus
braves périrent ce jour-là. Quant à l'infanterie, elle était déjà
arrivée au pont qu'on avait jeté sur le canal d'Aschmoun pour
le traverser. Si l'action eût duré plus long-temps, et que toute
cette infanterie eût aussi passé le canal, c'en était fait des
musulmans; car elle était assez nombreuse pour protéger la
cavalerie. Ceux qui échappèrent aux coups des musulmans se retirèrent dans le lieu appelé Djadila, s'y rallièrent et s'y défendirent. La nuit qui survint sépara les combattants. Les Francs
s'enfermèrent à Djadila par un mur et par des fossés. Une
autre partie resta du côté de Mansourah, et le plus grand
nombre en-deçà du canal, du côté de Damiette. Ce fut là le
commencement de la victoire pour les musulmans et la clé de
leur allégresse. Un pigeon en porta la nouvelle au Caire dans
l'après-midi du même jour. L'émir Hossamm'eddin lut le billet
dont l'oiseau était porteur, et me le donna à lire; il contenait
ces mots :

« Au moment où ce billet est envoyé, les ennemis fondent
» sur Mansourah: on en est aux mains. »

Ce billet n'annonçait pas autre chose; nous fûmes frappés
comme tous les autres musulmans. On crut en général que
l'islamisme était perdu sans ressource. A la fin du jour, il nous
arriva des fuyards de l'armée musulmane. La porte *de la Victoire* (porte du Caire du côté de Mansourah) resta ouverte toute
la nuit; des soldats, des citoyens, des employés, et tous ceux
qui le voulurent, entrèrent par cette porte. Ces fuyards ignoraient ce qui était arrivé depuis l'entrée des Francs dans la ville

de Mansourah. Alors le trouble régna dans tous les esprits, jusqu'au lendemain où l'heureuse nouvelle de la victoire arriva. Le Caire et le vieux Caire furent illuminés. Tous les cœurs furent dans la joie. Les Turcs, dans ce premier combat, se montrèrent comme des lions contre les *infidèles*. Cette nouvelle fut envoyée à Malek-Moadham qui était en marche ; il se hâta d'arriver en Egypte.

Malek-Moadham arriva à Mansourah le 24 de doulkaada ; les émirs Baharites et Djemdariehs allèrent au-devant de lui. Il logea au palais de son père ; il prit aussitôt le commandement de l'armée, et se plaça devant les Francs. Il combattit plusieurs fois avec eux, et les tint assiégés dans l'endroit qu'ils occupaient.

Lorsque les Francs se furent établis dans le lieu qu'ils avaient choisi, les vivres leur vinrent de Damiette par le Nil. Les musulmans s'étaient mis à construire des vaisseaux propres à contenir un grand nombre de guerriers. Ils les avaient transportés à dos de chameau jusqu'au canal de Mehalleh et les y avaient lancés. Le fleuve n'était pas encore dans sa crue. Lorsque les vaisseaux francs qui partaient de Damiette, en remontant le fleuve, étaient arrivés à la hauteur de ce canal, les barques musulmanes sortaient de leur embuscade et fondaient sur les chrétiens. En même temps, la flotte musulmane qui était à Mansourah, descendit le fleuve, attaqua les vaisseaux francs et les enleva d'un coup de main. Il y avait cinquante-deux navires ; tous les guerriers qui les montaient furent tués ou faits prisonniers au nombre de mille ; tous les vivres qu'ils portaient furent pris, les captifs mis sur des chameaux et conduits au camp. Après cette victoire, les Francs qui ne recevaient plus de vivres se trouvèrent réduits à une extrême faiblesse. J'étais le jour de ce combat à Mansourah, je montai à cheval avec le cadhi du Caire et un de ses parents. Nous passâmes du côté occiden-

tal du Nil sur un pont de bateaux près du bourg appelé Djoudjar. Le fleuve nous séparait des Francs; ceux-ci, à l'aide de leurs
machines, lançaient des pierres sur la flotte des musulmans. Ce
jour fut célèbre par la gloire dont Dieu combla l'islamisme, en
abattant les forces des infidèles. Dès ce moment la famine
tourmenta les Francs; ils manquèrent de blé et restèrent assiégés, sans pouvoir ni rester ni fuir. Les musulmans, qui se sentaient supérieurs à eux, étaient animés de la plus vive ardeur.
Au commencement de doulhadja, les Francs s'emparèrent de sept
barques musulmanes qui étaient dans le canal de Mehalleh. Ceux
qui les montaient prirent la fuite. Le lendemain, je fis ma cour
au sulthan avec plusieurs docteurs, et le prince nous donna à
tous des habits d'honneur. Le 9, la flotte musulmane attaqua
les barques qui apportaient des vivres aux Francs. L'action eut
lieu près de la mosquée de Nasr. Trente-deux barques furent
prises. La faiblesse et l'impuissance des Francs augmentèrent
avec la disette. Ils envoyèrent demander la paix aux musulmans;
ils proposaient de rendre Damiette, à condition qu'on leur
céderait Jérusalem et quelques places de la côte de Syrie. Mais
ces conditions furent rejetées; les Francs brûlèrent toutes leurs
machines, et résolurent d'effectuer leur retraite.

An 648 (1250). Les Francs, tourmentés de la faim et
privés de toute espèce de provisions, ne pouvant plus rester
dans leur position et perdant patience, se préparèrent à la fuite.
Le 3 de moharram, jour marqué pour un triomphe insigne et
pour une victoire éclatante, les Francs se mirent en marche
pour Damiette, infanterie et cavalerie. Leur intention était de
s'y fortifier et de s'y défendre. Leurs vaisseaux commencèrent
à descendre le Nil près de *Malmon*, du côté où ils étaient. Les
musulmans se mirent sur les traces de ceux qui fuyaient. Ils
les atteignirent bientôt, et alors ils les tuèrent ou les firent prisonniers, et peu se sauvèrent. On dit que le nombre de ceux

II   36

qui périrent s'éleva à trente mille. Les mamelouks de Malek-
Saleh se signalèrent par leur ardeur et surpassèrent tous les autres. Le roi de France et les seigneurs qui l'accompaguaient se
réfugièrent sur un tertre qui se présenta à eux ; ils s'y arrêtèrent et demandèrent à se rendre. L'eunuque Djemal'eddin alla
à eux, leur promit sûreté, et alors ils descendirent. L'eunuque
les fit escorter, et lui-même vint à Mansourah avec le roi de
France et ses seigneurs. Il mit le roi aux fers, et le fit loger dans
la maison du secrétaire Fakreddin, fils de Lockman. Il en confia
la garde à l'eunuque Sabih. Après cela, Malek-Moadham partit
à la tête de son armée pour Damiette ; il vint à Farescour, lieu
qui est dépendant du territoire de cette ville ; à côté de son pavillon il fit construire une tour en bois, où il montait de
temps en temps. La nouvelle de la dernière victoire se répandit en Egypte, au Caire, à Damas, et dans tous les pays.
Le sulthan resta dans son pavillon, et négligea d'attaquer
Damiette. S'il l'eût attaquée aussitôt après sa victoire, ou qu'il
l'eût exigée du roi de France qu'il tenait prisonnier, il l'aurait
obtenue sans peine. Mais il montra une imprudente négligence.

L'émir Hossameddin, commandant du Caire, homme très
sage, me dit un jour, en partant pour Farescour : « Sache
qu'il arrivera nécessairement à ce jeune homme (Malek-Moadham) ce qui est arrivé à son oncle Malek-Adel, fils de Malek-Kamel, c'est-à-dire, qu'il sera arrêté et déposé ; car sa conduite et ses desseins sont les mêmes que ceux de ce prince.
Hossameddin arriva à Farescour, et le sulthan ne lui fit pas
l'accueil dont il était digne. Il ne le voyait qu'au repas et ne le
consultait sur aucune affaire. Il en agissait de même avec les émirs
de son père et tous les grands de l'empire. Il s'aliéna ainsi les esprits, et en particulier Fares'eddin-Octaï-Djemdarieh ; il l'avait
fait venir près de lui en Egypte, et lui avait promis de lui donner
en fief la ville d'Alexandrie ; mais il ne lui tint pas parole. Tous

les émirs que son père avait élevés en dignité et à qui il avait donné sa confiance, étaient éloignés des conseils de Malek-Moadham. Il n'admettait dans son intimité que les gens qu'il avait amenés du château de Hisn-Kaïfah. Il voulut renouveler tout-à-coup le gouvernement avant d'être bien établi sur le trône; ce que son père n'avait fait que par degré et à la longue. A ces causes de mécontentement s'en joignirent d'autres. Par exemple, on dit qu'il voulut envoyer Fares'eddin à Mossoul, et qu'ensuite il ordonna de le tuer. Il s'aliéna aussi les Baharites, qui craignirent pour eux-mêmes. Dans cette disposition des esprits, une troupe de mamelouks de son père forma le projet de le tuer. Le lundi matin 27 de moharram, on servit le dîner dans son pavillon, comme c'était la coutume; tous mangèrent devant lui, et il mangea aussi. Après le repas, les émirs se retirèrent dans leurs tentes, le sulthan entra seul dans la sienne, et s'y reposa. Bibars, un des djemdariehs de son père, et qui régna ensuite, alla l'y trouver l'épée nue à la main et le frappa légèrement au doigt. Mais ensuite saisi de crainte, il jeta son épée et s'enfuit. Malek-Moadham revint à lui et s'assit sur son lit. Les Baharites vinrent dans sa tente, et lui demandèrent: «Qui a fait cela?—C'est un Baharite, répondit-il.—C'est peut-être un Ismaélien, reprit un d'eux. — Ce ne peut être qu'un Baharite, dit Malek-Moadham. » Alors les Baharites craignirent pour eux-mêmes. Le sulthan monta dans sa tour de bois qui était près de son pavillon. Un chirurgien vint et pansa sa main. Le sulthan but; pendant ce temps les Baharites se rassemblèrent, et craignant pour leur vie, ils résolurent de tuer le prince, contre lequel ils étaient déjà mal disposés. Ils cernèrent la tour, l'épée à la main, et ayant Octaï à leur tête. Le sulthan ouvrant une fenêtre, appela au secours; mais pas un des émirs ne répondit et ne vint le secourir. Tous les cœurs étaient contre lui, et d'ailleurs chacun craignait pour soi;

36..

car les Baharites étaient préparés au combat, et étaient redoutables par leur force et par leur courage. Ils se mirent en devoir de brûler la tour. Octaï cria en même temps au sulthan:
« Descends, ne crains rien; autrement nous brûlerons la tour.»
Malek-Moadham descendit. Les Baharites tenaient déjà la tour
assiégée. Hossameddin, au bruit qui se faisait, accourut à cheval avec les Kaïmarites et leur suite. Les Baharites craignirent
que les émirs ne vinssent à eux et ne les empêchassent d'exécuter leur projet. Ils firent dire aux émirs que le sulthan était
tué et que l'affaire était terminée. Ils les engagèrent à ne rien
faire qui tournât à la perte de l'islamisme, et les émirs restèrent
tranquilles. Il y avait dans l'armée un député du khalife qui
monta à cheval pour aller auprès du sulthan; mais les Baharites
le forcèrent à retourner sur ses pas, et le menacèrent de le
tuer s'il avançait. Les tambours avaient battu pour mettre en
mouvement la garde du sulthan et l'armée; mais les Baharites
les firent cesser par leurs menaces. Lorsque Malek-Moadham
fut descendu, Octaï lui fit de graves reproches. Le sulthan lui
demanda son secours, et lui dit : « Je t'ai promis Alexandrie;
je tiendrai ma promesse, et je ferai tout ce que tu voudras. »
Mais Octaï n'ajouta pas foi à ses paroles. Pendant ce temps
Bibars s'avança l'épée à la main. Le sulthan marcha vers le
Nil, où étaient plusieurs vaisseaux, afin de se sauver sur un
d'eux. Les nautonniers le virent, et approchèrent du rivage
pour le recevoir; mais Bibars, qui le poursuivait, le tua de
son épée. Le cadavre du sulthan resta deux jours étendu sur
la rive; personne n'osait en approcher. Quelques fakirs survinrent; ils le transportèrent sur la rive occidentale et l'ensevelirent. Malek-Moadham avait du génie; il était versé dans les
arts et les sciences; mais il était d'un esprit léger et d'un caractère violent.

Schegger'eddor fut reconnue sulthane. Le commandement

de l'armée fut proposé à l'émir Hossameddin. On lui dit : « Le sulthan Malek-Saleh avait en vous beaucoup de confiance ; vous êtes le plus digne de commander : » mais il refusa l'autorité suprême, et conseilla de la donner à l'eunuque Schahabeddin. Celui-ci la refusa de même. On l'offrit à un autre émir, qui la refusa encore. Enfin cette dignité fut confiée à Ezz'eddin Aibek, turcoman. Le nom de Schegger'eddor fut prononcé dans la prière, et parut sur tous les actes publics. Ce fut la première femme qui jouit de cet honneur dans l'islamisme.

Lorsque les émirs et les soldats eurent prêté serment, et que les choses furent arrangées, on reprit les négociations avec le roi de France pour la remise de Damiette. Ce fut l'émir Hossameddin qui traita cette affaire ; car on s'en rapportait à lui : on connaissait son savoir et quelle confiance Malek-Saleh avait eue en lui. Il y eut entre cet émir et le roi de France plusieurs conférences, jusqu'à ce qu'enfin il fût convenu que Damiette serait rendue, et que le roi et tous ceux de sa suite seraient mis en liberté. Hossameddin, en me parlant de ce roi, me disait que c'était un prince rempli d'intelligence et de bon sens. « Dans une de nos conférences, m'ajouta-t-il, je lui demandai comment il était venu dans l'esprit d'un roi aussi prévoyant et d'un jugement aussi sain, de se confier à la mer sur de fragiles vaisseaux, de venir dans des pays remplis de troupes musulmanes, de croire pouvoir s'en rendre maître, et d'exposer ainsi au plus grand péril lui et son armée. Le roi se mit à rire, et ne fit aucune réponse. Je poursuivis en ces termes : « Un de nos docteurs pense que celui qui se confie deux fois à la mer, en exposant sa fortune et ses biens, ne peut plus faire recevoir son témoignage en justice ; car il donne une preuve de la faiblesse de son esprit, et le témoignage d'un esprit faible ne peut être reçu. » Le roi rit encore, et dit : « Celui qui a dit cela a dit vrai, et sa décision est juste. » Je repris : « L'opinion contraire a pourtant prévalu, et celui qui s'expose plusieurs fois à la mer peut faire recevoir son témoignage, parce que la plupart de ceux qui s'embarquent reviennent sains et saufs. Nous faisons une distinction entre les causes qui peuvent dispenser du pélerinage. Le pélerinage de la Mekke n'est pas d'obligation si on ne peut le faire que par mer, et que par-là on expose sa vie; mais il est d'obligation si le plus souvent on le fait sans accident (1).

Lorsque tout fut arrangé avec le roi de France pour la restitution de Damiette, ce prince envoya ordre à celles de ses troupes qui étaient dans la ville, de la remettre aux musulmans. Elles s'y refusèrent d'abord et finirent par la livrer. Les étendards du salthan furent arborés sur les murs, et les cérémonies de l'islamisme se pratiquèrent sans contrainte dans la ville. Le roi de France fut mis en liberté et transporté avec les siens sur la rive occidentale. Le lendemain il se mit en mer, et fit voile pour Acre. Il resta quelque temps en Palestine, et répara Césarée; il retourna ensuite dans ses états. Dieu purgea ainsi le pays d'Egypte : ce triomphe fut plus grand que celui qui fut remporté en 618 (1221) du temps de Malek-Kamel. Les Francs furent aussi plus affaiblis; car ils eurent un très grand nombre des leurs tués ou faits prisonniers. Les prisons du Caire étaient remplies de Francs. Cette heureuse nouvelle se répandit dans toutes les villes de l'islamisme, où elle causa une grande joie.

Lorsque le roi de France fut retourné dans son royaume, il n'y resta que jusqu'à l'année 660 (1262) (2); alors il rassembla une

---

(1) Cette doctrine est encore suivie par les docteurs musulmans. (*Voy.* le *Tableau de l'Emp. ott.*, par M. d'Ohsson, *Cod. Reb.*, tom. III.)

(2) Il y a ici une erreur qui ne fait pas honneur à Djemal'eddin. On sait que l'invasion de Saint Louis n'eut lieu que seize ans après son retour. Makrisi a répété cette erreur, et parle à chacune de ces eux époques d'une descente de ce prince sur la côte de Tunis.

grande armée dans l'intention d'aller une deuxième fois dans l'empire de l'islamisme; mais on lui dit que s'il retournait en Egypte, il lui arriverait ce qui lui était arrivé la première fois. On lui fit sentir qu'il valait mieux se diriger sur Tunis, ville d'Afrique, où Mohammed Mostanser régnait alors. On dit au roi de France que s'il triomphait de ce prince, il s'emparerait aisément de tout le pays, et pourrait pénétrer en Egypte par terre et par mer. Il se dirigea donc vers Tunis avec un grand nombre de Francs. Arrivé devant cette ville, il l'assiégea et fut sur le point de s'en emparer. Ce roi était accompagné de plusieurs princes; mais Dieu envoya une grande peste dans son armée. Le roi de France mourut : que Dieu le maudisse! Plusieurs princes qui l'accompagnaient moururent de même : le reste retourna au-delà des mers, trompé dans ses espérances. Ce fut ainsi que Dieu repoussa ceux qui sont opiniâtres dans leur infidélité. Ils n'obtinrent aucun avantage. Cette heureuse nouvelle fut reçue en Egypte, où Bibars, qui régnait alors, la fit publier dans toutes les villes. Elle parvint aussi aux oreilles de Malek-Mansour. J'étais alors à Hamah, attaché à sa personne; je lus la lettre qui lui annonçait cette bonne nouvelle; mais je ne sais plus dans quelle année cela arriva.

ROUDATAIN,

ou

LES DEUX JARDINS.

AVERTISSEMENT.

Le livre des *Deux Jardins*, qui comprend la vie de Nour'eddin et de Saladin, a été composé par un docteur de la secte des Schafites; il se nommait Schabab'eddin, fils de Mohammed-Abderraham, fils d'Ismaïl, fils d'Ibrahim, et porta le surnom d'Aba-Schamah. Ce docteur visita Jérusalem. Dans la préface de son livre, il s'exprime à-peu-près ainsi : « Après avoir employé une partie de ma vie à apprendre des choses utiles et curieuses, j'ai travaillé à cette histoire; j'ai lu différents livres de nos docteurs, entre autres celui où l'on trouve plus abondamment de matériaux pour cet objet, c'est l'histoire de Damas, composée par Aboul-Kassem : ce livre est très volumineux, je l'ai abrégé, et j'y ai ajouté des extraits d'autres livres. »

Ces livres, dont l'auteur a fait des extraits, sont : 1°. un fragment de l'histoire de Damas par Aboniali, fragment tiré de la vie de Nour'eddin jusqu'à l'année 555 de l'hégire (1160), par le poète Tamim; 2°. l'histoire des Atabeks, par Fadel-Azeddin-Aboulhassen-Ali-Ben-Mohammed, connu sous le nom de Ibn-Alatsyr; 3°. l'histoire de Saladin, écrite par Boha'eddin,

Aboulmahasen, cadi d'Alep, et connu sous le nom de Ben-
Schaddad; 4°. les deux livres d'Omad'eddin-Kateb-Abouha-
med-Mohammed-Benhamed d'Ispahan, mort en 597 (1200).
C'est le même qu'Omad, qui fut secrétaire de Saladin; c'est
aussi celui qui est le plus souvent copié dans les *Deux Jardins*.
L'un de ces livres a pour titre le *Fatah*, et renferme les victoires
de Saladin pendant les années 583, 84 (1187-88), etc., jusqu'en 589 (1192); l'autre se nomme le *Foudre de Syrie*, et
renferme les actions de Saladin, depuis le moment où il vint à
Damas, en 562, jusqu'à sa mort, en 589. C'est de la réunion
des extraits de ces différents ouvrages que Schahab'eddin a
composé ses *Deux Jardins*; pour rendre son livre plus complet, il y a ajouté des lettres du juge Fadhel et autres, adressées
au divan de Bagdad. Les *Deux Jardins* renferment beaucoup
de faits historiques très curieux, et qui n'étaient pas connus;
mais il faut, en lisant les extraits que nous allons en présenter,
se rappeler sans cesse que les historiens orientaux sont exagérés
dans leurs sentiments comme dans leurs récits, et que Schahab'-
eddin surtout montre plus de partialité et de fanatisme religieux
que les autres.

L'auteur des *Deux Jardins* dit à la fin de son livre qu'il
a fini de l'écrire le 27 de schowal de l'année 651, au collège
de Damas, ce qui sert à fixer l'époque où il vivait, c'est-à-dire
vers le milieu du XIIIe. siècle.

VIE

DE NOUR'EDDIN ET DE SALADIN.

Quoique l'ouvrage des *Deux Jardins* soit très curieux et
très intéressant, il ne l'est cependant, par rapport aux croisades, que lorsqu'il vient à parler des conquêtes de Saladin;
tout ce qu'il dit de Nour'eddin se trouve, à quelques détails
près, dans les autres historiens. Nous ne nous arrêterons donc
pas sur cette première partie, qui n'offrirait à nos lecteurs que
des répétitions inutiles ; nous nous contenterons de présenter
un tableau rapide des événements que l'auteur raconte, sans
négliger toutefois les traits de mœurs ou les détails qui peuvent
servir à caractériser les personnages historiques ou l'historien
lui-même.

Les *Deux Jardins* commencent à parler des Francs à l'année 539 de l'hégire (1144 de J.-C.); ils racontent leur défaite
devant Panéas, et la capitulation du fort de cette ville qui fut
remis aux musulmans; on lit ensuite le récit d'une excursion
du prince d'Antioche sur Hamah et sur Alep, dans laquelle
ce prince remporta des avantages que Schyrkouh, oncle de
Saladin, lui ravit bientôt après. La tentative de Josselin pour
reprendre Edesse qui était tombée au pouvoir des musulmans,
les suites qu'elle eut, la prise de Bosra et de Sarcade par
Mohin'eddin, celle de Basra, Basarfouth et Kafarlata par
Nour'eddin, conduisent l'auteur au récit de la deuxième croisade, dont ces différents événements furent les principales
causes. L'auteur, en nommant les rois Francs qui prirent part

à cette croisade, oublie, on ne sait pourquoi, de citer le roi
de France : du reste son récit ne contient rien de particulier;
on peut lui reprocher même une brièveté qui ne lui est pas
ordinaire quand il rapporte les victoires des musulmans. Il
ne s'est guère étendu que sur le siége de Damas par les chrétiens; il dit par exemple que les jeunes gens et les paysans
des environs de cette ville, poussés par l'espoir du gain,
attaquèrent les Francs sur les routes, et tuèrent tous ceux qui
tombèrent sous leurs mains; qu'ils apportèrent leurs têtes à
Mohin'eddin, pour recevoir la récompense promise, et qu'il
en vint un grand nombre.

Les Francs ayant échoué devant Damas, furent encore
battus par Noûr'eddin aux environs d'Apamée et sur le territoire de Bosra; ces combats eurent lieu dans l'année 543
(1148) : une trève en fut la suite. L'année suivante, une
armée de Francs commandée par le prince d'Antioche, fut
battue dans un lieu nommé Anab : le prince lui-même y fut
tué; sa tête fut envoyée à Noûr'eddin. C'était Raymond, célèbre, dit l'auteur, par son habileté, par son courage, par son
adresse à monter à cheval, et surtout par ses ruses; il était
d'une haute stature, et son visage inspirait la crainte et le
respect; il supportait très patiemment le travail et la fatigue.
Dans cette même année Nour'eddin, qui poursuivait le cours
de ses triomphes, apprenant que les Francs des côtes maritimes venaient au secours d'Antioche, fit la paix avec les habitants de cette ville, à condition qu'il garderait les places
voisines d'Alep, et que celles qui étaient près d'Antioche
resteraient soumises aux chrétiens.

L'auteur des *Deux Jardins* entre alors dans un assez long
détail sur les démêlés de Nour'eddin avec la ville de Damas,
démêlés qui se terminèrent en 1152 (546 de l'hégire) par la
soumission de cette ville; ce fut à la fin de cette année et au

commencement de la suivante que les Francs de Gaza, battus par les habitants d'Ascalon, ayant reçu des renforts, obligèrent cette dernière ville à capituler, et qu'ils s'en rendirent maîtres : la nouvelle de cette prise, dit l'auteur, pénétra de tristesse les cœurs des musulmans.

En 552 (1157) Schyrkouh et Nour'eddin s'étant réunis à Baalbek, se concertèrent ensemble pour marcher contre les Francs et les subjuguer. On publia la guerre sacrée; des jeunes gens, des volontaires, des docteurs, des sofis, vinrent en nombre infini se ranger sous les drapeaux de Nour'eddin; la ville de Panéas devint le théâtre de cette guerre; elle fut tour-à-tour prise et reprise par les musulmans et par les Francs : le combat de Mahala, entre cette ville et Tibériade, fut très funeste aux derniers; ils y perdirent leurs bagages, leurs ustensiles, leurs trésors, et Nour'eddin emporta une tente magnifique. Cette victoire fut éclatante et célèbre; on envoya à Damas les prisonniers Francs; on avait placé sur des chameaux deux cavaliers des plus braves avec un de leurs étendards déployé; à cet étendard étaient attachés la peau et les cheveux enlevés aux têtes des ennemis tués dans le combat; on donna un cheval à chacun des chefs faits prisonniers; ils étaient revêtus d'une cuirasse, couverts d'un casque, et portaient un drapeau à la main. Les piétons étaient liés par des cordes, trois à trois ou quatre à quatre : tous marchèrent en cet état à Damas; une multitude de vieillards, de jeunes gens, de femmes et d'enfants sortirent de la ville pour jouir de ce spectacle et de la grande faveur que Dieu avait accordée aux musulmans; ils appelaient Nour'eddin leur sauveur, et le comblaient de bénédictions.

Nour'eddin, devenu maître de Panéas, tomba malade; Schyrkouh le remplaça dans le commandement de l'armée, et continua ses succès. Cependant les Francs de Syrie vinrent assiéger en 553 (1158) le château de Harem, et s'en rendirent maîtres ; enhardis par ce succès ils étendirent leurs courses et leurs ravages dans toute la Syrie. La maladie de Nour'eddin et les dissensions qu'elle avait fait naître parmi les musulmans, favorisaient les progrès des Francs qui ravagèrent le territoire d'Hauran ; ils brûlèrent les maisons d'une ville nommée Daria, et en détruisirent la mosquée de fond en comble ; les musulmans du pays se levèrent en masse et se joignirent aux troupes ; les Francs, effrayés de leur nombre, se portèrent sur un autre côté. Nour'eddin, rendu à la santé, fit son entrée à Damas au milieu des transports de joie des habitants ; il ne tarda pas à marcher contre les Francs ; les deux armées se rencontrèrent, elles en vinrent aux mains ; quelques chefs musulmans se battirent mollement : l'armée de Nour'eddin se dispersa, et lui-même courut des dangers. L'auteur rapporte la prière que le sulthan adressa à Dieu, lorsqu'il se vit au milieu de la bataille réduit à un petit nombre de braves : « O modérateur du monde, dit-il, je suis » votre faible serviteur : vous m'avez donné la souveraineté de » ce pays ; j'ai rétabli vos cités ; j'ai donné à vos serviteurs » les avis et les ordres que vous m'avez donnés ; je leur ai » interdit ce que vous m'avez interdit ; j'ai éloigné d'eux ce » qui est défendu ; j'ai fait triompher dans mes états les pré-» ceptes de votre loi ; les musulmans m'abandonnent : je ne » pourrai repousser ces infidèles ennemis de votre loi et de » votre prophète Mahomet. Je ne suis maître que de ma » vie ; je la livre aux Francs pour la défense et le triom-» phe de votre religion et la gloire de votre prophète. »

Sur ces entrefaites l'empereur de Constantinople fit une invasion en Syrie, et vint camper dans les plaines de Dibach ; il dispersa ensuite ses troupes sur le territoire d'Antioche ; il voulut tenter quelques entreprises contre les musulmans, mais

il fit bientôt la paix avec eux comme il venait de la faire avec
le roi de Jérusalem, qui lui avait donné quelques sujets de
plainte : il retourna dans son empire, loué de tout le monde,
dit l'auteur, car il n'avait fait de tort à aucun musulman.

Nour'eddin, tranquille de ce côté, reprit le cours de ses
conquêtes sur les Francs; il leur livra bataille près du château
de Harem; il les défit et en tua un grand nombre : le prince
d'Antioche, le comte de Tripoli; le fils de Josselin, le grec
Ducas, furent faits prisonniers. A la suite de cette victoire, les
villes de Gabala, d'Arimah et quelques autres tombèrent en
son pouvoir; la citadelle d'Hoanin lui ouvrit ses portes : Koub'-
eddin, prince de Mossoul et frère de Nour'eddin, était venu
l'aider dans ces expéditions, qui eurent lieu en 562 (1166).

Deux ans après commencèrent celles de Schyrkouh en Egypte;
nous avons vu dans Ibn-Alatsyr le détail de ces événements
qui préparèrent et amenèrent l'élévation de Saladin; nous nous
abstiendrons de revenir sur ce sujet. Sous la date de 595 (1169),
l'auteur des *Deux Jardins* rend compte en peu de mots de
la tentative des Francs sur Damiette, tentative qui leur réussit
si mal; il parle aussi du tremblement de terre qui renversa
cette année les châteaux des Kurdes, d'Arimah, etc.; ce fut
pendant une fête des chrétiens, dit-il, que ce tremblement
eut lieu : ils étaient dans leurs églises, les toits croulèrent
sur eux.

Saladin venait d'être élevé au visirat; il avait signalé ses
commencements par la prise du château d'Ela, qui était construit dans la mer et que les chrétiens avaient fortifié. En
568 (1172), il alla ravager les environs de Carac, de Schaubek et d'autres places-fortes.

En parlant de l'empereur grec qui vint cette année dans le
Hauran, l'auteur l'appelle *chien maudit de la Grèce*, et ses
troupes une *armée de diables*; cette colère de l'auteur est

bien gratuite, car ce chien et ces diables firent fort peu de mal
aux musulmans.

Cependant Nour'eddin venait de mourir, et les émirs avaient
reconnu son fils encore en bas âge et lui avaient juré fidélité ;
décidés à attaquer Saladin, ils avaient fait un traité avec les
Francs. Saladin qui en eut avis, leur écrivit une lettre pleine
de reproches. « J'ai reçu, leur dit-il, la nouvelle de la paix
qui vient d'être conclue entre les Francs et les habitants de
Damas. Les autres provinces musulmanes n'y ont eu aucune
part, puisqu'elles ne sont pas comprises dans le traité ; cependant l'ennemi est commun aux unes et aux autres. Les richesses de Dieu, réservées pour servir sa cause et le salut de
notre nation, ont servi à des actes criminels ; car c'est un crime
envers Dieu, son prophète, et les hommes de bien, que de faire
tourner au secours des infidèles des trésors qui devaient dissiper la tristesse des vrais croyants. Lorsque nous avons reçu
cette nouvelle, nous avons hésité, ne sachant si nous devions
avancer ou reculer. Si nous nous tenons en repos, les Francs
des villes non comprises dans le traité se porteront sur le pays
des musulmans ; si nous licencions notre armée, il sera difficile de la réunir. Nous avons donc jugé convenable de vous
faire sentir le danger de cette conduite, dont il sera peut-être
impossible de prévenir les effets. Notre ennemi est toujours en
haleine, il ne dort jamais ; loin de reculer, il avance toujours.
Semblable au lion, il ne perd point de vue sa proie ; son
activité ne se relâche point. Si notre peuple est une fois animé
par la colère, il donnera des marques de son indignation, et
il sera difficile de le retenir. Quant à nous, toute notre ambition dans cette affaire, c'est d'améliorer le sort des musulmans. C'est pourquoi nous avons empêché notre armée de se
séparer, de peur que l'ennemi ne se portât sur Harem, aidé
de l'argent que vous lui avez donné, et qui a augmenté son au-

dace ; tant qu'il saura que nous sommes réunis, il n'osera quitter ses frontières et s'approcher de nous. »

Pendant que Saladin était occupé d'arranger ses affaires, une flotte de Sicile aborda à Alexandrie ; elle portait cinquante mille hommes qui débarquèrent et mirent le siége devant la ville ; ils dressèrent contre les murs trois machines armées de béliers, et trois autres grandes machines qui lançaient de grandes pierres noires apportées de Sicile. Les nôtres admirèrent la grandeur de ces pierres et les ravages terribles qu'elles faisaient. Quant aux béliers, on les aurait pris pour des tours, tant ils étaient solidement construits, présentant une grande capacité et une très grande hauteur. Cette première attaque des Francs dura tout le jour. La nouvelle de cet événement arriva à Facoux sur les ailes d'un pigeon, trois jours après le débarquement des ennemis. Notre armée se mit aussitôt en marche, et se partageant en deux corps, elle se porta sur Alexandrie et sur Damiette, pour les protéger et les défendre. Cependant le siége continuait, les machines de guerre battaient la place, à la portée du trait ; les nôtres résolurent alors d'ouvrir des portes en dedans de la ville, en face de ces machines, et de les laisser cachées par la surface du mur, puis de les enfoncer tout-à-coup et de fondre inopinément sur l'ennemi. Les émirs montèrent à cheval et sortirent par ces portes. Dans le même temps, les habitants poussèrent de tous côtés des cris et incendièrent les machines ennemies. On se battit avec courage ; Dieu donna la victoire aux musulmans, et trompa les espérances des chrétiens. Le combat dura jusqu'au soir. Toutes les machines de guerre furent brûlées, et beaucoup d'ennemis furent tués ou blessés.

La flotte ennemie remit à la voile, et Saladin alla assiéger Alep ; ce fut dans ce temps qu'il faillit deux fois périr victime du prince des Assassins. Les habitants d'Alep se voyant serrés

de près, engagèrent ce prince , en lui offrant plusieurs bourgs
et beaucoup d'argent, à envoyer quelques-uns de ses affidés
pour tuer Saladin. Senan en envoya plusieurs qui se mêlèrent
avec ses troupes. L'émir Nasser'eddin Khomartekin, prince
de Bouktys , qui était voisin des limites de leurs terres , les
reconnut et leur dit : « Malheureux ! comment êtes-vous assez
hardis pour venir ici où je me trouve ? » Les assassins , craignant des suites fâcheuses, le tuèrent sur la place. Quelques
soldats vinrent pour les arrêter; les uns furent tués, d'autres
blessés. Un de ces assassins courut, avec le couteau tiré, pour
se jeter sur le sulthan. Arrivé à la tente du prince , il fut
arrêté par le trésorier Tokgril, qui le tua. Tous ses compagnons
furent exterminés, non sans avoir fait périr plusieurs musulmans. Cet événement obligea Saladin à se retirer.

Les habitants d'Alep, voyant leurs places tomber successivement au pouvoir du sulthan , recoururent de nouveau au
prince des Assassins , qui envoya encore quelques-uns de ses
affidés. Ceux-ci s'introduisirent dans les rangs de l'armée de
Saladin, alors occupé du siége d'Azaz, et partagèrent les travaux de ses soldats, en attendant une occasion favorable. Un
jour que Saladin était assis et regardait une attaque, un de
ces assassins se précipite sur lui, et le frappe à la tête d'un
coup de couteau. Heureusement que le prince était en garde
contre toute surprise; l'assassin s'en aperçut, et le frappa à la
joue. Le sang coula, la frayeur s'empara de ceux qui étaient
présents; l'assassin terrassa le sulthan, et il allait l'égorger,
lorsqu'il fut tué par un émir. Un autre assassin courut aussitôt vers le sulthan, et il fut tué de même; un troisième succomba encore dans son entreprise. Le sulthan se retira dans
son pavillon, tout couvert de sang ; et averti par le danger auquel il venait d'échapper, il prit par la suite des précautions
pour que personne ne l'abordât. Il fit construire dans sa tente

Il   37

une tour en bois où il allait prendre du repos. La terreur était générale, chacun craignait son voisin.

Malgré le trouble que cette nouvelle tentative répandit dans l'armée musulmane, Azaz ouvrit ses portes au sulthan ; ce prince punit aussitôt les habitants d'Alep, en épuisant leur pays par des contributions : déjà il se portait sur le territoire du prince des Assassins, lorsqu'il apprit que les Francs avaient fait une excursion dans le Becka ; il fait alors la paix avec Senan, et sur la nouvelle que les Francs venaient d'être battus à Hamah par son frère Schamseldoulah, il retourne au Caire pour y faire construire une nouvelle flotte. Il revint bientôt après dans la Palestine et s'avança jusqu'à Ascalon ; ce fut auprès de cette ville que Saladin éprouva un échec que les historiens arabes n'ont pu dissimuler : le sulthan y courut de grands dangers ; il avoua depuis qu'il avait été préservé par trois des plus braves cavaliers de son armée. L'auteur des *Deux Jardins*, après avoir raconté la retraite de Saladin à travers le désert, s'exprime ainsi : Cette affaire ne fut pas précisément malheureuse à cause de la bataille, car l'ennemi y éprouva des pertes énormes ; mais c'est le passage dans le désert qui fut funeste aux musulmans. Le juge Fadhel, à la nouvelle de la perte de la bataille, s'étant approché avec ses bêtes de somme et ses bagages, et ayant dispersé son monde dans les sables et les vallées pour apprendre des nouvelles du sulthan, devint ainsi la ressource et le salut de l'armée.

Sous la date de 573 (1177) l'auteur des *Deux Jardins*, en parlant de l'arrivée du comte Philippe de Flandre dont il exagère beaucoup la puissance, fait observer que dans le traité de paix qui avait été conclu avec les Francs, il avait été stipulé que si quelque prince ou personnage d'une haute distinction leur arrivait d'Occident, ils l'aideraient et lui jureraient fidélité, et que lorsqu'il s'en retournerait, la paix serait rétablie comme avant ;

en conséquence de cette clause qui montre quelle était la politique des chrétiens dans leurs traités, les Francs de Syrie se
réunirent à Philippe en grand nombre, et vinrent camper
devant Hamah. L'émir Nasser'eddin marcha contre eux, fit
plusieurs chefs prisonniers et leur tua beaucoup de monde; il
envoya ces prisonniers à Saladin qui leur fit trancher la tête
par la main des hommes pieux et dévots qui se trouvaient
présents. Omad, secrétaire du sulthan, en racontant ce fait,
dit que Saladin lui commanda d'en faire autant, mais qu'il le
refusa et demanda le plus jeune de ces prisonniers pour qu'il
en fît son esclave, et que Saladin le lui donna. Les Francs
s'étant rassemblés en grand nombre du côté de Gaza, Saladin
envoya contre eux l'émir Ferokschah avec l'armée de Damas;
un combat s'engagea sous les murs de cette ville; le prince de
Nazareth y fut tué avec plusieurs chefs; le roi de Jérusalem
lui-même fut blessé et renversé de cheval. Honfroy qui accourut à son secours, reçut plusieurs blessures; une flèche lui
perça le nez, pénétra dans la bouche, lui fit sauter une dent
et sortit par la mâchoire; une autre flèche le frappa au genou
et lui traversa le pied jusqu'à la plante. Dans le même temps
il fut atteint au côté et eut deux côtes brisées : Honfroy mourut
peu après de ces blessures.

Les Francs avaient reconstruit la forteresse qui était au lieu
appelé le *camp de Jacob*; Saladin exigea qu'elle fût rasée :
les Francs n'y voulaient consentir qu'à condition qu'on leur
rendrait le prix qu'elle leur avait coûté. Le sulthan offrit 60
mille écus d'or, puis 100 mille : cette forteresse appartenait
aux Templiers qui y entretenaient garnison, et d'où ils inquiétaient les caravanes.

Dans l'année 575 (1178) le sulthan battit les Francs auprès
de Panéas; leur infanterie fut mise en fuite au premier choc,
l'élite de leur cavalerie fut faite prisonnière; les grands-maîtres

des Templiers et des Hospitaliers, le prince de Tibériade, le
frère du prince de Djobail, le fils du comte de Tripoli, le fils
de Basran, prince de Ramlah, le prince de Djinin, le châtelain
de Jaffa, le fils du prince de Marachieb et beaucoup de seigneurs tombèrent dans les mains des musulmans : ce combat
fut appelé le combat de la plaine d'Ouyoun. Après cette victoire
Saladin alla faire le siége de la forteresse dont nous venons de
parler, et s'en empara ; il la fit raser, mais le séjour qu'il fit
auprès de cette place devint funeste à son armée. La chaleur
était excessive, les exhalaisons des corps morts causèrent une
épidémie qui fit périr plus de dix émirs et un grand nombre
de soldats. Saladin fut forcé de s'éloigner, et il fit en 576
(1179) une trève avec les Francs.

L'année suivante une flotte chrétienne venue de la Pouille,
fut poussée par le vent dans le port de Damiette ; elle avait
2500 hommes d'équipage ; une partie fut noyée, l'autre fut
prise, et 1676 chrétiens tombèrent au pouvoir des musulmans.

En 579 (1181), Saladin partit pour la Syrie, et quitta
l'Egypte où il ne retourna plus ; il apprit en route que les
Francs s'étaient rassemblés à Carac pour lui couper le chemin.
L'émir Ferokschah, qui en fut aussi instruit, sortit de Damas,
se porta sur le territoire de Tibériade, et s'empara de Dabourieh ; dans son expédition il fit mille prisonniers, enleva un
grand butin et vingt mille moutons ; il rentra victorieux à
Damas, où le sulthan arriva le 17 de safar : quelque temps
après ce prince partit pour la guerre sacrée ; il traversa le
Jourdain et entra sur les terres des Francs.

En 580 (1182-83) il entreprit une nouvelle expédition contre
Carac. Ibn-Alatsyr nous a donné des détails sur cette expédition ; on sait que le sulthan, apprenant que les Francs marchaient au secours de cette place, en leva le siége pour aller à
leur rencontre.

Avant de commencer le récit des grands événements qui eurent lieu bientôt après, l'auteur, sous la date de 582 (1185-86), s'exprime ainsi : « Une des principales causes du triomphe de l'islamisme et de l'avilissement des chrétiens, c'est que le comte de Tripoli rechercha l'amitié du sulthan. » Le lecteur sait pourquoi le comte abandonna momentanément la cause de la croix. Les *Deux Jardins* disent « qu'il parut tellement l'ami des musulmans, qu'il aurait embrassé leur religion et se serait déclaré vassal du sulthan, s'il n'eût craint les siens. Le sulthan, ajoutent-ils, lui fit partager les richesses de son empire; des troupes de Francs, poussées par la cupidité, vinrent le trouver et lui jurer obéissance : le comte envoya sur les terres des Francs des soldats qui les ravagèrent et y firent des prisonniers, et il donnait à ceux de sa religion la plus mauvaise part du butin. »

Cette conduite du comte et le mal qu'il fit alors aux chrétiens de la Palestine, durent sans doute jeter sur lui une grande défaveur auprès des Francs, même après qu'il fut revenu à eux; il n'est donc pas étonnant que la plupart des historiens occidentaux aient montré contre lui des préventions et l'aient accusé d'avoir trahi les chrétiens à la bataille de Tibériade; mais le témoignage des auteurs arabes le justifie assez de ce dernier reproche, et prouve bien que le comte, coupable d'abord de félonie, vint franchement et de bonne foi au secours du roi de Jérusalem.

Les *Deux Jardins* racontent du prince Renaud ce qu'en ont raconté Ibn-Alatsyr et les autres écrivains arabes; ils parlent aussi du serment que fit Saladin de tuer ce prince s'il tombait jamais en son pouvoir.

Arrivé à l'année 583 (1187), nous allons donner à notre extrait un peu plus d'étendue et laisser parler l'auteur lui-même.

Après avoir dit un mot de la disposition que Saladin mit dans

son armée, et nommé les principaux chefs qui la commandaient, l'auteur raconte en peu de mots la bataille de Seforich que
les Latins appellent la bataille de Nazareth, où le grand-maître
des Hospitaliers périt. Ce combat, dit-il, fut pour les musulmans le commencement des bénédictions, et il poursuit ainsi:
Le sulthan partit le vendredi 17 de rebi premier, de la côte
maritime, et vint le samedi à Kasfrin; de là il se rendit près du
Jourdain, au port d'Akhouan, où il resta cinq jours. Il fixa aux
émirs leur position, et leur donna le mot d'ordre. Lui-même s'é-
tendit autour du lac de Tibériade; mais le lieu était trop étroit
pour qu'il pût dresser ses tentes. Lorsque les Francs surent
que les nations de l'islamisme étaient rassemblées contre eux,
et que leur armée s'avançait, ils comprirent que rien de pareil
ne leur était jamais arrivé. Ils firent la paix entre eux, et levèrent des troupes en toute hâte; le comte se joignit à eux,
lorsque le roi fut allé le trouver et qu'ils se furent embrassés.
Ils rangèrent leurs troupes à Seforieh, et réunirent leurs cavaliers, leurs fantassins, leurs lanciers et leurs archers. Ils élevèrent le bois de la croix, et tous les idolâtres, qui se trompent
sur le corps et la divinité du Christ, vinrent se placer autour de
cet étendard; leur nombre s'éleva au-delà de cinquante mille.
Le sulthan s'avançait chaque jour vers eux, et les observait
de près. Il les harcelait sans cesse, pour les forcer à en venir
à une action; mais les chrétiens restèrent dans leur position. Le sulthan voyant qu'ils n'abandonnaient point les plaines
de Seforieh, ordonna à ses émirs d'aller camper devant eux,
et d'être toujours prêts à combattre l'ennemi; pour lui, il se
rendit à Tibériade, accompagné de sa troupe d'élite. Il pensa
que les chrétiens, en apprenant son arrivée devant cette ville,
se hâteraient de s'y porter, et qu'il aurait alors occasion de les
combattre; il desirait ardemment les exterminer. Il fit venir
toutes sortes d'ouvriers, et commença par battre les murs; il

entra de nuit dans la ville, et le jour éclaira sa victoire. La
nuit fut horrible pour les ennemis. La citadelle résista au
premier assaut ; la comtesse s'y trouvait avec sa famille.
Lorsque le comte apprit que Tibériade était prise, son courage et ses forces l'abandonnèrent ; il laissa faire aux Francs
tout ce qu'ils voulurent, avouant qu'il ne pouvait leur être
d'aucune utilité. « A présent, leur dit-il, nous ne pouvons plus
rester ici, il nous faut marcher au-devant de l'ennemi : si la citadelle de Tibériade est prise, tout notre pays est perdu. Je n'ai
point assez de patience pour supporter cet événement. » Le roi
avait donné sa foi au comte, il la lui garda ; il avait fait un
traité, et il ne le viola pas. Il partit donc avec toute son armée. La terre fut ébranlée du mouvement de ses troupes, et
le ciel fut couvert de nuages de poussière. Quand le sulthan
apprit que l'armée des Francs était en marche, il s'en réjouit
et dit : « Nous avons atteint notre but, nous l'emportons par
la vertu guerrière. Si nous les battons, ni Tibériade, ni aucune
autre place ne nous résistera ; nous n'aurons plus aucun obstacle qui nous arrête. » Après avoir invoqué le secours de Dieu,
il se mit en marche sur-le-champ, le jeudi 23 de rebi second.
Les Francs se dirigèrent tous vers Tibériade, semblables à des
montagnes en mouvement ou aux flots d'une mer agitée. Le sulthan ordonna à son armée de s'arrêter devant l'ennemi, et lui-
même avec sa troupe se plaça entre eux et le lac. La chaleur du
jour était brûlante, l'ennemi en était accablé. La cavalerie, répandue des deux côtés, empêchait les Francs d'atteindre le rivage
des eaux. Le sulthan veilla toute la nuit ; il ordonna à tous les
archers de remplir leurs carquois de flèches ; il en fut distribué
quatre cents charges. Il désigna soixante-dix archers qui devaient
se porter sur le champ de bataille, pour donner des flèches à ceux
dont les carquois seraient vides. Au point du jour, les arcs re-
tentirent, leurs cordes résonnèrent ; l'armée montra dans le

combat un courage opiniâtre. La chaleur du jour tourmentait les soldats. Le choc fut violent. Les ennemis essayaient en vain de chercher de l'eau; lorsqu'ils croyaient en avoir trouvé, le feu de l'*enfer* les dévorait. Ce combat eut lieu le vendredi. Notre armée avait à dos le lac de Tibériade, dont l'accès, facile pour nos soldats, était interdit aux ennemis. Aussi les Francs étaient-ils tourmentés par l'ardeur dévorante de la soif, qu'ils supportèrent néanmoins avec patience et courage. Ils avaient bu tout ce qu'ils avaient dans leurs outres, et mis à sec tous les vases qui contenaient de l'eau; ils avaient épuisé jusqu'à l'eau des larmes, et ils étaient près de succomber à leurs tourments, lorsque la nuit survint. Ils restèrent tranquilles dans leur camp, ne sachant ce qu'ils feraient. Quoiqu'ils souffrissent cruellement, ils ne se laissèrent point abattre, et se dirent entre eux : « Demain nous trouverons de l'eau avec nos épées; » et ils se préparèrent à faire de nous un grand carnage. Quant à notre armée, elle déploya beaucoup d'audace et de courage; elle vainquit tous les obstacles. Le sulthan, assuré du secours de Dieu, parcourut les rangs de son armée, promettant aux soldats qu'il les seconderait toujours. En effet, les musulmans, animés d'une nouvelle ardeur, repoussèrent l'ennemi, et le forcèrent à se retirer. Un des mamelouks du sulthan fondit sur les Francs le premier; son cheval vigoureux l'emporta loin de ses compagnons d'armes, et aucun d'eux ne le suivit. Les Francs l'environnèrent; le mamelouk tint ferme, et combattit jusqu'à la mort. Les ennemis lui ayant coupé la tête, crurent qu'il était un des fils du sulthan. Les musulmans, touchés de son martyre et de son action courageuse, se sentirent animés d'un zèle plus grand pour la guerre sacrée. De grand matin, toute l'armée se leva avec un formidable appareil, et le samedi fut un jour de gloire pour elle et de désastre pour l'armée des Francs. La soif de ceux-ci augmenta, sans qu'ils pussent y trouver auéun soulagement. Le vent soufflait sur eux, le gazon qu'ils foulaient aux pieds était desséché; quelques volontaires mirent le feu à ce gazon, qui s'embrasa. Les *trinitaires* (les chrétiens) étaient brûlés par trois espèces de feu : le feu de l'incendie, le feu de la soif et le feu des flèches. Cependant ils espéraient toujours, et leurs troupes faisaient sans cesse des efforts pour se faire jour; mais, à chaque effort, elles étaient percées de traits. Le bruit des cordes des arcs, qui retentissaient continuellement, les rendit sourds; ils perdirent leurs forces et leur présence d'esprit. Toutes les fois qu'ils avançaient, ils étaient forcés de reculer, ou tombaient sous les coups ou dans les mains des musulmans. Ils étaient hors d'haleine, brûlés et couverts de blessures. Ils essayèrent enfin, pour échapper à une mort certaine, de gagner la montagne Hittin; mais ils y rencontrèrent des épées menaçantes; les flèches rapides les y atteignirent et les renversèrent; de tous côtés ils trouvaient la mort et l'affliction. Lorsque le comte vit ce désastre, il cessa de combattre, et épia le moment favorable pour prendre la fuite. Il quitta le champ de bataille avec sa troupe et gagna la vallée. Il partit avec la rapidité de la foudre, et s'éloigna avant que le carnage fût plus grand. Il était suivi d'un petit nombre, et n'eut plus envie de revenir. Il avait dit aux siens : « Je fondrai le premier sur les ennemis, et je me ferai jour au milieu d'eux. » Il se réunit à ceux qui avaient coutume de vaincre avec lui, c'est-à-dire, au prince de Sidon et à Balian, fils de Basran; ils avaient tous résolu de faire ensemble une trouée. Le comte se porta avec les siens du côté où était Melek-Mozafer Taki-eddin. Celui-ci lui ouvrit le chemin, et renversa une partie de ceux qui suivaient le comte; le reste put échapper aux coups des musulmans.

Lorsque les Francs surent que le comte avait pris la fuite, ils furent un moment abattus et faciles à vaincre; mais ils reprirent bientôt courage, et tinrent ferme comme auparavant.

Ils se présentèrent en bravant la mort, et fondirent sur nous avec impétuosité. Nous tombâmes sur eux à notre tour, et nous arrêtâmes leur choc. Lorsqu'ils virent que nous les environnions de tous côtés, ils voulurent se porter à l'occident de la montagne; mais nous nous y opposâmes, et le combat se réchauffa; les coups les plus terribles furent portés. Les Francs, cernés de toutes parts, se virent resserrés dans un petit espace. Les cavaliers mirent pied à terre, et l'épée des musulmans moissonna tout. La grande croix fut enlevée aux Francs, et cet événement causa parmi eux une profonde affliction. Leur perte leur parut alors infaillible; et en effet les musulmans firent un grand carnage et un grand nombre de prisonniers. Nous parvînmes jusqu'à leur roi Guy, qui fut fait prisonnier, ainsi que le prince de Carac, Geoffroy, frère du roi, Hugues, prince de Djobail, le fils de Honfroy et le fils du prince d'Alexandrette, le prince de Markih, plusieurs Templiers et Hospitaliers, et d'autres seigneurs et barons. Le roi et ses comtes subirent le joug de la servitude. L'islamisme se réjouit de cette victoire, qui fut comme le prélude de la prise de Jérusalem, et la source de tous nos triomphes. Ce qu'il y eut d'étonnant et d'extraordinaire dans ce combat, c'est que les cavaliers des Francs restèrent intacts, tant que leurs chevaux ne furent pas renversés, car ils étaient couverts de la tête aux pieds d'une sorte de cuirasse tissue d'anneaux de fer; de sorte qu'ils semblaient eux-mêmes une masse de fer que les coups atteignaient en vain. Mais quand le cheval tombait, le cavalier était vaincu et fait prisonnier. Nous ne pûmes tirer aucun profit de leurs chevaux ni de leurs bêtes de somme, mais nous fîmes un grand butin de leurs casques et de leurs cottes de mailles. Nous nous rendîmes maîtres de tous les chemins et défilés, et nous découvrîmes beaucoup de richesses et de trésors cachés. Cette bataille se livra un samedi. Les chrétiens

étaient des lions au commencement du combat; à la fin ils
n'étaient plus que des brebis dispersées. De tant de milliers il
n'en échappa qu'un petit nombre.

Le champ de bataille était couvert de morts et de prisonniers;
ces derniers furent attachés avec des cordes. On voyait partout des morts étendus sur la montagne et sur la colline. Je
traversai le mont Hittin, il m'offrit un aspect horrible. Je vis
tout ce qu'une nation heureuse avait fait à un peuple malheureux, je vis dans quel état étaient ses chefs. Qui pourrait le décrire! je vis des têtes tranchées, des yeux éteints ou crevés,
des corps couverts de poussière, des membres disloqués, des
bras séparés, des os fendus, des cous coupés, des lombes
brisés, des pieds qui ne tenaient plus à leurs cuisses, des corps
partagés en deux, des lèvres déchirées, des fronts fracassés.
En voyant des visages attachés à la terre et couverts de sang
et de blessures, je me rappelai ces paroles du coran : *L'infidèle dira: Que ne suis-je poussière?* Quelle odeur suave s'exha-
lait de cette victoire si terrible pour les vaincus! L'auteur de
ce récit nous présente en ces termes un autre tableau : « Les
cordes des tentes ne suffisaient pas, dit-il, pour lier et enchaî-
ner les prisonniers. J'ai vu trente ou quarante cavaliers attachés à une seule corde, j'en ai vu cent ou deux cents dans un
même endroit gardés par un seul homme; ces guerriers, doués
d'une force extraordinaire, et qui jouissaient de la grandeur et
du pouvoir, le visage baissé, le corps nu, n'offraient plus alors
qu'un aspect misérable. Les comtes étaient devenus la proie du
chasseur, et les chevaliers celle du lion. Ceux qui avaient couvert les autres d'opprobre en étaient couverts à leur tour.
L'homme libre était tombé dans les fers; les hommes men-
teurs étaient au pouvoir des vrais croyants. Le roi ne fut fait
prisonnier qu'après la prise de la croix, et beaucoup de ces
impies périrent autour de cette croix. Les infidèles fléchissaient

le genou et inclinaient la tête, quand on la tenait levée et qu'on
l'offrait à leurs yeux; ils assuraient que c'était le vrai bois où
avait été attaché le Dieu qu'ils adorent. Ils l'avaient ornée d'or
fin et de pierres brillantes; ils la portaient dans les jours de
grande solennité; et lorsque leurs prêtres et leurs évêques
la montraient au peuple, tout le monde s'inclinait avec respect.
Leur premier devoir était de la défendre; celui qui l'abandonnait
ne pouvait jouir de la paix de l'âme. La prise de cette croix
leur fut plus douloureuse que la captivité de leur roi. Rien
ne peut compenser pour eux la perte qu'ils en ont faite. Ils
l'adorent, elle est leur Dieu; ils roulent leur front dans la
poussière devant elle, et l'exaltent par des cantiques. Lorsqu'ils la possèdent, ils semblent jouir de tout; ils la rachète-
raient volontiers de leur propre sang; ils espéraient la victoire
par son moyen. Ils ont aussi des croix en métal, qu'ils gardent dans leurs maisons, et devant lesquelles ils font des
prières dans une humble posture.

Après cette victoire, le sulthan fit dresser une tente sur le
champ de bataille, et tous les vrais défenseurs de la loi vinrent l'y trouver. Le sulthan descendit de cheval, mit un genou
en terre, et rendit grâces à Dieu; il rappela tout ce qui lui était
arrivé de bon et d'heureux. Il fit venir le roi Guy et le prince de
Carac, tous deux prisonniers, et fit asseoir le premier à son côté.
Le grand-maître du Temple et beaucoup de Templiers arrivèrent ensuite enchaînés, de même que des Hospitaliers et Geoffroy, frère du roi, le prince de Djobail et Honfroy. Quand
le sulthan eut aperçu Renaud, prince de Carac, il lui reprocha sa perfidie, et lui rappela ses crimes. « Combien de fois,
lui dit-il, as-tu donné et violé ta foi? Que de traités n'as-tu pas
faits et rompus? De toi même tu as demandé la paix, et le
premier tu l'as violée. » L'interprète de Renaud répondit pour
lui : « C'est la coutume entre les princes, et j'ai suivi le sentier

battu. » Cependant le roi était haletant de soif et de frayeur, il avait peine à se soutenir. Le sulthan lui parla avec douceur, s'approcha de lui, et par ses discours dissipa ses craintes; il lui fit donner à boire d'une liqueur rafraîchie dans de la neige. Le roi but, et sa soif fut étanchée; il présenta ensuite le vase au prince de Carac, qui le reçut avec avidité, et se rafraîchit. Le sulthan dit au roi : « Je ne vous ai pas permis de lui remettre ce vase; en conséquence, je ne suis pas lié envers lui. » Le sulthan monta alors à cheval, et laissa les deux princes. Il ne revint que lorsque sa tente fut entièrement dressée, et que ses étendards furent déployés. Il attendit que ses légions fussent revenues au camp pour prendre du repos. Quand il fut rentré dans sa tente, il fit venir le prince de Carac . et allant à lui le glaive à la main, il l'en frappa et lui abattit l'épaule; ensuite il ordonna qu'on lui tranchât la tête, qui alla tomber aux pieds du roi. Ce prince en fut saisi de frayeur. Le sulthan l'ayant su, fit approcher le roi, lui promit sûreté, et le calma. « La méchanceté de cet homme, lui dit-il, l'a perdu; sa perfidie et son arrogance l'ont fait périr. » Il confia alors les plus illustres prisonniers au commandant de la citadelle de Damas, qui les fit conduire dans cette ville par des chemins battus à travers les montagnes.

Le dimanche matin le sulthan alla camper à Tibériade. Il écrivit à la comtesse, et lui permit de sortir de la citadelle; elle partit avec tout son monde et ses richesses, et se retira à Tripoli saine et sauve. Le sulthan établit un gouverneur à Tibériade. L'auteur raconte ensuite le massacre des Templiers et des Hospitaliers, exécuté par les ordres de Saladin. Pendant cette exécution, dit-il, le sulthan était assis, et montrait un visage plein de joie. Les infidèles, au contraire, avaient l'air abattu. L'armée était rangée en ordre de bataille, et les émirs étaient placés sur deux lignes. Les uns coupèrent la tête de ces prison-

niers avec une adresse qui leur mérita des éloges. Quelques-uns
refusèrent avec horreur ce ministère, d'autres en chargèrent
leurs voisins. Le roi des Francs, son frère, Honfroy et le
prince de Djobail, ainsi que le grand-maître des Templiers et
tous les personnages de marque, furent conduits à Damas pour y
être mis en prison. Le sulthan écrivit à son lieutenant à Damas
de faire trancher la tête à tous les Templiers et Hospitaliers qu'il
trouverait. Les émirs, pour obéir au sulthan, les recherchèrent et les firent décapiter : cependant ce ne fut qu'après leur
avoir offert d'embrasser l'islamisme. Quelques-uns y consentirent, et professèrent de bonne foi notre religion.

Il y eut plusieurs lettres écrites d'Ascalon à Bagdad, pour
annoncer la nouvelle de cette victoire : elles renferment toutes
à-peu-près les mêmes détails. Il est dit dans une de ces lettres
que tous les chefs des Francs furent pris, ainsi que leurs
femmes et leurs enfants. L'auteur de la lettre ajoute qu'il était
présent lorsque tous ces prisonniers furent vendus ; il vit un
mari, sa femme et cinq enfants, dont trois garçons et deux
filles, vendus pour quatre-vingts écus d'or.

Une autre lettre porte que l'armée chrétienne était de quarante-cinq mille hommes. Il n'en échappa que mille : le reste
fut tué ou fait prisonnier. L'auteur ajoute qu'un pauvre soldat
de l'armée musulmane, dans les mains duquel un Franc était
tombé, le vendit pour une paire de souliers, afin, disait-il, qu'on
se rappelât et qu'on dît un jour que le nombre des prisonniers Francs était si grand, qu'on les vendait pour une chaussure.

Le sulthan, suivant le récit d'Omad, partit le 3 du mois,
et se mit à la poursuite des chrétiens. Il arriva le soir à un
endroit nommé *Loubiah*, et se trouva bientôt, avec tous les
signes du triomphe, devant Acre, qui capitula, comme nous
l'avons vu dans Ibn-Alatsyr.

Saladin avait écrit à son frère Adel qui était en Egypte, de venir le joindre ; Adel partit avec une armée ; sur sa route il s'empara de la ville de Jaffa. Le sulthan lui donna l'ordre alors de rester dans ce pays pour y réunir les troupes et ceux qui viendraient de l'Egypte le seconder; il envoya en même temps des émirs dans les environs de Nazareth , de Césarée et des villes voisines d'Acre et de Tibériade , pour y faire du butin et des prisonniers : un château qui appartenait aux Templiers et que l'auteur nomme *Foulah* , n'étant plus habité que par les écuyers et les valets de ces chevaliers , fut pris sans résistance , quoiqu'il fût très fortifié. Mozafer'eddin s'empara de Nazareth , et entra dans Seforich qu'il trouva déserte. Césarée, Haïfa, Arsouf , furent prises de force par les autres émirs ; Naplouse et les bourgs qui en dépendaient étaient habités par des chrétiens et des musulmans qui vivaient en paix ensemble : les musulmans, moyennant un tribut annuel qu'ils payaient aux Francs, y avaient le libre exercice de leur religion. Les Francs voyant le triste état de leurs affaires, n'osèrent plus demeurer avec les musulmans et se dispersèrent ; ceux-ci se portèrent dans leurs maisons abandonnées et les pillèrent. Hossam'eddin , neveu du sulthan, obtint Naplouse en fief, et en s'y rendant avec son armée , il dévasta la chapelle de Zacharie qui était près de Sebaste; c'était un lieu de dévotion et de pélerinage pour les chrétiens, et que la piété des fidèles avait enrichi.

Omad, en parlant de la reddition de Tabnin , et des prisonniers musulmans qui recouvrèrent alors la liberté, dit que Saladin en délivra cette année plus de vingt mille, et qu'il chargea de chaînes cent mille chrétiens.

Saladin s'empara successivement de Sarfand , de Sidon et de Béryte; le prince de Djobail , comme nous l'avons vu dans Ibn-Alatsyr, livra lui-même sa ville. Le plus grand nombre des

habitants de ces villes, dit l'auteur, étaient des musulmans mêlés
avec des Francs, et soumis au pouvoir de ces derniers : ils sortirent de l'état d'humiliation où ils étaient ; les églises furent dépouillées ; les musulmans se rendirent publiquement à la mosquée ; le coran se réjouit, le diable fut en fureur ; les cloches furent brisées et les rites des chrétiens abolis. Les musulmans levèrent la tête. Ceux des infidèles qui avaient obtenu sûreté se retirèrent à Tyr, qui devint le siége de leurs fraudes, le nid de leur
perfidie, l'asile des fugitifs et le refuge des vagabonds. Le
comte s'y était sauvé le jour de la bataille d'Hittin. Lorsqu'il
sut que le sulthan approchait de Tyr, il en sortit, et se retira à Tripoli ; mais cette fuite ne lui servit pas beaucoup,
puisqu'il périt dans cette dernière ville. Le marquis commanda dans Tyr à la place du comte : c'était le plus perfide et le
plus terrible des Francs ; il était le plus adroit des loups de
cette ville, le plus impur de ses chiens, et le plus rusé qui
puisse s'imaginer ; il n'était pas encore venu en Syrie avant
ce temps. Il arriva devant le port d'Acre, ignorant que la ville
était prise et au pouvoir des musulmans. L'auteur raconte
à-peu-près comme Ibn-Alatsyr la manière dont le marquis
parvint à se sauver de devant Acre. Tyr prit un aspect tout
nouveau. Le sulthan négligea de l'assiéger : il recherchait une
plus noble conquête, celle de la ville sainte. La prise de cette
cité le flattait plus qu'aucune autre ; il pensait d'ailleurs avec
raison que le siége de Tyr serait difficile, et ne pourrait se faire
sans beaucoup de travail ; car il n'y avait dans la Syrie aucune
place mieux fortifiée : c'est pourquoi il se porta sur les villes qui
étaient plus aisées à prendre.

L'auteur des *Deux Jardins* raconte ensuite comment Saladin,
en promettant au roi des Francs et au grand-maître des Templiers de les délivrer de leurs fers, se rendit maître d'Ascalon,
de Ramlah, de Bethléem, d'Hébron, de Gaza, de Natroun et de

Beit-Djoubril. Après la reddition de ces dernières places, le grand-maître recouvra en effet sa liberté.

Dans une lettre que Saladin écrivit à ses parents pour leur annoncer la prise de toutes ces villes, il disait : « On n'en-» tend plus dans toute cette contrée que la voix de ceux » qui crient que Dieu est grand. Depuis Djobail jusqu'aux » frontières de l'Egypte, il ne reste aux Francs, sur la côte » maritime, que Jérusalem et Tyr. Je me propose d'aller à » Jérusalem, et lorsque le grand Dieu nous l'aura accordée, » nous irons à Tyr. »

On rapporte qu'un astrologue dit à Saladin : « S'il faut ajouter foi à votre étoile, vous entrerez dans Jérusalem, mais vous serez privé d'un œil. — Dussé-je être aveugle, répondit le sulthan, je serai content si je m'empare de cette ville. » Malek-Aziz-Otman, fils du sulthan, arriva alors d'Egypte avec une flotte. La vue de ce fils fut très agréable à Saladin ; ils joignirent leurs forces ensemble. La flotte fut chargée de faire la chasse aux Francs, de les dépouiller, de fermer le chemin à leurs vaisseaux, et de se tenir tout près des îles pour attendre l'ennemi au passage.

Lorsque Saladin se présenta devant Jérusalem, la ville était gouvernée au nom du roi, par Balian, fils de Basran, qui usait mal de son autorité. Le grand patriarche y était aussi, et y jouissait de grands honneurs. Il s'y trouvait des chevaliers du Temple et de l'Hôpital, et des barons de l'infidélité et de la mé-chanceté. Ceux qui s'étaient sauvés du combat d'Hittin s'y étaient retirés ; ils avaient rassemblé des troupes de tous côtés. Leur ar-deur se ranima, mais leurs esprits étaient troublés ; ils allaient et venaient, montaient et descendaient, ne sachant quel parti prendre. Balian était hors de lui. Le patriarche avait perdu de son orgueil. Les habitants étaient chez eux dans les angoisses. On tenait des assemblées dans chaque maison, et l'on y était divisé

II. 38

d'opinions. Les Francs désespéraient de leur salut. Ils convinrent entre eux de sacrifier leur vie, et ils se préparèrent à se
défendre; ils placèrent leurs machines sur les murs, et attendirent l'ennemi. Leurs prêtres les exhortaient, leurs chefs les
encourageaient, et ils s'excitaient eux-mêmes entre eux. Leurs
espions venaient les instruire de ce qu'ils avaient découvert.
Ils creusèrent des fossés profonds, sur les bords desquels
ils construisirent des murailles très solides; ils placèrent des
troupes dans toutes les tours; ils mirent dans les rues des
gardes chargés de contenir tous ceux qui pourraient nuire;
ils défoncèrent les chemins qui conduisaient à la ville, et chacun supporta alors des travaux auxquels il n'aurait pu suffire
auparavant. Un corps de Francs sortit de nuit de la ville, et
vint près de nos avant-postes; il rencontra par hasard une
troupe des nôtres qui se croyaient en sûreté. L'émir de cette
troupe s'était avancé sans précaution, ne pensant pas que l'ennemi fût assez hardi pour l'attaquer. Les Francs se précipitèrent sur lui, dans un lieu nommé Cobibat, et il succomba
comme un martyr. Le sulthan, affligé de cet événement, arriva
avec tout son appareil royal, accompagné de ses braves, de ses
enfants, de ses frères, de ses mameluks et autres guerriers, de
ses émirs, et s'enquit promptement du chemin le plus court et
le meilleur pour entrer dans Jérusalem. S'entretenant avec
ceux qui l'entouraient du triomphe promis à leurs armes. « Si
Dieu, dit-il, nous rend assez heureux pour chasser les ennemis
de sa maison sainte, de quelle félicité nous jouirons ? Comme
nous lui témoignerons alors notre reconnaissance ! Depuis quatre-vingt-onze ans, la ville sainte est dans les mains des infidèles, et Dieu n'y a reçu que des hommages impies. Les
princes musulmans ont constamment et ardemment désiré la
délivrer; mais ils ont renoncé à ce projet, et les Francs sont
restés maîtres de Jérusalem. Dieu a réservé la gloire de cette

conquête aux Ayoubites, pour réunir à eux tous les cœurs musulmans. Comment ne mettrions-nous pas tous nos soins à
prendre Jérusalem, et à nous rendre maîtres de la mosquée,
qui est le fondement de la piété, la demeure des prophètes,
le lieu où reposent les saints, et que visitent les anges du ciel.
C'est là que se feront la résurrection et le dernier jugement, et
où viendront se rendre successivement tous les élus de Dieu.
Dans cette ville est la pierre dont la beauté nous a été conservée intacte, et de laquelle Mahomet est monté au ciel ; c'est là
que la foudre a brillé, que la nuit du mystère a resplendi, que
sont descendues les lampes qui ont jeté leur éclat sur toutes
les parties du monde. Entre les portes de cette cité est la porte
de miséricorde, par où doit entrer quiconque sera digne du paradis éternel. C'est là qu'est le trône de Salomon, la chapelle
de David et la fontaine de Siloé, que ceux qui y descendent
comparent au fleuve du paradis : le temple est l'une des trois
mosquées dont le prophète a parlé. Peut-être Dieu nous la
rendra-t-il dans un meilleur état, puisqu'il l'a honorée, en en
parlant au premier chapitre du Coran. »

Le dimanche 15 de redjeb, le sulthan vint placer son camp
au côté occidental de Jérusalem. Il y avait dans la ville soixante
mille guerriers, tant cavaliers que fantassins. Les assiégés
nous lancèrent des flèches du haut des murs, et s'exposèrent
courageusement à la mort. « Un de nous, disaient-ils, vaut
vingt ennemis, et dix en valent deux cents. » Le sulthan avait
fait le tour de la ville pendant cinq jours. Il partagea ses soldats d'élite, et les plaça pour le combat. Il vit que la place
serait plus aisée à assiéger au septentrion, et qu'il y avait de
ce côté une grande plaine, propre au combat, et où les assiégeants pourraient voir et entendre plus facilement. Il jugea que
ce côté serait aussi plus favorable au jeu des machines de
guerre, et il y vint mettre son camp le 20 de redjeb. Le len-

38..

demain il dressa ses machines sans aucune opposition, et l'attaque continua. Tous les jours les cavaliers ennemis s'avançaient sous les murs de la ville assiégée que nous serrions de
près, et venaient dans la plaine, où ils se battaient contre les
nôtres; mais leur sang fut largement répandu et fut même
épuisé, ainsi qu'il est dit dans le Coran : *Ils combattront
contre les croyants, et ils seront tués.* Aucun des musulmans qui se mesurèrent avec l'ennemi ne reçut le martyre,
excepté l'émir Az'eddin. Les assiégeants parvinrent jusqu'aux
fossés à la faveur des nuages de poussière qui s'élevaient,
et les franchirent. Ils dispersèrent les Francs et atteignirent
les murs, où ils firent des brèches; ils remplirent ces brèches
de bois, auquel ils mirent le feu. Il se fit alors une très
grande ouverture par la chute du mur; et ce qui était facile
auparavant pour les ennemis, devint difficile pour eux; ce
qui était, au contraire, difficile pour nous, nous devint aisé.
Pressés par la nécessité, les ennemis tinrent conseil entre eux,
et se dirent : « Il ne nous reste plus qu'à demander sûreté.
Le bonheur du sulthan a trompé nos espérances. » Ils envoyèrent donc les principaux d'entre eux demander à capituler. Saladin déclara qu'il voulait combattre et les exterminer. « Je
n'occuperai Jérusalem, leur dit-il, que de la même manière
dont vous l'arrachâtes, il y a quatre-vingt-onze ans, aux musulmans. Je tuerai vos guerriers, et je mettrai vos femmes en
esclavage. » Alors le fils de Basran vint solliciter pour lui et
pour les siens un traité de capitulation. Le sulthan le refusa, et
exigea une somme d'argent énorme. « Il n'y a ni sûreté ni traité
à espérer pour vous; nous voulons que le malheur tombe sur
vos têtes. Demain nous régnerons sur vous de force, nous vous
détruirons tous, nous répandrons le sang de vos guerriers,
nous mettrons sous le joug vos enfants et vos femmes. » Et le
sulthan refusa constamment la sûreté qu'ils demandaient. Alors

les Francs lui firent craindre les suites de son refus. L'auteur rapporte le discours que Basran tint au sulthan, discours que nous avons vu dans Ibn-Alatsyr. Le sulthan, poursuit-il ensuite, assembla un conseil. Il y fut dit qu'il valait mieux racheter nos prisonniers, en rendant un pareil nombre de captifs, et imposer un tribut dans lequel seraient compris les chefs, les grands et les hommes de toute condition. L'auteur rapporte le texte du traité comme nous l'avons déjà vu.

Les Francs livrèrent la ville le vendredi 27 de redjeb; ils ne la rendirent point de leur gré, mais par force et par nécessité. Il y avait plus de cent mille âmes, tant hommes que femmes et enfants. On ferma les portes; on nomma des commissaires, chargés de recevoir le tribut de chacun. Un émir et un autre chef furent placés à chaque porte, pour compter ceux qui sortaient. Celui qui avait payé sortait; celui qui ne payait pas était retenu en prison. Si tout l'argent avait été soigneusement et fidèlement recueilli, le trésor public en aurait été rempli; mais il fut perçu sans ordre et avec confusion. Les uns gagnaient les inspecteurs par des présents, et sortaient sans payer tout ce qu'ils devaient; d'autres, au moyen de cordes, descendaient le long des murs; ceux-ci se cachaient entre les meubles et les effets; ceux-là, sous l'habit de soldat, s'en allaient sans obstacle. Les émirs rejetèrent la faute sur les commissaires, et gagnèrent des trésors. Mozafer'eddin vint dire au sulthan qu'on avait trouvé dans la ville mille Arméniens d'Édesse. Le sulthan les lui donna. Le prince de Birra fit de même pour cinq cents autres qu'il dit être venus de sa ville faire un pélerinage à Jérusalem. Tous ceux qui desirèrent avoir un certain nombre de prisonniers, les obtinrent de la même manière. Le sulthan préposa ensuite Malek-Adel à la perception du tribut et au rachat de la liberté des prisonniers, et la bonne conduite de Malek-Adel rendit faciles au sulthan la perception du tribut et la sortie des

Francs. Tout le monde se loua de la libéralité de Malck-Adel.

Le sulthan avait établi plusieurs bureaux, à chacun desquels il préposa des commis égyptiens et syriens. Celui qui avait reçu d'un de ces bureaux une carte qui prouvait qu'il avait payé le tribut, était renvoyé libre, en montrant sa carte aux personnes commises par le sulthan. Quelqu'un, digne de foi, m'a raconté que Saladin avait lui-même visité les bureaux, pour examiner l'état des choses et voir si par hasard les commissaires ne délivraient pas de cartes à ceux qui leur donnaient une partie de l'argent destiné au trésor public, et qui par-là, loin d'en surveiller les intérêts, en partageaient les revenus. Il y en eut en effet qui frustraient le trésor de ce qui devait y entrer. Néanmoins, malgré ces fraudes, il y fut versé près de cent mille écus d'or. Celui qui ne put payer sa part du tribut resta tranquille jusqu'au temps fixé.

Il y avait alors à Jérusalem une princesse grecque, qui vivait dans un monastère, et s'était entièrement consacrée au service du Christ. Effrayée du malheur qui était arrivé à la ville, et très attachée à sa religion, elle était accablée de douleur, et ses larmes coulaient de ses yeux comme les pluies qui descendent des nuages. Elle jouissait de grands biens, et avait un nombreux domestique. Elle demanda grâce au sulthan, et elle obtint la liberté de se retirer elle et les siens. Saladin lui laissa ses croix d'or garnies de pierreries, ses trésors et tout ce qu'elle avait de précieux; elle sortit avec tous ses bagages et sa suite. Il y en eut qui n'étaient pas de sa maison qui l'accompagnèrent. Elle partit très contente, quoiqu'en regrettant sa retraite. L'épouse du roi Guy, alors prisonnier, qui était fille du roi Amauri, et qui était toujours restée à Jérusalem, sortit de même avec ses biens et tout son domestique. Elle demanda au sulthan d'aller joindre son mari, qui était gardé dans la tour de Naplouse, et de rester avec lui jusqu'au jour de sa délivrance. Le sulthan lui accorda tout ce qu'elle lui demanda. La mère de Honfroy sortit également. Cette princesse était fille de Philippe et épouse du prince de Carac, dont le sang avait été répandu le jour de la bataille d'Hittin. Elle vint demander son fils, qui était retenu prisonnier. Le sulthan le lui promit, si elle voulait lui livrer ses châteaux. Il fit venir Honfroy de Damas, et permit à cette mère de voir son fils. Il les confia ensuite tous deux à des commissaires, qui devaient recevoir les châteaux de leurs mains ; mais quand ils furent sur les lieux, les habitants refusèrent constamment de livrer les places, et forcèrent la princesse de se retirer. Celle-ci, déçue de son espoir et de ses vœux, alla à Tyr, et recommanda son fils captif au sulthan, qui lui promit de le rendre à la liberté, quand il serait maître de Carac et de Schaubek.

Le sulthan, suivant Omad, ayant fait construire une tente hors de Jérusalem, pour y recevoir les félicitations des grands, des émirs, des sofis et des docteurs, s'y assit d'un air modeste et avec un maintien grave. Il était entre ses savants docteurs et ses pieux courtisans. La joie brillait sur son visage. Il espérait tirer un grand avantage de cette importante victoire. Les portes de sa tente furent ouvertes à tout le monde, et il fit de grandes largesses. Autour de lui étaient les lecteurs, qui récitaient les préceptes de la loi, les poètes, qui chantaient des vers et des hymnes. On lisait les lettres du prince, qui annonçaient l'heureux événement ; les trompettes le publiaient ; tous les yeux versaient des larmes de joie, tous les cœurs rapportaient humblement à Dieu cette victoire, toutes les bouches célébraient ses louanges.

Le sulthan fit découvrir le Mihrab, devant lequel les Templiers avaient construit un mur, et qu'ils avaient converti en grenier à bled. Quelques-uns prétendent qu'ils en avaient fait un lieu d'aisance. A l'occident de la Kiblah, ils avaient bâti une

grande maison et une vaste église ; le soudan fit abattre toutes
ces constructions, et débarrasser le Mihrab de tout ce qui le
cachait, pour en faire un lieu vaste et commode, où tous les
musulmans viendraient vaquer à la prière. Il y fit placer une
chaire. Le Mihrab fut purifié. Ce qui avait été nouvellement
élevé entre les colonnes fut enlevé ; on y étendit à terre de très
beaux tapis, on suspendit des lampes à la voûte, et on y lut
les paroles descendues du ciel. La vérité revint, et le mensonge
disparut ; le Coran prévalut, et l'Evangile fut banni ; nos rites
furent librement observés. La prière s'y fit pour le khalife et
le sulthan. Les bénédictions devinrent communes, et les douleurs s'enfuirent. Les choses qui étaient cachées furent dé-
couvertes, et les institutions qui étaient autrefois en vigueur
furent rétablies. Les versets du Coran furent lus, les signes de
notre religion arborés ; la voix de ceux qui appellent à la
prière fut entendue, et les cloches se turent. La foi exilée revint dans son asile. Les ermites, les dévots, les hommes religieux, les grands, tous viennent adorer Dieu, se proster-
nent, fléchissent le genou, et hors d'eux-mêmes prient de tout
leur cœur. Du haut de la chaire s'élève une voix qui rappelle
aux croyants le jour de la résurrection et du jugement dernier.

Le sulthan n'avait désigné personne pour prêcher. Quelques-uns disaient : « Plût à Dieu que dans cette première
assemblée je remplisse les fonctions d'iman ! Si j'ai ce bonheur, peu m'importe qui remplira cette fonction après moi. »
Le vendredi matin, au point du jour, on se demandait :
« Qui le sulthan a-t-il désigné pour prêcher ? » Le temple
était rempli, et l'assemblée attendait avec impatience. Les
yeux étaient fixés sur la chaire, les oreilles étaient attentives,
les cœurs étaient si vivement émus que des larmes coulaient.
Les siéges manquaient pour la multitude des assistants. On
se disait : « Heureux ceux qui ont vécu jusqu'à ce jour où

l'islamisme est ressuscité! Quelle belle fête! quelle belle assemblée! Que la fonction d'iman est brillante! Quel règne que
celui des Ayoubites! Quel empire que celui de Saladin! Y a-t-il
dans les contrées occupées par les musulmans une famille que
Dieu ait autant honorée? »

Enfin le sulthan ordonna au juge Mohiddin Aboulmehali-
Mohammed de remplir l'illustre fonction de khathib. Cette déclaration répandit une sueur subite sur le front de ceux qui as-
piraient à cet honneur. Je prêtai au cadhi le vêtement noir que
j'avais reçu en don du khalife (c'est Omad qui parle), pour
remplir cette fonction. Le cadhi monta dans la chaire, et parla;
tout le monde se tut. Il prononça un discours éloquent, qui excita l'admiration; ses expressions étaient promptes et faciles.
Il joignit la prière à l'exhortation et l'exhortation à la prière.
Il expliqua les vertus et la sainteté de Jérusalem; il parla de la
purification du temple; il dit un mot sur le silence des cloches
et sur la fuite des prêtres. Dans sa prière il nomma le khalife
et le sulthan, et termina son discours par un verset du Coran,
dans lequel Dieu ordonne la justice et les bonnes œuvres. Il
descendit de chaire et pria dans le Mihrah. Il commença par
le premier chapitre du Coran : *Au nom de Dieu, miséricordieux et compatissant!* Immédiatement après, on prêcha un
sermon devant l'assemblée.

Le sulthan fit ensuite sa prière dans la coupole de la *Sakkrah.* Les assistants étaient en cercle autour de lui; ils priaient
Dieu de rendre sa victoire éternelle. Tous les visages étaient
tournés vers la *Kiblah,* toutes les mains s'élevèrent vers le
ciel. Le sulthan entendit les prières qu'on faisait pour lui. Il
établit dans le temple un khathib, chargé de faire l'oraison le
vendredi.

Les Francs avaient construit une église sur la Sakkrah;
cette construction en avait courbé la forme et altéré les traces

antiques. On l'avait chargée de peintures plus laides que la
nudité même des pierres, et on y avait placé différentes statues.
Elle était entourée de marbres et de sculptures. Il y avait dans
ce lieu un autel des sacrifices. Les Francs n'y avaient rien laissé
que des mains bénites pussent toucher, et que les yeux pussent
voir. Ils y avaient pratiqué des logements pour les prêtres.
C'était là qu'ils avaient déposé l'Evangile. En un mot, ils
avaient tout fait pour exciter la vénération pour leur église; ils
avaient élevé une coupole dorée au-dessus de l'endroit où était
l'empreinte du pied de Mahomet; cette coupole était supportée
par des colonnes de marbre élégantes; ils disaient que c'était
la place du pied du Christ. Le sulthan fit découvrir la pierre,
et la rendit à sa première destination; il la fit enfermer d'une
grille en fer. Les Francs avaient coupé plusieurs morceaux de
cette pierre qu'ils avaient transportés à Constantinople et en
Sicile, et qu'ils vendaient au poids de l'or. Nos cœurs furent
brisés de douleur à la vue de la place d'où ces morceaux avaient
été enlevés.

Un jour le sulthan vint au lieu de la pierre avec plusieurs
charges d'eau rose, et de l'argent pour faire des aumônes; il
lava lui-même la pierre et y versa de l'eau rose en abondance; il distribua après cela des aumônes à ceux qu'il en jugea
dignes. Malek-Afdhal y vint aussi, et ne se montra pas
moins généreux; il fit étendre des tapis magnifiques. Lorsque
Malek-Aziz-Otman retourna en Egypte, il laissa à Jérusalem
ses armes et sa garde-robe, qui étaient d'un grand prix. Comme
il avait été stipulé avec les Francs qu'ils nous laisseraient leurs
chevaux et leurs armes, la ville en fut tellement remplie, que
nous n'eûmes pas besoin d'en faire venir d'ailleurs. Le sulthan plaça dans la tour de David, qui était la demeure du
gouverneur de la ville, des ministres et des grands. Après
avoir tenu conseil avec les docteurs et les hommes pieux, il

institua dans l'église de Sainte-Anne, près de la porte du Sab-
bat, un collége de faquirs de la secte de Safieh. Il donna aux
sofis la maison du patriarche, près de l'église de la Résurrection;
il assigna des revenus à ces deux établissements, et fonda d'autres établissements semblables en faveur de diverses sectes.

Omad dit que les Francs en partant vendirent tout ce
qu'ils avaient, tant en ustensiles qu'en provisions : on leur
donna le temps nécessaire pour cela, et ils vendirent à un
prix si bas, qu'ils semblaient donner ce qu'ils ne pouvaient
transporter sans une grande difficulté; et comme il est dit
dans le Coran : « Ils ont abandonné leurs jardins et leurs fon-
taines, et leurs champs ensemencés et les nobles demeures qui
faisaient leur jouissance, et nous avons donné leur héritage à
un autre peuple. » L'église de la Résurrection était la première de leurs églises ; c'était un lieu de dévotion où le peuple
se rassemblait. Elle était ornée de tapis précieux et de rideaux
de soie de diverses couleurs ; ils prétendent que c'est là où est
le tombeau de Jésus : ce tombeau était couvert d'or et d'argent
et d'ouvrages très beaux et d'un très grand prix. Le patriarche
enleva toutes ces richesses, et laissa l'église et le tombeau
presque à nu. En voyant enlever toutes ces richesses, je dis
au sulthan (c'est toujours Omad qui parle) : voilà des objets
pour plus de deux cent mille écus d'or ; les chrétiens ont obtenu
sûreté pour leurs effets, mais non pour les ornements des
églises ; pourquoi les emportent-ils donc avec leur mobilier ?
Si nous ne laissions pas faire le patriarche, reprit le sulthan,
les chrétiens nous accuseraient de mauvaise foi; ils ne connais-
sent pas le sens réel du traité ; laissons-les donc jouir de toute
sûreté ; donnons-leur lieu de vanter la bonté de notre loi.

Lorsque le fils de Basran eut donné les trente mille écus
d'or qu'il avait promis, et qu'il eut délivré tous ceux qui ne
pouvaient payer le tribut, et le nombre s'éleva à dix-huit mille,

il crut qu'il n'y avait plus de pauvres. Cependant il en resta
encore beaucoup. Omad prétend qu'il y en eut quinze mille
qui ne purent payer. Quant aux chrétiens qui demeurèrent à
Jérusalem, ils offrirent de payer, outre le tribut commun à
tous, un tribut annuel, à condition qu'ils habiteraient leurs an-
ciennes demeures et qu'ils auraient toute sûreté. Il fut décidé
que quatre prêtres desserviraient l'église de la Résurrection et
qu'ils seraient exempts de tribut. Quelques-uns conseillèrent au
sulthan de la détruire et de la raser ; ils dirent que si le tombeau
était fermé, et que la charrue passât sur le sol de l'église, les
chrétiens n'auraient plus de raison de visiter ce lieu ; mais que
tant que l'édifice subsisterait, les pélerinages continueraient.
D'autres jugèrent au contraire qu'il n'était pas utile de détruire
ce monument religieux, parce que ce n'était pas l'église, mais
le calvaire et le tombeau qui excitaient la dévotion des chrétiens, et que lors même que la terre serait jointe au ciel, les
nations chrétiennes ne cesseraient pas de venir à Jérusalem.
Ils rappelèrent que, quand l'émir Omar, au commencement de
l'islamisme, se rendit maître de cette ville, il permit aux chrétiens d'y rester, et n'ordonna pas la destruction de cette église.
L'auteur dit qu'il y avait auprès de la pierre sacrée plusieurs
tombeaux de princes ou de généraux francs que les vainqueurs
détruisirent.

Le sulthan, maître des châteaux voisins de Jérusalem, et
de tout ce qui y était renfermé, distribua le butin à ceux
qu'il en jugea dignes. Les dons qu'il fit furent considérables.
Quelqu'un lui ayant conseillé de réserver tout l'argent qu'il
donnait pour des occasions où il en aurait besoin, Saladin
répondit : « J'espère beaucoup en Dieu, qui ne trompe jamais ceux qui espèrent en lui. » Il fit rassembler tous les prisonniers musulmans qui venaient d'être délivrés : ils étaient au
nombre de cinq mille ; il leur distribua des vêtements, leur

parla avec bonté et les consola, ensuite il les renvoya chez eux vaquer à leurs affaires et libres de soucis et de chagrin.

Le sulthan reçut alors une lettre de Seiff'eddin, son lieutenant à Sidon et à Béryte, places voisines de Tyr. Cet émir le pressait de venir assiéger cette dernière ville. Le sulthan partit de Jérusalem le 25 de schaban, et arriva à Tyr le 9 de rhamadan ; il campa sur le fleuve, en face et un peu loin de la ville. Ce que l'auteur raconte du siége de Tyr par Saladin, est, à peu de choses près, semblable à ce qu'en dit Ibn-Alatsyr. Nous nous dispenserons donc de le répéter ; nous dirons seulement que l'auteur des *Deux Jardins* s'est un peu plus étendu sur quelques détails.

Le sulthan entra dans la ville d'Acre, où il occupa la citadelle. Afdhal habita la tour des Templiers. Saladin établit pour gouverneur de la ville, Az'eddin-Djardik ; il donna en dotation une partie de la maison des Hospitaliers aux faquirs et l'autre partie aux sofis. La maison de l'évêque fut convertie en hospice ; il assigna des revenus suffisants à tous ces établissements. L'auteur, avant de finir l'année 1187, si fertile en événements glorieux pour Saladin, copie la longue lettre que ce sulthan écrivit à son frère Saïf-Alislam, prince de l'Yémen, pour lui rendre compte de tous ces grands événements.

An 584 (1188). Le sulthan sortit d'Acre et alla camper à Koukabah, au milieu du mois de moharram : il assiégea quelque temps cette forteresse ; mais il ne put la réduire, à cause de sa résistance et de ses fortifications. Il retourna à Damas, d'où il sortit ensuite pour se rendre à Baalbek. Le prince de Sindjar étant venu le joindre avec ses troupes, le pria d'honorer son camp de sa présence. Le sulthan y consentit, et lui fixa un jour pour le recevoir à son tour. Les deux princes se firent des présents et se témoignèrent une affection sincère. C'était la saison des abricots; on en avait envoyé de Damas qui servirent à égayer l'entrevue. Du haut des assiettes, ces fruits brillaient comme des étoiles: on aurait dit que c'était des boules d'or natif. L'éclat qu'ils jetaient était semblable à celui des fruits peints sur les drapeaux du sulthan. On servit de la neige mêlée avec du miel. Les princes eurent ensemble des entretiens fréquents, soit à cheval, soit dans leur tente, et tinrent plusieurs fois conseil sur la première expédition qu'ils feraient. Ils convinrent de se porter sur Arcas et de transférer leur camp dans la plaine. Cette ville prise, Tripoli devait céder sans peine. Il restèrent à Kedès jusqu'à la fin du mois pour donner le temps aux armées de se réunir. Le sulthan envoya piller le pays où il était et le territoire de Sefed et d'Arimah, dont les citadelles étaient voisines. Tout fut enlevé dans ces contrées.

Omad raconte la prise de Tortose et la démolition de cette place; il parle aussi de la résistance que la citadelle opposa aux efforts du sulthan; puis il poursuit en ces termes:

Cependant le roi de Sicile, inquiet des pertes que les Francs avaient faites sur la côte, avait envoyé une flotte de soixante vaisseaux, dont chacun valait une citadelle. La flotte était commandée par un brave nommé Mararit (Marguerit); elle arriva, mais ne fit ni bien ni mal. Les Francs n'eurent pas sujet de s'enorgueillir de ses exploits; elle leur causa, au contraire, beaucoup d'anxiété et d'ennuis. Elle portait dix mille hommes, qui avaient besoin de provisions, et qui auraient coûté de grandes dépenses. Elle partit donc pour Tyr, et retourna ensuite à Tripoli. Elle courut quelque temps la mer, troublée, inquiète, et ne sachant ce qu'elle ferait. Le commandant ayant appris la marche des musulmans qui se dirigeaient sur Djibleh, approcha avec ses vaisseaux le long du rivage, dans le dessein d'arrêter Saladin dans un endroit où le passage était resserré.

L'auteur explique, comme Ibn-Alatsyr, de quelle manière le sulthan fit passer ses troupes dans ce défilé. Il rend aussi compte de la reddition de Djibleh, à-peu-près dans les mêmes termes et avec les mêmes circonstances; puis il raconte comment Laodicée se rendit au sulthan par la médiation du cadhi de Djibleh. Il fait la description suivante de cette ville (c'est Omad qu'il laisse parler) : « Les salles des maisons, dit-il, y étaient grandes, tous les édifices y sont rangés par ordre et égaux entre eux; chaque maison est accompagnée d'un jardin, les toits sont élevés; les rues, tirées au cordeau, sont pavées en marbre; près des places publiques et sur les côtés de la ville, on voit des vignes et des vergers; l'air y est pur; mais l'armée a gâté les édifices, et en a détruit la beauté. Plusieurs émirs en ont enlevé les marbres, et les ont envoyés chez eux en Syrie. Hors de la ville était une église, grande, belle et ancienne; elle était ornée de marbres de différentes couleurs. L'or et les pierreries y brillaient, il y avait de beaux tableaux; elle était parfaitement carrée, et d'une étendue peu commune. Cette église avait été ainsi ornée pour les frères du diable, et à l'usage des adorateurs des idoles et des croix. Lorsque les nôtres y furent entrés, ils en enlevèrent les marbres, en détruisirent les ornements; et de riche qu'elle était, ils la rendirent pauvre. Les prêtres, qui étaient dans la ville, ayant obtenu un sauf-conduit, retournèrent à leur église ainsi dévastée.

La flotte de Sicile, reprend l'auteur, était en vue de Laodicée, dont elle espérait prolonger la résistance; mais son espoir ayant été trompé, elle éteignit ses feux, et dans l'ignorance de ce qui se passait, elle se proposa de s'emparer des vaisseaux de Laodicée même, pour punir les habitants de s'être rendus au vainqueur. C'est ce qui fut cause que plusieurs d'entre les chrétiens restèrent dans la ville, en payant tribut.

Pendant que le sulthan était avec son armée sur le rivage de la mer, le commandant de la flotte chrétienne lui fit demander la permission de débarquer et de lui être présenté. Le sulthan la lui accorda. Le commandant débarqua, se roula sur la poussière, et rendit à Saladin tous les honneurs que rend un esclave. Après l'avoir considéré un moment, il lui parla ainsi : « O sulthan, vous êtes un roi grand et miséricordieux ! Déjà la renommée a publié votre générosité et votre justice. Vous avez vaincu par votre puissance, et vous donnez des preuves de votre bonté. Si vous faites grâce au peuple de cette contrée maritime, vous le gouvernerez à votre gré. En leur rendant leurs villes, les habitants deviendront vos serviteurs, et vous obéiront sans difficulté, soit que vous restiez près d'eux ou que vous en soyez loin. Si vous ne le faites pas, il arrivera d'au-delà les mers des armées nombreuses ; les princes viendront de tous les royaumes et de tous les pays vous faire la guerre. » — « Dieu nous a ordonné, répondit le sulthan, de faire régner la justice sur la terre ; nous obéissons à ses ordres. Nous sommes tenus de faire la guerre aux infidèles. Dieu nous a donné pouvoir de nous emparer de leurs villes ; et quand même tous les habitants de la terre se réuniraient contre nous, pleins de confiance en Dieu, nous irions à eux, et nous nous inquiéterions peu du nombre de nos ennemis. » A ces mots, le commandant de la flotte fit le signe de croix, et se rembarqua, l'esprit plein d'inquiétude.

On lit, dans une lettre écrite par Omad pour annoncer la prise de Bursi : La dernière citadelle que nous avons prise était si élevée et tellement fortifiée, que nous désespérions de nous en rendre maîtres ; cependant nous l'avons emportée de force. Le jour où nous avons fait cette conquête, a été aussi illustre pour nous qu'il a été triste pour les Trinitaires : par cette victoire, Dieu a fait oublier aux fidèles les victoires précédentes.

Nous passâmes ensuite, continue Omad, à l'orient de l'Oronte, près de Darkoush, port appartenant aux musulmans et bien fortifié ; nous traversâmes le fleuve, et nous arrivâmes au Pont de-Fer, où nous campâmes quelques jours jusqu'à ce que l'armée se fût reposée et se fût toute réunie. Nous étions près d'Antioche ; il nous prit envie de diriger notre marche vers cette ville ; mais nous fîmes réflexion qu'elle était défendue par des châteaux qui étaient pour elle comme autant de forteresses, et que lorsque ces châteaux seraient pris, Antioche serait aisée à soumettre. Nous allâmes donc placer notre-camp à Darbesak, citadelle qui appartenait aux Templiers. Dans une lettre écrite par Omad pour annoncer la prise de cette place, le sulthan s'exprime ainsi : « Nous avons pris Darbesak, qui était comme le soutien d'Antioche ; nous avons ainsi coupé les ailes à cette ville : les armes lui manquent ; elle est réduite à rien ; elle a perdu l'âme et la vie en perdant ses remparts ; *elle est devenue un accident, et non une essence.* Le chemin est libre maintenant à notre armée. Les infidèles sont plongés dans la douleur, et c'est ce qui fait notre sécurité. Nous ne demandons pas autre chose ; tout notre zèle est porté vers la guerre sacrée : c'est à quoi nous nous attachons uniquement. Nous n'espérons de Dieu que la fuite et la haine de nos ennemis ; nous n'avons accordé sûreté aux infidèles qu'après qu'ils ont eu racheté leurs vies. Ils ont abandonné tout ce qui servait à leur défense ; ils s'en sont allés avec les vêtements qu'ils avaient sur eux, et après avoir payé cinq mille écus d'or pour leur rachat. » Le sulthan, après cette conquête, assiégea et prit Bagras ainsi que plusieurs autres forteresses.

Il s'était proposé d'attaquer Antioche ; mais il vit le zèle et l'ardeur des soldats, et surtout des étrangers, ralentis et refroidis. Plusieurs desiraient retourner chez eux, et se reposer des travaux de la guerre. Le prince d'Antioche était menacé de sa ruine ; il savait que si le sulthan l'attaquait, il serait

II. 39

vaincu. Il lui envoya donc son beau-frère, qui vint d'un air suppliant demander une trève à condition que les musulmans, qui étaient dans Antioche prisonniers, seraient délivrés. Le sulthan accorda une trève de huit mois; elle devait cesser avant la récolte. Pendant ce temps les soldats devaient prendre du repos et revenir ensuite faire la guerre sacrée. Les conditions du traité furent soigneusement souscrites, et Schamseddoulah fut envoyé pour ramener les prisonniers.

Le sulthan prit congé d'Omad'eddin, prince de Sindjar et chef des armées des provinces occidentales; il lui fit de grands présents. Son intention était de passer Artaha. Il se rendit à Alep, et alla de là à Hamah, puis à Baalbek; il arriva à Damas avant le rhamadan.

On reçut alors, dit Omad, la nouvelle importante de la prise de Karac, qui facilitait les communications entre la Syrie et l'Égypte.

Saladin sortit de Damas accompagné de Fadhel; il dirigea sa marche vers Mardjbarjhou, traversa le gué de Ezan, et vint à Sefed. Les Francs qui étaient dans cette place étaient fort affaiblis, car leurs provisions étaient consommées. Saladin approcha son camp de la forteresse, au milieu du rhamadan, et la serra de près. Il fit jouer ses machines jusqu'à ce que le commandant de la place la livra le 8 de schowal, et se retira à Tyr. Cette forteresse était une poutre dans l'œil de l'islamisme; elle lui avait en tout temps causé du tort et du dommage. Mais Dieu a débarrassé nos contrées des incommodités qu'elle y causait; il a jeté la terreur parmi ceux qui la défendaient: ceux-ci l'ont quittée en se soumettant, en donnant des otages, et en obtenant un délai pour emporter leurs effets.

Pendant que Sefed était étroitement assiégée, les Francs, qui étaient réunis à Tyr, se dirent: si Sefed est prise, Koukabac ne résistera pas; nous serons trompés dans l'espérance

que nous avions de la garder. Il faut y envoyer promptement
du secours; peut-être résistera-t-elle courageusement jusqu'à
l'arrivée de nos princes de l'Occident. Ils envoyèrent donc
deux cents hommes qui se dispersèrent dans les vallées, dressèrent des embûches dans les défilés. Il arriva qu'un de nos
émirs étant allé chasser, rencontra un de ces infidèles; il fut
étonné de le trouver dans cet endroit; il l'effraya, le menaça,
et par divers tourments le força à déclarer où les siens étaient
cachés. Ceux-ci ne s'attendaient à rien, lorsque Saam'eddin
tomba sur eux avec sa troupe, les relança dans toutes leurs
retraites, et n'en laissa échapper aucun. Nous, qui étions
occupés au siége de Sefed, nous ignorions cela, quand Saam'-
eddin arriva avec ses prisonniers enchaînés.

Nous vînmes ensuite, poursuit Omad, à Koukabac, et
nous trouvâmes cette forteresse comme attachée aux astres;
elle semblait l'aire des aigles et le domicile de la lune. C'était
là qu'habitaient des chiens aboyants et des loups perfides qui
excitaient les haines; ils s'étaient dit entr'eux : « s'il ne reste
qu'un seul de nous, il conservera l'ordre des Hospitaliers, et
le préservera pour toujours de l'infamie; car les Francs reviendront dans ces contrées : en les attendant, défendons-nous de
toutes nos forces. Le siége commença; les murs, battus par
les machines, furent ouverts; nous y fîmes de larges brèches.
La saison était dure; les pluies étaient abondantes; les torrents se multipliaient; les tentes étaient plongées dans la boue.
Nous étions à tout moment occupés à enfoncer en terre les
pieux qui les soutenaient et qui se déplaçaient à chaque instant;
mais les cordes venant à se relâcher, les tentes tombaient. Le ciel
était obscurci par les nuages. Malgré l'abondance des torrents,
la boisson manquait. Les mulets tombaient sur le ventre et
abandonnaient les pâturages; les chemins étaient glissants ou
gras; et quoique fort larges, ils étaient devenus étroits. Le

39..

sulthan transféra sa tente dans un lieu qu'il pouvait raison-
nablement occuper, et d'où il pouvait voir les barrières qu'on
avait élevées. Il fit apporter au pied de la montagne tous les
bagages, et il fit battre la citadelle avec beaucoup de vigueur.
Matin et soir nous allions le trouver pour le saluer, et nous
poursuivîmes notre ouvrage jusqu'à ce que les mineurs eussent
atteint leur but. Alors les infidèles commencèrent à se soumettre, et livrèrent la citadelle. Le sulthan en offrit le gouvernement à plusieurs émirs; il n'y eut que Scheimaz qui
l'accepta malgré lui. Saladin retourna à son camp, dans la
province de Gour. Dans une lettre écrite par Fadhel, au prince
d'Yémen, sur ce qui s'était passé au siège de Koukabac,
on trouve les détails suivants : « Cette citadelle est la demeure des Hospitaliers, et le séjour de l'infidélité ; c'est la
résidence ordinaire des grands-maîtres de cet ordre ; c'est
l'entrepôt de leurs armes et de leurs provisions : elle sert de
point de réunion aux routes. Nous avons attendu l'occasion
de l'attaquer, et ce siège a terminé tous les autres. Les routes
sont maintenant sûres et tranquilles. Nous jouissons paisiblement des places-fortes, et il ne nous manque que Tyr
dans toute cette contrée. Si cette ville n'était secourue par
les vaisseaux qui arrivent, elle serait bientôt en notre pouvoir,
et les réfractaires qui y sont nous prêteraient obéissance. Dieu
soit loué, ils ne sont pas dans une arche qui les protège, mais
plutôt dans une prison. Ils sont captifs, quoiqu'ils aient été
librement renvoyés; ils sont morts quoique vivants. Dieu a
dit: « ne les opprimez pas; » mais Dieu a préparé leur temps.
Nous sommes venus à Koukabac après nous être rendus maîtres de Sefed qui appartenait aux Templiers ; nous avons pris
Karac et sa citadelle. Le divan de Syrie a connu combien cet
ouvrage a été pénible, difficile et embarrassant pour les musulmans. On n'entend plus dans les villes de Syrie les discours

injustes et téméraires des infidèles : quand nous allâmes à
Koukabac, l'hiver déployait toutes ses rigueurs ; le ciel était
tout chargé de nuages ; les monts étaient couverts de neige ; les
vallées retentissaient du bruit des eaux qui les remplissaient ;
les torrents débordés laissaient des traces de leur passage, en
sillonnant la terre et en déposant au pied des montagnes leur
limon vaseux ; les boues rendaient les chemins impraticables,
et l'homme libre y marchait comme s'il eût eu des entraves aux
pieds. Nous supportâmes avec courage, nous et nos soldats,
la fatigue de la route, et nous résistâmes à-la-fois à l'ennemi
et à la saison ; notre fortune l'emporta. Dieu connut notre
intention, et il la seconda. Il connut notre sincérité et il favorisa nos travaux.

» Il n'y a parmi les Francs que des chiens aboyants, trompés
par Satan. Si nous ne les avions attaqués de tous côtés, ils
seraient fondus sur nous comme des lions. Le mensonge aurait
triomphé de la vérité. Nos frères d'Alexandrie, et l'empereur
de Constantinople et les gouverneurs des provinces occidentales
nous ont écrit pour nous informer de ce que l'ennemi se propose de faire contre nous. Il nous ont dit, qu'excités par la
colère, ils ont allumé le feu de la guerre qu'ils veulent nous
faire ; qu'ils ont tiré l'épée pour nous attaquer ; mais bientôt
ils la remettront dans le fourreau. Les sectateurs de l'erreur
ont fait entre eux un traité. Que Dieu les confonde ! Avec son
secours nous repousserons ses ennemis. Supplions Dieu d'affermir nos cœurs et de nous tenir unis. Si nos cœurs étaient
faibles, il serait à craindre qu'ils ne se divisassent.

» Nous attaquerons Antioche cette année, et nous enverrons
notre fils Mozafer assiéger Tripoli. Malek-Adel restera en
Égypte et veillera sur ce pays ; car on dit que les ennemis
doivent faire une invasion de ce côté et disperser leurs troupes
dans ce royaume et dans la Syrie. Notre esprit ne sera tran-

quille que lorsque Sefaysislam sera entré dans les places maritimes, et, qu'armé de son épée, il préservera les villes que
nous avons prises, et nous ouvrira celles que nous n'avons pas
encore soumises à notre pouvoir. Il n'y a que les grands hommes
qui soient appelés à de grandes choses ; il n'y a que les hommes
d'honneur qui descendent sur l'arène. Quel que soit le décret
de Dieu, il aura son exécution. Sa volonté surmonte tous les
obstacles. S'il lui plaît, il nous rendra vainqueurs d'une grande
multitude, lors même que nous ne serions qu'un petit nombre
de guerriers. »

Nous bornons ici l'extrait de cette lettre qui ne renferme que
des réflexions pieuses. Sous la date de 585 (1189), l'auteur
des *Deux Jardins* parle d'un député que le khalife envoya à
Saladin pour lui ordonner de faire prononcer dans la prière
publique le nom de son fils Isestidin, que le khalife avait désigné pour son successeur. Saladin fit accompagner ce député,
quand il s'en retourna à Bagdad, d'un ambassadeur qu'il
chargea de présents d'un grand prix, provenant du butin
fait sur les Francs; c'était entre autres la couronne du roi de
Jérusalem qui avait été prise, des vêtements, des parfums, et
la croix qui était au-dessus de la coupole de la Sakkrah. Il envoya aussi des prisonniers de marque, qui étaient revêtus du
même habillement qu'ils avaient le jour qu'ils furent faits prisonniers. Ils étaient montés sur les mêmes chevaux et couverts de la même armure. Un historien arabe, Ben Cadsi, dit
que la vraie croix fut aussi envoyée à Bagdad, et qu'elle fut
enfouie en terre sur le seuil de la porte *Alnoubi* ; mais qu'on
en laissa toutefois paraître une partie pour qu'on pût la fouler
aux pieds et cracher dessus. Elle était d'airain doré. Omad
prétend que cette croix était la même que celle qui était au-
dessus de la coupole.

Le sulthan alla camper près de Schockaif, et réunit contre

cette place tous ses instruments de siége. Nous étions dans une
plaine riche et verdoyante où nos chevaux trouvèrent de gras
pâturages. On était alors au milieu du printemps. L'auteur raconte ici la ruse que Renaud, prince de Sidon, essaya auprès
de Saladïn pour sauver cette forteresse. Nous renvoyons pour ce
fait à ce qu'a dit Ibn-Alatsyr. Les Francs qui avaient échappé
soit à la bataille d'Hittin, soit au siége des places-fortes, s'étaient
réunis autour de leur roi lorsqu'il eut été rendu à la liberté.
Ceux qui étaient à Tripoli vinrent les joindre; et tous allèrent
camper près de Tyr; mais il y avait eu, entre le roi et le marquis, beaucoup de pourparlers avant qu'ils eussent été d'accord. Le marquis ne voulut pas que le roi entrât dans la ville;
il en donnait pour raison qu'ayant été reconnu par les rois
d'outre-mer pour chef des chrétiens de la Palestine, il devait se
conduire d'après ce qu'ils auraient décidé touchant les affaires;
que par conséquent il fallait attendre leur arrivée. Mais ensuite
il fut convenu entre ces deux princes que le marquis resterait à
Tyr, et conserverait envers le roi des égards et de la déférence.
Il fut convenu aussi que tous les chrétiens se rassembleraient
pour faire la guerre aux musulmans, et qu'ils travailleraient
ensemble à lever les obstacles qui se présenteraient; qu'on
attaquerait les villes que les musulmans possédaient sur la
côte maritime, et que le marquis enverrait successivement les
troupes, les armes et les provisions dont on aurait besoin.
Tous adhérèrent à ces résolutions.

Le 17 de djoumadi premier, on apprit que les Francs s'a-
vançaient; que, semblables à un torrent, ils marchaient en
grand nombre sur Sidon, dans l'intention de l'attaquer, et
qu'ils avaient déjà osé passer le pont. Le sulthan se mit aussitôt à la tête de ses troupes légères, et arriva devant l'ennemi
pour le combattre. Mais les troupes qui étaient en garnison
dans cet endroit avaient déjà dispersé les Francs; les princi-

paux d'entre eux avaient été faits prisonniers, leurs faucons
soumis, leurs éperviers pris en chassant, leurs plus braves
mis sous le joug, leurs chasseurs enchaînés, leurs chevaliers
renversés ; sept de leurs lions étaient tombés dans les fers, et
les aigles se rassasiaient des cadavres des autres. Le sulthan
retourna à son camp. Il était suivi, sans le savoir, d'un grand
nombre de volontaires qui desiraient se battre avec les Francs.
Lorsqu'il en fut instruit, il leur envoya dire de se retirer. Les
volontaires refusèrent d'obéir, et furent attaqués par les Francs,
qui en tuèrent beaucoup et firent des prisonniers ; mais les
émirs étant survenus avec leurs troupes, repoussèrent les
Francs du côté du pont, et les pressèrent tellement, que plus
de quatre-vingts furent noyés dans le fleuve. Le sulthan résolut
bientôt d'attaquer les ennemis et de fondre à l'improviste sur
leur camp. Les habitants des provinces ayant appris qu'il était
fermement résolu à entreprendre la guerre contre les infidèles,
s'empressèrent d'arriver ; et se devançant les uns les autres,
ils vinrent de toutes les contrées et par tous les chemins. Il vint
de Damas et du Hauran des fantassins, qui s'animaient les uns
les autres, et qui disaient : Voici le *temps arrivé*. Les Francs
eurent beaucoup de crainte ; leurs nez s'allongèrent, et, comme
des vipères, ils se glissèrent sous les murs de Tyr. Se voyant
menacés de leur ruine, ils se mirent sur leurs gardes. L'historien, après avoir rendu compte d'un engagement assez vif
qui eut lieu encore entre les musulmans et les chrétiens du
côté de Tabnin, et dans lequel les derniers, après avoir été
battus, défirent à leur tour un corps d'Arabes, commence en
ces termes le récit du siége d'Acre :

« Saladin se rendit au mont Karouba, d'où il découvrit les
ennemis et examina leur camp. Les musulmans s'approchèrent
des infidèles. Nous campâmes sur le territoire de Seforieh avec
nos bagages. Les fantassins vinrent aussitôt à la tente du sul-

than, pour le prier de livrer combat. L'intention de Saladin
avait été d'abord d'aller attendre les Francs dans un défilé, pour
tomber sur eux ; car, disait-il, lorsque les infidèles seront
arrivés devant Acre, leur campement nous sera très incommode, et il sera difficile de les combattre et de les déloger. Les
émirs prétendaient, au contraire, qu'il était facile d'attaquer
les infidèles et de les vaincre, lorsqu'ils auraient pris position
devant la ville ; mais l'événement prouva que le sulthan avait
mieux jugé ; car lorsque les chrétiens furent arrivés, il fut
difficile de les attaquer. Ils placèrent leur camp le long de la
mer, et se trouvèrent assiégés par nous, tandis qu'eux-mêmes
assiégeaient la ville. Le roi Guy établit sa tente sur la colline
Masallaba (*Turon*). Les vaisseaux francs, semblables à des
forêts, se rangèrent confusément le long du rivage. Le sulthan
fit entrer, à l'insu de l'ennemi, une troupe de guerriers dans la
ville. Il en entra successivement plusieurs autres, qui augmentèrent les forces de la garnison. Lorsque toutes les troupes de
Saladin furent réunies, il rangea son armée comme pour un
jour de combat, et campa lui-même dans la plaine d'Acre avec sa
garde : sa droite touchait à la colline d'Aïdia, et la gauche à un
ruisseau d'eau douce. Aussitôt les hostilités commencèrent. Nous
allâmes sur les assiégeants, qui vinrent à nous comme un feu
dévorant ; nous leur coupâmes le chemin par derrière, nous les
attaquâmes matin et soir ; et par des coups répétés, nous les
repoussâmes, tantôt jusque sur le bord de la mer, tantôt loin
du rivage. Il ne cessait de leur arriver des vaisseaux ; les habitants des îles leur amenaient des renforts. La mer était couverte
de bâtiments. Melek Mozafer Taki-eddin, Omar et Mozafer'-
eddin arrivèrent alors avec leurs troupes. Il nous vint encore un grand nombre de fantassins avec leurs chefs. Cependant les Francs cernaient entièrement la ville et veillaient
avec grand soin de notre côté. Ils empêchaient que personne

ne sortît de la place ou n'y entrât; ils tinrent constamment les communications coupées. Le vendredi matin, au commencement de schaban, le sulthan se disposa à livrer bataille. L'avis général des émirs fut qu'on la donnât pendant la prière publique des musulmans, et pendant que l'iman serait en chaire, afin que les combattants fussent assurés de la protection de Dieu, toutes les bouches étant alors occupées à l'invoquer dans tout l'empire de l'islamisme. Les musulmans attaquèrent de tous côtés les ennemis; ils émoussèrent la pointe de leurs épées, mais ceux-ci tinrent ferme. Leurs bataillons étaient tellement serrés, que rien ne pouvait les entamer; ils étaient comme un mont élevé où personne ne peut atteindre. Quand un d'eux tombait, un autre le remplaçait aussitôt. Le samedi matin, le combat recommença comme la veille. Les musulmans oublièrent ce qui s'était passé, et voulurent faire davantage. Ils attaquèrent vivement les Francs du côté de la mer, au nord d'Acre; ils enfoncèrent tous ceux qui s'opposèrent à eux, et les repoussèrent jusque sur les collines voisines. Les Francs prirent la fuite du côté de *Cobba*, où ils s'arrêtèrent. Ils laissèrent ainsi ouvert le chemin qui conduisait à Acre. Nos troupes y firent entrer des vivres et des provisions. L'accès fut libre depuis la porte du château, qui est au milieu de la ville, jusqu'à la porte de Charakousch. Le sulthan domina du haut des remparts sur les Francs, et régla les affaires de la place. La garnison sortit pour nous aider à combattre l'ennemi. La crainte s'empara des Francs, et s'ils l'avaient pu, ils auraient pris la fuite. Les nôtres s'estimant fort heureux d'avoir ouvert le chemin, cessèrent de combattre, croyant qu'ils seraient les maîtres de l'ennemi quand ils le voudraient. S'ils eussent continué le combat, les Francs auraient succombé; mais nous leur donnâmes le temps de reprendre des forces. Ils virent qu'ils étaient menacés devant et derrière, et ils réso-

furent de se défendre avec courage. De leur côté, nos émirs
dirent : « Nous aurons bon marché de l'ennemi ; leur feu est
éteint, nous les prendrons quand nous voudrons. Attendons
jusqu'à midi, allons faire boire nos chevaux ; nous reviendrons et nous les déferons entièrement. Ils se séparèrent donc
avec promesse de revenir. Les troupeaux de chameaux furent
alors conduits au pâturage. Pendant ce temps, l'ennemi trouva moyen de recouvrer ses forces ; il réunit ceux qui étaient
dispersés, il rassembla ses lanciers et ses archers, et tous se
tinrent comme un mur derrière leurs boucliers. Ils distribuèrent des armes à leurs combattants. Lorsqu'on vit les dispositions qu'ils faisaient pour se défendre, diverses opinions s'élevèrent parmi nous.

Cependant la guerre continua. Tous les jours nous en venions aux mains en pleine campagne ; jour et nuit nos troupes
se portaient sur les Francs, leur faisaient des prisonniers,
les tuaient ou les insultaient, tombaient sur eux à l'improviste,
emportaient du butin, réduisaient des Francs en servitude et
les dépouillaient. Le sulthan présidait à tout, il préparait tout
la veille pour le lendemain ; sans cesse il était occupé de pourvoir au secours et à la défense des musulmans. *L'œil vigilant
est joyeux dans la voie de Dieu, et le travail d'un seul jour
est un trésor pour le dernier jour.*

Le 8 de schaban les Francs montèrent à cheval, et, suivis de
leurs fantassins, sortirent de leurs positions. Ils précipitèrent
leur marche, et laissant leur infanterie loin derrière eux, ils
fondirent sur les nôtres qui étaient rangés en bataille. Les musulmans tinrent ferme et ne furent pas plus ébranlés qu'un
édifice qu'on attaque. Lorsque les Francs furent arrivés à
nos premiers postes, le combat s'échauffa, la mêlée devint
plus grande. Nos bataillons se précipitent sur les ennemis,
les enfoncent et les forcent de se replier. Ils atteignent quel-

ques-uns de leurs chefs et leur tranchent la tête. Les infidèles tournent enfin le dos et prennent la fuite, abandonnant
leurs morts. Lorsque la nuit fut venue, nos cavaliers revinrent
avec le butin qu'ils avaient fait. Chaque troupe passa la nuit
en se tenant prête à recommencer le combat. Des deux côtés
les sentinelles veillèrent avec le plus grand soin. Au point du
jour on en vint de nouveau aux mains. Pendant ce temps les
portes de la ville s'ouvrirent pour nous, et nous nous réjouîmes
de voir que le chemin qui y conduisait était libre. Les Francs
se repentirent d'être sortis de leurs camps ; ils retournèrent
sur leurs pas, et, n'osant pas s'exposer au danger, ils se retirèrent. Le 11 du mois, pendant la nuit, le sulthan transféra son camp sur la colline *Aidia* ; cette colline était en face
de celle que les Francs occupaient, et la dominait. Notre droite
s'étendit jusqu'à la mer, et notre gauche jusqu'au fleuve (1).
Par cette nouvelle position l'ennemi se trouva plus resserré.

On nous apprit que les Francs s'étaient, audacieusement
et sans précaution, répandus de divers côtés pour fourrager,
et s'étaient avancés jusqu'au fleuve. Une troupe de cavaliers
arabes qu'on avait appelée, les rencontra et fondit sur eux.
Elle se mit entre ces infidèles et leur camp ; elle les chargea,
en tua un grand nombre, dont elle envoya les têtes au sulthan.
Ce prince, pour exciter l'ardeur des Arabes contre les ennemis,
leur fit présent d'habits précieux. Il y avait encore des combats
journaliers entre la garnison et les Francs, et toutes les fois
que ceux-ci fondaient sur nous, ils éprouvaient des pertes en
tués ou blessés. Quelquefois les deux armées, lasses de combattre, s'accordaient pour faire une trève. Il y avait des pourparlers entre les uns et les autres, et chacun revenait auprès
des siens en chantant et en dansant. Un jour dans une de ces

---

(1) Le fleuve Belus.

conférences, un des Francs dit : jusques à quand durera ce siége ? nos hommes périssent, faites sortir vos enfants contre les nôtres , et accordons leur sûreté de part et d'autre. En effet les Francs firent sortir deux enfants et les assiégés autant. Ces enfants se mesurèrent avec courage et le combat s'échauffa. Un des enfants musulmans fondit sur un des enfants des Francs et le renversa à terre en tombant avec lui, ensuite il se releva , sauta sur lui, le vainquit et l'entraîna prisonnier. Quelqu'un racheta cet enfant pour deux écus d'or. Il arriva alors un événement qui fut regardé comme un présage heureux pour les musulmans, et malheureux pour les Francs : Un cheval , d'un grand prix , sauta d'un des vaisseaux francs dans la mer. Les infidèles qui n'avaient pu le retenir ne purent le reprendre. Le cheval ne cessa de nager jusqu'à ce qu'il fût entré dans le port de la ville. Les nôtres coururent à lui et l'envoyèrent au sulthan en présent.

Le mercredi, 20 de schaban , les Francs s'armèrent , levèrent leurs croix et s'avancèrent avec leurs lions. Ils vinrent à notre colline, marchant d'un air déterminé, et se répandirent comme un déluge. Les fantassins précédaient les cavaliers. Ils allaient au combat avec l'ardeur du cheval qui va au pâturage. Leur aile gauche ne cessait d'augmenter et de se grossir, de se porter en avant et de s'étendre en arrière en poussant des cris. Le sulthan rangea ses deux ailes , implora le secours de Dieu et montra un cœur ferme. Il parcourut les rangs pour encourager ses soldats. Il leur proposait la félicité éternelle comme récompense de leur bravoure. Lorsqu'il vit la profondeur de l'aile gauche des Francs et la multitude de leurs bataillons , il tira des soldats du centre de son armée qu'il plaça à sa droite pour la fortifier. Malek-Mozafer Taki-eddin était à la tête de cette aile droite. Toutes les fois que les Francs approchaient de lui, il reculait pour les attirer et pour échapper à leurs ruses.

Les infidèles, voyant que ce n'était pas là le côté favorable pour
combattre, se portèrent sur le centre de notre armée et se répandirent comme une mer. Leur choc fut tel que la terre en
trembla et que l'air en fut obscurci. Ils atteignirent les troupes
du Diarbeckr et de Mésopotamie, et voyant qu'elles étaient faibles et manquaient d'expérience, ils portèrent le carnage dans
leurs rangs. Ces troupes se laissèrent enfoncer et tournèrent le
dos. Comme elles ignoraient la manière dont il fallait combattre
les Francs, elles furent effrayées et troublées et ne surent point
résister. Les ennemis, parvenus au centre, l'attaquèrent avec
vigueur et l'enfoncèrent. Là, plusieurs musulmans illustres
succombèrent et méritèrent le paradis par le martyre. La
troupe ennemie, qui gardait la croix, se dirigea vers la tente du
sulthan, dans le dessein de s'en emparer. Ce jour-là le sulthan
était sur la colline avec les dévots musulmans, regardant le
combat et attendant ce qui arriverait à l'ennemi. Nous ne pen-
sions pas que le combat viendrait jusqu'à nous. Lorsque les
ennemis furent près et menaçaient de nous envelopper, nous
qui étions sur nos mules sans aucune défense, nous songeâmes
à notre salut, nous prîmes garde de nous laisser atteindre.
Lorsque nous vîmes l'armée tourner le dos et fuir, abandonnant ses tentes et ses bagages, nous nous retirâmes pour nous
garantir de tout dommage. Nous arrivâmes à Tibériade avec
ceux qui avaient pris le même chemin que nous. Nous trouvâmes
les habitants saisis de frayeur. Nous gagnâmes le pont d'*Habrah*,
et nous nous portâmes à l'orient de ce pont. Chacun de nous,
oubliant le boire et le manger, pensait à ce qui aurait pu lui
arriver. Le cœur brisé de douleur de la défaite de l'islamisme,
aucun de nous ne songeait à chercher une demeure ou à se
fixer dans aucun lieu. Nous tenions d'une main ferme les rênes
de nos chevaux et nous respirions à peine, tant notre âme était
oppressée. Quelques-uns des fuyards gagnèrent Achbatfik;

d'autres allèrent à Damas sans s'arrêter. Nous restâmes immobiles dans l'endroit où nous étions, le cœur plein de frayeur et adressant des prières à Dieu. Quelques bruits vinrent cependant nous rassurer; on disait : « Le courage est revenu à l'islamisme; ses soldats l'ont vengé : l'armée des infidèles est rompue, notre gauche a résisté avec fermeté, le corps des mamelouks Asserites a repoussé l'ennemi. » Ces discours se répétèrent; l'heureuse nouvelle qu'ils annonçaient se répandit; des coureurs la propagèrent; toutefois les esprits restèrent dans l'incertitude jusqu'au point du jour, où un esclave vint nous annoncer la nouvelle de la victoire. « Où est Omad? s'écria-t-il, la victoire qu'il desirait a eu lieu.» Nous courûmes à cet esclave, nous nous rassemblâmes autour de lui et lui demandâmes ce qu'il apportait de nouveau. Comment la victoire nous est-elle arrivée? comment le sulthan a-t-il vaincu? comment le décret de Dieu a-t-il prévalu? Où vas-tu porter cette nouvelle? — A Damas, répondit-il. Nos esprits se remirent. Nous nous repentîmes d'avoir fui, d'avoir laissé le champ de bataille. Nous allâmes de suite au-devant du sulthan qui avait vaillamment combattu et avait renversé l'ennemi. Il avait réuni ses soldats dispersés, et avait combattu jusqu'à ce qu'il eût répandu le sang des infidèles.

Peu après ce combat, le sulthan proposa à son conseil d'attaquer de nouveau les ennemis et de fondre sur eux le lendemain au point du jour. Nous avons, dit-il, abattu les forces des infidèles, affaibli leur puissance, calmé leur impétuosité, éteint leur ardeur, tué leurs plus vaillants guerriers; si nous les laissons tranquilles, ils reprendront courage. Attaquons-les donc demain, achevons leur défaite, mesurons-les avec notre épée.

Lorsque la résolution de combattre eut été prise d'un commun accord, on s'occupa de réunir l'armée; mais les esclaves et les va-

lets de l'armée qui avaient cru que les troupes musulmanes étaient
défaites, s'étaient emparés des bagages et les avaient pillés. Lorsque les soldats revinrent au camp ils ne trouvèrent plus leurs
effets. Se croyant délivrés d'un danger , ils rencontrèrent un
nouvel embarras ; ils coururent après les ravisseurs de leurs
biens ; de sorte qu'au lever du jour les troupes étaient absentes ,
et la résolution prise par le conseil du sulthan ne put s'exécuter.
Les soldats qui étaient obéissants la veille , se montrèrent rebelles ; les autres étaient dispersés : le trouble, la crainte et le
chagrin avaient remplacé le courage et l'audace ; l'un s'en va,
déplorant la perte de son bagage qu'on lui a enlevé ; l'autre rede-
mande partout ses effets. Cependant les Francs se relevèrent de
leur défaite, ils reprirent les travaux du siége. Des vaisseaux leur
amenèrent des secours ; ils reconstruisirent ce qui avait été détruit. Le 29 de schaban , le sulthan rassembla les émirs , et leur
proposa de nouveau d'attaquer les ennemis. Il permit ensuite à
chacun de dire son avis. On ne cessa, dit l'historien , de discuter
tous les avis qui furent présentés, *comme on ne cesse d'agiter
le lait pour en faire sortir le beurre.* Il fut enfin décidé qu'on
prendrait du repos et qu'on quitterait le lieu étroit où l'on
était pour en prendre un autre plus vaste. Cette résolution ne
me plut point, et je dis : par ma vie, la décision que vous prenez
n'est pas la meilleure ; car jusqu'ici les Francs ne sont pas
avancés dans les travaux du siége ; ils n'occupent pas encore
tout le circuit de la ville ; mais quand nous serons partis et
que nous nous serons éloignés, leur extermination sera retardée, ils pourront à leur gré s'étendre sur la colline. La
porte d'Acre qui donne sur la mer est ouverte , le chemin qui
y conduit est libre. Tous les jours on introduit par-là des provisions , et les Francs ne peuvent couper cette communication ;
mais si nous nous éloignons, les Francs approcheront et nous
leur aurons rendu facile ce qui était difficile. Tant qu'on les

attaque, ils prennent garde à eux, et tant que nous continuerons à les occuper, ils ne pourront achever le siége de la ville ni remplir leur espérance.

Les émirs répondirent à mes observations par ces mots : « il est évident que notre résolution est la meilleure. Nous n'avons d'autre intention que de voir les ennemis s'étendre et sortir de leur camp pour aller dans la plaine. Quand ils se seront répandus, nous les attaquerons à l'improviste, nous fondrons sur eux à plusieurs reprises, comme l'épervier fond sur des colombes. »

Quoique le sulthan fût malade, il ne montra cependant ni dégoût ni ennui du travail. Tous les jours il montait à cheval, visitait l'armée et allait à la découverte de l'ennemi ; il revenait à midi rapportant, avec lui, des preuves du mal que lui causait sa constance infatigable. Son médecin le blâma et lui conseilla de changer de régime. Le 4 de rhamadan, Saladin se transporta aux équipages, et quitta ensuite son armée. Il ordonna à la garnison d'Acre de fermer les portes de la ville, de veiller avec soin et de se conduire avec prudence. Ce que j'avais prévu arriva ; car le marquis vint occuper le côté qu'on avait abandonné. Les Francs, voyant du relâchement dans nos esprits, se mirent à creuser des fossés autour de leur camp, de manière à enfermer toute la ville par terre. Ils tirèrent des vaisseaux tous les instruments propres au siége. Chaque jour nos avant-postes nous envoyaient dire ce qui se passait chez l'ennemi.

Je conseillai un jour au sulthan d'envoyer son armée contre l'ennemi et lui fis espérer une victoire complète ; le sulthan me répondit : « mon armée ne fera rien que quand je monterai à cheval et pourrai la passer en revue et la commander. » Il disait vrai ; il connaissait ses soldats. Sous sa conduite ils se sacrifiaient et faisaient un grand carnage des infidèles. Le camp

II.   40

ennemi se trouva fortifié comme une ville ; des sentinelles placées tout autour n'y laissaient pénétrer personne. Il y avait des portes par lesquelles on pouvait sortir quand on voulait. Ces travaux étant achevés, les Francs se donnèrent tout entiers au siége et fermèrent toutes les issues qui conduisaient à la ville. Il fut évident alors que le conseil donné de transférer le camp à Carouba n'était pas bon ; aussi nous devint-il funeste.

An 586 (1190). Le sulthan était campé à Carouba avec son armée. Tout s'y trouvait disposé commodément et agréablement. Adel, Afdhal et Mozafer étaient avec lui. Le siége d'Acre durait depuis un an. Au commencement de cette année, et même quelque temps avant, on avait congédié, à cause de l'hiver, les armées des parties occidentales qui étaient venues de près ou de loin. Les pluies et les brouillards étaient fréquents ; les chemins, couverts de boue, ne permettaient ni de marcher ni de rester. Tout était tranquille. Un jour le sulthan était allé prendre le plaisir de la chasse au faucon ; il en revint pour profiter d'une occasion qui se présenta de combattre. Nos avant-postes étaient alors sur le rivage de la mer. Vers le coucher du soleil les Francs sortirent de leurs positions ; on ne pouvait les compter tant ils étaient nombreux. Les nôtres les ayant entendus, allèrent les attaquer, les forcèrent de retourner sous leurs tentes, et repoussèrent ainsi l'ennemi toutes les fois qu'il s'avança, jusqu'à ce qu'enfin les flèches leur manquant, ils crièrent à leurs compagnons de leur en apporter. Les Francs voyant que nos carquois étaient épuisés, osèrent s'approcher davantage, et fondant avec impétuosité sur les nôtres, les repoussèrent jusqu'au fleuve et les vainquirent présqu'entièrement. Cependant les troupes d'Adel résistèrent comme un mur aux attaques de l'ennemi, et quantité de braves reçurent le martyre ; la nuit qui survint sépara les combattants. Nous plaignîmes beaucoup la perte des nôtres.

Le sulthan profita de l'agitation de la mer et de la présence de la flotte d'Egypte, pour munir Acre de provisions, de vivres, d'armes et autres choses nécessaires. Lorsque la mer fut redevenue tranquille, les vaisseaux francs revinrent occuper la rade, ce qui obligea les nôtres à se retirer promptement dans leurs ports. Dès ce moment, il ne fut plus possible d'avoir des nouvelles de la ville et d'y introduire des provisions. On fit venir les nageurs, qui, s'acquittant de leur mission avec beaucoup d'adresse, étaient largement récompensés par le sulthan. Ils portaient dans leurs ceintures la ration des soldats. Ils prirent de grandes précautions pour se soustraire à des dangers que quelques-uns ne surent pourtant pas éviter. Ils portaient et rapportaient des lettres et des colombes. Nous écrivions aux habitants d'Acre, et ceux-ci nous écrivaient des lettres qu'on attachait aux ailes de ces oiseaux, et qui contenaient un récit de ce qui se passait. Il y avait dans l'armée un soldat qui dressait des colombes à voler autour de sa tente et à y revenir. Il avait construit une tour d'un bois plus léger que le roseau. Il leur apprenait peu-à-peu à voler loin de cette tour. Nous lui disions qu'il prenait un soin inutile; mais quand le siége d'Acre eut lieu, nous en éprouvâmes tous les avantages. Jour et nuit nous demandions des colombes à celui qui les avait dressées; à la fin elles devinrent rares, car nous en avions envoyé beaucoup. Quelques nageurs avaient déjà péri; les autres ne cessaient de nous servir, et il y en eut qui échappèrent plusieurs fois à l'ennemi, car ils étaient hardis et accoutumés au péril. L'hiver était passé, la mer devenait libre, la saison des combats arrivait. Les armées musulmanes venaient des différentes contrées. Le sulthan se mit en marche, dans l'intention d'aller attaquer l'ennemi. Il vint, le 18 de rebi premier, sur la colline de Kisan. Il disposa ainsi son armée: Taki-eddin occupait l'extrémité de l'aile droite, et Adel l'extrémité de l'aile gauche; Afdhal et son frère Dhaher

40..

occupaient le centre. Le 16 du mois, un ambassadeur du khalife arriva : c'était l'illustre Fakreddin, gouverneur de la mosquée à la porte Tebène, à Bagdad. Il amenait avec lui deux
charges de naphte et deux de roseaux; il apportait une sédule
impériale, avec laquelle le sulthan devait toucher des marchands vingt mille pièces d'or, pour lesquelles l'auguste divan
s'était obligé. Il était accompagné de cinq hommes qui faisaient
distiller le naphte, et qui étaient habiles à le lancer pour brûler
les machines. Le sulthan compta tout ce qu'on lui envoyait;
il combla de bénédictions l'auguste divan, et lui rendit grâces.
Quant à la sédule, il la remit à l'ambassadeur, en disant :
« Tout ce que je possède, je le tiens de la faveur de l'émir des
fidèles; si je ne dépensais pas les revenus de ces pays à la guerre
sacrée, je les enverrais au divan. »

Saladin fit plusieurs fois monter à cheval l'ambassadeur, et
lui fit visiter son camp, afin qu'il rendît témoignage de tout
ce qu'il avait vu, et qu'il s'assurât du soin et de la diligence que
le sulthan apportait dans la guerre sacrée.

Le sulthan avait ordonné d'équiper une nouvelle flotte en
Égypte; cette flotte devait amener des grains, des vivres, des
armes et des troupes. Le 8 de djoumadi premier, elle apparut
à midi, apportant tous les secours qu'on attendait. Le sulthan
attaqua alors l'ennemi avec ses troupes; il le harcela avec ses
archers; il l'enveloppa dans ses retranchemens, et l'inquiéta
de toutes manières, pour l'empêcher d'aller attaquer la flotte
qui arrivait, et rendre aux vaisseaux les accès plus faciles. Les
Francs avaient rangé leur flotte sur la mer, dans l'intention
d'attaquer notre flotte victorieuse et de lui fermer le passage.
Nos vaisseaux, en arrivant, attaquèrent les vaisseaux ennemis;
ils endommagèrent les côtés de plusieurs, et se rendirent
maîtres d'un navire. Les ennemis prirent aussi un des nôtres,
et cela par le peu de vigilance de celui qui le commandait. Le

combat sur terre dura jusqu'au coucher du soleil. Les musulmans revinrent triomphants. Il y eut plusieurs Francs de tués. Dieu nous conserva nous et les nôtres.

Il est dit dans une des lettres qui furent écrites pour annoncer cette victoire, que les musulmans prirent six vaisseaux ennemis, sur lesquels étaient plusieurs guerriers, des chefs et des femmes, des marchandises et du butin que les chrétiens avaient fait et qu'ils perdirent.

Dans l'espace de deux ans que nous restâmes devant Acre, dit Omad, nous tuâmes soixante mille infidèles, et nous les accablâmes de toutes sortes de maux. A mesure qu'il en périssait sur terre, ils se multipliaient sur mer. Toutes les fois qu'ils osèrent nous attaquer, ils furent tués ou faits prisonniers, ou mis en fuite, ou exterminés. Néanmoins d'autres leur succédaient, et pour cent qui périssaient, il en paraissait mille.

L'historien parle ensuite de l'arrivée de l'empereur d'Allemagne, et donne une partie des détails que nous avons lus dans Ibn-Alatsyr. Voici comment il raconte la mort de Frédéric :

Le roi des Allemands desira se baigner dans un fleuve, à cause de quelque maladie dont il était attaqué, et il y trouva la mort, qui l'envoya aux enfers. On dit que ceux qui l'accompagnaient se serrèrent les uns contre les autres, en traversant le fleuve, et que les ondes se brisant contre eux, ils le passèrent hardiment. Le prince chercha un endroit où il pût passer seul, et il arriva à un gué dangereux, que personne n'avait jamais franchi impunément. La violence de l'eau emporta le roi jusqu'à un arbre où sa tête se trouva prise, et il perdit aussitôt la respiration. Lorsqu'on le retira de là, il expirait. On ajoute que les Allemands firent bouillir son corps dans une chaudière jusqu'à ce que ses os fussent dégarnis de chairs, et qu'on les recueillit dans un coffre pour les transporter à l'église de la Résurrection de Jérusalem, et les inhumer dans le lieu que le roi avait lui-même désigné, dans le cas où il mourrait dans son expédition.

Cependant le fils de Frédéric succéda à son père, et se décida à continuer son expédition. Son armée était au nombre de plus de quarante mille hommes. Les anciens officiers de Frédéric refusant de reconnaître son fils, la division se mit dans l'armée. Quelques-uns penchaient pour un autre prince. L'armée marcha en trois corps.

Le premier corps passa sous la citadelle de Bagras, et y trouva sa perte. La garnison de cette place fit une sortie, et le repoussa ; elle fit plus de deux cents prisonniers et pilla les autres. On dit que ces Francs croyaient que la citadelle était encore dans les mains des Templiers. Ils s'en approchèrent au point du jour avec tous leurs bagages et leurs effets. Leurs mules étaient déjà à la porte, lorsque le gouverneur s'aperçut de leur approche. Ce fut pour lui une occasion de faire un riche butin. Il sortit et s'empara de tout, sans coup férir. Les Francs abandonnèrent tous leurs bagages, sans songer à les défendre. Ce jour-là, ce gouverneur s'enrichit des dépouilles des ennemis. Il nia cette affaire, pour qu'on ne fît point de recherche sur les richesses qu'il avait amassées. Les jours s'écoulèrent, et on ne lui redemanda rien. L'émir Alim'eddin-Soliman dit dans une lettre, que lui-même excita des habitants d'Alep à se mettre sur les traces des Allemands, pour les observer et tomber sur eux, ce qu'ils firent en effet. Chaque musalman fit trois et quatre prisonniers chrétiens ; ceux qui échappèrent furent dépouillés et réduits à un petit nombre. Les habitants d'Alep rentrèrent dans la ville avec leurs captifs, qu'ils vendirent sur la place. Le marché fut rempli des effets enlevés aux infidèles. Les gens de la campagne, poussés par la cupidité, se réunirent de toutes parts pour attaquer ceux qui fuyaient ;

et les Allemands ne se crurent sauvés que lorsque le prince d'Antioche leur eut permis d'entrer dans sa ville et de s'y mettre à couvert. Un des chefs de l'armée y mourut, ainsi qu'un grand nombre d'autres guerriers. Le prince d'Antioche s'enrichit des trésors que le roi des Allemands avait auparavant déposés dans la citadelle de cette ville, et le bruit courut qu'il n'avait desiré l'arrivée du roi des Allemands que pour s'emparer de ses richesses.

En sortant d'Antioche, le premier corps des Allemands se dirigea sur Tripoli par Djibleh et Laodicée, mais ils furent attaqués par nos soldats, qui en tuèrent plusieurs et firent beaucoup de prisonniers, de sorte qu'il n'en arriva qu'un petit nombre à Tripoli. De toute cette multitude il n'en resta que mille; et ceux-ci allèrent joindre les Francs qui assiégeaient Acre.

Les ennemis sortirent à midi le 20 de djoumadi second en nombre prodigieux. Ils s'avancèrent jusqu'à la tente d'Adel. Chacun de leurs chefs se précipita au milieu du danger. Ils s'approchent, fondent sur nous et ne reculent pas. Les barons desirent le carnage; les Hospitaliers, les Templiers et les Turcopoles s'y portent avec ardeur. Ils entrent dans le camp d'Adel et le traversent. Ce prince en était sorti avant qu'ils y arrivassent. Cependant Malek-Adel s'arrêta avec sa troupe. Les émirs, qui avaient occupé auparavant la droite de l'armée musulmane, et qui avaient campé près de lui, étaient tantôt à sa gauche, tantôt à sa droite. Adel se tenait dans l'attitude d'un homme qui médite quelque stratagème. Il attendait que l'occasion se présentât de fondre sur l'ennemi. La cupidité porta les Francs à se répandre; et cédant à une vaine gloire, ils se jetèrent sans précaution au milieu du danger. Sur ces entrefaites, le fils aîné d'Adel, nommé Schamseddin Mondoud, qui avait montré dans tous les combats une très grande valeur, commença à les attaquer : le père aida le fils, le fils seconda le père. Les troupes qui étaient présentes attaquèrent de même avant que toute l'armée se fût jointe à Adel, et renversèrent les Francs. Ceux-ci n'étaient qu'à une parasange de leurs camps, ils y retournèrent en courant et en se culbutant les uns les autres. Les troupes d'Adel les poursuivirent, les tuèrent ou les dispersèrent. Le sulthan était monté à cheval; il craignit que son aile droite ne fût écrasée. Il envoya devant lui sa troupe des mamelouks avec les émirs, en attendant que son aile gauche pût combattre. Sanckar d'Alep arriva avec sa troupe pendant le fort du combat, et partagea en quelque sorte la gloire de cette journée.

Le fils du roi de Mossoul vint dans le même temps et s'y acquit le même honneur. Le combat se termina sans qu'aucun de l'aile gauche y eût pris part et se fût mesuré avec les infidèles. Le sulthan arriva et vit avec joie la défaite des Francs. Il reconnut le bienfait et le secours de Dieu : il vit le lieu où les ennemis avaient été renversés et avaient éprouvé un si grand revers. Leurs morts occupaient l'espace d'une parasange en largeur : ils étaient sur neuf rangs, et tenaient toute l'étendue qui se trouvait entre les monceaux de sable et la mer. On comptait sur chaque rang plus de mille morts. La nouvelle de la défaite des Francs se répandit partout. Le sulthan, en arrivant, vit Emad'eddin et le fils de Zin'eddin, et les émirs de l'aile gauche, qui desiraient attaquer l'ennemi et fondre sur lui. Désespérés de n'être pas arrivés plus tôt, ils voulaient poursuivre les Francs et contribuer aussi à leur perte : mais le sulthan les retint; il les remercia de leur intention, et craignit qu'il ne leur arrivât quelque mal; car les ennemis avaient été vaincus, et le sulthan avait gagné une victoire douce, brillante et attendue. Elle ne coûta la vie à aucun des nôtres.

J'allai, dit Omad, sur le champ de bataille, avec le cadhi Boa'eddin, voir les cadavres qui y étaient étendus. Avec quelle promptitude ils avaient déjà été dépouillés et mis à nu! Leur ventre était fendu, leurs yeux étaient hors de leur orbite. Nous vîmes parmi les morts une femme qui avait combattu : nous l'entendîmes gémir et pleurer. Nous parcourûmes ce champ de bataille jusqu'à la nuit, et nous revînmes sous la tente. Nous estimâmes le nombre des Francs tués à dix mille. Les musulmans s'enrichirent de dépouilles. La quantité d'armes prises fut innombrable. Les cuirasses, qu'on achetait auparavant fort cher, se vendirent à vil prix.

Les Francs, dans l'intention de tromper Saladin, lui écrivirent pour lui demander la paix. Le sulthan leur permit de sortir pour voir ceux des leurs qui étaient étendus sur le champ de bataille. Les cadavres étaient enflés et répandaient une odeur fétide. Le soleil les avait échauffés et corrompus ; les animaux carnassiers en faisaient leur proie. Ce spectacle affligea les Francs, mais il était agréable pour nous ; il les fit fuir, et il nous attirait.

Les Francs ne cessaient de s'affaiblir par leurs querelles et leurs divisions, lorsqu'enfin arriva par mer le comte appelé Henri, personnage d'une grande autorité parmi eux. Il répara, avec ceux qu'il amenait, la perte qu'ils avaient faite. Il ranima leurs esprits, il répandit l'abondance parmi eux et rendit leur état doux et agréable. On avait renoncé au projet que nous avions conçu, qui était d'attaquer les ennemis pendant qu'ils étaient faibles, et avant qu'il leur arrivât du secours par mer ; Dieu voulut que nous différassions ce qu'il convenait d'entreprendre. Lorsque ce comte fut arrivé, les infidèles furent soutenus par toutes les forces possibles. Nous prévîmes qu'on nous attaquerait de nuit et à l'improviste. Les signes du mal qu'ils se préparaient à nous faire commencèrent à paraître ; nos éclaireurs nous en avertirent. Alors le sulthan convoqua les émirs et les principaux officiers. Il tint conseil avec eux sur ce qu'il y avait à faire. Les émirs furent d'avis qu'il fallait donner un champ plus libre à l'ennemi en s'éloignant, afin qu'il pût sortir pour combattre. Ce conseil plut au sulthan et il s'y rendit. Il partit le mercredi 27 de djoumadi second, et revint camper à Karouba. Là, il disposa tout pour la guerre. L'armée couvrait la colline. Chacun se retira dans sa tente pour y prendre du repos. Le sulthan plaça en avant du camp une troupe de cavaliers qui devaient, pendant deux jours, faire sentinelle. Tout fut si bien réglé que les petits et les grands connaissaient d'avance ce qu'ils avaient à faire. Quant à la ville d'Acre, les nageurs et les pigeons y portaient nos lettres et en rapportaient les réponses. Les vaisseaux entraient dans le port et en sortaient.

Au mois de redjeb, l'ennemi dressa des machines pour battre les murs de la ville. Ces machines étaient supérieures à tout ce qu'on peut imaginer ; ce qu'elles lançaient était *semblable au feu lancé contre les diables ;* c'étaient des pierres, apportées du pays des infidèles, qui tombaient avec le bruit de la foudre. Leur chute effraya les habitants de la ville. Comment, se dirent-ils, nous déroberons-nous à ces machines dressées contre nous ? Comment nous délivrerons-nous des maux qu'elles nous causent ? Cependant les assiégés se mirent à observer les Francs, et déposant toute crainte, ils sortirent avec leur cavalerie et leur infanterie, et pénétrant jusqu'au camp des ennemis, ils y engagèrent un combat. Les machines manquèrent bientôt de gens pour les faire jouer. Alors il sortit des hommes de la ville qui lancèrent du feu et les brûlèrent toutes. Il y eut ce jour là soixante-dix chevaliers francs de tués et un très grand nombre de prisonniers, entre autres quatre guerriers de grande réputation, dont un appelé le grand chevalier. Les Francs, qui ne savaient pas ce qui lui était arrivé, le redemandèrent, et les musulmans le leur envoyèrent mort. Les infidèles le pleurèrent,

et rendirent de grands honneurs à sa cendre. Bientôt après
on fit une irruption dans leurs fossés ; on rompit leurs retranchements. L'épée ne cessa de frapper jusqu'à la nuit. Nos
affaires furent bien conduites : les assiégés sortirent de la ville
à l'improviste, attaquèrent l'ennemi et portèrent la mort dans
ses rangs. Ils brûlèrent deux machines, que les infidèles
avaient dressées avec un grand appareil. Le comte Henri avait
dépensé quinze cents écus d'or pour chacune de ces machines.
La première nuit de schaban fut bénie : Dieu s'y montra bienfaisant envers nous, il punit l'ennemi, et nos vœux furent
remplis.

L'historien parle ici du vaisseau, chargé de provisions, qui
arriva de Béryte et entra dans le port d'Acre. (*Voyez* ce qu'en
a dit Ibn-Alatsyr.) Nous avons seulement remarqué dans le
récit des *Deux Jardins*, que les musulmans, pour mieux
tromper les Francs sur ce vaisseau, y avaient mis des cochons.

Peu après, poursuit l'auteur, parurent trois autres vaisseaux
semblables à des montagnes ; ils voguaient avec rapidité, et
s'inquiétant peu des vaisseaux ennemis ils les dépassèrent
promptement ; un vaisseau franc s'en étant approché, ils le
submergèrent, et ils entrèrent dans le port qu'ils enrichirent
des provisions qu'ils apportaient.

Le fils du roi des Allemands partit d'Antioche le mercredi
25 de redjeb, et éprouva sur le territoire de Laodicée toutes
sortes de maux ; il perdit, entre Djibleh et Laodicée, cinquante
à soixante-dix cavaliers. Le marquis vint au-devant de lui, et
s'offrit pour le diriger et le protéger dans sa route. Ils entrèrent
ensemble à Tripoli dans les premiers jours de schaban. La nouvelle de cette arrivée parvint le 6 de ce mois au sulthan. Ceux
qui avaient vu les Allemands sur la route, conjecturaient qu'ils
étaient au nombre de quinze mille ; d'autres disaient plus,
d'autres moins. Le prince allemand se rendit par mer devant

Acre, et se joignit aux assiégeants. Ce prince voulut aussitôt livrer combat aux musulmans ; mais, selon notre auteur, les Francs qui combattirent avec lui souffrirent beaucoup. S'il faut l'en croire, les chrétiens furent peu satisfaits de son arrivée : Plût à Dieu, disaient-ils, qu'il ne fût point venu ; s'il fût resté chez lui, il nous aurait aidé de son nom ; mais depuis qu'il est arrivé, il a coupé les ailes à nos victoires.

L'historien rend compte ensuite de l'attaque que les Francs livrèrent à la tour des Mouches qui était près du port d'Acre, et lui servait de défense. Nous en avons parlé dans notre histoire. A la fin de son récit l'auteur dit : la tour des Mouches fut préservée, et par la suite aucune mouche ne vola vers elle : l'ennemi n'eut plus de porte ouverte pour la ruse.

Il parle ensuite d'une machine extraordinaire que les Francs construisirent, et qu'il décrit en ces termes : La tête de cette machine offrait la forme d'une tête de bélier, et en avait reçu le nom. A cette tête étaient deux cornes de la longueur de deux lances et de l'épaisseur de deux colonnes. Du reste cette machine était informe ; elle était recouverte de fer, et ne laissait point de prise au feu. Les Francs la remplirent d'hommes armés et d'archers ; ils l'approchèrent de la ville ; la vue de cette terrible figure causa beaucoup d'effroi aux habitants d'Acre. Ibn-Alatsyr, et les historiens latins, ont aussi parlé de cette machine, et ont dit comment elle fut détruite. L'auteur raconte en peu de mots l'irruption subite et infructueuse que le prince d'Antioche fit contre Alep.

Cependant, poursuit-il, le prix du blé augmenta tellement parmi les Francs, que la mesure se vendait plus de cent pièces d'or, et leur nombre se multipliant de jour en jour, ils furent affligés de diverses maladies. Plusieurs troupes d'infidèles se réfugièrent successivement auprès de nous ; la cruelle faim qui les tourmentait leur fit embrasser notre foi. Quand leur faim

fut appaisée, quelques-uns ne songeant plus à retourner chez
eux, restèrent fidèles à la loi musulmane, et s'enrôlèrent sous
nos étendards; mais d'autres, cédant au penchant qui les
portait vers leur patrie, y retournèrent.

Le juge Fadel était alors en Égypte, occupé, de la part du
sulthan, à lever une armée, à équiper une flotte, à recueillir de
l'argent et à faire des approvisionnements pour Acre. Le sulthan
lui écrivait sur les choses qui lui étaient nécessaires, et Fadel lui
renvoyait des réponses admirables. Une fois le sulthan lui avait
écrit des terres de la domination des Francs où il était alors,
et après lui avoir exposé son opinion sur ses victoires futures,
il lui disait: « Je ne crains autre chose, sinon que Dieu nous
» punisse à cause de nos péchés. » Fadel lui répondit: « Vous
» craignez, seigneur, que Dieu nous punisse à cause de nos
» péchés ; mais nos péchés étaient commis avant que nous
» combattissions dans la terre de Dieu. Ils sont maintenant
» effacés ; le pardon nous en a été accordé. La langue de nos
» épées, rougie de sang dans la guerre sacrée, a été assez
» éloquente pour l'obtenir. Les coups portés à l'ennemi sont
» capables d'ouvrir la porte du paradis ; Dieu ne manquera
» pas de vous secourir dans le temps nécessaire. Heureux les
» pieds qui marchent dans votre voie! heureux les visages qui
» sont couverts de la poussière que vous faites voler! heureux
» ceux qui meurent en votre présence, et qui sont forcés de
» rendre grâces à Dieu des bienfaits qu'il vous accorde! »

Le lundi 11 de schowal, le marquis et le comte Henri
sortirent avec les troupes qui devaient attaquer la ville d'Acre
de concert avec le roi des Allemands. Ils avaient pris pour
quatre jours de vivres et de fourrages. Ils avaient choisi parmi
leurs soldats, les plus déterminés. Les chrétiens campaient sur
la colline Aidia ; l'ennemi vint pendant la nuit aux puits que
nous avions creusés, et nous lança quelques traits. Le mer-

credi matin il s'avança dans l'intention d'en venir aux mains.
Le sulthan venait de transférer ses bagages à Kaïmoun ; la
droite de son armée s'étendait jusqu'à la montagne, et la gauche
touchait à la mer. Il avait une petite tente près de Karouba,
sur une colline élevée ; il y avait dans la plaine d'Acre une
source abondante d'où sortait un grand fleuve qui se rendait à
la mer. Ce jour-là les Francs s'avancèrent sur la rive orientale
de ce fleuve et y prirent position. Le sulthan envoya ses archers contre eux, et attendit le moment où Dieu voudrait
écraser les ennemis. Les musulmans les enveloppèrent, et avec
leurs massues et leurs maillets les assommèrent ; ils les taillèrent
en pièces avec la lame de leurs épées ou avec la pointe de leurs
lances, et firent contre l'ennemi, dans l'ardeur du combat,
tout ce que leur prescrivaient la loi et la nécessité. Ils poursuivirent les Francs dans leur retraite, et leur firent beaucoup
de mal. Quand les infidèles s'arrêtaient, ils étaient tout troublés,
ils se cachaient ou paraissaient se cacher ; ils enlevaient tous
ceux que la mort frappait et les ensevelissaient pour ne pas
nous laisser voir leur état et pour dérober au monde la perte
qu'ils faisaient. Ils arrivèrent la nuit du cinquième jour au
pont nommé *Dakouk*, et le coupèrent pour nous empêcher de
les poursuivre. Les musulmans se conduisirent très bien dans
cette occasion, et firent tout ce qu'il était possible de faire.

Le vendredi, 22 de schowal, le sulthan choisit une troupe
de soldats qu'il arma de toutes pièces et à qui il ordonna d'aller
dresser des embûches au pied de la montagne située au nord
d'Acre, loin de l'armée de l'ennemi et près de l'ancien camp
d'Adel, le long de la mer ; cette troupe se plaça en embuscade
pendant la nuit, et le lendemain au point du jour quelques-uns
s'avancèrent du côté des Francs et firent irruption en jetant
des cris. Les Francs, au nombre de quatre cents, d'autres
disent deux cents cavaliers, vinrent à leur rencontre ; ils brû-

laient d'attaquer les musulmans. Ceux-ci se retirèrent jusqu'à
ce qu'ils eussent attiré les Francs au lieu où ils avaient dressé
des embûches : alors ils sortirent comme des lions et tuèrent
les Francs ou les firent prisonniers, pas un n'échappa; tous,
jusqu'aux chefs, furent enchaînés. Parmi eux se trouva le
trésorier du roi. Le sulthan, plein de joie de cet événement,
monta à cheval et alla sur la colline de Kisan ; on lui amena les
prisonniers, auxquels il parla avec humanité. Il leur fit préparer un repas et leur fit donner des habits ; il leur permit
d'envoyer leurs domestiques chercher ce qu'ils desiraient ; il
les fit ensuite conduire à Damas, où ils furent mis en prison et
chargés de chaînes pesantes.

On dit que dans cette affaire le grand comte fut tué. Les
chrétiens redemandèrent son corps, qui leur fut rendu ; mais
on ne put retrouver sa tête. Ce prince en valait plusieurs, dit
Omad : ses habits étaient d'un très grand prix.

Lorsque l'hiver eut commencé, que le vent fut devenu violent, et que la mer agitée eut battu les vaisseaux des Francs,
ceux-ci, qui craignaient la tempête, envoyèrent leur flotte dans
les îles, afin de les mettre à l'abri; ils en envoyèrent aussi dans
le port de Tyr. La mer se trouva ainsi débarrassée et libre. Les
nôtres se lassaient dans la ville d'Acre, et ils nous firent entendre
leurs plaintes. Ils étaient là au nombre de plus de vingt mille
hommes, chefs, marins, marchands, oisifs, esclaves et ouvriers.
Il leur était difficile de sortir à cause du danger qu'ils avaient à
courir. Le sulthan voulut toutefois leur en faciliter les moyens,
et il ne calcula ni le péril ni la perte qu'il pouvait en éprouver.
On lui conseilla d'introduire dans la place une autre garnison. Il
confia ce soin à Adel, qui se transporta avec des bagages au pied
de la montagne Haïfa, après avoir traversé le fleuve. Il fit rassembler des vaisseaux pour transporter la garnison : tous ceux
qui devaient passer étaient réunis sur le rivage, et tous ceux qui

se trouvèrent prêts furent mis à bord. Il avait paru convenable
de soulager ceux qui étaient restés dans la ville, parce qu'ils
avaient supporté de grands travaux. Il y avait dans Acre des
riches qui avaient montré un grand zèle pour sa défense. Parmi
eux était Aboul-Hidja, qui avait une suite nombreuse et qui se
faisait remarquer par sa libéralité presque royale. On estime
qu'il avait dépensé cette année, pour la défense d'Acre, cinquante mille écus d'or. Lorsque la nouvelle garnison fut subs-
tituée à l'ancienne, ce qui était uni fut divisé, et la force qui
résultait de l'union fut perdue. Ceux qui furent introduits
dans la ville n'entendaient rien au siége, et ne savaient ce qui
pouvait servir ou nuire à sa défense. Il ne resta des premiers
que Karakoush. Il entra vingt chefs et émirs, comme malgré
eux, au lieu de soixante qui y étaient auparavant. Ces nouveaux
venus amenèrent avec eux, pour de l'argent, des hommes qui
devaient faire leur service ; de manière que ceux qui entraient
paraissaient déjà aussi las du siége que ceux qui sortaient :
c'est de là sans doute que vint l'affaiblissement de la place. Le
retour des vaisseaux ennemis en rendit la défense difficile ; elle
manquait d'hommes et de guerriers intrépides ; car tous ceux
qui avaient été choisis pour former la nouvelle garnison,
avaient fait tout ce qu'ils avaient pu pour s'exempter du service
militaire.

Le lundi 2 du mois de doulhadja, il arriva d'Egypte sept
vaisseaux chargés de blé. Les Francs voyant que les habitants
d'Acre s'étaient portés sur le rivage pour les recevoir, livrèrent
un assaut à la ville. Ils employèrent à-la-fois le fer, les pierres
et les échelles. Ils montèrent en si grand nombre sur une de
ces échelles, qu'elle se cassa par la moitié ; elle devint ainsi
pour plusieurs l'instrument de leur supplice. Les assiégés abandonnant le rivage et les vaisseaux, vinrent repousser les assiégeants ; ils en tuèrent un grand nombre et forcèrent les autres

à prendre la fuite : mais pendant ce temps la mer, tout-à-coup
agitée, poussa les vaisseaux contre la terre et les brisa. Tout
ce qui était dessus périt, et plus de soixante personnes furent,
dit-on, submergées.

Le 7 du même mois, pendant la nuit, une grande partie du
mur d'Acre s'écroula. Les Francs d'un côté, et les assiégés de
l'autre, accoururent. Ces derniers fermèrent de leurs corps
l'ouverture qui venait de se faire, et la défendirent jusqu'à ce
que la brèche fût entièrement réparée. Cette partie du mur devint même plus forte qu'elle n'était auparavant. Le 12, le fils
du roi des Allemands mourut, ainsi que le grand comte, appelé
le comte Thibault. Le comte Henri tomba malade. Tous les
jours il mourait cent ou deux cents chrétiens. La mort du fils
du roi des Allemands causa un grand deuil parmi eux. Ils allumèrent des feux extraordinaires ; il n'y avait pas une tente
où il n'y eût deux ou trois torches allumées ; en sorte que tout
leur camp paraissait en feu. Les musulmans profitèrent de cette
clarté, soit pour envoyer des troupes, soit pour confier à la
mer des vaisseaux bien approvisionnés.

La famine força un grand nombre de Francs à recourir à
nous ; ils dirent au sulthan : Nous parcourerons la mer avec des
navires, et nous partagerons entre les musulmans et nous tout
ce que nous enlèverons. Le sulthan y consentit et leur fit donner un navire qu'ils montèrent. Ils s'emparèrent d'un vaisseau
marchand, sur lequel était de l'argent monnoyé et en lingots.
Ils en firent hommage au sulthan, qui leur abandonna le butin.
Omad dit que ces chrétiens rendirent de grandes grâces à Saladin, et que plusieurs embrassèrent la religion de Mahomet.
Ils offrirent au sulthan une grande table d'argent sur laquelle
était un vase très haut, garni de son couvercle. Omad estime
que le tout pesait plus de cent livres. Cette année des vaisseaux
francs et musulmans se rencontrèrent. Ceux-ci mirent le feu

aux vaisseaux des infidèles. Le commandant d'un vaisseau musulman ayant mis de la lenteur dans son retour, fut rencontré par d'autres vaisseaux ennemis qui l'enveloppèrent. Les matelots se jetèrent à l'eau, et pour éviter un danger s'exposèrent à un autre : mais le commandant se battit avec ardeur. Les infidèles lui offrirent sûreté. Ce commandant répondit qu'il ne donnerait sa main qu'au chef du convoi. Celui-ci vint croyant faire un prisonnier : mais l'émir passant ses deux mains autour de son cou, l'entraîna dans la mer avec lui.

An 587-1191. Au commencement de cette année, le sulthan campait à Schafaran. Adel et son frère avaient leurs tentes sur le sable au-delà de Haïfa. Les vaisseaux qui apportaient sans interruption de nouvelles forces à Acre, couvraient la mer. Les Francs, toujours occupés du siége, étaient continuellement sur leurs gardes, et les avant-gardes musulmans étaient à leur poste. Le 3 de safar, Taki-eddin partit pour prendre possession des villes qui avaient été ajoutées à ses domaines, à l'orient de l'Euphrate.

Déjà le bruit s'était répandu que les rois des Francs se préparaient à venir. En effet le roi de France Philippe arriva le 12 de rebi premier, avec six grands vaisseaux remplis de chevaliers très exercés à la guerre. Ce roi était en grande réputation, et était compté parmi les grands rois. Les Francs nous menaçaient sans cesse de son arrivée, et paraissaient tout disposés à se soumettre à son autorité. Il avait avec lui un faucon d'une grosseur extraordinaire, de couleur blanche et d'une espèce rare. Le roi l'aimait beaucoup, et le faucon aimait le roi de même. Cet oiseau vola sur les murs d'Acre et fut pris par les nôtres, qui vinrent l'offrir au sulthan. Les Francs, pour le ravoir, proposèrent mille écus d'or, et ils ne l'obtinrent pas. Ils avaient cru que leur roi arriverait avec une grande armée ; mais quand ils virent le petit nombre qui l'accompagnait, ils furent étonnés. Le roi, pour les rassurer, leur annonça de plus grands secours. Les transfuges francs s'étaient emparés de plusieurs petits bâtiments, avec lesquels ils faisaient des excursions. Ils abordèrent dans l'île de Chypre un jour de fête. Les habitants étaient réunis dans l'église. Les transfuges prièrent avec eux, puis fermèrent les portes de l'église pour leur ôter plus sûrement le moyen de fuir. Ils les firent tous prisonniers, et enlevèrent tout ce qu'il y avait de précieux dans l'église : ils maltraitèrent les prêtres, emportèrent dans leurs bâtiments tout ce qu'ils avaient enlevé, et l'allèrent vendre à Laodicée. Il y avait parmi leurs prisonniers vingt-sept femmes, de jeunes filles et des enfants, qu'ils vendirent à vil prix. Ils se partagèrent entre eux le produit de leur vente. On dit qu'il revint à chacun quatre cents drachmes, quoiqu'ils fussent un grand nombre pour ce partage.

L'historien parle ici de l'expédition du roi d'Angleterre dans cette même île de Chypre, et de ce que ce prince y fit : Il dit ensuite que le sulthan tranféra son camp et ses bagages sur la colline Aidia. Il raconte aussi quelques engagements peu importants qui eurent lieu entre les troupes ennemies.

Pendant ce temps, continue-t-il, les machines de l'ennemi ne cessaient de battre les murs, et par leur moyen les Francs purent se rendre maîtres du fossé qu'ils se hâtèrent de combler : ils y jetèrent des cadavres, des carcasses d'animaux, et ceux des leurs qui étaient tués ou qui mouraient. Mais les nôtres se tenaient devant eux et leur livraient combat. Ils étaient divisés en deux parties, dont une retirait du fossé ce qu'on y jetait, et l'autre se battait avec l'ennemi.

Le samedi, 13 du même mois, les infidèles donnèrent de grands signes de joie. Le roi d'Angleterre arriva, et l'on nous fit comprendre qu'il était accompagné de très grandes troupes. Il amenait avec lui vingt-cinq vaisseaux semblables à de hautes tours. Nous connûmes la multitude des infidèles aux feux qu'ils allumèrent. La crainte frappa les esprits des nôtres et les troubla ; les cœurs en furent agités ; les plus courageux furent effrayés. Les mécréants devinrent presque arrogants, et les adorateurs de la vérité devinrent presque timides. Le sulthan resta ferme et inébranlable dans sa foi ; son courage ne l'abandonna point, son esprit fut toujours calme, et ses conseils toujours justes.

L'auteur fait ici la relation de la rencontre que fit le roi d'Angleterre d'un vaisseau musulman venant de Béryte, et du combat qu'il lui livra.

Le 19 du mois, nous entendîmes le tambour qu'on battait dans la ville. Nous vîmes la poussière que l'ennemi faisait lever. Nous reconnûmes qu'il donnait un nouvel assaut ; nous nous préparâmes à l'aller combattre ; nous répondîmes à l'appel des assiégés par le bruit de nos tambours ; nos plus braves défenseurs étaient excités au combat, non par cet instrument, mais par leur courage. Le sulthan monta à cheval, et fut suivi de l'élite des nations musulmanes, de Turks, d'Arabes, de Curdes, etc. Notre armée se porta sur le camp des ennemis qu'elle pilla, et où elle répandit beaucoup de sang. Les Francs abandonnèrent l'assaut et se tinrent en ordre de bataille sur leurs retranchements. Nos bataillons se réunirent afin de recevoir le choc de l'ennemi s'il voulait fondre sur eux : mais la chaleur du jour fit séparer les deux armées, et chacun retourna à son camp.

Le lundi 23, les infidèles revinrent assiéger la ville ; il y eut un combat semblable à celui de la veille, mais il fut plus violent et plus affreux : les musulmans y furent presque défaits ; car les Francs étant revenus sur leurs pas lorsqu'ils jugèrent que les nôtres s'étaient portés sur leurs retranchements, fondirent tout-à-coup sur eux, fantassins et cavaliers. Le combat

s'échauffa, on se perça, on se frappa ; les blessures et les douleurs se multiplièrent. Deux des nôtres obtinrent le martyre :
l'ange Redhwan les accompagna au paradis. Quant aux infidèles tués, ils furent jetés par Malck au feu éternel.

Après avoir fait le récit d'un nouveau combat livré au bord
de la mer, et où un grand nombre d'infidèles furent, dit-il,
précipités dans les flammes de l'enfer, l'historien parle de l'éloignement du marquis de Montferrat, qui, malgré les instances
les plus pressantes, s'en retourna à Tyr.

A la fin de djoumadi premier, l'armée de Sindjar arriva ;
elle fut suivie de celle d'Egypte et du Caire, et du fils du
prince de Mossoul.

Les Francs serraient la ville de si près, qu'on désespéra de
la conserver ; leurs machines avaient détruit les créneaux de ses
murailles. Le nombre des habitants était diminué ; il n'était
plus possible à personne d'y rester. Le courage des assiégés
était, comme la ville même, fort affaibli. Saladin était rempli
d'inquiétude pour cette place ; il écrivit alors pour demander du
secours. Omad, qui rapporte sa lettre, ne dit point à qui elle
fut adressée.

Il vint alors, de la part des Francs, un député qui demanda la permission de parler au sulthan. Les princes Adel et
Afdhal eurent une entrevue avec lui, et lui dirent : « Tout député n'a pas la faculté d'approcher le sulthan, et ne l'obtient
pas qui veut ; il faut d'abord qu'il sache si cela est agréable ou
non au sulthan. » Le député exposa aux princes la cause et
l'objet de sa mission. Le sulthan l'ayant appelé, ils l'introduisirent auprès de lui. Le député donna à Saladin le salut
du roi d'Angleterre, et lui dit : « Mon maître desire vous
entretenir et vous entendre. Si vous lui accordez un sauf-
conduit, il viendra vous trouver, et vous découvrira ses intentions ; ou, si vous l'aimez mieux, vous vous rendrez en-

semble dans la plaine d'Acre, dans un endroit écarté des deux armées, et vous traiterez séparément de l'affaire qui m'amène. » Le sulthan lui répondit : « Si nous avons une entrevue, il ne comprendra pas mon langage, ni moi le sien ; l'affaire ne pourra être clairement exposée ni par son interprète, ni par le mien. Il vaut mieux que le député serve d'interprète ; peut-être rapportera-t-il exactement les demandes faites de chaque côté. » Le député insistant sur une entrevue, il fut convenu qu'elle aurait lieu avec Malek-Adel. Le député obtint un sauf-conduit, et le roi fut long-temps à venir. On nous rapporta que les princes francs l'avaient détourné de cette entrevue, qu'ils lui avaient représentée comme dangereuse. Mais quelque temps après le roi envoya son député pour démentir ce qu'on avait dit, que c'était d'après les ordres des Français et l'empire qu'ils exerçaient sur le roi, qu'il n'était pas venu. Le député, parlant au nom du roi, dit que c'était d'après sa volonté que se réglaient les affaires. « Je gouverne et ne suis point gouverné, ajouta-t-il ; j'ai tardé, à cause de la maladie qui m'est survenue, et n'ai pu exécuter ce que je me proposais. » Après cela, le député dit : « C'est la coutume de nos rois de se faire des présents, quoiqu'ils soient en guerre entre eux. Mon maître peut en faire au sulthan qui lui conviendront. Me permettrez-vous de les apporter, et vous seront-ils agréables, venant de la main d'un député. » Malek-Adel répondit « que le présent serait volontiers accepté, à condition qu'on en offrirait un autre en échange. — Nous avons, reprit le député, des faucons et des oiseaux de proie ; le voyage sur mer les a fait souffrir ; ils languissent, ils périssent de maigreur. Nous desirons, pour les nourrir, avoir des poules et des poussins ; et quand ils seront rétablis et engraissés, nous vous les apporterons en présent, tels qu'ils seront. — Il est hors de doute, repartit Adel, que votre roi est malade, et qu'il a besoin de poules et de poulets ; nous lui en enverrons autant qu'il en voudra. Il n'est pas nécessaire qu'il se serve du prétexte de faucons à nourrir , pour en demander; parlons d'autre chose. » L'entretien finit là, et la négociation fut rompue jusqu'au lundi 6 de djoumadi second , où le roi d'Angleterre envoya un certain duc, qui amena avec lui un Africain prisonnier , et l'offrit en présent au sulthan ; en lui donnant le salut de la part du roi. Le sulthan fit à ce député présent d'une robe d'honneur , et prépara au roi un autre présent en échange du sien. Le jeudi 9 du même mois , trois députés sortirent du camp ; ils demandèrent pour le roi des fruits et de la neige. Le sulthan leur en fit donner abondamment. Ils demandèrent ensuite à voir le marché du camp, et le sulthan leur donna la permission de tout voir.

Le but des Francs , en réitérant leurs ambassades, était de ralentir l'ardeur des musulmans. Pendant ce temps , leurs machines ne cessaient de battre la ville , et leurs balistes de lancer des pierres énormes ; les remparts étaient en partie ruinés, les fondements en étaient ébranlés. Les murs étaient au moment de crouler entièrement; il n'y avait aucune force qui pût les raffermir. On reconnut en outre que la garnison était insuffisante pour défendre la ville et pour contrebalancer les troupes des ennemis ; que le petit nombre dont elle était composée ne pouvait résister, et que la sortie de la première garnison, pour faire place à une nouvelle, avait été funeste. Lorsque le sulthan apprit, le 7 de djoumadi second , le danger de la ville, il s'en approcha avec son armée. Il fit battre le tambour, et ordonna à ses troupes de se tenir prêtes à combattre. La bataille dura depuis l'aurore jusqu'au coucher du soleil. On reçut de la place des lettres qui annonçaient la détresse de la garnison et l'extrême faiblesse des assiégés. On y disait qu'il ne restait plus qu'à livrer Acre, s'il n'arrivait rien de nouveau. Ces lettres répandirent l'inquiétude dans tous les cœurs..

L'ennemi avait déjà percé le mur extérieur, ce qui augmentait encore la crainte. Dans cet état de choses, Seiff'eddin obtint un sauf-conduit pour aller trouver le roi de France. Il s'y rendit avec un interprète, et lui dit : « Vous savez que lorsque nous nous sommes rendus maîtres de vos places, nous avons cédé à vos desirs, en accordant sûreté aux habitants et en leur permettant de choisir un asile sûr. Nous vous livrerons la ville à la même condition, et vous retirerez un grand avantage de cet arrangement. — Le roi de France lui répondit : « Je verrai quelle résolution je prendrai à votre égard, et je vous la ferai connaître. » Seiff'eddin se leva tout irrité, et quitta le roi sur-le-champ, en proférant des paroles menaçantes. « Nous ne livrerons point la ville, dit-il, que nous ne soyons tous tués ; mais vous serez renversés avant nous. Il n'y en aura pas un de nous de tué que cinquante des vôtres n'aient péri. »

Quand on sut le retour de Seiff'eddin, et qu'il n'avait pas atteint son but, plusieurs émirs, las des travaux du siége, équipèrent une barque et prirent la fuite ; mais quelques-uns, en fuyant, s'en allèrent dans la demeure éternelle ; les autres se rendirent secrètement à l'armée, se séparant ainsi de leurs compagnons, dont ils refusaient de partager les travaux. Ceci arriva la nuit du 5 du mois.

Saladin écrivit au prince d'Arbelles une lettre dans laquelle il attribue le découragement des habitants d'Acre à cette fuite.

Le même jour, le sulthan ordonna aux émirs de monter à cheval et de se porter sur les ennemis. Sazam'eddin planta lui-même son étendard sur les retranchements des Francs, et se tint auprès avec ses braves, attendant l'heureuse issue du combat. Il avait été convenu avec les habitants de la ville et nous, qu'ils sortiraient pendant la nuit, cavaliers et fantassins, et qu'ils se rendraient du côté du fleuve, où ils se défendraient avec leurs épées.

Le samedi, les Francs montèrent à cheval, se couvrirent

de leurs cuirasses, et se réunirent de manière à faire croire qu'ils avaient intention d'en venir aux mains. Nous desirions combattre. Quarante cavaliers francs s'avancèrent, et demandèrent à parler à quelques-uns des nôtres; ils appelèrent entre autres un des mamelouks nazerites, qui alla aussitôt à eux. Les Francs s'avancèrent et lui annoncèrent que le prince de Sidon venait avec les siens, et demandait à avoir une entrevue avec Modjir'eddin. Cet émir était un des commissaires ordinaires du sulthan. Lorsqu'il se fut présenté, le prince de Sidon l'envoya au sulthan pour traiter de la sortie de la garnison d'Acre avec la vie sauve; mais les Francs demandaient des choses qu'on ne pouvait leur accorder. Ils voulaient qu'on leur remît toutes leurs places, et qu'on leur rendît tous leurs prisonniers. On leur offrit de leur livrer la ville avec tout ce qu'elle renfermait, excepté les guerriers; mais ils ne voulurent pas. On leur offrit de leur envoyer un prisonnier pour chaque individu musulman; ils refusèrent cette nouvelle proposition. On y ajouta qu'on rendrait la croix du crucifiement. Ils se retirèrent.

Le vendredi 17 de djoumadi second, les troupes des Francs se portèrent sur la ville comme un torrent débordé qui va se jeter dans un lac. Ils escaladèrent aussitôt les murs à demi-ruinés; mais les assiégés fondirent sur eux comme le lion sur sa proie, les repoussèrent et les empêchèrent d'entrer dans la place. Ils ne cessèrent de combattre jusqu'à ce que leurs forces fussent épuisées et leurs épées émoussées. Les habitants virent alors que les Francs allaient s'emparer de la ville et que pas un d'eux ne survivrait. Seiff'eddin et Housam'eddin sortirent pour demander à capituler. Ils obtinrent la vie sauve et la liberté d'emporter leurs effets, moyennant deux cent mille écus d'or, et la reddition de cent quatre-vingts prisonniers nobles et de quinze cents d'un rang ordinaire. Ils s'engagèrent aussi à rendre la croix du crucifiement, et à donner au marquis dix mille écus d'or et quatre mille à ses gens. Après cette capitulation, nous vîmes tout-à-coup les étendards francs plantés sur les murs d'Acre. Nous ignorions comment le traité avait été fait, et il n'y eut aucun de nous qui ne fût affligé. Le décret de Dieu eut son effet. Les consolations étaient bien faibles, et l'espérance nous avait fui.

Le sulthan attribua la cause de cette infortune à Taki-eddin et à tout ce qui arriva dans sa marche. Cet émir était parti à condition qu'il reviendrait avec le double de troupes; mais il employa son temps et ses forces à prendre la ville d'Helata et à envahir le Diarbeckr, où il jeta le trouble et la confusion. De-là la réduction de l'armée musulmane, qui ne put défendre Acre, dont la garnison était insuffisante. Saladin, pendant la nuit, transféra ses bagages dans un endroit plus tranquille, c'est-à-dire, à Schafai. Il resta dans une petite tente, livré à de tristes réflexions sur ce qui venait de se passer. Au point du jour, le 19 du mois, il retourna au camp, supportant patiemment le décret divin, contre lequel il était impossible de revenir. Nous allâmes auprès de lui; il était triste et inquiet de l'avenir. Nous lui offrîmes des consolations. Nous lui dîmes : « Cette ville est une de celles que Dieu a prises et que son ennemi a recouvrées. » J'ajoutai : « La loi n'a pas péri pour une ville perdue. La confiance en Dieu ne doit pas être moindre. »

Ce jour-là, Achous sortit, de la part de Bocheddin-Carakous, pour annoncer quel était le tribut qui avait été convenu, et dire quelle somme d'argent il fallait recueillir. Il faut remettre avant la fin du mois, dit-il, la moitié de la somme convenue, tous les prisonniers et la croix du crucifiement. Si vous différez de livrer quelqu'une de ces choses, nous resterons dans les fers. Quant au reste de l'argent, on attendra jusqu'à l'autre mois. » Le sulthan assembla ses principaux officiers, et leur demanda conseil. Ils lui répondirent : « Les fidèles sont nos frères, les musulmans sont nos compagnons, nous ne pouvons apporter aucune excuse ; nous donnerons ce qu'on exigera pour eux. » Le sulthan fit aussitôt recueillir l'argent, et se le fit apporter. Les Francs entrèrent dans la ville, mais ils n'observèrent point les clauses du traité, car ils empêchèrent les nôtres de sortir ; ils les entourèrent eux et leurs effets, comme s'ils les eussent voulu retenir en prison. Ils demandèrent ensuite l'argent promis. Le sulthan fit recueillir toute la somme, et la fit déposer dans son trésor. Il fit apporter la croix qu'ils avaient demandée et que nous leur avions enlevée. Omad prétend que Saladin la garda ensuite, non par honneur, dit-il, mais parce que rien ne fait plus de peine aux chrétiens que de la savoir entre les mains des musulmans. On satisfit pleinement, ajoute-t-il, aux articles de la capitulation. Bientôt les Francs nous donnèrent des preuves de leur perfidie et de leur fraude.

Les Francs sortirent à la fin de djoumadi second, et vinrent près du rivage s'étendre dans une plaine ; ils s'approchèrent des puits que les musulmans avaient creusés. Il y eut là un combat auquel Saladin vint prendre part : les ennemis furent mis en fuite, et il y eut cinquante cavaliers de tués.

Le vendredi 8 de redjeb, il vint des députés pour fixer le tribut qui devait être le prix de la délivrance des captifs qui étaient dans Acre ; ils annoncèrent que le roi de France s'était retiré à Tyr, qu'il avait mis un duc (le duc de Bourgogne) à sa place, et qu'il se préparait à retourner dans ses états. Ce prince avait confié au marquis le soin de recevoir sa portion du tribut, parce qu'il était content de son administration. Le sulthan envoya après lui un ambassadeur qui lui porta de beaux présents. L'historien prétend qu'il y eut des difficultés sur l'exécution du traité, et il accuse les Francs d'avoir exigé en un seul paiement, fait sans délai, toute la somme convenue, qui ne devait être comptée que par parties et en deux temps. On leur présenta la vraie croix, dit-il, ils la reconnurent et fléchirent le genou. Ils virent que tout était prêt pour l'exécution du traité, mais les preuves de leur fraude parurent bientôt.

Le mercredi 21 de redjeb, les Francs apportèrent leurs tentes dans la plaine d'Acre, et les y dressèrent. Le roi d'Angleterre sortit accompagné d'infanterie et de cavalerie.

Le mardi soir, 26 du même mois, tous les Francs sortirent de leur camp, et s'avancèrent jusqu'à la plaine qui est entre les colines Aïdia et Kizan. Les sentinelles vinrent avertir le sulthan. L'armée musulmane se mit aussitôt en marche, les rangs serrés et les épées nues. Les Francs avaient amené les prisonniers musulmans liés avec des cordes. Quand nous fûmes en leur présence, ils tombèrent sur ces prisonniers et les tuèrent jusqu'au dernier; ils les jettèrent ensuite tous dans des fossés. Notre armée irritée fondit sur eux. Le choc fut violent : il y eut un grand nombre d'infidèles tués. Nous perdîmes un Curde et un Bédouin qui se distinguaient par leur habileté; ils allèrent boire les eaux de la miséricorde dans le fleuve du paradis. Lorsque les Francs furent retournés à leur camp, nous vîmes les martyrs musulmans tout nus sur le champ de bataille. On alla à eux; ils reconnurent leurs amis, leur racontèrent ce qu'ils avaient fait dans la voie de Dieu, quel honneur ils avaient acquis, quel avantage le martyre leur avait procuré, et de quelle béatitude ils jouissaient par la perte de leur sang. Les Francs ayant violé le traité et déchiré la capitulation, Saladin employa à son gré l'argent qu'il avait recueilli pour l'acquittement du tribut. Il fit des largesses, et renvoya à Damas tous les prisonniers Francs pour qu'ils servissent de nouveau leurs maîtres; car on les avait enlevés aux habitants de cette ville, et on les avait fait venir pour tenir lieu de rançon aux prisonniers musulmans.

Nous devons faire observer ici que l'historien, depuis la prise d'Acre par les Francs jusqu'au traité de paix conclu avec le roi d'Angleterre, apporte beaucoup de réserve dans le récit des différents combats qui eurent lieu entre les musulmans et les chrétiens : comme ces combats étaient presque toujours funestes aux premiers, qui avaient rencontré dans Richard un ennemi plein de courage et d'activité, il n'est pas surprenant que l'historien de Saladin se soit efforcé de dissimuler les revers du sulthan. Les écrivains arabes sont d'ailleurs, comme on a pu le voir jusqu'ici, dans l'habitude d'atténuer les défaites des musulmans et de les convertir même en victoires. Nous ne ferons donc qu'indiquer désormais les principales affaires dont les *Deux Jardins* ne présentent plus qu'une relation infidèle.

Saladin, informé que les Francs devaient se mettre en route pour aller à Ascalon, envoya des émirs reconnaître les localités et examiner les endroits où il serait permis d'en venir aux mains avec l'ennemi. D'après le rapport de ces émirs, il fut convenu qu'on réunirait les troupes sur le chemin qui fut désigné; qu'on devancerait les Francs quand ils seraient en marche, et qu'on apporterait tous les obstacles possibles à leurs entreprises.

L'auteur fait alors le récit des combats que les musulmans livrèrent aux Francs pendant leur marche. « Arrivés à Haïfa, dit-il, les ennemis éprouvèrent encore une défaite; le glaive ravagea leur arrière-garde. Délivrés de la morsure de l'épée et des dents des flèches, ils séjournèrent dans cette ville pour y guérir leurs blessés. » Ce fut peu de jours après qu'eut lieu le combat d'Arsur dont les auteurs arabes précédents ont parlé, et que Gauthier Vinisauf a décrit avec les plus grands détails.

Les Francs se mirent en marche au commencement de schaban; le sulthan partit aussitôt du côté opposé, et leur tua, ou blessa, ou prit beaucoup de monde; il fit tuer tous les

prisonniers qu'on lui amena. Arrivés à Haïfa, les Francs y
campèrent et les musulmans s'arrêtèrent à Kaimon. Ils arrivèrent au fleuve, appelé le fleuve du Roseau, maltraités,
épuisés, privés d'espérance et presque mourants. Lorsqu'ils
étaient trop harcelés dans leur marche, ils s'arrêtaient; lorsque
les épées et les lances les atteignaient, ils s'éloignaient et se remettaient en marche.

Après ces récits, l'auteur rend compte d'une entrevue du
roi d'Angleterre avec Malek-Adel. Dans cette entrevue le roi
parla à-peu-près en ces termes : « Depuis long-temps la guerre
existe entre nous. Nous sommes venus au secours des Francs
de la Palestine; faites la paix avec eux, et nous retournerons
tous dans notre pays. — A quelle condition se fera cette paix,
demanda Adel. — A la condition, reprit le monarque anglais,
que toutes les places que vous leur avez enlevées leur seront
rendues. — Nos fantassins et nos cavaliers périront plutôt,
répartit Adel. » Le prince anglais se retira en colère; c'était
le fils d'Honfroi qui servait d'interprète. Quand le sulthan eut
appris de son frère Adel ce qui venait de se passer entre lui
et le roi d'Angleterre, et les propositions exhorbitantes que
faisait celui-ci, il rassembla toutes ses troupes le vendredi
matin; il fit venir ses plus braves soldats et mit ses bagages
en route; il resta tout le jour à la tête de ses troupes, l'ennemi
resta immobile sous ses drapeaux. Le samedi matin, 14 de
schaban, les Francs s'avancèrent vers Arsouf avec leur cavalerie et leur infanterie réunies; un nuage de poussière s'élevait
au-dessus d'eux. Nos troupes allèrent à leur rencontre, et nos
flèches les environnèrent comme les cils entourent les yeux; les
épées étincelaient à travers le nuage de poussière. Les Francs
marchaient d'un pas accéléré; ils étaient bouillants d'ardeur.
Ils s'étendirent, et nos troupes s'approchèrent d'eux; il y eut
alors une mêlée sanglante. L'ennemi, repoussé par nous, s'ap-

procha d'Arsouf après avoir éprouvé une grande perte; puis il se précipita tout-à-coup et en même temps sur nos troupes invincibles qu'il fit reculer ; peu s'en fallut qu'il ne les dispersât : mais les nôtres se serrèrent et échappèrent ainsi au danger. Plusieurs dans ce violent combat reçurent le matyre, et, obéissant au décret de Dieu, acquirent le paradis. L'infanterie d'élite fondit ensuite sur les Francs, les repoussa avec vigueur, et de manière à les empêcher de recommencer ; elle leur fit tourner le dos, leur tua des cavaliers, et fit périr tous ceux qui se présentèrent sous ses coups. L'ennemi arriva à Arsouf après avoir eu beaucoup de monde blessé ou fait prisonnier ; il traversa cette ville, et alla camper près des eaux : le sulthan passa la nuit auprès du fleuve Aoudja. Le dimanche l'ennemi resta tranquille pour se reposer de sa fatigue. Le lundi, il se mit en marche pour Jaffa, afin d'aller y prendre des rafraîchissements. Notre armée le harcela jusqu'à ce qu'il y fût parvenu.

Le sulthan étant arrivé dans les plaines d'Ascalon , se mit en devoir d'exécuter ce qu'il avait projeté. Lorsqu'il était à Ramlah, il avait assemblé un conseil d'émirs , à la tête desquels était son frère Adel. On y avait décidé qu'il fallait détruire Ascalon; ce qui fut exécuté. « J'entrai dans cette ville, dit Benschadd , et je la parcourus ; elle était belle et bien fortifiée. J'arrosai ses ruines de mes larmes ; je pleurai sur ces ruines : le sulthan ne se retira que lorsque les traces en furent effacées et tous les édifices renversés. Le roi d'Angleterre, continue l'historien, étant allé avec quelques cavaliers protéger ceux qui faisaient du bois et qui fourrageaient, fut surpris dans une embuscade. Il allait être pris lorsqu'un des siens le délivra en faisant voir le riche vêtement dont il était couvert, on le prit pour le roi, et il fut fait prisonnier.

Peu de temps après, Richard envoya un député à Adel pour

traiter de la paix et faire amitié; le roi exposa qu'il avait une sœur qui lui était très chère, et qui avait été mariée au roi de Sicile. Ce prince étant mort, le roi d'Angleterre desirait la marier à Adel, à condition que le sulthan donnerait à la princesse le gouvernement des places maritimes; qu'il assignerait aux Templiers et aux Hospitaliers des villes et des bourgs, mais non des places-fortes, et que la sœur de Richard demeurerait à Jérusalem avec les prêtres et les religieux. Cet arrangement convenait à Adel, qui demanda avis au sulthan : tous deux se concertèrent pour faire la réponse. « Je me trouvai au conseil qui eut lieu, dit Omad, avec Boha'eddin et plusieurs émirs. » On écrivit au roi d'Angleterre qu'on acceptait ses propositions; mais les Francs allèrent trouver la princesse; ils l'effrayèrent et lui dirent qu'ils suspectaient sa religion. Ils lui firent de graves et durs reproches, et la traitèrent de rebelle au Christ. La princesse changeant d'opinion, déclara à son frère qu'elle ne voulait plus donner son consentement. Le roi s'excusa auprès d'Adel, et lui annonça que l'alliance ne pouvait avoir lieu à moins qu'il n'embrassât la religion chrétienne. Adel vit bien qu'il avait été trompé. Peu de temps après il y eut une nouvelle entrevue que l'auteur raconte en ces termes :

Le 18 de schowal Malek-Adel dressa trois tentes près des avant-postes pour le roi d'Angleterre. On y prépara tout ce qu'il y avait de meilleur en fruits, apprêtés avec du miel et du sucre. Le roi d'Angleterre arriva; l'entrevue fut longue, et les deux princes, à ce qu'il parut, se séparèrent d'accord et amis. Le roi s'en alla, emmenant avec lui le secrétaire d'Adel qui devait visiter les captifs détenus à Jaffa et terminer ce qui concernait leur délivrance. Le prince de Sidon était déjà arrivé de Tyr de la part du marquis qui desirait faire la paix avec le sulthan, et lier amitié avec lui, afin de l'avoir pour appui contre le roi d'Angleterre, et revendiquer pour lui seul l'administration des affaires.

Lorsque le roi d'Angleterre le sut, il envoya de nouveau son député, en secret, pour faire des demandes. Adel s'en alla avec le prince de Sidon porter au sulthan une copie du traité d'alliance qui venait d'être fait avec lui. Quant à la députation du roi d'Angleterre elle n'eut aucun résultat, tant ce prince était changeant: car toutes les fois qu'on faisait avec lui quelque traité, il le défaisait et le rompait. Lorsqu'une affaire était arrangée conformément à la justice, il la changeait ou l'embrouillait. Lorsqu'il donnait sa parole, il la retirait ; lorsqu'il demandait le secret, il ne le gardait pas lui-même. Combien de fois avons-nous dit : il tiendra sa promesse, et il ne la tenait jamais; il s'est toujours déshonoré par cet endroit.

Le 3 de doulkaada les Francs se mirent en marche pour Ramlah et vinrent camper dans ses environs. Il était hors de doute qu'ils se proposaient d'aller à Jérusalem. Le sulthan envoya chaque jour contre eux des troupes qui les inquiétèrent; il se livra des combats assez vifs, dans lesquels plusieurs infidèles succombèrent ou furent faits prisonniers ; mais il tomba des pluies fréquentes, les chemins devinrent difficiles, le sulthan leva le camp et se transporta ailleurs.

Le vendredi le sulthan monta à cheval ; la pluie tombait ; je l'accompagnais et nous marchions vers Jérusalem ; nous y arrivâmes avant le coucher du soleil. Le sulthan descendit dans la maison des prêtres, voisine de l'église de la Résurrection, et résolut d'y rester. Il donna des ordres pour fortifier la ville et pour y assurer la tranquillité.

A la nouvelle que les Francs étaient arrivés à Natroun, les peuples se réunirent, les esprits furent agités, et la tranquillité cessa ; le jeudi, 7 du mois, il y eut un combat dans lequel les ennemis furent mis en déroute. Le prince de Schayzar, venant avec des troupes, tomba également sur les ennemis, leur tua deux chefs, leur fit quatre prisonniers et en laissa plusieurs sur le champ de bataille; il leur prit plusieurs chevaux abandonnés par des cavaliers, qui avaient cherché leur salut dans les montagnes. Le 15 du même mois, Seiff'eddin et Alim'eddin tombèrent sur les Francs du côté de Ramlah, leur emmenèrent des chevaux, des mulets et trente prisonniers qui furent conduits devant le sulthan.

Les Francs, ne pouvant se maintenir, partirent pour retourner à Ramlah, et la route fut pour eux pleine de difficultés et de dangers. De Ramlah ils s'enfuirent vers le rivage de la mer.

Il nous vint dans le même temps de Mossoul une troupe de cinquante pierriers qui, réunis, auraient pu couper une montagne. Le prince de Mossoul les avait envoyés à Jérusalem pour creuser des fossés profonds et tailler des pierres. Il avait assuré les fonds nécessaires pour fournir à tous leurs besoins. Il les avait mis sous la conduite d'un de ses chambellans, qui devait leur distribuer de l'argent tous les mois. Ils restèrent une demi-année, pendant laquelle ils achevèrent leur ouvrage. Le sulthan voulut que les fossés fussent profonds, et qu'on fît de nouveaux murs solides. Il fit venir près de deux mille prisonniers francs, et il les employa à ces deux ouvrages. Il renouvela les grandes tours depuis la porte *des Colonnes* jusqu'à celle du Mihrab. On ne peut compter tout l'argent qu'il dépensa pour ces travaux; on se servit de pierres grandes et pesantes. Tout ce qui fut construit eut la solidité et la fermeté du roc. Les pierres qu'on tira des fossés servirent à la construction des murs. Tous ces travaux, faits pour la sûreté de Jérusalem, mirent cette ville à l'abri des attaques de l'ennemi. Le sulthan partagea l'inspection de l'ouvrage entre ses fils, son frère Adel et ses émirs; lui-même montait à cheval tous les jours et allait inspecter les ouvrages. A son exemple tous sortaient pour porter des pierres au lieu des constructions; les savants, les juges, les sofis, les gens du peuple, les valets de l'armée, les habitants de la ville et des faubourgs s'y rendaient à l'envi. On fit en très peu de temps ce qu'on aurait fait à peine en deux ans. Saladin apporta la plus grande diligence à fortifier l'asile des fidèles.

An 588 (1192). L'historien rend compte de quelques autres combats livrés, l'un, près de Ramlah, où les Francs furent victorieux; l'autre, à Ioubna, où Saladin surprit l'ennemi et lui tua beaucoup de monde. Après cela il raconte ainsi l'assassinat du marquis de Montferrat : Le 3 de rebi second, le marquis fut tué à Tyr. Voici comme la chose arriva : deux hommes entrèrent dans Tyr et se firent chrétiens; ils se montrèrent pieux et dévots; ils étaient assidus à l'église, ils obtinrent les éloges des prêtres et des moines. Le marquis les recevait et ne souffrait pas qu'ils s'éloignassent de lui. Un jour ils se jetèrent sur lui et le tuèrent; ils furent pris et tués. On reconnut que c'étaient des *Assassins*. Le roi d'Angleterre donna la place du marquis au comte Henri. Il se réjouit de cette mort, car il était mal avec le marquis; celui-ci avait écrit au sulthan de l'aider contre le roi d'Angleterre. Cette mort tranquillisa l'esprit du monarque; le comte Henri épousa la femme du marquis la nuit même du jour où celui-ci fut tué. Les Francs se soumirent à son autorité. Omad (1) dit que ce fut en sortant de dîner chez l'évêque de Tyr que le marquis fut assassiné. Un des deux assassins se réfugia dans l'église; le marquis blessé et respirant encore demanda à y être porté; lorsqu'il y fut, l'assassin se

_____

(1) Ce que dit Omad sur l'assassinat du marquis doit paraître suspect de la part du secrétaire de Saladin, et ne pourrait détruire ce qu'en a dit Ibn Alatsyr, qui attribue cette mort au sulthan : mais la cause de cet événement est restée jusqu'ici un véritable problème. On a vu, dans le volume précédent, que Paulus Æmilius l'attribue à la vengeance de Honfroy de Thoron.

jeta sur lui et le perça de nouveaux coups. Les Francs s'emparèrent des deux meurtriers. Lorsqu'on les interrogea pour savoir qui les avait portés à commettre ce meurtre, ils répondirent que c'était le roi d'Angleterre. Ils périrent par un cruel supplice. Cet assassinat du marquis ne nous fit point plaisir dans les circonstances où nous étions ; car quoique le marquis fût un des chefs de l'erreur, il était ennemi du roi d'Angleterre ; il disputait avec lui de l'empire et du pouvoir, et sur les petites comme sur les plus grandes choses ils étaient toujours en querelle. Pendant ces querelles, le roi d'Angleterre s'était étroitement lié avec le roi Guy; il lui avait montré une amitié tendre et fraternelle, et lui avait donné l'île de Chypre pour y régner. Lorsque son ennemi fut mort, il devint plus avide et plus inhumain. Cependant il ne cessa de parler de paix et d'envoyer des députés. Il se vantait d'avoir l'amitié de Malek-Adel, et soutenait que ce prince approuvait ses prétentions. Il demanda la moitié des villes, excepté Jérusalem et son château. Toutefois il voulait l'église de la Résurrection, que les infidèles regardent comme le fondement de leur religion. Le sulthan rejeta ces conditions; il exigea que les Francs renonçassent à Ascalon et à Jaffa, et leur offrit sûreté pour les places qu'ils possédaient.

Le 9 de djoumadi premier, les Francs s'emparèrent de la citadelle de Daron, entre l'Égypte et la Palestine. Tous les habitants en sortirent prisonniers, après quoi elle fut détruite. Déjà le roi d'Angleterre avait gagné des mineurs d'Alep avec l'argent qu'il s'était procuré par la prise d'Acre, et par leur moyen il fit sauter les murs de la ville. Les habitants de la forteresse avaient demandé un délai pour prendre conseil du sulthan; il leur fut refusé. Les Francs vinrent ensuite sur la colline Safia, puis à Natroun et à Betnouba. Cette place est dans un terrain bas, au milieu des montagnes ; il n'y a qu'un jour de chemin pour aller de là à Jérusalem. Les musulmans avaient porté le ravage dans ces lieux ; ils tendirent des embûches aux Francs sur toutes les collines : ce qui les encourageait, c'est que le sulthan restait constamment à Jérusalem. A la fin du mois les deux partis se rencontrèrent ; déjà l'ennemi était à Calounia, hameau distant de Jérusalem de deux parasanges ; mais se voyant inférieur en nombre, la crainte le fit retourner sur ses pas. Les musulmans le poursuivirent, lui tendirent des embûches et lui enlevèrent du butin.

Le 9 du même mois, on apprit que les Francs étaient partis de nuit et qu'on ignorait quel était leur dessein. Le sulthan soupçonna qu'ils allaient à la rencontre de l'armée qui venait de l'Egypte. Il envoya aussitôt des émirs pour prévenir cette armée et diriger sa marche. Ils la trouvèrent au lieu nommé *Hasi*, où elle campa, pensant qu'il n'y avait point d'ennemis de ce côté ; mais tout-à-coup les Francs survinrent et firent quelque butin. La plus grande partie de l'armée échappa. Parmi ceux qui la commandaient, était Fakhr'eddin, frère d'Adel par sa mère ; il se sauva avec tous ceux qu'il put emmener. L'auteur rend compte ensuite de la prise de Jaffa par les musulmans.

Lorsque le roi d'Angleterre, dit-il, vit que les armées étaient réunies, que les affaires devenaient plus difficiles, que Jérusalem résistait et qu'il avait éprouvé une défaite, il devint humble et modeste ; ses desirs diminuèrent ; il comprit qu'il ne pouvait opposer des forces égales aux forces nombreuses qui lui étaient opposées. Il représenta au sulthan que si la paix ne se faisait, il persisterait et s'exposerait à la mort et à toutes sortes de désastres, et qu'il retournerait, s'il le fallait, dans ses états, pour en ramener tout ce qui serait nécessaire à l'accomplissement de ses desseins. « La mer, disait-il, s'oppose en ce moment à la navigation et bat les vaisseaux. Si vous refusez la paix, je poursuivrai mon dessein; si vous voulez la guerre, je planterai ici mon bâton et ne m'écarterai pas de mon projet. Les deux armées sont fatiguées et découragées. Renoncez à Jérusalem, et je renonce à Ascalon. Ne luttez point en vain avec cette armée réunie de tous côtés, car l'hiver la dispersera. En persévérant dans les travaux de la guerre, nous nous jetons dans l'affliction. Acquiescez à mes desirs et recevez mon amitié; donnez-moi votre foi et regardez-moi comme votre ami. » Le sulthan ayant assemblé ses émirs, les consulta, leur révéla ses secrets et leur demanda leur avis. Il fut décidé qu'on accorderait la paix au roi d'Angleterre. J'assistai, dit Omad, à la conclusion du traité, et j'en écrivis les conditions. Le traité fut fait le mardi 21 de schaban de l'année 588, qui coïncide avec le 1er. juillet 1192. La paix fut conclue pour trois ans et huit mois. Elle fut générale sur terre et sur mer. On accorda aux Francs tout le territoire qui s'étend depuis Jaffa et Césarée jusqu'à Acre et Tyr. Ils se montrèrent très disposés à abandonner les autres villes qu'ils possédaient. Tripoli et Antioche, et les lieux voisins et éloignés, furent compris dans le traité. Saladin écrivit au divan une lettre sur l'expédition de Jaffa et sur la manière dont la paix avait été faite.

Le sulthan retourna à Jérusalem, et y fit achever tous les travaux commencés. Il permit aux Francs de visiter l'église de la Résurrection. Les Francs y vinrent et y trouvèrent sûreté. On leur permit de venir par troupes, les unes après les autres; ce qu'ils firent en effet. Ils disaient : « Nous avons combattu pour obtenir cet avantage pendant la paix. » Le roi d'Angleterre écrivit au sulthan; il le pria de n'accorder la permission de faire cette visite qu'à ceux qui auraient des lettres de lui-même, ou qui seraient conduits par son député. Il attendit que le sulthan eût consenti à sa demande. On dit que son but était de faire

retourner les Francs dans leur pays avant d'avoir satisfait leur
desir de faire cette visite, afin qu'ils fussent plus disposés à
revenir. Ceux qui étaient allés à Jérusalem se refroidissaient
pour un nouveau voyage, et plusieurs, sans raison, concevaient
du dégoût pour le pays. Le sulthan s'excusa dans sa réponse ;
il dit au roi : « Vous êtes maître de les arrêter ou de les laisser
partir. S'il en vient pour visiter l'église de la Résurrection, il
n'est pas de notre générosité de les repousser. » Il survint au roi
d'Angleterre une maladie, qui l'arrêta et l'empêcha de faire ce
qu'il desirait. Il se mit en mer, et fit voile, laissant l'administration des affaires au comte Henri, son neveu. Les Francs le suivirent, et il n'en resta pas un.

Après la paix, le sulthan revint à Jérusalem pour en visiter l'état, inspecter ses soldats et surveiller les travaux qu'il
y avait ordonnés. Il augmenta les revenus du collége ; il pourvut également à la maison qu'il avait donnée aux sofis, et y
affecta des revenus suffisants. Il désigna l'église qui est sur le
chemin de celle de la Résurrection pour en faire un hôpital ; il
y fit transporter des médicaments de toute espèce. Il fit construire des murs jusqu'à la chapelle de Sion, qu'il joignit à la
ville, et il fortifia tous les murs par des fossés. Il avait entre-
pris de faire le pélerinage de la Mekke, mais le décret de Dieu
s'opposa à cette entreprise. Il resta le mois de ramadhan, et fit
de grandes aumônes. Le juge Fadhel ayant appris que le sulthan avait intention de faire le pélerinage de la Mekke, lui
écrivit, et lui conseilla de renoncer à ce projet. « Les Francs, lui
disait-il, ne sont pas encore sortis de Syrie ; ils n'ont pas oublié Jérusalem. La foi qu'ils ont donnée n'est pas sûre ; il n'est
pas sûr non plus que les Francs qui restent en Syrie demeurent
tranquilles. Lorsque nos armées seront séparées, et que le
voyage du sulthan sera connu, ils se mettront en marche la

nuit, arriveront à l'improviste à Jérusalem, s'en empareront et l'enlèveront à l'islamisme. Ce sera une perte irréparable. »

Lorsque le sulthan eut tout réglé à Jérusalem, il se mit en marche pour Damas, dans l'intention de faire son pèlerinage. Il écrivit en Egypte et dans l'Yémen le dessein où il était, et il donna des ordres pour que des vaisseaux lui apportassent tout ce qui lui était nécessaire en vivres, en argent et en équipements. On dit au sulthan : « Si vous écriviez au khalife que vous êtes dans l'intention de faire votre pèlerinage, et que vous ne voulez point en être exempté, il croira que vous le desirez sincèrement ; mais le temps est critique, et il est dangereux que le bruit de votre voyage se répande partout ; car lorsque vous serez parti, les ennemis en prendront occasion de violer les traités, selon leur coutume. Ceux qui étaient auprès du sulthan ne cessèrent de le détourner de son projet. Ce fut le 5 de schowal que le sulthan sortit de Jérusalem. Il se porta sur le territoire de Birra, et passa la nuit près de la fontaine des Templiers. Le vendredi il alla dans les plaines de Naplouse, et s'y arrêta jusqu'au samedi, à midi. Il détruisit la tyrannie dans cette ville, et y mit des hommes honorables à la tête des affaires. Il alla passer la nuit près du lieu nommé Faradis. Nous campâmes là dans des prairies agréables. Le lendemain nous nous rendîmes à Djinin, puis à Beissan. Le sulthan monta dans la citadelle, qu'il trouva vide, et en mauvais état. Il jugea qu'il fallait la réparer et détruire Koukaba. Il se rendit à cette place, qu'il visita et où il passa la nuit. Le lendemain au soir il vint à Tibériade ; le jeudi il alla à Sefed, dont il fortifia la citadelle ; le vendredi il se dirigea vers la montagne Amala, et de là à Tabnin. La semaine suivante, il se dirigea sur Sidon, et entra le jeudi dans Béryte.

Le 21 de schowal, lorsqu'il sortait de cette ville, on vint lui

dire que Raimond, prince d'Antioche, escorté d'une troupe de
cavalerie, venait lui prêter obéissance et lui demander son appui. Le sulthan s'arrêta, descendit de cheval et fit entrer le
prince. Il le fit approcher de lui, lui parla avec douceur et le
fit asseoir. Le prince d'Antioche était accompagné de quatorze
barons. Le sulthan leur fit à tous de très beaux présents, et
s'étant ensuite occupé de leurs affaires, il détacha de ses possessions des fonds qu'il assigna à Raimond, et dont les revenus
étaient estimés vingt mille écus d'or. Il se montra également
libéral envers ceux qui accompagnaient le prince. Le sulthan
s'étonna que Raimond fût venu le trouver sans sauf-conduit. Il
le reçut honorablement, et lui accorda tout ce qu'il demandait.
Il prit congé de lui le dimanche, et partit. Le mercredi nous
entrâmes à Damas.

An 589 (1193). Le sulthan assembla son conseil dans la
nuit du samedi 6 de safar. Je restai une partie de la nuit auprès
de lui, et nous nous entretînmes ensemble. On fit les prières, et
lorsque le temps de se lever fut venu, je me retirai comblé des
bontés et des faveurs du sulthan. Le samedi matin je m'assis
dans la cour de son palais, attendant qu'il sortît pour dresser la
table, mais sa porte resta fermée. J'ignorais ce qui était arrivé
par un décret de Dieu. Un esclave sortit pour annoncer que le
sulthan était malade, et que la crainte était répandue dans le
palais. Malek-Afdhal ordonna à tout le monde de s'asseoir, et lui-
même s'assit sur le siége de son père, qui était de forme carrée.
L'honnêteté exigeait que ce siége fût vacant. Je tirai un mauvais augure de cette circonstance; je baissai les yeux; mon esprit fut agité de diverses pensées. J'allai visiter le sulthan dans
la nuit du dimanche. Chaque jour les cœurs s'affaiblissaient,
et le chagrin augmentait. Saladin passa de la demeure terrestre
à la demeure éternelle, le mercredi, au point du jour. Les ténèbres succédèrent à la lumière, et la lune s'évanouit le 27 du

mois. Il fut enseveli dans la citadelle de Damas, et avec lui
furent ensevelis la libéralité, l'excellence des vertus et le zèle
pour le culte de Dieu. Malek-Afdhal fit construire une coupole
près de la mosquée et sur le côté septentrional. Le corps du
sulthan y fut transporté le 10 de moharram de l'année 592
(1296.).

RÈGNE

DE BIBARS ET DE KELAOUN.

Nous avons eu plusieurs fois l'occasion de remarquer que les historiens arabes sont très laconiques, lorsque la fortune ne favorise point les musulmans : les Arabes semblent n'avoir travaillé à l'histoire que pour consacrer leurs victoires ; on pourrait renfermer en vingt pages tout ce qu'on peut lire, dans les auteurs orientaux, sur les premières époques des croisades. Ils ne commencent à parler de leurs guerres contre les Francs qu'au règne de Nour'eddin et de Saladin, époque à laquelle les colonies chrétiennes marchaient vers leur décadence. Comme sous le règne de Bibars et de Kelaoun on vit s'achever la ruine de la puissance des chrétiens en Syrie, ces deux sulthans ont eu, comme Nour'eddin et Saladin, de nombreux historiens ; le règne de ces deux princes musulmans, raconté par les chroniques arabes, peut être regardé comme le pendant des *Deux Jardins* que nous venons d'analyser. Ces deux ouvrages, ou plutôt ces deux recueils historiques auxquels ont concouru des hommes versés dans la connaissance des affaires de leur temps, donnent d'utiles notions sur la décadence des Francs en Syrie ; nous nous étendrons un peu moins sur le règne des deux derniers sulthans que nous ne l'avons fait sur celui de Saladin ; d'abord parce que les relations originales sont moins étendues, ensuite parce que plusieurs des événements qu'elles renferment se trouvent répétés dans d'autres chroniques dont nous avons donné l'analyse.

Tableau des belles qualités de MALEK-DHAHER
(BIBARS), *extrait de la Vie de ce prince* (1),
par SCHAFI, *fils d'*ALY-ABBAS, *secrétaire-d'état.*

An 661 (1263). L'émir Djemal'eddin Mohammed part pour
faire une invasion dans les états des Francs qui n'avaient pas
été compris dans le traité. Il devait également attaquer les
Arabes Zobeydys, à cause des dégâts qu'ils avaient faits et de
l'appui qu'ils avaient prêté aux Francs.

Dès le commencement de son règne, le sulthan avait cru
de sa sagesse de faire la paix avec les Francs, comme ils le
demandaient; mais ils ne s'en tinrent pas aux clauses du
traité, et se permirent des choses qui en étaient une violation
manifeste : 1°. ils avaient élevé une tour dans le faubourg d'Arsouf, tandis que les conventions portaient qu'ils ne pourraient
élever aucune construction nouvelle; 2°. ils avaient enlevé les
députés du sulthan qui allaient dans l'île de Chypre; 3°. ils
avaient promis de renvoyer les prisonniers musulmans, et ils
ne l'avaient pas fait.

Après s'être rendu à Nazareth, pour être témoin de cette
scène de destruction, le sulthan alla à son quartier de Na-
throun; il avança en grade tous ceux qui s'étaient distingués
par leur zèle dans cette expédition. Il fit ensuite un pélerinage à Jérusalem, distribua d'abondantes aumônes, donna

---

(1) Le cadhi Mohy'eddin, auquel on attribue cette vie de Bibars,
laquelle a été abrégée par Schafi, vivait sous le règne de Kelaoun.
On sait peu de choses sur lui. Si on en juge par son récit, il prit une
grande part aux affaires de son temps, et son témoignage paraît
digne de foi. Son histoire commence à l'année 661 de l'hégire (1263
de l'ère chrétienne.)

l'ordre de rétablir tout ce qui demandait des réparations, et alla enfin à Carac. Le sulthan aurait voulu conquérir Acre; mais jugeant que le moment n'était pas favorable, il aima mieux achever de soumettre ce qui lui présentait plus d'avantages.

An 662 (1263-4). Le sulthan apprend que le prince de Sys se mettait en devoir d'attaquer ses états; qu'il avait réuni beaucoup de monde, et armé un certain nombre de ses gens à la tartare. En conséquence le sulthan ordonna à toutes ses troupes de Syrie de se rendre auprès de Hossam'eddin-Ayn-Taby. Celui-ci s'étant mis à leur tête, attaqua le pays de Sys, le pilla, fit des prisonniers sans donner de relâche à ses soldats, et attaqua enfin Antioche. Cependant le prince de Sys, effrayé de cette brusque attaque, changea de desseins.

Cette même année les Francs furent attaqués sur tous les points de la Palestine.

Les Francs s'étaient réunis secrètement à Jaffa, dans l'intention de faire une invasion dans les états musulmans; mais la crainte les obligea à se disperser.

Les Francs attaquent les musulmans, en prennent un certain nombre avec leurs bestiaux et leurs richesses. Nasser'-eddin leur fait représenter que la paix qu'on leur avait accordée sur leur propre demande était encore en vigueur, et que ce procédé était une infraction au traité. Il chercha en même temps à les effrayer. Ils envoyèrent à l'émir un homme connu par sa finesse d'esprit, et qui était chargé de l'administration à Césarée, pour lui donner le change; mais l'émir retint cet homme, et ne consentit à le relâcher que lorsqu'on lui eût restitué tout ce que les Francs avaient emporté.

Il arriva des députés du roi de Séville avec des présents, qui consistaient en écarlate et autres étoffes. Ils étaient chargés de lettres, par lesquelles leur maître sollicitait amitié, bonne harmonie et protection pour les marchands et autres en relation avec ses sujets. Le sulthan accepta les présents, en donna d'autres en retour, et accéda à toutes ses demandes.

An 663 (1264-5). Cette année les Tartares, à l'instigation des Francs, assiégèrent Birra; cette forteresse est la plus avancée des états musulmans; c'est la clé de la Syrie, et comme une sentinelle avancée contre les mouvements des Tartares. Le sulthan avait déjà appris que ceux d'entre les Francs avec qui il était en guerre, avaient écrit aux Tartares pour les engager à profiter de cette occasion pour faire une invasion dans les états musulmans. On était alors dans le printemps, saison pendant laquelle les chevaux étaient au vert, et les troupes dispersées dans leurs quartiers. Le sulthan prenait alors le plaisir de la chasse dans le terroir de Kotbah. Il apprit que les Tartares avaient attaqué Birra en fort grand nombre, et faisaient jouer dix-sept machines contre la ville, qui se trouvait vivement pressée. Aussitôt le sulthan expédia l'émir Bedi-eddin-Baylik, trésorier, avec un corps de troupes, en lui ordonnant de presser sa marche, de manière à se trouver devant Elbyret en quinze jours. Il écrivit en même temps à son lieutenant en Syrie, l'émir Djemal'eddin-Nadjyby, et au prince de Hamah, de marcher du même côté en grande hâte. Il expédiait en outre des forces considérables, et marchait en personne avec l'avant-garde. Arrivé à Beyssan, il apprit que les Tartares, effrayés du nombre de troupes qui ne cessaient de passer l'Euphrate pour les attaquer, avaient pris la fuite précipitamment. Au moment que la nouvelle arriva, le sulthan était au bain; il sortit aussitôt, lut la lettre encore tout nu. Il ordonna de répandre la nouvelle de cet événement dans toutes ses provinces.

Pendant sa marche, Castellan (le châtelain) de Jaffa s'était présenté à lui et s'était proposé pour médiateur entre le sulthan et les princes francs. Le sulthan lui dit que si cette proposition était en son propre nom, il n'en tiendrait aucun compte, et qu'il devait commencer par déclarer si cette ouverture se faisait au nom des princes francs. Sur sa réponse affirmative, le sulthan reprit : « J'ai bien des griefs à leur opposer, » tels que la lettre qu'ils ont écrite aux Tartares pour les enga- » ger à faire une invasion dans mes états, et les courses et » les dégâts qu'ils y ont faits eux-mêmes : nos intérêts ré- » ciproques sont fort compliqués. On m'a dit aussi que les » Francs avec qui je suis en guerre, ont retiré chez vous une » quantité considérable de bestiaux pris sur moi, et cependant » la paix existe entre vous et moi. »

Le châtelain se découvrit la tête, et dit : « Ces bestiaux » appartiennent à des personnes qui me sont alliées. N'inter- » prétez pas mal cet acte de complaisance; car ils n'ont re- » tiré chez moi ces bestiaux que pour les mettre à l'abri, sa— » chant que j'ai l'honneur de vous faire ma cour. » Le sul- than n'insista plus.

Le sulthan délivré de l'inquiétude que lui avaient causée les Tartares, se dirigea secrètement vers Arsouf, paraissant tout occupé de la chasse ainsi que ses émirs à qui il avait ordonné de le suivre. Dans sa route, en allant à Césarée, il s'arrêta, fit dresser un pavillon avec une grande tente en face, et fit construire secrètement en deux jours cinq machines, sans que personne s'en doutât. Les soldats reçurent ordre de s'armer sans savoir où on allait les envoyer. Enfin, au point du jour ils se trouvèrent devant Césarée, et la prirent d'assaut. Les ha- bitants, qui s'étaient retirés dans la citadelle, désespérant de se défendre, l'abandonnèrent. Les musulmans s'y précipitèrent pour la piller. Elle fut prise le 17 de djoumadi premier. Pen- dant qu'on s'occupait de la détruire, quelques émirs furent détachés vers Atelyet; ils prirent Meiloubet et Haïfah qu'ils détruisirent, et emmenèrent prisonniers quelques-uns des ha- bitants qui s'enfuyaient vers la mer.

Le sulthan s'avança avec peu de monde vers Atelyet pour examiner les endroits faibles qui pourraient lui en faciliter la conquête. Après avoir dressé sa tente, et fait sa prière dans une île voisine, il fit ravager les environs de cette ville, qui était florissante et très peuplée; cela fait, il retourna à Césarée pour achever de la raser, renvoyant à un autre moment l'attaque d'Atelyet.

Le sulthan arrive devant Arsouf à la fin de djoumadi premier. Les Francs, quoiqu'étonnés de le voir, se préparent à une vigoureuse défense. Le sulthan entreprit de faire combler le fossé et de creuser une galerie couverte; mais grâce à l'ardeur des Francs, tout ouvrage des musulmans était à l'instant la proie des flammes. Nos troupes venaient, après des efforts inouïs, de combler le fossé avec des poutres, des arbres entiers et des pierres. Mais les assiégés firent une trouée à leurs murailles, versèrent sur ces ouvrages de l'huile, de la graisse de cochon et autres matières inflammables; en même temps ils approchèrent des soufflets par l'ouverture; en un moment tout fut embrasé. En vain les musulmans essayèrent-ils d'arrêter l'incendie. Le sulthan, convaincu de l'inutilité de ses efforts, essaya d'un autre expédient; il ordonna de creuser des tranchées depuis le fossé, et d'y pratiquer plusieurs portes. En même temps l'émir Kermoun-Aga était chargé de faire jouer une machine qui lançait sept traits à-la-fois, et qui fit beaucoup souffrir les assiégés. D'autres machines arrivèrent également de Damas en six jours. Le siége continua quarante jours sans relâche. Cent quintaux de fer furent employés dans les travaux du siége. Les Francs, pendant ce temps-là, recevaient des secours par mer en hommes et en argent; mais enfin le moment marqué pour la prise arriva. La première partie entamée fut la Baschouret; au moment où elle s'écroulait, les musulmans s'y précipitèrent tous à-la-fois: les Francs, réduits à l'impuissance, demandèrent à capituler, ce qui leur fut refusé. Les musulmans esca-

ladèrent les murs, et se vengèrent des maux qu'ils avaient
soufferts. Ceux qui échappèrent au massacre furent emmenés
prisonniers; les blessés furent transférés à Jaffa; on comptait,
parmi ces derniers, mille frères (Templiers ou Hospitaliers)
d'entre les plus distingués. Ce qui est digne de remarque, c'est
qu'un scheik, qui faisait du bruit par ses vertus et qui était
tombé en défaillance en arrivant vers la fin du siége, recouvra ses esprits au moment que la Baschouret tombait sous
les coups des musulmans; on attribua ce succès à l'efficacité
de ses prières. Nous nous dispensons d'entrer là-dessus dans
de plus grands détails. Cette forteresse fut prise le jeudi 11 de
redjeb, et fut entièrement rasée.

Le sulthan fit transporter les machines du siége dans les
villes voisines, telles que Adjloun, Carac; il partit le 23 de
redjeb, et fut de retour au Caire le 11 de schaban. La ville
était illuminée; les prisonniers marchaient devant lui les drapeaux renversés dans leurs mains, et portant à leurs cous des
croix brisées en morceaux.

An 664 (1265). Au mois de safar l'émir Alem-eddin-Albas-
chkendy, commandant d'Emesse, apprit que le prince comte
de Tripoli concentrait ses forces, et qu'il avait demandé du
secours aux princes francs et aux *chevaliers* (1) dans l'intention de faire une attaque sur Emesse. L'émir, se tenant sur
ses gardes, fit surveiller le prince; et quand celui-ci partit de
Tripoli, l'émir, prévenu à temps, vint l'attendre au passage
d'un gué; quand les chrétiens arrivèrent et qu'ils virent l'émir
bien fortifié, ils furent saisis de terreur et prirent la fuite.
L'émir se mit à leur poursuite l'épée dans les reins, et leur
prit ou tua beaucoup de monde. Il retourna ensuite, tout fier

---

(1) Littéralement *Maisons*. Les Arabes désignent par ce mot les
ordres religieux.

de cet éclatant succès. Un courrier en porta la nouvelle au sulthan, qui en rendit à Dieu des actions de grâces.

Un corps de Francs qui se dirigeait de Safitsa vers la citadelle des Curdes, est surpris et taillé en pièces jusqu'au dernier.

Pendant que le sulthan était devant Acre en la pressant vivement et en ravageant son territoire, il se décida à faire une attaque sur Sefed. Il expédia en conséquence deux émirs, dont l'un vers Schakyf, et l'autre vers Sefed; il se rendit ensuite devant cette dernière place. Tandis que le siége était le plus chaudement pressé, il reçut l'envoyé du prince de Tyr qui venait le prier de le délivrer des courses que les troupes musulmanes faisaient sur son territoire, qui se trouvait exposé par-là au pillage et à tous les fléaux de la guerre. Il représentait au sulthan qu'il était en paix avec lui et sous sa protection. « Mais, dit le sulthan » au député, comment votre maître se prévaut-il de la paix? » comment a-t-il droit à ma protection? il a pris parti pour » ceux des Francs avec qui je suis en guerre; il a mis leur » bétail à couvert des courses de mes troupes; il a manqué à » ses promesses de m'aider à la conquête d'Acre. » Le sulthan renvoya le député sans autre réponse.

Il reçut aussi le député des Ismaéliens, qui venait implorer ses bonnes grâces. Il le reçut fort mal, et lui dit : « Vous pré- » tendiez que vous ne continuiez un tribut aux Francs qu'à » cause de l'éloignement de mes troupes et de la terreur » qu'inspirent les Francs ; mais voilà que je suis à vos portes, » à la veille de combattre vos ennemis, et personne d'entre » vous ne vient justifier la prétendue nécessité de ces présents » et de ce tribut auxquels nous avions bien plus de droit » que les Francs. Je vois bien qu'il n'y a pas d'autre parti » à prendre pour les musulmans, que de vous anéantir. Je » finirai par faire de vos châteaux vos cimetières. » Le député s'en retourna avec cette dure réponse, qui fit une grande impression sur les Ismaéliens.

Cependant les assiégés demandant à capituler, on leur imposa pour condition de n'emporter ni armes, ni aucun objet enrichi d'or ou d'argent. Trouvés en contravention, ils furent massacrés. Deux individus seulement furent épargnés, un Hospitalier qui devait annoncer ce désastre aux Francs ; le second, nommé Efryz Lyoub, se fit circoncire et fut attaché à la personne du sulthan après avoir embrassé l'islamisme. La ville reçut un gouverneur et un lieutenant, ainsi qu'un corps de troupes qui devait toucher quatre-vingt mille pièces d'argent par mois. Deux mosquées furent construites, l'une dans la citadelle, et l'autre dans le faubourg.

Les Hospitaliers obtiennent la paix en renonçant au tribut de huit cents écus d'or que leur payait le pays d'Aboukobays ; aux douze cents pièces d'or et aux cinquante mille boisseaux de blé et autant d'orge payés par les Ismaéliens ; aux quatre mille pièces d'or payées par Hamah et par Emesse.

An 665 (1266). Le vice-roi de Syrie, Nadjyby, écrit au sulthan qu'il avait attaqué Djobayl, et resserré les Francs qui l'occupaient ; mais que ceux-ci s'étaient échappés par une porte secrète sans que les musulmans s'en aperçussent.

Les troupes cantonnées à Sefed et sur la côte, ayant appris que les Francs se disposaient à faire une attaque sur Tibériade, montent à cheval, s'avancent vers le territoire d'Acre pour épargner à l'ennemi une partie du chemin. A peine se fut-il montré au nombre de douze cents cavaliers environ, que les musulmans l'attaquèrent avec impétuosité ; le combat dura jusqu'au coucher du soleil. Dieu se déclara pour les musulmans ; les chrétiens furent tous massacrés, à l'exception de ceux qui évitèrent le danger par la fuite. On ne saurait exprimer la profonde douleur que cet événement répandit dans Acre ; le sulthan ordonna

43..

des actions de grâces au Tout-Puissant pour le succès des braves de son armée ; ils furent comblés de faveurs ; ceux qui avaient perdu leurs chevaux en reçurent d'autres.

Les députés d'Acre étaient venus demander au sulthan une trève et la paix, par la frayeur que leur avaient inspirée ce succès. Bibars savait que les Francs avaient fait une attaque du côté de Schakyf ; il en fit des reproches aux députés ; ceux-ci ne négligèrent rien pour se justifier ; mais le sulthan, sans rien dire de ses projets, partit la nuit même avec son armée à l'insu des députés, et fit beaucoup de dégât sur le territoire d'Acre. Arrivé près de Jaffa, il apprit des lieutenants des places voisines tout ce qu'elles avaient à souffrir des habitants de cette ville, qui, non contents de piller les musulmans, joignaient leurs armes à celles des ennemis de l'islamisme. Le prince de Jaffa était mort, laissant un fils encore en bas âge ; le sulthan se décida à attaquer Jaffa. La ville demanda à capituler ; ce qui fut accordé, à condition qu'elle serait évacuée. Ainsi fut détruite Jaffa, et le voisinage délivré des brigandages de ses habitants.

L'armée qui marchait sur Schakyf avait ordre de se contenter de cerner la ville jusqu'à l'arrivée du sulthan. A peine fut-il arrivé, qu'il pressa le siége avec sa vigueur ordinaire ; la ville était défendue par deux citadelles, l'ancienne et la nouvelle ; quand les chrétiens, qui défendaient la dernière, se virent à la veille d'être forcés, ils détruisirent eux-mêmes leurs maisons, mirent le feu aux provisions et s'enfuirent ; les uns parvinrent à s'échapper ; une partie fut égorgée. Quant à l'ancienne citadelle, elle fit une vive et longue résistance. Tandis qu'elle était aux abois, les Templiers d'Acre envoyèrent une lettre aux assiégés, en s'adressant pour cela à un musulman nommé Aboul'madjd ; heureusement celui-ci, par scrupule de religion, remit cette lettre au sulthan, qui la fit traduire en arabe. Bibars en fit écrire une autre dans un sens entièrement

opposé; les assiégés en la lisant ne surent qu'en penser; mais
bientôt après ils demandèrent un armistice pour la nuit seulement, s'engageant à souscrire le lendemain à tout ce qu'exigerait
le sulthan. Celui-ci n'y consentit pas, imaginant que c'était
une ruse qu'on employait pour avoir le temps de réparer la
brèche. Ce fut pour le sulthan un motif de plus pour recommencer l'attaque avec une nouvelle ardeur et multiplier les
moyens de destruction. Quand les murs furent ouverts de toutes
parts, et qu'une ruine entière devenait inévitable, les chrétiens
se rendirent, s'estimant alors heureux de conserver la vie; ils
évacuèrent la ville; le sulthan en prit possession, et la rasa de
manière qu'il n'en resta plus de traces.

Depuis long-temps Bibars était révolté des maux que Bohémond, prince de Tripoli, causait à ses sujets, de ses courses
et des vexations auxquelles étaient exposés tous ceux qui se
rendaient auprès de sa personne. C'est ainsi que ce prince avait
retenu les députés des Géorgiens : ceux-ci ayant fait naufrage,
Bohémond s'était emparé de leurs personnes et des lettres dont
ils étaient chargés pour le sulthan, et avait remis le tout à
Holakou, roi des Tartares, qui avait profité de cette circonstance
pour se venger, et des députés, et de ceux qui les avaient envoyés. Le sulthan croyait la gloire de l'islamisme et son zèle
pour la religion intéressés à une vengeance éclatante. Après
avoir fait ses préparatifs en secret, il parcourut les environs
de Tripoli; ses troupes, partagées en plusieurs corps, n'y
laissèrent rien d'intact; les musulmans firent des prisonniers
et un butin considérable, parcoururent en vainqueurs toute
la contrée avec la rapidité de l'éclair et l'impétuosité de la
foudre, et s'en retournèrent satisfaits de l'expédition.

Nous venons de raconter l'expédition de Tripoli; dans le
retour, personne ne savait où l'on se dirigeait. Pour augmenter
l'incertitude, le sulthan fit élever plusieurs pavillons, ayant

chacun la porte tournée d'un côté différent. Il partagea enfin
l'armée en plusieurs corps , avec ordre de se rendre devant
Antioche qui appartenait au comte de Tripoli. Cette armée ne
respirait que le carnage, la destruction et le pillage. Le sulthan
se rendait aussi à Tripoli ; son ostadar (majordome) rencontra
dans sa marche un corps de cavaliers d'Antioche qui furent
tous massacrés. Le connétable qui commandait dans Antioche,
resta prisonnier à la suite de la prise de cette ville.

Après la prise de la ville, le sulthan fit écrire au comte
pour lui annoncer cette conquête. C'est l'historien Mohy-eddin
qui rédigea la lettre ; on la trouvera tout entière dans l'analyse
d'Ibn Férat.

Malek-Dhaher conclut avec le comte de Tripoli un traité qui
dura jusqu'à la mort du sulthan : ce traité expira sous le règne
de Kelaoun. Ce fut alors que des députés se rendirent auprès
du sulthan qui était à Damas ; c'étaient le ministre Gorab et
quelques autres personnes étrangères au pays. J'étais, à cette
époque, dit l'historien arabe, secrétaire d'état, en laquelle qualité je dus les accompagner. Je me trouvais là en second avec
le saheb (premier ministre), Fath'eddin, fils d'Abd'Aldhaher,
mon parent, chef de la chancellerie. Le sulthan demanda en
turc ce que voulaient ces étrangers. Cette question ayant été in-
terprétée en arabe, Gorab nous répondit : « Nous venons sup-
plier le sulthan de vouloir bien nous accorder la continuation
de la paix telle qu'elle fut convenue sous Malek-Dhaher. » Kelaoun dit en turc « qu'il n'avait pas encore fait de conquêtes , et
que ses démarches présentes n'avaient eu pour but que la conquête de Tripoli. » Mais les députés firent tant d'instances et de
soumissions, que les émirs les plus puissants s'intéressèrent
à eux, et qu'on leur accorda la paix , mais pour un terme plus
rapproché. Les députés présentèrent une copie du traité fait
sous Malek-Dhaher, espérant qu'on s'en tiendrait à celui-là ;

mais le saheb Fath'eddin déclara qu'on y dérogerait pour Arkah, qui était comprise dans l'ancien traité. Il faut observer que
cette ville avait été laissée aux Francs, à la condition qu'ils paieraient une forte somme d'argent et qu'ils rendraient un certain
nombre de prisonniers musulmans. Les députés francs avaient
été, à cette époque, accompagnés par feu l'émir Seif'eddin-
Bulban – Roumy, qui devait recevoir le serment du prince
franc, ainsi que l'argent et les prisonniers. Il attendit vainement
plusieurs mois. C'étaient, suivant l'usage, de fausses protestations et des délais sans fin. L'émir, ennuyé d'attendre, se retira en trompant leur surveillance. Malck-Dhaher s'empara en
conséquence d'Arkah. C'était le meilleur terroir des provinces franques, et une source de richesses intarissable.

« A cela Gorab répondit qu'on avait retenu l'émir pour se
donner le temps de faire venir les prisonniers des provinces les
plus reculées des chrétiens. « Mais, reprit Fath'eddin, que ne
» les renvoyiez-vous finalement? —Eh! bien, dit Gorab, nous
» allons vous chercher l'argent et les prisonniers. Vous garde-
» rez, en attendant, le traité jusqu'à ce que vos réclamations
» soient satisfaites. Du reste, vous nous tiendrez compte des
» richesses que vous avez retirées de l'occupation de cette ville
» pendant tout cet intervalle de temps, et nous vous compterons
» le reste jusqu'à l'entier paiement de la somme convenue dans
» l'origine. » Fath'eddin fut indigné de la proposition, parce
que les sommes déjà reçues surpassaient de beaucoup celles
qu'il réclamait. Il en fit part au sulthan, qui se fâcha contre les
députés et les chassa, en les menaçant de son épée. Au moment
qu'ils se retiraient (c'est toujours l'historien arabe qui parle),
il m'échappa quelques mots qui ne furent entendus que de
l'émir Ala'eddin-Thaybars, président du conseil, et celui qui
par sa sagesse y exerçait le plus d'influence; il m'appela. Sur
mon refus d'approcher, il me demanda ce que je venais de

dire. Je lui répondis à voix basse. Il en parla au sulthan, qui
fit revenir les députés et m'ordonna de leur répondre moi-
même; ce que je fis. « Vous demandez, dis-je à Gorab, qu'on
» vous tienne compte des sommes provenant de l'occupation
» d'Arkah. Vous n'ignorez pas que le traité exprimait une
» condition, c'était de payer une somme d'argent et de rendre
» les prisonniers; elle n'a pas été remplie. Cette conduite em-
» portait l'annulation du traité. D'ailleurs Malek-Dhaher a
» occupé Arkah pour vous punir, et non pour vous tenir
» compte des revenus de cette ville. *Les avances faites aux*
» *fermiers* (1) ont été prises sur l'argent de ce prince, des
» gouverneurs et de ses lieutenants. La ville lui appartient par
» droit de conquête, puisque vous avez violé le traité. » Cet
infidèle resta interdit. Il s'engagea à remettre l'argent et les
prisonniers en totalité. Le sulthan, tout ravi de son embarras,
en remercia Dieu. Pour moi, je baisai la terre. Le sulthan
m'ordonna d'accompagner les députés avec l'émir Seif'eddin-
Roumy, pour recevoir le serment du comte de Tripoli. Je pris
congé, en baisant de nouveau la terre. »

An 665 (1267). Après la prise et la destruction d'Antioche, les commandants de Dyrkoush, Schakyf-Keferdyn et
Schakyf-Kefer-Telmesch demandèrent à se rendre. Le prince
de Tripoli avait profité de l'irruption des Tartares contre Alep,
pour s'emparer de ces places, en l'an 657, sur les musulmans.
Elles tiraient leurs provisions d'Antioche. Depuis la perte de
cette ville, elles ne pouvaient se dissimuler qu'elles allaient
subir le même sort, et que leur soumission pouvait seule les
soustraire à une ruine totale. Le sulthan leur accorda la capi-

---

(1) En arabe *takawi*. Ce mot a été expliqué par M. de Sacy dans
sa trad. d'*Abd. All.*, pag. 457.

tulation; en sorte qu'elles furent désormais comptées parmi les villes musulmanes.

Quant à Kosseyr, non loin d'Antioche, elle appartenait au patriarche. Celui-ci prétendait avoir entre les mains un diplôme signé par le khalife Omar, qui confirmait la souveraineté du patriarche sur cette ville. Quoi qu'il en soit, le patriarche gagna si bien les bonnes grâces du sulthan, en demandant à se mettre sous l'aile de sa protection, qu'il obtint pour le moment la paix. Il céda au sulthan la moitié de Kosseyr, et s'obligea à fournir les châteaux musulmans du voisinage des approvisionnements nécessaires.

Les Templiers, en apprenant la prise d'Antioche, abandonnent Bagras, ville peuplée et florissante. Un jeune homme alla l'annoncer au sulthan, qui envoya l'occuper. Il ne s'y trouva qu'une vieille femme. Cette ville incommodait beaucoup les habitants d'Alep. En vain ceux-ci l'avaient-ils attaquée à différentes reprises, elle avait constamment résisté à leurs tentatives, lorsqu'enfin la Providence la livra entre nos mains, encore intacte.

Safadj avait demandé la paix pour ses états, le sulthan y mit pour condition la cession de Djibleh, qui appartenait aux Hospitaliers. En conséquence, Safadj se rendit à Acre pour engager les Hospitaliers à céder au vœu du sulthan. Ils y consentirent, et le sulthan en prit possession. Les sujets du sulthan avaient eu une querelle avec leurs voisins de Djibleh; ceux-ci se jetèrent sur les musulmans et les massacrèrent. A cette nouvelle, le sulthan, qui avait fait déposer des prisonniers francs dans les prisons d'Émesse, ordonna au commandant de cette ville de leur trancher la tête, par droit de représailles.

An 666 (1267-8). Acre était sans maître, lorsqu'on fit le traité. Le roi de Chypre en prit possession, et écrivit au sulthan pour obtenir son approbation et lui demander la continuation de la paix comme auparavant. Sa demande était accompagnée de présents d'un grand prix. Le sulthan les accepta avec plaisir, et en donna d'autres en retour. Le prince chrétien demandait que le traité s'exécutât en son nom. Comme ses instances étaient fort pressantes, le sulthan le lui accorda, et envoya Mohy'eddin, qui avait rédigé le traité, ainsi que l'émir Kemal'eddin, fils de Seth, pour recevoir son serment. Voici ce que racontait Mohy'eddin :

« A notre première audience, le prince était assis sur un
» trône élevé ; il avait fait placer plus bas les siéges qui nous
» étaient destinés. Comme musulmans, nous ne pouvions
» nous soumettre à cette humiliation ; nous montâmes donc
» plus haut, et la conversation commença aussitôt. Il parlait
» avec humeur et sur différentes choses. Je lui répondais sur
» le même ton. Alors il me regarda d'un air de colère, et me
» fit dire par l'interprète de regarder derrière moi. Je fus fort
» étonné de voir ses troupes rangées en bataille. L'inter-
» prète me dit, de sa part, d'en remarquer le nombre ; ce que
» je fis ; puis je fixai les yeux à terre. Comme le prince vou-
» lut savoir ce que j'en pensais, je demandai s'il s'engageait à
» respecter mon inviolabilité. Sur sa réponse affirmative, je
» répondis qu'il ne devait pas ignorer que dans les prisons du
» Caire il se trouvait plus de Francs qu'il n'y en avait là. Le
» prince se fâcha ; il fit un signe de croix, et dit : « Par ma foi,
» il m'est impossible pour aujourd'hui de parler d'affaires. »
» Nous fûmes donc congédiés. A une seconde audience, nous
» reçûmes son serment. » Ce qui manque ici au règne de Bibars, se trouve dans Aboulféda, dans Makrizi, dans Ibn-Férat, etc.

VIE

DE MALEK-MANSOUR KELAOUN.

Cet extrait de la vie ou plutôt de l'histoire du règne de Kelaoun contient plusieurs traités de paix qui en occupent la plus grande partie. Nous ferons observer à l'égard de ces traités, que dans les premiers temps des guerres saintes, il n'y avait entre les Francs et les musulmans d'autres traités de paix que ceux qui se faisaient pour ainsi dire sur le champ de bataille, et dont chaque partie belligérante oubliait les conditions dès qu'elle se trouvait en état de reprendre les armes. C'étaient plutôt des trèves que des traités de paix. Mais quand les musulmans redevinrent maîtres de la Syrie et de la Palestine, les traités de paix furent soigneusement rédigés par écrit ; les clauses y furent minutieusement consignées, et ces traités, comme on va le voir, ressemblaient plutôt à des baux passés entre un maître et ses fermiers, qu'à des conventions faites entre des puissances égales : et cela ne doit pas étonner. Les Sarrasins étaient alors partout vainqueurs ; ils dictaient la loi dans tout l'Orient. Les Francs, au contraire, n'y étaient plus une puissance ; ils n'y avaient presque plus de territoire. Le traité de paix entre le sulthan Kelaoun et le roi d'Aragon doit cependant être distingué des autres. On y retrouve cette réciprocité d'égards, de services et de relations que deux puissances qui traitent d'égal à égal ont toujours soin de stipuler dans leurs conventions. Les rapports commerciaux n'y sont pas oubliés, et il est à remarquer que le roi d'Aragon s'y engage à accorder à ses sujets, et aux autres Francs, la permission de transporter dans les ports musulmans, du fer, de la *terre blanche*, des bois, et autres choses semblables. Ce qui prouve que les Sarrasins ou Turcs étaient alors remontés à un haut degré de prépondérance; car on a vu avec quelle sévérité il était défendu, cinquante ans auparavant, de porter aux infidèles aucune matière semblable.

An 673 (1274). Le sulthan s'empare de Kosseyr, près d'Antioche, pour faire cesser les dégâts que faisaient les habitants de cette ville, qui ne s'embarrassaient pas de la foi jurée, et se permettaient tous les genres d'infractions. Voici comment on s'en empara; je donne ici le récit d'Alem'eddin-Sauker, chef des relais : « Le sulthan, arrivé près de la ville, m'envoya
» avec l'émir Seif'eddin-Bulban-Roumy annoncer son arrivée
» au moine Guillaume, souverain de cette ville. Celui-ci parut
» charmé de la nouvelle, envoya des présents, et ne négligea
» rien de tout ce qui pouvait rendre le voyage plus agréable
» au sulthan. Ce prince monta à cheval, approcha de la ville,
» et salua de loin Guillaume. Celui-ci sortit de la ville, et baisa
» la terre par respect. Il fut aussitôt enlevé par l'émir et ses
» gens, et placé sur un cheval léger. »

Pour moi, dit Mohy'eddin, je me trouvais sur la porte de la tente, là où se faisait la correspondance. Guillaume se jette à bas près de moi, et me dit qu'il va succomber à l'excès de ses maux. Là-dessus il se découvre pour me montrer une affreuse descente de boyaux. Le cheval était allé si vite, que ce malheureux (que Dieu le maudisse!) avait la peau tout écorchée. Je lui dis de se couvrir. Guillaume fut obligé d'écrire à ceux qui défendaient la ville de se rendre; ce qu'ils ne firent qu'après la plus vigoureuse résistance et une telle disette, qu'ils avaient fini par se nourrir de cadavres. Guillaume et son père moururent à Damas ; puissent-ils éprouver la malédiction divine !

Bohémond, fils de Bohémond, dit Barnès ou prince, meurt, laissant un fils nommé Bohémond. Après avoir signé le traité fait avec le père, le sulthan s'aperçut que la tour de Laodicée devait lui appartenir, et que ce n'était qu'à la faveur de l'irruption des Tartares que Bohémond se l'était appropriée. Le sulthan la réclama sans succès auprès du fils ; cependant le traité n'en resta pas moins en vigueur.

La princesse de Béryte est emmenée de sa principauté en Chypre. Son mari, mort précédemment, avait nommé le sulthan son tuteur. Malek-Dhaher écrivit, en conséquence, au prince de Chypre pour lui demander raison de ce traitement. Le prince prétexta des dettes contractées par le mari. Après bien des négociations de part et d'autre, cette affaire n'était pas encore terminée lorsque la ville fut prise par Malek-Aschraf-Khalyl, fils de Kelaoun.

An 681 (1282). *Paix de Tortose.* Paix entre le sulthan Malek-Mansour (1) et son fils le sulthan Malek-Saleh-Aly, l'honneur du monde et de la religion, d'une part ; et Afryz-Guillaume-Dybadjouk, grand-maître de l'ordre des Templiers d'Acre et du littoral, et tous les Templiers de Tortose d'autre part, pour dix années révolues et dix mois sans interruption, à partir du mercredi 5 de moharram de l'an 681 de l'hégire du prophète Mohammed, c'est-à-dire, 15 du mois de nisan de l'an 1593 de l'ère d'Alexandre, fils de Philippe (2).

---

(1) Dans l'original on lit constamment le sulthan *notre maître.* Comme ce mot appartient à l'auteur, nous le retrancherons.

(2) Cette ère, dont les chrétiens de la Palestine faisaient usage, est l'ère des Séleucides. Il en sera question dans tous les traités suivants. Il paraît par cette date-ci, qu'ils la faisaient commencer au printemps de l'année 312 avant J.-C.

Le présent traité comprend, d'une part, les états du sulthan et de son fils, et toutes les provinces qui en font partie, telles que l'Egypte, y compris ses gouvernements, ses places frontières, ses châteaux, ses citadelles, ses côtes, ses ports, la principauté d'Emesse, ses villes et ses gouvernements, les châteaux des sectaires (Assassins), la principauté de Syhoun, Palathenas, Djibleh, Laodicée et leurs dépendances, la principauté d'Hamah, etc., Alep, etc., la province de l'Euphrate, etc., les nouvelles conquêtes faites sur les chrétiens de la côte, la citadelle des Curdes et ses dépendances, et ce qui est reconnu par les présentes en faire partie, comme villes, villages, champs, prairies, campagnes, tours, moulins, etc.; la principauté de Safytsâ et Myâr, Arymah, etc., Halebâ, Arkab, etc., Thybou, etc., Kolayat, etc., Merakyat, etc., les villes de la principauté de Markab, possédées par moitié, le traité comprenant tous les lieux ici mentionnés, qu'ils soient proches ou éloignés, sur les frontières ou au centre; que le pays soit désert ou peuplé, uni ou montueux, dans le continent ou sur le bord de la mer, sans excepter ce qui en dépend, moulins, tours, jardins, ruisseaux, eaux, lieux plantés, etc., ainsi que tout ce qui tombera par la suite au pouvoir du sulthan ou de son fils et de ses généraux, villes, villages, châteaux, etc., sans distinction de plaines ou de montagnes, etc.

Et de l'autre, Tortose, appartenant à l'ordre des Templiers, et ses dépendances Arymah et Myàr, pour tout le temps que doit durer ce traité béni, et sur le même pied que sous Malek-Dhaber. Le traité fait ici mention de trente-sept cantons, tous appartenant au grand-maître Guillaume-Dybadjouk et aux chevaliers de Tortose, ou à d'autres particuliers francs.

Aucun des Francs de Tortose ne fera ni courses, ni dégât dans les états du sulthan et de son fils, tant villes que villages mentionnés ou non mentionnés dans le présent traité. Tortose et les autres lieux ici mentionnés, ainsi que les chevaliers, paysans, etc., habitant le pays ou ne faisant qu'y passer, jouiront d'une sûreté entière, et seront à l'abri d'insultes ou de violences de la part du sulthan, de son fils, de ses troupes, de tous ceux enfin qui reconnaissent ses lois, sans qu'ils puissent en éprouver de dommages ou des désagréments, jusqu'à l'expiration du présent traité. Les propriétés seront respectées. Si un navire appartenant aux sujets du sulthan ou se rendant dans ses états, sans distinction de nations, de pays ou d'individus, fait naufrage ou est coulé à fond dans le port de Tortose ou sur la côte, dans les pays compris dans le présent traité; ceux qui seraient dans le navire trouveront sûreté entière pour leurs personnes, leurs richesses, leurs marchandises et leurs capitaux. Si le propriétaire du navire naufragé ou coulé à fond se présente, on lui rendra le navire et ses effets; si le propriétaire a péri dans le naufrage, ou si on n'en a pas de nouvelle, on gardera le tout et on le restituera en nature aux gens du sulthan. Le sulthan en agira de même pour tout navire venant de Tortose, etc., qui éprouverait un accident de ce genre dans ses états. Il ne sera pas rebâti de citadelle, tour, ni forteresse, et il ne sera pas creusé de nouveaux fossés dans toute la principauté de Tortose, etc.

An 682 (1283). *Paix d'Acre.* — Le sulthan se rend aux instances réitérées des habitants d'Acre pour obtenir la paix. Ceux-ci finirent par reconnaître la supériorité du sulthan, après avoir montré beaucoup d'insolence, lors de l'expiration du traité fait avec Malek-Dhaher. Au mois de safar, leurs députés et les personnages les plus marquants de leur ville se rendirent auprès du sulthan pour dresser le traité. Le sulthan le jura en leur présence. Les Hospitaliers y avaient deux représentants; les Templiers deux. Le général en chef Guillaume et le visir Fahad devaient stipuler pour le reste des chrétiens.

Paix, entre le sulthan Malek-Mansour et son fils Malek-
Saleh-Aly, et entre les plénipotentiaires d'Acre, Sidon, Atelyet,
et des autres villes comprises dans le présent traité, à savoir :
Sandjal-Oud, régent de la principauté d'Acre et de l'ordre des
Hospitaliers; Marschan-Afryz-Kourat, chef de la maison du
grand-maître des Hospitaliers ; Afryz-Guillaume-Dybadjouh,
grand-maître des Templiers, et Afryz-Nikoula-Laurent, grand-
maître des Hospitaliers, d'autre part, pour dix ans, dix mois,
dix jours et dix heures, à partir du jeudi 5 de rebi premier de
l'an 682 de l'hégire, c'est-à-dire, le 3 de haziran de l'an 1594
de l'ère d'Alexandre, pour tous les états du sulthan et de son
fils; l'Egypte, ses villes, châteaux, forteresses, provinces,
gouvernements, villages, campagnes, places frontières, Damiette, Alexandrie, Nesterouh, Santaryneh, Fouah, Rosette,
etc.; le Hedjaz, Krak, Schaubek, Alselt, Bosra, Hebron,
Jérusalem, la province du Jourdain, Bethléem, Beyt-Djou-
bryl, Naplouse, la principauté d'Attiroun, Ascalon, Jaffa,
Ramlah, Arsouf, Césarée, Kakoun, Lidde, le gouvernement
d'Andjâ, Mellahet, Beyssan, Thous, Laodjoun, Djenyn, Ayn-
Djalout, Kymoun, Thibériade avec son lac, Sefed, Tabnin,
Hounayn, Schakyf-Arnoun, Korn, la moitié d'Alexandrette,
la moitié du terroir de Mâren, y compris les hameaux, vignobles, jardins, terres incultes, etc., le tout appartenant,
avec ses droits et dépendances, au sulthan et à son fils, ainsi
que la moitié de la principauté d'Acre, la vallée Azyzyet, Mas-
chgarat, Schakyf-Tyroun, les cavernes, etc.; Panéas, la forteresse de Sebyet, Kaukab, la forteresse d'Adjloun, Damas,
Baalbek, Emesse et ses droits; Hamah (tant la ville que la citadelle et ses droits), Palathenos, Syboun, Berzyet, la forteresse des Cardes, Safytsâ, Myar, Arymah, Merakya, Halebâ, Akar, Kolayat, Schayzar, Apamée, Djiblch, Abou-
Kobays, Alep, Antioche, Bagras, Derbesak, Ravendan,

Harem, Ayntab, Tyzyn, la forteresse de Nedjin, Schakyf-
Dyrkousch, Tjagr, Bekas, Sowaydâ, Bab, Bezâgâ, Byret,
Rahabat, Salamyet, Schomaymis, Palmyre, et autres qui en
dépendent, mentionnées ou non mentionnées dans le présent
traité et reconnues comme lui appartenant par les plénipotentiaires susnommés. Sûreté entière et protection sont garanties
à tous les états du sulthan et de son fils pour tous ceux qui
les habitent, Arabes, Turcomans, Curdes et paysans, en général dans tout ce qu'ils possèdent, tels que bestiaux, biens,
denrées, etc.

Il en sera de même pour les états chrétiens compris
dans le présent traité, tels que, 1°. la ville d'Acre et sa ban-
lieue, et soixante — treize de ses villages qui restent aux
Francs avec leurs jardins, moulins, etc.; 2°. Hayfa, avec ses
sept villages, y compris les vignobles, etc.; 3°. treize des villages de la province du Carmel; les deux villages qui restent
appartiendront au sulthan; 4°. Atelyet, tant la ville que la
citadelle, avec seize de ses cantons; le sulthan en possédera
de son côté un en propre; tous les autres, au nombre de huit,
seront possédés également par les chrétiens et le sulthan;
5°. les fermes possédées par les Hospitaliers dans le gouvernement de Césarée, resteront aux Francs, ainsi que la moitié
d'Alexandrette et du village de Mâren : le reste est abandonné au sulthan. Les droits et les récoltes de ces deux dernières
villes seront partagés par moitié. 6°. Sidon, tant la ville que
la citadelle et son territoire, appartiendront en entier aux Francs
avec ses quinze cantons. Les habitants pourront, comme précédemment, employer à l'arrosement de leurs terres, et à tout
autre usage, les eaux courantes ou détournées : mais la partie
montagneuse et ses villages appartiendront en totalité au sulthan et à son fils.

Les Francs ne pourront réparer ou rebâtir en dehors de

l'enceinte de toute autre ville que Sidon, Atelyet et Acre, ni murs, ni tours, ni forteresse ancienne ou nouvelle. Lorsqu'un vaisseau du sulthan ou de son fils ira en course, il ne fera aucun dégât dans les pays compris dans le présent traité; s'il se dirige vers une contrée dont le souverain soit en paix avec les états des plénipotentiaires susnommés, il n'abordera pas dans les pays compris dans le présent traité, et ne pourra s'y fournir de provisions; mais si cette contrée est en guerre avec les états des plénipotentiaires, il sera libre au navire d'entrer dans les villes susmentionnées, pour y faire ses provisions.

Si un navire musulman fait naufrage dans un des ports ou sur la partie du littoral comprise dans le présent traité, se dirigeant vers un pays en paix avec les états des plénipotentiaires soussignés, le régent de la principauté d'Acre et les grands-maîtres des deux ordres s'engagent à sauver le navire, à donner à l'équipage les secours que réclamera sa position, et à l'aider à retourner dans les états musulmans. Aucun effet appartenant au navire ne sera distrait, ni rien de ce que la mer aurait rejeté sur la côte; mais si le pays est en guerre avec la ville d'Acre, et que le navire soit fracassé, il pourra y prendre des vivres, et l'équipage pourra le réparer avec le secours des villes comprises dans le traité, et il se rendra ensuite à sa destination. Cet article est commun aux deux parties contractantes.

Si un prince Franc d'outre-mer fait des armements pour venir attaquer les états du sulthan et de son fils, les soussignés s'engagent à en prévenir le sulthan deux mois avant l'arrivée de l'ennemi. S'il s'écoule deux mois à dater de l'avis jusqu'à l'instant de l'invasion, les soussignés sont quittes de leur engagement. Si l'invasion se préparait de la part des Tartares, celle des deux parties contractantes qui en sera instruite la première en donnera avis à l'autre. Dans le cas où les Tartares ou

tout autre peuple du fond de l'Asie se préparerait à envahir la
Syrie, et que des forces ennemies se rapprochassent des pays
compris dans le présent traité dans l'intention de les mettre à
contribution, les soussignés s'obligent à contribuer de leurs
personnes et de leurs moyens, autant que le permettront leurs
ressources, pour repousser les agresseurs. Si le danger venait d'un peuple musulman, les plénipotentiaires soussignés
mettront tout en usage pour se soustraire à l'invasion.

Les soussignés s'engagent à ne pas protéger les pirates, et
à les empêcher de faire de l'eau dans leurs états. Si un pirate
tombe en leur pouvoir, ils s'assureront de lui; si les pirates
venaient vendre quelque marchandise, elle restera en dépôt
jusqu'à ce que le propriétaire vienne la réclamer. Le sulthan
en agira de même de son côté.

L'église de Nazareth et les quatre maisons les plus voisines
seront réservées pour les pélerins et les disciples de la croix,
soit grands, soit petits, sans distinction de naissance ou de
nation pour les pays compris dans le présent traité. Les moines
et les prêtres se livreront aux exercices du culte dans l'enceinte
de l'église. Ces quatre maisons seront exclusivement réservées
pour les pélerins : ils seront dans une sûreté parfaite dans toute
l'étendue des pays susnommés ; mais lorsque les pierres qui
ont servi à la bâtisse de l'église tomberont et seront jetées dehors, on ne pourra plus les faire servir au même usage (1).
Les prêtres et les moines jouiront de la plus grande liberté ;
c'est une faveur que nous leur faisons sans qu'ils y aient aucun droit.

―――――――――――

(1) Ce passage semble faire allusion à l'usage où sont encore les
Turks, de défendre aux chrétiens la moindre réparation à leurs
églises.

44..

Le traité renfermait toutes les clauses et formalités d'usage. Le sulthan, après l'avoir juré, chargea l'émir Fakhr'eddin-Yaz, chambellan, et le cadhi Bedr'eddin, d'aller recevoir le serment des princes Francs. Ainsi fut terminée la négociation.

An 683 (1284). Un patriarche commet les plus grands désordres dans le territoire de Tripoli. Tout le pays est exposé à sa tyrannie et à tous les genres de brigandages. La terreur se répand jusque dans l'âme du prince de Tripoli. Le patriarche s'était fortifié, en parvenant à s'attacher les chrétiens des montagnes qui marchaient comme lui dans les voies de l'erreur, de manière à se jouer des efforts que faisaient les peuples voisins pour le réduire. La crainte du sulthan pouvait seule l'empêcher de mettre toute la contrée à feu et à sang. En vain les commandants des places voisines épiaient-ils ses mouvements; tout avait échoué, lorsque des Turkomans lui tendirent des piéges et s'emparèrent de lui. Les musulmans recouvrèrent par-là leur ancienne sécurité, et regardèrent cette délivrance comme une grande victoire plus glorieuse que la prise d'un château ou d'une forteresse.

Le prince de l'île de Chypre avait des prétentions sur Acre: le sulthan devait même faire cause commune avec lui et soutenir ses prétentions. Le prince ne s'en désistait pas encore, même après qu'Acre eut fait sa paix avec le sulthan. Ayant donc rassemblé ses forces, il se mit en mer. Le vent le jeta du côté de Béryte. Il se disposait à faire une incursion de ce côté-là, lorsque le sulthan, qui avait appris son expédition, écrivit aux commandants de place de défendre le pays contre toute invasion. En effet les efforts du prince échouèrent sur tous les points. Arrivé près de la montagne des Caroubiers, il tomba dans une embuscade; quatre-vingts de ses guerriers furent pris ou tués; il perdit beaucoup d'argent, de chevaux, de mulets, et s'il ne se fût embarqué bien vite, toute issue lui eût été fermée. Il se dirigea vers Tyr. On attribua sa mort au chagrin que lui causa cet échec.

An 684 (1285). *Prise de Markab.* Le sulthan avait toujours été rempli de la pensée de s'emparer de Markab. L'attention de son esprit, sa longue expérience et ses talents, tout se dirigeait vers le terme de cette importante conquête. Il était aiguillonné d'ailleurs par le peu de succès des tentatives faites en différents temps sur cette ville par les rois qui l'avaient précédé. Aucun d'eux n'avait pu approcher de la ville, encore moins l'attaquer sérieusement. Bien des fois Malek-Dhaher essaya de la surprendre ; mais Dieu n'en avait pas encore marqué le moment. Il partit un jour de Hamah, lorsque les neiges, les pluies, le froid et les mauvais chemins permettaient à peine de se mettre en marche. Une autre fois il partait d'un point différent ; mais Dieu réservait un si beau fait d'armes à notre sulthan, comme une de ses plus belles conquêtes et l'honneur éternel de son règne. Les Hospitaliers, qui en étaient les maîtres, montraient une incroyable insolence : leurs ravages et leurs courses dans les contrées environnantes avaient répandu une telle terreur, que les habitants des forteresses voisines s'y tenaient enfermés comme dans une prison, ou plutôt comme dans un tombeau. Les Francs s'imaginaient que ni la force ni la ruse n'avaient prise sur eux. A force de présomption, ils croyaient n'être plus liés par les serments, ni les lois de l'humanité ; témoin l'affaire de Kelayat, où ces perfides prirent ou massacrèrent les musulmans. Cependant notre sulthan invincible, pareil à un lion plein d'ardeur, attendait le moment d'en faire sa proie. Tout en s'efforçant de cacher ses véritables desseins, et d'avoir l'air d'éloigner les occasions que les provocations des Hospitaliers faisaient sans cesse renaître, il faisait partir des machines de Damas, sans que personne sût où

on les envoyait, ni quel était le terme de leur course. Les troupes sortaient de leurs quartiers avec leurs généraux, les munitions et de grands approvisionnements, et il avait si bien donné
le change, que personne ne savait où l'armée dirigeait sa marche. Il était précédemment parti du Caire une immense quantité d'armes, parmi lesquelles plusieurs charretées de traits;
les officiers et les soldats se les étaient partagés pour les remettre quand on les leur redemanderait. On expédia aussi les machines de fer et le naphte en une quantité digne d'un aussi
puissant monarque. Tous les préparatifs achevés, le sulthan
se mit en marche en prenant à son service un grand nombre
d'ouvriers au fait de tous les détails d'un siége, et exercés à
l'attaque des villes de guerre. Les machines des places voisines de Markab furent aussi envoyées devant cette forteresse,
ainsi que leurs garnisons, avec ordre de le faire sans bruit ni
éclat. Les machines étaient portées à dos ou sur la tête.

Le sulthan arriva devant Markab le mercredi 10 de safar.
Les machines furent aussitôt transportées à force de bras, et
dressées à leur place tout autour de la ville. La guerre et ses
calamités allaient se répandre dans tous les alentours, en même
temps que les machines jouaient sur toute la circonférence des
remparts de la place. Les machines des assiégeants s'étant trop
rapprochées de la citadelle, furent en partie brisées par celles
des Francs. Cet accident fit périr quelques musulmans qui
se trouvaient au pied de ses murailles. On sait que la guerre a ses
caprices, et qu'aucun lieu n'est à l'abri de ses fureurs. Cependant
la brèche se trouvant suffisamment large, on y entassa du bois.
Le mercredi 17 de rebi premier on y mit le feu, qui, prenant
une grande activité, étendit la brèche sur la tour située à l'angle
de la Baschouret. Les musulmans essayèrent en même temps,
mais sans succès, l'escalade de la Baschouret. Le combat fut

extrêmement chaud; mais les musulmans ne purent jamais parvenir jusqu'au haut des murs. Ainsi l'attaque était sans résultat.
A la fin de la journée, la tour s'étant écroulée, les musulmans,
effrayés des obstacles qui devaient les empêcher de s'avancer
jusqu'à la citadelle, passèrent la nuit dans une grande agitation, parce que leurs machines devenaient par-là inutiles, ainsi
que la brèche : Dieu seul pouvait les tirer de cette fâcheuse position. En effet le vendredi, Dieu, par un effet de sa bonté et de
sa miséricorde, envoya ses anges *Mokarrabins* (1) et les milices célestes au secours des musulmans. Les Francs, par la permission divine, s'imaginèrent que leurs remparts n'avaient pas
beaucoup souffert de la brèche, tandis qu'elle communiquait aux
fossés, et de là aux tours : leur ignorance sur l'état des choses
les retenait sur les remparts, lorsque nos troupes s'étaient déjà
ouvert un passage jusque pardessous les fossés et les galeries
couvertes qui donnaient entrée dans les tours; aussi les remparts venant tout d'un coup à s'écrouler, la confusion se mit dans
les délibérations des assiégés, et ils reconnurent bien vite qu'ils
ne pouvaient plus échapper à la mort ou à l'esclavage; ce qui les
engagea à proposer de capituler et à négocier pour leur vie.
Ainsi ils préféraient vivre après avoir eu l'air de regarder la
mort comme la fin pour eux la plus glorieuse; car ils savaient
bien que s'ils ne pensaient à leur propre vie, l'occasion se perdait pour jamais. Ils implorèrent donc la pitié du sulthan. Ce
prince était fortement intéressé à conserver une prise aussi
importante, au lieu de laisser prolonger ce siége; tout délai pouvait lui devenir funeste : le but de l'expédition était
déjà rempli; et d'ailleurs si les Francs se dérobaient, par la

---

(1) Ce sont les quatre archanges Gabriel, Michael, Azrael, ou
l'ange de la mort, et Israfil, qui sonnera de la trompette à la fin
du monde.

capitulation, au feu des épées, pourraient-ils échapper à la faulx
de la mort ? Il accéda donc à leur demande, et leur accorda la
vie. Cette promesse eut aux yeux des chrétiens plus de force que
les serments les plus solennels. Ils envoyèrent les principaux
de la ville à la tente victorieuse. Ils demandaient la vie et rien
de plus ; ils s'engageaient à n'emporter ni effets, ni armes appartenant à la forteresse, pourvu que chacun pût garder ce
qu'il pourrait emporter. Les émirs appuyaient leur demande, et
baisaient la terre devant le sulthan, en le priant de se rendre à
ce que desiraient les chrétiens. Le sulthan permit aux principaux de la ville de garder vingt-cinq chevaux tout équippés,
ainsi que 2,000 pièces d'or marquées au coin de Tyr. Après
avoir obtenu toutes les sûretés nécessaires, ils remontèrent dans
la forteresse accompagnés de l'émir Fakhr'eddin, lecteur de
l'Alcoran et chambellan. Le châtelain et les chevaliers prêtèrent
le serment, et livrèrent la forteresse le vendredi 18 de rebi
premier à la 8e. heure : en même temps on vit se déployer le
sandjeak scheryf (1) victorieux, et il s'éleva des cris de toutes
parts pour attirer les bénédictions du ciel sur le sulthan qui
venait de soumettre la place, qui avait pendant si long-temps
rendu inutiles les plus grands efforts et les derniers sacrifices.
On entendait l'annonce de la prière, en même temps que les
voix formaient un concert de louanges et d'actions de grâces à
l'Éternel qui venait d'exterminer les adorateurs du Messie et de
délivrer le pays de leur présence, et rendre vaines toutes leurs

---

(1) Cet étendard, ou oriflamme sacrée, qui se conserve actuelle-
ment avec d'autres reliques au Sérail de Constantinople, était le premier des drapeaux de Mohammed. Il passa successivement des quatre
premiers khalifes aux dynasties ommiades et abbassides, et enfin
aux sulthans d'Egypte, d'où il est tombé au pouvoir des sulthans
othomans.

entreprises. Des courriers répandirent partout la nouvelle de cette conquête. Le sulthan monta à la forteresse le samedi : il assembla les principaux émirs en conseil pour savoir ce qu'on ferait de la forteresse. Les opinions furent partagées : celle du sulthan jeta une vive lumière sur l'objet de la discussion ; il proposa de la laisser sur pied , à cause de sa force et de son bon état. Il espérait d'ailleurs en faire un sujet de terreur pour les infidèles, et un point d'appui pour les places voisines. Il y laissa mille soldats ou employés aux machines, quatre cents artisans, un certain nombre d'émirs , chefs de la musique militaire, cent cinquante mamelouks Baharites, soit Salchites , soit Mansourites (1). Il forma à Markab un département qui comprenait Kafarthab, Antioche, Laodicée avec son port, le territoire de Markab et ce qui en avait été séparé dans les guerres précédentes. Ce gouvernement pouvait donner un revenu d'un million de pièces d'argent dans les bonnes années : mais en attendant que les anciens habitants revinssent s'y établir et lui rendissent sa première prospérité, les pays voisins devaient faire les frais d'établissements. Tout étant terminé, le sulthan se rendit par la plaine à Belynas.

La forteresse de Markab est d'origine musulmane ; elle fut bâtie sur la côte près de Djibleh en 454. Sa force est au-dessus de toute comparaison : elle fut prise en l'an 511 par Roger, prince d'Antioche.

Après la prise de Markab et l'organisation de son gouvernement, le sulthan descendit dans la plaine, et tourna toute son attention vers la conquête du château de Merakyat. Situé au centre des places qu'il avait soumises , Merakyat était un

---

(1) Selon qu'ils avaient été attachés à la personne de Malek-Saleh ou de Malek-Mansour.

mal intérieur qui ne lui donnerait pas de relâche et le laisserait
sans repos, tant qu'on n'y porterait remède. Le prince de ce
château, nommé Barthélemy, l'un des plus puissants seigneurs
francs, n'avait pu se maintenir dans le pays depuis la conquête de la citadelle des Curdes sous Malek-Dhaher. Il fut
obligé de se sauver chez les Tartares, et d'implorer leur secours. Ce ne fut qu'à la mort de Malek-Dhaher, c'est-à-dire,
après une absence de plusieurs années, qu'il rentra dans ses
états. Son intention était de rebâtir Merakyat; mais craignant
de ne pouvoir le mettre à l'abri des attaques des musulmans, il
se décida à élever un château dans le voisinage, et le fortifia
avec tout le soin possible. Le prince de Tripoli, les Hospitaliers de Markab et les autres nations franques l'aidèrent
de tout leur pouvoir dans son entreprise. Ce château était
situé entre Tortose et Markab, en face de la ville de Merakyat.
C'était une tour carrée, presque aussi large que longue. Chaque
face avait vingt-cinq coudées et demie dans œuvre. Les murs
avaient sept coudées d'épaisseur. Il avait sept étages : on l'avait
bâti dans la mer sur des barques remplies de pierres et coulées
à fond. Chaque face portait sur neuf cents barques chargées de pierres. Les pierres des remparts étaient liées l'une à
l'autre au moyen de barres de fer. Chaque assise avait reçu
une couche de plomb. Dans l'intérieur était une grande citerne
pratiquée de manière à ne recevoir aucune atteinte des attaques de l'extérieur. Ce château était défendu par cent guerriers, ayant derrière lui une autre tour attenante défendue par
trois machines toutes dressées. Cette forteresse en un mot était
à l'épreuve d'un siége ou d'un blocus. Pendant qu'on y travaillait encore, le commandant de la forteresse des Curdes et
ceux des places voisines n'avaient pu en interrompre l'ouvrage,
parce que les matériaux et les outils y arrivaient par mer. Ils

se décidèrent à bâtir un château dans un village voisin nommé Myâr ; cinquante soldats venaient s'y relever tour-à-tour : mais toutes ces mesures n'avaient servi de rien. Le sulthan se convainquit par lui-même de la force de Merakyat et de l'impossibilité de le prendre, parce que le château de Myâr devenait plus nuisible qu'utile, et que d'ailleurs, Merakyat étant situé sur la mer, il ne pouvait jamais, faute de vaisseaux, lui couper les vivres, ni empêcher les Francs d'entrer ou de sortir. Ces difficultés paraissaient insurmontables. Il ne pensa donc plus à employer la force ouverte, mais bien des moyens non moins efficaces. Il écrivit au prince de Tripoli en ces termes : « C'est » toi qui as réellement bâti ce château ; car sans ta coopération » on n'en serait jamais venu à bout ; ainsi c'est à toi que je » m'en prends. Ce château doit être rasé, sinon je t'enleverai » la meilleure partie de tes états, et il ne sera pas au pouvoir » du prince de Merakyat de te garantir de mes coups ; le re- » pentir s'emparera de toi, mais trop tard ; *tu seras abîmé* » *dans la honte* (1), sans qu'il te reste rien des avantages que » tu t'étais promis. » Le prince de Tripoli, en recevant cette lettre, vit aisément que ces menaces ne seraient pas vaines, et qu'elles seraient accompagnées de la dévastation de ses états, de la perte de ses châteaux et de sa ruine totale, d'autant plus que ce puissant monarque, avec une armée innombrable, s'était avancé jusqu'aux portes de Tripoli, et que la destruction de Merakyat pouvait seule assouvir la vengeance des musulmans. Il s'occupa de suite de faire livrer ce château pour être rasé : il mit en usage, auprès de Barthélemy, les représentations, l'argent ; il fut même contraint de lui céder quelques terres, tant était

---

(1) *On t'arrachera le voile.* On sait que c'est le plus grand affront pour une femme musulmane.

grande l'opposition que montrait ce dernier. Le fils du prince de
Merakyat s'était rendu auprès du sulthan pour en hâter la soumission. Tombé au pouvoir des habitants d'Acre, son père vint
aussitôt de Tripoli à Acre, et le poignarda de sa propre main ;
au reste Merakyat fut livré par l'entremise de Bohémond. Un
grand nombre de Francs furent envoyés à Merakyat pour en
opérer la destruction ; ils avaient avec eux un commissaire que
le comte de Tripoli avait choisi entre ses principaux officiers,
pour diriger les travaux et fournir les outils en fer, et tout ce
ce qui leur serait nécessaire. Le sulthan envoya de son côté
cent carriers pour le même objet avec un corps de troupes.
Ainsi fut détruit Merakyat, sans qu'il en restât aucune trace,
mais non sans avoir lassé la patience et émoussé les outils de
ceux qui démolirent ses murailles.

An 684. *Paix avec le prince de la petite Arménie.* — Pendant le siége de Markab, le commandeur des Templiers s'était
rendu dans la petite Arménie, où il eut une conférence avec le
prince de cette contrée. Le prince le chargea de présents et d'une
lettre pour le sulthan, et d'une lettre du grand-maître des Templiers. Il s'agissait de demander la paix de la part du Takfour, et
de faire agréer ses excuses. Le Takfour recourait à l'entremise
du grand-maître des Templiers pour faire recevoir ses députés à
la cour du sulthan, parce que ce prince avait retenu jusque-là
tous ceux qui s'étaient présentés en son nom, et les avait laissés
sans réponse. Le Takfour usa donc de stratagême pour obtenir
le succès de sa demande, en recourant à la médiation du grand-
maître des Templiers. En effet le grand-maître avait si fortement
obligé le sulthan, que ce prince ne pouvait se dispenser de faire
droit à la demande du prince de la petite Arménie, et d'avoir
égard à sa médiation par considération pour lui. Le sulthan reçut donc le commandeur, et se fit apporter les présents, qui

étaient d'un prix considérable, consistant en objets d'argent, en meubles, et il demanda, comme condition de la paix, un tribut annuel et la ville de Behesna, propositions qui parurent fort dures. A la fin il fut convenu que le Takfour paierait annuellement pour la valeur d'un million de pièces d'argent, en argent ou en effets. Il devait compter cinq cent mille pièces d'argent en lingots, équivalant à sept cent mille; plus cinquante chevaux ou mulets de la première qualité; plus, dix mille paires de taklyfats en fer avec leurs clous, qu'il s'engageait à livrer dans le lieu désigné par le sulthan; le surplus de la somme devait être payé en présents, en meubles, etc. Le Takfour s'obligeait encore à mettre en liberté tous les marchands qui étaient chez lui, et à leur rendre leur argent et leurs marchandises. S'il en était mort quelqu'un, un autre devait être renvoyé à sa place, et les biens du mort rendus; enfin tous les musulmans prisonniers devaient être renvoyés dans leur patrie. Telles furent les clauses de ce traité juré par le sulthan. L'émir Fakhr'eddyn Mokry fut chargé d'aller recevoir le serment du prince de Sys, de se faire payer la première année d'avance, et de ramener les prisonniers marchands ou autres. Cette paix fut fort avantageuse et utile pour le trésor; car si le pays de Sys avait été subjugué, bien difficilement on en aurait retiré une aussi forte somme, même dans les meilleures années.

La princesse de Béryte obtint la paix du sulthan, moyennant un tribut de plus de quatre-vingt-dix mille pièces d'argent à prendre sur les navires, le droit de l'eau et les marchands étrangers. Trente mille pièces d'argent furent comptées le jour même. Le reste de la somme devait être payé de trois en trois mois.

An 684. *Paix de Tyr.* Au nom du Dieu clément et miséricordieux, paix bénie et conclue entre le sulthan le roi victorieux (Malek-Mansour), l'épée du monde et de la religion, sulthan de l'islamisme et des musulmans, collègue du prince des croyants, et son fils et successeur désigné le sulthan Malek-Saleh, l'honneur du monde et de la religion, Aly, l'ami (1) du prince des croyants, et son second fils Malek-Aschraf-Selah'eddin Khalyl, que Dieu perpétue leur règne et conserve leur dynastie, d'une part; et entre la reine, illustre dame Marguerite, fille de sir Henri, fils du prince Bohémond, princesse de Tyr, au moment des présentes, et son lieutenant à Tyr le comte illustre sire Raimond Leskend, d'autre part, pour dix ans, à partir du jeudi 14 de djoumadi premier de l'an 684 de l'hégire (18 juillet 1285), c'est-à-dire le 18 tammouz de l'an 1596 de l'ère d'Alexandre jusqu'au 14 de djoumadi premier de l'an 694 de l'hégire (31 mars 1295), se rapportant au 18 tammouz de l'an 1605 de l'ère d'Alexandre (2).

Pour les états du sulthan, ses provinces, citadelles, villes, châteaux, etc., et ceux qui les habitent, comme troupes, milices, sujets, Arabes, turkomans, Curdes, paysans et autres, sans distinction de nations, de personnes, de religion, ainsi que leurs biens, leurs bestiaux à poil ou à laine, en sorte que sécurité entière est garantie à tous ceux qui se trouvent dans les états du sulthan, ou qui s'y rendent, marchands, voyageurs, etc., dans leurs personnes, leurs biens, leurs bestiaux, à leur entrée ou à leur sortie, en voyage ou en séjour, pour les états des alliés du sulthan, ou les pays dont il s'emparera par la suite jusqu'à l'expiration des présentes.

---

(1) En arabe Khalyl.

(2) On peut induire de ce passage que les années dont il est question dans les traités précédents et les traités suivants, sont des années lunaires. Il doit y avoir ici erreur dans le nom du mois de l'an 1605 de l'ère des Séleucides.

Et les états de dame Marguerite, soit pour ce qui lui appartient en toute propriété, soit ce dont elle ne possède que la
moitié, tels que Tyr et son territoire qu'elle possède en entier,
tant les terres plantées de légumes que celles plantées de cannes à
sucre, et les pressoirs qui n'ont pas de *dimnet* (1), à savoir
Meaukeh et Reschmoun, lieux plantés d'oliviers et sans dimnets,
le jardin d'Andjâ, qui est sans dimnet, les enclos et les moulins
qui sont autour de la ville, y compris les champs à sucre ou à
légumes et les pressoirs, tout cela devant appartenir en entier à
la ville, bien entendu que Reschmoun, etc., seront sans dimnets ni villages, et que le sulthan continuera à jouir pour lui
et ses enfants des revenus et redevances de cinq des plus belles
terres et des plus productives du terroir de Tyr, telles qu'elles
se trouvent depuis que Malek-Dhaher les a comprises dans le
domaine particulier. Ces cinq villages (2) resteront en toute propriété au sulthan avec leurs droits, leurs revenus et tout ce
qui en dépend ou en fait partie. La reine Marguerite conservera
en propre dix des villages de la campagne de Tyr, tels qu'ils
ont été désignés et déterminés dans le traité fait avec le sulthan
Malek-Dhaher. Il sera disposé du reste du territoire de Tyr,
ainsi qu'il suit : tout ce qui peut passer pour village, sera laissé
entre les mains des deux parties contractantes, et ce qui sera
au-dessous appartiendra à la princesse de Tyr. Le reste des
villages, au nombre de soixante-dix-huit, non compris Meaukeh, Reschmoun et Andjâ, qui ne méritent pas le nom de
villages, puisque Meaukeh est un simple pressoir, etc.; ces
soixante-dix huit villages bornés à l'ouest par la mer Méditer-

---

(1) Lieu propre à faire du fumier (fosse.)

(2) Nous nous dispenserons de transcrire les noms de ces villages
et de ceux qui suivent, parce que dans l'original ils sont le plus
souvent transcrits sans leurs points diacritiques.

ranée, au nord par le fleuve Kassemyeh, au sud et à l'est par
le territoire de N. N., avec leurs champs, leurs droits, leurs
hameaux, moulins, jardins, eaux et dimnets, leurs revenus en argent ou en nature, seront possédés également
par le sulthan et la reine Marguerite. Ils se partageront les
produits en or ou en denrées, et la recette provenant des
droits, des tributs, des tailles, des monopoles, des loyers,
des fermages, des impositions, des contributions, des droits
mis sur les héritages, et des autres branches de revenus
plus ou moins importantes, par portions égales, sur le même
pied que sous le règne de Malek-Dhaher.

Les agents du sulthan agiront de concert avec ceux de la
reine Marguerite pour la perception des droits et la rentrée
des fonds et des deniers, en sorte qu'il ne se lève pas un denier sans que les deux parties y participent également. Le pays
de Zeheryet restera comme sous le règne de Malek-Dhaher.

Dans les pays appartenant en entier à la reine Marguerite,
les soldats, cavaliers et fantassins, les propriétaires et les marchands, jouiront d'une grande protection et de toute sûreté dans
leurs personnes, leurs richesses, leurs enfants, leurs bestiaux,
à leur entrée et sortie, en voyage ou en séjour, jusqu'à l'expiration du présent traité. Les marchands, les voyageurs, etc.,
pourront circuler librement dans les états respectifs, vendre
et acheter en toute sûreté pour leurs personnes et leurs
biens. De part et d'autre il ne sera rien exigé d'eux de contraire aux usages établis, sans déroger pourtant aux restric-
tions établies antérieurement. Les navires des deux parties contractantes qui se mettront en mer, n'auront rien à redouter les
uns des autres, soit en pleine mer, soit dans le port, à l'entrée ou à la sortie; chacune des deux parties s'engageant à
soutenir les intérêts de l'autre comme les siens propres. Si un
navire vient à faire naufrage, et que le propriétaire soit sujet

du sulthan, musulman ou chrétien, on remettra le tout au propriétaire, ou s'il ne se trouve pas là, aux lieutenants du sulthan. Si le naufragé est sujet de la princesse de Tyr, en cas d'absence de sa part, le tout sera remis aux gens de la princesse. Si quelqu'un meurt dans les états de l'une des parties, sans héritier, il en sera de même, sans qu'on puisse rien soustraire des biens du défunt. S'il se commet un meurtre et qu'on connaisse le meurtrier, s'il est musulman, il sera jugé par les nayybs (1) du sulthan d'après les lois musulmanes ; si le meurtrier est chrétien et sujet de la princesse de Tyr, il sera jugé par la princesse ; mais toujours en présence d'un commissaire de l'autre partie, et chacune suivant les lois qui la régissent. Il en sera de même pour tout malfaiteur et perturbateur du repos public, c'est-à-dire que s'il est musulman, il sera mis à la disposition des nayybs du sulthan, ou aux gens de la princesse s'il est chrétien. Si on ne peut pas trouver l'auteur du meurtre, il sera payé, pour le sang d'un cavalier tué, douze cents pièces d'argent de Tyr, pour celui d'un turkylyet deux cents, et cent pièces d'or (2) pour celui d'un paysan. Si le mort était un négociant, la somme sera réglée selon sa naissance, son origine et son rang. Cet article est commun aux deux parties contractantes. La somme sera levée, en une seule fois, sur les habitants du lieu où le meurtre aura été commis, au moyen d'une contribution qui pèsera sur tous en général. Si le meurtre a été commis dans un lieu partagé entre les deux parties contractantes, chacune des deux paiera la moitié de cette contribution (3).

---

(1) Ce mot, qui signifie *lieutenant*, sert aussi à désigner en Syrie, et dans l'empire othoman, les juges inférieurs, ou substituts et subdélégués des cadhis.

(2) Peut être devrait-on lire cent pièces d'argent.

(3) Encore aujourd'hui en Syrie, si on trouve le cadavre d'un

S'il se fait une prise, on la restituera en nature, ou bien on en remboursera la valeur, s'il en a déjà été disposé. Si l'origine du meurtre ou de la prise est enveloppée d'un profond mystère, on accordera un délai de quarante jours pour éclaircir l'affaire; si, le terme écoulé, on n'a pu obtenir aucun renseignement, le commandant et trois personnes du pays, au choix de la partie demanderesse, attesteront, par serment, qu'ils ne savent rien du meurtre ou de la prise; s'ils s'y refusent, l'amende pour la prise ou le meurtre est de droit.

Si un sujet de l'une des deux parties contractantes se sauve dans les états de l'autre, il sera livré lui et sa suite. Si un mamelouk, de quelque nation qu'il soit, prend la fuite, il sera livré avec ce qu'il a emmené, homme ou femme, esclave ou personne de condition libre.

La reine Marguerite s'engage à ne pas élever de nouvelles forteresses, à ne faire aucune réparation aux remparts et aux fossés, enfin à ne rien entreprendre pour attaquer ou se défendre. De son côté le sulthan, veillera à ce qu'aucun de ses soldats ou sujets ne fasse des vols ou des dégâts, etc., dans la principauté de Tyr, tant sur terre que sur mer. Les soldats du sulthan ou de ses alliés n'inquiéteront la princesse Marguerite ni dans sa personne, ni dans ses troupes, ni dans ses gens. Les Ismaéliens sont exceptés, quoique se trouvant sous la dépendance du sulthan; ils pourront, s'ils veulent, faire des courses ou causer du dégât dans les états de la reine Marguerite, sans que le sulthan ait à s'en mêler. La reine Marguerite s'engage à protéger de son côté les états du sulthan contre

_____

européen, qui porte sur lui quelques traces de violence, non seulement la nation à laquelle il appartient paie une amende, mais la ville même où le cadavre a été trouvé est mise à contribution. (*Voy.* les *Mémoires* du chev. d'Arvieux, tom. VI, pag. 393 et suiv.)

les pirates, les malfaiteurs et autres individus francs qui se dirigeraient de ses états dans ceux du sulthan pour s'y livrer au brigandage. La reine Marguerite ne sera jamais de connivence avec un Franc qui manifesterait de mauvaises dispositions contre les états du sulthan ou contre quelqu'un de ses sujets; elle ne l'aidera pas de ses avis ni de ses conseils par lettres ou autrement, tout le temps que durera le présent traité. Le sulthan, de son côté, prend le même engagement.

Lors de l'expiration du traité, ou si, ce qu'à Dieu ne plaise, il vient à être rompu par une des deux parties contractantes, il sera accordé un délai de quarante jours aux négociants et aux voyageurs, pour leur laisser le temps de mettre leurs personnes et leurs biens à couvert au sein de leur patrie, sans qu'ils puissent être exposés à aucune violence ni poursuite inquiétante.

Le présent traité sera observé dans tous ses articles et clauses, sans qu'aucune de ses dispositions puisse être détruite par la mort de l'une des deux parties contractantes ou la déchéance de l'un des souverains, et la nomination d'un autre, ni par aucune influence étrangère; en sorte qu'il conservera sa force et effet pendant dix ans révolus sans interruption, à partir du 14 de djoumadi premier de l'an 684 de l'hégire, ou 18 tammouz 1596 de l'ère d'Alexandre, jusqu'au 14 de djoumadi premier de l'an 694, ou 18 tammouz de l'an 1605 de l'ère d'Alexandre, chacune des deux parties contractantes s'obligeant à l'observer jusqu'à l'expiration dudit terme, pour elle et ses successeurs.

En foi de quoi nous avons apposé en tête notre signature.

Au 686 (1287). Laodicée, en acquérant une très grande importance, était devenue pour les musulmans une source d'inquiétudes et d'alarmes continuelles. La tour, située au milieu de la mer, n'était pas accessible aux armées de terre; et son

45..

port, aussi commerçant que celui d'Alexandrie, fournissait
aux Francs d'immenses ressources; mais Dieu permit qu'au
commencement de cette année toute la contrée se ressentit
de violents tremblements de terre. Sefed et Emesse faillirent
à être ensevelies sous leurs ruines. Heureusement le sulthan répara les parties entamées. Enfin le samedi 5 de safar,
on ressentit dans les environs de Laodicée un tremblement
de terre si terrible qu'il renversa, par une faveur signalée de
Dieu, la meilleure partie de la tour située au milieu de la mer,
qu'on regardait comme le principal boulevard de Laodicée;
un quart fut renversé, ainsi que la tour des pigeons et le
phare qui guidait les vaisseaux pendant la nuit. Les ravages
de ce phénomène furent la principale cause de la prise de Laodicée; car dès que l'émir Hossam'eddin Tharanthay eut achevé
la conquête de Syhoun, et que *la perle de cette ville eût été
enfilée dans le collier des états du sulthan*, il fit approcher de
Laodicée ces redoutables machines dont *les langues chantent
les succès, et les doigts font signe à la victoire*; elles furent
dressées dans des lieux où le pied n'aurait pu se fixer sans une
chaussée de pierres pratiquée dans la mer, et ouvrirent
bientôt une large brèche dans les endroits déjà découverts par
les tremblements de terre; l'on y mit une telle activité et tant de
vigueur que les assiégés, convaincus de l'inutilité de leurs efforts
contre une armée protégée par les anges du ciel (1) et les tremblements de terre; voyant d'ailleurs que *leurs pigeons ne savaient plus voler, ni les feux leur prêter leur lumière* (2),

---

(1) Les musulmans sont persuadés que leurs armées sont toujours
protégées par des légions d'anges, en vertu de deux versets de
l'Alcoran.

(2) C'est probablement une allusion à la destruction du phare et
de la tour des Pigeons.

capitulèrent le dimanche 5 de rebi premier ; ils ne conservèrent que ce qu'ils purent emporter avec eux, laissant les
armes et les approvisionnements ; ils se dispersèrent de différents côtés, et l'on se mit en devoir de raser la tour, etc.

A l'expiration de la paix faite avec la ville d'Acre, il vint
des députés d'Acre en demander la continuation ; après bien
des difficultés, ils l'obtinrent. C'est moi qui rédigeai le traité.
Mais, sur ces entrefaites, les espions du sulthan annoncèrent
que quelques Francs avaient massacré à Acre plusieurs musulmans. Le sulthan demanda une enquête ; les chrétiens s'y
refusèrent, prétendant que quelques musulmans s'étaient mis
à boire avec des Francs arrivés de l'Occident sur la côte,
qu'ils les avaient insultés, et même qu'ils avaient exercé
contre eux des violences. Mais il n'en était rien, car je tiens
du fils du capitaine Moussa, qui se trouvait alors à Acre,
que le fait s'était passé tout autrement. Un musulman avait
séduit la femme d'un Franc fort considéré, et avait fait une
partie de débauche avec elle dans un jardin, hors d'Acre. Le
mari, prévenu de la chose, les surprit ensemble et les poignarda
tous les deux ; en même temps il massacra quelques musulmans
qui se trouvèrent sous sa main. Les chrétiens crurent échapper
au déshonneur, en présentant la chose sous un faux jour ;
mais ces infidèles, dignes des malédictions divines, n'en retirèrent que la honte et la certitude de la damnation éternelle.

Le sulthan, à cette nouvelle, assembla le conseil pour savoir
si cette circonstance emportait l'annulation du traité. On penchait pour la paix, lorsque je fis observer que, comme ces occidentaux n'étaient venus dans le pays que pour molester les
musulmans, les officiers et le commandant de la ville auraient
dû prévenir leurs mauvaises dispositions ; que si cela ne leur
avait pas été possible, ils devaient maintenant désigner les

coupables, pour qu'ils fussent saisis, puisque d'ailleurs ils reconnaissaient ces occidentaux pour les véritables auteurs de ces assassinats. Le sulthan trouva l'observation fort juste. Il se mettait en marche pour en tirer vengeance, lorsqu'il mourut.

On trouve dans l'original arabe deux autres traités faits sous le règne de Kelaoun; le premier avec Alphonse, roi d'Aragon, et son frère dom Jayme, roi de Sicile; le second avec la république de Gènes. Ces deux traités ont été traduits par M. Sylvestre-de-Sacy, et comme cette traduction se trouve imprimée, nous nous croyons dispensés de la reproduire ici. Voyez le *Magasin Encyclopédique*, année VII, tom. II, pag. 145 et suiv.; et la *Chrestomathie arabe*, t. II, pag. 538 et suiv.

~~~~~~

EXTRAIT DE MAKRIZI.

Makrizi naquit au Caire entre l'an 760 et l'an 770 de l'hégire, 1358 et 1368 de J.-C. ; sa famille prétendait descendre
d'Ali par la branche qui a donné le jour aux Kalifes Fatimites.
Il fit ses études au Caire, et suivit d'abord les opinions de la
secte des Hanefites, qu'il abandonna ensuite pour embrasser
celles de la secte de Schaféi. Makrizi se livrant avec ardeur à
l'étude, acquit de bonne heure de vastes connaissances, et con-
tracta un goût très vif pour une vie retirée. Aussi s'occupa-t-il
jusque dans ses dernières années, à écrire et à composer des ouvrages nombreux, et presque tous historiques. Il exerça toutefois diverses fonctions relatives à la religion, et il fut, à plusieurs reprises, *mothésib*, ou commissaire de police du Caire.
Makrizi vécut environ 80 ans, et mourut en 845 (1442). Les
ouvrages auxquels il doit la réputation dont il jouit, sont : 1°.
une *Description historique et topographique de l'Égypte* ;
2°. une *Histoire des sultans Ayoubites et Mamelouks*, c'est
celle dont nous allons donner l'extrait ; 3°. un *Traité des mon-
naies musulmanes* ; 4°. un *Traité des poids et des mesures
légales des musulmans*. Cet écrivain arabe est remarquable
par son exactitude, qui va quelquefois jusqu'à la minutie ; mais
il manque souvent de goût et de critique ; quant à son style, il
ne s'écarte jamais des bornes de la plus grande simplicité.

D. Berthereau avait commencé son travail à l'année 558
(1163), époque où Saladin entra pour la première fois en
Égypte. Comme cette partie de l'histoire de Makrizi ne nous

fournissait rien d'important à connaître, nous l'avons omise en entier ; qu'il nous suffise de faire précéder notre extrait par le commencement de celui de D. Berthereau, et de placer à la suite de sa traduction latine notre traduction du même passage. (Voyez ci-dessus, page 259.) Nous avons mis en italique les passages que D. Berthereau paraît ne pas avoir entendus.

« Addictus Salaheddinus servitio Noureddini , cum suo
» avunculo Schyrkouho in Ægyptum profectus est anno 558,
» advenitque. Postea Syriam rediit : iterum cum suo avun-
» culo reversus in Ægyptum, adfuit pugnæ Babain , fuitque in
» Alexandria obsessus à Francis : dein ex ea ad Syriam exiit
» cum suo avunculo. Tertia vice in Ægyptum , invitus qui-
» dem , cum suo avunculo profectus est , ad eamque advenit
» anno 564. Cum vero defuit Schaourus a promissis Schyr-
» kouho factis , haudque dedit quod se daturum fore Noured-
» dino ejusque exercitui fuerat stipulatum , consilium cœpe-
» runt (socii Schyrkouhi) illum circumvenire et apprehen-
» dere : at nullus ausus est ex eis nisi Salaheddinus ; cumque
» Schaourus ad eos advenisset, ut singulis diebus solebat,
» cum illo sunt profecti, ad Schyrkouhum petendum. Ad la-
» tus ejus incessit Salaheddinus si qua obsequii ei dare incce-
» pit (vel societatem cum eo inire et paritatem), jussitque
» exercitui apprehendere socios ejus : hi a Schaouro fuge-
» runt, raptique sunt equites qui circum eos erant. Propulsus
» est Schaourus ad castra, occisus est, Adedique visirus post
» cum institutus est Schyrkouhus, qua dignitate functus est
» usque dum obierit ; loco ejus visirum instituit Adedus Sala-
» heddinum. »

An 558 (1163). Saladin était au service de Nour'eddin. Cette année il se rendit en Egypte avec son oncle Schyrkouh, et revint peu de temps après en Syrie ; il entra de nouveau en Egypte avec son oncle, et prit part à la bataille de Babein , à

la suite de laquelle il s'enferma dans Alexandrie, où il fut
assiégé par les Francs. Après la conclusion de la paix, il retourna avec son oncle en Syrie, et ce fut malgré lui qu'il partit
une troisième fois avec son oncle, en l'année 564 (1169).
Cependant Schaver négligeait de satisfaire Schirkouh, et de
remplir les promesses qu'il avait faites à Nour'eddin et à son
armée; on proposa de l'attaquer par surprise et de s'emparer
de sa personne; mais Saladin fut le seul qui osât exécuter l'entreprise. Schaver venait tous les jours au camp pour voir Schirkouh; un jour qu'il ne *le trouva pas dans sa tente, Saladin se
mit en devoir de l'accompagner jusqu'auprès de son oncle;
tout-à-coup, pendant qu'ils marchaient ensemble, Saladin prit
Schaver au collet, et ordonna à son escorte de se saisir des
gens de Schaver; aussitôt ceux-ci prirent la fuite, et leurs
effets devinrent la proie des Gozzes* (1). Quant à Schaver, il
fut mené au camp et massacré. Schirkouh fut choisi par Adhed
pour le remplacer dans le visirat, et à sa mort il fut remplacé
lui-même par son neveu Saladin.

Dans l'analyse qu'on va lire, on s'est surtout attaché à faire
connaître les détails qui ne se trouvent point ou qui sont moins
développés dans les autres extraits.

Histoire des sulthans Ayoubites et Mamelouks.

An 626 (1228-29). Fakhr'eddin, fils du scheik des scheiks,
et Schems'eddin-Alazmowi, cadhi de l'armée, ne cessèrent d'aller et venir pour négocier la paix entre Malek-Kamel, sulthan
d'Egypte, et l'empereur Frédéric, roi des Francs, jusqu'à ce

---

(1) Les Gozzes ou Uzzes s'étaient enrôlés dans l'armée qui mit
Saladin sur le trône d'Egypte. (Voyez ci-dessus, page 274, note.)

qu'il fût convenu que Jérusalem serait remise aux Francs, à
condition qu'ils la laisseraient dans l'état de ruines où elle se
trouvait, et qu'ils n'en relèveraient pas les murailles. Les musulmans conservèrent l'enceinte sacrée avec tout ce qui en
dépendait, comme la mosquée Alaksa et la Sakhrah. Les
Francs n'eurent plus la faculté d'y entrer, si ce n'est pour
s'acquitter des pratiques réservées aux pélerins. Les musulmans en eurent l'usage exclusif et purent y exercer leur culte.
Les Francs rentrèrent en possession de tous les villages situés
entre Acre, Jaffa, Lidda et Jérusalem, à l'exception pourtant
de ceux qui étaient situés autour de cette dernière ville. Malek-
Kamel se soumit à des conditions aussi honteuses, parce qu'il
redoutait quelque attaque soudaine de l'empereur. Ce fut ce qui
l'engagea à satisfaire son ennemi; au reste, disait-il, nous ne
cédons aux Francs que des églises et des maisons en ruines. La
mosquée reste dans le même état, l'islamisme conserve ses
prérogatives, enfin le gouvernement musulman exerce son
autorité sur les bourgs et les fermes qui appartiennent au territoire de la ville sainte.

Quand les deux princes furent convenus de ces conditions,
ils conclurent une trève de dix ans cinq mois et quarante jours,
à partir du 28 de rebi premier de l'année 626 (24 février
1229). L'empereur s'excusa auprès de l'émir Fakhr'eddin, en
disant que s'il n'avait craint de perdre son crédit dans l'Occident, il n'aurait pas demandé des conditions aussi dures; que
son but n'avait été nullement la délivrance de Jérusalem, ni
autre chose de ce genre, mais seulement de conserver l'estime
des Francs.

Cependant les deux monarques jurèrent l'observation du
traité; ensuite le sulthan fit publier dans Jérusalem l'ordre
pour les musulmans d'évacuer la ville et d'en remettre la possession aux Francs. Les habitants s'abandonnèrent aux pleurs

et aux gémissements; ils poussèrent des cris; les imams se rendirent dans le camp de Kamel et annoncèrent la prière à la
porte de sa tente, à une heure insolite. Le sulthan fut très affecté de cela; il leur fit ôter tout ce qu'ils avaient de voiles, de
lampes d'argent et d'instruments, et après les avoir blâmés de
leur conduite, il leur fit dire de se retirer. Les musulmans
furent fort sensibles à toutes ces choses; ils désapprouvèrent
fortement le sulthan; de tous côtés les peuples éclatèrent en
plaintes. Peu de temps après l'empereur demanda la ville de
Tabnin et ses dépendances; ce qui lui fut accordé.

Il écrivit ensuite au sulthan pour avoir la faculté d'entrer
dans Jérusalem. Le sulthan y consentit, et lui envoya le cadhi
de Naplouse pour lui faire honneur. Le cadhi accompagna
l'empereur à la mosquée; il parcourut avec lui tout ce qui at-
tire l'attention des pélerins. Le prince ne put contenir son admiration quand il entra dans la mosquée Alaksa et la Sakhrah.
Il monta ensuite les degrés de la chaire de la mosquée; tout-à-
coup il aperçoit un prêtre, l'Evangile à la main, qui se disposait à entrer dans la mosquée; il se mit à le gronder et à désap-
prouver sa hardiesse, en jurant que si quelqu'un d'entre les
Francs prétendait y entrer sans permission, il le châtierait très
sévèrement; « car, ajouta-t-il, nous sommes les esclaves de
Malek-Kamel et ses serviteurs; il nous a cédé, et à vous aussi,
les églises par grâce spéciale; en conséquence que personne
d'entre vous n'abuse de cette faveur. » Le prêtre s'éloigna
frappé de terreur. L'empereur se retira ensuite dans son palais. Le cadhi de Naplouse défendit d'annoncer la prière pour
cette nuit. Le lendemain, l'empereur demanda pourquoi aucune voix ne s'était fait entendre de dessus les minarets. « Votre esclave, dit le cadhi, l'a défendu par égard et par considération pour vous. » Frédéric lui répondit qu'il avait eu tort.
« Par Dieu! ajouta-t-il, l'une des choses qui m'avaient engagé

à passer la nuit dans Jérusalem c'était le desir d'entendre la proclamation de la prière. » Frédéric retourna ensuite à Saint-Jean-d'Acre. Ce prince était fort instruit ; il connaissait à fond la géométrie, la philosophie et les mathématiques. Il avait envoyé à Malek-Kamel des problêmes difficiles à résoudre sur ces trois branches des sciences. Le sulthan les communiqua à un scheik, qui lui dicta la réponse.

Cependant Frédéric s'embarqua au port d'Acre pour se rendre dans ses états. Le sulthan envoya Djemal'eddin dans les régions orientales et à la cour du khalife de Bagdad, pour tranquilliser l'esprit des peuples et calmer le trouble qu'avait causé l'entrée des Francs dans Jérusalem.

An 627 (1229-30). Cette année l'émir Fakhr'eddin revint de Bagdad. Il arriva aussi un député de l'empereur Frédéric avec une lettre pour Malek-Kamel.

An 637 (1239). Les Francs bâtirent une citadelle à Jérusalem, et la tour de David, qui était restée intacte lors de la destruction des remparts, sous Malek-Moadham, se trouva alors comprise parmi les tours de la ville. A cette nouvelle, Nasser-Dàoud, prince de Carac, marcha sur Jérusalem avec des machines de guerre, et la prit après vingt-un jours de siége, secondé par les troupes égyptiennes. Ce ne fut que quelques jours plus tard que tomba en son pouvoir par capitulation la tour de David. Les richesses des assiégés furent abandonnées aux vainqueurs. Nasser détruisit la tour, se constitua souverain de la ville, et en fit sortir tous les chrétiens, qui s'en allèrent dans les villes de leurs domaines.

Le dimanche 14 de rebi premier (11 octobre), il s'engagea entre les Francs et les Egyptiens qui se trouvaient dans la Palestine, un combat qui tourna au désavantage des premiers ; les musulmans ne perdirent que dix hommes et tuèrent dix-huit cents chrétiens ; ils firent prisonniers plusieurs princes et comtes, ainsi que quatre-vingts cavaliers et deux cent cinquante fantassins qu'ils envoyèrent au Caire.

An 638 (1240). Malek-Saleh-Ismaël , prince de Damas , soulève les princes de Syrie contre le sulthan d'Egypte , et fait entrer les Francs dans cette coalition. Il permit à ces der--niers d'entrer à Damas pour acheter des armes. En consé-quence , un très grand nombre d'entre eux en achetèrent des habitants de la ville. Ce qui choqua beaucoup les gens pieux. Ils allèrent consulter à ce sujet des personnes instruites. Un scheik décida qu'on ne pouvait vendre des armes aux chré-tiens ; c'est pourquoi à la prière du vendredi, le prédicateur de la mosquée de Damas ne fit plus des vœux pour le prince ; on disait seulement : « O Dieu ! fais marcher ce peuple dans » le droit chemin , en sorte que tes élus triomphent et que tes » ennemis soient couverts de honte , que ta loi soit observée , » et que ton nom ne soit plus offensé par des actions coupa-» bles. » Le peuple faisait cette prière avec une grande effu-sion de cœur.

Malek-Saleh était alors absent de Damas ; quand il apprit ce qui s'était passé , il destitua le prédicateur de la mosquée , et le fit emprisonner lui et un autre scheik qui s'était aussi fait remarquer par son opposition à ses volontés. Mais à son retour à Damas, il les fit sortir de prison. Le prédicateur fut mis aux arrêts dans sa maison , malgré sa qualité de *mufti* ; défense lui fut faite de recevoir personne. On lui permit cepen-dant d'assister à la prière du vendredi, de recevoir son médecin et son barbier, et d'aller aux bains. Du reste , sa place fut donnée à un autre.

Le prince de Damas envoya ensuite demander du secours aux Francs , promettant de leur céder toutes les villes qu'ils avaient perdues sous le règne de Saladin; puis il alla camper à Tell'adjoul où il resta quelque temps ; comme il se vit dans l'impossibilité

d'attaquer l'Egypte, il retourna à Damas. Cependant le sulthan
d'Egypte, à la nouvelle de la marche de Saleh-Ismaël et des
Francs, ses alliés, avait envoyé son armée pour les combattre;
tandis que les deux armées étaient en présence, les Syriens, qui
conservaient beaucoup d'attachement pour les Egyptiens, se
réunirent avec eux, et tombèrent tous ensemble sur les Francs
qui prirent la fuite. On fit sur eux un nombre prodigieux de prisonniers, qui furent conduits dans l'île de Raudbah, où ils furent employés à bâtir un château; une autre partie travailla au
collége Sâlehich qu'on élevait dans le Caire. Cette même année
le sulthan fit la paix avec les Francs, et renvoya les prisonniers
chrétiens qui se trouvaient dans ses états.

An 640 (1242). Les Francs de Saint-Jean-d'Acre s'emparent de Naplouse; ils pillent, massacrent, emmènent des
prisonniers et emportent la chaire de la mosquée.

An 641 (1243). Makrizi parle de nouveau de la division
qui éclata parmi les princes musulmans, de la nouvelle occupation de Jérusalem par les Francs; il parle ensuite de l'arrivée
des Karismiens, de leur entrée dans la ville sainte, du massacre des chrétiens, et du pillage de la ville.

An 642 (1244). A la bataille de Gaza, livrée contre les
Karismiens, les Francs, réunis aux musulmans de Syrie,
élevaient leur croix au milieu des troupes de Damas, et même
pardessus la tête de Mansour, prince d'Émesse; les prêtres
faisaient des signes de croix, portant dans leurs mains des vases
pleins de vin qu'ils donnaient aux cavaliers. Les Francs occupaient la droite; les troupes de Carac la gauche; Mansour,
prince d'Émesse, était au centre; les Karismiens et les Égyptiens
commencèrent l'attaque. La bataille fut terrible; Mansour fut
mis en déroute. Les Karismiens entourèrent les Francs, et
en firent un grand carnage; il n'y eut de sauvés que ceux qui
prirent la fuite. Huit cents d'entr'eux furent faits prisonniers.

Quant aux morts, en y joignant les Syriens, le nombre monta au dessus de trente mille. Les Karismiens firent un butin immense. Mansour arriva à Damas, mais avec peu de monde.

Makrizi continue son récit en racontant le siége d'Ascalon par les Égyptiens, la prise de Tibériade, les divisions des musulmans, celles des chrétiens, et arrive à l'époque où St. Louis débarqua en Égypte.

An 647 (1249). Le sulthan ayant appris l'arrivée des Francs sur les côtes d'Égypte (1), partit de Damas dans une littière, et s'arrêta à Aschmoum-Thenah.

Cependant le sulthan ne pouvait faire aucun mouvement; sa maladie prenait de jour en jour un caractère plus grave. Il fit publier que tous ceux qui auraient quelque réclamation à faire contre lui, se présentassent, afin qu'il fît droit à leur demande. En effet on satisfit tous ceux qui se présentèrent.

A la deuxième heure du vendredi 21 de safar (le 7 juin 1249), les vaisseaux des Francs parurent sur les côtes d'Égypte. La flotte qui était fort nombreuse, était commandée par le roi de France; on le surnommait le Français. Son nom était Louis, fils de Louis. Les Francs de la Palestine s'étaient réunis à son armée. Ce prince ayant abordé sur la côte, envoya une lettre au sulthan du Caire.

Ici Makrizi rapporte cette lettre, qui ne paraît point autenthique, et que l'auteur arabe a confondue avec une lettre d'Alphonse VI, roi de Castille, à un prince de Marok. Nous ne donnerons ici ni la lettre, ni la réponse.

---

(1) Makrizi rapporte dans sa description de l'Egypte (à l'article d'Alexandrie), que l'empereur Frédéric II envoya secrètement à Malek-Saleh un député déguisé en marchand, pour lui annoncer le prochain départ du roi de France, et que ce fut cet avis qui engagea le sulthan à partir précipitamment pour l'Egypte.

Le samedi 8 juin 1249, les Francs abordèrent près de l'endroit où avaient campé les musulmans; ils dressèrent pour leur roi une tente rouge. Les musulmans les attaquèrent avec perte.

Les habitants de Damiette se voyant abandonnés par Fakhr'-eddin, suivirent précipitamment l'armée, abandonnant tout, et n'emportant pas même de quoi se nourrir. Cette retraite fit le plus grand tort à la réputation de Fakhr'eddin. En effet, Damiette, lorsqu'elle fut assiégée (en 1218 de J.-C.) sous Malck-Kamel, avait beaucoup moins de provisions et de ressources, et cependant les Francs ne la prirent qu'après que les assiégés eurent tous péri de faim ou par l'effet des maladies épidémiques. Les Francs s'approchèrent de Damiette; comme ils trouvèrent les portes ouvertes sans que personne veillât à leur garde, ils craignirent que ce ne fût un stratagème; ils s'arrêtèrent. Convaincus enfin que les habitants avaient pris la fuite, ils y entrèrent sans difficulté, et s'emparèrent des machines de guerre, des armes, des munitions, des provisions, des richesses, des meubles, qui s'y trouvaient en très grande quantité. A cette nouvelle les habitants du Caire et du vieux Caire furent remplis de terreur. Ils désespérèrent de voir l'islamisme se conserver dans l'Egypte. Tandis que l'armée et les habitants de Damiette arrivaient à Aschmoun-Thenah, le sulthan entra dans une grande colère contre les Kenâniens, et ordonna de les pendre. « En quoi sommes-nous coupables, » dirent-ils, puisque nous n'avons fait que suivre les mou- » vements de l'armée et des émirs qui, en fuyant, avaient mis » le feu aux magasins d'armes? Que pouvions-nous faire dans » une telle circonstance? » Néanmoins plus de cinquante de leurs émirs furent pendus pour avoir abandonné la ville aux Francs sans permission. L'un de ces émirs avait un fils d'une rare beauté; il supplia le sulthan de le faire mourir

avant son fils : ce qui lui fut refusé : il eut la douleur de voir
mourir son fils dans les supplices. Le sulthan avait eu soin
de consulter les docteurs, qui décidèrent qu'on pouvait faire
pendre ceux qui avaient abandonné leur poste. Le sulthan
témoigna ensuite son mécontentement à Fakhr'eddin : « Ne
» pouviez-vous pas, lui dit-il, tenir tête aux Francs un ins-
» tant? pas un seul d'entre vous ne s'est fait tuer. Dans de
» telles circonstances, il ne vous restait plus qu'à faire preuve
» de constance, de mépris pour la vie. »

Plusieurs émirs craignirent pour Fakhr'eddin quelque violence de la part du sulthan; ils pensaient déjà à massacrer le
prince, lorsque Fakhr'eddin leur conseilla de ne rien précipi-
ter, jusqu'à ce que l'état du sulthan fût décidé. Il était au
moment de la crise; s'il mourait, on en était débarrassé; sinon
on était toujours à temps de le tuer.

Cependant le sulthan ordonna le départ pour Mansourah;
pour lui il s'y rendit en bateau. Les barques du vieux Caire
arrivaient avec de grandes provisions et des fantassins. Il
venait des guerriers et des volontaires à pied de tous côtés;
ils voulaient signaler leur zèle pour la religion. Il vint aussi
un très grand nombre d'Arabes nomades, qui se mirent à
attaquer les Francs et à faire des irruptions dans leur camp.
Les Francs réparèrent les murailles de Damiette, et y placèrent une forte garnison.

Le lundi, dernier de rebi premier (le 13 juillet), il arriva
au Caire trente-six prisonniers Francs enlevés par les Arabes;
il s'y trouvait deux cavaliers. Le 15, il en arriva trente-sept,
le 7 il en arriva vingt-deux, et le 16 quarante-cinq, dont
trois cavaliers.

Les habitants de Damas ayant appris la prise de Damiette,
marchèrent sur Sidon, et la prirent sur les Francs après quelque résistance; cette nouvelle consola un moment les Égyp-

tiens. Cependant il arrivait sans cesse au Caire des prisonniers chrétiens, à la vérité en petit nombre.

Le sulthan Malek-Saleh mourut à Mansourah, après avoir désigné son fils Touranschah pour son successeur, et engagé Fakhr'eddin Mohsen l'eunuque, et ceux sur la fidélité desquels il pouvait compter, à lui prêter serment de fidélité; il eut soin aussi de faire faire dix mille signatures (ou paraphes) dont on devait se servir dans la correspondance, afin qu'on ne s'aperçût pas de sa mort jusqu'à l'arrivée de son fils Touranschah de la Mésopotamie. Son règne sur l'Egypte fut de dix ans moins cinquante jours; son cadavre fut lavé par l'un des médecins qui l'avaient traité. Pour tenir sa mort secrète, il fut mis dans un coffre et transporté à l'île de Raoudah, où il resta quelque temps. On le transporta de là dans son tombeau, près du collége qu'il avait fait bâtir dans la ville du Caire.

Quelques auteurs ont prétendu qu'il ne désigna pas son successeur, mais qu'il dit à l'émir Hossam'eddin, fils d'Abou-Aïy: « Quand je serai mort, vous ne livrerez mes états qu'au khalife de Bagdad, afin qu'il en fasse ce qu'il jugera à propos; » car il connaissait la légèreté de son fils. Quoi qu'il en soit, après sa mort son épouse Schedger'eddor fit venir Fakhr'eddin et l'eunuque Djemal'eddin-Mohsen qui approchait de la personne du sulthan, et qui commandait ses mamelouks et sa garde particulière; elle leur apprit la mort du sulthan en leur recommandant le secret. L'émir Fakhr'eddin était un homme intelligent, bon administrateur, propre au commandement, libéral et chéri de tout le monde. Ils convinrent donc avec Schedger'eddor qu'ils administreraient de concert les affaires jusqu'à l'arrivée de Malek-Moadham-Touranschah. Cependant Fakhr'eddin était à la tête des affaires; il distribuait les terres et les fiefs. La correspondance continuait de l'armée dans les provinces; les lettres étaient expédiées avec la signature de Malek-

Saleh. On dit que c'était un esclave nommé Ismaël, qui contrefaisait son écriture sans que personne soupçonnât la fraude. L'émir Hossam'eddin, lieutenant du sulthan, y fut trompé comme les autres, jusqu'à ce que l'un de ses gens lui fît apercevoir dans l'apostille quelque chose qui ne ressemblait pas à l'écriture du sulthan. L'émir s'informa de l'état du sulthan auprès d'un de ses intimes amis qui se trouvait au camp. Ce fut alors qu'il apprit la mort du sulthan. Il conçut de grandes craintes de la part de Fakhr'eddin ; et de peur que celui-ci ne s'arrogeât l'autorité souveraine, il chercha à mettre sa personne en sûreté.

Cependant Fakhr'eddin rendait la liberté à ceux qui se trouvaient en prison ; il disposait des trésors en faveur des émirs qui lui étaient dévoués ; il renvoyait en Syrie le sucre et le lin. Tout le monde connut alors la mort du sulthan, sans que personne osât ouvrir la bouche à ce sujet. Fares'eddin-Okthai, qui se trouvait dans ce moment à la tête des mamelouks baharites, partit de Mansourah pour ramener Touranschah de la Mésopotamie. L'émir Hossam'eddin avait déjà fait partir un envoyé pour le même sujet. L'émir Hossam'eddin craignait que Fakhr'eddin n'élevât sur le trône Moguyts, petit-fils de Malek-Kamel, et qu'il ne s'emparât de l'autorité sous ce jeune prince ; c'est pourquoi il retira Moguyts d'entre les mains de ses tantes, et le transféra dans le château du Caire, où il le mit sous bonne garde, avec défense de l'abandonner à qui que ce fût.

Cependant Fakhr'eddin, tout en dissimulant ses desseins aux yeux du public, s'arrogeait l'autorité souveraine : il l'exerçait dans toute sa plénitude. Il sortait quelquefois à cheval entouré d'une suite nombreuse ; les émirs lui faisaient la cour, et le recevaient à pied au moment qu'il descendait de cheval ; ils lui tenaient compagnie à table.

46..

Malek-Moadham-Touranschah, en recevant l'envoyé de Hus-
sain'eddin, reconnut la nécessité de se hâter, de peur de laisser à Fakhr'eddin le temps de se faire reconnaître sulthan. Il
partit de Hisn-Käïfah avec cinquante cavaliers qui ne le quittaient jamais, et courut en chemin les plus grands dangers.
Bedr'eddin-Loulou, prince de Mossoul, et les habitants d'A-
lep, avaient aposté des détachements pour s'emparer de sa
personne; mais Dieu le tira de ce danger. Il passa l'Euphrate
à Anah, et traversa le désert, où il faillit à périr de soif.

Schedger'eddor administrait les affaires, en sorte que tout se
faisait comme à l'ordinaire. On dressait le pavillon du sulthan
comme précédemment; les tables étaient servies chaque jour, les
émirs venaient faire leur service accoutumé. La sulthane disait
que le sulthan était malade, et qu'il ne pouvait voir personne.

Cependant les Francs ne tardèrent pas à apprendre que
Malek-Saleh n'était plus; ils partirent de Damiette, cavaliers
et fantassins, et vinrent camper à Farescour.

Le vendredi on reçut une lettre envoyée du camp: c'était
pour exciter le peuple à prendre les armes pour la religion;
elle commençait par ces mots (de l'Alcoran): « Accourez, ri-
» ches et pauvres, et armez-vous pour la cause de Dieu; pro-
» diguez vos richesses et vos personnes pour un but aussi
» saint. C'est ce qui peut vous arriver de plus heureux. Ah!
» si vous pouviez le comprendre! » Cette lettre était écrite
sur un ton énergique, et presque toute remplie de conseils et
d'exhortations. On lut cette lettre en chaire dans la mosquée
du Caire; les assistants ne purent retenir leurs larmes; on
entendait des gémissements et des sanglots qu'on ne peut
décrire. Le Caire et le vieux Caire furent dans le plus grand
trouble, à cause de l'effroi général et du départ d'une partie des habitants pour l'armée. En effet il s'y rendait de tous
côtés des hommes qui brûlaient du désir de combattre les

Francs. Tout le monde était consterné, surtout depuis que la mort du sulthan commença à être connue. Les Francs attaquèrent les musulmans et leur tuèrent quelques émirs. Les Francs, qui avaient éprouvé aussi quelques pertes, campèrent à Scharmesah, ensuite à Baramoun, où ils se trouvèrent rapprochés de l'armée égyptienne ; enfin ils s'établirent en face de Mansourah ; ils n'en étaient séparés que par le bras d'Aschmoum qui coulait entre deux. Sur le côté occidental du Nil se trouvaient les fils de Nasser-Daoud, prince de Carac, avec une partie de l'armée. Les Francs restèrent quelque temps dans le même endroit ; ils creusèrent un fossé, s'entourèrent de murailles et de tout ce qui pouvait les défendre ; ils dressèrent aussi leurs machines. La flotte chrétienne était sur le Nil, à portée de les secourir ; celle des musulmans était aussi sur le Nil, vis-à-vis de Mansourah. Six cavaliers passèrent dans le camp des musulmans, et leur apprirent l'état fâcheux des Francs. On ne cessait pas de se battre ; il ne se passait pas de jour qu'on ne tuât ou qu'on ne prît un certain nombre de Francs.

Le mercredi, 7 de schowal (le 22 janvier 1250), les musulmans s'emparèrent d'un vaisseau long, monté par cent hommes et un comte franc. Le jeudi 15, les Francs montèrent à cheval ; les musulmans allèrent les attaquer dans leurs propres quartiers. Le combat fut très chaud. Les Francs perdirent quarante cavaliers avec leurs chevaux. Le vendredi 3, il arriva au Caire soixante-sept prisonniers, dont trois des principaux officiers des Templiers.

Les soldats de l'islamisme obtenaient de grands succès, lorsqu'un méchant homme d'entre les musulmans montra aux Francs un gué sur le canal d'Aschmoum. Les musulmans n'en surent rien jusqu'au moment où les Francs les attaquèrent dans leurs retranchements. L'émir Fahkr'eddin se trouvait au bain. Il comprit au bruit qui se faisait que les Francs avaient pénétré,

dans le camp. Il sortit tout troublé, monta à cheval, sans penser
aux suites de sa témérité. Il voulut s'avancer pour voir par lui-
même l'état des choses, et faire charger ses troupes; il n'avait
auprès de lui que quelques mamelouks et quelques soldats. Un
peloton de braves d'entre les Templiers se jetèrent sur lui, mirent en fuite ceux de sa suite. En vain il tâchait de repousser les
agresseurs, il fut percé d'une lance au côté : de toutes parts les
épées se dirigeaient vers lui. C'est ainsi qu'il mourut. Les Francs
se retirèrent à Djedileh au nombre de quatorze cents cavaliers;
ils étaient commandés par le frère du roi de France. Dès que
Fakhr'eddin fut mort, les Francs se jetèrent sur Mansourah; les
musulmans s'enfuirent à droite et à gauche; il se préparait un
grand désastre pour l'islamisme. Le roi de France venait en
personne à la porte du château du sulthan, si Dieu, par sa
bonté, n'avait rendu tous ses efforts inutiles et n'avait excité
contre les Francs les Turcs connus sous le nom de Baharites
et de Djemdariehs. Au milieu d'eux se faisait remarquer Bibars-
Bondocdar, qui monta par la suite sur le trône. Ils se jetèrent
sur les ennemis avec tant d'impétuosité, qu'ils les mirent en
désordre et les repoussèrent loin de la porte du château. Les
fuyards étaient reçus à coups d'épées ou de massues; en sorte
qu'en cette journée les chrétiens perdirent environ quinze cents
des plus braves et des plus marquants d'entre eux. Leur infanterie se disposait à passer le canal. Si Dieu les avait favorisés,
c'en était fait des musulmans. La bataille se donna dans les
rues de Mansourah. Les chrétiens prirent la fuite et se retirèrent à Djedileh, où étaient leurs tentes : on était à l'entrée de la
nuit. Les Francs élevèrent un mur et creusèrent un fossé autour
d'eux; une partie seulement campa sur la rive orientale (au-delà
du canal); l'autre était restée dans la plaine qui aboutit à Damiette. Ce furent là les premiers succès obtenus sur les Francs.
Au moment que ceux-ci étaient entrés dans le camp musulman, on

avait lâché un pigeon pour en porter la nouvelle au Caire. L'effroi fut extrême ; les fuyards se succédaient sans cesse ; on laissa les portes ouvertes pendant la nuit du mercredi ; mais quand le lendemain matin un autre pigeon eut apporté la nouvelle de la victoire remportée sur les Francs, les rues du Caire furent tapissées, tout le monde s'abandonna à la joie, et le château du sulthan retentit du bruit des trompettes et des tambours.

L'émir Fakhr'eddin avait été à la tête des affaires l'espace de soixante-quinze jours. Le jour de sa mort, ses mamelouks et une partie des émirs pillèrent sa maison, brisèrent ses coffres, prirent l'argent qui s'y trouvait, s'emparèrent de ses trésors et de ses chevaux, et mirent ensuite le feu à la maison.

Malek-Moadham-Touranschah arriva à Damas le 29 de rhamadan (5 janvier) ; il distribua des *kilats*, ou robes d'honneur, et des sommes d'argent aux émirs, à tel point qu'il dépensa tout l'argent qui se trouvait dans la citadelle : cette somme montait à trois cent mille écus d'or. Après cela il fit venir de l'argent de Carac, et le dissipa de la même manière. Il rendit la liberté à ceux que son père avait fait enfermer. Il reçut des envoyés de Hamah et d'Alep, qui venaient le féliciter, et fit connaître son arrivée aux habitants du Caire, à la fin de janvier 1250, par la voie des pigeons ; ce qui donna lieu à de grandes réjouissances. Le sulthan se rendit enfin en Egypte. Ce fut alors qu'on commença à parler publiquement de la mort de Malek-Saleh. Du reste tout s'était passé jusque-là comme de son vivant. Schedger'eddor supposait toujours que le sulthan ne recevait personne pour cause de maladie. Touranschah fut alors reconnu souverain de l'Egypte. Quand il approcha de Mansourah, les émirs et les mamelouks allèrent à sa rencontre.

Cependant les Francs recevaient leurs provisions de Damiette par le Nil. Les musulmans démontèrent un grand nom-

bre de barques, dont ils firent transporter les pièces à dos de
chameaux à Mehalleh, sur le canal de ce nom qui communique
avec la branche du Nil qui passe devant Damiette, et remplirent
les barques de soldats : on était au temps de la crue du Nil.
Quand les barques des Francs eurent dépassé le lieu de l'embuscade, celles des musulmans les attaquèrent tout-à-coup.
En même temps la flotte musulmane arriva de Mansourah, de
sorte que les barques des Francs furent prises au nombre
de cinquante-deux. Les Francs manquaient de vivres, c'est
pourquoi ils écrivirent au sulthan pour demander une trève.

Leurs députés proposèrent de rendre Damiette, à condition
qu'on leur livrerait Jérusalem et quelques villes de la côte de
la Palestine ; mais leur demande ne fut pas acceptée. Le vendredi, 27 de doulhadjah (le 2 avril 1250), les Francs mirent le feu au bois dont ils s'étaient approvisionnés, et détruisirent leurs barques pour commencer la retraite.

An 648 (1250). Les Francs partirent tous, se dirigeant
vers Damiette. Les barques descendaient le fleuve, en suivant
les mouvements de l'armée de terre. Les musulmans passèrent
le canal et se mirent à les poursuivre l'épée dans les reins. Ils
les cernèrent, firent main-basse sur eux, tout fut pris ou tué.
Le fort du combat eut lieu à Farescour. On rapporte qu'il y périt dix mille hommes ; ceux qui exagèrent, disent trente mille.
On prit près de cent mille hommes (ce nombre est encore bien
plus exagéré), cavaliers, fantassins ou ouvriers. Quant aux
sommes d'argent, aux chevaux et aux mulets, on ne peut en
dire la valeur; environ cent musulmans obtinrent la palme du
martyre. Les mamelouks Baharites, et surtout Bibars Bondocdar se distinguèrent extrêmement dans cette journée, et
se couvrirent de gloire. Le Roi de France et un grand nombre
de ses principaux officiers se réfugièrent sur un lieu élevé et
demandèrent la vie; on les conduisit en captivité à Mansourah.

Le frère du roi de France était en prison avec lui; chaque jour on leur apportait ce qui leur avait été assigné. Malek-Moaddham ordonna à Seif'eddin-Youssouf, l'un de ceux qui se trouvaient avec lui en Mésopotamie, de massacrer les prisonniers francs. Chaque nuit il en mettait trois ou quatre cents à part, leur coupait la tête, et jetait les cadavres dans le Nil, jusqu'à ce qu'il ne restât plus de prisonniers.

Ici l'auteur arabe parle des négociations commencées avec le roi de France, et il continue ainsi : Le sulthan se rendit de Mansourah à Farescour, où il fit dresser son pavillon; il y fit aussi élever une tour de bois, et s'abandonna à la débauche. Il écrivit de sa main à l'émir Djemal'eddin, son lieutenant à Damas, une lettre dans laquelle il l'appelait son père : « Louanges à Dieu, disait-il, qui nous a tirés de notre » tristesse; car ce n'est que de Dieu que vient la victoire. » En ce jour, les fidèles seront dans la joie, à cause de la » victoire *que Dieu leur aura envoyée* (1). Quant aux bien-» faits de ton seigneur, contente-toi d'en donner une idée : » *car si tu entreprenais de les énumérer, tes efforts seraient* » *inutiles* (2). Sans doute nous comblerons de joie le conseil » de Syrie, ainsi que tous les enfants de l'islamisme, en leur » apprenant les grâces que nous tenons du Créateur; il nous » a donné la victoire sur les ennemis de notre sainte religion. » Leur puissance inspirait la terreur; personne ne pouvait se » mettre à couvert de leur perversité; les fidèles désespéraient » de pouvoir conserver leurs foyers, leurs familles et leurs en-» fants, malgré la défense de s'*abandonner au désespoir* (3).

---

(1) Ces mots sont tirés de la 30e. sourate de l'Alcoran, sourate d'Abraham.

(2) Ces mots sont de l'Alcoran, sourate 14, verset 37.

(3) Alcoran, sourate 12e., dite de Joseph, verset 87.

» Tout-à-coup le lundi, au commencement de cette heureuse an-
» née, Dieu a mis le comble aux faveurs qu'il répand sur l'isla-
» misme ; nous avons ouvert nos trésors , nous avons prodigué
» des sommes énormes , nous avons distribué des armes ; des
» troupes d'Arabes et de volontaires, dont Dieu seul connaît
» le nombre , se sont réunis sous nos drapeaux ; les guerriers
» des régions les plus éloignées ont pris les armes. Quand
» l'ennemi a été témoin de tant d'ardeur, il nous a demandé
» la paix aux mêmes conditions que sous le règne de Malek-
» Kamel. Ce que nous avons refusé. La nuit du mardi , les in-
» fidèles ont abandonné leurs tentes et leurs richesses, et ont
» pris la fuite en se dirigeant vers Damiette. Nous nous som-
» mes mis à leur poursuite ; nos épées n'ont pas cessé , durant
» toute la nuit , de se jouer de leurs dos. Dès-lors ils se sont
» trouvés dans le dernier degré de l'opprobre et du malheur. Le
» lendemain nous en avons massacré trente mille , sans comp-
» ter ceux qui ont été engloutis dans les flots. Quant aux pri-
» sonniers, nous commencions par leur ôter la vie avant de les
» jeter dans le fleuve. Si tu veux avoir une idée du nombre
» des prisonniers, figure-toi le nombre des sables de la mer.
» Le roi de France s'était réfugié à Minieh , et demandait la
» vie sauve, nous la lui avons accordée ; il s'est remis à notre
» bonne foi ; il n'a reçu de nous que de bons traitements ; il
» nous a rendu Damiette , par une faveur spéciale de la su-
» prême majesté. » Touranschah ajoutait encore beaucoup de
détails. Il avait joint à la lettre le manteau (1) du roi de France.
L'émir Djemal'eddin s'en revêtit ; il était d'écarlate rouge et
fourré. Ce fut à cette occasion qu'un scheik fit ces vers :

« Chose singulière ! l'habit du roi de France qui desirait

_____

(1) Nous avions adopté dans notre récit la traduction de Cardonne ,
qui ne parle point d'un manteau , mais d'un bonnet.

ardemment de se voir sur les épaules du prince des émirs, était
blanc comme du papier; nos épées l'ont teint couleur de
sang.

» En effet, notre prince a franchi tous les obstacles que lui
opposaient nos ennemis; les dépouilles dont il s'est emparé ont
servi à couvrir ses esclaves. »

Cependant Moadham-Touranschah ne tarda pas à provoquer le mécontentement de ses troupes; il commença par chercher à effrayer Schedger'eddor, et lui redemanda les richesses
de son père, ainsi que tout ce qu'elle avait de pierreries. La
princesse fut extrêmement sensible à cette conduite, quoiqu'elle
connût sa légèreté. Elle écrivit aux mamelouks Baharites, pour
leur exposer ce qu'elle avait fait et pour leur dire que Touranschah reconnaissait ses services par des persécutions et des
demandes absurdes. Les mamelouks trouvèrent la conduite
du sulthan fort injuste. Celui-ci avait promis à Okthaï, lorsqu'il vint auprès de lui à Hisn-Kaïfah, qu'il lui donnerait un
commandement, promesse qu'il ne tint pas : ce qui indisposa
Okthaï. Il dissimulait pourtant sa colère, lorsque la lettre de
Schedger'eddor vint réveiller son ressentiment qui paraissait
assoupi.

A cela se joignit la conduite de Touranschah, qui lui aliéna
l'esprit des mamelouks de son père. Il chercha à avilir les émirs
et les grands qui jouissaient de quelque considération, et tint
loin de sa personne ceux qui avaient eu quelque influence sous
le règne de son père. Il réservait les grâces et les faveurs pour
ceux qu'il avait amenés de la Mésopotamie et pour les compagnons
de son enfance. Il leur abandonnait les places les plus éminen-
tes; il leur prodiguait des dotations considérables; il fit même
mettre en fonte un bâton d'or pour l'un d'eux. Quant aux mamelouks, il ne les ménagea pas; il les menaçait quelquefois.
Dans la nuit, au milieu des fumées du vin, il réunissait tout ce
qu'il pouvait de flambeaux et se mettait à en couper les sommi-

tés, en disant qu'il en ferait autant aux chefs Baharites, qu'il nommait chacun par son nom.

Du reste toute l'autorité, tout ce qui pouvait donner quelque crédit, se trouvait réuni dans les mains de ceux qui étaient venus avec lui de la Mésopotamie. Les Baharites ne respirant plus que la vengeance, convinrent de le massacrer.

Le lundi 26 de moharram (le 30 avril 1250), tandis qu'on dressait la table, et que le sulthan s'asseyait comme à l'ordinaire, Bibars Bondokdar, entrant tout-à-coup, lui décharge un coup d'épée. (Ici se trouvent les détails de la mort de Touranschah, tels qu'on les a lus dans les extraits précédents.)

L'émir Abou-Aly fut chargé de négocier avec le roi de France. Il y eut entre eux des conférences, des pourparlers et des discussions, jusqu'à ce qu'il fût convenu que Damiette serait rendue et que le roi recouvrerait la liberté, après avoir payé la moitié de la somme convenue. En conséquence, les Francs qui défendaient Damiette reçurent ordre de rendre la ville ; ils refusèrent d'abord de se soumettre à cet ordre. L'occupation des Francs avait duré onze mois et neuf jours. Le roi de France paya pour sa personne 400,000 écus (ou pièces d'or), et fut mis en liberté, ainsi que son frère, la reine, tous ceux qui restaient de ses gens, et ceux des prisonniers qui se trouvaient au vieux Caire, au Caire, et qui avaient été pris soit dans cette guerre, soit du temps de Malek-Adel, de Malek-Kamel ou de Malek-Saleh. Leur nombre montait à douze mille cent dix. Les Francs se rendirent sur la rive occidentale du Nil, s'embarquèrent et mirent à la voile pour Acre.

On envoya à Damiette des ouvriers qui renversèrent les remparts de cette ville et rasèrent ensuite le reste, au point qu'il n'en resta pas de trace. La principale mosquée fut seule épargnée. Quelques malheureux élevèrent des cabanes de roseaux le long du Nil, au sud des ruines de cette ville, et ce lieu fut ppelé Menschyeh ou Villeneuve.

Quand Bibars se fut emparé du trône, en 65g (1261),
il fit partir du Caire un grand nombre d'ouvriers pour fermer
l'embouchure du Nil de Damiette. Ceux ci jetèrent des troncs
d'arbres dans le lit du fleuve, au nord de cette ville, à l'endroit où
il verse ses eaux dans la mer Méditerranée : le lit s'embarrassa,
et l'entrée en devint fort difficile. Encore aujourd'hui les gros
bâtiments qui arrivent par mer ne peuvent franchir le passage.
Les marchandises sont chargées sur des barques particulières
à la navigation du Nil, et appelées dans le pays *djoroum*
(germes), pour être transportées à Damiette. Les vaisseaux
s'arrêtent là où s'arrête la mer, près de l'endroit où les eaux
des deux mers (le Nil et la mer) se mêlent ensemble. Les habitants actuels de Damiette prétendent que la véritable cause de
l'obstacle qui empêche l'entrée des gros bâtiments, c'est un
banc de sable qui s'est amoncelé en cet endroit à l'embouchure
même du fleuve ; mais ils se trompent. Ils ont été induits en
erreur par les fréquents naufrages des navires, et surtout par
leur ignorance sur les révolutions de la terre et les événements
qui ont précédé. Encore aujourd'hui tout bâtiment qui entre par
cette branche du Nil, court de grands risques, et il en périt une
bonne partie. J'ai été moi-même vers cet endroit, je l'ai exa-
miné avec beaucoup d'attention : c'est une des choses les plus
curieuses qu'il soit donné à l'homme de voir. Ainsi la Damiette
actuelle a été bâtie après la ruine de la première. Elle commença par des cabanes de roseaux, et s'accrut tellement, qu'elle
est devenue fort grande, très commerçante, ornée de bains,
de mosquées et de colléges. Ses maisons sont bâties le long
du Nil ; par derrière sont des jardins. C'est certainement une
des *villes de Dieu* les plus agréables à voir.

Makrizi parle tout de suite de la deuxième expédition de St.
Louis en ces termes. (*Voyez* ci-dessus page 566, note.)

Lorsque le roi de France se vit hors des mains des musul-

mans , il forma le projet d'une expédition contre Tunis en
Afrique, alors désolée par la famine et la misère; il en fit
part à tous les rois de la chrétienté , et surtout au pape, qui est
regardé comme le vicaire du Messie. Le pape invita les rois
chrétiens à se joindre au roi de France, et lui permit de prendre
sur les richesses des églises ce qui lui serait nécessaire. Plusieurs
rois se liguèrent avec lui , entr'autres les rois d'Angleterre,
d'Écosse, de *Touzil* (Toulouse), et le roi de Barcelonne ,
autrement dit *roi d'Aragon*.

Cependant les Francs devaient trouver un vigoureux ad-
versaire dans le sulthan Abou-Abd'allah-Mohammed-Mostan-
ser-Billch, prince de Tunis. Ce prince avait envoyé des ambassadeurs pour demander la paix ; il y avait joint quatre-vingt
mille écus d'or pour appuyer sa demande. Le roi des Francs
prit l'argent, et n'en alla pas moins à Tunis.

En 668 (1270). Il débarqua à la vue de Carthage avec six
mille hommes de cavalerie et trente mille d'infanterie ; il y
resta pendant six mois. Les musulmans l'attaquèrent au milieu de moharram de l'année 669 (août-septembre 1270). Le
choc fut terrible ; il y périt beaucoup de monde de part et
d'autre. Les musulmans furent sur le point de succomber,
mais Dieu les tira d'affaire, car un beau matin le roi de France
mourut. Rien ne s'opposa plus alors à la paix et au départ
des chrétiens. Une chose remarquable , ce sont ces deux vers
d'un habitant de Tunis :

« O Français ! Tunis est la sœur du Caire ; prépare-toi à y
éprouver le même sort.

» Tu y trouveras la maison du fils de Lokman pour tombeau ; l'eunuque (Sabyh) sera remplacé par les deux anges
Monkir et Nakyr (1). »

_____

(1) Ce sont les deux anges qui reçoivent les âmes des hommes au
moment de leur mort.

C'était bien présager ce qui arriva. Du reste, le roi de France était un homme à ressources, plein de sagacité, mais sans aucun principe de morale, ni de religion. (Macrizi paraît confondre ici Louis IX avec Charles, roi de Sicile.)

L'auteur reprend ainsi la suite des événements:

An 652 (1254). Malek-Nasser, prince de Damas, fait la paix avec les Francs d'Acre pour dix ans, dix mois et dix jours, à partir du 1er. de moharram (21 février). Une des conditions du traité portait que les Francs étendraient leur domination jusqu'au Jourdain : le traité fut juré de part et d'autre.

An 658 (1260). Kothous, nommé sulthan du Caire, essaie de faire prêter serment aux émirs qu'il avait désignés pour l'accompagner, et de les faire sortir de l'Egypte; ce que ceux-ci ne faisaient qu'avec beaucoup de répugnance, par la frayeur qu'inspiraient les Tartares. Le sulthan partit du Caire avec les troupes d'Egypte, et celles de Syrie qui s'étaient jointes à lui avec quelques troupes d'Arabes et de turcomans, et autres, se dirigeant vers *Salehyeh* (sur la route du Caire à Gaza). Arrivé là, et voyant toutes ses troupes auprès de lui, il assembla les émirs pour leur parler du départ; mais ils s'y refusèrent tous et n'écoutèrent aucune représentation. Alors il leur dit : « O émirs, voilà bien du temps que vous vivez aux » frais du trésor, et vous refusez de marcher à la défense de » la religion? Quant à moi, je me mets en marche; que celui » qui veut combattre me suive; celui qui s'y refuse n'a qu'à » se retirer chez lui. Dieu, témoin de sa lâcheté, saura bien l'en » punir; l'infamie dont il veut couvrir l'islamisme retombera sur » lui. » Il fit ensuite en particulier des représentations à quelques émirs, qui jurèrent de le suivre et de lui être soumis. Les autres crurent alors devoir en faire autant; le sulthan passa tous les corps en revue. La nuit même il monta à cheval, fit battre le tambour, et dit qu'il irait en personne attaquer les Tartares. Quand les émirs virent le sulthan qui partait, ils marchèrent quoiqu'avec répugnance. L'émir Bibars-Bondokdar reçut l'ordre de prendre les devants avec un corps de troupe, pour aller à la découverte et observer les mouvements des Tartares. Il se porta vers Gaza, occupé par des corps ennemis qui l'évacuèrent à son approche; Bibars en prit possession. Le sulthan arriva avec l'armée, et s'y arrêta un jour. Il partit de là pour Acre en suivant la côte. A cette époque les Francs étaient encore maîtres du pays; ils vinrent au-devant de lui avec des présents, et offrirent même de lui fournir des secours d'hommes. Le sulthan les remercia, leur donna des marques de sa munificence, et leur fit jurer une parfaite neutralité (suivent les combats contre les Tartares, et quelques négociations avec les Francs).

An 660 (1262). L'émir Fakhr'eddin et le cadhi Assyl'eddin-Khodjâ arrivent d'auprès de l'empereur, roi des Francs, avec une lettre. L'envoyé de ce prince arriva ensuite avec un présent.

An 661 (1263). Le sulthan Bibars, meurtrier et successeur de Koutous, partit avec toutes ses forces pour marcher contre les Francs : ceux-ci se hâtèrent de négocier. Quand le sulthan fut sur les terres des chrétiens, il reçut des lettres par lesquelles les Francs prétendaient avoir ignoré jusque-là la marche de l'armée égyptienne. Bibars leur répondit : « Quand on agit avec sincérité, on fait preuve de plus de » vigilance. Ignorer la marche de notre armée, c'est ne pas » prendre garde à la quantité des animaux qui peuplent la » terre et des poissons qui habitent l'Océan; car nos troupes » sont si nombreuses, qu'il n'y a pas de coin dans vos » maisons où il ne faille sans cesse balayer la poussière sou- » levée par notre cavalerie. C'est à tel point que le bruit de » nos chevaux dans leur marche doit avoir étourdi les oreilles

» des Francs au-delà des mers, et des Tartares au fond de
» leurs retraites. Si toute cette armée vient jusqu'aux portes
» de vos maisons, sans que vous vous en doutiez, que faut-
» il donc pour éveiller votre attention ? »

Le sulthan fit venir un jour les Francs, et leur demanda ce
qu'ils voulaient faire; ils répondirent : « *Exécuter le traité*.
» — Mais pourquoi, reprit le sulthan, n'avoir pas manifesté les
» mêmes dispositions avant notre arrivée ici, et ne nous avoir
» pas épargné par-là des dépenses telles que si l'argent que nous
» a coûté cette expédition pouvait couler, il formerait des
» fleuves immenses ? Cependant nous n'avons fait aucun dégât
» dans vos terres, nous ne vous avons pas causé le plus petit
» dommage, tandis que vous avez entravé le commerce et em-
» pêché l'approvisionnement de nos troupes. Vous nous avez
» envoyé à Damas une formule de serment que nous avons
» juré; nous vous l'avons renvoyée, et vous avez refusé de
» jurer; vous en avez fait une autre d'après laquelle vous avez
» juré, tandis que la première formule était la seule convenue.
» Nous avons envoyé les prisonniers francs à Naplouse (et
» comme vous ne vous êtes pas mis en mesure de les réclamer
» en satisfaisant aux clauses du traité), nous les avons ren-
» voyés à Damas, où ils ont été occupés à différents travaux.
» Pour vous, vous avez maltraité les prisonniers musulmans
» comme si de rien n'était, vous rejetant la faute les uns sur
» les autres. Nous vous avions fait annoncer l'approche des
» prisonniers francs; aucun d'entre vous n'est venu les récla-
» mer, et vous êtes restés sans pitié pour vos infortunés co-
» réligionnaires. Enfin ils étaient à vos portes, sans qu'il vous
» soit venu la pensée de rien changer à l'état des prisonniers
» musulmans. Quant à ce qui a été volé aux marchands, on
» sait que tout cela est resté en vos mains; et puis vous dites :
» ils n'ont pas été volés chez nous, mais bien à Tortose, et

» leurs richesses ont passé entre les mains des Templiers
» ainsi que les prisonniers musulmans; mais Dieu sait s'il est
» vrai que Tortose ne soit pas de votre domaine. Nous avons
» envoyé une députation à l'empereur de Constantinople ;
» nous vous avons fait demander si les députés pouvaient se
» confier à la mer en toute sûreté. Vous les avez engagés à
» passer par l'île de Chypre; là ils ont été arrêtés, chargés de
» chaînes, et privés de leur liberté, à tel point que l'un d'eux en
» est mort; vous saviez pourtant la manière honnête dont nous
» en avons agi avec vos envoyés ; et d'ailleurs un député est
» revêtu d'un caractère inviolable, et même lorsque la guerre
» se fait avec le plus de chaleur, les députés vont et viennent
» sans danger. Si cela s'est fait sans votre agrément, du moins
» votre réputation en a souffert; mais n'est-ce pas en conservant
» leur réputation pure que les rois conservent les personnes
» et les fortunes. Du reste, le prince de Chypre a presque
» toutes ses richesses à Acre et sur la côte; ses bâtiments et
» ses marchands sont chez vous ; il n'est pas seul, car il a
» avec lui les Templiers et les ordres religieux; les officiers
» sont auprès de lui avec le comte de Jaffa ; si vous n'aviez
» approuvé cette violation du droit des gens, vous vous seriez
» tous levés pour en tirer vengeance, vous vous seriez em-
» parés des propriétés du prince de Chypre, et vous auriez
» écrit son infâme conduite aux rois chrétiens et au pape.
» Sous le règne de Saleh-Ismaël (prince de Damas en 638)
» vous êtes entrés en possession de Sefed, de Schakyf, sous
» la condition que vous soutiendriez ce prince contre Malek-
» Saleh de pieuse mémoire; vous vous êtes en effet levés pour
» le défendre et le servir ; mais je me dispense de rappeler
» comment vos espérances furent déçues, et quel fut le nombre
» des chrétiens qui furent pris et tués. Quoique Malek-Saleh
» eût remporté une entière victoire, il ne témoigna aucun

» désir de se venger de vous; il entra sur vos terres et ne
» vous fit que du bien; vous le payâtes d'une telle douceur
» en prenant parti pour le roi de France (St. Louis), en
» envoyant à ce prince des secours d'hommes, etc.: heureuse-
» ment toute son armée fut ou tuée, ou faite prisonnière. Citez
» un seul trait de bonne foi dans toutes vos relations avec
» les sulthans d'Egypte; citez quelque invasion de chrétiens
» qui ait été accompagnée du succès. Enfin, ces villes vous
» furent livrées par Saleh-Ismaël pour défendre la Syrie contre
» l'Egypte; mais moi je n'ai pas besoin de vos secours ni de
» votre appui; en conséquence rendez les villes dont vous
» vous êtes emparés, et renvoyez les prisonniers musulmans,
» sans cela je n'écouterai aucune proposition. » Les chrétiens
répondirent: « Nous ne violons pas le traité, au contraire
» nous prions le sulthan d'en maintenir l'exécution; nous
» ferons cesser les plaintes de ses lieutenants, et nous ren-
» verrons les prisonniers. — Vous auriez dû, repartit le sul-
» than, dire tout cela avant notre départ du Caire au fort
» de l'hiver et des pluies, et avant l'arrivée de mes troupes. »
Il fit sortir les députés, et leur défendit de passer la nuit au
lieu où il était. Il envoya un émir à l'église de Nazareth; c'était
une des plus belles églises des chrétiens. L'émir la détruisit
sans qu'il parût un seul Franc pour le combattre: un autre
corps de troupes marcha sur Acre. Les musulmans revinrent
attaquer une seconde fois cette ville, et retournèrent enfin au
camp montés sur les bêtes de somme dont ils s'étaient emparés
sur les Francs.

Le sulthan, la même année, imposa aux paysans de la Palestine une espèce de contribution: elle consistait à porter au
trésor tout ce qu'ils possédaient appartenant à des gens qui
avaient été tués sans laisser d'héritiers, ou ce qu'ils avaient
pillé, et dont on ne connaissait pas les véritables propriétaires.

47.

Cette mesure procura au trésor des sommes énormes levées sur le pays de Naplouse et de la côte. Par-là les malfaiteurs et les hommes dangereux furent réduits à l'impuissance; en effet ils commettaient toutes sortes de violences en tyrannisant les cultivateurs et en servant d'espions aux Francs; le sulthan préféra cette voie pour les punir, plutôt que de les massacrer; car c'étaient d'ailleurs des hommes utiles, qui se livraient à l'agriculture et qui nourrissaient des bestiaux.

La nuit du samedi 4 de djoumadi dernier (14 avril), le sulthan monta à cheval, choisit un cavalier sur dix, partit de son quartier du Mont-Thabor vers le milieu de la nuit, et arriva le matin devant Acre; il cerna cette ville du côté de terre, et chargea un corps de troupes d'attaquer les tours voisines : le sulthan et les troupes consacrèrent toute la journée à cette opération. Au coucher du soleil il retourna à son camp; son intention avait été d'examiner l'état de la ville d'Acre. Les habitants se vantaient de n'avoir jamais laissé approcher l'ennemi de la ville; cependant ils purent ce jour-là apercevoir les musulmans à leurs portes, sans oser sortir pour les combattre. Le lendemain le sulthan monta à cheval avec son armée, et revint devant Acre; les Francs avaient creusé un fossé autour de la colline de Fodhoul, et, dressant des trapes sur les avenues, s'étaient déployés sur la colline. Le sulthan, en les apercevant, rangea son armée, lui fit célébrer les louanges de Dieu, et réciter le tahlyl (1) et le takbyr (2). Le sulthan excitait ses soldats

_____

(1) C'est-à-dire, *il n'y a pas de force, il n'y a pas de puissance, si ce n'est en Dieu, en cet être suprême, en cet être puissant.*

(2) C'est-à-dire, *Dieu est très grand, Dieu est très grand, il n'y a pas de Dieu si ce n'est Dieu : Dieu est très grand, Dieu est très grand; les louanges sont pour Dieu.*

aux sentiments de piété, jusqu'à l'instant où il s'éleva un cri général. Aussitôt les fossés furent comblés par les esclaves voués au service de l'armée, et les fakyrs qui se dévouaient à la défense de la religion. Les musulmans parvinrent jusqu'au haut de la colline, repoussèrent les Francs dans la ville, et s'emparèrent des dehors d'Acre et des tours qui furent immédiatement rasées. On mit le feu aux arbres ; le ciel était obscurci par la fumée. Les soldats s'avancèrent jusqu'aux portes de la ville, prirent ou tuèrent en un moment un grand nombre de chrétiens : cependant le sulthan était placé au haut de la colline, cherchant dans son esprit un moyen de prendre la ville. Les émirs avaient attaqué les portes l'un après l'autre. On tenta une attaque générale : les Francs furent rejetés dans les fossés ; plusieurs périrent aux portes. Vers la fin du jour le sulthan se rendit à la tour qu'on avait minée ; on attendait sa présence pour la faire écrouler. On y trouva quatre cavaliers chrétiens et plus de trente fantassins. Le lendemain matin le sulthan s'éloigna et dirigea ses forces contre plusieurs autres forteresses chrétiennes ; toutes celles qui tombèrent en son pouvoir furent démolies. Il se rendit ensuite à Nazareth pour s'assurer si l'église avait été rasée. On l'avait en effet détruite de fond en comble.

Au mois de ramadhan (juillet 1264), l'émir Nasser'eddin-Keymery reçoit ordre de faire une attaque sur Césarée et Atelyeh ; l'émir alla jusqu'aux portes d'Atelyeh, pilla, massacra, fit des prisonniers, et marcha ensuite sur Césarée en continuant les mêmes dévastations. Les Francs s'étaient déjà mis en marche vers Jaffa ; mais la frayeur les fit revenir sur leurs pas.

On apprend que les Francs avaient causé de grands dommages aux musulmans. Le sulthan écrivit aux commandants des places de Syrie, pour leur dire de tâcher de ressaisir le butin. Peu de temps après l'émir Nasser'eddin-Keymery écrivit au sulthan que les Francs avaient rendu le butin qui consistait en hommes et en bestiaux. Au moment de la reprise du butin, les cris confus des hommes, des femmes et des enfants, dont les uns faisaient des vœux au ciel, et les autres pleuraient, occasionnèrent une scène si déchirante que les pierres mêmes durent en être touchées.

Le sulthan reçoit une lettre du roi Charles, frère du roi de France; elle était accompagnée d'un présent et d'une lettre du lieutenant de Charles, qui lui annonçait que le roi son maître lui avait ordonné de faire exécuter dans ses états les ordres du sulthan, et d'être le lieutenant ou le chargé d'affaires de ce prince, comme il l'était du roi lui-même.

An 663 (1265). Le sulthan vient aux environs de Césarée et d'Arsouf pour reconnaître le pays, et retourne dans son camp. (Ici se trouve le récit détaillé des siéges de Césarée, d'Arsouf, et de quelques autres places, qu'on peut voir dans la vie de Bibars et dans la chronique d'Ibn-Férat.)

An 664 (1265). Le grand-maître des Hospitaliers envoie demander la paix pour ses domaines situés du côté d'Emesse et des pays occupés par les Assassins. Le sulthan répondit qu'il ne l'accorderait qu'à condition que les Francs renonceraient au tribut de quatre mille écus d'or qu'ils avaient imposé à la principauté de Hamah; à celui de huit cents écus d'or imposé au pays de Bouktys; ainsi qu'aux mille deux cents écus d'or et aux cent boisseaux de blé et d'orge, qui étaient à la charge des terres des Assassins. Les Francs consentirent à cela. Le sulthan fit insérer dans le traité qu'il pourrait le casser quand bon lui semblerait, pourvu qu'il en prévînt les parties intéressées quelque temps auparavant.

Sur la nouvelle que les Francs d'Acre avaient enlevé quatre musulmans et les avaient tués, le sulthan envoie sur le territoire d'Acre des troupes qui tuent plus de deux cents chrétiens, et reviennent avec beaucoup de vaches et de buffles.

Malek-Mansour, prince de Hamah, et ses troupes, se ren-

dent à Darbesak, et franchissent les passages qui donnent entrée dans la Cilicie. Le Takfour-Haytom, fils de Constantin, roi
d'Arménie, avait fait élever des tours au haut des montagnes.
Du reste, il s'était retiré du monde et avait résigné le trône à
son fils Lyfoun. Il se prépara à bien recevoir l'ennemi; mais
dans le premier combat Lyfoun fut fait prisonnier; son frère fut
tué, ainsi que son oncle; son autre oncle fut mis en fuite, laissant son propre fils prisonnier; tous les autres princes, au
nombre de douze, furent dispersés; les plus braves de l'armée
furent tués comme les autres. Les musulmans marchèrent à
la poursuite des débris de l'armée, tuant, brûlant tout ce qu'ils
rencontraient; ils s'emparèrent d'une place très forte sur les
Templiers, y massacrèrent les hommes, réduisirent les femmes
en esclavage. La forteresse fut brûlée avec les richesses qui s'y
trouvaient. Les musulmans entrèrent dans Sys, et la livrèrent
aux flammes. Ensuite l'émir Aoughan se dirigea vers le pays
de Roum; l'émir Kelaoun vers Messysseh, Adnah, Ayas et
Tharse. Comme le prince de Hamah était resté à Sys, ils revinrent l'y joindre, apportant un butin si considérable, qu'on
offrait un bœuf pour deux pièces d'argent, sans qu'il se présentât
d'acheteur. Le sulthan était à la chasse quand il apprit tous ces
succès; il donna à celui qui en avait apporté la nouvelle mille
écus d'or. La musique se fit entendre, et le sulthan partit pour
Damas, marchant à la rencontre de l'armée. Arrivé à Kara,
on lui fit des plaintes au sujet des habitants qui avaient, disait-on,
causé des dommages aux fermiers, et vendaient aux Francs
de la forteresse d'Akar les musulmans qui tombaient entre
leurs mains. Il ordonna de piller la ville et de tuer les principaux habitants. Cependant l'armée de Sys arriva, et présenta
au sulthan une partie du butin. Celui-ci distribua le tout aux
soldats, reçut fort bien le prince de Sys et ses compagnons
de captivité, et revint à Damas, ayant le prince de Sys avec lui.

An 665 (1266-7). Le sulthan fait couper les cannes (à sucre) des Francs.

Il arrive aux Francs un secours d'environ onze cents chevaliers, venant de l'île de Chypre ; ils font une excursion sur le territoire de Tibériade. Les musulmans marchent sur Acre, rencontrent les Francs et en tuent un grand nombre; les autres se sauvent dans Acre.

Il arrive des députés des Assassins avec de l'or. « Cet or, disent-ils, que nous payions en tribut aux Francs, nous l'apportons au trésor, pour qu'il soit employé à la défense de la religion. » Précédemment les princes des Assassins recevaient des présents des rois; ils recevaient un tribut des khalyfes et un tribut annuel des sulthans d'Egypte. Cette année-ci, ils offrirent un tribut à Bibars en récompense de son zèle pour le triomphe de l'islamisme.

Le sulthan desirant relever les fortifications de Sefed, fixa à chaque émir sa portion du fossé qu'il fallait rétablir. Il en prit pour lui une bonne partie, à laquelle il travailla lui-même. Les émirs en firent autant, ils portaient des pierres, jetaient la terre, et rivalisaient de zèle et d'ardeur. Sur ces entrefaites, les Francs firent faire à Bibars des propositions de paix, dans l'intention de le détourner de rebâtir Sefed ; mais le sulthan, bien loin de les croire, fit monter tout son monde à cheval. Tout cela se fit si secrètement qu'il était aux portes d'Acre, pendant que les Francs étaient encore dans une parfaite sécurité. On fit main-basse sur les Francs. De tous côtés on apportait des têtes au sulthan. La chaleur était si forte qu'on fut obligé de suspendre des vêtements au haut des lances pour se donner un peu d'ombre. Le lendemain matin le sulthan retourna à Sefed. Les députés de Sys vinrent l'y trouver avec des présents. Ils furent témoins de l'arrivée des députés francs. Ils virent les têtes des morts plantées au haut des lances, et le massacre de tous ceux qui avaient été faits prisonniers dans cette expédition. Le sulthan manda les députés francs, pour leur dire que cette expédition était une représaille de leur invasion sur le territoire de Schakyf, et il les renvoya sans leur accorder la paix. Il retourna ensuite devant Acre, et profita de la fausse sécurité des Francs pour répandre de tous côtés des maçons, des carriers, etc., qui détruisirent les jardins, les maisons, les puits, etc., et coupèrent les arbres. Le sulthan était lui-même en sentinelle à la porte d'Acre ; il était à cheval la lance à la main. Cette scène d'horreur dura quatre jours. Quand tout fut brûlé ou renversé et les arbres coupés, il retourna à Sefed. Les députés de Sys et de Béryte retournèrent pour demander la paix, qui leur fut accordée. Les députés de Tyr demandèrent la continuation de la trève ; on la leur accorda pour dix ans, en y comprenant Tyr et son territoire, qui renfermait cent villages moins un. Ils rendirent les prisonniers musulmans et s'obligèrent à payer le prix du sang aux enfants de Sabak-Schahyn, qu'ils avaient tué. La somme montait à quinze mille écus d'or de Tyr. La moitié fut payée sur-le-champ, et l'autre moitié fut à terme. Les Hospitaliers demandèrent la paix pour le château des Curdes et Markab ; elle leur fut accordée pour dix ans, dix mois, dix jours et dix heures. Ils renoncèrent aux tributs qu'ils recevaient des Assassins, des villes d'Hamah, de Schayzar, d'Apamée et de Bouktys, comme nous l'avons dit plus haut. Le tribut que payait la ville d'Ayntab fut également supprimé. Il consistait en cinq cents écus d'argent de Tyr, deux mesures de froment et six pièces d'argent pour chaque couple de bœufs.

An 666 (1267-8). A la nouvelle de la marche des Tartares contre Alep, le sulthan, qui était à la chasse, retourne promptement au Caire et ordonne de préparer les tentes. Un courrier partit pour la Syrie pour faire marcher les troupes. Dès qu'elles furent arrivées à Panéas (près de

Schakyf), le courrier produisit des lettres par lesquelles il était ordonné d'attaquer Schákyf. Les Francs, qui croyaient que cette armée allait combattre les Tartares, ne s'aperçurent de ce mouvement que lorsque l'armée musulmane était sous la forteresse. Le sulthan partit du Caire le 5 de djoumadi second (21 février), en se dirigeant vers Gaza. Là il apprit que quelques porteurs avaient fait du dégât dans des terres ensemencées; ils eurent le nez coupé. Il apprit aussi qu'un émir avait traversé des terres ensemencées; il le fit descendre de cheval, et l'obligea à donner au propriétaire lésé sa selle et ses harnois en indemnité. Le sulthan se rendit à Andjà; le 20 il partit pour Jaffa, qu'il assiégea et prit le même jour. Il s'empara de la citadelle, en fit sortir ceux qui s'y trouvaient, et la rasa complétement. Il réunit le marbre et le bois qu'on put sauver, et le fit porter par eau au Caire. Du bois il construisit une espèce de cabinet attenant à la mosquée *Dhaherite*, qu'il avait fait bâtir au Caire dans la rue des Hossayny; et du marbre il en fit la niche ou Kiblah. Il fit bâtir des mosquées dans ces contrées, et fit disparaître ce qui était en opposition avec les préceptes de la religion musulmane. Il imposa un tribut aux habitants de la côte, et les obligea à en faire eux-mêmes la perception. L'argent qu'on en retirait devait être mis à part. Le sulthan se le réservait pour sa table. Il donna en fief un des villages de cette contrée à l'émir Ala'eddin-Hadji (1), et un autre à l'émir Alem'eddin. Des Turcomans s'établirent par ses ordres sur le littoral, sous la condition de fournir des chevaux et des provisions, afin que l'armée trouvât plus facilement à se recruter. Il ordonna aussi la restauration de la ville d'Hébron.

(1) C'est vers cette époque que ceux qui avaient fait le pélerinage de la Mekke et de Médine commencèrent à prendre ce titre.

Il fit marcher l'armée vers Schakyf, et y alla bientôt lui-même. Il y arriva le mercredi 19 de redjeb (4 avril); il invita les jurisconsultes et les fakyrs à venir combattre pour la religion; il dressa vingt-six machines contre la ville, et ne cessa ses attaques que lorsqu'elle fut prise le dimanche dernier du mois. Les femmes et les enfants des Francs furent envoyés à Tyr; les hommes furent tous chargés de fer et abandonnés aux soldats. Celle des citadelles que les Francs avaient envie de rétablir, fut rasée. Des soldats furent établis dans la ville, ainsi qu'un cadhi et un prédicateur, et l'émir Seïf'eddin - Balban fut chargé des réparations à faire.

Un envoyé du prince de Béryte arriva avec des présents et des marchands musulmans qui avaient été pris sur mer, plusieurs années auparavant; ils furent sauvés, eux et leurs richesses. Le sulthan partit ensuite pour les environs de Panéas, envoya les bagages à Damas, et fit partir deux corps de troupes dans deux directions différentes, pour purger les routes des brigands qui les infestaient. De là il se rendit devant Tripoli, prit une tour située aux environs de la ville, massacra tous ceux qui s'y trouvèrent. Ses troupes allèrent piller ceux qui occupaient les montagnes voisines, et firent un butin considérable; ils pénétrèrent de force dans plusieurs cavernes, apportèrent le butin et conduisirent les prisonniers au sulthan. Ceux-ci eurent la tête tranchée. On coupa les arbres, on rasa les églises. Les soldats se partagèrent les dépouilles de l'ennemi. Le sulthan se remettant en marche, rencontra le prince de Safitsa et de Tortose, qui venait le saluer et lui remettre trois cents prisonniers qui étaient entre ses mains. Le sulthan en fut très satisfait, et évita de passer sur ses terres. Il arriva à Emesse, défendit l'usage du vin et des autres choses prohibées par la religion, alla à Hamah sans que personne sût où il se dirigeait, et partagea l'armée en trois corps, dont il se réserva le

troisième. Le premier se dirigea contre *Souydieh* (ville à l'embouchure de l'Oronte), et le second contre Darbessak : l'un
et l'autre pillèrent et massacrèrent, etc. Quant au sulthan, il
alla à Apamée. Enfin les trois corps d'armée se trouvèrent tous
réunis devant Antioche. L'attaque commença le premier de
ramadhan. Les troupes la cernèrent de tous côtés. Le 3, toutes
les tentes étaient dressées. Pendant trois jours, le sulthan envoya inviter les Francs à se rendre, sans qu'ils donnassent
de réponse. L'attaque fut terrible; les musulmans parvinrent
jusqu'au haut des remparts du côté de la montagne, près de
la citadelle, et descendirent dans la ville. Les habitants s'enfuirent dans la citadelle. Alors commença dans la ville une
scène épouvantable; pas un homme n'échappa à la mort. Le
nombre montait à cent mille. Les émirs étaient aux portes
pour n'en laisser échapper aucun. Huit mille guerriers environ
s'étaient renfermés dans la citadelle, sans compter les femmes
et les enfants. Ils demandèrent la vie; on la leur accorda. Le
sulthan monta à la citadelle, muni de cordes; on prit le signa-
lement de chacun des prisonniers; les émirs les divisèrent
en pelotons, et les scribes prirent leurs noms en présence
du sulthan. Antioche appartenait à Bohémond, qui résidait à
Tripoli.

Le sulthan fit mettre tout le butin en commun pour le partage. Il monta à cheval, s'éloigna des tentes, fit apporter ce
qu'il avait pris, lui, ses mamelouks et ses gens, et dit : « Par
» Dieu ! je n'ai rien soustrait de ce qui m'est tombé entre les
» mains, et j'ai veillé à ce que mes mamelouks fissent de
» même. On m'avait dit que l'esclave d'un de mes mame-
» louks avait caché un objet de peu de valeur, je l'ai puni sé-
» vèrement. Que chacun de vous agisse de bonne foi; je vais
» faire jurer les émirs et les officiers; ils feront jurer à leur
» tour les soldats qui sont sous leur commandement, ainsi

» que leurs gens. » On apporta donc toutes sortes d'effets, des
objets de fonte, l'or et l'argent ; tout cela était entassé de
manière à former des collines ; on fit ensuite le partage.
Comme il aurait été trop long de peser, l'argent monnoyé était
distribué dans des vases. On distribuait les hommes par tête ;
de sorte qu'il n'y eut pas d'esclave musulman qui n'eût un chrétien à sa disposition. On partagea aussi les femmes, les filles
et les enfants. Un garçon en bas âge se vendait douze pièces
d'argent, et une petite fille cinq. Ce soin occupa le sulthan pendant deux jours, il présidait lui-même au partage ; s'étant
aperçu que quelques-uns n'avaient pas tout déclaré, il entra
dans une étrange colère. Cependant les émirs ne cessaient de
faire preuve de zèle auprès de lui ; ils cherchaient à le calmer.
Il monta enfin à cheval, et ne partit que quand il vit tout partagé. Il monta alors à la citadelle, la fit livrer aux flammes,
ainsi que toute la ville. On enleva du fer des portes et du plomb
des églises en si grande quantité, que la valeur en serait incal-
culable. Il s'établit des marchés hors de la ville, et bientôt il
arriva des marchands de tous côtés. Il y avait dans les environs
d'Antioche un grand nombre de forteresses, dont les habitants
demandèrent à se rendre.

Un émir prit possession de la forteresse de Bagras. Les Francs
l'avaient abandonnée, il n'y restait qu'une vieille femme. L'é-
mir trouva la place abondamment pourvue d'approvisionnements et de richesses. Il arriva d'Acre des députés avec des
présents. On convint que Haïfah resterait aux Francs, avec ses
trois hameaux ; que Acre et le reste de son territoire seraient
partagés, ainsi que le territoire du Carmel ; que quant au territoire de Sidon, la plaine resterait aux Francs, et la partie
montagneuse au sulthan ; que la trève serait pour dix ans, et
que les otages seraient mis en liberté. Le sulthan envoya au
prince d'Acre des présents avec vingt des prisonniers d'An-

tioche. Le cadhi Mohy'eddin, fils d'Abdaldhaher, et un autre
émir, furent chargés d'aller recevoir son serment. Le sulthan
leur avait recommandé de se refuser à toute marque de soumission, soit à l'audience, soit dans les conférences. Au
moment que les députés furent reçus, le prince était sur un
trône; ils ne consentirent à s'asseoir que sur deux trônes et en
face du prince. Quand ils présentèrent le traité, le ministre
avança la main pour le recevoir; mais ils exigèrent que le prince
le prît de sa propre main. On ne fut d'accord sur rien; de
manière que les deux envoyés partirent sans que le prince eût
consenti à jurer.

An 667 (1268-9). Quatre des mamelouks du sulthan avaient
pris la fuite et s'étaient sauvés dans Acre, où on leur avait fait
embrasser le christianisme. Le sulthan les réclama. Les Francs
refusèrent de les livrer autrement que par échange. Indigné de
la proposition, le sulthan fit des menaces aux Francs, qui, effrayés, livrèrent les mamelouks. Dans le même temps le sulthan arrêta les députés des Francs qui se trouvaient auprès de
lui, les chargea de chaînes, et écrivit à ses lieutenants qu'ils
pouvaient rompre la trève. En conséquence, l'émir Akousch fit
une incursion dans leurs terres, tua et prit beaucoup de monde.
Le sulthan monta à cheval, se dirigea vers Tyr, et revint à
son camp, après avoir pris et tué beaucoup de monde. Quelque temps après il envoya un détachement s'emparer des récoltes et intercepter les provisions qui entraient dans Tyr. Il arriva un député de Béryte avec des présents et des prisonniers
musulmans, qui furent mis en liberté, et la paix fut convenue
de part et d'autre.

An 668 (1270). On apprend qu'une armée de Francs venait
de l'Occident, et que celui qui la commandait avait écrit à Abagha, fils de Houlagou, pour lui annoncer qu'elle allait au lieu du
rendez-vous dans la petite Arménie avec une flotte nombreuse;

mais Dieu suscita contre la flotte une si violente tempête,
qu'une partie des bâtiments furent détruits, et le reste dispersé.
On apprit également que les Francs d'Acre étaient sortis en
armes, en se livrant aux plus flatteuses espérances. Le sulthan
partit donc de Damas, paraissant tout occupé du plaisir de la
chasse; il réunit auprès de lui le plus de provisions possible,
et donna ordre que toutes les troupes de Syrie vinssent le joindre. Elles se trouvèrent réunies le mardi, 21 de rebi second
(20 décembre), dans la prairie de Bargouts; il marcha alors
vers le puits de Jacob, où il arriva à la fin du jour. Il continua sa marche pendant la nuit. Il avait écrit auparavant aux
deux corps de troupes qu'il avait envoyés à Ayn-Djalout et
à Sefed, de commencer l'attaque dès le 22; dès que les
Francs parurent, ces troupes firent semblant de prendre la
fuite. Cependant le sulthan était placé en embuscade. Au
moment que les Francs s'ébranlaient pour les poursuivre,
les émirs accoururent avec une partie des troupes pour les
combattre. Les émirs de Syrie firent preuve d'un grand
courage; le sulthan marchait lui-même à la suite des officiers de la garde; mais quand il arriva, l'ennemi était déjà
enfoncé; sa cavalerie fut rejetée dans la prairie; on fit un
grand nombre de prisonniers de marque; les musulmans ne
perdirent qu'un émir. Le sulthan retourna à Sefed, faisant
porter devant lui les têtes des morts; il alla ensuite à Damas, et
y fit son entrée ayant toujours devant lui les prisonniers chrétiens et les têtes des morts; il récompensa les émirs; ensuite il
alla à Hamah, puis à Kafarthab, sans que personne sût son
dessein. Il partagea l'armée, laissa les bagages, prit avec
lui l'élite des soldats, et se dirigea vers Markab; il souffrit
horriblement des pluies continuelles qui l'obligèrent à retourner à Hamah; il passa neuf jours dans les environs de la ville;
il partit de nouveau pour Markab, et arriva près des terres

des Ismaéliens ; mais les pluies et la neige ne lui donnant pas de relâche, il revint sur ses pas ; il monta enfin à cheval avec deux cents cavaliers, avec lesquels il attaqua le château des Curdes ; il monta sur la montagne où était bâtie la forteresse, ayant avec lui quarante cavaliers seulement. Les Francs vinrent l'attaquer avec toutes leurs forces ; mais il les repoussa très vivement, en tua plusieurs, força les autres à la retraite, les poursuivit jusqu'aux fossés de la forteresse, et leur reprocha leur lâcheté, qui les empêchait de tenir tête à quarante cavaliers ; il retourna ensuite à son camp, fit paître ses chevaux sur les terres des Francs ; tous les princes de la contrée vinrent lui faire leur cour, tel que le prince de Hamah, celui de Sohyoun (ville très forte située à l'est de Laodicée, dans le gouvernement d'Antioche), etc. Il n'y eut que Nedjm'eddin-Hassan, fils de Tsarat, prince du pays des Assassins, qui s'en dispensa ; mais il envoya prier le sulthan d'accepter le tribut auquel il voulait bien se soumettre, s'engageant à lui payer tout ce qu'il payait jusque-là annuellement aux Francs.

Le sulthan apprend que le roi de France et beaucoup de rois francs s'étaient embarqués, sans qu'on pût dire où ils allaient. Le sulthan se mit en devoir de fortifier ses frontières, et de faire à ses vaisseaux les réparations nécessaires. Il se rendit ensuite au Caire, et envoya plusieurs ambassadeurs dans les pays des Francs avec des présents.

An 669 (1270-71). On apprend que les Français et les autres princes francs avaient fait une descente à Tunis pour attaquer cette ville. Le sulthan écrivit au prince de Tunis pour lui annoncer la marche des troupes qu'il envoyait à son secours ; il écrivit aux Arabes nomades de Barka et de la Barbarie, pour leur dire de marcher au secours de Tunis, et leur ordonna en même temps de creuser des puits sur la route que devaient suivre ses troupes. En effet il se disposait à les faire partir, lorsqu'on apprit

la mort du roi de France, de son fils, et de beaucoup de soldats, l'arrivée des Arabes qui venaient défendre la ville, et
enfin la retraite des Francs.

Le sulthan se rendit à Ascalon pour détruire ce qui restait de cette ville, de crainte que les Francs ne vinssent s'y
fortifier. Il acheva donc de démolir cette place, en excitant
les travailleurs par son exemple.

An 670 (1271). Le sulthan partit du Caire pour la Syrie,
accompagné de son fils Malek-Saïd; il fit son entrée à Damas,
alla sous les murs de Tripoli, prit et massacra un grand nombre
de chrétiens, étendit ses dévastations jusqu'à Safitsa, s'empara
de cette ville, en chassa les habitants, au nombre de sept cents
hommes, sans compter les femmes et les enfants, et soumit les
forteresses et les tours voisines du château des Curdes; il attaqua
ensuite le château des Curdes. Le prince de Hamah, le prince de
Sohyoun et le prince des Ismaéliens vinrent le joindre devant
cette place. Il employa un grand nombre de machines, et prit la
forteresse d'assaut : les habitants avaient demandé à se rendre, ils
évacuèrent le pays, et la forteresse fut réparée. Le prince de Tortose envoie demander la paix; elle lui est accordée pour Tortose
seulement : Safitsa et son territoire n'y furent pas compris (le
sulthan venait de s'en emparer). Le sulthan enleva donc aux
chrétiens toutes les places qui leur avaient été cédées sous
Malek-Nasser (voyez l'an 652). Ils renoncèrent à la possession des places qui se trouvaient partagées entre eux et les musulmans, et aux droits qu'ils y conservaient encore. Il fut convenu que le territoire de Markab, et toutes les impositions
que cette ville payait, seraient partagés entre le sulthan et
le grand-maître des Hospitaliers, et qu'on ne ferait aucune réparation dans la place. La paix fut donc conclue; et aussitôt les Francs évacuèrent un grand nombre de forteresses dont
le sulthan prit possession.

II. 48

Le sulthan attaqua Akkar, et fit jouer ses machines de guerre. Un émir fut tué d'un coup de pierre pendant qu'il était en prière dans sa tente. La ville capitula, et les Francs l'évacuèrent. Le sulthan écrivit au prince de Tripoli pour l'avertir de prendre garde à lui, et lui fit de grandes menaces. Il partit ensuite avec ses troupes, se dirigeant vers Tripoli. Il apprit que le roi d'Angleterre (1) était arrivé à Acre avec trois cents cavaliers et huit vaisseaux, barques, etc., au nombre de trente voiles, sans compter ce que son lieutenant avait amené quelque temps auparavant. Le prince anglais venait faire le pélerinage de Jérusalem. Changeant donc de dessein, le sulthan s'approcha de Tripoli, envoya deux de ses émirs s'aboucher avec le prince de cette ville; on finit par convenir que les chrétiens demanderaient la paix au sulthan. Elle fut faite pour dix ans. Deux émirs se rendirent à Tripoli avec trois mille écus d'or d'Egypte pour racheter les prisonniers. Le sulthan de retour à son camp s'avança vers le château des Curdes, s'occupa de le réparer, et régla les affaires de la contrée; puis il s'empara de la forteresse d'Alyket, dont le prince était musulman, reçut les hommages des habitants et se rendit à Damas. Il en partit pour aller à Sefed, fit transporter les machines qui étaient dans cette ville devant les murs de Korayn, qui ouvrit ses portes. Il monta ensuite à cheval, et se trouva dans la matinée devant Acre; mais comme il ne se présenta personne d'entre les Francs, il retourna de suite au camp devant Korayn, en détruisit la citadelle, se rendit de nouveau devant Acre, et campa à Lodjoun. Il avait précédemment écrit en Egypte d'envoyer une petite flotte contre l'île de Chypre; mais les vaisseaux furent à peine arrivés en vue de l'île qu'ils se brisèrent tous

---

(1) C'est le prince Edouard, fils de Henri III, roi d'Angleterre, qui s'était enrôlé dans la Croisade de Saint-Louis.

contre des écueils. Les habitants accoururent sur la côte, et firent prisonnier l'équipage. Le prince de Chypre se hâta d'annoncer au sulthan cette nouvelle; il lui disait pour exciter son dépit : « Vos vaisseaux, au nombre de onze, venaient faire une » descente en Chypre; je les ai écrasés et m'en suis emparé. » A cette lecture, le sulthan dit : « Remercions Dieu de ce que depuis que je suis sur le trône, il n'a contrarié aucune de mes entreprises. » Puis il écrivit que ce n'était pas ce désastre qui lui inspirait le plus de crainte. Sa réponse au roi de Chypre égalait l'éclair et le tonnerre en force et en violence. Il ordonna au gouverneur du Caire de construire vingt navires, et de faire descendre le Nil aux cinq barques qui se trouvaient à Kous, capitale de la haute Egypte.

Les députés de Tyr demandèrent la paix. Il fut convenu que les chrétiens ne conserveraient que dix des villages du territoire de Tyr ; que cinq appartiendraient au sulthan, tous les cinq à son choix, et que le reste serait occupé également par les chrétiens et les musulmans ; on jura de part et d'autre, et le sulthan retourna au Caire. On apprit ensuite que les Francs avaient fait une irruption du côté de Schaoun; qu'ils avaient pris Aleya, et qu'ils avaient détruit et brûlé les récoltes.

Le sulthan ordonne aux armées de se diriger vers Acre immédiatement après le printemps. Pour lui, il était tous les jours avec les ouvriers, pressant l'ouvrage jusqu'à l'entière construction de la flotte. Quand il fut arrivé à Damas, il écrivit une lettre au Caire, dans laquelle il disait, en parlant de lui aux principaux émirs : « *Votre fils*, et à d'autres, *votre* » *frère* ou *votre père vous salue* ; il desirerait bien vive- » ment n'être pas séparé de vous; il aurait préféré rester » auprès de vous ; mais votre tranquillité nous est plus chère » que la nôtre. Voilà bien du temps que vous êtes dans la » peine, et que nous goûtons les douceurs du repos. Nous

» vous faisons part de ce qui arrive d'important, pour que
» ces événements soient connus de vous et de ceux qui sont
» avec vous, afin qu'on voye notre grand zèle pour le triom-
» phe de notre religion. Vous avez appris l'arrivée des Tar-
» tares. Si nous nous étions éloignés, les habitants se se-
» raient dispersés. A l'égard des Francs, ils s'étaient munis
» d'échelles de fer, et ils ont fait une tentative sur Sefed et
» Béryte; mais, à notre arrivée, ils sont bien déchus dè
» leurs espérances : ce qui prouve qu'il faut savoir em-
» ployer le poignard en même temps que l'épée, c'est que
» le prince de Marakyat (forteresse près d'Emesse), dont nous
» avons pris la ville, s'était rendu chez les Tartares pour
» implorer leur appui. Nous avons envoyé des Fedaïs (les As-
» sassins) à sa poursuite. L'un d'entre eux nous a annoncé
» qu'ils avaient été sur ses traces, et l'avaient massacré. Nous
» avons appris l'approche des Tartares; et moi, par Dieu !
» je ne passe la nuit qu'avec mon cheval tout sanglé,
» ayant sur moi l'habillement militaire et même les épe-
» rons. »

Makrizi raconte ici une expédition contre les Tartares, qui
furent dispersés, tués ou faits prisonniers; il rapporte que
les Tartares avaient répandu une si grande terreur, que
tout le monde prenait la fuite, et qu'à Damas le prix d'un chameau était monté à mille écus d'or.

Bibars revint avec les armées d'Égypte et de Syrie, pour attaquer Acre; mais les pluies le surprirent dans la prairie de Bargouts, et l'incommodèrent d'une manière qu'on ne saurait décrire.
Les hommes faillirent périr faute d'abri. Le sulthan renvoya l'armée de Syrie; pour lui, il retourna au Caire. On lui offrit des
présents de la part du prince de Tunis, avec une lettre où ce
prince avait retranché les compliments d'usage. Les présents
furent distribués aux émirs ; le sulthan, dans sa réponse,

reprocha au prince de Tunis sa négligence scandaleuse sur les transgressions de la loi de Dieu, ses bassesses envers les Francs, la lâcheté qui l'avait fait tenir à l'écart pendant le siége. « Un homme comme vous, dit-il, ne mérite pas d'être chargé des intérêts des musulmans. » Il continuait sur un ton menaçant qui dut remplir de frayeur le prince de Tunis. Les envoyés de Charles, roi de Sicile, viennent intercéder pour la principauté d'Acre, et trouvent le sulthan assis au milieu des travailleurs, et présidant à la construction de sa flotte. Les émirs apportaient eux-mêmes ce qui devait entrer dans la construction des barques. Les envoyés furent effrayés de ces préparatifs.

Au mois de redjeb (1272 février), le sulthan alla chasser du côté de Salehyeh; ce fut là qu'il apprit la marche des Tartares; il retourna promptement au Caire, d'où il partit pour la Syrie. Arrivé à Sewarch, il reçut les députés d'Acre qui demandaient la paix.

Le 21 de ramadhan (avril), il se rendit dans les prairies de Césarée, et la paix fut faite avec les Francs, pour dix ans, dix mois, dix heures, à partir du jour même. Les habitants d'Acre étant venus voir l'armée musulmane, le sulthan monta à cheval, et fit parade de son habileté à manier la lance.

An 671 (1273). Il se fait un grand concours de peuple à l'occasion de l'arrivée des barques et de l'érection des machines au nombre de cent sur les remparts d'Alexandrie. Tout cet appareil était occasionné par les bruits qui circulaient sur les mouvements des Francs, qu'on disait devoir bientôt attaquer les frontières de l'Egypte.

An 673 (1274). Après le naufrage et la perte de la flotte devant l'île de Chypre, le sulthan envoya un émir à Tyr pour racheter les prisonniers. Les Francs demandèrent un prix très élevé pour les reys (commandants maritimes); quant aux kaids (officiers) et aux archers, ils furent amenés au sulthan

qui leur rendit la liberté. Les reys, au nombre de six, restèrent entre les mains des Francs. Parmi eux étaient le reys d'A-
lexandrie et celui de Damiette. Ils furent enfermés à Acre dans
la citadelle. Le sulthan écrivit à un émir qui se trouvait à Sefed, de ne rien épargner pour enlever les six reys. Celui-ci
commença par séduire les gardiens. Quand tout fut bien concerté, les prisonniers furent enlevés de la citadelle, et parvinrent au milieu d'une grande réunion d'hommes jusqu'aux chevaux qui leur étaient préparés, et se sauvèrent au Caire. Ils étaient
déjà auprès du sulthan, quand les Francs s'aperçurent de leur
évasion. Cet événement causa quelques troubles à Acre.

An 674 (1275). L'émir Seif'eddin Balban arrive à Tripoli
avec une grande suite et une lettre du sulthan pour le prince
de Tripoli. Il engagea le prince à se soumettre à un tribut annuel de vingt mille écus d'or de Tyr et de vingt prisonniers.
Le sulthan s'empara ensuite de Kosseyr.

An 679 (1280). Un émir part pour protéger la Palestine
contre les courses des Francs, et ordonne à l'émir Seif'eddin
Balban, commandant du château des Curdes, de faire une invasion dans les terres de Markab, pour punir les Francs de leur
alliance avec les Tartares. Cet émir réunit les Turcomans, etc.,
fit porter les machines et les instruments du siége, et attaqua
Markab; mais les musulmans furent repoussés avec perte. Le
sulthan (Kelaoun) fut très sensible à cet échec, et se mit en
devoir de partir de suite pour le venger.

An 680 (1281). Pendant qu'il était à son camp de Rouhâ,
non loin de la ville du Caire, il reçoit des députés francs. La
paix fut convenue entre le grand-maître des Hospitaliers et
tous les Hospitaliers d'Acre, d'une part; et le sulthan et son fils
Malek-Saleh, son héritier présomptif, d'autre part, pour dix
ans, dix mois, dix jours et dix heures, à partir du samedi
28 de moharram inclusivement. Elle fut faite aussi avec le

prince Bohémond, comte de Tripoli, pour dix ans, à commencer du 28 de rebi premier (28 juillet).Un émir alla recevoir le serment du grand-maître des Hospitaliers.

On découvre un complot tramé par plusieurs des mamelouks de Bibars, qui devaient assassiner le sulthan au passage d'un gué situé en dehors de Beyssan. Le sulthan en fut averti ; on reçut ensuite des lettres d'Acre, par lesquelles on engageait le sulthan à prendre garde à lui; car, lui disait-on, il avait autour de sa personne plusieurs émirs qui avaient juré sa mort, et devaient s'en défaire au premier moment. Le sulthan profita de l'avis ; car un des conjurés ayant cherché plusieurs fois l'occasion de le tuer, tandis qu'il était à son quartier de Rouhâ, il le trouva toujours sur ses gardes et bien entouré. Enfin le sulthan quitta Rouhâ; il usa d'abord de beaucoup de ménagements jusqu'à ce qu'il vît un certain nombre d'émirs autour de lui. Alors il éclata en reproches contre les rebelles, et leur dit ce qu'il savait par les révélations des Francs. Ils ne nièrent rien, et prièrent Kelaoun de tout oublier. Le sulthan les fit arrêter au nombre de trente-huit émirs ou mamelouks.

Il arrive des députés de l'empereur de Constantinople et du roi de France avec des présents.

An 682 (1283). Paix entre le sulthan et les Francs d'Acre pour dix ans, à partir du 5 de moharram (5 avril) de la présente année.

Les musulmans livrent un combat dans le territoire de Béryte, aux Francs de l'île de Chypre, qui venaient faire une incursion en Palestine. Beaucoup de Francs furent tués, plus de trente restèrent prisonniers.

An 684 (1285). Les députés des Francs apportent des présents, de la part de l'empereur d'Allemagne et de la part des Génois. Il en vient aussi de la part de l'empereur de Constantinople.

An 687 (1288). Le gouverneur de Syrie écrit au sulthan que les Francs de Tripoli avaient violé la trève, en enlevant plusieurs marchands et autres , et en gardant entre leurs mains un grand nombre de prisonniers; ils savaient pourtant qu'après la prise de Markab ils n'avaient obtenu la paix que sous la condition qu'ils ne retiendraient aucun prisonnier, qu'ils n'inquiéteraient pas les marchands , et qu'ils maintiendraient la sûreté des routes. Le sulthan se prépara dès-lors à attaquer Tripoli.

An 688 (9 février 1289). Le sulthan se mit en marche le 13 de moharram, laissant son fils Malek-Aschraf-Khalyl pour le remplacer en Egypte. Il écrivit en même temps dans toutes les provinces de Syrie, avec ordre de faire marcher les troupes du côté de Tripoli. Pour lui il vint à Damas, d'où il se rendit devant Tripoli. A son arrivée, on vit entrer dans la ville quatre vaisseaux de l'île de Chypre , qui venaient la défendre. Le sulthan fit jouer sans relâche les machines jusqu'à la prise de la ville , après un siége de trente-quatre jours. Dix-neuf machines y furent employées , ainsi que quinze cents hommes employés à la brèche ou à lancer le feu grégeois. Les esclaves et les mendiants s'emparèrent d'un grand nombre d'habitants qui s'étaient embarqués et qui avaient été rejetés sur le rivage.

Le nombre des prisonniers fut si grand, qu'il s'en trouva douze cents dans le magasin d'armes du sulthan. Ce prince ordonna de détruire la ville. Ses remparts étaient si larges, que trois cavaliers pouvaient y passer de front. La ville était si florissante, qu'on y voyait jusqu'à quatre mille métiers de soie. Le prince de Djobayl conserva sa principauté, moyennant une somme d'argent. Le sulthan prit aussi Djibleh, Béryte (ou plutôt Beyssan), et les forteresses environnantes. Tripoli fut incorporée à la province qui avait pour chef-lieu le château des Curdes. C'est de cette forteresse qu'on envoya désormais à Tripoli les soldats qui devaient en relever les postes. On y envoya en outre cinq cents soldats, dix chefs de la musique militaire et quinze décurions, auxquels on assigna des fonds de terre. Les musulmans bâtirent une nouvelle ville près du fleuve; elle devint assez florissante : c'est le Tripoli d'aujourd'hui.

An 689 (1290). Les habitants d'Acre attaquent des marchands musulmans et les massacrent. Le sulthan entra dans une grande colère; il écrivit en Syrie pour presser la confection des machines et l'envoi des munitions nécessaires pour le siége de cette ville. Depuis que Bibars avait accordé la paix à Acre, les habitants lui apportaient des présents toutes les années. Plus tard ils firent de même sous Kelaoun; mais leur insolence était devenue insupportable. Ils firent toutes sortes de dégâts, et attaquèrent les marchands sur les routes. Le sulthan envoya contre eux un émir avec des troupes. Les habitants étaient dans l'usage de venir, chaque année, à Lodjoun. Quelques cavaliers chrétiens s'y trouvaient au moment de l'arrivée des troupes. Comme on pensait dès-lors à la guerre, l'émir les fit prisonniers. L'émir leva une contribution par tête sur les campagnes de Merdj et de *Goutha* (la campagne de Damas). Il fit de même pour les campagnes de Baalbek et de la Cœlesyrie. (C'était pour fournir aux frais du transport des machines.) Il alla ensuite dans une vallée située entre les montagnes d'Acre et de Baalbek, chercher du bois pour les machines; mais il tomba une telle quantité de neige, qu'il y faillit périr. Il monta promptement à cheval, et se hâta de sauver sa personne, laissant ses effets et ses tentes. La neige les couvrit bientôt. Comme elle ne fondit que l'été suivant, presque tout fut perdu.

An 690 (1291). Au mois de moharram (janvier), les députés d'Acre viennent prier le sulthan Malek-Aschraf, successeur de Kelaoun, d'oublier le passé; leurs excuses ne furent pas écoutées. Le sulthan tourna toute son attention vers le siége d'Acre. Il écrivit en Syrie, avec ordre de presser l'envoi du bois nécessaire pour les machines. Le bois fut distribué aux émirs qui avaient autorité sur mille hommes. Ensuite l'émir Hossam'eddin - Ladjyn , vice-roi de Syrie , partit de Damas avec ses troupes. Modhaffer, prince de Hamah, arriva avec ses troupes et ses machines. L'émir Seif'eddin-Balban arriva avec les troupes de la forteresse des Curdes, de Tripoli, etc., ainsi que ses machines. Enfin tous les commandants de place se rendirent devant Acre avec leurs troupes.

Le mardi 3 de rebi premier, le sulthan partit du Caire avec l'armée. Il envoya son harem ou ses femmes à Damas. Deux jours après l'arrivée du sulthan devant Acre, on vit venir les machines au nombre de quatre-vingt-douze; en quatre jours elles furent toutes dressées. Le siége commença sur-le-champ. Précédemment il était arrivé par mer des secours considérables à Acre. Le sulthan commanda de se préparer à un assaut général, et fit mettre les tambours sur trois cents chameaux, pour que le bruit s'en fît entendre au loin. Quand tout le monde fut sous les armes, ces tambours firent un bruit effroyable et étourdirent les habitants. Le sulthan avait commencé l'attaque avant le lever du soleil, avec ses soldats et toutes les troupes auxiliaires ; le soleil n'était pas encore à son midi, lorsqu'on vit flotter les drapeaux musulmans sur les remparts de la ville. Les Francs s'enfuirent par mer; mais il en périt un fort grand nombre dans la presse et le désordre. Les vainqueurs tuèrent, pillèrent et firent des prisonniers; le nombre des morts fut innombrable. On ne saurait non plus calculer le nombre des femmes et des enfants réduits à l'esclavage. Au moment de la prise de la ville, dix mille chrétiens environ se présentèrent en suppliants. Le sulthan les partagea aux émirs, qui les massacrèrent tous. Le siége avait duré quarante jours. La ville fut démolie ; on renversa les remparts, les églises, etc.; on livra les édifices aux flammes; plusieurs des prisonniers furent transférés dans les forteresses musulmanes. On trouva dans une église d'Acre un mausolée en marbre rouge; au milieu était une grande table de plomb, avec une inscription en langue grecque en plusieurs lignes; elle portait: « que ce pays serait subjugué » par un peuple appartenant à la nation arabe, et éclairé de » la vraie religion; que ce peuple soumettrait tous ses enne-» mis, et que sa religion triompherait de toutes les autres ; » qu'il dominerait sur toutes les provinces de la Perse et de » l'empire grec, et qu'à l'approche de l'an 700 (de l'hégire), » ce même peuple s'emparerait de toutes les possessions des » Francs et détruirait leurs églises. » Il y avait encore cinq lignes effacées. On lut cela devant le sulthan.

Sidon fut prise sans combat; quelques Francs firent mine de se défendre dans une des tours de la ville. En conséquence, Tyr, Sidon, etc., furent rasées. Avant que le sulthan partît pour le siége d'Acre, un scheik avait vu pendant son sommeil un homme qui récitait ces vers :

« Les musulmans se sont emparés d'Acre, et ont rassasié » les Francs de coups.

» Notre sulthan a marché contre eux avec des chevaux qui » renversent tout ce qu'on leur oppose.

» Les *Turcs* (1) ont juré, en arrivant, qu'ils ne laisseraient » rien aux Francs. »

Le scheik fit part de sa vision à plusieurs personnes. Quelque temps après le sulthan s'empara d'Acre et la détruisit; et toute la Palestine fut purgée de Francs.

Les poètes furent en général inspirés par tant de triomphes.

---

(1) Kelaoun, père de Malek-Aschraf, était Turc et originaire du Capdjak.

NOTICE

SUR

LE MANUSCRIT D'IBN-FÉRAT.

L'Europe n'a qu'un seul manuscrit de la chronique d'Ibn-Férat. Ce manuscrit se trouvait à Vienne lorsque les Français entrèrent dans cette capitale ; il fut transporté à Paris et placé parmi les manuscrits de la Bibliothèque du Roi. Quand les alliés entrèrent à Paris en 1814, les commissaires autrichiens reprirent plusieurs manuscrits enlevés à Vienne, parmi lesquels était la chronique d'Ibn-Férat. Je dois ici remercier M. le baron de Vincent, qui me permit alors de garder chez moi ce précieux manuscrit, pour que M. Jourdain eût le loisir d'en prendre tout ce qui m'était nécessaire pour l'histoire des croisades. M. Jourdain a extrait cette chronique depuis l'année 1198 jusqu'à la prise d'Acre en 1291. Cette chronique remonte beaucoup plus haut ; mais comme je n'avais point alors le projet de faire connaître tous les historiens arabes, la chronique a été reportée à Vienne, et l'analyse en est restée incomplète. On sait peu de chose d'Ibn-Férat ; on sait seulement qu'il mourut au commencement du xv{^{e}}. siècle. Cet historien, comme les annalistes arabes, a copié toutes les chroniques qui l'ont précédé ; il paraît avoir bien choisi ses matériaux. A l'exemple de tous les auteurs musulmans, il laisse sans cesse percer sa haine contre les chrétiens, et lorsqu'il parle des Francs, il répète souvent ces mots : *Que Dieu maudisse cette nation, et qu'il extermine tout ce qui en reste.*

L'extrait qu'on va lire a été fait d'après la traduction de M. Jourdain, qui était beaucoup plus étendue.

EXTRAIT D'IBN-FÉRAT.

Sous la date de 594 (1189), Ibn-Férat raconte la prise du château de Béryte par les Francs, leur tentative sur celui de Tabnin (Thoron) et leur retraite sur Tyr. Il parle ensuite d'un combat qui eut lieu plus tard entre eux et Malek-Adel, à la suite duquel il fut conclu une paix pour trois ans. Ibn-Alatsyr a donné des détails sur ces événements.

Sous la date de 599 (1202), Ibn-Férat dit que Malek-Mansour, prince de Hamah, se porta avec son armée vers le château de Baryn, qui lui appartenait, pour y observer de là les Francs qui étaient en force sur la côte maritime de la Syrie. Malek-Adel, à qui il avait demandé des secours, lui annonça l'arrivée des princes de Baalbek et d'Emesse. L'auteur ne dit point si ce secours arriva en effet ; mais il prétend qu'il y eut aux environs de Tripoli une rencontre entre les chrétiens et les musulmans, dans laquelle les premiers furent mis en déroute et leurs officiers supérieurs faits prisonniers. Malek-Mansour les envoya à Hamah ; ce fut pour cette ville un jour de fête ; les habitants sortirent à la rencontre de ces captifs. *Ce jour*, dit Ibn-Férat, *fut un jour mémorable dont la renommée voltigea dans les horizons.* L'auteur parle ensuite de la tentative que les Templiers firent auprès de Malek-Mansour pour établir la paix entre ce prince et les Hospitaliers. Malek-Mansour ayant rejeté cette médiation des Templiers, Ibn-Férat ajoute que les envoyés se prosternèrent et s'excusèrent de ce qu'ils avaient dit ; qu'ils demandèrent la continuation de la paix avec les Templiers, et que Mansour l'accorda. Il y

eut dans la même année un combat entre les Francs et Malek-
Mansour, dans lequel beaucoup d'Hospitaliers furent tués ou
faits prisonniers.

An 600 (1203). Le fils de Léon s'empara un moment d'Antioche, non compris la citadelle, et l'abandonna en apprenant
que Malek-Dhaher, prince d'Alep, venait à la tête de son armée.
Dans cette année, où Constantinople fut prise par les Francs, un
grand nombre de ces derniers arrivèrent devant Acre, et résolurent de marcher vers Jérusalem, et de l'arracher des mains des
musulmans. A cette nouvelle, Malek-Adel sortit de Damas, et écrivit dans toutes les provinces de son empire pour demander du secours. Il vint se placer à Thour (Thabor) à peu de distance
d'Acre, afin de surprendre les Francs et de les chasser de la
province. Les Francs, de leur côté, s'établirent dans la plaine
d'Acre, d'où ils portèrent le ravage dans tous les environs, en
faisant des prisonniers et en commettant des excès sur les musulmans. Cela dura jusqu'à la fin de l'année ; pendant ce temps
une flotte franque alla sur les côtes d'Egypte exercer les mêmes
ravages.

An 601 (1204). La paix se fit cette année entre les Francs
et Malek-Adel pour un temps convenu, et avec la clause que
les Francs recevraient, en échange de Ramla et de Lidda, la ville
de Jaffa. Après cette paix, Malek-Adel retourna à Damas ; mais
les Hospitaliers se portèrent sur Hamah ; un grand nombre
de guerriers s'étaient joints à eux : ils dévastèrent le pays,
tuèrent les habitants, firent beaucoup de mal, et parvinrent
jusque sous les murs de la ville ; ils tuèrent là beaucoup de
monde. Ils s'en retournèrent emmenant un grand nombre de
captifs.

D'un autre côté, les Francs passèrent l'Oronte et entrèrent
à Émesse, d'où le prince de cette ville les repoussa. Malek-
Dhaher, prince d'Alep, envoya une armée faire le siége de

Markab; l'émir qui la commandait, détruisit les tourelles qui étaient sur les murs de cette forteresse; mais une flèche ayant atteint l'émir et l'ayant tué, l'armée s'en retourna au moment où elle allait s'emparer de la place.

Les Francs firent une irruption contre Djibleh et Laodicée; ils cachèrent beaucoup de troupes en embuscade, et n'envoyèrent qu'un détachement contre Djibleh. L'armée du prince d'Alep qui était dans cette ville, instruite de la marche de ce détachement, sortit à sa rencontre; mais les troupes embusquées parurent tout-à-coup; il y eut un grand nombre de musulmans de tués, et les Francs retournèrent chez eux chargés de butin et emmenant des prisonniers.

An 603 (1206). Malek-Adel, informé que les Francs marchaient vers les provinces musulmanes, partit de Damas et vint camper sur les bords du lac d'Emesse. Il appela à lui tous les princes musulmans et annonça publiquement l'intention de se porter sur Tripoli; dix mille cavaliers vinrent le joindre. Lorsque le mois de rhamadan fut écoulé, Malek-Adel marcha vers le château des Curdes, l'attaqua vigoureusement et s'empara d'une tour qui en était voisine; il y enleva beaucoup d'armes et de richesses, et y fit cinq cents hommes prisonniers. De là, il alla attaquer un autre château situé près de Tripoli, et l'emporta de force. Il parut ensuite devant Tripoli même, dressa ses machines contre cette place, et en réduisit les habitants à la dernière extrémité. Les troupes musulmanes se répandant aux environs, portèrent partout le ravage. Malek-Adel retourna ensuite sur le lac d'Emesse, après avoir fait de grands dégâts sur la côte et frappé les habitants de terreur.

Le roi des Francs (Philippe-Auguste) envoya à ce prince de l'argent, des présents et trois cents captifs, en le priant d'accorder la paix aux chrétiens. Malek-Adel l'accorda vers la fin du mois de doulhadja de cette année.

An 608 (1211). Lorsque les musulmans s'étaient rendus maîtres d'Acre, sous le règne de Saladin, ils avaient rasé un château très élevé qui était bâti sur le Mont-Thabor. Cette année Malek-Adel ordonna à son fils Malek-Moadham, prince de Damas, de reconstruire ce château. Les Francs envoyèrent aussitôt au-delà des mers pour prévenir les autres Francs de cette construction et les engager à venir à leur secours. Il en vint en effet un grand nombre à Acre, et Malek-Adel, qui était alors en Égypte, se rendit promptement en Syrie.

Ibn-Férat rapporte qu'il vint cette année en Égypte un Franc, qu'il nomme Kaliam (Guillaume), qui se présenta à Malek-Adel. Ce prince l'accueillit parfaitement et s'en faisait accompagner partout où il allait ; mais cet être maudit, ajoute l'auteur, avait le dessein secret de prendre connaissance de la situation des choses pour en instruire les Francs. Malek-Adel, qui le sut, ne se laissa pas prendre à ses discours.

An 610 (1213). Un Bathénien ou Assassin se jeta sur le fils du prince d'Antioche et le tua ; ce jeune prince n'avait que 18 ans ; son père fut profondément affligé ; les Francs en furent vivement touchés et furent saisis de crainte. Pour venger ce meurtre, ils se dirigèrent l'année suivante vers le pays des Bathéniens, et allèrent assiéger le château *Havati*. Le prince d'Alep marcha contre eux dans l'intention de les chasser de ce pays, et leur fit dire en outre qu'ils ne pourraient rien contre les Bathéniens ; les Francs alors demandèrent la paix et retournèrent à Antioche.

An 612 (1215). Le frère de la princesse d'Acre, qui venait de débarquer avec d'autres Francs pour aller au secours du prince d'Antioche, fut aussi tué par des Bathéniens.

An 614 (1217). Il arriva de Rome la Grande et de différents autres pays d'outre mer, des renforts aux chrétiens ; ils avaient à leur tête plusieurs grands princes. Le lieu du rassemblement général était la ville d'Acre. En rompant la paix

qui existait entre eux et les musulmans, les Francs avaient
l'intention de reprendre Jérusalem et tout ce qu'ils avaient pos-
sédé sur la côte maritime. Malek-Adel, craignant pour les
provinces musulmanes, partit d'Égypte à la tête de son armée;
les Francs allèrent au-devant de lui avec des forces nombreuses : comme toutes les troupes d'Égypte et de Syrie ne
s'étaient point encore réunies à lui, Malek-Adel évita de se
mesurer avec les Francs, et se porta du côté de Damas afin
que l'armée de ce pays pût le joindre. Les Francs, qui le suivaient, dévastèrent toute la campagne; ils enlevèrent les grains
et toute la récolte, et firent prisonniers un nombre considérable de musulmans. Arrivés à Panéas, ils y restèrent trois
jours, et s'en retournèrent ensuite dans la prairie d'Acre, traînant à leur suite leurs prisonniers et un butin immense. De
son côté Malek-Adel, ayant pris position dans le territoire de
Safar, envoya son fils Malek-Moadham à Naplouse avec un
détachement de son armée, pour empêcher les Francs d'aller
à Jérusalem.

An 615 (1218). A leur retour à Acre, les Francs tinrent
conseil sur ce qu'ils avaient à faire; les plus sensés d'entre eux
dirent : « Il faut aller en Egypte, car Saladin ne s'est emparé
des royaumes et n'a chassé les Francs de Jérusalem et de la
côte maritime, que parce qu'il s'était rendu maître de l'Égypte,
et que les hommes et les richesses de ce pays avaient augmenté
ses forces. Le meilleur parti à prendre est donc d'y aller et
de s'en emparer; rien ne nous empêchera ensuite de nous
emparer de Jérusalem et autres lieux. » Cet avis l'emporta, et
les Francs arrivèrent en Égypte au mois de safar. Ibn-Férat
fait ici la description des lieux, description que les autres
historiens ont également donnée.

Les Francs commencèrent à attaquer Damiette, et construisirent sur leurs vaisseaux des tourelles, au moyen desquelles

ils essayèrent de se rendre maîtres de la tour de la chaîne. Malek-Kamel, fils de Malek-Adel, se mit en marche avec les troupes qu'il avait sous ses ordres, et s'arrêta près de Damiette à un lieu nommé Adeliab; mais ses troupes entrèrent dans la ville pour empêcher les Francs de passer le bras du fleuve. Ceux-ci combattaient toujours avec vigueur; mais toutes leurs machines furent brisées, et ils restèrent ainsi pendant quatre mois. Malek-Adel qui était en Syrie, apprenant cette invasion des Francs, ordonna à toutes les troupes qu'il avait avec lui de retourner en Égypte; et les armées musulmanes, se trouvant réunies sous les ordres de Malek-Kamel, attaquèrent les Francs pour les repousser de Damiette.

Sur ces entrefaites, Malek-Adel mourut : il était prince d'Égypte, de Syrie et des provinces orientales. Voici le portrait qu'en fait Ibn-Férat : C'était un prince de mœurs louables, de bonne croyance, excellent administrateur, instruit des plus petites affaires. Il fut heureux dans tout. Il fit la paix avec ses voisins et accorda des trèves aux Francs; il n'éprouva jamais de défaite. Il était prévoyant, doué d'un grand sens, de patience, de douceur et d'indulgence, extrêmement généreux, sachant dépenser et donner lorsqu'il était nécessaire. Il laissa quinze enfants mâles, sans compter les filles. Ce prince posséda, lui et ses enfants, tous les pays situés depuis Khelath jusqu'à l'Yémen. Quand il eut partagé son vaste empire entre eux, il ne cessa de les visiter et de se transporter alternativement d'un royaume dans un autre. Il passait ordinairement l'été en Syrie, à cause des fruits, de la fraîcheur de l'air et des eaux de ce pays; et l'hiver en Égypte, à cause de la douceur du climat. Malek-Adel mangeait prodigieusement, et plus qu'on n'a coutume de faire. On dit qu'il mangeait à lui seul un jeune agneau.

La mort d'Adel causa dans l'empire des Ayoubites des troubles qui furent favorables aux Francs. Ceux-ci parvinrent à prendre la tour de la chaîne, et après avoir brisé cette chaîne, se répandirent dans le pays. Le sulthan, pour la remplacer, fit élever une chaussée, qu'ils rompirent aussi. Le sulthan fit alors couler bas un certain nombre de bâtiments, pour obstruer le lit du fleuve, ce qui empêcha les vaisseaux francs de pénétrer plus avant. Les Francs voyant cela creusèrent le lit d'un ancien canal qui recevait autrefois les eaux du Nil, au-dessus de l'endroit où Kamel avait fait couler à fond les bâtiments : ils y firent revenir les eaux du fleuve et en dirigèrent le cours vers la Méditerranée. Ils y firent ensuite remonter leurs vaisseaux jusqu'à un endroit appelé *Nourch*, sur le bord occidental du fleuve, en face de celui où campait le sulthan. Ils recommencèrent de là leurs attaques contre Damiette, mais les renforts que les habitants recevaient sans cesse rendirent ces nouvelles tentatives inutiles. (Voyez Ibn-Alatsyr, pag. 538.)

Il y avait dans l'armée du sulthan un émir surnommé *Maschtoub*, qui avait sous ses ordres une troupe de gens de diverses tribus. C'était un chef puissant chez les Curdes : il jouissait d'une grande considération parmi les princes avec lesquels il allait de pair. Doué d'un esprit supérieur, extrêmement noble et généreux, plein de courage, il dédaignait les choses futiles. Il était du nombre des émirs de Saladin, et ce prince lui avait donné en fief Naplouse, pour qu'il pût veiller de là sur les affaires de Jérusalem (1). Cet émir se concerta avec quelques troupes pour priver Malek-Kamel du royaume d'Egypte, et le donner à son frère Malek-Faiz. Malek-Kamel, instruit du complot, se retira pendant la nuit à Aschmoun-Thenah. Le matin l'armée se voyant privée de son sulthan,

_____

(1) Ceci ne s'accorde pas avec le récit des *Deux-Jardins*, qui disent que Naplouse fut donnée au neveu du sulthan.

ne voulut point reconnaître Malek - Faiz. Les soldats, abandonnant leurs tentes, leurs munitions, leurs vivres et leurs armes, ne se chargèrent que d'objets légers, et allèrent rejoindre Malek-Kamel.

Les Francs ne voyant plus de musulmans sur la rive opposée du fleuve, opérèrent leur passage, et s'emparèrent du territoire de Damiette sans coup férir. Ils pillèrent tout ce qui était dans le camp des musulmans. Deux jours après cet événement, Malek-Moadham, prince de Damas, et frère du sulthan, arriva avec ses troupes. Kamel raconta à son frère ce qui lui était arrivé. Moadham lui promit de faire cesser toutes les dissensions, et de le confirmer dans la possession de l'Egypte. En effet il se rendit à la tente de Maschtoub, et trouva moyen de l'en faire sortir. Il le fit conduire sous bonne escorte à Hamah, où il resta long-temps sous la garde de Malek -Mansour. Revenu auprès de Malek-Kamel, Malek-Moadham fit partir Malek-Faiz pour la Syrie et les provinces orientales, en apparence afin d'y presser la réunion et l'envoi des troupes en Egypte, mais dans le fait pour l'éloigner de ce pays. Malek-Faiz alla à Damas, à Hamah, puis dans la Mésopotamie où il mourut, dit-on, empoisonné.

Cependant les Francs avaient commencé à assiéger Damiette; ils la tenaient tellement bloquée qu'il fut impossible d'y faire entrer aucun renfort. Ils entourèrent leur armée d'un fossé, sur le bord duquel ils élevèrent un mur selon leur coutume. Les habitants de Damiette leur livraient de rudes combats et les empêchaient de faire des progrès; mais ils ne tardèrent pas à s'affaiblir.

Après le départ de Malek-Moadham, son frère Kamel recommença ses attaques contre les Francs; mais aucun de ses soldats ne pouvait s'introduire dans Damiette sans courir de grands dangers. Il fallait traverser à la nage le Nil couvert de

vaisseaux et des barques des Francs. Kamel avait à son service un
laboureur qui était venu en Egypte d'un bourg voisin et dépendant de Hamah. Il avait été attaché à l'étrier du sulthan, en
qualité de porte-épée. Il traversait le Nil malgré les vaisseaux
ennemis, entrait dans Damiette, et après avoir relevé le courage des habitants, il revenait près du sulthan lui donner des
nouvelles de la ville. Ce dévouement lui mérita la dignité d'émir supérieur. Les habitants de Damiette, réduits à l'extrémité,
tourmentés par la faim, affaiblis par la disette, incapables d'agir et de repousser l'ennemi, livrèrent enfin la ville d'après
une capitulation. Les Francs y entrèrent trois jours avant la
fin de schaban. Le siége avait duré seize mois et vingt-deux
jours. Maîtres de Damiette, ils en fortifièrent les murs, firent
une église de la mosquée, et répandirent leurs légions dans
tout le pays d'alentour.

Ibn-Férat raconte en ces termes la dévastation de Jérusalem, qui eut lieu dans ce temps. Les murs et les tours qui
défendaient cette ville étaient, dit-il, devenus très considérables ; car on n'avait point cessé d'y bâtir depuis l'époque où
elle avait été conquise par Saladin. Les tours ressemblaient à
celles du château de Damas. Quand Malck-Moadham, prince
de cette dernière ville et de Jérusalem, apprit ce qui était
arrivé à Damiette, il craignit qu'il ne vînt par mer une armée
de Francs qui marcherait contre Jérusalem, et que dans l'impuissance où il serait de la repousser, elle ne s'en emparât. Il
jugea donc convenable de détruire les murs de cette ville. Il
rassembla des maçons qui démolirent toutes les fortifications ;
il ne resta que la tour de David. La plus grande partie des
habitants qui y étaient en nombre considérable, sortirent de
la ville. Malck-Moadham fit enlever tout ce qui s'y trouvait
en vivres et en munitions de guerre. La ruine de Jérusalem
causa un grand chagrin aux musulmans.

Sous la date de 618(1221), l'historien, après avoir parlé des progrès que faisaient alors les Tartares qui inondaient la Perse, et avoir dit un mot des lettres du khalife de Bagdad, qui demandait contre eux du secours aux princes ayoubites, s'exprime ainsi : « Mais les princes ayoubites craignaient bien plus les Francs que les Tartares. Ceux-ci, lorsqu'ils trouvaient des terres à leur convenance, s'établissaient volontiers et se soumettaient à la religion et aux lois du pays. Les Francs, au contraire, cherchaient à établir leur domination. La religion, motif de leurs lointaines excursions, mettait une barrière insurmontable entre eux et les musulmans : ils voulaient, en se fixant dans les régions où ils arrivaient, renverser les princes qui y régnaient, et y faire fleurir leur culte. Ils n'avaient point oublié les victoires de Saladin, et le souvenir de leurs défaites passées était pour eux un aliment perpétuel de haine contre les ayoubites.

Quand les Francs se furent fortifiés en Egypte, Malek-Kamel écrivit à ses frères et à ceux de sa maison pour presser l'envoi de troupes auprès de lui. Malek-Aschraf envoya les siennes. De leur côté les Francs d'outre-mer, instruits de la prise de Damiette, arrivaient en foule dans cette ville comme dans un lieu de rendez-vous. Lorsqu'ils se virent en grand nombre, ils se préparèrent à pénétrer dans l'intérieur de l'Egypte, et à en chasser les armées musulmanes. Ils partirent donc de Damiette avec toutes leurs forces. Malek-Kamel, instruit de leur projet, quitta ses positions, et vint à Mansourah, qui est situé sur le bord oriental du Nil à l'endroit où ce fleuve se sépare en deux branches. Il y bâtit un château pour lui, et y fit construire des maisons et établir des marchés. Mansourah devint ainsi une grande ville. Il fit élever un mur du côté qui regarde le Nil, et le défendit par une machine de guerre et des parapets. La flotte musulmane se rassembla en face de Mansourah. Les Francs s'avancèrent et vinrent en face de

Malek-Kamel, à l'extrémité de la presqu'île de Damiette : ils y creusèrent un fossé, et y construisirent un mur. Leur flotte vint prendre position devant eux, et ils commencèrent alors à attaquer par eau et par terre.

Cependant tous les princes ayoubites arrivèrent successivement avec leurs troupes, et se réunirent tous à Mansourah. Les Francs ne virent point sans effroi cette multitude de musulmans. On se battit, mais on négocia en même temps. Ibn-Férat parle comme les autres historiens du peu de succès de ces négociations. Un corps de musulmans étant passé du côté où étaient les Francs, et ayant fait une saignée au Nil qui était dans sa plus grande crue, les Francs qui se virent entourés d'eau demandèrent à capituler. Malek-Kamel tint conseil avec les princes de sa maison. Il y en eut qui furent d'avis de faire tous les Francs prisonniers, puisqu'ils se trouvaient entre les mains des musulmans, et qu'ils étaient tous *polythéistes*; ils prétendirent qu'en agissant ainsi on reprendrait Damiette et tout ce qu'ils possédaient sur la côte. Kamel ne trouva pas ce conseil bon, et dit : « Nous ne tenons point ici tous les Francs. Quand même nous détruirions ceux qui sont ici, nous ne pourrions prendre Damiette qu'à la longue et après de nombreux combats. Les Tartares apprendront par les Francs ce qui s'est passé, ils viendront en plus grand nombre, et la guerre recommencera avec plus de force. D'ailleurs les armées musulmanes sont fatiguées de la guerre, car voici trois ans et quelques mois que les Francs sont en Egypte. » Alors tous les avis se réunirent à accorder une capitulation aux Francs ; il fut convenu que Malek-Kamel détiendrait leurs princes jusqu'à ce que Damiette fût livrée. De leur côté, les Francs demandèrent un des fils du sulthan et un certain nombre de ses officiers intimes, qu'ils garderaient jusqu'au retour de leurs princes. Les otages des Francs furent le roi d'Acre et le légat du pape. Malek-Kamel donna son fils Malek-Saleh, alors âgé de quinze ans, et plusieurs de ses familiers. Le sulthan donna une audience splendide aux otages francs. Tous les rois ses frères, et ceux de sa maison, se tenaient debout devant lui. Les Francs furent frappés de crainte et de respect à la vue de tant de grandeur. Damiette fut rendue le 19 de redjeb.

Sous la date de 624 (1227), l'auteur parle des divisions qui s'élevèrent entre les princes ayoubites; puis il dit que Malek-Moadham, prince de Damas, envoya vers les îles pour avoir des nouvelles de ce que faisait l'empereur des Francs (Frédéric). On sut qu'il était déjà arrivé environ quarante mille hommes. Malek-Moadham avait fait partir toutes ses troupes pour Naplouse. Quant à lui, il était resté à Damas.

Peu après arriva un ambassadeur de ce même empereur des Francs : il était chargé d'offrir des présents d'un très grand prix au sulthan et un certain nombre de chevaux, parmi lesquels était le cheval même de Frédéric. Malek-Kamel alla à la rencontre de l'ambassadeur, et lui fit une réception splendide; et pour vaincre l'empereur en générosité, il lui fit donner le double de ses présents en objets précieux de l'Inde, de l'Yémen, de la Syrie, de l'Yrak, etc.

Malek-Moadham ayant appris cette même année les mouvements des Francs, détruisit le reste des fondements de Schaubek, de Sefed et de Tabnin; il en fit de même des piscines de Jérusalem.

Il se trouve ici dans le manuscrit d'Ibn-Férat une lacune de trente-sept ans, qui peut être remplie par le récit d'Aboulféda et de Makrizi.

A la date de 663 (1264), où reprend le manuscrit, se trouvent le siége et la prise de Césarée et d'Arsouf par le sulthan Bibars. Voici le récit d'Ibn-Férat : Le sulthan attaqua Césarée le 9 de djoumadi 1er. Les soldats montrèrent dans ce siége un cou-

rage intrépide : ils descendirent dans les fossés à l'aide de socs de
fer et de clous ; ils montèrent sur les murs, y plantèrent les étendards, brûlèrent les portes et massacrèrent ceux qui les gardaient. Les habitants s'enfuirent dans le château. Bibars fit
dresser ses machines contre cette citadelle, qu'on appelait
Birra. Il n'y avait point sur toute la côte maritime de place
forte plus belle pour la structure, mieux défendue et plus élevée. Sa force provenait de ce que le roi Louis IX, après sa sortie
d'Egypte, y avait fait faire des colonnes et des appuis en pierre
à feu : de plus la mer l'entourait de toutes parts, et entrait dans
ses fossés. Les machines battaient inutilement les murs. Le sulthan lançait des flèches du haut de l'église contre le château, ou
montait à cheval et s'élançait dans les flots de la mer en combattant toujours. Il fit faire des machines roulantes, et fit venir du
château d'Adjloun des flèches pour les distribuer à l'armée.
Chaque guerrier, possesseur ou commandant de cent chevaux,
en reçut quatre mille. Bibars donna des robes d'honneur à plusieurs émirs et aux soldats attachés au service des machines : il
ne cessa de presser vigoureusement la place, jusqu'au moment
où les Francs la livrèrent au milieu du mois de djoumadi premier. Les musulmans y entrèrent de dessus les murs, brûlèrent les portes, et pénétrèrent dans le château par le haut et
par le bas. Le lendemain matin on appela les musulmans à la
prière du haut du château même. Bibars y monta ; il partagea
la ville entre ses émirs et ses mamelouks ; il fit travailler et
travailla lui-même à la démolition de la forteresse.

Le 29 du même mois, le sulthan partit de Césarée sans que
personne sût où il allait. Il arriva au milieu de djoumadi second à
Arsouf. Cette place était extrêmement forte par les travaux qu'y
avait faits Louis IX. Le sulthan fit apporter des amas considérables de bois, dont il forma comme autant de hautes collines tout
autour de la ville. Depuis le fossé de cette ville jusqu'à ceux du
château, il fit creuser deux chemins souterrains qui furent aussi

couverts de bois. Il confia la garde de ces chemins à deux émirs.
Les Francs sortirent de la ville pour incendier ce bois ; mais
les musulmans parvinrent à éteindre le feu. Alors les Francs
creusèrent de leur côté un souterrain, depuis l'intérieur du
château jusqu'aux constructions des musulmans ; puis ils firent
un grand trou qu'ils remplirent de matières inflammables,
auxquelles ils mirent le feu. L'armée musulmane n'eut connaissance de cette ruse que lorsque l'incendie éclata ; ce qui eut
lieu pendant la nuit. Malgré les efforts du sulthan et de ses
soldats, la ruse des Francs eut un plein succès. Bibars, sans se
décourager, fit creuser une galerie souterraine qui ceignit le
fossé de l'ennemi comme un mur ; il y fit pratiquer des ouvertures par lesquelles on pouvait jeter la terre et descendre dans
le fossé même. Bibars présidait aux travaux en personne,
et jetait lui-même la terre et transportait les pierres. J'ai vu
Bibars, dit le cadhi Mohy'eddin, auteur de sa vie ; j'ai vu ce
grand prince, marchant seul, ayant à la main un bouclier,
tantôt dans la galerie souterraine, tantôt dans les ouvertures
pratiquées, tantôt sur le bord de la mer, attaquant les bâtiments des Francs, faisant jouer les machines, montant au-
dessus des parapets, combattant et observant les efforts des
siens pour les récompenser. Pendant ce siége mémorable,
ajoute cet auteur, le sulthan parcourait seul les rangs de son
armée ; personne n'osait le regarder ou le montrer au doigt.

Lorsque les béliers eurent renversé les murs, que les galeries couvertes furent terminées, et qu'on eut ouvert de larges
entrées dans les galeries des assiégés, la terrreur s'empara des
habitants de la ville, qui se rendirent le lundi 8 de redjeb.
Lorsqu'il ne resta plus d'habitants dans Arsouf, le sulthan en
livra le château aux musulmans avec toutes les provisions, les
munitions et l'argent qu'il contenait. Beaucoup de prisonniers
musulmans furent délivrés.

Lorsque le sulthan eut conquis Césarée, il envoya un émir

parcourir la province pour prendre connaissance de ce qu'elle produisait, et en dresser des états. Quand il fut maître d'Arsouf, il fit venir le cadhi de Damas, des hommes probes, et le directeur de la trésorerie, et leur ordonna de mettre les émirs qui avaient pris part à la guerre et concouru à ses conquêtes, en possession des pays que l'auteur a eu le soin de désigner tous. Cette donation de fiefs prouve que le gouvernement des Turcs était essentiellement féodal. L'auteur ajoute qu'on écrivit autant de lettres de possession qu'il y avait de donataires. Bibars revêtit d'une robe d'honneur le cadhi des cadhis, et alla de suite à Damas.

An 664 (1266). Il vint des ambassadeurs de l'empereur des Francs, et des envoyés d'Alphonse d'Arragon et de l'Yémen.

Ibn-Férat parle, sous la date de cette année, de la défaite du prince d'Antioche auprès d'Emesse. Il parle aussi du grand rassemblement de troupes que fit Bibars aux environs d'Emesse, dans l'intention d'écraser les Francs. Les troupes se réunirent, mais elles ne surent qu'au dernier moment de quel côté elles devaient se porter.

Bibars, en allant visiter Hébron et Jérusalem, apprit que les Juifs et les Chrétiens levaient des droits sur les musulmans, pour les laisser jouir de la faveur de descendre dans la grotte où sont les tombeaux d'Abraham et de Sara. Il rendit un ordre qui ôta aux Juifs et aux chrétiens la faculté d'entrer dans ce lieu sacré; et cet ordre, dit l'auteur, subsiste toujours. Dieu en récompensera le sulthan (1).

Les troupes rassemblées à Emesse reçurent enfin l'ordre

_____

(1) L'auteur du *Nouveau Voyage de la Terre-Sainte*, Paris, 1679, dit qu'on ne laisse pas entrer les chrétiens dans la grotte où sont les sépulcres d'Abraham et de Sara.

de se porter sur le territoire de Tripoli; elles pénétrèrent dans l'intérieur du pays, attaquèrent, prirent et pillèrent deux châteaux voisins de celui des Curdes. En revenant de cette expédition, elles rencontrèrent un détachement de Templiers qui allait de Safitsa à ce même château; elles l'attaquèrent, en tuèrent une partie, et firent l'autre prisonnière. La dévastation devint générale dans le pays des Francs, dit l'auteur; car il était ravagé d'un côté par l'armée qui marchait vers Tripoli, depuis cette ville jusqu'aux environs d'Arsouf, et de l'autre par l'armée du sulthan qui était aux environs d'Acre, et par deux autres corps de troupes sous les ordres des émirs Ala'eddin et Fakhr'eddin. Le sulthan ayant résolu d'assiéger le château de Safad ou Sefed, envoya à ces deux émirs l'ordre d'investir cette place. Ibn-Férat, avant de raconter ce siége, fait, à son ordinaire, l'historique de la forteresse. Il nous apprend que les Francs en étant devenus maîtres vers l'an 638, y avaient fait venir les captifs musulmans qui se trouvaient chez eux, pour les faire travailler à la reconstruction de la forteresse. Ces captifs, qui étaient au nombre de mille, formèrent le projet de se jeter sur les Francs, qui n'étaient que deux cents dans cet endroit. Mais comme après cette action il leur fallait un lieu de refuge, ils écrivirent à un lieutenant du prince de Carac, pour le prier d'engager ce prince à attaquer les Francs, et à envoyer quelqu'un prendre possession du château. Le lieutenant, après avoir lu la lettre, l'envoya au prince de Damas; celui-ci la fit remettre aux Templiers. Les Templiers firent conduire les captifs à Acre, où ils furent tous égorgés.

Ibn-Férat parle, ainsi que l'auteur de la vie de Bibars, des différentes ambassades que reçut le sulthan pendant le siége de Sefed, et entr'autres de celle qui lui fut envoyée par le prince de Tyr. Bibars reçut fort mal le député, et lui fit de vifs reproches du peu de foi de son prince, qui avait aidé les

Francs au pillage de Panéas, bien qu'il eût promis d'avoir pour ennemis ceux des Francs qui étaient ennemis de l'islamisme. Il paraît, par le récit de l'auteur, qu'il existait un accord secret entre le sulthan et les Génois, par lequel ces derniers devaient attaquer Acre par mer, tandis que le sulthan l'attaquerait par terre, et que le prince de Tyr s'était engagé à seconder les Génois avec ses forces navales. Aussi, lorsque je me suis présenté devant Acre, ajouta Bibars, personne ne s'est présenté de la part de ton maître; dis-lui que notre alliance est dissoute, et que c'est sur lui qu'en retombe la faute.

Puis l'auteur continue en ces termes :

Cependant Bibars pressait le siége : on convint qu'on engagerait sérieusement l'action. Les *pierriers* s'avancèrent et firent des brèches. On jeta des fioles de naphte dans la porte, qui fut brûlée.

Le 21 de rhamadan les machines de siége arrivèrent. Les chameaux ne pouvant les porter, Bibars avait envoyé les émirs de l'armée et d'autres personnes pour les transporter sur leurs épaules, depuis le pont Yacoub, qui est à une journée de distance de Sefed. Le sulthan y était allé lui-même avec ses principaux officiers, et avait aidé au transport de la charpente, qui se fit avec des bœufs. Le cadhi Mohy'ed-din, auteur de la vie de Bibars, rapporte, selon Ibn-Férat, que le prince de Djezyrch lui avait dit : « J'ai aidé au transport avec le sulthan; étant fatigué, je me suis reposé; ensuite j'ai recommencé à transporter un certain temps, puis je me suis reposé de nouveau à différentes fois; mais le sulthan n'a cessé d'agir, ne prenant pas de repos, transportant les bois ou charpentes des machines. »

Le 2 de schowal il y eut un assaut. Le sulthan était à cheval et combattait vigoureusement. Les musulmans souffrirent beaucoup; un grand nombre trouvèrent le mar-

tyre. On fit plusieurs brèches. Le sulthan donna trois cents
écus d'or à ceux qui les firent et y entrèrent. Quiconque faisait une action remarquable, recevait aussitôt sa récompense.
Des robes d'honneur, des richesses étaient distribuées. Le sulthan partageait tous les dangers de ses troupes, et combattait
comme elles. On fit dresser des tentes, où les blessés étaient
pansés, et où l'on distribuait de la nourriture et de la boisson.

La nuit du 14 il y eut un autre assaut plus fort que le précédent; le sulthan alla visiter les brèches; les musulmans lui
crièrent de ne point s'exposer ainsi au danger. Le combat ne
cessa point : le sulthan était toujours aux postes les plus pé-
rilleux. Les brèches s'agrandirent, les murs furent sapés; la
peur s'empara des Francs ; ils mirent le feu aux parapets qui
étaient sur le *baschouret* (avant-mur ou première enceinte),
pour empêcher l'escalade; mais cela ne leur servit à rien. Le
lendemain les drapeaux musulmans flottaient sur les murs du
baschouret. Les Francs, repoussés jusqu'au château, abandonnèrent cette enceinte. Voyant enfin que tout moyen de défense leur était ôté, ils demandèrent à se rendre.

Le sulthan exigeait les conditions suivantes : qu'ils n'emporteraient point d'armes; qu'ils ne détruiraient pas par le feu
ni d'aucune autre manière les provisions du château, etc.
En même temps employant la ruse, il gagna quelques-uns
des Francs qui étaient dans la place, par la promesse de la
vie et les saufs-conduits qu'il leur fit parvenir, et leur fit promettre de lui ouvrir les portes. Alors les assiégés commencèrent à se diviser, et Bibars, pour irriter leurs querelles,
fit annoncer qu'il n'en voulait qu'aux Templiers, avec défense d'attaquer le reste des chrétiens. En même temps
quinze des assiégés sautèrent par les fenêtres, et furent revêtus
de robes d'honneur. Indignés de tant d'artifice, les assiégés
prirent un parti désespéré, et déclarèrent qu'ils se refusaient à

toute condition. Mais lorsque leurs ressources furent épuisées, ils envoyèrent de nouveaux députés pour demander
les mêmes conditions qui leur avaient d'abord été offertes. Le
même jour les portes de la place s'ouvrirent, et l'étendard
musulman fut déployé sur les murailles. Le sulthan se plaça à
la porte, et vit passer les chrétiens un à un devant lui ; ils emportaient avec eux leurs armes et leurs objets précieux cachés
dans leurs chemises ; en outre, ils avaient placé parmi eux des
prisonniers et des enfants musulmans qu'ils faisaient passer
pour des chrétiens. Instruit de tout cela, le sulthan se crut
dispensé d'exécuter la convention, qui d'ailleurs n'était pas
revêtue des formalités d'usage, puisqu'on avait oublié de la
lui faire jurer. Il fit conduire tous les prisonniers sur une
colline, non loin des murs de la place, où ils eurent tous
la tête tranchée : deux chrétiens seulement échappèrent au
massacre ; l'un d'eux était un Hospitalier, que les assiégés
avaient envoyé à Bibars pour négocier la capitulation. A son
arrivée à Acre, il fut réclamé avec instance par les Templiers,
qui voulaient le punir de n'avoir pas fait jurer la convention
au sulthan, comme si cette circonstance avait été la cause de
la mort des défenseurs de Sefed.

Après la prise de cette forteresse, le sulthan s'empara des
châteaux d'Hounin et de Tabnin, et les fit raser. Il ne resta,
dit l'historien, de traces de la domination des Francs, que
dans le plat pays. La ville de Ramlah fut aussi prise par Bibars
dans cette même année. En lisant l'historique que l'auteur a
fait de cette ville, on voit que le nom de Ramlah, qui signifie
monceau de sable, lui vint de ce que dans l'endroit où elle fut
construite il y avait un grand amas de sable. Les Hospitaliers
demandèrent au sulthan la continuation de la paix, ce qui
leur fut accordé aux conditions que rapporte l'auteur de la vie
de Bibars.

Après avoir raconté quelques autres événements peu importants, Ibn-Férat passe à l'année 665 (1266), où se fit l'expédition contre Sys. Le manuscrit d'Ibn-Férat est ici tellement
mal écrit, qu'on n'a pu en faire une traduction exacte. Ce
qu'on y apprend, c'est que le roi d'Arménie fut pris ; que son
frère et son oncle furent tués; qu'un autre oncle prit la fuite.
Plusieurs châteaux appartenant aux Templiers furent pris,
entre autres celui d'Amoud, où un grand nombre de chevaliers
de cet ordre trouvèrent la mort. On ne peut calculer le butin et les
richesses que les musulmans rapportèrent de cette expédition.

Bibars étant parti d'Egypte pour la Syrie, reçut à Damas des
ambassadeurs francs qui lui offrirent des présents et lui remirent des captifs musulmans. De Gaza le sulthan alla à Sefed, où il apprit que les Tartares se portaient sur Rahabah. A
cette nouvelle il ordonna de fortifier Sefed, et il alla en diligence à Damas. Mais peu après on lui apprit que les Tartares, entrés à Rahabah, avaient été défaits par les habitants
du pays. Il revint alors à Sefed, qu'il s'occupa de réparer.
Tous les habitants se mirent à l'ouvrage, et Bibars lui-même
les encourageait par son exemple. De nouveaux ambassadeurs francs étant venus le trouver, furent témoins de ces
travaux ; ce qui, dit l'auteur, glaça leurs cœurs. Il fut convenu entre eux et le sulthan que Saide (Sidon) serait possédée également par les chrétiens et les musulmans, et que
Schakif serait détruit.

Les Francs, dit Ibn-Férat, se croyaient tranquilles d'a-
près l'ambassade qu'ils avaient envoyée à Bibars ; tout-à-coup
les musulmans arrivèrent à eux sans qu'ils eussent la moindre
nouvelle de leur marche. Le sulthan arrivé à Acre, s'arrêta à la
porte de cette ville, et commença à tuer les Francs : on lui
apportait des têtes de tous les côtés. Après s'être reposé quelque temps, il retourna à Sefed, où il trouva des ambassadeurs

de Sys, et où les ambassadeurs francs étaient encore ; ils
virent tous les têtes des ennemis tués. Bibars fit venir en sa
présence quelques-uns des captifs qu'il venait de prendre, et
les fit tuer dans Sefed même. Il dit ensuite aux ambassadeurs
francs : « Ceci est en représaille de ce que vous avez fait dans
la province de Schakif. » Ainsi l'affaire de la paix ne put s'arranger, et les ambassadeurs retournèrent sans réponse.

Le 21 de schaban Bibars se remit en route pour Acre, et il
était déjà aux portes de la ville qu'on ignorait encore sa marche. Il resta quatre jours de suite à cheval, dirigeant et ins-
pectant les attaques qu'il faisait faire. Tous les arbres des environs furent, d'après ses ordres, coupés, détruits et brûlés.
Il envoya incendier un moulin qui appartenait aux Hospitaliers. Après cette expédition il retourna à son camp de Sefed,
où des ambassadeurs de Sys et de Béryte vinrent peu après
lui rendre des captifs musulmans.

Au mois de ramadhan des envoyés de Tyr vinrent demander la continuation de la trève. Bibars y consentit, à condition qu'ils paieraient quinze mille écus d'or, pour le prix du
sang d'un esclave du sulthan qui avait été tué par les Francs
de Tyr. Les ambassadeurs en payèrent comptant sept mille
cinq cents, et demandèrent des délais pour le paiement du reste.
Ils remirent un certain nombre de prisonniers musulmans.
Le sulthan leur dit alors : « Quant aux forteresses de Tabnin
et d'Hounin avec leurs territoires, je les ai prises par mon
épée ; elles appartiennent donc à l'islamisme. » Les musulmans
consentirent à la paix à ces conditions, et on signa une trève
pour dix ans en faveur de Tyr et de son territoire qui comprenait quatre-vingt-dix-neuf villages.

Cette même année Bibars conclut avec les Hospitaliers une
trève pour dix ans et onze mois. Le tribut que payaient Hamah, le pays des Ismaéliens, Schayzar et Apamée, fut aboli.

Bibars envoya l'émir Fakhr'eddin et le cadhi Schams'eddin pour recevoir le serment du chef des Hospitaliers.

Ibn-Férat parle en termes assez peu clairs de la paix qui fut faite avec Béryte, et des causes qui l'avaient troublée auparavant.

Pendant ce temps Bibars poursuivait avec une activité sans pareille les réparations de Séfed; on le voyait encourager les travailleurs par sa présence, et porter comme le dernier de ses sujets les matériaux nécessaires.

Ayant appris que les Tartares s'avançaient sur le territoire d'Alep, il alla en Egypte y chercher des troupes, et écrivit au gouverneur de Syrie de faire marcher les siennes jusqu'à l'endroit où elles rencontreraient un courrier qui viendrait au-devant d'elles : il ne dit point où se ferait cette rencontre. Lorsque le sulthan partit, le courrier se mit en route; mais le vice-roi de Damas avait été chargé de remettre un ordre au courrier lorsqu'il serait arrivé dans cette ville. Le vice-roi, après avoir remis cet ordre, fit venir les émirs, et leur commanda de suivre le courrier; celui-ci alla avec eux jusqu'à Panéas. Là, un nouveau courrier leur remit un autre ordre pour marcher sans délai sur Schakif. Ils arrivèrent dans cet endroit au moment où l'on s'y attendait le moins. Un détachement de Francs venait d'en partir pour Acre et Sidon. Une partie de l'armée alla du côté de cette dernière ville, et tua ou fit prisonniers un bon nombre de Francs. Quant au sulthan, il parut devant Acre au milieu de djoumadi second.

Ibn-Férat raconte ensuite comment Bibars se rendit maître de Jaffa et de Schakif, et son récit s'accorde avec celui de l'auteur de la vie de ce prince; seulement il ajoute que lorsque les assiégés de Schakif eurent obtenu sûreté pour eux et pour leurs femmes et leurs enfants, et qu'ils se furent rendus près des fossés de la place, ils furent tous chargés de chaînes; les femmes et les enfants furent envoyés à Tyr, et les hommes furent distribués aux soldats. Le sulthan donna des robes d'honneur à tous les princes qui étaient à son service, et fit raser le nouveau château que les Francs avaient construit auprès de l'ancien.

Arrivé à l'expédition que Bibars fit peu après contre Tripoli, Ibn-Férat entre dans un long détail sur l'histoire de cette ville; il y dit qu'après la conquête d'Antioche par les Francs, en 1098, le comte de St.-Gilles arriva devant cette ville, l'assiégea, la serra de près, et fit construire un château qui fut nommé le *Château des Pélerins*, et d'où le comte incommodait et attaquait la place. Fakhr-Elmulk, qui en était prince, implora le secours des autres princes musulmans, à qui il envoya de beaux présents; mais aucun ne lui prêta assistance. Fakhr-Elmulk essaya d'acheter l'éloignement de St-Gilles; mais celui-ci s'y refusa. Se voyant alors sans espoir, le prince musulman quitta Tripoli, et en laissa le gouvernement à son neveu Aboulmanacab. Celui-ci, un jour de grande audience, se mit à parler d'une manière inconvenante en présence des principaux et des grands de Tripoli : un des émirs le reprit avec douceur. Aboulmanacab tira son épée et tua l'émir. A cette vue tous les assistants prirent la fuite; Aboulmanacab se leva, monta sur les murs de la ville, courant et frappant des mains comme un fou. Le peuple se souleva, l'arrêta et l'emprisonna. Il proclama ensuite l'émir Alafdhal, qui partageait en Egypte l'autorité du khalife Fathimite. La ville se défendait toujours. Le comte de St.-Gilles mourut; son neveu Jourdain continua le siège. Les habitants ne recevant de secours de personne, se rendirent enfin (1). Les Francs prirent possession de Tripoli, et la gardèrent jusqu'au temps où nous parlons.

(1) Ibn-Férat rapporte que les habitants de Tripoli avaient en-

50..

L'historien Novairi dit qu'il y avait dans cette ville un collége de docteurs, fondé par le cadhi Amineddaulah-Aboutaleb-
Hassan, fils d'Omar, lequel cadhi eut long-temps la principauté
de cette ville, et forma dans le collége une bibliothèque de cent
mille volumes. Les Francs durent trouver cette bibliothèque
lorsqu'ils entrèrent dans Tripoli.

Le prince qui y régnait dans cette année 666 (1267), s'appelait Bohémond; il avait fait beaucoup de conquêtes dans le pays;
il avait puissamment secondé les Tartares, quand Bibars prit
possession du trône. Le prince de Tripoli vint près d'Emesse
pour la piller, mais il fut repoussé avec perte. Après la prise
de Schakif, le sulthan se porta avec une partie de ses troupes
du côté de Tripoli; il alla se placer sur les montagnes qui en
étaient voisines, et où personne ne s'était encore arrêté. Le
prince franc avait mis tous les chemins en état de défense.
Quand les troupes musulmanes furent au milieu de ces montagnes, le froid redoubla; les hommes et les chevaux n'avaient
que de la neige autour d'eux, et manquaient de fourrage et de
vivres. Le sulthan plaça sa tente dans un lieu voisin de Tripoli,
et persista dans le dessein de marcher contre cette ville. Il y
eut plusieurs combats de livrés; mais cette expédition se borna
à la prise d'une tour, dont les défenseurs, faits prisonniers,
furent décapités; le pays fut dévasté. Le sulthan partagea le
butin entre ses troupes, et fit marcher son armée sur Antioche.

---

voyé au khalife d'Egypte demander du secours, et qu'ayant vu
arriver quelque temps après un vaisseau de ce pays, ils crurent que
c'était le secours qu'ils avaient demandé : mais c'était un ambassadeur qui leur dit : « Le khalife a appris que vous aviez parmi vous
une jeune fille d'une grande beauté qui lui convient : il la demande.»
Les musulmans entendant un pareil discours, livrèrent la ville aux
Francs.

Dans l'historique qui précède la relation de la prise de cette ville, Ibn-Férat, d'accord avec l'auteur de l'*Histoire d'Alep*, dont nous parlerons plus bas, dit qu'Antioche fut livrée aux Francs en 1098 par l'œuvre d'un Arménien, qu'il ne nomme pas. Celui-ci convint de cette action avec un des princes Francs, nommé Bohémond. Cette relation s'établit entre eux au moyen de ce que l'Arménien défendait la partie de la ville qu'attaquait le prince franc. Il écrivit un petit billet, qu'il lança avec une flèche, et qui contenait ces mots : *Je te livrerai la ville*. L'historien d'Alep dit que l'Arménien se rendit lui-même pendant la nuit auprès de Bohémond. Lorsque ce prince eut ménagé et disposé la ruse qui devait livrer la ville, il alla trouver Godefroy, chef de l'armée franque, et lui dit : « A qui appartiendra la ville, lorsqu'elle sera conquise? » Il y eut à ce sujet des discours. Enfin on arrêta que chacun des princes aurait le commandement du siége pendant dix jours, et que la ville appartiendrait à celui pendant le commandement duquel elle serait prise. Alors la ruse eut un plein succès pour Bohémond. Lorsque son tour de commander fut venu, il fit préparer des échelles, et celui avec qui il avait fait un accord lui livra la ville.

Quand l'armée de Bibars fut arrivée devant Antioche, il sortit de la ville une troupe commandée par le connétable, le même qui avait été défait par les musulmans lorsqu'ils envahirent la petite Arménie. Ce dernier en vint aux mains avec les nôtres, et fut vaincu et fait prisonnier par les soldats de l'illustre émir Schams'eddin. Le connétable fut amené au sulthan, et demanda la permission d'entrer dans la ville, pour y donner des conseils aux habitants. Il offrit son fils pour otage, et resta trois jours dans Antioche : mais il n'obtint rien. Le samedi 4 du grand ramadhan, l'armée se présenta devant la ville, qu'elle attaqua ainsi que la citadelle. Les habitants se défendirent vaillamment; les musulmans montrèrent la même ar-

deur; ils escaladèrent les murs du côté de la montagne, et descendirent dans la ville, pillant, tuant, faisant des prisonniers
et exerçant de grands ravages. Des habitants, au nombre de
huit mille, se réunirent dans la citadelle, et demandèrent à capituler; la capitulation leur fut accordée; mais ils furent mis en
lieu de sûreté et liés avec des cordes. Une multitude innombrable
d'hommes et de femmes furent tués ou faits prisonniers, car il y
avait dans cette ville plus de cent mille habitants. Plusieurs habitants d'Alep, qui y étaient détenus captifs, se trouvèrent délivrés. Des lettres furent envoyées pour annoncer cette victoire.
Parmi ces lettres il y en eut une d'écrite au prince d'Antioche,
pleine de raillerie, et dont la lecture mit le prince en fureur.

La voici telle qu'Ibn-Férat la donne : « Le comte glorieux,
» magnifique, élevé en honneur, magnanime, le lion coura-
» geux Bohémond, la gloire de la nation du Messie, le chef
» de la secte chrétienne, le premier du peuple de Jésus, à qui
» l'on donne le titre de comte au lieu de celui de prince, depuis
» qu'on lui a enlevé Antioche; ce comte (que Dieu lui inspire
» la voie qui conduit à lui, et lui accorde une bonne fin!)con-
» naît les résultats de notre expédition contre Tripoli, de nos
» combats dans le cœur de la ville. Il sait ce qu'il a vu après
» notre départ : par exemple, la dévastation des provinces et
» des lieux cultivés, la ruine des habitations; comment les
» églises ont été balayées de la surface de la terre; comment
» les roues ont tourné sur l'emplacement des maisons; com-
» ment se sont élevés sur le rivage de la mer ces amas de ca-
» davres qui ressemblaient à des péninsules; comment ont
» été tués les hommes, comment les enfants ont été réduits en
» servitude, et les gens libres sont tombés en notre pouvoir;
» comment les arbres ont été coupés, en sorte qu'il n'en est
» resté que le bois qui sera nécessaire pour les balistes et les
» parapets, lorsque nous nous représenterons , s'il plaît à

» Dieu, pour assiéger cette ville; comment ont été mises au
» pillage, ont été enlevées tes richesses et celles de tes sujets,
» les femmes, les enfants et les troupeaux; comment le céli-
» bataire a trouvé une épouse, le pauvre est devenu riche,
» le serviteur s'est fait servir, et le piéton a eu une monture.
» Toi, cependant, tu voyais cela de l'œil d'un homme que la
» mort a frappé de pamoison, et lorsque tu entendais une
» voix, tu t'écriais : « Qu'elle est terrible! » Tu sais comment
» nous nous sommes éloignés de toi, à la manière de gens
» qui reviendront : nous avons accordé un délai, mais ce dé-
» lai est compté et déterminé; comment nous avons quitté ton
» pays, n'y laissant pas un seul troupeau qui ne marchât de-
» vant nous, une seule jeune fille qui ne fût en notre posses-
» sion, aucune colonne qui ne fût tombée sous les pioches,
» aucun champ qui ne fût moissonné, aucune chose existante
» dont tu ne sois privé. Elles ne nous ont point présenté d'obs-
» tacle ces cavernes que couronnent tes montagnes élevées, ni
» ces vallées qui effraient l'imagination. Tu sais comment nous
» l'avons précédé à Antioche, lorsqu'aucune nouvelle de notre
» approche n'y était encore parvenue; comment nous y
» sommes arrivés, tandis que tu pensais que nous n'étions
» pas loin de toi. Mais si nous nous sommes éloignés, certes
» nous reviendrons sur-le-champ, et nous t'apprendrons une
» chose terminée, nous t'instruirons d'un malheur général.

» Nous sommes partis de Tripoli le mercredi 24 de schaban,
» et nous sommes arrivés à Antioche au commencement de
» ramadhan. A notre arrivée, les troupes de la ville sont sorties
» pour combattre, elles ont été mises en déroute; elles ont es-
» sayé de se défendre et de vaincre, mais elles n'ont point rem-
» porté la victoire. Le connétable a été pris; il a demandé à
» retourner vers les tiens. Il est donc entré dans la ville, puis
» il en est ressorti avec une troupe de tes religieux et de grands

» d'entre les grands. Ils ont eu des conférences avec nous.
» Nous avons vu qu'ils avaient un mauvais but, parce qu'ils
» suivaient des conseils pernicieux pour les hommes, et que,
» s'ils différaient d'opinion touchant le bien, ils tenaient un
» même langage par rapport au mal. Nous nous sommes donc
» persuadé que la durée de leur vie était écoulée, et que Dieu
» avait décrété leur mort. Nous les avons renvoyés, et nous leur
» avons dit : « Dans un instant nous vous attaquerons. C'est le
» premier et le dernier avertissement que nous ayons à vous
» donner. » Ils s'en sont retournés, imitant tes actions, ta
» conduite, et croyant que tu viendrais à leur secours avec ton
» infanterie et ta cavalerie. Dans une heure l'affaire des évê-
» ques a été consommée, la terreur est rentrée dans l'âme des
» moines, le malheur a environné le châtelain, la mort est ve-
» nue aux assiégés de tous côtés. Nous avons conquis la ville par
» l'épée, à la quatrième heure du jour de samedi 4 de ramadhan.
» Nous avons tué tous ceux que tu avais choisis pour la garder et
» en défendre l'approche. Il n'y avait aucun d'eux qui n'eût avec
» lui quelque chose de ce monde. Il n'y a personne d'entre
» nous qui n'ait quelque chose de ces objets-là, ou qui n'ait
» quelqu'un de ces gens-là avec lui. Si tu avais vu tes chevaliers
» foulés aux pieds des chevaux, tes provinces livrées à la vio-
» lence du pillage, devenues la proie de chacun, tes richesses
» qui étaient partagées par canthar (quintal), tes femmes
» dont quatre se vendaient ou s'achetaient pour un écu
» d'or; si tu avais vu les églises et leurs croix détruites,
» les feuilles des évangiles lacérées, dispersées, les sépulcres
» des patriarches foulés aux pieds; si tu avais vu ton ennemi
» le musulman marchant sur le tabernacle et l'autel, immolant
» à cette place le religieux, le diacre, le prêtre, le patriar-
» che; si tu avais vu tes palais livrés aux flammes, les morts
» dévorés par le feu de ce monde, les châteaux et leurs dé-

» pendances anéantis, l'église de Saint-Paul détruite, certes tu
» te serais écrié : « *Plût à Dieu que je fusse devenu pous-*
» *sière !* plût à Dieu que je n'eusse point reçu cette lettre qui
» m'apprenait ces funestes nouvelles ! » Ton âme se serait
» échappée de ton corps, tu aurais éteint ces feux avec l'eau
» de tes yeux. Si tu avais vu des habitations qui ne laissaient
» rien à desirer, dénuées des objets les plus nécessaires ; si tu
» avais vu tes vaisseaux pris dans le port de Sovayda par tes
» propres vaisseaux, tes propres bâtiments séparés de tes bâ-
» timents, certes tu aurais connu avec certitude que le Dieu
» qui t'avait donné Antioche, te la retirait ; que le maître qui
» t'avait fait don de son château, te l'ôtait, et l'effaçait de la
» surface de la terre ; tu aurais su que nous reprenions pour la
» gloire de Dieu les châteaux que tu avais enlevés à l'isla-
» misme. Nous avons forcé les tiens à abandonner ces forte-
» resses ; nous les avons pris par troupes, et nous les avons
» dispersés auprès et au loin.

» Cette lettre te félicite du salut que Dieu t'a accordé et de
» la prolongation de ta vie ; car si tu avais été à Antioche,
» tu aurais été tué ou fait prisonnier, blessé ou fracturé. Peut-
» être Dieu t'a-t-il accordé ce répit pour que tu répares ton
» manque d'obéissance et de soumission. Comme personne ne
» s'est sauvé qui puisse t'apprendre ce qui s'est passé, nous
» te l'apprenons. Comme personne n'aurait pu te féliciter de
» ce que tu as la vie sauve, et t'instruire de la mort de tout
» le reste, nous t'avons adressé ce discours. Nous t'avons
» transmis cette nouvelle pour que tu aies la connaissance po-
» sitive de ce qui s'est passé. Après cette lettre, tu ne pour-
» ras pas nous accuser de donner des nouvelles mensongères ;
» tu n'as pas besoin d'interroger un autre pour apprendre la
» vérité. »

Le prince d'Antioche n'apprit en effet la prise de sa ville que
par cette lettre.

Lorsque le pillage d'Anthioche fut achevé, Bibars s'occupa
de faire le partage du butin. Ibn-Férat dit qu'il fut deux jours à
le faire. On se partagea les femmes, les filles et les enfants. Un
petit garçon se vendait douze pièces d'argent, une petite fille
cinq. Bibars fit incendier le château d'Antioche, et l'incendie se
communiqua à la ville. Les châteaux qui étaient sur le territoire
de la principauté tombèrent bientôt dans les mains du sulthan.

Ibn-Férat rapporte ici le trait suivant, que nous avons mal
à propos placé dans notre histoire avant la prise d'Antioche.
C'est Mohy'eddin, auteur d'une vie de Bibars, qui le raconte lui-même : « Le sulthan m'envoya, dit-il, en députation
» avec l'émir Faress'eddin Atabek, à Tripoli, pour dresser
» l'acte du traité. Le sulthan entra avec nous dans la ville,
» se donnant pour notre écuyer; mais son intention était de
» reconnaître l'état de la ville, ses différentes positions et les
» endroits accessibles pour une attaque. Cependant le prince
» nous accorda une audience pour traiter de l'affaire qui
» nous amenait. L'arrangement se fit, tandis que le sul-
» than se tenait debout, tourné du côté de l'Atabek, comme
» s'il était l'un des plénipotentiaires. Le traité fut donc
» dressé au nom du sulthan et du *comte*, sans qu'il y fût
» fait mention du titre de prince. Le prince de Tripoli s'en
» étant aperçu, dit avec humeur : Qui est ce comte ? — C'est
» vous, lui dis-je. — Moi, dit Bohémond, je suis prince. —
» Le prince, repris-je, c'est le sulthan, puisqu'il a sous ses lois
» Jérusalem, Antioche et Alexandrette, ce qui lui confère le
» titre de prince. Le prince se tourna alors vers les troupes
» qui étaient là. Ce moment nous remplit de frayeur. Le sulthan
» fit signe du pied à l'atabek, qui me dit : « Vous avez raison,
» mais le sulthan, notre maître, a concédé le titre de prince au
» comte, parce qu'il lui laisse ses états. » « Il est vrai, repris-
» je, qu'il n'y a aucun inconvénient à contenter le prince. En
» conséquence, on remplaça le mot *comte* par celui de prince. »

Dans cette même année, Bibars fit la paix avec le pays de Cosseyr dont une moitié lui fut cédée; il la fit aussi avec le prince de Sys, à qui il rendit son fils qu'il gardait prisonnier.

Ibn-Férat rapporte aussi la prise du château de Bagras et la conquête de Djibleh, que l'auteur de la Vie de Bibars a également racontées.

Hugues II, roi de Chypre, meurt encore enfant. Hugues III, son cousin, fils de Henri (de Poitiers), lui succède et se fait reconnaître prince d'Acre. Aussitôt il envoie des députés avec des présents au sulthan pour demander la paix. On fut d'accord sur presque tous les points, si ce n'est que Hugues prétendait ne stipuler que pour la principauté d'Acre, et qu'il voulait se réserver la faculté de rompre le traité, dans le cas où un prince franc de l'Occident viendrait avec une armée en Palestine. Les députés du sulthan revinrent sans avoir rien fait. A chaque observation qu'ils faisaient au prince, il répondait qu'il avait peur du roi Charles, frère du roi de France, et qu'il ne voulait pas s'exposer à son courroux.

En 667 (1268). Bibars se trouvant en Égypte y reçut diverses ambassades; l'une de Charles, roi de Sicile et frère de St. Louis, roi de France. Charles recommandait au sulthan les Francs de la partie maritime de la Syrie, et le priait de détourner l'épée de dessus leur tête; il demandait en outre qu'il lui accordât les mêmes articles de paix que ceux accordés à l'empereur Frédéric par les sulthans d'Égypte; Bibars le lui promit, tout en représentant que les chrétiens de la Palestine se ruinaient par leurs propres mains, et que le plus petit d'entre eux défaisait ce qu'avait fait le plus grand. Il fit accompagner l'ambassadeur à son retour par le chambellan Bedreddin. L'ambassadeur du pape, qui accompagnait celui de Charles, avait caché le caractère dont il était revêtu afin d'entendre ce qui serait dit; le sulthan, qui le sut, lui demanda pourquoi

il déguisait son titre; l'ambassadeur avoua qui il était et parla
d'affaires. L'autre ambassade fut celle de Conradin, petit-fils
de Frédéric; il demandait à Bibars son appui contre Charles.
Il parlait du droit qu'il tenait de ses ancêtres et que la force
lui avait arraché. Bibars répondit par une lettre, dans laquelle
il cherchait à consoler Conradin par des paroles agréables;
il lui recommandait d'en bien agir avec les anciens officiers
de son oncle et de son aïeul.

Dans l'année 668 (1269), Bibars remporta une victoire sur
les Tartares, et s'empara de Césarée dans l'Asie Mineure;
pendant ce temps les Francs de la côte maritime ayant reçu
des secours du roi d'Aragon, avaient repris courage; les Tartares, auxquels ils s'étaient unis, vinrent près d'Alep et enlevèrent les troupeaux des Arabes. Bibars, informé de ces événements, envoya des troupes en Syrie; pour lui, il alla à
Gaza et de là à Damas, où il apprit que les Tartares, instruits
de son approche, avaient pris la fuite.

Dans cette même année, des ambassadeurs du roi d'Aragon
allèrent trouver Abagha, khân des Tartares, et lui annoncèrent que des vaisseaux allaient amener leur maître avec les
troupes qu'il avait promises; mais un vent violent dispersa
cette flotte. Il paraît que ce fut par l'Arménie que les ambassadeurs communiquèrent avec le prince tartare. Bibars alla
dévaster les environs du château des Curdes, et s'empara
du château même. Il apprit alors que le Français, c'est-à-
dire Louis IX et d'autres princes francs, s'étaient embarqués
pour l'Égypte; comme il ne savait pas de quel côté ils se
dirigeraient, il fit jeter des ponts de bateaux depuis le vieux
Caire jusqu'à l'île de Roudah, et depuis cette île jusqu'à Djizeh,
pour le passage de ses troupes.

Il fit ensuite une irruption contre Marcab; mais il trouva
tant de boue aux approches de cette forteresse qu'il revint à

Emesse, puis il alla au château des Curdes, où il resta quelques
jours sans combattre. Apprenant alors que des vaisseaux francs
étaient entrés dans le port d'Alexandrie et s'étaient emparés de
deux vaisseaux musulmans, il partit sur-le-champ pour l'E-
gypte. Il y reçut plusieurs ambassadeurs des rois francs, auxquels il fit des présents, et qu'il fit accompagner lorsqu'ils
s'en retournèrent.

Au mois de moharam de l'année 669 (1270), on apprit par
plusieurs voies que le roi de France était débarqué sur la terre
de Tunis. Bibars reçut une lettre du vice-roi d'Alexandrie qui
lui apprenait qu'un grand combat avait eu lieu entre les Tunis-
siens et les Francs; que ceux-ci avaient remporté la victoire et
s'étaient approchés de Tunis; que la cavalerie des Francs était
de 5000 hommes, et qu'ils attendaient l'arrivée du roi de Sicile.
Le sulthan écrivit au roi de Tunis pour lui annoncer des
secours; il écrivit aussi aux Arabes de la province de Bar-
kah pour qu'ils fissent partir des troupes et creusassent des
puits sur leur route. Lui-même songea à envoyer une armée
en Afrique; mais bientôt après il sut que le roi de France
et son fils étaient morts, et qu'un grand nombre de musulmans avaient été tués. Cependant des armées marchaient au
secours de Tunis. Les Francs, abattus par la mort de leur
roi, firent la paix avec celui de Tunis, sous la condition qu'il
conserverait ce qu'ils avaient voulu lui enlever, et qu'il les
aiderait à s'en retourner. Ils partirent de Tunis le 5 de safar.

Bibars, qui avait pensé que les Francs avaient peut-être
l'intention de se diriger vers la ville d'Ascalon pour la réparer et
la fortifier, comme ils avaient fait précédemment pour Césarée,
s'y rendit et détruisit le château et tout ce qui restait des murs
de cette place; il en fit jeter les pierres dans le port. Quand il
sut que Dieu avait tué, avec les épées des destins, le roi de
France et ceux qui l'accompagnaient, et qu'il les avait fait passer

de l'avilissement de ce monde à la demeure de la mort, il alla
en Syrie, vint à Tripoli, où il tua ou fit prisonniers beaucoup
d'ennemis, et se porta sur le château de Safitsa qu'il reçut par
capitulation. Il prit aussi possession de tours et châteaux voisins de celui des Curdes. Ibn-Férat, après avoir fait l'historique
de cette forteresse (1), donne quelques détails sur le siége que
Bibars en fit, puis il ajoute que le sulthan écrivit une lettre sup-
posée au nom du commandant des Francs de Tripoli, pour ordonner à ceux qui étaient dans ce château de le livrer; ce
moyen lui réussit. Les assiégés demandèrent à capituler, et le
sulthan leur accorda la liberté de se retirer chez eux. Il reçut
encore à composition les châteaux d'Akkar et de Korayn, et fit
la paix avec les princes de Tyr et de Tripoli, et les Francs
qui occupaient Tortose et Marcab.

Bibars avait écrit cette année en Egypte pour ordonner
l'envoi d'une flotte contre Chypre, afin d'inquiéter le roi de cette
île et de l'obliger à quitter Acre. Quelqu'un conseilla de faire
prendre aux vaisseaux les couleurs des vaisseaux francs, et de
mettre des croix sur les pavillons, afin que lorsqu'ils arriveraient parmi les navires chrétiens, ceux-ci les prissent pour des
navires amis. Cet avis fut suivi, mais plût à Dieu qu'il ne l'eût
point été, dit l'historien, car nous n'aurions point été avilis,
et Dieu ne nous aurait pas fait éprouver sa colère; les vaisseaux partirent donc et ceux qui les montaient brûlaient du désir de combattre. Il était nuit lorsqu'on arriva à Limisso. Un
vaisseau, en approchant, se brisa sur les rochers; les autres le
suivirent et se brisèrent de même. Les Cypriots, instruits de
cet événement, envoyèrent des barques et les prirent tous.

---

(1) Il nous apprend que dans l'origine cette forteresse était appelée *château de Safh*, et qu'en 422 de l'hégire Nasr ben Merdasch,
prince d'Emesse, y établit un corps de Curdes, d'où elle fut appelée
château des Curdes.

Le sulthan reçut une lettre du roi de Chypre qui lui annonçait que le vent avait brisé les vaisseaux qui étaient partis d'Egypte pour attaquer cette île. A cette nouvelle Bibars en fit équiper vingt nouveaux et en fit amener cinq qui étaient à Kous; il répondit au roi de Chypre, et ce fut Mohy'eddin, auteur de la vie de Bibars, qui écrivit cette réponse.

Au 670 (1271-2). Le 3 de djoumadi premier, le sulthan partit de Damas à la tête de ses armées d'Egypte et de Syrie, dans l'intention de piller Acre; mais les pluies continuelles qui tombèrent, l'obligèrent à renoncer à son projet. Il retourna en Egypte, où il reçut une ambassade du roi de Tunis et une du roi de Sicile. Il reçut celle du roi de Sicile dans l'arsenal, au milieu des pièces de bois, des ouvriers et des émirs, qui tous travaillaient avec activité. Ce spectacle en imposa aux ambassadeurs. L'objet de l'ambassade était d'intercéder en faveur des habitants d'Acre.

Les Marseillais ou Marsylych s'emparèrent d'un vaisseau où se trouvaient les ambassadeurs de Mankou-Timour (khan des Tartares du Capdjak), et l'interprète que le sulthan avait envoyé à ce prince. Ils amenèrent leurs prisonniers à Acre (1). A cette nouvelle, le sulthan craignit que les chrétiens ne les livrassent à Abagha, khan des Tartares de la Perse, dans le

(1) Les Marseillais possédaient dans cette ville, et dans les autres cités du royaume de Jérusalem, une rue, un four, une église, et y jouissaient de grands priviléges. (Voyez l'*Histoire de Provence*, par Papon, t. II; *Preuves*, p. XIV, XVII et XXV.) On les leur accordait, est-il dit dans l'acte, « pro juvamine et consilio, quæ » præstiterunt in personis et rebus per mare et per terram, ad ac- » quirendam terram regni Jerusalem et Tripoli, etc. » (Cette note et le passage qui y a donné lieu, sont de M. l'abbé Rainaud, qui a revu avec nous l'extrait d'Ibn-Férat.)

but de gagner sa bienveillance (1). Il se hâta de demander les ambassadeurs. Les Francs d'Acre s'excusèrent sur ce que les navires qui les avaient pris n'étaient pas de leurs domaines, et que d'ailleurs ils n'avaient pas été pris sur un territoire ami. En effet, les Marseillais étaient soumis à la puissance du roi Charles (2). Le sulthan s'adressa donc aux Marseillais, qui de peur d'éprouver les effets de sa colère, lui remirent les ambassadeurs avec tout ce qui leur avait été enlevé. Les envoyés de Mankou-Timour se rendirent à Damas, où ils remirent au sulthan les lettres de leur maître, qui étaient écrites en persan et en arabe. On y remarquait ces paroles : « Nous sommes les » ennemis de vos ennemis, et nous vivrons en bonne intel- » ligence avec le sulthan, comme l'a fait notre père. »

Bibars, instruit d'un mouvement que les Tartares avaient fait, partit pour la Syrie, où il conclut la paix avec les Francs.

Ibn-Férat, sous la date de cette année, dit que le sulthan, en faisant sa paix avec les Francs, n'y avait point compris Edouard, prince d'Angleterre, et qu'il avait ordonné au gouverneur de Ramlah d'user de ruse à son égard. Ce gouverneur envoya auprès d'Edouard des *fédavis*, qui se mirent à son service et à celui de son épouse, et y restèrent long-temps. Un jour

---

(1) Abagha avait tenté plusieurs entreprises sur les provinces du sulthan d'Égypte. Il n'avait pas dédaigné, pour la réussite de ses projets, d'invoquer l'appui de Saint Louis, de Charles d'Anjou et du roi d'Aragon. De son côté Bibars ne négligeait rien pour associer à sa cause Mankou-Timour, maître des pays qui s'étendent au nord du Pont-Euxin et de la Mer Caspienne. Il existait déjà un traité d'alliance entre lui et Barkat-Khan, prédécesseur de Mankou Timour. Bibars obtint de le renouveler, et y mit pour condition que dans le cas où Abagha ferait quelque invasion en Syrie, Mankou-Timour attaquerait ses frontières du côté des défilés qui bordent la côte occidentale de la Mer Caspienne.

(2) Ils s'étaient mis sous sa protection en 1252.

vn de ces fédayis en tre chez le prince, sous prétexte de lui donner des nouvelles du sulthan : Edouard était seul avec son interprète; le fédavi se jeta sur lui et le frappa de cinq coups, mais le fédavi fut tué.

An 673 (1274). Le sulthan avait envoyé à Tyr l'émir Fakhr'eddin, pour y traiter du rachat des prisonniers faits au port Limisso ; mais les Francs mirent un prix excessif au rachat des capitaines. Quant aux soldats, ils proposèrent de les échanger contre des captifs francs. Le sulthan consentit à cette dernière proposition, mais l'affaire des capitaines resta en suspens. Ils étaient au nombre de six; ils furent enfermés dans le château d'Acre. Bibars ordonna à l'émir Seiff'eddin, un de ses lieutenants, à Sefed, d'user de ruse pour les tirer de là. L'émir, à force d'argent, gagna ceux qui avaient la garde des captifs, et fit conduire au Caire sur une barque les capitaines ainsi délivrés. Cette évasion, dit Ibn-Férat, causa beaucoup de trouble à Acre.

Peu de temps après, le sulthan apprit que le roi de Chypre et d'Acre, informé de la mort du mari de la princesse de Béryte, *avait formé des desirs sur elle*, et l'avait emmenée à Chypre. Béryte se trouvait ainsi sans chef. Le sulthan écrivit à ce sujet à Acre, et dit : « Il existe une trève entre moi et cette princesse. Son mari, lorsqu'il voyage, la met sous ma protection, et quand elle voyage, elle met sa principauté sous ma garde. Cette fois-ci elle ne m'a point envoyé d'ambassadeur; il faut donc que mon envoyé aille la trouver et la voye, sinon j'entrerai dans le pays. Cette lettre mit le trouble dans Acre. Le roi apprit que les Templiers agissaient contre lui. Il entra en pourparlers avec l'émir Seiff'eddin, et prétendit que Béryte était comprise dans la trève conclue avec lui; mais le sulthan refusa de rien écouter, et dit qu'il fallait absolument rendre la princesse. Il écrivit au légat du pape à Acre; on satisfit à toutes ses demandes, et Seiff'eddin s'en retourna à Damas pour ap-

II

paiser cette affaire. Le sulthan venait aussi de s'y rendre après
son expédition contre Cosseyr, dont il s'était rendu maître.

An 676 (1275). Ce fut cette année que mourut le sulthan
Bibars. Nous allons présenter sur cet homme célèbre quelques
détails recueillis par Ibn-Férat.

Malek-Dhaher-Rokn'eddin-Bibars était d'une haute stature,
courageux, intrépide, doué de génie. Il fut vendu à Damas huit
cents dirhems. L'émir qui l'acheta, le revendit à cause d'une
tache blanche qu'il avait dans l'œil. Par la suite, lorsque Bibars
fut devenu sulthan, cet émir n'osait paraître devant lui. Un
jour cependant qu'il se trouva en sa présence, Bibars lui dit :
une taie, une taie ; l'émir changea de couleur, baisa la terre
et s'écria : *ô maître, pardon ! — Sois sans crainte, sois sans
crainte,* répondit le sulthan. Bibars avait la peau brune, les
yeux bleus, la voix forte. Il fut amené à Hamah avec un autre
mamelouk par un marchand ; Malek Mansour fit venir ces
deux esclaves ; mais ni l'un ni l'autre ne lui plurent. L'émir
Aidekyn acheta Bibars, et le garda à son service. Malek Salch
le prit ensuite. Bibars resta attaché à ce prince ayoubite jusqu'à
ce que la fortune le portât au trône. Sa force extraordinaire le fit
craindre de tous les mamelouks. Il était valeureux, intrépide,
et montait légèrement à cheval. Il fit de très belles conquêtes,
dont Ibn-Férat donne l'énumération. Il enleva aux chrétiens
Césarée, Arsouf, Sefed, Tibériade, Jaffa, Schakif, Bagras,
les châteaux des Curdes, d'Akkar, de Safyte, de Markab,
Panéas, Tortose, et autres lieux qui étaient dans leurs mains.

Ce prince étendit son autorité depuis le Caire jusqu'à l'Yémen, l'Irak, l'Asie Mineure et la Nubie ; il fit des legs considérables pour la justice, la prière et l'aumône ; il fonda le
collége qui est dans l'intérieur du Caire, fit construire des
ponts et creuser des canaux en Egypte.

Ibn-Férat fait observer que la première conquête qu'il fit fut

Césarée, et la dernière une autre Césarée; que le premier fondateur d'Antioche s'appelait en arabe Malek-Dhaher, comme
Bibars qui la détruisit; que le premier fondateur de la dynastie
des Turks Seldjoucides s'appelait Rokn'eddin, comme Bibars
qui jeta les fondements de la puissance des Mamelouks.

Les historiens et les biographes ne sont pas d'accord sur la
cause de la mort de Bibars. Voici ce qu'en dit une chronique :

Bibars ne laissait point de repos à ceux qu'il employait
dans son gouvernement; il levait de grands tributs sur ses
sujets. Son visir fit de grands actes d'administration; il fit
mesurer les terres possédées au Caire et au vieux Caire par
les particuliers, et maltraita tellement les propriétaires, qu'il en
périt un grand nombre dans les tourments. Le sulthan manda
un jour tous les chrétiens et le patriarche, et fit creuser pour
eux une fosse large et profonde; on y porta du bois, et il donna
l'ordre de les brûler tous; mais l'affaire s'arrangea, moyennant une somme annuelle qui fut déterminée, et que le patriarche et les principaux des chrétiens s'engagèrent à payer :
c'était ce que le sulthan voulait. On levait les impôts avec le
bâton. Plusieurs chrétiens se firent musulmans, et beaucoup
d'autres expirèrent dans les supplices.

Nous avons rapporté, dans notre quatrième volume, comment il se conduisit envers les habitants de Damas au sujet
de l'impôt. Lorsqu'après son expédition de l'Asie Mineure,
il vint dans cette ville, il fit une réunion pour boire du *ca-
maz* (probablement du koumis, ou lait aigri de jument),
et se laissa emporter par l'excès du plaisir et de la joie au-
delà de ses facultés. La fièvre le saisit. Le vendredi matin
il se plaignit de cette indisposition à l'émir Schams'eddin,
le porte-arme. Cet émir lui conseilla de prendre un vomitif,
ce qu'il fit; mais après la prière il monta à cheval, et revint
au soleil couchant à son palais. Le matin il éprouva un redou-

blement de chaleur intérieure. Un de ses gens lui fit un médi-
cament sans prendre l'avis du médecin. Le mal redoubla. On
fit venir alors les médecins qui désapprouvèrent le médica-
ment, et convinrent qu'il fallait un purgatif pour chasser les
humeurs surabondantes ; mais le purgatif ne produisit aucun
effet. On ordonna un nouveau stimulant qui ne fit évacuer que
du sang. Le feu qui dévorait le sulthan redoubla et ses forces
diminuèrent. Des gens pensèrent que son cœur était attaqué
par l'effet du poison ; ils lui donnèrent en conséquence du
djauhar. Ce dernier remède causa sa mort.

Une autre chronique dit que Bibars portait envie à ceux qui
se faisaient remarquer par leur courage ; que le prince ayoubite
Malek-Caher-Boha'eddin ayant fait dans l'Asie Mineure, un
jour de bataille, des actions admirables, et ayant tenu au sulthan des discours qui devaient lui déplaire, sur la langueur et
la mollesse qu'il avait montrées dans cette même journée, Bibars
en conçut tant de ressentiment qu'il résolut d'empoisonner
Boha'eddin ; d'autant plus que les astrologues avaient prédit
pour cette année la mort d'un certain prince par le poison.

Bibars avait trois coupes qui ne servaient qu'à lui ou à ceux
à qui il les présentait lui-même. Il donna une de ces coupes
où il avait jeté du poison à Boha'eddin, qui la but. Bibars s'é-
tant levé pour certaine nécessité, un de ses échansons remplit cette même coupe, et le sulthan y but aussi, sans faire attention que c'était la coupe empoisonnée. Il l'eut à peine vidée
qu'il ressentit des douleurs violentes. Il conçut des craintes ;
il se leva sur-le-champ ; mais le mal ne fit qu'augmenter.
Malek-Caher mourut le même jour.

Bibars régna dix-sept ans et deux mois. On transporta de
nuit son corps au château de Damas ; il était escorté des principaux émirs qui le lavèrent et l'ensevelirent, puis le transportèrent au Caire ; ce n'est qu'après l'arrivée du convoi dans cette

ville que le bruit de la mort du sulthan commença à se répandre. Jusque-là elle avait été tenue secrète. Bibars mourut âgé de plus de soixante ans. Il épousa plusieurs femmes, et eut dix enfants, dont trois fils. L'aîné, Malek-Saïd, lui succéda. On a deux Vies de Bibars, l'une écrite par le cadhi Mohy'eddin, l'autre par Ibn-Chedad.

Saïd s'entoura de jeunes gens, éloigna les vieux serviteurs de son père, traita sans égard les principaux émirs et s'aliéna les esprits. Les émirs se révoltèrent, montèrent à son palais, et lui firent des remontrances et des menaces. Malek-Saïd promit de se mieux conduire, et fit la paix avec eux.

Ibn-Férat passe de suite à l'année 682 (1284). Le roi de Chypre se mit en mer vers la partie maritime de la Syrie. Les vents le poussèrent à Béryte, dont il pilla les environs. Les habitants de la montagne voisine se mirent en embuscade, sortirent contre lui et firent prisonniers beaucoup de Francs. Le roi de Chypre se rembarqua et alla à Tyr : mais il n'y resta pas long-temps sans que son âme, dit l'historien, se mît en route pour l'enfer.

Sous la date de l'année 684 (1285), Ibn-Férat parle du siége et de la prise du château de Markab par Kelaoun. (*Voy.* dans la Vie de ce prince les détails de cet événement.)

Dans l'année 688 (1289), Ibn-Férat raconte en ces termes la prise de Tripoli :

« Kelaoun, qui régnait alors sur l'Egypte et la Syrie, ayant appris que les habitants de Tripoli avaient rompu la paix qui existait entre eux et les musulmans, partit avec ses troupes. Il écrivit en même temps à tous les lieutenants des provinces et châteaux de Syrie d'envoyer des soldats et des instruments de siége à Tripoli. Il vint d'abord à Damas, et de là se rendit à Tripoli, dont il fit le siége. Il ordonna l'assaut, fit faire des brèches, et prit la ville de force le 4 de rebi second. Le siége

avait duré trente-quatre jours. Les machines qui lançaient les
pierres contre la place, étaient au nombre de dix-neuf; les
sapeurs et les mineurs étaient au nombre de quinze cents. Après
la prise de la ville, une troupe de Francs se retira dans l'île
connue sous le nom de Djezyreh - Alnakleh, à laquelle on
n'arrive qu'en bateau : mais, par un effet du bonheur des
musulmans, la mer s'était retirée au moment de la prise
de la ville, laissant des gués par où la cavalerie et l'infanterie
passèrent. On tua ou fit prisonniers tous ceux qui se trouvaient
dans l'île. Kelaoun ordonna la destruction de Tripoli et du
château qui était extrêmement fort. Le fils de sire Guy, seigneur
de Djibleh, vint trouver le sulthan. Le prince de Tripoli avait
tué le père de ce seigneur en 681. (*Voy.* n°. VII des *Pièces
justificatives* du quatrième volume, la pièce qui concerne la
trahison de Guy, seigneur de Djibleh.) Kelaoun le fit revêtir
d'une robe d'honneur, et le confirma dans la possession de
Djibleh.

Les musulmans bâtirent une nouvelle ville de Tripoli près
du fleuve Yezk. On y éleva des bains, des colléges, des mosquées. On fit venir l'eau dans les maisons. Enfin on éleva un
palais destiné à l'habitation du lieutenant du sulthan. Depuis ce
temps, jusqu'à nos jours, dit Ibn-Férat, Tripoli n'a cessé d'être
gouvernée par des lieutenants des sulthans d'Egypte.

An 689 (1290). Cette année mourut Kelaoun, au moment
où il s'apprêtait à faire le siége d'Acre, et à punir les Francs
de l'attentat qu'ils avaient commis sur une troupe de marchands
musulmans. Les détails qu'Ibn-Férat donne sur cet attentat
s'accordent assez avec ceux que donnent les historiens latins.
Kelaoun posséda, dit-il, plus de mamelouks turks, mogols et
autres qu'aucun prince musulman. Le nombre s'en élevait jusqu'à douze mille. Plusieurs d'entre eux parvinrent à la dignité
d'émir, et obtinrent des gouvernements en Syrie et en Egypte;

il y en eut même qui parvinrent au trône. Ibn-Férat rapporte, sous la date de cette même année, un trait singulier que nous ne pouvons passer sous silence.

Kelaoun, pendant son règne, envoya vers un roi du Couchant (en Espagne) l'un des émirs les plus distingués par les qualités de l'esprit, par la piété, la science, etc., avec des présents. Je restai chez ce prince assez long-temps, dit l'émir lui-même. Pendant mon séjour à sa cour, ce prince reçut une lettre d'un grand roi franc, qui le priait d'accorder l'une de ses filles en mariage à son fils. Le père de cette jeune fille était ami du roi d'Occident, et il régnait de l'union entre eux : quoiqu'ennemi déclaré des musulmans, l'amour qu'il avait pour son fils avait porté ce roi franc à faire cette demande. Le roi du Couchant me dit : « Conduis, dirige cette affaire. » Je m'y refusai. « Il y a cependant là, reprit-il, un bien pour les musulmans, et je crois convenable que tu ailles chez ce roi. » Il ne cessa de me presser. Je partis enfin, et je présentai une lettre au roi franc. Je restai quelque temps à sa cour. Mes manières et mes mœurs le jetaient dans l'admiration. Il conçut pour moi une grande amitié ; il me proposa de rester à sa cour, en me laissant libre de garder ma religion. Je refusai, et dis que cela était impossible. Il ne cessa toutefois de me combler d'honneurs. Quand je voulus m'en retourner, il me dit : « Je veux te faire présent d'une grande chose qu'aucun musulman ne saurait acquérir en ce temps-ci. « Qu'est-ce donc, lui demandai-je avec étonnement ? » Alors il tira un coffre revêtu d'or ; il y prit un étui d'or, d'où il tira un papier écrit, dont la plupart des lettres étaient effacées. « Ne sais-tu point ce que c'est que cela, me dit-il ? —Non, répondis-je. — Hé bien, c'est une lettre de votre prophète Mahomet à un de mes ancêtres : nous en avons hérité successivement jusqu'à ce jour. Nos ancêtres nous ont dit que tant que cette lettre resterait parmi nous,

notre royaume ne finirait point. Nous conservons donc cette
lettre avec grand soin : nous la respectons beaucoup. Aucun
chrétien, excepté nous, ne sait que nous la possédons ; si ce
n'était l'honneur que tu mérites et la considération dont tu jouis
près de moi, nous ne te l'aurions pas montrée. » Je pris cette
lettre pénétré de respect ; mais je ne pus la lire, parce qu'une
partie des lettres étaient effacées à cause de la longueur du
temps. » Cette mission de l'émir produisit une longue alliance
entre les deux princes.

An 690 (1291). Kelaoun avait eu cinq enfants, trois fils
et deux filles. L'aîné, nommé A-chraf-Khalil, lui succéda et
dirigea tous ses soins vers l'expédition que son père avait projetée contre la ville d'Acre. Il convoqua toutes les troupes de
l'Egypte et de toutes les provinces qui lui étaient soumises ; il
ordonna à ses lieutenants d'expédier les bois des machines,
et de faire partir les sapeurs et autres ouvriers. La réunion s'en
fit à Damas. Toutes les machines furent distribuées entre les
émirs, qui commandaient mille hommes. Le vendredi 28 de
safar, Khalil rassembla dans la chapelle de son père Kelaoun,
au Caire, les oulémas, les cadhis, les lecteurs et autres personnages attachés à son tombeau. Ils lurent l'Alcoran toute la
nuit. Khalil leur donna de l'argent et fit de grandes aumônes.
Après cela, il se mit en marche à la tête de ses armées
d'Egypte, et arriva à Damas. La Syrie et l'Egypte étaient
dans un mouvement général. De toutes les parties du royaume
arrivaient des troupes et des instruments de guerre. Khalil
parut devant Acre le 3 de rebi second ; les machines arrivèrent deux jours après, au nombre de quatre-vingt-douze :
quatre jours suffirent pour les dresser et établir les palissades.
On ne cessa jusqu'au 16 de djoumadi premier de battre la place
et de faire des brèches. Le 17 le sulthan tenta un assaut. Il fit
battre à-la-fois tous les tambours : ce bruit jeta l'épouvante

parmi les assiégés. L'assaut commença avant le lever du soleil, et
le soleil n'était pas encore au milieu de sa course que les étendards
et les bandelettes des musulmans flottaient sur les murs de la ville.
Les Francs tournèrent le dos et allèrent se réfugier sur leurs
vaisseaux. Ils abandonnèrent les maisons, et plusieurs furent tués
au moment de s'embarquer. Les musulmans pillèrent la ville,
firent un nombre considérable de prisonniers, et tuèrent un plus
grand nombre d'ennemis. On dit que lorsque les musulmans
furent sur le point de faire la conquête d'Acre, et que les assiégés eurent la certitude de cet événement, une troupe d'environ
dix mille chrétiens sortit, demandant un sauf-conduit. Quand
ils l'eurent obtenu, le sulthan les partagea entre les émirs, qui
les tuèrent tous. Khalil envoya une partie des captifs dans les
châteaux musulmans. Il ordonna la destruction d'Acre. Le siége
avait duré quarante jours. Les musulmans perdirent cinq
émirs, quatre commandants et un petit nombre de soldats.

Khalil conquit ensuite sans coup férir Tyr, Sidon, Haïfa ; car
Dieu avait jeté la terreur dans le cœur des Francs. Le sulthan
fit détruire toutes ces places. En repartant pour l'Egypte, il
chargea l'émir Sandjar d'aller réduire Béryte. Les Francs qui
habitaient cette ville étaient soumis au sulthan. Lorsque l'émir
se présenta, le peuple de Béryte sortit à sa rencontre et le
conduisit au château. Lorsque Sandjar y fut établi, il ordonna
aux habitants d'y amener leurs femmes et leurs enfants,
ainsi que leurs bagages ; ce qu'ils firent, croyant que c'était par
bonté pour eux que cet ordre leur était donné : mais quand ils
y furent rassemblés, l'émir déclara les hommes prisonniers,
les enchaîna, et les jeta dans une fosse. Il prit possession de
la ville, et après cette expédition il retourna à Damas.

Il ne resta plus alors aucun rassemblement de Francs sur la
côte maritime, et cela durera ainsi, dit l'historien, s'il plaît à
Dieu, jusqu'au jour du jugement. Une partie du fruit de ces

conquêtes fut convertie en legs pour la chapelle sépulcrale de Kelaoun, et celle que Khalil fit construire pour lui-même.

Le sulthan fit ruiner en 692 (1293) le château de Schaubek, dont il se rendit maître.

Dans un fragment de sa chronique, Ibn-Férat parle sous la date de 789 (1387) d'une expédition maritime des Francs contre Tripoli. Les Francs furent battus par l'effet d'une ruse des musulmans. Ceux-ci firent semblant de fuir; les Francs débarquèrent et les poursuivirent; les musulmans firent volteface, chargèrent les Francs, les repoussèrent et leur prirent trois vaisseaux.

L'extrait qu'on vient de lire des principaux auteurs arabes, a dû donner au lecteur une idée suffisante du style et de la manière d'écrire des Orientaux; nous croyons donc pouvoir borner là notre travail. Nous aurions bien encore plusieurs autres historiens à faire connaître; mais tous ces auteurs étant dans l'habitude de se copier les uns les autres (comme on a pu le voir dans les extraits), l'analyse, que nous en pourrions faire n'offrirait qu'une répétition fastidieuse, que ne saurait compenser la légère différence qu'on trouverait dans le récit des uns et des autres. Nous pensons qu'il suffira d'indiquer leurs ouvrages. Celui qui se présente dans les manuscrits de D. Berthereau, après les *Deux Jardins*, est l'extrait du livre de *Hassan-Ibn-Ibrahim*.

Voici le portrait que cet auteur fait de l'empereur Frédéric II : « Il avait les cheveux roux; il était chauve et avait la vue faible; s'il eût été esclave, il n'aurait pas été vendu deux cents drachmes : ses discours annonçaient un impie qui se jouait de la religion chrétienne. » Dans un autre endroit, l'auteur dit de ce prince qu'il était doué des plus belles qualités de l'esprit, qu'il était instruit, éloquent, et qu'il connaissait la médecine.

Sous la date de 642 (1244), l'auteur fait le récit du combat
de Gaza. L'armée de Damas et le prince d'Emesse, réunis près
de Jaffa , marchaient sous les étendards des Francs. Ceux-ci
portaient leurs croix levées sur les têtes des musulmans; leurs
prêtres, mêlés dans les rangs, donnaient des bénédictions
et faisaient leurs cérémonies sur les sectateurs de l'islamisme;
ils leur présentaient leurs calices à boire. L'armée des Karismiens et celle d'Egypte marchèrent jusqu'au lieu nommé
Cariteh, où se livra le combat ; les Francs étaient à la droite ,
l'armée de Carac à la gauche, et le prince d'Emesse au centre.
Jamais pareille journée n'avait eu lieu pour l'islamisme ni du
temps de Nour'eddin, ni du temps de Saladin. L'aile gauche fut
la première enfoncée. Mansour, prince d'Emesse, fut mis en
fuite ; les Francs , qui occupaient la droite, lâchèrent pied
en voyant l'aile gauche dispersée et tous leurs auxiliaires en
déroute. Les Karismiens enveloppèrent les Francs; l'armée d'E-
gypte, qui était opposée à ces derniers, s'était déjà retirée près
d'Arisch, abandonnant ses effets et ses bagages. Les Karismiens
tinrent ferme, et dans un instant leur épée moissonna les Francs
qui avaient quinze cents cavaliers et dix mille fantassins. Il
y eut plus de huit cents prisonniers de faits sur le champ de
bataille. Je vis le lendemain des hommes armés de roseaux .
qui comptaient, dans la plaine de Gaza, le nombre des morts ;
ils me dirent qu'il y en avait plus de trente mille. Quant au
prince d'Emesse, il alla à Damas escorté d'un petit nombre ;
il avait perdu ses trésors, ses chevaux , ses armes, et presque
tout son monde avait été tué. J'ai ouï-dire qu'il avait demandé
un lambeau d'étendard pour envelopper sa tête; comme on
n'en trouva point, il se mit à pleurer, et dit : « Lorsque nous
sommes partis sous les croix des Francs, j'ai bien prévu que
nos affaires ne réussiraient pas. »

Ibn-Ibrahim raconte sous la date de l'année 644 (1246),

qu'un vaisseau, venu de Sicile à Alexandrie, apporta la nouvelle que le pape, irrité contre l'empereur Frédéric, avait
engagé trois de ses affidés à le tuer; il leur avait dit pour les
déterminer à cette action : l'empereur a renoncé à la foi chrétienne pour embrasser le mahométisme ; tuez-le et prenez ses
places ; il avait partagé d'avance les états du prince entre
eux. Quelqu'un, informé de ce projet, en instruisit l'empereur ;
Frédéric fit alors coucher un de ses gardes dans son lit, et feignit d'avoir pris médecine; il se cacha dans un endroit avec
cent cavaliers. Lorsque les trois assassins furent introduits auprès du garde qui était au lit, ils se jetèrent sur lui, armés de
couteaux, et le tuèrent. L'empereur sortit alors et les égorgea
de sa propre main; il les fit écorcher, et fit remplir leur peau
de paille qu'il suspendit à la porte de son palais. Le pape,
informé de cet événement, envoya une armée contre Frédéric.
De nouvelles querelles s'élevèrent entre les princes.

Ibn-Ibrahim, arrivé à l'année 659 (1261) sans avoir dit
un mot de l'élévation de Bibars, parle des présents que ce
sulthan envoya à Mainfroy; parmi ces présents étaient une
giraffe et plusieurs Tartares faits prisonniers avec leurs chevaux et leurs armes.

Vient ensuite l'extrait d'*Abou-Abbas-Ahmed Jehia*, fils
de *Fadhl-allah-Omary* ; le titre de cet ouvrage peut se traduire en français par *Coup-d'œil général sur tous les royaumes.* Ce sont les annales des mahométans et des rois de Syrie,
d'Egypte, de Mésopotamie, d'Afrique, d'Andalousie (d'Espagne), depuis l'an 541 de l'hégire (1147) jusqu'à la prise de St.-
Jean d'Acre. D. Berthereau n'en a extrait que la vingt-troi-
sième partie, qui a rapport à notre sujet. Comme ce récit se
trouve tout entier dans Aboulféda, où on le retrouve presque
mot pour mot, nous nous croyons dispensés d'en dire davantage.

L'*histoire d'Alep*, qui vient après, est beaucoup plus étendue. L'auteur est Kemal'eddin, mort au Caire en 660 (1261-2).
M. de Sacy a donné sur cet auteur une notice qui 'se trouve
dans la *Biographie univers.*, tom. XXII, pag. 284. L'*histoire
d'Alep*, comme le porte son titre, est toute consacrée au récit
particulier des événements qui concernent la principauté d'Alep
et son territoire. Ce n'est qu'accidentellement qu'il y est question
des princes croisés. Ceux de ces princes qu'on y voit figurer, sont
Tancrède, les princes d'Antioche, Josselin et son fils, quelquefois le roi de Jérusalem, parce que ces chefs des colonies chrétiennes eurent souvent des rapports de voisinage avec les princes musulmans d'Alep.

L'*Histoire d'Alep* commence par le récit des démêlés
des princes musulmans, quelque temps avant que les Francs
vinssent en Syrie. Lorsque les chrétiens furent devant Antioche,
tous ces princes se réunirent et marchèrent, sous la conduite
de Kerbogah, au secours de cette ville. L'historien entre, à
cet égard, dans quelques détails que les autres auteurs arabes
ont donnés. En parlant de la prise de Maarra par les croisés, il
prétend qu'il y eut plus de vingt mille personnes de tuées ; que
les Francs ne laissèrent rien dans la ville ; qu'ils détruisirent
les murs, incendièrent les maisons, brisèrent les chaires, et livrèrent aux flammes les mosquées. L'auteur ne dit qu'un mot
sur la prise de Jérusalem. Il s'étend un peu plus sur le siége et
la prise des places voisines d'Alep, telles qu'Apamée et
Atareb. Il parle des guerres que les princes francs eurent
ensuite à soutenir contre les princes musulmans, et de celles
qu'ils se firent quelquefois entre eux, et pour lesquelles ils implorèrent le secours de ces mêmes princes musulmans.

Le récit de la seconde croisade, dont la prise d'Édesse fut la
principale cause, n'est pas aussi étendu que nous aurions pu
le desirer. L'auteur court avec rapidité sur les événements. Il

parle un peu plus longuement des guerres que Nour'eddin fit aux Francs, des expéditions de Schyrkouh en Egypte, et des démêlés que Saladin eut avec les princes d'Alep, qui eurent d'abord beaucoup de peine à le reconnaître pour sulthan. Il raconte ensuite les conquêtes de ce dernier. Le combat d'Hittin est l'événement sur lequel il donne le plus de détails; mais ces détails se trouvent soit dans *Ibn-Alatsyr*, soit dans les *Deux Jardins*.

La prise de Jérusalem par Saladin, le siége d'Acre par les Francs, les combats qui suivirent la capitulation de cette place, sont racontés avec la brièveté ordinaire de l'historien. L'ouvrage va jusqu'à l'an 640 de l'hégire (1242), où l'auteur laisse Malek-Mansour partant avec l'armée d'Alep pour pénétrer sur le territoire des Francs.

L'extrait de l'*histoire des Atabeks*, par *Ibn-Alatsyr*, finit à l'année 569 (1173). C'est le même auteur qui a écrit une histoire générale dont nous avons donné un long extrait. Ibn-Alatsyr cite aussi fort souvent l'autorité de son père, qui était attaché au service de Cothb'eddin, frère de Nour'eddin et prince de Mossoul. Il rapporte beaucoup de choses qu'il a entendu dire à des témoins oculaires; il donne aussi plus de détails que l'historien d'Alep sur le siége d'Edesse et la prise de cette ville d'abord par Zenguy, puis par Nour'eddin. Il parle du siége de Damas par les Francs, mais il ne dit presque rien de l'expédition de Conrad et de Louis VII. Il s'étend sur les expéditions de Schyrkouh en Egypte, et termine son histoire à la mort de Nour'eddin.

L'*Histoire de Jérusalem et d'Hébron*, par *Modjir'eddin*, a fourni un long extrait à M. de Hammer. Il en sera question plus bas. L'auteur passe rapidement sur les événements de la première croisade, et ne dit qu'un mot de la prise de la ville sainte par les Francs; il dit un mot des expéditions de Schyr-

kouh en Egypte; puis il commence à parler de Saladin. Il fait
un récit rapide des guerres de ce prince, et arrive bientôt à
l'année 583 (1187). Cet auteur paraît avoir suivi ou copié
tour-à-tour, pour la relation des événements de cette année,
les *Deux Jardins* et les auteurs qui l'ont précédé. Il les suit
encore pour le siége d'Acre et pour les combats qui eurent lieu
après la capitulation de cette ville. Modjir'eddin parle, comme
les *Deux Jardins*, des réparations que Saladin fit faire à Jérusalem, réparations qui furent détruites vingt-huit ans plus
tard par Malek-Moadham. Il fait le récit du siége de Damiette
en 1219. Il rend compte de la remise de Jérusalem, faite à
l'empereur Frédéric en 626 (1229), et du traité qui eut lieu
entre ce prince et le sulthan d'Egypte. Sous la date de 641
(1244), l'historien de Jérusalem dit comment cette ville, après
l'invasion des Karismiens, fut reprise par Salch, sulthan
d'Egypte, et il termine son histoire par un tableau très court
des conquêtes de Bibars sur les chrétiens.

D. Berthereau a fait l'extrait de trois histoires d'Egypte; la
première a pour titre : *Histoire des étoiles resplendissantes,*
touchant *les rois d'Egypte et du Caire*, par *Djemal'eddin Aboulmahasen-Yousef*, fils de *Tagri-Bardi*, intendant de Damas et d'Alep. Cette histoire est divisée en deux
parties : l'une commence à l'année 224 de l'hégire (838), et
va jusqu'en 524 (1128); l'autre reprend où la première finit,
et se termine à l'année 690 (1291). Les événements de la
première croisade sont rapidement racontés à la fin de la première partie. Les conquêtes des Francs y sont soigneusement
rapportées, mais plus souvent indiquées que décrites. L'auteur
s'est plus attaché à faire le récit des guerres qui s'élevèrent entre
les princes musulmans d'Alep et des contrées voisines, et les
princes chrétiens; il parle de toutes les conquêtes de Saladin qui
furent la suite de la bataille d'Hittin. L'auteur dit un mot sur la

mort du sulthan, et raconte les événements qui la suivirent et les divisions qu'elle occasionna entre les princes musulmans. Sous la date de 615 (1219), il fait le récit de la prise de Damiette par les Francs; mais son histoire prend alors le ton et la forme d'une chronique, jusqu'à l'année 637 (1240). Il s'étend un peu plus sur les démêlés qui eurent lieu entre le sulthan du Caire et les princes de Damas et d'Emesse; et il arrive à l'année 641 (1244), époque de l'invasion des Karismiens, qu'il raconte aussi avec quelques détails.

Aboulmahasen a appuyé son récit de la croisade de Saint Louis de l'autorité de quelques écrivains arabes, entre autres d'Ibn-Djouzy, auteur du *Miroir des temps*, dont nous parlerons plus bas. Les éditeurs de la *Vie de Saint Louis*, par *Joinville*, imprimerie du Louvre, ont extrait ce récit d'Aboulmahasen, et l'ont donné à la fin de leur volume, avec d'autres extraits d'historiens arabes, relatifs à la première expédition de ce roi. C'est dans l'ouvrage d'Aboulmahasen qu'on trouve le portrait suivant de Saint Louis : « Le roi de France était » d'une belle figure; il avait de l'esprit, de la fermeté et de la » religion. Ses belles qualités lui attiraient la vénération des » chrétiens, qui avaient en lui une extrême confiance. »

L'auteur fait le récit des expéditions de Bibars en Syrie et de la mort de ce prince. Il raconte ensuite les emploits de Kelaoun, et termine son ouvrage par le récit de la ruine de la ville d'Acre. Cette histoire d'Egypte est, comme la plupart des autres histoires arabes, une espèce de compilation des écrivains qui ont précédé.

L'extrait de la deuxième histoire d'Egypte, par D. Berthereau, est beaucoup plus court; il commence à la première croisade, et finit à l'année 553 (1158). Dire que tous les événements compris dans cet espace de temps sont racontés en neuf pages, c'est donner une idée suffisante de cet ouvrage, dont l'auteur se nomme Mohammed, fils de Moyassar, fils de Djaleb.

L'extrait de la troisième histoire d'Egypte ne renferme guère que l'expédition de Saint Louis dans ce pays. Le reste se compose de chapitres qui renferment des notices géographiques sur différentes villes, telles que *Mansourah, Misr* ou le vieux Caire, *Arisch, Alexandrie.* Ces notices sont pour la plupart tirées de Macrizi. Il y a deux autres notices historiques; la première sur les Fathimites, la seconde sur le kalife Adhed. L'auteur de cet ouvrage, selon D. Berthereau, se nomme Taki-eddin.

Le savant bénédictin a donné en onze pages l'extrait d'une *Histoire de Béryte*, par Saleh fils d'Iehia. C'est le récit de toutes les vicissitudes que cette ville éprouva depuis le moment où elle fut prise par les Francs qui allaient d'Antioche à Jérusalem, jusqu'à l'année 806 (1403), où des vaisseaux génois essayèrent en vain de s'en rendre maîtres.

La Beauté des choses présentes, tel est le titre de l'ouvrage de Soyouty; cet auteur, dans sa préface, indique plusieurs ouvrages qu'il a lus pour composer le sien; l'*Histoire d'Egypte* par Ibn-Moyassar, *Macrizi, le Miroir des temps, Ben-Ketir*, sont les principaux. L'extrait que D. Berthereau a fait de Soyouty est renfermé dans onze pages; il commence à l'année 562 (1165), et se termine avec les croisades; cette période de temps renferme la dernière expédition de Schyrkouh en Egypte, la tentative des Francs sur Damiette en 566 (1169), la prise de cette même ville en 615 (1219), et la première croisade de St. Louis. Nous y avons remarqué le passage suivant:

Lorsque Touranschah eut pris possession du trône, il combattit les Francs avec vigueur, et en tua, avec la grâce de Dieu, trente mille. Il y avait dans l'armée des musulmans un certain Ezz-Eddyn, fils d'Abd'alselam, qui se mit à prophétiser en

II. 52

disant que les Francs auraient le dessus, ce qui arriva en
effet. Ensuite le vent devint très violent en soufflant contre
les musulmans. Le scheikh Ezz'eddyn se mit à crier aussi fort
qu'il put, et se tournant vers le vent : « O vent, souffle contre
les Francs. » Le vent changea ; il souffla contre les chrétiens ;
ce qui contribua beaucoup à leur défaite. La victoire fut complète ; alors il s'éleva des cris du côté des musulmans : l'air
retentissait de ces mots : « Grâces soient rendues à Dieu qui
» a suscité parmi les serviteurs de Mohammed un homme qui
» soumet le vent à ses ordres. »

Après le meurtre de Touranschah, Schegger-Eddor fut
reconnue sulthane. On priait pour elle à la mosquée, en
ces termes : « O Dieu, veille à la conservation de sa *majesté*
salehitique (c'est-à-dire esclave de Malek-Saleh), reine des
musulmans et mère de Khalyl. Mais le khalife (de Bagdad)
fut très fâché de ce choix ; il écrivit aux Egyptiens pour leur
dire que s'ils n'avaient personne chez eux qui fût digne d'exercer la souveraine puissance, il leur enverrait quelqu'un de
Bagdad.

La reine et les émirs convinrent ensuite de la paix avec le
roi de France, à condition que les prisonniers musulmans et
Damiette seraient rendus ; ce qui fut exécuté. Mais quand le
roi de France fut de retour dans ses états, il conçut le dessein d'une nouvelle expédition en Egypte. Les mamelouks se
repentirent alors de l'avoir laissé aller, etc., etc.

L'extrait du *Miroir des temps*, par Ibn-Djouzy, commence à la première croisade et finit à l'année 532 (1137);
cet ouvrage paraît assez précieux pour les dates et pour la suite
des événements. D. Berthereau dit qu'il n'est que la douzième
partie des annales des musulmans, qui ont pour titre : *Miroir*
du temps. Ibn-Djouzy a copié Aboulmahasen et Ben-Calansi ;

mais il a été à son tour copié par beaucoup d'autres, et surtout par l'historien d'Alep. D. Berthereau fait observer que le manuscrit qu'il a eu sous les yeux était très fautif, et qu'à la fin il y avait plusieurs pages déchirées. On trouve dans cette histoire un récit de la bataille de Gaza en 1244, récit qui a été copié par Ibn-Ibrahim, et qu'on a lu dans l'extrait de cet auteur.

L'extrait de l'ouvrage historique de Novairi que nous avons cité, commence à l'année 678 (1280) et finit avec les croisades. L'auteur y traite d'abord en particulier de ce qui regarde les sulthans ; puis il rapporte différentes choses, telles que la mort des hommes illustres ; il parle légèrement des conquêtes des Francs pour lesquelles il renvoie à son histoire des Fathimites. Il fait l'historique de la ville de Tripoli, parle du règne de Kelaoun, et donne quelques détails sur la ruine d'Acre. Nous avons déjà dit un mot de cette histoire à l'article d'*Ibn-Férat* ; elle fut achevée en 726 (1326), ainsi que nous l'apprend l'auteur lui-même à la fin de son livre ; d'où il faut conclure que Novairi vivait au commencement du quatorzième siècle. Tout l'extrait que D. Berthereau nous a donné de cet historien est contenu dans dix pages.

Dehebi, autre historien, nous apprend que le sulthan Almoadam donna cinquante khilats ou robes d'honneur pour les principaux des prisonniers de l'armée de Louis IX ; mais le *chien de roi de France* ne voulut jamais en accepter pour lui ; il disait que son royaume était aussi considérable que l'Egypte, et qu'il ne mettrait jamais d'habit qu'il tiendrait d'un autre.

Hossam'eddin s'étant fait remettre Damiette par les Francs, dit, dans un conseil des émirs, qu'il serait d'avis de retenir le roi de France afin de n'avoir plus rien à craindre de lui ; mais Aybek le turcoman dit que ce serait une perfidie. Cette délibération se trouve racontée plus au long dans d'autres chroniques.

Le *Continuateur d'Elmacin*, tel est le titre que D. Berthereau a donné à un ouvrage sans nom d'auteur, qui sert de continuation à l'*Histoire d'Elmacin*, sous le titre de *Livre de la voie droite*. « L'anonyme, dit notre bénédictin, n'a pas pris Elmacin pour modèle; il est bien plus diffus : c'est un grand compilateur. Il cite, ou plutôt copie plusieurs auteurs assez bien choisis; mais il manque au volume un bon tiers de feuillets. » L'extrait fait par D. Berthereau, commence à l'année 659 (1251), et se termine à la prise de St.-Jean-d'Acre par les musulmans; il y est question de la deuxième expédition de St. Louis sur la côte d'Afrique, et de sa mort. On y trouve ensuite le récit des exploits de Bibars, et des pertes que les Francs firent en Syrie, du peu de places qui leur restaient après la mort de ce sulthan. Le *Continuateur d'Elmacin* parle d'un nommé Ben-Schaddad, qui a fait une Vie de Bibars. Nous avons vu dans Ibn-Férat qu'il y a deux Vies de ce prince, l'une par Mohy'-eddin, et l'autre par ce même Ben-Schaddad. C'est celle de Mohy'eddin, qui a été abrégée pas Schafi : nous en avons donné l'extrait.

Parmi les extraits des manuscrits arabes que les éditeurs de la Vie de St. Louis, par Joinville, édition du Louvre, ont placés à la fin de leur volume, il en est deux dont Berthereau n'a point parlé; ce sont l'*Histoire des dynasties qui ont régné en Egypte*, composée par Ishaki, et les *Annales d'Egypte*, par Salih, fils de Gelal'eddin. Les extraits de ces deux ouvrages publiés à la suite de cette Vie de St. Louis, n'ont rapport qu'à la première expédition de ce prince en Egypte. Du reste les éditeurs ne disent absolument rien des auteurs arabes qu'ils ont mis à contribution; ils citent leurs noms, et voilà tout. Le récit de ces auteurs, nous devons le répéter ici, nous a beaucoup servi pour faire le nôtre, surtout pour ce qui a rapport à la mort de Touranschah, à la prison de St. Louis, et au traité conclu entre les chrétiens et les musulmans.

———————

Nous ne pouvons terminer cette notice analytique des auteurs arabes, sans dire un mot des extraits historiques que le savant orientaliste, M. de Hammer, a donnés dans un recueil publié en Allemagne, sous le titre de *Mines de l'Orient*. Ces extraits sont tirés du livre intitulé : *Insol-Djelil fi tarikhi kods vel Khalil*, ce que M. de Hammer traduit par *Histoire de Jérusalem et d'Hébron*. Cet ouvrage est composé de plusieurs tomes, et paraît être lui-même une compilation de différents historiens, comme le sont la plupart des livres historiques composés par les Arabes. Tout ce que nous avons trouvé dans ces extraits sur la ville de Jérusalem, sur les conquêtes des croisés dans la Terre-Sainte et dans toute la Syrie, sur les exploits de Saladin et les événements qui en furent la suite, en un mot sur les révolutions que la Palestine éprouva pendant les xiie. et xiiie. siècles, nous l'avions déjà vu dans les extraits qui précèdent. Nous ne répéterons donc point des détails que le lecteur a déjà lus ; mais nous n'en rendrons pas moins justice aux travaux et aux recherches de M. de Hammer.

Nous ne croyons pouvoir mieux terminer notre travail qu'en formant le vœu que les savants orientalistes, comme lui, poursuivent des recherches qui ne peuvent manquer d'être d'un grand intérêt pour l'histoire des temps que nous avons parcourus, et même pour celles des temps qui les ont suivis.